헌법학강론

[제6판]

김 승 대 저

法 文 社

Korean Constitutional Law

sixth edition

Seung-Dae Kim

2022
Bobmunsa
Pajubookcity, Korea

제6판 머리말

지난 2년간 변화된 헌법적 법제 변경과 고위공직자범죄수사처 관련 결정 등 헌법재판소의 새로운 주요 결정례들을 이번 개정판에 담았다. 특히 선거법제에서 국회의원 선출에 연동형 비례대표제를 도입한 점이 주목되었다. 헌법재판의 일반심판절차에 관하여는 헌법이론적 논의보다 헌법재판소법의 관련 조항들을 일별해 보는 것 자체가 헌법학도들에게 필요하다고 생각되어 이번 기회에 이를 교과서 본문에도 정리하여 수록하였다.

본서의 개정을 허락해 주신 법문사 사장님께 다시 한번 감사드리며 무척 복잡하였던 이번 개정 내용을 정확히 반영하여 주신 편집부 김제원 이사님과 직원 여러분 및 출판을 행정적으로 지원해 주신 영업부 권혁기 대리님의 노고에 고마움을 표한다.

2021년 12월

저 자 씀

제5판 머리말

제4판을 출간한 직후 우리 헌정사상 두 번째로 제기된 대통령 탄핵사건에서 헌법재판소는 현직 대통령의 파면을 선고하였으며, 양심적 병역거부나 낙태죄 등 우리 사회에 중대한 영향을 가져오는 사안들에 대한 헌법재판소의 결정들이 있었다. 이 결정들을 헌법적으로 평가함과 아울러 최근에 나온 기타 주목할 만한 헌법판례들을 추려서 그 의미를 분석하고 이를 정리하여 추가하였다.

2019년 12월

제3판 머리말

이번 개정판에서는 우리나라 최초의 정당해산결정 등 주요한 헌법 판례들을 반영하였을 뿐 아니라 최근 인터넷과 정보통신의 빠른 발전에 따라 부각된 제반 헌법적 문제 및 북한의 핵개발과 세계적 테러빈발에 따라 한층 중요성이 커진 평화주의의 문제에 새로운 관심을 쏟아 보았다. 정보사회의 헌법문제는 종래 인터넷 공간에서의 표현의 자유 보장이 주로 다루어졌으나, 이제는 잊혀질 권리나 빅데이터(Big Data)의 처리 등 정보의 자기결정권 보호로 중심이 옮겨가는 느낌이다. 또한 헌법상 평화주의는 우리 헌법의 기본원리임을 모두 인정함에도 불구하고 그동안 별로 중시되지 아니하였는데, 주변국이 우경화하고 동북아의 평화가 갈수록 위태로워지는 이 시점에서 우리 헌법이 이 원칙을 보다 확고히 함을 통하여 오늘날의 시대정신을 순치시키고 동양 평화의 구심점이 되는 역할을 떠맡아야 하지 않을까 생각해 보았다.

2015년 1월

제 2 판 머 리 말

이 기회에 헌법이론적 측면에서 볼 때 이 책의 의도가 어떠한지를 고하고자 한다. 필자는 평소 우리 헌법의 정체성(正體性) 부족을 심각하게 여기고 있었는데, 본서에서 미력하나마 한국적 현실에 적합한 헌법론 정립을 위한 노력을 담고자 하였다. 그리하여 첫째 헌법총론 분야에서는 관습헌법론, 군사쿠데타의 위헌성 법리, 한국의 전통적 가치관의 헌법적 반영, 대한민국의 역사적 국가성, 남북한 통일의 헌법이론, 한국적 선거제도론, 한국적 경제질서론을 다루었다. 둘째 기본권 분야에서는 헌법재판소에 의한 기본권의 제3자적 효력의 보장, 사형제도 헌법이론의 재구성, 절차적 적법절차 원칙의 적용 확대, 이중처벌 금지 원칙에 대한 헌법적 실효성 부여, 양심의 자유의 균형된 보장, 집회·시위의 자유 관련 허가금지의 헌법적 재구성, 현행 헌법을 통한 배심제도의 적극 도입을 제안하였다. 셋째 통치구조론에서는 한국적 정부형태의 위상 정립, 현행 대통령 선출과 임기제에 대한 긍정적 평가, 우리의 정치현실에서의 통치행위론의 부정, 국무총리제의 헌법적 중요성 발견, 고시류조약의 특이성 포섭, 북한과의 합의의 특수성 인정, 우리 헌법현실에서의 사법권 독립의 의미 재조명을 거론하였다. 넷째 헌법재판론에서는 헌법재판 전철수론, 절차·형식면에서의 적극심사론, 사법부의 인권 침해에 대한 헌법소원의 확대, 탄핵심판의 본질론에 입각한 대통령탄핵이론의 재구성을 제시하였다. 이 모든 내용은 우리 헌법현실에 타당한 고유의 헌법이론을 발견하고자 하는 목적에서 나온 것이었으며, 한국적 헌법학(韓國的 憲法學)의 정립을 위한 이러한 노력은 앞으로도 힘닿는 대로 계속할 것이다.

2012년 1월

머 리 말

헌법재판소가 설립되어 본격적으로 헌법판례를 쏟아내기 시작한지도 20년 이상이 되었고, 이제 우리 헌법은 명실상부한 실천규범이 되었다. 또한 법학교육도 로스쿨제도로 전환하여 실무위주의 교육으로 변화가 모색되고 있다. 이러한 상황에서 헌법교재는 더 이상 전(前)헌법재판적이고 전(前)로스쿨적인 종래 표준교과서의 기술방식을 유지하는 것은 곤란하다고 생각한다.

이제 법학도는 헌법을 보다 실용적으로 공부하여야 하며 필자가 보기에 실용적 공부방법은 다음과 같다. 먼저 문제된 사안의 쟁점을 추출하여야 하고 사안을 헌법적으로 재구성하는 능력을 길러야 한다. 다음 당해 쟁점에 적용되어야 할 헌법규범과 헌법원칙을 발견해 내어야 한다. 마지막으로 이렇게 발견된 헌법적 기준에 당해 사안의 내용을 적용하여 논리적으로 상세히 따져나가면서 최종적 결론을 도출하여야 한다. 여기에서 도출되는 결론에는 반드시 정답이 있는 것이 아니며, 각자의 소신과 관점이 개입될 수 있다. 그런데 이러한 과정을 밟기 위하여 필요한 헌법적 기준을 찾아내기 위하여서 먼저 어떠한 성격의 기본권의 제한과 침해가 문제되는지를 파악할 수 있어야 한다. 또한 헌법소송을 할 수 있으려면 널리 활용되는 헌법소송법의 기본이론과 판례에 친숙하여져야만 한다. 장래 법률가로서 헌법문제를 능숙히 다룰 힘을 얻고자 노력하는 법학도가 길러야 할 능력은 이러한 것이며 그 이상도 이하도 아니라고 생각한다. 그러나 이 모든 과정에 큰 도움이 되지 아니하는 관념적 학술논의가 종래의 헌법교재에는 적지 않았다고 본다.

이 책에서는 법학도의 이러한 능력 함양을 위해서 그동안 집적된 헌법판례 중 기본적 판례를 중심으로 판례에 담긴 헌법적 심사원칙이 어떻게 결정되고 어떠한 내용을 가지고 있으며 어떻게 적용되는지 그 흐름과 감(感)을 익히는데 도움이 되도록 논평하여 보았다. 이러한 논평에는 물론 저자의 소신과 사견이 담기기도 하였으나 최종적 결론의 향배가 문제가 아니라 사안을 헌법적으로 평가하는 방법을 익히고 비판의 안목을 얻는 것이 문제라는 점을 강조하고 싶다. 그리고 이러한 목적을 얻기 위해서 헌법심사방법론적으로 중요한 기본판례에 관하여서는 비교적 상세한 논의를 할 필요가 있었다.

오늘날 실천법학으로서의 헌법을 익힘에 있어서는 모든 학설과 판례를 빠짐없이 익히는 것이 중요하지도 않을뿐더러 다른 많은 과목을 수련하여야 하는 법학도에게 무용한 부담을 지우는 것이 되므로 이 점에서 이 책은 경량화(輕量化)를 지향하였고 헌법학 사전(辭典)이 되지는 않고자 하였다. 그러나 헌법재판을 실제로 익히는데 결정적으로 중요한 위헌법률심판과 헌법소원의 요건과 효과이론은 되도록 구체적으로 살펴보았으며, 다른 한편으로 우리 헌법의 당면한 과제가 한반도 국가관의 정립과 남북한 통일의 원활한 수행에 있는 점을 중시하여 이 점에 관하여는 어느 정도 심도있는 논의를 제기하고자 노력하였다.

2010년 12월

차　례

제 1 편　헌법 총론

chapter 1 헌법이론 일반

제2편 기본권론

chapter 1 기본권 총론

제 3 편 통치구조론

chapter 1 정부형태

chapter 2 국가작용

chapter 3 입 법 부

chapter 4 대 통 령

chapter 5 행 정 부

chapter 6 사 법 권

제 4 편 헌법재판론

chapter 1 헌법재판의 일반론

chapter 2 위헌법률심판

chapter 3 헌법소원심판

chapter 4

권한쟁의심판

chapter 5

탄핵심판

chapter 6 정당해산심판

부 록

PART 1

헌법 총론

CHAPTER

01 헌법이론 일반

제 1 절 헌법의 개념

(1) 헌법은 국가의 정치제도에 관한 기본법이다. 우리 헌법은 1948년 제헌 헌법 이래 이어져 왔으나, 동양적 정치사상에 근거한 우리나라 고래(古來)의 것이 아니라 서양 근대국가의 형성과 함께 발전되어 온 국가기본법 체계를 도입한 것이다. 헌법은 영어나 불어로 Constitution, 독일어로 Verfassung이라고 하는데 그 용어의 의미는 사물의 '기본적인 틀'이며, 결국 국가의 기본적 틀을 의미한다. 오늘날 헌법이라고 함은 위의 용어적 의미에 규범적 요소를 더하여 국가의 기본적 틀을 정하는 최고규범의 의미로 사용된다. 보다 구체적으로 헌법은 '국가공동체의 존재형태와 기본적 가치질서에 관한 국민적 합의를 법규범으로 정립한 국가의 기본법'이라고 정의되고 있다.[1]

(2) 헌법에 대한 이러한 추상적인 개념화에 덧붙여 역사적 경험에 기초한 실질적 설명으로 그 이해의 폭을 넓힐 필요가 있다. 헌법은 서양의 시민혁명 과정에서 인민의 자유와 권리를 보장하기 위한 수단으로 등장하여 그 관점에서 이론적 체계화가 지속적으로 이루어져 왔기 때문에 오늘날에 이르기까지 헌법이라고 함은 주로 권리장전의 성격을 강조하는 입헌주의 헌법과 동 개념으로 생각되고 있다. 그러나 근대 입헌국가 이전에 헌법이 없었는가 하면 그렇지는 않다. 우리나라의 신라, 고려, 조선이나 서양의 로마 혹은 중세의 국가들에서도 국가의 기본적 틀은 존재하였고 국가의 기본법은 어느 나라에서나

1) 권영성, 헌법학원론, 법문사, 2008, 3면.

발견되기 때문이다.

(3) 이와 같이 헌법의 개념을 '국가의 기본법'으로 보편화하여 볼 때, 국가의 기본법은 ① 국가최고기관의 조직과 권한, ② 국가최고기관 상호간의 관계, ③ 국가와 국민의 관세를 다루는 것이라고 할 수 있으므로 결국 헌법은 이러한 사항들을 담은 국가의 최고규범이 된다. 또한 헌법에 담아야 할 내용으로서 위 3가지 사항들을 헌법사항이라고 말한다.

제1항 입헌주의 헌법

(1) 입헌주의(Constitutionalism)란 국가가 헌법에 의하여 통치되어야 한다는 사상 체계를 말한다. 입헌주의 헌법의 이념적 단초는 근대적 계몽주의 사상의 태동 이후 신(神)을 만물의 가치의 궁극적 중심에 놓고 인간은 신에 대한 수단적 존재로만 여기던 중세적 종교 사상에서 벗어나, 인간이야말로 그 이성(理性)에 따라 결정을 할 수 있는 자유로운 존재로서 가치의 중심에 서야 한다고 하는 '인간성(humanity)의 자각'에서 출발한다. 국가가 인간의 이성적 사고에 따라 고안된 최고규범인 헌법에 의하여 다스려져야 한다는 입헌주의 사상은 신중심의 가치체계로부터 인간중심의 가치체계로의 변화가 국가이론에 투영된 결과이다.

(2) 근대의 최초 헌법사상가들에 의하면 인간은 지고지상(至高至上)의 존재로서 태어나면서부터 하늘이 내린 자유와 권리를 가진다. 자연인으로서의 인간은 생래적, 천부적으로 자유롭고 평등하다. 그런데 함께 생활하는 인간사회는 개인이 각자 자신의 권리를 이기적으로 주장함으로써 만인에 대한 만인의 투쟁의 장이 되거나 또는 적어도 각자의 권리에 관한 상호 분쟁이 발생하였을 때 해결할 수 없는 불안한 상태에 놓이게 된다. 이러한 투쟁 상태 혹은 법적 불안 상태를 해소하고 법적 평화를 얻기 위하여 사회계약에 의하여 필요악으로서 국가를 창설하였다고 보았다. 사회계약에 의하여 인민은 국가를 유지하기 위하여 그 비용을 지출하고(납세의 의무) 외적으로부터 방어할 의무(국방의 의무)를 지는 대신에 국가의 공권력을 통하여 기본적 자유와 권리를 보장받는 것이다. 이는 역사적 현실로 입증되는 것은 아니지만 이성에 의하여 도출된 합리적 결론이며 최초의 헌법사상가들은 이와 같은 가상의 논리를 기초로 하

여 국가법사상을 전개하였다.

(3) 그러나 국가를 창설하는 것은 국가권력을 담당하는 자를 정하는 것을 의미하며, 국가권력의 담당자는 그 권력을 남용하는 경향이 있다. 절대 권력은 절대적으로 부패하게 된다. 이러한 권력담당자의 전제와 전횡을 방지하여 인민이 가지는 천부적 자유와 권리를 방어하여야 할 필요가 발생한다. 이에 부응할 제도적 장치로 고안된 것이 권력분립제도이다. 영국의 시민혁명의 사상적 기초를 제공한 존 로크(John Locke)는 시민정부론에서 입법권와 집행권의 권력분립이 필요하다고 보았으며 사법권을 여기에 별도의 권력으로 정립시키지는 아니하였다.[1] 한편 프랑스의 법복귀족 출신인 몽테스키외(Montesqieu)는 입법권과 집행권에 사법권을 더하여 3권의 분립을 주장하였다. 이와 같이 국가권력을 분할하여 서로 다른 담당자에게 맡겨서 상호간에 견제와 균형이 이루어지도록 하는 방법으로 권력을 안배한다면 국가권력의 전제를 방지할 수 있다고 보았던 것이다.

프랑스 인권선언 제16조가 '기본권이 보장되지 아니하고 권력분립이 실현되지 아니한 국가는 헌법을 가진 국가라고 할 수 없다'고 하였듯이, 입헌주의 헌법이 성립될 당시의 그 주창자들은 기본권의 보장과 권력분립이야말로 입헌주의 헌법의 본질적 징표를 이루는 핵심적 사항으로 보았다.

(4) 입헌주의 헌법에 있어서는 권력분립의 기초 위에 법치주의가 실현되어야만 한다. 법치주의란 국민의 자유와 권리를 제한하는 국가의 작용은 그러한 제한에 대한 법적 근거가 있어야 하고 또한 법이 정한 내용에 반하여서는 안 된다는 통치원리이다. 그런데 여기서 입헌주의 헌법에서 요구되는 법치주의는 국민이 법을 지켜야 한다는 취지의 것이 아니라 국가, 즉 국가권력의 담당자가 법을 준수하여 권력을 행사하여야 한다는 취지의 원칙임을 유의할 필요가 있다. 나아가 국민의 자유와 권리를 제한하는 국가의 조치는 반드시 법률에 그 '근거'를 가져야만 하고, 단지 법률에 위반하지 아니한다는 것만으로는 충분하지 않다는 점이 중요하다. 즉 국가의 인권 제한 조치가 법률에 반하지 않는다는 소극적인 요청뿐만 아니라 그러한 조치를 할 수 있다고 규정하는 법률이

1) 로크는 집행권의 내용에서 국제관계에서의 동맹권이나 왕의 대권을 구별하고 있으므로 이 점을 중시하여 그의 주장을 '4권분립론'이라고도 평가할 수도 있다. 그러나 동맹권과 대권은 모두 집행권의 세부 분류에 속하는 것이므로 같은 범주에 있는 것으로 보고 사법권의 분립을 요구하지 아니하고 있는 점을 유의하여 '2권분립론'이라고 보는 것이 보다 일반적인 견해이다.

존재하여야 한다는 보다 적극적인 요구가 충족되어야 하는 것이다.

(5) 이와 같이 창설된 국가의 최고권력, 즉 주권(主權)은 국민에게 귀속되어야 한다. 국민이야말로 국가를 창설한 주체이기 때문이다. 국민은 국가를 구성하는 인적 요소로서 국가의 통치권에 의한 지배를 받으므로 한편으로 치자(治者)이면서 다른 한편으로 피치자(被治者)의 위치에 있다고 할 수 있다. 국가가 인민의 집단적 결합체로서 존재하는 이상 국민은 다수인으로 구성될 수밖에 없으므로 국민이 주권을 행사하기 위하여서는 그 대표자를 선출하고, 대표기관인 의회가 국민의 의사가 반영된 법규범을 정립하도록 하여야 한다. 즉 의회를 구성하는 원칙으로서의 대의제(代議制)의 원칙이 요구되는 것이다.

(6) 입헌주의 헌법의 요소가 되는 이러한 제반 원칙들은 국가권력의 담당자를 포함하여 어떤 자도 이를 어길 수 없도록 국가의 최고규범인 헌법을 만들어 그 속에 명백히 규정함으로써 명시적으로 밝혀 놓을 필요가 있다(성문헌법의 원칙). 이에 따라 헌법전(憲法典)에는 먼저 보장되어야 할 국민의 기본권의 목록을 열거하여 이를 분명히 하고 각 국가기관의 권력의 범위와 한계를 확실히 규정하게 되었다. 나아가 이러한 헌법은 개정에 있어서 일반법률보다 까다로운 절차에 의하도록 하여 함부로 변경 혹은 폐지되지 못하도록 하였다(경성헌법의 원칙).

(7) 이와 같이 근대 입헌주의 헌법은 기본적 인권의 보장, 국민주권주의, 권력의 분립, 법치주의, 대의제의 원칙, 성문헌법의 원칙을 그 요소로 하는 것이라고 일반적으로 설명된다. 그러나 이 중에서 성문헌법의 원칙이나 경성헌법의 원칙과 같은 것은 입헌주의의 본질을 좌우하는 개념필연적 요소는 아니고 입헌주의를 강화하기 위한 기술적 요소라고 보아야 한다. 각국의 정치적 발전과 정치문화적 풍토에 따라서 성문헌법을 채택하지 않는 입헌주의국가가 존재할 수 있고 또한 실제로 존재하므로[1] 이들 원칙들을 입헌주의의 개념필수적 요소라고 제시하기는 어렵다.

---

1) 영국이나 뉴질랜드는 별도의 성문헌법을 가지고 있지 않으나 입헌주의 헌법국가이며, 특히 영국은 최초의 입헌주의 헌법국가이다.

제 2 항 사회국가 헌법

(1) 입헌주의 헌법은 계몽주의 정치사상가들의 합리주의 사고에 기초하여 인민의 자유와 권리의 보장을 목적으로 국가권력의 분립과 제한을 핵심내용으로 하였다. 이는 시민혁명기를 거쳐서 출현한 근대국가들의 헌법으로 실현되었으나 실제 시행의 결과 기대와는 달리 적지 않은 부작용을 초래하였다.

입헌주의 헌법에서는 개인을 천부적 자유와 권리를 가지는 평등한 존재로 간주하였으나, 이는 오히려 각 개인의 능력과 재산에 있어서 실제적 차이를 무시하는 현상을 부추겼다. 시장경제와 자본주의 체제 하에서 모든 사람들을 같은 조건으로 경쟁하도록 한 결과 재력과 능력이 있는 사람은 점점 재부(財富)를 늘리고 그렇지 못한 사람은 가난해지는 부작용을 초래하여 빈부의 격차가 커지고 이에 따라서 사회적 불안이 증대되었다. 소수의 부유층을 제외한 대다수의 사람들이 빈곤의 늪에서 헤어나지 못하는 상태에서 헌법이 보장하는 자유와 권리는 공허한 말장난이며 실제로는 굶어 죽을 자유와 권리를 의미하는 데 불과하게 되었다.

(2) 이러한 헌법적 현실은 자유주의적 입헌국가를 극도의 불안정한 상황으로 몰고 갔다. 입헌주의 헌법의 허구성을 비판하면서 노동자와 농민을 중심으로 한 무산자 계층이 주도하는 폭력혁명에 의하여 기존의 자유방임적 자본주의 사회를 무너뜨리고 사회주의 국가를 건설하여야 한다는 사회주의 운동이 확산되고 러시아 등지에서 실제로 그러한 혁명이 성공하는 사례가 발생하자 입헌주의의 위기는 극대화되었다. 그 후 이러한 상황을 반성하여 입헌주의 헌법에서도 모든 국민에게 생활의 기본적 수요를 충족시켜 줌으로써 국민에게 건강하고 문화적 생활을 보장하는 것이 국가의 책무라고 함을 선언하고 또한 이를 국민의 권리로 보장하게 되었다. 이를 그 이전의 입헌주의 헌법과 구별하여 사회국가적 입헌주의 헌법(줄여서 '사회국가 헌법')이라고 한다.

(3) 이와 같이 사회국가적 입헌주의 헌법은 종래의 입헌주의 헌법의 기본원리를 배척하는 것이 아니고 그 기반 위에 추가된 것으로서 입헌주의 헌법의 모순점을 수정하고 보완한 보다 발전된 헌법의 성격을 가진다. 따라서 사회국가적 입헌주의 헌법의 기본원리는 종래의 입헌주의 헌법의 기본원리를 인정하고 그 기초 위에 다음과 같은 요소들을 추가하는 것이다.

첫째, 종래의 천부적 자유와 권리에 새로운 성격과 내용을 가진 일련의 기본권이 추가되었다. 즉 모든 국민에게 인간다운 생활을 영위할 기반을 마련할 책무가 국가에게 있음을 인정하고 헌법에 인간다운 생활을 할 권리와 의료보험, 상애보험 등 보험수급권 또는 근로의 권리와 같은 일련의 사회적 기본권을 수용하였다. 둘째, 사회적 시장경제질서를 도입하였다. 즉 시장경제를 원칙적으로 인정하나, 국가가 빈부 격차의 확대와 재부 정도에 따른 사회의 계층화를 막기 위하여 시장경제에 대하여 필요한 규제와 조정을 할 수 있도록 하였다. 셋째, 재산권 행사의 공공성을 헌법에서 강조하여 재산권이 경제적 강자가 약자를 지배하는 도구로서 사회적으로 남용되는 것을 방지하고자 하였다. 우리 헌법도 사회국가적 입헌주의 헌법의 이러한 요소들을 모두 수용하고 있다.

제 2 절 헌법의 분류

헌법은 여러 가지 기준으로 분류될 수 있다. 헌법의 존재형식의 차이에 따라 성문헌법과 불문헌법으로 분류되고, 개정방법의 차이에 따라 연성헌법과 경성헌법으로 분류된다. 다른 여러 가지 기준에 의한 분류들도 존재하지만 헌법의 의미를 파악함에 있어서는 이 두 가지 분류가 실제적으로 가장 중요하다.

제 1 항 존재형식에 의한 분류

1. 성문헌법과 불문헌법

(1) 오늘날 입헌국가에는 헌법규범의 내용을 명시적으로 수록한 헌법전(憲法典)을 가지는 나라가 있고, 이와 같은 헌법전을 가지지 아니한 채 헌법규범의 내용을 담은 하위 법률이나 헌법적 관습에 의하여 국가의 기본규범을 정하는 나라가 있다. 전자를 성문헌법국가, 후자를 불문헌법국가라고 한다.

(2) 영국에는 헌법전이 존재하지 않으며, 이스라엘과 뉴질랜드도 그러하다. 이러한 나라들은 당연히 불문헌법국가라고 할 것이나, 비교적 간략한 내용의

헌법적 법률을 가질 뿐이어서 불문헌법국가인지 성문헌법국가인지 구별하기 곤란한 경우도 있다. 예컨대 프랑스의 경우 1875년에 탄생하여 1946년에 이르기까지 가장 오래 지속된 제3공화국은 3개의 헌법적 법률(lois constitutionnelles)을 가지고 출범하였는데, 이 헌법적 법률들은 그 내용을 개정하려면 법률의 개정의 경우보다 더 까다로운 개정절차에 의하도록 규정되어 있었다. 그런데 각 헌법적 법률이 10개조 정도의 단문이어서 전체가 약 30개조밖에 되지 아니하였다. 이것은 국가생활의 기본내용을 완결적으로 규율하기에 내용상 매우 부족하였으므로 그 불완전한 점들을 보충하기 위해서 많은 헌법적 관습이 발생하였다. 단일한 헌법전이 존재하지 아니하고 헌법적 관습이 발달한 이러한 사정을 중시하여 프랑스 제3공화국을 불문헌법국가로 평가하는 경우도 있으나, 비록 내용이 간결하고 3개로 분리되어 존재하기는 하였지만 명문의 헌법전이 존재하였으므로 프랑스 제3공화국은 성문헌법국가로 보아야 정확하다.

2. 실질적 헌법과 형식적 헌법

(1) 실질적 헌법이란 그 내용상 헌법에 속하는 사항, 즉 헌법사항에 해당하는 것을 말한다. 즉 헌법을 헌법전이라는 규범의 형식을 기준으로 하지 아니하고 그 내용을 기준으로 하여 파악하는 것이다. 그렇다면 헌법에 포섭되어야 할 내용으로서 헌법사항이 무엇인가 하는 것이 문제되는데, 일반적으로 이는 ① 국가의 구성과 조직에 관한 사항, ② 국가기관 상호간 관계와 권한에 관한 사항, ③ 국가와 국민 간의 관계에 관한 사항을 포괄하는 것이라고 하고 있다. 그러므로 이러한 세 가지 사항이 곧 실질적 헌법에 해당한다.

(2) 실질적 의미의 헌법에는 반드시 헌법전에 들어있는 내용뿐만이 아니라 국회법, 정부조직법, 정당법, 국적법, 법원조직법 등의 여러 법률에 들어 있는 내용이라고 하더라도 위 헌법사항을 다루고 있는 한 포함된다. 따라서 헌법전의 내용과 실질적 의미의 헌법은 반드시 일치하지는 않으며 실질적 의미의 헌법이 내용상 보다 더 포괄적이고 광범위하다.

(3) 이에 반하여 형식적 헌법은 그 내용을 불문하고 헌법전에 포함되어 있는 사항을 말한다. 따라서 형식적 헌법은 헌법전과 내용상 일치하는 것이다. 경성헌법국가에서 헌법전은 국가의 최고법규범으로서 일반 법률보다 그 개정

이 어렵게 되어 있으므로 헌법사항 중 중요한 사항만을 포함하고 있다. 이상적으로는 모든 실질적 헌법사항이 형식적 헌법에 들어가면 바람직하겠지만 실제로는 그렇지 못하고 헌법전에는 그 중에서도 기본적인 것만 축약하여 포함시키고 나머지는 일반 법률에서 규율하게 된다.

(4) 국가의 규범체계 중에서는 헌법전이 가장 고치기 곤란한 것이므로 국가정책으로서 함부로 변경할 수 없도록 할 필요가 있는 사항을 이에 담기도 한다. 예컨대 스위스헌법은 헌법사항이 아님에도 불구하고 쉽게 개정되지 않도록 하기 위하여 목축에 관한 기본사항을 포함하고 있는데 이는 형식적 헌법에는 속하나 실질적 헌법에 해당하지 않는 경우이다. 그러나 이는 특수한 예외일 뿐이고 일반적으로는 형식적 헌법에 포함된 규범 내용은 실질적 헌법에 속하는 것이다.

제 2 항 개정방법에 의한 분류

1. 경성헌법과 연성헌법

헌법은 개정곤란성의 정도에 따라 경성헌법과 연성헌법으로 구분된다. 연성(軟性, unentrenched)헌법이란 헌법에 포함된 내용을 고치려면 일반적 법규범인 법률과 같은 절차에 의하여 할 수 있도록 하는 헌법을 말한다. 이에 반하여 경성(硬性, entrenched)헌법은 그 개정에 있어서 법률을 개정할 때보다 더 까다로운 절차를 요구하는 헌법을 말한다.

2. 불문헌법과 연성·경성헌법의 상관관계

불문헌법은 헌법전 이외의 형태로 존재하는 헌법이므로 이를 바꿈에 있어서 법률보다 엄격한 절차를 요구하는 것은 있을 수 없다고 보아서 불문헌법은 모두 연성헌법이라고 설명하는 경우가 많다. 또한 성문헌법은 경성헌법인 것이 보통이므로 결국 '불문헌법=연성헌법, 성문헌법=경성헌법'이라는 인식이 널리 통용되고 있다. 그러나 이는 논리필연적 귀결은 아니며, 성문헌법 중에서도 연성헌법이 있고 불문헌법 중에서도 경성헌법이 있을 수 있다는 점을 유의하여야 한다.

예컨대, 1920년대의 이탈리아 헌법은 개정절차를 별도로 담지 않았다. 그런데 베니토 무솔리니가 파시스트당을 만들어 집권하자, 이탈리아 헌법은 헌법개정에 있어서 까다로운 절차를 요구하지 않았기 때문에 법률개정절차로 파시스트 헌법으로 바꾸어 버렸다. 이는 성문헌법으로서 연성헌법이었던 사례에 해당한다.

나아가 불문헌법이 반드시 연성헌법이어야 하는 것도 아니다. 유럽대륙에서 최초의 시민혁명이 일어나 입헌주의 발전의 선구적 역할을 한 프랑스의 헌법역사에서는 불문의 경성헌법이 존재하였던 사례가 있다. 프랑스의 헌법발전은 혁명 이후와 혁명 이전을 대비하여 볼 수 있는데 혁명 이전의 프랑스 헌법은 불문의 경성헌법에 해당하였다. 이 시기 프랑스의 헌법은 프랑스왕국의 기본법(lois fondamentales)이라고 칭하였는데, 이는 성문으로 쓰여져 있었던 것이 아니라 불문의 관습헌법으로 존재하였다. 국왕의 승계, 왕국의 영토 변경 등이 그러한 사항이었으며 이러한 기본법을 바꾸려고 하는 경우 왕의 칙령과 같은 일반적 법규범 형식의 변경으로는 부족하였다. 기본법의 개정은 반드시 삼부회의(États généraux)의 승인을 받아야만 할 수 있었다.[1] 이는 불문헌법으로서 연성헌법이라고 볼 수 없으며, 결국 '불문의 경성헌법'이었다고 할 것이다.[2]

3. 불문헌법과 관습헌법

불문헌법은 관습헌법 혹은 판례헌법의 형태로 존재한다. 미국의 경우 최고법원 판결의 선례구속성이 인정되므로 판례법은 곧 강제 규범으로서의 구속성을 가진다. 헌법에 관한 판례는 불문헌법에 해당한다. 우리나라는 성문헌법이 존재하는 성문헌법국가이다. 그러나 여기서도 성문헌법은 모든 헌법사항을 다

1) 1789년 프랑스혁명은 루이 16세가 왕국의 기본법에 해당하는 조세제도의 개정을 위한 절차로 삼부회의를 소집함으로써 촉발되었다.

2) 이에 관하여 튀르팽은 다음과 같이 기술하고 있다. "특히 널리 퍼져있는 오류와는 달리, 관습헌법은 반드시 연성인 것은 아니다(영국의 예를 일반화할 필요는 없는 것이다). 또 성문헌법이 필연적으로 경성인 것도 아니다. 프랑스의 구제도하에서 왕은 일반법률의 제정자였는데, 왕국의 '기본법'을 수정할 때에는 반드시 삼부회를 소집하여야 하였다. 이와 반대로 1814년과 1830년의 헌장은 성문이었지만 연성이었다." Turpin, *Droit constitutionnel*, 2007, pp. 118-119; Debbasch, *Droit constitutionnel et institutions politiques*, 1986, p. 81 및 George Burdeau, *droit constitutionnel*, 21. éd., p. 75에서도 불문(관습)헌법이 경성헌법일 수 있다는 점을 설명한다.

규율할 수 있는 것이 아니므로 성문헌법이 공백으로 둔 헌법사항에 대하여 불문헌법이 성립할 수 있다.

4. 관습헌법의 성립요건

헌법재판소는 서울을 수도로 설정한 것이 관습헌법에 해당한다는 판례를 정립한 바가 있으며 동 판시내용에서 관습헌법에 대한 일반적 이론을 설시하고 있다.[1] 이에 의하면, 관습헌법이 성립하기 위하여서는 관습이 성립하는 사항이 단지 법률로 정할 사항이 아니라 반드시 헌법에 의하여 규율되어 법률에 대하여 효력상 우위를 가져야 할 만큼 헌법적으로 중요한 기본적 사항이 되어야 한다. 일반적으로 실질적인 헌법사항이라고 함은 널리 국가의 조직에 관한 사항이나 국가기관의 권한 구성에 관한 사항 혹은 개인의 국가권력에 대한 지위를 포함하여 말하는 것이지만, 관습헌법은 이와 같은 일반적인 헌법사항에 해당하는 내용 중에서도 특히 국가의 기본적이고 핵심적인 사항으로서 법률에 의하여 규율하는 것이 적합하지 아니한 사항을 대상으로 한다. 일반적인 헌법사항 중 과연 어디까지가 이러한 기본적이고 핵심적인 헌법사항에 해당하는지 여부는 일반추상적인 기준을 설정하여 재단할 수는 없고, 개별적 문제사항에서 헌법적 원칙성과 중요성 및 헌법원리를 통하여 평가하는 구체적 판단에 의하여 확정하여야 한다. 나아가 관습헌법이 성립하기 위하여서는 관습법의 성립에서 요구되는 일반적 성립 요건도 충족되어야 한다. 기본적 헌법사항에 관하여 어떠한 관행 내지 관례가 존재하고, 그 관행은 국민이 그 존재를 인식하고 사라지지 않을 관행이라고 인정할 만큼 충분한 기간 동안 반복 내지 계속되어야 하며(반복·계속성), 관행은 지속성을 가져야 하는 것으로서 그 중간에 반대되는 관행이 이루어져서는 아니 되고(항상성), 관행은 여러 가지 해석이 가능할 정도로 모호한 것이 아닌 명확한 내용을 가진 것이어야 한다(명료성). 또한 이러한 관행이 헌법관습으로서 국민들의 승인 내지 확신 또는 폭넓은 컨센서스를 얻어 국민이 강제력을 가진다고 믿고 있어야 한다(국민적 합의).

---

1) 헌재 2004. 10. 21. 2004헌마554, 판례집 16-2 하, 1, 39-41면. 수도이전 위헌결정.

5. 관습헌법의 존속요건과 사멸

어느 법규범이 관습헌법으로 인정된다면 그 개정 가능성을 가지게 된다. 관습헌법도 헌법의 일부로서 성문헌법의 경우와 동일한 효력을 가지기 때문에 그 법규범은 최소한 헌법 제130조에 의거한 헌법개정의 방법에 의하여만 개정될 수 있다. 따라서 재적의원 3분의 2 이상의 찬성에 의한 국회의 의결을 얻은 다음(헌법 제130조 제1항) 국민투표에 붙여 국회의원 선거권자 과반수의 투표와 투표자 과반수의 찬성을 얻어야 한다(헌법 제130조 제3항). 다만 이 경우 관습헌법규범은 헌법전에 그에 상반하는 법규범을 첨가함에 의하여 폐지하게 되는 점에서, 헌법전으로부터 관계되는 헌법조항을 삭제함으로써 폐지되는 성문헌법규범과는 구분된다. 한편 이러한 형식적인 헌법개정 외에도, 관습헌법은 그것을 지탱하고 있는 국민적 합의성을 상실함에 의하여 법적 효력을 상실할 수 있다. 관습헌법은 주권자인 국민에 의하여 유효한 헌법규범으로 인정되는 동안에만 존속하는 것이며, 관습법의 존속요건의 하나인 국민적 합의성이 소멸되면 관습헌법으로서의 법적 효력도 상실하게 된다. 관습헌법의 요건들은 그 성립의 요건일 뿐만 아니라 효력 유지의 요건이다.[1] 그러므로 국민투표의 방법에 의하여 국민이 관습헌법사항의 유지에 찬성하지 아니한다는 점이 확인되면 즉시 소멸된다고 보아야 한다.[2]

1) 위 수도이전 위헌결정, 같은 판례집 48면.

2) "우리나라의 수도가 서울이라는 점에 대한 관습헌법을 폐지하기 위해서는 헌법이 정한 절차에 따른 헌법개정이 이루어져야만 한다. 이 경우 성문의 조항과 다른 것은 성문의 수도조항이 존재한다면 이를 삭제하는 내용의 개정이 필요하겠지만 관습헌법은 이에 반하는 내용의 새로운 수도설정조항을 헌법에 넣는 것만으로 그 폐지가 이루어지는 점에 있다. 예컨대 충청권의 특정지역이 우리나라의 수도라는 조항을 헌법에 개설하는 것에 의하여 서울이 수도라는 관습헌법은 폐지될 수 있는 것이다. 다만 헌법규범으로 정립된 관습이라고 하더라도 세월의 흐름과 헌법적 상황의 변화에 따라 이에 대한 침범이 발생하고 나아가 그 위반이 일반화되어 그 법적 효력에 대한 국민적 합의가 상실되기에 이른 경우에는 관습헌법은 자연히 사멸하게 된다. 이와 같은 사멸을 인정하기 위해서는 국민에 대한 종합적 의사의 확인으로서 국민투표 등 모두가 신뢰할 수 있는 방법이 고려될 여지도 있을 것이다. 그러나 이 사건의 경우에 이러한 사멸의 사정은 확인되지 않는다. 따라서 앞서 설시한 바와 같이 우리나라의 수도가 서울인 것은 우리 헌법상 관습헌법으로 정립된 사항이며 여기에는 아무런 사정의 변화도 없다고 할 것이므로 이를 폐지하기 위해서는 반드시 헌법개정의 절차에 의하여야 한다." 위 수도이전 위헌결정, 같은 판례집 49면.
이처럼 수도이전 위헌사건의 결정문에는 관습헌법의 개정은 헌법개정절차에 의하여야 한다고 명시하는 구절이 있으나 전체적으로는 '헌법의 개정'뿐만이 아니라 '국민투표'에 의하여서도 개정할 수 있다는 점을 인정하는 취지이다. 국민투표의 결과 그 개정에 국민이 찬성하는 결과가 나오게 되면 관습헌법에 대한 국민적 합의성이 상실되기 때문이다. 결국 판례의 취지는 '국민투표' 이상의 절차를 거쳐서 관습헌법을 소멸시키고 수도이전을 하여야 함을 요구한 것임을 알 수 있다.

6. 관습헌법론 비판에 대한 평가

(1) 헌법재판소의 수도이전법 위헌결정(2004헌마554)에 대하여 '관습헌법이란 인정될 수 없으며 인정된다고 하더라도 이는 법률에 의하여 언제나 개정할 수 있는 것으로 보아야 한다'는 견해가 있으나, 이는 타당하지 않다. 국민주권의 국가에서 국민이 직접 정립하는 관습헌법의 존재를 부정할 근거는 없으며,[1] 불문헌법이라고 하더라도 반드시 연성헌법이 되어야 하는 것은 아니므로[2] 헌법과 같은 효력의 관습헌법의 존재 가능성을 인정하는 판례의 입장은 정당하다. 특히 우리나라와 같이 고래로 동양적 정치원리와 철학 하에서 국가생활을 하여 온 동양국가로서는 서양헌법의 원리를 계수하되 관습헌법의 성립 가능성을 열어두는 것은 우리 사회에서 자생한 적절하고 타당한 정치원리를 헌법에 반영하고 동서양의 헌법원리를 차별없이 개방적으로 수용하는 길이 되며 나아가 한국헌법의 정체성을 세우는 데에도 도움이 될 것이다.

(2) 또한 '서울이 수도라는 관습헌법이 어디있는가. 말도 안 되며 이런 것은 존재하지 않는다'는 식의 비판이 있으나, 우리 헌법상 이러한 견해는 옳지 않다. 우리나라는 600년 이상 서울에 수도를 두고 국가의 정치생활을 영위하여 왔다. 이처럼 국가생활의 구성에 관한 규범적 결단이 수백년의 장구한 기간 동안 국민에게 익숙해져 왔다면 그 관습규범화의 여부를 반드시 헌법적으로 따져 보아야 한다. 이에 헌법재판소는 관습헌법의 제반 성립요건에 따라 그 해당 여부를 판단하였으며, 또한 그 판단은 우리 국민의 국가생활에 대한 전체적이고 객관적인 평가에 의하여 이루어진 것이다. 특히 수도의 이전은 관련 지역 주민들 사이에 첨예한 이해대립이 있는 사안으로서 국민 전체의 국가생활에도 중대한 영향을 미칠 것임에도 불구하고 특정의 정치세력이 수도이전을 내세워 지역적 환심을 일으켜 집권하여 국민의 전체적 의사를 고려하지도 않고 법률로써 임의로 처리하여 버리는 것은 헌법절차적으로 부족한 처리라고 보아야 합당하다. 당시 국민의 전체여론은 오히려 수도이전에 반대하는 측이 다수로 나타났음에서 알 수 있듯이 일반인의 평균적 생각 또한 수도를 이전하려면 '적어도 국민투표에 의하여 국민의 전체의사를 직접 물어 처리하여야 한

1) René Capitant, *la coutume constitutionelle, Revue du droit public*, 1979, pp. 969-970.
2) Dominique Turpin, *op. cit.*, p. 118.

다'는 것에 있었다고 볼 수 있다.[1] 그런데 국민 일반의 이러한 법적 인식(認識)이야말로 서울의 수도설정에 관한 관습헌법의 존재를 확인하는 것이다. 관습헌법의 변경에 요구되는 최소한의 절차는 바로 국민투표의 실시에 있기 때문이다.

제3절 헌법의 제정과 개정

제1항 헌법의 제정

1. 의 의

헌법은 정치적 공동체의 형태나 기본적 가치질서에 대한 국민적 합의를 법규범화한 것이며, 헌법의 제정(制定)이란 헌법제정권자가 헌법사항의 내용을 결정하여 성문의 헌법으로 법전화(法典化)하는 작업을 말한다. 헌법제정에 관하여서는 '누가 헌법제정권을 가지는가' 하는 주체의 문제와 '헌법제정권은 어떻게 행사되는가' 하는 방법의 문제 및 '행사에 있어서 한계가 존재하는가' 하는 한계의 문제 등 세 가지 문제가 중요한 쟁점이 된다.

2. 헌법제정권력이론의 탄생과 발전

(1) 프랑스에서의 최초의 개념적 성립

입헌주의의 발달 역사에서 헌법제정의 문제는 '누가 헌법제정권을 가지는가' 하는 것을 따지는 형태로 제기되어 이론화되었다. 프랑스 혁명전야 당시 시에예스(Emmauel-Joseph Sieyès)가 「제3신분이란 무엇인가」라는 제목의 논문에서 처음으로 헌법제정권력(pouvoir constituant)이라는 개념을 도입하면서 헌법제정 문제의 논의가 시작되었다. 시에예스는 국가권력을 헌법제정권력과 헌

1) 4개 여론조사기관의 조사에 의하면 응답자의 3분의 2 이상이 수도이전에 국민투표 등 국민적 합의절차가 필요하다는 데에 동의하고 있다. 즉 국민투표가 필요하다고 한 응답자의 비율이 R&R(2004.6.9)은 71%, 코리아 리서치(2004.6.9)는 67.5%, 리서치플러스(2004.6.12)는 64.7%, 한길 리서치(2004.6.12)는 68.1%를 보이고 있다. 차동욱, 공간분석모델을 통해 본 헌법재판소의 전략적 판결과정, 한국정치학회보 제40집 제5호, 2006, 111, 126면.

법에 의하여 만들어진 제도화된 권력(pouvoir constitué)으로 구분하였다. 그에 의하면 헌법제정권력은 국민이 보유한다. 이 권력은 그 어떤 권력에도 복종하지 않는 시원적(始原的) 권력이다. 이는 국가생활에 관한 모든 것을 창조할 수 있는 힘이므로 무제약적인 것이다. 시원적 권력이므로 다른 어떤 권력에 의하여 정당화될 필요가 없다. 즉 헌법제정권력은 자기정당성을 가진다. 이에 비하여 헌법개정권력은 헌법에 의하여 제도화된 권력에 불과하다.[1)]

(2) 독일에서의 헌법제정권력이론의 발전

프랑스와 달리 19세기 내내 시민계급이 군주의 권력을 무너뜨리지 못하여 시민혁명에 실패한 독일에서는 법실증주의적 국가법학이 공법학의 지배적 사조가 되었다. 이에 따르면 모든 국가법 규범은 법률로 존재하게 되는 것이며 이상의 우선적 효력을 가지는 법규범은 존재하지 않는다. 헌법도 국가에 의하여 인정되는 법규범이므로 일반 법규범과 효력상 차이가 없는 것이다. 헌법제정권력은 의식 속에서 사라졌다가 20세기 초 바이마르헌법 시대에 칼 슈미트(Carl Schmitt)의 연구에 의하여 비로소 그 의미가 재생되었다. 그에 의하면 헌법은 헌법제정권력자의 정치적 결단으로서 당해 정치적 통일체의 종류와 형태에 관한 근본결단이다. 그리하여 최상위의 권력으로서 헌법제정권력을 인정하고 그 하위 법규범으로서 헌법개정권력과 입법권 등을 존치시킴으로써 규범간 서열체계를 구성하였다. 그러나 칼 슈미트의 헌법제정권력론은 당초 법실증주의를 극복하고 자유주의 헌법관의 기초가 되고자 하였던 의도에서 벗어나 나치의 등장과 함께 그 전체주의 체제를 정당화하는 이론으로 악용되는 결과를 초래하고 말았다. 나치체제의 패망 이후에야 헌법제정권력론은 전체주의 옹호적 색채를 탈피하여 다시 자유주의 헌법이론의 기초이론으로 재정립되었다.

---

1) 시에예스는 프랑스혁명 초기 근대적 헌법이론을 체계화하여 제공함으로써 혁명을 부추기고 그 법이론적 기반을 제공하였는데, 「제3신분이란 무엇인가」라는 유명한 소책자에서 헌법제정권력에 대하여 명쾌하게 설명하였다. 그는 '제3신분(부르조아계급)이란 무엇인가, 지금까지 프랑스에서 어떤 위치를 가졌는가'를 자문한 다음, 제3신분이 아무런 비중있는 존재가 아니었다(rien)고 말한다. 나아가 '실제로 제3신분이 차지하여야 할 위치는 무엇인가'를 묻고 이에 대하여 '제3신분이 바로 국민(nation)이다. 국가질서에서 차지하여야 할 비중은 모든 것(tous)이다'고 하였다. 또한 '이제 제3신분은 어떻게 하여야 하는가'라는 질문에는 '제3신분은 정당한 가치를 가진 존재가 되어야 하겠다. 당연히 가져야 할 위치를 차지하여야 한다(devenir de quelque chose)'고 하여 제3신분의 혁명과 헌법의 제정을 촉구하였다.

3. 특 성

헌법제정권력은 정치적 통일체의 종류와 형태에 관하여 근본적 결단을 내리는 사실상의 힘의 성격을 가짐과 동시에 그 정당성을 주는 권위로서의 의미를 가진다. 즉 물리력인 힘으로서의 성격과 권위로서의 성격, 사실성과 규범성을 양면적으로 구비한 성격을 가지는 권력인 것이다. 따라서 헌법제정권력은 보다 상위에 있는 그 무엇에 의하여 구속되지 아니하는 시원성과 자율성 및 무제약성을 가지며, 그 행사주체인 전체 국민에게 귀속되는 이 권력은 부분적으로 나누어질 수 없고 다른 주체에 양도될 수 없는 불가분성(不可分性)과 불가양성(不可讓性)을 가진다.

이러한 특성들은 국가의 주권(主權)에서도 나타나므로 양자가 혼동되어 사용되는 경우도 있으나, 주권은 국가권력의 총체 내지 이를 행사하는 힘을 의미하는 반면 헌법제정권력은 국가권력을 행사하는 데 있어서 준수하여야 할 최고의 규범인 헌법을 제정할 힘을 말하므로 완전히 다른 관점과 기준에서 말하는 개념으로서 서로 구분되어야 한다.1)

또한 헌법제정권력은 최초로 헌법을 만들 때 단 한 번 행사되는 권력이라고 할 것이나 그 행사 후에는 소멸된다고 볼 수는 없다. 헌법이 발효중인 상태에서는 잠재하는 상태로 있다가 필요하면 그 귀속주체인 국민에 의하여 다시 행사되는 등 재현될 수 있다. 그러한 의미에서 헌법제정권력은 항구성(恒久性)을 가진다.

1) 주권(souveraineté)은 국가에게 귀속되는 시원적 권력으로서 장 보댕(Jean Bodin)에 의하여 이론화되었다. 군주주권론을 주장한 장 보댕은 종교전쟁이 치열한 시대적 상황에서 그 사회적 혼란을 부추기는 원인은 귀족들에게 있다고 보았다. 프랑스에서 벌어진 종교전쟁의 명분은 신앙의 차이였지만 실질은 귀족들 사이의 권력과 이익의 투쟁의 성격이 강하였다. 귀족계급의 허영과 욕심에 의하여 초래된 사회적 혼란으로부터 신민들을 구제하고 왕국의 질서를 회복하는 길은 국왕이 강대하여져서 귀족들을 제압하는 길밖에 없다고 보았다. 장 보댕은 국왕이 이러한 역할을 할 수 있도록 하기 위한 국가론적 이론체계를 고안하였는데 이것이 군주주권론이다. 그에 의하면 군주가 다스리는 국가에게 모든 공권력이 집중되어야 하며 이러한 국가권력은 시원적이고 독립적인 것으로서 상위의 교황이나 하위의 봉건영주에 의하여 침해될 수 없는 성격을 가진다. 이를 국가의 주권으로 보았다. 한편 주권에 의하여 창출된 권리인 통치권이 주권과 개념상 구분되고 있다. 통치권은 시원적이고 불가침, 불가양의 권력은 아니며 분할될 수 있는 구체적인 국가권력으로서 입법권, 행정권, 사법권 등 구체적인 국가권력들의 총합을 의미하는 것이다.

4. 행사방법

'헌법제정권력이 어떻게 행사되는가' 하는 것은 헌법을 처음으로 제정할 때 어떠한 방법을 채택하여야 할 것인가 하는 문제로 귀착된다. 직접민주주의적 방법에 의할 경우에는 전체 국민이 논의하여 결정한 헌법안을 국민투표로 채택하게 될 것이며, 간접민주주의적 방법에 의할 경우에는 국민의 대표자를 선출하고 이들이 논의한 헌법안을 채택하게 될 것이다.

그러나 이 경우에도 일반적으로 두 가지 방식이 인정되고 있다. 그 첫째는 헌법제정을 임무로 하는 특별한 대표기관을 선정하는 것, 즉 헌법제정회의(Constituent Assembly)를 구성하는 방법이다. 헌법제정회의는 헌법제정을 위한 대표자를 선출하여 구성되고 헌법제정만을 임무로 하는 회의체로서 의회는 아니다. 제헌헌법을 만들고 나면 이 회의체는 해산된다. 둘째는 통상의 입법부 내에 헌법제정의 임무를 맡은 특별한 기구, 즉 헌법제정위원회(Constitutional Committee)를 구성하는 방법이다. 입헌주의 체제를 새롭게 시작하고자 하는 국가는 어느 나라나 먼저 국민의 대표기관인 의회를 구성하여야 한다. 따라서 이와 별도로 헌법제정회의를 구성할 필요가 없이 이러한 통상적 의회만을 구성하되 이 최초의 의회에서 헌법제정을 위한 특별위원회를 만들어서 그곳에서 초안을 만들어 의회에서 통과시키는 방식인 것이다. 이 방식은 건국의 초기에 유사한 국민대표기관을 중복되게 구성함으로써 발생하는 비경제와 혼란을 방지할 수 있는 이점이 있다.1)

헌법제정회의이든 헌법제정위원회이든 헌법초안을 통과시키는 데 있어서는 가중 다수결을 채택할 수 있으며, 여기에 다시 국민투표를 거치도록 하여 국민의 최종적 승인을 받도록 하는 엄격한 절차를 가미할 수 있다.

5. 헌법제정권력의 한계

헌법제정권력 이론을 체계화한 시에예스와 칼 슈미트는 헌법제정권력의 행사에 있어서의 한계를 인정한 바가 없으나, 오늘날 일반적으로 헌법제정권력

1) 1948년 5월 구성된 우리나라 최초의 국회가 '제헌의회(制憲議會)'로 불리는 것은 이 방식에 의하여 헌법제정이 실현되었기 때문이다.

의 행사에 있어서는 일정한 한계가 존재한다고 보고 있다.

헌법제정권력은 헌법의 제정 당시의 국민적 합의나 국민이 보편적으로 공유하는 가치질서를 위반하는 방향으로 행사될 수 없으며(국민적 합의에 의한 한계), 민주주의, 국제평화주의, 정의 등 명백한 보편성을 가진 헌법원리에 반하여서는 안 된다(보편적 헌법원리에 의한 한계). 또한 모든 인간에게 천부적으로 주어진 기본권을 침해하는 내용으로 행사될 수 없으며(초국가적 자연법 원리에 의한 한계), 국가가 놓인 국제법적 상황에 의한 제약을 받을 수도 있다(국제법적 한계).

헌법제정권력의 행사가 주권자의 결단으로서 무제약적 성격을 가짐을 강조한 칼 슈미트의 논리는 히틀러 정권의 폭력적 지배를 독일민족과 그 지도자의 결단이라는 명목 하에 헌법적으로 정당화하여 주는 계기를 마련하는 데 악용되었다. 이와 같이 헌법제정권력론은 입헌주의의 시발을 설명하고 또한 그 존속을 보장하기 위한 이론으로 필요하기는 하지만, 주권자인 국민의 헌법제정권력의 행사는 실제로는 결국 국민이 선정한 특정의 대표자에 의하여 주도적으로 이루어지게 되므로 그 행사에 한계가 없다고 본다면 이러한 논리를 악용하여 오히려 입헌주의를 훼손할 수 있는 위험을 피할 수 없다. 따라서 헌법제정권력의 행사에도 위와 같은 한계가 존재한다고 보는 것이 타당하다.

제2항 헌법의 개정

1. 헌법개정의 의의

헌법의 개정은 헌법에 주어진 기존의 절차에 따라서 헌법의 기본적 동일성(同一性)을 유지하면서 의식적으로 헌법의 내용을 수정, 삭제, 첨가, 증보(增補)하는 것을 의미한다. 따라서 헌법개정이 되기 위해서는 헌법에서 주어진 개정절차를 따라야 한다는 형식적 요건과 기존 헌법과 내용 면에서 기본적 동일성을 유지하여야 한다는 실질적 요건을 충족하여야 한다. 따라서 우리 헌법의 기본원리인 자유민주주의나 법치주의 혹은 민주공화국의 국가체제를 변경하는 것은 헌법개정에 의하여 실현될 수 없다. 비록 헌법이 정한 절차에 의한다고 하더라도 이는 헌법제정권력자의 가장 기초적 결단사항을 바꾸는 것이 되므로 헌법제정권력자에 의하여 만들어진 권력에 불과한 헌법개정권력의 행사 한계를 넘어서는 것이 된다. 또한 헌법의 개정은 헌법제정권력자가 헌법에 정하여 놓은 절차에 따라 의식적으로 헌법의 내용을 변경하는 경우만을 의미한다. 만약 헌법의 내용이 오랜 헌법적 관행에 의하여 무의식적으로 바뀌는 경우라면 이는 헌법의 개정이 아니라 헌법의 변천에 해당한다.

헌법의 개정은 헌법에 새로운 조항을 첨가하거나 기존의 조항을 삭제하는 방법에 의할 수 있고, 나아가 기존 조항의 내용을 직접 수정하거나 관련된 조항을 그대로 존치하되 헌법의 말미에 개정사항을 부가하는 증보의 방법으로도 행하여진다.[1)]

2. 타 개념과의 구별

(1) 헌법의 파괴

헌법의 파괴(Verfassungsvernichtung)는 기존 헌법의 기본적 동일성을 깨뜨리면서 헌법을 변경하는 것이다. 예컨대 민주공화국을 군주국으로 바꾸는 내용의 헌법개정을 하였다면 이는 헌법의 파괴에 해당한다. 헌법의 파괴 여부는 헌법변경의 외관에 좌우되는 것이 아니라 실질적 내용에 의하여 판단된다. 따라서 외관상 헌법개정의 형식을 갖추었더라도 헌법개정의 내용상의 한계를 넘어선 것이라면 이는 헌법의 파괴이며, 진정한 의미의 헌법개정이 될 수 없다. 혁명(revolution)은 이러한 헌법파괴의 정치적 표현에 해당한다.

(2) 헌법의 폐제

헌법의 폐제(廢除, Verfassungsbeseitigung)는 헌법의 기본적 동일성을 파괴하지는 아니하면서 헌법이 정한 개정절차를 무시하고 의식적으로 헌법의 내용을 바꾸는 것을 말한다. 군사쿠데타에 의하여 기존헌법을 폐기하고 헌법의 전면개정을 실행하는 경우가 그 대표적 사례이다. 군사쿠데타에 의한 헌법변경의 경우에 보통 집권자나 집권세력은 바뀌지만 국민주권주의 등 입헌주의 헌법의 기본원칙이 부정되지는 않기 때문이다. 과거 유신헌법과 같이 기존의 헌법개

1) 증보(amendment)는 헌법의 기존조항들을 그대로 두면서 예컨대 수정1조 등의 방법으로 새 조항을 헌법의 말미에 덧붙이는 방법을 말한다. 미국헌법은 이러한 방식으로 채택하여 왔다. 즉 미국은 1787년 처음 제정되었던 헌법의 내용을 모두 그대로 온존시키면서 개정사항을 후속하여 부가하는 방법으로 헌법을 개정하고 있다.

정절차를 무시한 채 임의로 새로운 헌법을 만들어버리는 경우가 이와 같다. 이를 두고 통상 헌법의 '전면개정'이라고 말하고 있지만 엄밀히는 헌법개정의 개념에 부합하지 않는다.

(3) 헌법의 정지

헌법의 정지(Verfassungssuspension)는 일정한 헌법조항이나 헌법전 전체의 효력을 일시적으로 효력을 중지시키는 것을 말한다. 헌법상 이에 대한 근거조항을 둔다면 합헌적 헌법정지가 될 것이나 근거가 없을 때에는 위헌적 헌법정지가 된다.

(4) 헌법의 변천

헌법의 변천(Verfassungswandel)은 특정의 헌법조항이 그대로 유지·발효되고 있는 상태에서 그 의미나 내용이 실질적으로 변화되어 버리는 경우를 말한다. 이는 의식적으로 기존조항을 변경하는 것과는 달리 무의식적으로 헌법이 변질된다는 점에서 특징을 가진다.

3. 헌법개정의 한계

헌법을 개정하는 데에 있어서 한계가 존재하는지 여부에 관련하여 개정무한계설과 개정한계설이 대립된다.

(1) 무한계설

개정무한계설은 헌법의 내용 중에 궁극적으로 변경하지 못할 것은 없다고 보는 견해이다. 헌법조항은 고정되어 있지만 헌법현실은 부단히 변하므로 이를 맞추기 위해서는 한계없는 개정 가능성을 인정하여야 한다는 것이다. 이는 헌법규범과 현 법현실의 괴리를 메우고자 하는 현실적 측면을 중시한 견해이다. 또한 법규범은 모두 같은 효력을 가지는 것이며 법규범들 간에 효력상 차이가 없다고 보는 법실증주의적 사고를 헌법에 투영하면 헌법전에 포섭된 조항들 사이에는 아무런 효력상 차이가 없으며 헌법제정권력과 개정권력의 구분도 불가능하다는 것이 된다. 결국 헌법규범은 모두 같은 가치를 가진다고 하는 헌법규범 등가론(等價論)에 이르게 되고, 나아가 헌법에 명시적으로 헌법개정 불가조항을 두더라도 동 조항부터 먼저 개정하면 어떠한 조항이라고 모두 개정될 수 있다는 결론에 이른다. 이러한 사고는 모두 헌법개정 무한계설의 근거가 되고 있다.

(2) 한계설

오늘날 개정한계설이 통설이다. 이는 헌법제정권력과 헌법개정권력을 명확히 구분하는 데서 출발하며, 헌법제정권력에 의하여 만들어진 권력인 헌법개정권은 그 행사에 있어서 헌법제정권력자의 결단으로 헌법에 이미 설정되어 있는 헌법의 핵심적 기본사항을 변경할 수 없다는 내용상 한계를 가지게 된다. 따라서 헌법개정에 있어서는 헌법의 기본적 동일성이 유지되어야 한다는 결론에 이른다.

또 나아가 헌법개정한계설은 헌법제정권력조차 변경할 수 없는 초실정법적 자연법 원리나 국민적 합의의 기초가 되는 근본원리에 대해서는 이를 임의로 폐기하는 방향으로 행사될 수 없는 한계를 가진다고 본다. 그렇다면 헌법개정권력에서도 그대로 이러한 제약이 적용되어야 하는 것이 된다.

(3) 헌법개정의 구체적 한계

헌법개정의 한계는 자연법적 원리 등 초헌법적 사유에 의한 한계와 헌법이론의 논리적 결과로 도출되는 헌법내재적 사유에 의한 한계로 구분될 수 있다. 다른 헌법에서 나타나기도 하는 시기상의 제약이나 방법상의 제약은 우리 헌법상으로는 인정되고 있지 않다.

또한 헌법에서 직접 특정의 조항은 그 개정을 금지한다고 규정할 수 있는데 이 경우 이는 실정헌법상의 사유에 의한 한계가 된다. 여기서 법실증주의적 사고에 따라 이러한 개정금지조항이 존재한다고 하더라도 이를 먼저 개정하여 폐기한 다음 해당 조항을 개정하는 방식의 중첩적 개정을 통하여 개정할 수 있다는 논리를 생각할 수 있다. 그러나 헌법에 개정금지조항을 둔다는 것은 헌법제정권력자의 결단으로 보아야 하고 따라서 이는 헌법개정의 한계에 속하기 때문에 개정대상이 아니라고 보는 것이 정당하며 이러한 견해가 일반적이다.

헌법 제128조 제2항은 대통령의 임기연장 또는 중임변경을 위한 헌법개정은 그 헌법개정 제안 당시의 대통령에 대하여는 효력이 없다고 규정한다. 이 조항은 내용상 대통령의 임기연장 또는 중임변경을 위한 헌법개정 자체를 금지하는 것은 아니기 때문에 엄밀한 의미의 헌법개정 금지조항은 아니라고 할 것이다. 그러한 개정이 이루어질 경우 개정의 효력을 현직 대통령에게 미치지 않도록 하는 점에서 개정조항 적용대상의 제한으로서의 의미를 가졌을 뿐이기 때문이다. 그러나 이 조항의 내용 자체는 개정금지조항의 경우와 같이 헌법제정권력자의 결단으로 보아야 할 것이므로 역시 개정대상에서는 제외된다고 보아야 정당하다.

제3항 헌법의 변천

1. 의 의

헌법의 변천은 헌법조항의 내용이 세월의 흐름에 따라 자연히 그 의미를 바꾸는 것을 말하며 헌법개정과 대비할 때 무의식적인 헌법의 변경이 되는 점에서 구분되는 개념이다.

2. 미국의 사례

200여 년 전의 헌법을 그대로 적용하고 있는 미국의 경우 헌법변천의 사례는 많다. 현대미국의 헌법현실이 18세기 후반 독립 당시의 그것과 크게 변모함에 따라 헌법의 규정도 문언상 변화는 없지만 그 실질적 의미가 많이 변화하였다. 예컨대 대통령선거는 각 주가 대표자를 뽑아서 간접선거에 의하여 선출하도록 헌법에 규정되었으나 정당정치가 발전함에 따라 국민이 바로 대통령을 뽑는 직접선거의 형태로 변질되어 버렸다. 또한 미국의 헌법에 존재하는 평등조항의 의미와 관련하여 이전에는 흑백인종을 분리한 채 평등(separate but equal)하게 취급한다면 이는 합헌이라고 보았는데 흑인민권운동이 활발하였던 1960년대에 들어와서 인종의 분리는 곧 불합리한 차별로서 평등위반이 되어 위헌이라고 판단하게 되었다. 위헌이었던 것이 합헌이 되고 합헌인 것이 위헌이 되는 헌법변천의 실례이다.

3. 우리나라의 사례

우리나라의 경우에도 헌법에 존재하는 지방자치조항을 어기고 상당기간 지방자치단체를 구성하지 않은 것이 헌법위반이 될 수 있었는데 오랫동안 인정되어 왔다. 또한 1948년 헌법제정 때 도입되어 존치하고 있는 헌법 제3조의 영토조항은 그동안 남북한 관계가 크게 변화된 점을 고려하여 그 의미 내용을 달리 보아야 한다는 점에서 헌법의 변천이라는 주장이 제기되고 있다. 나아가 헌법상 국무총리는 국회의 동의를 받은 후 임명되어야 하지만 정치적 상황을 고려하여 먼저 총리를 임명해 두고 천천히 국회의 상황을 보아서 승인을 받는 관행, 즉 국무총리 서리제도가 활용된 사례들이 있었다. 그러나 헌법재판소는 국무총리 서리임명의 절차적 위헌성을 묻는 헌법재판사건에서 사건을 각하하여 판단을 유보하였으나 3인의 소수의견으로 이는 헌법위반에 해당한다고 하여 헌법변천의 가능성을 부인한 바 있다.1)

제4절 헌법의 수호와 보장

제1항 헌법의 수호

1. 의 의

헌법의 수호란 헌법에 대한 침해로부터 헌법을 지키는 것을 말한다. 헌법

1) 재판관 김문희, 이재화, 한대현의 반대의견: 헌법 제86조 제1항은 "국무총리는 국회의 동의를 얻어 대통령이 임명한다."라고 명시하여 대통령이 국무총리를 임명함에 있어서는 "반드시 사전에" 국회의 동의를 얻어야 함을 분명히 밝히고 있다. 이는 법문상 다른 해석의 여지없이 분명하고, 이에 더하여 헌법이 국무총리의 임명에 관하여 규정하고 있는 국회동의제도의 취지를 고려하여 보면 국무총리 임명은 대통령의 단독행위에 국회가 단순히 부수적으로 협력하는 것에 그치지 아니하고 국회가 대통령과 공동으로 임명에 관여하는 것이라고 보아야 한다. 그러므로 국회의 동의는 국무총리 임명에 있어 불가결한 본질적 요건으로서 대통령이 국회의 동의 없이 국무총리를 임명하였다면 그 임명행위는 명백히 헌법에 위배되고, 이러한 법리는 국무총리 대신 국무총리"서리"라는 이름으로 임명하였다고 하여 달라지는 것이 아니다. 국무총리 서리임명 권한쟁의 사건 결정, 헌재 1998. 7. 14. 98헌라1, 판례집 10-2, 1, 4-5면.

의 수호는 헌법침해의 형태에 따라 외부적으로 적이 침략하여 국가를 붕괴시키려고 하는 경우나 내부적으로 권력의 담당자가 권력을 남용하여 헌법질서를 무너뜨리려 하는 경우 이를 막아내는 것으로 분류할 수 있다. 또한 헌법침해와 헌법수호조치의 시간적 순서에 따라 헌법에 대한 침해가 있기 전에 이를 사전에 예방하는 조치를 하는 것(예방적 헌법수호)과 사후에 이를 배제하는 조치를 하는 것(사후적 헌법수호)으로 나누어 볼 수 있다.

2. 예방적 헌법수호

현행 헌법상으로는 헌법에 대한 침해를 사전에 예방하는 제도로서는 대통령이 취임할 때 헌법준수를 선서하도록 하는 것과 국가권력을 입법·행정·사법으로 나누어 상호 견제가 이루어지도록 하는 것 등을 들 수 있다. 나아가 성문의 헌법전을 만들어 함부로 고치지 못하도록 하는 성문헌법주의, 민주주의를 반대하는 세력이 민주주의 정치제도에서 보장하는 정치적 자유에 편승하여 정권을 잡아 공권력을 남용하여 민주주의 제도를 파괴하는 경우 이러한 민주주의의 적으로부터 민주주의를 방어하기 위하여 위헌정당의 해산과 기본권의 실효 등의 제반 제도를 인정하는 이른바 방어적 민주주의도 사전적 헌법수호제도의 성격을 가진다. 공무원, 특히 군대의 정치적 중립성을 보장하는 것도 이들이 헌법질서를 깨뜨리는 반민주주의적으로 세력화하는 것을 방지하기 위한 제도로서의 의미를 가진다.

3. 사후적 헌법수호

헌법에 대한 침해에 대하여 사후적으로 헌법을 수호하는 제도로서는 위헌법률에 대한 헌법심사제도와 국가의 공권력이 기본권을 침해하였을 때 이를 취소시키는 헌법소원제도를 들 수 있다. 공무원이 헌법에 위반하였을 때 파면시키는 공무원탄핵제도와 국회가 국무총리·국무위원의 헌법위반행위가 있을 때 활용할 수 있는 해임건의제도도 이에 속한다. 나아가 대통령의 비상대권인 긴급명령이나 계엄선포에 대하여 국회가 그 남용 여부를 심사하고 적절하지 못하다면 승인을 하지 않거나 해제를 요구할 수 있도록 한 것도 사후적 헌법

보장의 제도적 장치에 해당한다.

4. 국가비상시의 헌법수호

평상시 헌법은 위에서 본 헌법수호제도를 가지는 것이 보통이다. 그런데 헌법의 작동이 제대로 이루어지지 아니하는 극도의 국가비상(國家非常) 상태가 발생한 경우 헌법을 수호하는 제도는 이와는 다른 형태로 나타나게 되며, 이는 그 행사주체에 따라 ① 대통령이 주도하는 비상대권의 발동과 ② 국민에 의한 저항권의 행사로 나누어 볼 수 있다.

외국이 침공하는 등 외부적 요인에 의하여 국가위기가 발생한 경우 대통령이 국가의 존립을 유지하고 헌법을 보장하기 위한 조치를 발동할 수 있으며 이는 헌법상 대통령의 국가긴급권으로 제도화되어 있다. 그러나 국가권력 담당자가 스스로 헌법을 위반하여 권력을 남용하고 헌법의 기능을 정지시킬 때에는 국민이 직접 나서서 헌법을 수호할 수밖에 없다. 이와 같이 국민에게는 국가권력의 담당자의 헌법파괴행위에 대하여 저항하여 헌법을 지켜낼 수 있는 권리가 인정되며 이것이 국민의 저항권이다. 저항권은 대통령의 비상대권과는 달리 헌법에 직접 규정된 바가 없으나 학설과 판례에 의하여 인정된다.1)

제 2 항 국가긴급권

1. 의 의

국가긴급권은 외부의 적이 침공하는 등 국가의 존립과 안전을 침해되고 헌법의 존속이 위태로워지는 국가적 위기상황이 발생한 경우에 일반적으로 국가

1) 대통령의 국가긴급권에는 제76조의 대통령의 긴급명령, 긴급재정경제처분과 헌법 제77조의 계엄선포권이 있다. 저항권은 헌법상 규정은 없지만 헌법전문에는 '불의에 항거한 4·19 민주이념을 계승하여'라고 선언하고 있는데 이는 4·19혁명을 저항권의 발동으로 보고 있다고 말할 수 있다. 따라서 이것이 국민의 저항권을 언급한 부분이라고 보는 학자들이 많다. 박정희대통령 암살사건(10·26사건) 재판에서 대법원은 피고인 김재규 등의 변호인측이 주장한 저항권의 행사를 배척하면서 이는 이론상의 주장일 뿐 우리 헌법상 인정되지 않는다는 판단을 한 바 있으나(대법원 1980. 5. 20. 80도306 판결), 헌법재판소는 국가긴급권의 과잉행사에 맞서는 국민의 저항권을 인정하는 결정례를 낸 바 있다. 헌재 1994. 6. 30. 92헌가18, 판례집 6-1, 557, 568면. 국가보위에관한특별조치법 위헌결정.

원수 내지는 국가집행부의 수반이 국가와 헌법을 수호하기 위하여 취하는 비상적(非常的) 조치를 말한다.

2. 유 형

우리 헌법상 국가긴급권은 대통령의 권한으로 규정되어 있으며, 긴급명령권과 계엄선포권으로 분류될 수 있다. 계엄선포권은 그 발동에 의하여 해당 지역의 행정·사법에 관한 권한이 계엄사령관에게 인계되는 효과를 가져오나, 입법권 등 국회의 권한을 제한할 수는 없으므로 이는 행정사법형(行政司法型) 국가긴급권이라고 말할 수 있다. 반면 긴급명령권은 국민의 자유와 권리를 침해할 때에는 국민의 대표기관이 정립한 법률에 의하여야 한다는 법치주의의 원칙에 대한 예외로서 대통령의 명령으로 국민의 자유와 권리를 제한할 수 있도록 하는 것이므로 국회의 입법권에 대한 제한을 내용으로 하는 것이며, 입법형(立法型) 국가긴급권이라고 볼 수 있다.

한편 국가의 비상사태의 정도가 극도로 심각하고 중대하여 헌법에서 정한 국가긴급권만으로는 도저히 위기를 극복할 수 없는 경우에 헌법규정의 범위를 넘어서는 내용의 국가긴급권을 행사하는 경우가 있을 수 있다. 이것이 소위 초헌법적(超憲法的) 국가긴급권이라고 것에 지칭하는 것인데 여기에 헌법적 정당성을 부여할 소지가 있는지 여부가 논란된다.

3. 인정 근거

입헌주의의 헌법은 평상시의 평온한 상태를 예상하여 그것에서 출발하여 고안된 제도적 장치로서 국가공권력에 대한 깊은 불신을 바탕으로 하므로 공권력이 국민의 권익을 제한함에 있어서 매우 까다로운 기준을 준수하여야 하도록 하고 있다. 그리하여 외적의 침입 등 긴급사태에서는 공권력이 신속하고 적절한 대응조치를 하도록 하는 데에 있어서 적절히 작동되지 아니할 수 있다. 따라서 극도의 비상사태가 있을 때 국가를 유지하고 헌법을 수호하기 위하여 이를 극복할 수 있는 초월적 조치가 신속히 이루어지도록 별도의 제도가 마련될 필요가 발생하는 것이다.

이에 반대하여 입헌주의에 대한 예외를 절대적으로 둘 수 없다고 주장한다고 하더라도 현실에서 국가적 비상사태가 발생하지 아니하는 것은 아니다. 어차피 비상사태가 발생할 때 공권력 담당자는 헌법파괴로 나올 수밖에 없게 된다면 이를 예방하기 위해서라도 차라리 국가긴급권을 헌법에 규정하여 두는 것이 현실적으로 바람직한 측면이 있다. 국가비상사태에 대처할 예외적 방안을 헌법에 규정함으로써 그 행사의 요건과 방법 등을 제한하여 헌법이 이를 직접 통제하고 남용되지 않도록 하는 효과가 있기 때문이다.

4. 초헌법적 국가긴급권

(1) 의 의

초헌법적 국가긴급권은 극도의 국가비상사태가 발생하면 요건이 까다로운 헌법내부적 헌법수호 제도에 의하여 대처할 여유도 없는 경우가 있을 수 있기 때문에 논의되는 문제이다. 헌법의 수호라는 목적을 위하여 헌법이 정한 국가긴급권의 한계를 지키지 않고 발동되는 국가긴급권의 헌법적 정당성이 인정될 수 있는지 여부의 문제는 법철학적 쟁점이기도 하다.

(2) 요 건

국가긴급권을 헌법이 수용하여 엄격한 요건 하에 인정하고 있으므로 헌법을 위반한 국가긴급권의 헌법적 정당성은 원칙적으로 부여될 수 없다. 다만 극히 엄격한 요건 하에서 예외적으로만 고려될 수 있을 것이다. 이에 대하여 살펴본다.

㈎ 보수성의 원칙

초헌법적 국가긴급권은 국가의 존립과 안정을 지키고 헌법질서를 유지하기 위한 보수적 목적으로만 행사되어야 한다. 우리 헌법을 보다 적극적으로 발전시키겠다든지 국가를 선진화하기 위하여 발동하겠다고 하면 이미 정당성이 없다. 적극적 목적을 위한 것이 아니며 반드시 소극적인 것이어야 한다. 단지 기존의 국가와 헌법을 지키기 위한 목적이어야만 하는 것이다.

(나) 잠정성의 원칙

국가위기 사태가 도래하여 이를 물리치기 위하여 필요한 기간 동안만 행사되어야 한다. 위기사태가 종료하였다면 초헌법적 국가긴급권도 종식되어야 하며 더 이상 이를 지속시키면 안 된다. 또한 반드시 일시적으로 행사되어야 하며 영구화할 수 없다.

(다) 보충성의 원칙

여기서 보충성이란 모든 다른 법적 구제수단을 다 동원해 보고 그래도 안 될 경우 마지막으로 행사될 수 있다는 의미이다. 초헌법적 국가긴급권은 모든 합헌적 제도를 활용하였으나 이를 해 보아도 무용한 상황에서만 고려될 수 있다. 그러므로 헌법에 규정된 비상조치 제도에 의하여 해결될 수 있을 것임에도 이에 의거하지 않고 초헌법적 비상조치를 바로 실행하여서는 안 된다. 요컨대 제도적으로 주어져 있는 다른 모든 방안들을 써보고 이를 소진하고 난 다음에 행한 것이어야 한다.

(라) 최소성의 원칙

기본권 제한을 가급적 최소화하면서 국가긴급권을 발동하여야 한다. 외적이 침입하였음을 기화로 국민의 기본권을 최대한 제한하고자 하여서는 안 된다. 기본권의 제한은 국가위기 극복에 필요한 최소한으로만 행하여져야 하는 것이다.

이러한 요건들이 모두 충족될 때에만 초헌법적 국가긴급권의 발동이 합헌으로 고려될 수 있는 소지가 발생한다.

헌법재판소의 결정례를 살펴보면, 초헌법적 국가긴급권의 허용가능성을 직접 인정한 사례는 없으나, 5·18 쿠데타 사건 결정의 소수의견에서 제시된 당초 위헌결정은 5·18 쿠데타를 하나의 초헌법적 국가긴급권 행사로 파악하여 위의 요건에 따라 헌법적 정당성 여부를 판단하였음을 확인할 수 있다.1)

---

1) "내란행위의 정당성은 내란행위가 정의·인도(人道)와 동포애에 입각하여 사회적 폐습과 불의를 타파하고 자유민주적 기본질서를 더욱 확고히 하기 위한 것으로서 국민의 주권을 회복하거나 확립하기 위한 것인지의 여부, 내란행위에 나아가기 이전에 헌법과 법률이 정하는 절차에 따라 평화적으로 정치·사회적 모순과 갈등을 해소하기 위한 최선의 노력을 했는지의 여부, 그 행위에 나아가게 된 배경과 명분 및 당시의 시대적 상황에 비추어 그 행위가 다른 선택의 여지가 없을 정도로 불가피한 것이었는지의 여부, 그 행위로 인한 국민의 피해를 최소화하기 위하여 최선의 조치를 취했는지의 여부, 피해보상 등 권리구제를 위한 충분한 조치를 다했는지의 여부 등을 종합적으로 고려하여 객관적으로 판단되어야 할 것이다. 따라서 위와 같은 여러 기준에 비추어 보아 내란행위

제3항 저 항 권

1. 의 의

저항권은 국가권력의 담당자가 법치주의 혹은 민주주의의 정치구조를 무너뜨리고 국민의 기본권을 전면 부정하는 등 헌법을 파괴하고 있고 헌법상 인정되는 구제수단에 호소하여 보아도 실효가 없을 정도로 국가권력의 불법이 조직적이고 전면적으로 행하여질 경우 국민이 직접 나서서 헌법을 수호하기 위하여 불법적인 공권력에 저항하는 최후의 권리이다. 저항권 행사의 주체는 당연히 국민이며, 여기서의 국민은 개개인이 되지만 집단도 될 수 있다.

2. 이론적 연혁

군주와 같은 국가권력의 담당자에 대한 시민의 저항권은 원래 존 로크에 의하여 주장되었다. 로크의 사회계약론에 의하면 자연상태의 개인은 천부인권을 누리지만 자연상태의 법적 불안정을 극복하기 위하여 국가를 수립하고 각 개인은 국가권력 담당자에게 자신의 권리를 신탁하는 것으로 본다. 따라서 국가권력은 국민의 자유와 권리를 지키는 범위 내에서만 행사되어야 하고 이를 넘어선 경우에는 위임받은 권한의 범위를 넘어서 권력을 남용한 것이 된다. 이와 같이 국가권력의 담당자가 국민으로부터 위임받은 권력을 남용한 경우 국민은 직접 나서서 그 신탁 내지 위임계약을 철회하여 버릴 수 있는 것이다. 존 로크의 이와 같은 사상은 영국의 시민혁명을 완결한 명예혁명의 기초가 되었으며 또한 입헌주의국가에 있어서 국민의 저항권의 이론적 기초가 되고 있다.

3. 법적 성격

저항권은 실정법에 의하여 비로소 창설된 것이 아니라 헌법 이전부터 존재

의 정당성이 인정되지 아니할 경우에는 설사 내란행위자들이 그 목적을 달성하여 국가권력을 장악하고 국민을 지배하였다고 하더라도 그 행위의 위법성은 소멸되지 아니하며 처벌될 수 있다고 보아야 한다." 헌재 1995. 12. 14. 95헌마221, 판례집 7-2, 697, 756면. 5·18 쿠데타 사건 결정.

하는 천부인권 내지 자연권으로서의 주관적 공권의 성격을 가진다. 그와 동시에 헌법수호의 수단으로서의 의미를 가지고 있어서 객관적인 헌법적 제도이기도 하다. 이와 같이 저항권은 일면으로 국민의 권리이며 타면으로 하나의 제도적 장치라고 하는 양면적 성격을 가진다.

4. 요 건

저항권은 개개 혹은 일부 집단의 국민이 권력담당자의 정책이나 정치노선이 마음에 들지 않는다는 이유로 임의로 위법한 행동을 하는 것을 정당화하지는 않으며 극히 엄격한 요건 하에만 인정될 수 있다. 그런 의미에서 이는 초헌법적 국가긴급권의 요건과 유사성을 지닌다.

(1) 국가권력의 불법성

국가권력담당자의 불법으로 인하여 헌법질서로서의 민주주의, 법치주의 혹은 기본권 보장의 원칙 등이 전면 부정될 정도로 입헌주의가 붕괴되는 상황이 발생할 것을 요한다(불법의 중대성). 단지 일부 국민들이 국가권력에 의하여 개별적 권리침해를 당하였다는 것만으로는 부족하며 모든 국민의 자유와 권리가 침해될 수준에 이르러야 한다(불법의 전면성). 나아가 이러한 국가의 전면적 불법을 방치하면 헌법의 기본적 동일성이 부정될 정도의 상황이 되어야 한다(불법의 체계성). 또한 이러한 상황이 발생하여 공권력의 불법성이 누가 보아도 명백한 정도에 이르러야 한다(불법의 명백성).

(2) 보수성

저항권은 공권력담당자에 의하여 파괴된 기존의 헌법질서를 회복시키는 방향으로만 행사될 수 있고, 새로운 헌법질서의 창조를 시도한다거나 국가에 대하여 생계유지를 위한 급부를 요구한다든지 하는 적극적 목적으로는 행사될 수 없다.

(3) 보충성

국가권력담당자의 불법행위가 있다고 하더라도 행정소송이나 헌법소송 등 헌법내재적인 권리구제수단이 존재한다면 먼저 이러한 통상적 구제절차에 헌법질서의 회복을 구하여야 한다. 그리하여 국가가 제도적으로 허용하는 구제절차를 모두 이행하여 보아도 회복을 기대할 수 없거나 이러한 구제절차가 이미 정상적으로 작동하고 있지 아니할 경우에만 최후의 수단으로서 저항권의 행사에 호소할 수 있다.

(4) 최소성

공권력이 불법적으로 행사된 것을 기화로 타인의 권리를 침해하는 등 저항권의 행사 자체가 남용되어서는 안 된다. 저항권은 헌법질서의 회복이라는 목적에 필요한 최소한으로만 행사되어야 하며 그 한도를 넘어서서 과잉되게 행사되면 헌법적 정당성을 상실한다. 과잉된 행위는 이미 저항권의 행사가 아니며 별도의 불법행위나 범죄를 형성할 뿐이다.

이처럼 저항권은 국가긴급권의 경우와 같이 불법의 중대성·명백성과 보수성 및 최소성을 기본적 요건으로 하고 있다. 국가긴급권은 국가권력의 담당자가 행사하는 것이고 저항권은 국민이 권력담당자를 상대로 행사하는 것이라는 차이가 있지만, 비상적 헌법수호제도라는 면에서는 같은 성격을 가지고 있으며 그러한 성격에서 나오는 구조를 공유하고 있기 때문이다. 저항권이 인정되는 경우 그 행사로서의 의미를 가지는 행위는 공무집행방해죄 등 범죄에 해당하지 아니하며, 만약 기소되었다면 범죄성립요건 중 위법성이 조각됨을 이유로 무죄가 선고되어야 한다.[1)]

1) 5·18 군사쿠데타가 내란과 반란 등 범죄에 해당한다는 취지로 고소된 사건에서 쿠데타의 주체가 되었던 군부인사들에 대하여 '성공한 쿠데타는 처벌할 수 없다'는 논리로 공소권 없음의 불기소처분이 내려지자 이에 헌법소원이 제기되었다. 그런데 헌법소원청구인들이 선고예정일 하루 전에 소를 취하함으로써 헌법재판소는 합의된 내용을 선고하지 못하고 심판종료선언을 하게 되었으나, 동 결정의 소수의견에서는 원래 선고하고자 예정하였던 결정문을 그대로 적시하였다. 이에 의하면 헌법재판소는 초헌법적 국가긴급권의 실행에 대하여 그 합헌성 인정의 조건을 제시하면서 동 쿠데타가 위헌임을 적극적으로 판단하고자 하였음을 알 수 있다. 아울러 5·18 군사쿠데타가 광주에서의 시민봉기를 유발하였던 점을 고려한 이 결정문은 저항권을 인정하고 그 요건을 제시하는 의미도 가지고 있다. 헌재 1995. 12. 14. 95헌마221, 판례집 7-2, 755-756면. 5·18 쿠데타 사건 결정.

제 4 항 혁명과 쿠데타

1. 혁명의 합법성의 법리

(1) 한스 켈젠의 '혁명의 합법성(revolutionary legality)'의 법리는 혁명과 쿠데타의 합헌성을 인정하는 유력한 근거가 되어 왔다. 이는 혁명에 의하여 기존의 법질서와 이를 지탱하는 근본규범은 실효성(efficacy)을 상실하면서 소멸되고 그 대신 새로 등장하는 법질서와 그 근본규범이 실효성을 확보함으로써 그 법적 효력(validity)을 창조한다는 것을 요지로 한다. 혁명은 법창조적 사실(law-creating fact)이라는 것이다. 여기서 켈젠은 혁명의 결정적 징표가 기존의 법질서를 그 내부절차에 의하지 않고 전복하여 새 법질서로 교체하는 것에 있다고 보았기 때문에 쿠데타를 혁명과 특별히 구분하지 않았다.[1)]

(2) 계층적으로 구성된 한 국가의 법질서는 내부적 법칙에 따라 내용이 변경되는 한도 내에서는 연속성이 그대로 유지되지만 법질서외적인 방법으로 변경된다면 당해 법질서는 파괴되고 법질서의 불연속(discontinuity)이 발생한다. 보통 혁명이라고 말하는 사회적 변혁은 새로운 주권자와 통치이념 및 새로운 법질서를 창조하므로 기존의 법질서가 요구하는 내용과 절차를 무시하면서 진행된다. 이러한 혁명의 성공에 의하여 구 법질서는 수범자의 복종을 상실하여 소멸하게 되고 창조된 새 법질서가 실효성을 가지고 적용됨으로써 법질서는 불연속적으로 교체된다. 여기서 실효적 지배라고 함은 정통성을 주장하는 다른 경합정부가 더 이상 존재하지 아니하고 국민들이 대부분 새로운 법질서에 합치되게 행동하게 된 상태를 의미한다.

(3) 특히 쿠데타의 합법성 문제와 관련하여 주목할 점은, 근본규범(Grundnorm)에 근거하여 창조된 법질서의 개별적 규정들은 비록 그것이 실효성을 상실한다고 하더라도 원칙적으로 그 법적 효력이 소멸하지 않지만, 근본규범 내지 법질서 그 자체가 실효성을 상실하면 그 즉시 전체적으로 모두 법적 효력을 상실한다고 보는 점이다.[2)] 이렇게 봄으로써 켈젠은 '사실(Sein)이 규범

1) Hans Kelsen, General theory of Law and State, Harvard University Press, 1949, pp. 117, 219.
2) 개별적 법조항이 실효성의 상실로 무효가 되는 것은 그 조항이 사멸(死滅, desuetudo)한 것으로 인정되는 특별한 경우에 한정하고 있다. Kelsen, Ibid., pp. 119-120, 122.

(Sollen)을 창조하는 현상'을 법질서 자체의 경우에만 한정하고 헌법을 포함한 일반 법규정의 경우에는 이를 인정하지 않았다. 요컨대 보통의 개별적인 법조항의 위반행위와는 달리, 혁명과 쿠데타는 법질서 자체를 붕괴시키는 행위이며, 여기서는 실력(Macht)이 새로운 법질서(Recht)를 창조한다는 것이다.

2. 국민적 승인의 법리

(1) 한 국가의 법질서는 켈젠이 말하듯 위계질서를 이룬 법규범의 총체이기도 하지만, 다른 한편으로 주권자인 국민이 그 정치생활의 종류와 형태에 관하여 내린 결단이기도 하다. 따라서 쿠데타가 헌법에 의하여 창설된 법질서 자체를 단절시키거나 혹은 이를 새로 창설하는 성격을 가진 초헌법적 조치라고 하더라도 입헌주의 헌법체제를 도출한 보다 상위의 원칙인 국민주권과 민주주의의 한계를 벗어날 수는 없다. 이 점에서 쿠데타는 사회의 가치체계에 대한 광범위한 변혁과 주권의 소재이동을 수반하는 진정한 의미의 혁명과는 명확히 구분된다. 따라서 쿠데타가 성공하여 실효성을 확보하여 현실적 법질서를 효과적으로 통제하게 되었다고 하더라도 그 헌법적 정당성은 '주권자인 국민의 진정한 승인'이 있는가의 여부에 따라 종국적으로 판단되어야 한다.

(2) 여기서 국민적 승인(popular acceptance)은 구체적으로 어떠한 경우에 존재한다고 판단하여야 하는가 하는 점이 문제될 것인데, 이는 쿠데타실행 전의 기존 법질서의 민주성의 정도, 쿠데타의 실행 동기, 쿠데타 실행 방법의 폭력성과 피해의 정도, 쿠데타 과정에서 나타난 대중의 반응, 인권 침해의 정도, 쿠데타 실행 이후의 대국민 조치들의 민주성의 정도 등을 종합적으로 고려하여 객관적으로 판단할 문제이다.[1] 따라서 단지 국민이 쿠데타 세력이 정권을 장악한 직후 별다른 반대의 반응을 보이지 않고 순응하였다는 등의 사정만으로는 이러한 국민적 승인을 추정할 수 없다고 할 것이다. 쿠데타 직후 정치적 전후 사정이 공개되지 아니한 채 강압적 분위기 하에서 국민투표 등으로 조작한 국민의 의사는 국민의 진정한 다수의사로 볼 수 없다. 또한 쿠데타의 실행을 전후하여 국민들을 체포·고문·살상하는 등 광범위한 인권침해가 병행되

1) J. M. Eekelaar, Principles of Revolutionary Legality, Oxford Essays in Jurisprudence, 2nd Series, 1973, pp. 22-43. 여기서 Eekelaar는 실효성 이론을 비판하고 쿠데타 전후의 모든 정황을 고려하여 국민의 승인이 있었다고 볼 수 있는지 여부에 따라 그 합법성을 판단하여야 한다고 보고 있다.

었다면 이러한 사정만으로도 이미 국민의 승인은 인정될 수 없을 것이다.

(3) 헌법재판소는 5·18 쿠데타 사건 결정에서 위헌결정의 정족수를 넘은 다수의견이었다고 하면서 제시한 이유에 의하면, 이와 같은 '국민적 승인'의 법리를 받아들여서 쿠데타의 가벌성을 판단하였으며, 이에 따라서 동 쿠데타가 위헌임을 결정하고자 하였다.[1)]

제5절 한국헌법의 제정과 개정

1. 한국헌법의 제정·개정의 과정

(1) 제헌헌법 - 바이마르헌법을 계수(繼受)한 장식적 헌법

1948. 5. 10. 실시된 총선거에 의하여 구성된 제헌의회는 1948. 7. 17. 최초의 한국헌법을 통과시켰다. 이 헌법은 한국 국민의 헌법제정권력의 발동에 의한 최초의 헌법으로서 제헌의회에 의하여 채택된 헌법이므로 '제헌헌법(制憲憲法)'이라고 부른다.[2)] 제헌헌법의 내용은 전반적으로 독일의 '바이마르(Weimar) 헌법'의 영향을 강하게 받고 있다. 이 헌법의 기본적 틀은 거의 바이마르헌법에 두면서 다만 여기에서 당시 한국의 특수한 정치적 사정이 고려되거나 헌법

1) 만일 국민이 완전히 자유롭게 주권적인 의사를 결정할 수 있는 상태에서 내란행위에 대하여 승인을 하였다면 그 내란행위는 국민 전체의 의사에 의하여 정당화된 것으로 보아야 할 것이다. 피청구인은 여기에서 피의자들이 그들의 내란행위에 대하여 국민적 심판을 받아 새로운 정권창출에 성공한 이상 새 정권과 헌법질서의 창출을 위한 행위의 법적 효력을 다투거나 법적 책임을 물을 수 없는 것이라고 주장하나, 피의자 전○환이 통일주체국민회의 등을 통한 간접선거에 의하여 두 차례 대통령으로 당선된 것이나 제5공화국 헌법개정안이 국민투표에 의하여 통과된 것은 그것이 비록 형식적으로는 당시의 헌법과 법률의 규정에 따른 것이기는 하지만, 그 진상이 은폐되고 계엄령 하의 강압적인 분위기 하에서 이루어진 것이거나 국민의 의사를 정확히 반영할 수 없었던 대의기관에 의하여 이루어진 것이어서 이를 가리켜 국민이 자유롭게 그들의 주권적 의사를 결정할 수 있는 상태에서 피의자들의 이 사건 내란행위에 대하여 승인을 한 것이라고는 볼 수 없고, 피의자 노○우가 제13대 대통령으로 당선된 것은 이 사건 내란행위에 의하여 창출된 제5공화국의 질서가 국민의 저항으로 더 이상 유지되지 못하고 국민의 의사에 따른 새로운 헌법질서로 이행하는 과정에서 그 진상이 정확히 규명되지 아니한 채 국민의 상대적인 다수의 지지를 얻음으로써 이루어진 것에 불과하여 이로써 이 사건 내란행위에 대하여 국민의 승인이 있은 것으로 볼 수도 없으므로, 피청구인의 주장은 받아들일 수 없다. 5·18 쿠데타 사건 결정, 판례집 7-2, 697, 755-756면.

2) 제헌헌법이라는 용어가 '헌법을 만드는 헌법'인 것처럼 비추어진다고 하여 이를 거부하면서 '건국헌법'이라는 용어를 선호하는 견해도 있으나, 우리나라는 헌법전문의 표현과 같이 유구한 역사를 가지며 1948년에 처음 세워진 나라가 아니므로 '건국'이라는 표현은 더욱 적절하지 않다. 1948년에는 입헌주의 헌법이 제정되어 발효되었을 뿐이다.

학자의 견해가 가미되어 일부 수정되고 있다. 제헌헌법이 이와 같이 바이마르 헌법의 모범을 따르게 된 것은 당시 헌법제정작업을 주도하였던 유진오(兪鎭午) 등 한국의 헌법선각자들에게 '바이마르헌법'이야말로 세계에서 가장 발전한 형태의 헌법이라는 인식이 일반화되어 있었으며,[1] 새로운 민주국가의 출범에 있어서 독재권력의 출현을 방지하기 위하여서는 미국식 대통령제보다는 바이마르헌법상의 의원내각제를 택하는 것이 바람직할 것이라고 판단하였기 때문이다.[2]

그리하여 기본권론의 면에서는 기본권의 법률유보(Gesetzesvorbehalt)를 강조하면서도 인간다운 생활을 할 권리 등 사회적 기본권을 규정하였으며 통치구조의 측면에서는 의원내각제적 요소를 도입하였다. 그러나 당시 정치적 영향력이 컸던 이승만(李承晩)의 강력한 주장으로 완전한 의원내각제를 실현하지는 못하고 행정부의 수반으로서 모든 권한을 행사하는 대통령제를 가미하게 되었으므로 통치구조상 실제로는 미국식 대통령제에 가깝게 되는 결과를 가져왔다.

또한 경제헌법을 경제질서라는 장(章)을 두고 별도로 상세히 규정한 것도 제헌헌법의 특징인바 이것 역시 바이마르헌법의 영향에 의한 것이라고 할 수 있다. 헌법재판제도에 관하여서는 헌법위원회 제도를 채택하였다.

제헌헌법은 그 후 약간의 조항들이 개정되기는 하였으나 1960. 4. 19. 시민혁명으로 이승만 정권이 붕괴될 때까지 존속하였다. 제헌헌법이 규범력을 유지한 1948년에서 1960년에 이르는 기간 동안 한국 국민들은 아직 서구적인 정치적 민주주의에 대한 인식과 이해가 부족하였고 국민 대다수가 경제적 빈곤에 시달리고 있어 민주정치가 제대로 운영될 수 있는 실질적 기반이 갖추어져 있지 못하였다. 여기에 더하여 이승만 대통령은 영구집권을 꾀하여 재집권에 장애가 되는 헌법조항을 물리력을 동원하여 강압적이고 위헌적인 방법으로 개정하였으며(발췌개헌과 사사오입개헌),[3] 그 과정에서 국민의 정치적 자유는 억압

1) 1948년은 아직 서독 기본법이 탄생하기 전이었으므로 오늘날 널리 인식되어 있는 바와 같은 기본법에 의한 독일헌법의 이론과 체계는 알려져 있지 않았던 것은 당연하다.

2) 당시 한국은 미군정(美軍政) 하에 있었으나 미군정 당국은 한국의 정치적 세력과 주도적 학자들이 어떠한 헌법체제를 채택할 것인지 여부를 논의하는 데에 대하여 직접 개입하거나 영향력을 행사하는 등의 행위를 하지 아니하였다.

3) 이승만 대통령은 국회에서 재선될 가능성이 없다고 판단되자 1952. 7. 4. 여야당의 헌법개정안들을 절충한 이른바 발췌(拔萃)개헌을 통하여 대통령을 국민이 직접 선출하도록 제도를 변경하였다. 이 개헌은 개헌공고절차를 거치지 아니한 채 강압적 분위기에서 행하여졌으므로 절차상 위헌이었다. 이를 통하여 여당안인 정·부통령 직선제와 국회 양원제 및 야당안인 국회의 국무원불신임제와

되고 결국 헌법상의 기본권 보장은 정치적 자유의 측면에서는 완전히 휴지가 되고 말았다.

(2) 제2공화국 헌법 - 영국식 의원내각제를 채택한 이상형 헌법

이승만 대통령이 이끄는 정부가 1960. 3. 15. 실시된 대통령 선거에서 심각한 선거부정행위를 범하면서 전국적 항의시위가 발생하여 동년 4. 19. 거국적인 정치혁명으로 발전하였으며, 이에 따라 이승만 대통령은 사임하고 제헌헌법에 의한 제1공화국은 붕괴되었다. 과도정부의 시기에 전면개정에 의한 새로운 헌법이 탄생하게 되었다(제2공화국 헌법).

이처럼 전형적인 '시민혁명'에 의하여 탄생의 계기를 맞이한 제2공화국 헌법은 대통령제를 버리고 순수한 의원내각제 정부형태를 채택한 점이 무엇보다도 큰 특징이다. 이는 완전히 '영국식 의원내각제'로서 제1공화국이 대통령제를 택함으로써 이승만 대통령의 독재와 영구집권 및 정치적 자유의 억압 체제로 타락하였음을 반성적으로 고려한 결과였다.

나아가 국민의 기본권이 법률의 유보 하에서만 인정된다는 법실증주의적 사고에서 벗어나 기본권의 천부인권성, 자연권성을 강조하였으며, 서독 기본법의 예에 따라 기본권의 본질적 내용침해 금지 조항을 설치하였다. 또한 정당을 헌법에 처음으로 포섭하여 민주적 기본질서에 반한 정당에 대한 헌법적 규제를 도입하였다. 나아가 서독식의 헌법재판소 제도를 선택하여 실질적 헌법보장이 이루어질 것을 기대하였다. 여기서 최초로 서독 기본법의 직접적 영향을 받기 시작하였음을 엿볼 수 있다.

그러나 이와 같이 이상적이고 민주적인 헌법규정들을 수용하고 있음에도 불구하고 제2공화국은 정치적 자유의 방종상태에서 수많은 시위로 얼룩지게 되어 사회적 혼란만 가중되고 정국은 지극히 불안정하였다. 그리하여 헌법이 도입한 헌법재판소는 설립조차 되지 못한 상황에서 1961. 5. 16. 박정희(朴正熙) 장군이 주도한 일부 군인들의 군사쿠데타(coup d'état)에 의하여 제2공화국은

국무총리인준권이 도입되었다. 또한 1954. 11. 27. 이대통령의 3선을 실현하기 위하여 초대 대통령에 한한 중임제한 철폐를 내용으로 한 이른바 사사오입(四捨五入)개헌이 이루어졌다. 이 개헌안은 재적의원 203인 중 135인이 찬성함으로써 3분의 2의 의결정족수를 넘기지 못하여 일단 부결되었는데, 사사오입에 의한다는 명목으로 결국 가결선포되었다. 그러나 135/203은 2/3에 미치지 못하므로 이 또한 절차상 위헌에 해당하였다. 이 개헌을 통하여 초대 대통령 중임제한이 철폐되고 국무총리제가 폐지되었으며 경제헌법이 통제경제로부터 자유시장경제로 대폭 수정되었다.

붕괴되고 말았다.

(3) 제3공화국 헌법 – 미국식 대통령제와 서독 기본법의 결합

비록 군사쿠데타에 의하여 집권하였으나 박정희 대통령의 집권초기에는 어느 정도 정상적인 헌법발전이 있었다고 할 수 있다. 다시 전면개정된 헌법은 정국혼란을 초래한 순수한 의원내각제를 포기하고 대통령제로 회귀하였다. 여기에 국무총리제를 존치시켰으나 국무총리는 대통령의 보좌기관에 불과하였으므로 실제 운용에서는 미국식 대통령제와 거의 다를 바가 없었다.

제2공화국 헌법에서 진전된 기본권 관련 규정을 이어받으면서 보다 상세히 규정하였으며, 정당제도를 헌법에 의하여 보장하는 내용을 가진 정당조항을 별도로 설치하였다. 기본권에 관한 규율의 변화와 개선은 전반적으로 서독 기본법을 모범으로 한 것이다. 헌법재판의 측면에서는 헌법재판소 제도를 폐지하고 일반법원에 위헌법률심사권을 부여하는 미국식 사법심사제도를 도입하였다. 그러나 일반 쟁송사건의 처리에 여념이 없었던 법원은 위헌법률심사에 큰 관심을 보이지 아니하였고 약 10년간의 제3공화국 시대 중에 제대로 된 위헌선고 사건은 단 한건에 불과하였다.1)

(4) 제4공화국 헌법 – 프랑스의 드골(de Gaulle)헌법을 빙자한 제왕적 대통령제

1972. 10. 17. 박정희 대통령은 초헌법적 국가긴급권을 발동하여 헌정을 일시 중단시키고 국민투표를 통하여 동년 12. 27. 새로운 내용의 헌법을 발족시켰다. 이 헌법은 대통령의 권한을 대폭 강화하여 특히 예방적 국가긴급권을 대통령에게 부여하였으며 국회의원 정수의 3분의 1은 대통령의 영향 하에 있는 별도기관인 유정회(維政會)에서 선출된 자들로 구성되도록 함으로써 의회의 지위를 대폭 약화시켰다. 대통령은 의회와 사법부에 의한 효과적인 견제가 불가능한 제왕적(帝王的) 권력을 부여받았으며 대통령의 연임에 대한 제한도 존재하지 않았다. 이 헌법은 박정희 개인의 영구독재를 위한 법제도적 수단에 불과한 것이었으나 외면적으로는 드골장군의 헌법이념이 구체화된 프랑스 제5공화국 헌법을 모범으로 한 것이라고 선전되었다. 특히 이 헌법상의 국가긴급권 제도는 대통령의 일시적인 헌법상 독재를 허용하는 프랑스 헌법상 비상대

1) 대법원 1971. 6. 22. 70다1010 전원합의체 판결, 국가배상법 위헌판결.

권(非常大權)을 본받은 것이라고 주장되었다.

기본권 보장도 후퇴하여 기본권 조항에 법률유보조항을 두어서 그 제한을 보다 용이하게 하였으며 그 본질적 내용침해 금지 규정도 삭제되었다. 헌법재판에 관하여서는 다시 헌법위원회를 설치하여 위헌법률심사를 담당하도록 하였다.

제4공화국 헌법은 미국과 독일의 헌법규범과 그 이념·사상에서 완전히 벗어난 극단적인 대통령의 전제를 허용하는 법규범이었는데 1979. 10. 박정희 대통령의 암살과 함께 그 실효성을 상실하였고, 지금까지도 한국헌정사상 최악의 헌법이라는 비판을 받아오고 있다.

(5) 제5공화국 헌법 – 군사독재를 위한 제3세계형 대통령제

1979. 12. 12.과 1980. 5. 17.에 발생한 2단계의 군사쿠데타에 의하여 전두환(全斗煥)장군을 중심으로 한 새로운 군부세력이 실권을 잡자 이들의 지지 하에 1981. 10. 22. 국민투표를 거쳐 헌법의 전면개정이 이루어졌다. 이 제5공화국 헌법은 대통령의 권한을 어느 정도 제한하고 7년의 단임제로 하여 이전 헌법과 비교할 때 다소 합리화되었으나, 대통령이 군부의 영향이 미치는 선거인단에 의한 간접선거의 방식으로 선출되도록 규정하여 사실상 전두환의 당선이 가능하도록 하였다. 7년의 단임 대통령제는 서구 등 세계적으로 보더라도 유사한 사례가 없는 것으로 한국의 정치현실을 반영한 것일 뿐이었다. 그러나 기본권 조항도 다소 합리화되어 개별적 유보조항이 사라지고 제3공화국 시대의 그것과 다시 유사하게 되었다. 기본권의 내용 해석 등에 있어서는 서독 기본법의 이론과 판례의 영향이 부단히 강하게 지속되었다. 다만 사생활의 보호조항과 행복추구권 조항이 신설된 것이 주목되는데, 이러한 조항은 미국헌법의 규정과 발전으로부터 영향을 받은 것이라고 할 수 있다.

전제주의적(專制主義的) 헌법이었던 제4공화국 헌법에서 벗어나 헌법전(憲法典)상으로나마 다시 기본권 조항이 정상화된 것은 의미가 있었으나, 현실정치에서는 집회·시위 등에 의한 반정부활동을 강력히 억압함으로써 국민의 정치적 기본권은 극도로 제한되었다. 헌법재판의 면에서는 여전히 헌법위원회 제도를 유지하였다. 헌법위원회는 법원의 위헌제청이 있는 사건에서만 헌법재판을 할 수 있는데 법원이 위헌제청을 하는 경우는 실제로 극히 희소하였으므로 국민의 기본권 침해에 대한 헌법재판은 사실상 기능정지 상태에 머물렀다. 직전 헌법에 비교하면 헌법규범의 내용은 다소 합리화되었으나 헌법적 현실에서 인권유린은 여전하였으므로 헌법규범과 헌법현실 사이의 괴리가 컸던 시대였다고 평가할 수 있다.

(6) 현행헌법 - 독일식 헌법재판제도에 의한 헌법보장의 실현

시민의 반정부시위와 활동은 군사정부의 억압에도 불구하고 꾸준히 지속되다가 1987. 6. 10. 이후의 민주항쟁으로 정부와 여당은 사실상 군사정부의 퇴진으로 여겨졌던 대통령직선을 받아들였다. 이러한 민주혁명의 과정은 유혈사태까지 불러오지는 아니하였으므로 하나의 한국식 '명예혁명(名譽革命)'이라고 불리운다. 이에 따라 헌법은 전면개정되어 1987. 10. 27. 국민투표를 거쳐 1988. 2. 25.부터 시행되었다. 이 헌법이 현재까지 효력을 지속하고 있는 현행 헌법이다.

이 헌법은 대통령제를 유지하였으나 5년의 단임의 직선제로 하여 국민의 뜻에 의하지 않으면 집권할 수 없도록 하고 장기집권을 기도하는 것을 제도적으로 차단하였다. 5년 단임의 직선제는 서구 등 세계적으로 유사 입법례가 드물지만 평화적 정권교체가 가능하도록 하기 위하여 불가피하게 채택된 것이라고 할 수 있다. 기본권 조항에서는 신체의 자유 보장과 관련하여 적법절차조항을 도입하였고 언론·출판·집회·결사에 대한 허가제와 검열제를 금지하는 규정을 두고 있다. 이는 미국헌법의 기본권 보장규정과 이론을 도입한 것으로 의미 깊은 부분이다.

현행헌법은 제2공화국 헌법에서 법전상으로만 존재하였던 헌법재판소 제도를 다시 도입한 것이 그 중요한 특징이 된다. 이 헌법재판소 제도는 제2공화국에서와는 달리 실제로 설립되어 30년 이상 활동하면서 수많은 위헌결정을 내면서 특히 기본권 규정이 현실의 규범으로 작동하게 함으로써 국민의 기본권은 크게 신장되었다. 이 헌법재판소 제도는 엄밀히는 오스트리아 헌법재판소 제도에 가까운 것으로 평가되었지만[1] 실제로는 독일 연방헌법재판소 제도로부터 강한 영향을 받고 있다. 특히 한국의 헌법재판소가 위헌법률심사와 헌법소원 제도를 운용함에 있어서는 독일 연방헌법재판소의 판례이론이 결정적

1) 헌법소원 제도상 법원의 재판이 헌법소원의 대상이 될 수 없도록 하고 있는 점에서 오스트리아의 제도와의 유사성이 일반적으로 강조되고 있다.

인 지표가 되고 있다. 그러나 기본권의 실체적 내용과 해석에 있어서는 독일의 판례이론뿐만 아니라 미국 연방대법원의 판례이론도 마찬가지의 중요한 영향을 주고 있다.

2. 서양헌법 계수의 단계적 특징

(1) 통치구조

이상 살펴 본 바와 같이 한국에서는 제헌헌법 이후 5차례의 헌법의 전면개정이 있었는데 통치구조의 측면에서 그 과정은 "대통령제를 위주로 의원내각제를 가미한 절충형(제1공화국) ⇒ 순수한 의원내각제(제2공화국) ⇒ 정당국가적 대통령제(제3공화국) ⇒ 제왕적 대통령제(제4공화국) ⇒ 군사독재형 대통령제(제5공화국) ⇒ 대통령제를 위주로 의원내각제를 가미한 절충형(제6공화국)"으로 변천하여 왔음을 확인할 수 있다. 그리고 이러한 제반 정치형태는 각각 짧게는 1년 미만(제2공화국), 길어야 약 10년(제1공화국, 제3공화국) 정도 지속되었으나, 현행헌법은 발효된 이후 30년 이상 그대로 유지(제6공화국)됨으로써 안정되는 모습을 보여주고 있다. 결국 1948년 이래의 입헌주의 헌정사에서 한국은 구미의 대표적인 정부형태인 대통령제와 의원내각제 및 제3세계형 신(新)대통령제를 모두 경험하였고 마지막에는 의원내각제적 요소를 가미한 대통령제로 다시 회귀하여 정착하는 경향이 나타난다. 1789년 혁명 이후 1세기가 흐르는 동안 15개의 헌법을 경험하면서 군주제와 입헌민주제 및 공화제의 순환을 두 번씩이나 겪었던 프랑스의 헌법사(憲法史)가 '헌법의 왈츠(valse des constitutions) 시대'라고 불리우는 것과 같이,[1] 한국 헌법도 6개의 헌법을 경험하면서 헌법의 왈츠를 추었던 것이며, 다만 프랑스가 1세기 동안 두 바퀴를 돌았다면 한국은 반세기 동안 한 바퀴를 돈 것이라고 비유할 수 있다.

(2) 기본권 보장

기본권 보장의 측면에서 한국헌법에 대한 서구헌법의 영향은 3단계로 변화하여 왔다고 할 수 있다.

첫째 '헌법규범의 정립단계(1948년-1971년)'이다. 이는 제1공화국에서 제3공화국 헌법에 이르는 단계인데 주로 서독과 미국의 헌법규범을 도입하는 데에

1) Maurice Duverger, *Institutions politiques et droit constitutionnel*, tome 2, Paris, 1985, pp. 58-59.

몰두하였다. 우선 제헌헌법 자체가 바이마르헌법을 모범으로 하여 권리장전을 갖추었으며 다만 여기에 영장제도 등 신체의 자유 보장에 관하여서는 미국헌법상의 제도가 가미되었다. 제2공화국과 제3공화국 헌법에 이르러서는 서독 기본법의 영향이 본격화되었다.

둘째는 '헌법이론의 발전단계(1972년-1987년)'이다. 제4공화국과 제5공화국 헌법에서는 대통령의 국가긴급권이 확대되고 기본권 보장은 후퇴하였다. 그러나 이러한 헌법규범의 퇴보와는 별도로 헌법이론은 서독 기본법의 이론과 해석을 흡수하고자 하는 학자들의 노력으로 발전을 계속하였다. 통치구조의 영역에서 헌법해석을 통하여 헌법규범을 합리화하는 노력에는 일정한 한계가 있었으나 기본권 보장에 관한 헌법규정은 간결하여 그 구체적 내용은 주로 헌법해석에 의하여 규명되는 것이므로 학자들의 이론전개가 중요한 의미를 가지게 되었다. 특히 군사독재로 인하여 정치적 자유가 억압된 이 시기에 오히려 그 반작용으로 서독 기본법 체제 하에서 독일에서 전개된 최신 이론의 소개가 활발하였고 이에 상응하여 한국의 기본권 이론도 다양화되었는데, 이는 한국이 다음 단계의 헌법국가로 발전하는 데 필요한 밑거름이 되었다.

셋째는 '헌법판례의 발전단계(1988년-현재)'이다. 서양의 헌법규범의 도입과 그 헌법이론의 소개와 발전이 어느 정도 실현되고 또한 정치적 민주화도 진전된 상태에서 제6공화국의 현행헌법은 헌법재판소 제도를 도입, 시행하였다. 이에 따라 1988. 9. 개설된 헌법재판소의 활동은 한국헌법의 발전과 서양법의 계수에 결정적으로 중요한 영향을 미치게 되었다. 헌법재판소는 제반 헌법적 분쟁을 해결함에 있어서 먼저 미국과 독일, 프랑스 등의 입법례와 관련 판례를 확인하고 이를 한국적 현실에 비교하여 가면서 결정하는 방식의 재판을 하는 경우가 많다. 이는 서양법의 계수에 실질적으로 큰 의미를 가진다고 생각된다. 이와 같이 서양헌법의 이론과 판례는 주로 헌법재판을 통하여 구체적 입법과 제도에 투영되고 있으며 이러한 현상은 아직도 진행 중에 있다.

3. 서양 주요제국 헌법의 한국헌법에 대한 영향

(1) 독일헌법의 영향

독일헌법은 이론과 실무의 모든 면에서 한국헌법에 주도적인 영향을 미쳤으며 지금도 그러한 경향은 계속되고 있다. 독일헌법의 영향은 헌법의 기본원리와 기본권론 및 헌법재판제도에 광범위하게 나타나고 있다.

먼저 헌법 총론의 분야에서 한국헌법의 양대 기본원리라고 할 수 있는 민주적 기본질서(demokratische Grundordnung)와 법치국가(Rechtsstaat)의 원칙에 대한 해석은 거의 독일 기본법에서의 해석론을 따르고 있다. 자유민주적 기본질서는 정당조항을 통하여 기본법의 내용이 한국헌법에 수용되었으며 그 의미 해석에 관하여서도 독일 연방헌법재판소의 판결에서 나타나는 내용이 그대로 한국의 헌법재판소 결정에 도입되어 나타난다.[1)] 법치국가의 의미 내용에 관하여서도 독일의 논의가 그대로 한국에 소개되고 한국헌법의 해석론으로 쉽게 받아들여지는 분위기라고 할 수 있다. 독일식 법치국가의 개념은 동구권의 체제전환 이후 이미 세계적으로 보편화하는 추세에 있기는 하지만 헌법원리의 해석에 있어서 독일류 이론에 대한 집착과 편중은 다소 지나친 감이 있을 정도라고 생각된다.

기본권론에 있어서 일찍이 제헌헌법의 당시에는 독일의 국법학자 옐리네크(G. Jellinek)의 지위론(地位論)에 따른 분류와 기본권에 대한 법률유보론(法律留保論)이 통설적 위치에 있었으나, 제2공화국 이후 서독 기본법의 내용과 칼 슈미트(Carl Schmitt)와 한스 켈젠(Hans Kelsen) 등의 헌법해석이 본격적으로 논의되면서 차츰 자유주의적 시민적 법치국가이론이 우세하여졌다. 그러나 1980년대에 들어와서는 스멘트(R. Smend)의 이론이 소개되어 유행하는 등 독일의 영향을 받은 헌법이론 전개의 스펙트럼은 보다 넓어지게 되었다. 기본권 보장에 대한 독일해석론 편중현상은 제헌헌법 이래 한국의 헌법규범 자체가 독일헌법을 모범으로 하였던 데에 부가하여 헌법 전공의 한국 법학자들의 다수가 독일 유학을 거치고 있는 분위기로 인하여 계속되고 있다. 물론 독일 기본법의 이론체계와 해석론이 세계적으로도 합리적이며 발전된 헌법체계인 것으로 인정되고 있기 때문이기도 할 것이다.

(2) 미국헌법의 영향

미국헌법의 한국헌법에 대한 영향은 무엇보다도 대통령제 정부형태에 의하

1) 예컨대, 헌재 1990. 4. 2. 89헌가113, 판례집 2, 49면. 국가보안법 찬양고무죄 한정합헌결정에 나타난 자유민주적 기본질서의 내용은 일부 첨가된 내용을 제외하면 독일 연방헌법재판소의 해석 내용과 같다.

여 대표된다. 한국의 통치구조가 비록 대통령제와 의원내각제의 절충형이라고 하면서 국무총리와 국무회의 제도를 두고 있지만 국무총리는 대통령의 보좌기관이며 국무회의는 심의기관에 불과하여 정부의 실권은 모두 대통령에게 집중되어 있다고 하여도 과언이 아니다. 권력의 분립과 견제와 균형은 대통령과 의회 및 법원 간에 이루어지고 있으며 여기에서 국무총리가 독립된 권력주체로서 고려될 소지는 존재하지 않는다. 따라서 프랑스식의 이원적 집정부제와도 큰 차이가 있으며 한국헌법의 정부형태는 실질적으로는 미국헌법상의 대통령제와 크게 다르지 않다고 본다. 다만 과거 대통령이 장기집권하면서 독재체제로 나아갔던 경험을 고려하여 그 임기를 5년의 단임제도로 하고 있는바 이는 한국헌법에만 존재하는 독특한 경향이다.

한편 기본권 보장의 영역에서도 미국의 헌법의 영향은 결코 적지 않았다. 제헌헌법 당시부터 체포·구금·수색에는 법관의 영장이 있어야 함을 규정한 이래(제헌헌법 제9조) 영장주의는 신체의 자유 제한에 관련한 핵심적인 헌법원칙으로 자리잡고 있다. 이는 명백히 미국헌법상의 제도를 도입한 것이다. 변호인의 조력을 받을 권리나 이른바 미란다(Miranda)원칙 등 영장제도에 관련된 제반 이론도 미국판례법의 영향을 직접 받고 있다고 할 수 있다. 나아가 현행 헌법에서는 신체의 자유의 영역에서 적법절차원칙(due process of law)도 명문으로 도입되었다. 미국헌법상 인민의 생명, 자유, 재산 보장의 핵심원리에 해당하는 적법절차원칙은 비록 신체의 자유 보장의 조항에서만 언급되고 있으나, 통설과 판례는 일반적 행정절차까지 포괄하는 모든 절차에 적용되는 일반원칙으로 인정한다. 또한 헌법상의 평등 원칙의 구현의 측면에서 미국판례법의 영향은 지대하다. 헌법이 명문으로 특히 차별을 금지하는 영역을 밝히고 있거나 기본권의 침해가 중대한 경우에는 엄격한 심사를 한다고 하는 이중기준의 원칙이나 종래 차별받은 집단에 대하여 잠정적으로 우대조치를 하는 적극적 평등실현조치(affirmative action)의 이론 등은 모두 미국판례법을 모태로 한 것을 한국헌법에 맞추어 도입·적용하고 있다. 인권보장에 관한 미국의 판례법은 역사가 길고 내용이 풍부하기 때문에 한국의 헌법판례에 미치는 영향이 갈수록 커지고 있으며 근래에는 이 점에서 오히려 독일헌법의 영향을 압도하는 느낌조차 있다.

(3) 프랑스헌법의 영향

프랑스헌법의 사상과 이론은 서구헌법의 하나의 축을 이루고 있으나 한국헌법에서의 영향은 비교적 미미한 편이다. 하지만 프랑스의 헌법사상은 근대헌법의 기초를 형성하는 것으로 인식되어 헌법의 기본원리 편에서 널리 소개되고 있다. 특히 국민주권주의와 관련하여, 보댕의 군주주권론과 루소의 인민(peuple)주권론 및 시에예스의 국민(nation)주권론의 개념적 차이 등이 헌법교과서 등에서 보편적으로 소개·설명되고 있다. 헌법의 기본원리를 독일식 헌법이론에 따라 파악한다고 하더라도 그 기초에는 시민혁명을 전후한 프랑스의 헌법사상가들의 논리가 자리잡고 있으므로 그 한도에서 프랑스의 헌법사상은 자연스럽게 한국의 헌법이론에 침투하여 있다고 평가할 수 있다.

또한 정부형태의 면에서 한국이 의원내각제 요소들을 가미한 대통령제를 취하고 있기 때문에 유사한 절충형으로서 반대통령제(半大統領制)라고 호칭되기도 하는 프랑스의 정부형태에 많은 관심과 연구가 집중되었다. 때때로 소위 동거정부(cohabitation)가 형성되기도 하는 특이한 프랑스식 정부형태는 현재의 한국헌법의 규정에 일치시키는 것이 곤란하므로 한국의 정부형태와 동종으로 분류될 수는 없다고 하더라도 입법론상 도입하여 볼 만한 가치가 있다는 주장이 제기되고 있다.

프랑스의 헌법이론과 판례는 독일과 미국의 그것에 비교하여 다소 생소한 편이기는 하지만 상당수의 프랑스 유학파 헌법학자들에 의하여 부단히 소개되고 있어서 점차 친숙해지고 있는 상태에 있다. 특히 현행헌법 하에서는 헌법재판이 활성화되어 있는데 실제 쟁송사건에서 프랑스의 헌법이론과 사례 등이 참고가 된 중요한 판례법이 형성되기도 한다.

예컨대, 1993. 3. 군부세력이 퇴진하고 민간정부가 다시 집권하자 다수의 시민들이 1980. 5. 광주(光州)에서 발생한 시민혁명을 유혈진압하고 군사쿠데타에 의하여 집권한 전두환 등 군부세력을 내란죄와 반란죄 등으로 고소하였다. 이 사건에 대하여 검찰은 '성공한 쿠데타는 처벌될 수 없다'는 이유로 공소권 없음 결정을 하였으나, 헌법재판소는 나폴레옹의 재집권과 몰락, 파리코뮌의 집권과 붕괴 등 프랑스의 역사적 사례들에서 성공한 쿠데타에 대하여서도 후일 정치적 상황의 변동에 따라 처벌될 수 있음을 확인하고 나아가 국민의 진정한 승인(承認)을 받지 못한 군사쿠데타는 헌법적 정당성을 가지지 못하므로 처벌되어야 한다[1]는 견해를 밝힌 바가 있었다. 또한 2003. 3. 집권한 노무현 정부와 여당이 한국의 수도(首都)를 서울에서 다른 지방으로 이전하는 정책을 추진하고 관련된 수도이전법률을 제정하였으나, 헌법재판소는 2004. 10. 한국의 수도를 서울로 정한 것은 관습헌법(慣習憲法, coutume constitutionnelle)에 해당하므로 천도를 위하여서는 국민투표 이상의 절차가 요구된다는 사유로 동 법률을 위헌이라고 선고한 것은 전적으로 프랑스에서 발전한 관습헌법론과 헌법적 실례를 참고한 결과이다.[2]

4. 소 결

(1) 독일법을 위주로 미국법을 가미한 융합된 헌법계수

이상에서 살펴 본 바와 같이 한국헌법은 처음부터 바이마르헌법을 모범으로 하여 시작하였으며 그 발전과정에서 서독 기본법의 조항들을 도입하여 헌법규범을 정비하고 독일학자들의 헌법이론 및 독일법원의 판례의 영향을 강하게 받고 있어서 '독일헌법의 충직한 제자'라 말할 수 있을 정도라고 생각한다. 다만 독일헌법을 모범으로 전체적인 헌법의 구도를 정하고 있으나 국민의 인권보장과 관련된 중대한 영역들에서는 미국헌법의 영향이 두드러지고 있음을 간과할 수 없다. 앞서 언급한 바와 같이 현행헌법이 헌법재판소 제도를 도입한 이래 헌법재판이 크게 활성화됨으로써 미국판례법의 영향은 갈수록 커지고 있다. 이제는 헌법이론이나 전체적인 제도 도입의 측면에서 뿐만 아니라 개개의 구체적인 헌법쟁점에 이르기까지 미국헌법과 독일헌법의 판례법이 강한 영향을 미치고 있다. 따라서 현재의 한국의 헌법적 현실에서는 공익과 기본권 보장의 가치 대결의 측면에서 미국과 독일에서 통용되는 헌법적 심사 기준에 미치지 못하는 법률규정은 거의 존속될 수 없다고 보아도 과언이 아닐 것이다. 헌법분야에서 나타나는 이러한 현상은 국민의 기본권 신장을 위하여서는 매우 바람직한 것은 사실이나 여러 가지 부작용도 야기하고 있다고 생각되며 지나치게 구미 일변도의 시각과 기준에 의한 판단에 의존하는 데에 따라 한국헌법의 정체성(正體性)의 부족을 심각하게 드러내고 있다고 생각된다. 이하에서 이

1) 헌재 1995. 12. 14. 95헌마221, 판례집 7-2, 697면. 5·18 쿠데타 사건 결정.
2) 헌재 2004. 10. 21. 2004헌마554. 수도이전 위헌결정.

러한 부작용을 예시하고 미국과 독일류의 헌법적 심사기준을 보충하는 요소로서 동양적 심사기준의 가미를 고려해 보고자 한다.

(2) 서양헌법의 과도 추종으로 인한 부작용

미국에서 원류하여 독일이 발전시킨 헌법이론과 재판제도는 나름대로 합리적이고 정치(精緻)한 이론적 성과를 가지고 있어 이들의 헌법을 계수한 한국의 헌법학자와 재판관들이 이를 참고하고 원용하는 것은 당연하다. 그러나 이러한 경향이 극단적이어서 한국헌법의 규정을 무시하고 외국의 헌법이론과 판례를 추종하는 것은 곤란할 것이나 실제로는 이러한 일들이 상당히 발생하고 있다고 생각된다. 예컨대 이중처벌의 금지에 관련하여 한국헌법은 "모든 국민은 동일한 범죄에 대하여 거듭 처벌되지 아니한다."라고만 규정하고 있어서 독일기본법 제103조 제3항이 "누구도 동일한 행위로 인하여 일반형법에 근거하여(auf Grund der allgemeinen Strafgesetze) 거듭 처벌되지 아니한다."라고 규정한 것과 비교할 때 일반형법에 의한 처벌이라는 적용영역상 한계가 존재하지 아니한다. 그럼에도 불구하고 한국의 다수의 학설과 판례는 독일헌법의 해석론을 그대로 도입하여 '일반형법에 근거'한 처벌만이 거듭되지 아니하여야 한다는 취지인 것으로 보고 있는데 이것은 한국의 헌법규범과 일치하지 않는 것이고 독일의 해석론을 무비판적으로 수용한 결과이다. 또한 한국헌법은 미국 헌법과는 달리 기본권 제한의 일반원칙조항을 두고 있다. 따라서 기본권 제한 법률의 내용을 심사하기 위하여 미국헌법상의 적법절차원칙을 끌어들일 필요가 전혀 없으므로 미국헌법의 판례이론상 인정되는 '실체적 적법절차원칙(substantial due process of law)' 이론을 한국헌법의 해석론으로 받아들일 합리적 이유가 없음에도 불구하고 상당수의 학설과 헌법재판소의 판례는 적법절차의 원칙을 실체적 영역으로까지 확대하여 적용하고 있어서 기본권 제한 법률의 내용 심사기준의 설정에 혼란을 초래하고 있다. 이것은 미국헌법의 판례이론을 무분별하게 도입한 대표적인 사례가 된다고 본다.

(3) 헌법에서의 동양적 가치 재발견의 추구

이와 같이 한국헌법의 규정과 현실에 부합하지 않는 무분별한 도입은 개별적 분야나 쟁점들에서 도처에 나타나고 있으나, 보다 근본적으로 중요한 문제는 과연 서양식의 헌법심사방법과 기준이 한국사회에 고유한 사회적 갈등에서 배태(胚胎)된 헌법적 다툼들을 종식시키고 사법적 정의(正義)를 실현시켜 주는 데에 있어서 완결적, 충족적 방법론을 제공하는 것인가 하는 의문에 있다고 본다. 이 점에 관하여 미국과 독일의 헌법론으로 대표되는 서양헌법의 이론과 판례는 궁극적으로는 공익유지와 기본권 보호의 충돌에서 비례의 원칙(혹은 과잉금지의 원칙)과 특히 법익균형 원칙에 크게 의존하고 있는 것으로 생각되는데, 이러한 서구적 판단기준은 지나치게 계량적이어서 장구한 기간 동안 유교적 정치·사회제도를 유지하였던 한국의 정치적, 사회적 현실을 만족스럽게 해결하는 데 있어서는 다소 불충분한 것이 아닌가 하는 부족감을 떨칠 수 없다. 그런 의미에서 장래에는 비합리적, 봉건적 요소를 불식한 동양고유의 민본적(民本的) 정치원리를 헌법적인 정의를 찾는 기준으로 도입하는 노력을 하는 것도 필요하다고 생각한다. 또 이러한 노력은 현재 통용되고 있는 헌법심사의 기준에 동양적 가치에 의한 판단을 활성화하는 데에서 시작되어야 할 것인데, 이 문제를 위하여 사법심사의 틀을 재구성하는 것은 곤란하다고 하더라도, ① 헌법적 보호 대상의 문제나 ② 입법목적의 정당성 또는 ③ 법익형량의 판단 또는 ④ 기본권 충돌의 해결법리로서의 비례적 제한·양보의 원칙 등에서 동양적 가치를 참작하는 것은 지금의 헌법심사의 틀에 의하여서도 가능하다고 본다.

이 점과 관련하여 양심적 병역거부사건에서 나온 소수의견이, 헌법적으로 보호되어야 할 양심에 대한 심사기준으로 유교사상의 기본원리인 인·의·예·지(仁·義·禮·智)를 보편적 원리로 도입하여 이에 따른 판단을 하고 있는 것은 장래의 동양적 헌법이론의 발전에 단초가 될 수도 있을 것이다.1)

---

1) 재판관 권성의 별개의견: 이 사건 청구인의 신념은 종교상의 신념이므로 종교의 자유가 문제되는데, 집총거부(執銃拒否)를 허용하더라도 국가안보라는 중대한 헌법적 법익에 손상이 없으리라고 단정할 수 없으므로 입법자의 판단이 명백히 잘못되었다고 볼 수 없으므로 이 사건 법률조항이 종교의 자유를 침해한다고 할 수 없다. 종교에 바탕하지 않은 양심이 내심에 머무르지 않는 경우 비판의 대상이 되며, 비판의 기준은 보편타당성(普遍妥當性)이다. 보편타당성의 내용은 윤리의 핵심 명제인 인(仁)과 의(義), 두 가지로 집약되며 적어도 보편타당성의 획득가능성과 형성의 진지함을 가진 양심이라야 헌법상 보호를 받으며, 보편타당성이 없을 때에는 헌법 제37조 제2항에 따라 제한될 수 있다. 불의(不義)한 침략전쟁을 방어하기 위하여 집총하는 것을 거부하는 것은 인·의·예·지(仁·義·禮·智)가 의심스러운 행위로서 보편타당성을 가진 양심의 소리라고 인정하기 어렵다. 헌재 2004. 8. 26. 2002헌가1, 판례집 16-2상, 141면 이하.

CHAPTER 02

국가이론

제 1 절 국가이론 일반

제 1 항 국가의 의의

국가는 다수의 사람들이 일정한 영역을 기초로 조직화한 통치단체이다. 국가의 주된 특성은 그것이 일정한 영역과 그 주민을 지배하는 통치단체인 점에 있다. 따라서 국가를 단지 정치단체라고만 정의하여 정당과 같은 속성을 가진 단체라고 볼 수 없는 것이다. 국가는 최고·독립·불가분의 권력인 주권을 가지며 국가의 주권은 통치권으로 구체화되는데, 통치권은 국가가 차지하는 영역에 대한 지배력을 의미하는 영토고권(領土高權)과 국가에 소속하는 사람에 대한 지배력인 대인고권(對人高權) 및 국가기관을 스스로 구성하고 운영하는 자주조직권(自主組織權)으로 나누어진다.

제 2 항 국가의 기원

국가의 기원은 여러 가지 관점에서 주장된 바 있다. 예컨대 신의 뜻에 따라 창조되었다는 신의설(神意說), 정복활동에 의하여 조성된 지배복종관계에서 유래하였다는 정복설(征服說), 씨족적 혈연이 사회의 발전에 따라 확대되었다는 가족설(家族說), 유산계급이 무산계급을 착취하는 수단이라는 계급착취설(階級搾取說) 등이 있는데, 헌법에서 가장 중요한 의미를 가지는 것은 사회계약설(社會

契約說)이다. 사회계약론은 국가의 기원에 대한 실증된 설명이라고 보기는 어렵지만 주장 당시의 유럽사회에 중대한 영향을 미친 정치철학으로서 입헌주의 헌법 발전의 기초가 되었으며 오늘날의 헌법이론에도 가장 큰 영향을 미치고 있다.

1. 홉스의 사회계약론

홉스(Thomas Hobbes)의 사회계약론에서 그리는 인간상은 이성적(理性的) 존재이지만 자신의 이해관계에 따라 충동적 행동도 불사하는 이기적 주체이다. 홉스도 인간이 생래적으로 천부적 인권을 가지는 존재임을 인정하였다. 그러나 자연상태는 인간들 상호간에 아무런 보호가 없는 투쟁상태로서 인간들은 항상 위험에 처하여 있다고 보았다. 인간은 여기서 벗어나 자기보존을 실현하기 위해서 주권적 지배자에게 자신의 천부적 인권을 양도하고 절대복종을 약속함과 동시에 내란을 막고 사회질서를 지켜달라는 취지의 복종계약(服從契約)을 체결하였다는 것이다. 주권자에 대한 복종계약은 무조건 이행되어야 하고 이를 이행하지 아니하는 것은 정의롭지 못하다고 보아 복종계약의 절대적 이행을 주장하였다. 홉스의 이러한 논리는 군주파와 의회파간의 대립이 격화되어 내란으로 치닫고 있었던 17세기 중반의 영국의 정치적 상황에서, 의회가 지지하는 관습법인 보통법(common law)의 지배를 부정하고 군주의 절대적 권력을 뒷받침하는 자연법(natural law)의 지배를 주장한 것이었다.

2. 로크의 사회계약론

(1) 로크(John Locke)는 홉스와 같이 이론적 출발점을 인간이 천부인권을 가지는 존재임을 인정하는 데에 두고 있으나, 홉스와는 달리 성악설적 극단론에 서지 않고 인간은 타인과의 관계에서 자신의 행위를 적절히 규율할 수 있는 존재로 보았다. 인간은 신이 내려준 세상만물에 노동을 가함으로써 스스로의 소유물로 삼을 수 있고, 이를 통하여 자기보존을 실현한다. 자연상태에서 인간은 자연법에 의하여 평화롭게 공생하지만 이를 어기는 자가 있을 때에는 자구책을 강구하는 것 외에는 그 분쟁을 해결할 도리가 없는 불안한 상태이다.

자연법을 해석하고 집행할 공동의 권력이 존재하지 않는 이러한 불안상태를 제거하기 위하여 인민은 국가를 조직하게 된 것이다.

(2) 국가를 조직하면서 개인은 각자의 권리를 지배자에게 양도하지만 그것은 원래 개인에게 귀속된 권리를 지도자에게 신탁(포괄적 위임)하는 의미의 것이다. 따라서 국가권력의 담당자는 개인의 권리가 최대한 발현되고 부당히 침해되는 일이 없도록 위임받은 권한을 잘 행사하여야 한다. 만약 이 권한을 남용하게 되면 개인은 신탁계약을 취소하고 자신이 그 권한을 직접 행사하든지 다른 권한자에게 새로 위임하든지 할 수 있다. 로크의 이러한 논리는 영국 명예혁명(名譽革命)의 이론적 기초를 제공하는 역할을 하였다.

3. 루소의 사회계약론

(1) 루소(Jean-Jacques Rousseau)도 사회계약론을 주장하였지만 로크의 그것과는 상당히 다른 내용을 가진다. 루소는 계몽주의 학자로서 인류의 역사발전을 부인하는 주장을 하여 주목을 받았다. 서양에서 예술과 학문이 발전하여 왔으나 이것이 도덕과 문명을 진보시킨 것은 아니라고 하였던 것이다. 또한 이러한 발전이 인간을 더 도덕적 존재로 만들지도 않았다고 보았다. 그래서 인간은 역사의 발전을 버리고 다시 자연으로 돌아가야 한다고 주장하였다. 이성에 의하여 학문을 하고 예술을 논한다고 하는 것은 모두 부질없으며 감성을 되찾는 것이 중요하다고 본 점에서 루소는 근본적으로 기존 문명의 가치를 부정하는 입장에 있다.

(2) 자연상태는 국가가 존재하지 아니하는 이전의 상태를 말하는데 이는 관념상의 존재일 뿐이고 실제는 아니다. 이를 가정해 볼 때 자연상태에서 인간은 자신의 감성대로 행동하므로 자신의 자유를 그대로 유지하고 타인의 권리를 존중하며 행동한다. 즉 자연상태는 목가적인 평화가 유지되는 상태라고 본다. 그러나 루소는 당시의 프랑스의 사회상태가 지극히 불평등한 사회로 되어버린 점을 지적하면서, 왜 그와 같이 반대로 되어버린 것인지 정확히 알 수 없지만 결국 이는 토지 등 재물에 대한 소유(所有)가 발생하였기 때문이라고 분석하였다. 소유가 발생함으로써 서로 많이 차지하려고 욕심을 부리기 시작했고 혼란과 불안이 초래되었다. 여기에 법이 생겨서 인간의 욕심을 합리화하

고 이를 부추기며 뒷받침하게 되었다. 법에 의하여 오히려 사회의 불안과 혼란이 가중되었다는 것이다. 기존의 법에 대한 이러한 부정적 인식을 생각할 때 루소의 사상에서 후일의 공산주의 사상의 길을 여는 단초를 엿볼 수 있다. 그러나 여기서 루소는 기존 사회제도를 무너뜨려야 한다고 하는 공산주의적 사고와는 달리 오히려 사회계약을 체결함으로써 이를 극복하여야 한다고 주장하였다. 그리하여 인민은 사회적 혼란과 불안을 막고 질서를 회복하기 위하여 사회계약에 의하여 국가를 창설한다고 하였다. 이렇게 사회계약에 의하여 국가를 만든다고 하는 점에서 홉스나 로크의 주장과 유사하지만, 루소는 여기서 국가권력을 개인에게 맡겨야 하는 것이 아니라고 주장한다. 사회계약에 의하여 창설된 국가는 '전체로서의 국민'이 다스려야 한다는 것이다. 그리하여 자유롭고 평등한 개인이 국가 창설의 주체이므로 전체로서의 국민이 나서서 국가를 운영하게 된다. 국가는 인민의 전체적 의사에 의하여 움직이며, 그 의사는 초월적 능력을 가진 선량한 입법자에 의하여 정해진다. 또한 이러한 의사는 오류가 없으니 무조건 따라야 한다고 하였다. 로크와는 달리 이와 같이 성립된 사회계약은 취소할 수 있는 위임계약이 아니며 각 개인은 국가를 창설함에 있어서 취소할 수 없는 완전한 복종계약을 체결하는 것이라고 보았다.

(3) 결국 루소는 직접민주주의를 제창한 것이며 로크가 주장한 바와 같은 대표성의 원리에 의한 간접민주주의를 부정하고 있다. 또한 이 정치체에서 형성되는 국가의사를 '일반의사(volonté générale)'라고 하였다. 사회계약에서 만들어진 국가의사는 일반의사이며 이는 전체 국민의 의사로서 이성에 의하여 인도되고 박애정신에서 유래된 것이다. 이는 개개의 탐욕스런 의사와 대립되는 것이다. 이에 의하여 국가가 경영된다. 이는 인민 개개인의 개인적 이득을 추구하는 개별의사와는 구분되는 것이다. 일반의사는 개별의사가 모인 것의 총합에 해당하는 전체의사와는 달리 고차원적인 박애정신에서 유래된 무오류의 의사라고 하였다.

(4) 그러나 현실로 볼 때 모든 개인은 부단히 개별의사를 추구하고 있는데 어떻게 일반의사가 실현될 수 있을 것인지가 문제된다. 여기서 루소는 초인적 정신을 가진 입법자가 존재하여야 할 필요를 역설하고 이 체제에서는 초인(超人)이 나타나야 하며 그가 입법자로서 활동할 수밖에 없을 것이라는 결론에 이른다. 루소의 이와 같은 초인적 입법자를 전제한 사회계약론은 프랑스혁명

의 기폭제가 되는 사상적 배경이 되기도 했지만 공화정 독재로 나아갈 수 있는 길을 터준 측면이 있다. 그런 연유로 루소의 사회계약론은 후일 나치의 파시즘체제와 공산주의 체제에 의하여 그 전체주의적 정치체제를 뒷받침하는 논리로 악용되기도 하였다. 루소의 사회계약론은 대표민주주의에 대한 불신으로 인하여 오용 가능성이 있기는 하였지만, 노동으로 일상생활을 하는 평민이 가장 중요한 존재이고 이들에게 주권이 종국적이고 완전하게 귀속되어야 한다는 논리는 프랑스혁명의 중요한 사상적 기초가 되었다.

제3항 대한민국의 국가형태

일반적으로 국가는 군주의 존재 여부에 따라 군주국과 공화국, 국가성의 단일 여부에 따라 단일국가와 연방국가 등으로 분류된다. 이하에서 우리나라의 국가형태를 살펴본다.

1. 공 화 국

헌법 제1조 제1항은 "대한민국은 민주공화국이다."라고 규정하여 우리나라의 국호가 대한민국이며 그 국가형태는 민주공화국임을 밝히고 있다. 여기서 국가형태로서 '공화국(共和國, Republic)'이라고 함은 국가권력의 최고정점에 군주(君主)를 존재시키지 아니하며 국가를 구성하는 제반 계층들이 국가권력을 안배하여 공통의 이익을 위하여 조화롭게 국정을 운영하는 체제를 말한다. 이는 원래 고대 로마의 공화정에서 유래한 것인데, 왕정(王政)과 대비되는 국정형태로서 왕을 두지 아니하고 로마를 이루는 주요 계층인 귀족과 평민이 국가기관을 구성하고 국정을 주도하였다. 오늘날 귀족의 사회계층으로서의 의미는 상실되었으므로 결국 공화국은 군주를 두지 아니하고 인민이 국가권력을 차지하여 국정을 운영하는 국가라고 말할 수 있다. 요컨대 공화국의 가장 주요한 특징은 군주를 두고 있지 아니한 국가형태라는 데에 있는 것이며, 이 점에서 군주제를 존치하고 있는 군주국(君主國)과 대비된다.

2. 민주공화국

공화국의 국정 운영형태는 여러 가지로 나뉠 수 있다. 전제주의적 권력집중형태가 있을 수 있고 입헌주의적 권력분산형태가 있을 수 있다. 그런데 우리나라의 국가형태로서의 공화국은 '민주'공화국이며 이는 자유민주주의에 기초한 공화국이 되어야 함을 의미한다. 예컨대 노동자 계급의 권력집중구조에 기초한 이른바 '사회주의 인민공화국'은 우리 헌법이 요구하는 민주공화국과 배치되는 국가형태이다. 이처럼 자유민주주의는 우리나라의 국가형태인 공화국을 한정짓는 가장 핵심적인 헌법원리에 해당하는데, 그 구체적 의미는 헌법의 기본원리의 장에서 다룬다.

3. 단일국가

대한민국은 하나의 국가성을 가진 단일국가이며, 국가 하위의 지역단위체는 단지 중앙의 국가로부터 위임받은 권력만 행사할 수 있는 자치단체에 불과하여 국가성을 가지지 않는다.

이 점에서 국가성을 보유하는 다수의 주체가 결합하여 형성된 국가연합이나 연방국가와 구별된다. 국가연합과 연방국가를 비교할 때, 국가연합에서는 주권을 가지는 국가들이 조약에 의하여 약한 정도의 한시적 연맹을 결성하고 있을 뿐이므로 그 연합체는 주권성을 가진 진정한 의미의 국가가 되지 못하는 반면, 연방국가에서는 국가적 결합이 강력하고 영구적이며 통치권을 연방과 그 구성주체인 지방(支邦) 사이에 분할·분배하고 특히 대외적 국가활동은 연방의 권한이 되므로 진정한 국가성은 연방에 놓이게 되는 점에서 상호 구분된다. 국가연합의 예로서는 구소련이 붕괴되고 형성된 독립국가연합(CIS)이나 대영제국이 붕괴된 후 형성된 영연방공동체(British Commonwealth) 또는 독립 이후 1787년 연방헌법이 형성되기 전의 국가연합상태의 미국 등을 들 수 있다. 연방국가의 사례는 다수 존재하지만 대표적인 모델국가로는 미국과 독일을 들 수 있다. 미국의 연방은 국가연합체제의 단점을 보완하기 위하여 연방옹호자들의 강력한 주장에 의하여 형성된 만큼 연방과 주의 권한이 불명료한 경우

가급적 연방의 권한을 인정하는 연방 위주의 국가체제인 반면, 독일의 연방은 제2차 세계대전 후 연합국의 영향에 의하여 지방(支邦)의 권한이 충분히 확보되도록 하는 지방 위주의 국가체제를 형성하고 있는 점에서 서로 차별화된다. 그러나 오늘날 연방국가에서는 현대적 국가과제의 능률적이고 통일적 처리를 위하여 일반적으로 연방의 권력이 강화되는 경향이 있다.

우리나라는 현행 헌법의 체제에서는 단일국가로 구성되지만 장래 북한과 통일함에 있어서 한반도 통일국가의 지역적 인구규모를 고려하고 통일의 충격을 완화하며 북한지역의 자치권을 함양하기 위하여 헌법개정에 의하여 연방국가로의 전환을 고려할 수도 있다고 생각한다.

제 4 항 국가의 구성요소

1. 주 권

(1) 주권의 세 가지 의미

주권은 세 가지의 의미로 사용되고 있다. 첫째는 국가권력의 최고독립성의 의미이고, 둘째는 국가의사를 결정하는 시원적(始原的)인 힘의 의미이며, 셋째는 일반적 국가권력 즉 통치권의 의미이다. 그러므로 주권이라는 용어가 사용될 때에는 표현자의 의도와 문맥을 고려하여 그 정확한 의미를 파악하여야 한다. '대한민국은 주권을 가진 국가'라고 할 때 이는 국가권력의 최고독립성을 의미하고 있고, 헌법 제1조 제2항 전문이 규정하는 바와 같이 '주권은 국민에게 있다'라고 할 때 이는 국가의사를 결정하는 시원적인 힘을 말하며, 동 조항 후문이 '모든 권력은 국민으로부터 나온다'고 할 때 이는 일반적 국가권력, 즉 통치권을 지칭한다.

(2) 주권과 헌법제정권력

국가의사 결정의 시원적 힘으로서의 주권이 헌법제정권력과 어떻게 구별되는지 문제된다. 사실 국가의사를 결정할 시원적 힘은 당연히 헌법을 제정할 힘도 포함하여야 한다는 점에서는 주권이 보다 포괄적이며, 반대로 헌법제정권력이 국가의사를 시원적으로 결정할 힘을 가져야 할 것이라는 점에서는 헌법제정권력이 보다 포괄적이므로 논리적으로 볼 때 양 개념은 내포하는 내용이 서로 같을 수밖에 없다. 그러므로 헌법제정권력이 국민에게 있다고 하는 것은 주권이 국민에게 있다고 함과 의미가 같은 것이다. 그러나 이는 논리적 결과일 뿐 양 개념은 역사상 서로 다른 시기에 다른 사회적 필요에 따라 다른 관점에서 각기 정립된 것이므로 반드시 개념 자체가 같은 것은 아니다.

(3) 주권이론의 정립

헌법제정권력의 이론이 18세기 말 프랑스 혁명기에 시에예스에 의하여 처음으로 정립된 것인데 반하여, 주권이론은 16세기 프랑스에서 신구교 간의 종교전쟁을 거쳐서 절대왕정이 확립되던 시기에 장 보댕(Jean Bodin)에 의하여 이론적으로 확립되었다. 장 보댕은 16세기 프랑스에서 발생한 종교전쟁이 장기간 지속되면서 신교를 지지하는 귀족들과 구교를 지지하는 귀족들 간의 전쟁으로 변질되고, 그 와중에 끼어 있는 일반 백성들이 고통받으며, 결국 프랑스 국가가 와해될 위험에 처하는 것을 목도하고, 평화와 질서를 회복시켜줄 존재로서 국가의 세속적 주권성을 강조하면서 이러한 주권은 국왕에게 귀속되어야 함을 역설하였다. 그리고 주권의 속성은 기간의 한정이 없는 영속성을 가지고 구체적 법률에 구속되지 아니하는 절대성을 가진다고 보았으며, 나아가 주권이 양도되거나 분할될 수 있다면 그 주체는 이미 주권자가 될 수 없으므로 주권은 양도나 분할이 불가능한 것이라고 보았다. 국왕의 권력이야말로 '주권적'인 것이며, 주권자인 국왕은 그 누구에게도 복종하지 않고 절대적인 권력을 행사하지만 다만 이러한 권력은 신(神)이 부여한 것이기 때문에 신의 의사와 자연법에는 복종하여야 한다고 보았다. 또 이는 곧 정의(正義)를 말하므로 국왕의 절대권력은 합리적으로 행사되어야 하며 정의에 반하여서는 안 된다고 하는 것이 된다. 보댕의 이러한 주권이론은 프랑스 혁명기에 루소에 의하여 그대로 수용되었지만, 주권의 귀속주체가 국왕으로부터 인민으로 변경되어야 하는 것으로 주장되면서 인민주권 내지 국민주권의 이론으로 발전하였다. 오늘날 입헌주의국가의 헌법이론에서도 보댕의 주권이론의 기본적 요소는 그대로 받아들여지고 있다.

(4) 주권과 통치권

주권은 때로는 통치권과 같은 의미로 사용되기도 한다. 주권은 시원적이고 불가분적인 국가권력을 의미하는 데 반하여 통치권은 주권에 의하여 만들어진 구체적이고 현실적인 분할가능한 국가권력을 의미한다. 이는 마치 시원적이고 창조적 권력(pouvoir constituant)인 '헌법제정권력'과 헌법제정권력에 의하여 만들어진 권력(pouvoir constitué)인 '헌법개정권력'이 구분되는 것과 비교될 수 있다.

주권이 국가의사를 최종적·독립적으로 결정할 권력인 반면 통치권은 주권자에 의하여 위임된 하위 권력이고, 오늘날 입헌주의국가에서 주권은 국민에게 귀속되는 반면 통치권은 현실적으로 각 담당자에게 위임되어 있는 권력에 불과하며, 주권은 단일성, 불가분성, 불가양성을 가지는 반면 통치권은 분할과 양도가 가능한 현실적인 하위 권력인 점에서 명확히 구분된다.

통치권은 영토와 국민을 관리하고 주권을 구체화하는 현실적인 권력인 점에 비추어 그 대상에 따라서 ① 영토를 지배하고 관리하는 영토고권(領土高權), ② 국민의 생활을 규율하고 통제하는 대인고권(對人高權), ③ 국가 통치기구를 조직하고 운용하는 자주조직권(自主組織權)으로 나누어 볼 수 있다.

또한 통치권은 그 발동형태에 따라 입법권, 행정권, 사법권으로 나눌 수 있다. 이러한 분류는 입헌주의 헌법국가에서 권력분립의 기초가 되는 중요한 의미를 가지고 있다.

2. 국　민

(1) 국적 결정의 기본원칙으로서의 부모양계혈통주의의 확립

(가) 국민은 헌법 제2조에 규정하는데 제2항은 국민의 요건을 법률로 정한다고 하고 있어서 이에 따라 국적법이 제정되어 있다. 국적법에 의하면 우리 국민을 정하는 데 있어서는 자(子)는 부모의 국적을 따르는 속인주의(屬人主義)를 원칙으로 채택하고 있다. 속인주의 중에는 부계혈통주의(父系血統主義)가 있을 수 있고 부모양계혈통주의(父母兩系血統主義)가 있을 수 있다.

(나) 우리 국적법은 1990년도 중반까지 부계혈통주의를 취하여, 부(父)가 한국인인 경우에만 한국 국적을 부여하도록 하고, 모(母)가 한국인이고 부가 외국인인 경우에는 국적을 부여하지 않도록 하였다. 그런데 부계혈통주의가 양

성평등에 반한다는 취지의 헌법재판이 제기되고 헌법재판소에서 위헌이 선고될 개연성이 보이는 가운데 국적법이 개정되어 부모양계혈통주의가 도입되었다. 따라서 현행법상으로는 부가 한국인이든 모가 한국인이든 관계없이 부모의 어느 일방이 한국인인 경우에는 모두 국적을 취득하게 되었다. 다만 이러한 법개정을 하면서 경과규정을 두어 법시행 전 10년을 기준으로 하여 그 이후에 태어난 사람들에게만 부모양계혈통주의의 신법을 적용하고 그 이전에 태어난 사람들에 대하여는 구법을 그대로 적용하도록 하였다. 이에 따라 신법의 시행당시 10세를 넘은 자에 대하여는 국적을 취득할 새로운 기회가 부여되지 않는 것으로 되었다. 개정 국적법에는 법체계의 전환을 함에서 일어나는 혼란을 막기 위하여 이와 같은 부칙조항을 두었던 것이나, 헌법재판소는 이 부칙조항이 양성평등의 원칙에 위반이 된다는 이유로 위헌이라고 결정하였다. 다만 부계혈통주의를 정하였던 종전 조항은 이미 소멸되었으므로 동 조항에 대한 헌법소원은 권리보호의 이익이 없다는 이유로 각하되었다.[1)]

(2) 재외동포의 보호

국민의 범위와 관련하여 헌법적 보호의 한계선상에 있는 집단으로서 재외동포를 들 수 있다. 우리나라의 재외동포에는 역사적, 사회적 제반 원인으로 국외로 이주하여 중국과 러시아 및 일본과 미국 등지에서 영주권자가 되거나(재외국민), 외국의 국적을 보유하게 된(외국국적동포) 한민족 혈통의 동포가 해당된다. 이들을 법적으로 보호하기 위한 재외동포법[2)]이 제정되었는데, 이 법률은 재외동포에게 장기간의 체류자격을 주고 부동산이나 각종 금융거래를 허용하며 건강보험을 제공하는 등 혜택을 부여하였다. 우리 국적의 유지와 관계

1) 법원이 이 사건 위헌여부심판을 제청할 당시, 제청대상 법률조항(구법조항)이 위헌이라면 대한민국 국민을 모로 하여 출생한 제청신청인은 대한민국 국적을 취득할 수 있기 때문에 제청신청인이 외국인임을 전제로 한 강제퇴거명령은 이를 집행할 수 없게 되므로, 구법조항의 위헌 여부는 당해사건의 재판에 전제성이 있었다. 그러나 신법에서는 부모양계혈통주의로 개정되었고(제2조 제1항 제1호), 당해사건에서도 1998. 6. 14.부터는 신법을 적용하여야 하므로(부칙 제1조), 구법조항은 이 심판 계속 중 재판의 전제성을 상실하여 부적법하다. … 부칙조항은 신법이 구법상의 부계혈통주의를 부모양계혈통주의로 개정하면서 구법상 부가 외국인이기 때문에 대한민국 국적을 취득할 수 없었던 한국인 모의 자녀 중에서 신법 시행 전 10년 동안에 태어난 자에게 신고 등 일정한 절차를 거쳐 대한민국 국적을 취득하도록 하는 경과규정으로서, 구법조항의 위헌적인 차별로 인하여 불이익을 받은 자를 구제하는 데 신법 시행 당시의 연령이 10세가 되는지 여부는 헌법상 적정한 기준이 아닌 또 다른 차별취급이므로, 부칙조항은 헌법 제11조 제1항의 평등원칙에 위배된다. 국적법 부계혈통주의 사건 결정, 헌재 2000. 8. 31. 97헌가12, 판례집 12-2, 167, 168면.

2) 재외동포의 출입국과 법적 지위에 관한 법률(1999. 9. 2. 법률 제6015호).

없이 국가의 능력 범위 내에서 이들 재외동포에 대한 법적 보호를 제공하는 것 자체에 헌법적 문제는 없다고 본다. 그러나 이 법률은 대한민국 정부수립 이전에 국외로 이주한 동포와 그 이후 국외로 이주한 동포를 구분하여 후자에게만 위와 같은 혜택을 부여하고 전자는 원칙적으로 법적용의 대상에서 제외하였는데, 이는 중국정부의 강력한 요구에 따른 외교적 문제에 대한 고려에서 주로 중국 국적의 재외동포가 혜택에서 제외되도록 하기 위한 조치로 이해되었다. 그러나 헌법재판소는 이러한 입법내용이 합리적 이유가 없는 차별이므로 평등원칙에 위배된다는 이유로 위헌결정을 하였으며,[1] 그 후 법개정에 의하여 정부수립을 시기적 기준으로 한 재외동포의 차별적 취급은 철폐되었다.

3. 영 토

(1) 우리 헌법상의 영토조항의 의의

㈎ 헌법 제3조는 '대한민국의 영토는 한반도와 그 부속도서로 한다'고 규정한다. 이 조항은 제헌헌법 이래 유지되어 온 헌법조항으로서, 북한의 국가로서의 사실상 존재에도 불구하고, 대한민국의 영토는 건국 이래 일관하여 북한지역을 포함한 한반도 전역이라는 점을 밝힌 데 의의가 있다. 원래 한반도 지역에는 유구한 역사를 통하여 한민족을 국민으로 하는 하나의 국가가 존재하여 왔으며, 일본의 강점(强占)이 있기 직전 그 국가는 대한제국(大韓帝國)이었다. 우리 헌법 전문에 의하면 일본의 강점이 끝나고 한민족의 단일국가로서 회복된 국가가 대한민국이다. 대한민국은 일본의 강점이 종료된 후 한민족 단일국가가 새로운 국가이념과 조직을 통하여 재조직된 것일 뿐이므로 대한민국은 대한제국이 멸망하고 그 지역의 일부를 승계하여 새로 창설된 국가가 아니라 한민족의 단일국가 그 자체이며 대한제국과 동일성(同一性, Identität)을 가진 국가이다. 그러므로 북한이 북한지역에 사실상 국가로서 존재하더라도 이는 평

1) 재외동포법상 외국국적동포에 대한 정의규정에는 일응 중립적인 과거국적주의를 표방하고, 시행령으로 일제시대 독립운동을 위하여 또는 일제의 강제징용이나 수탈을 피하기 위해 조국을 떠날 수밖에 없었던 중국동포나 구 소련동포가 대부분인 대한민국 정부수립 이전에 이주한 자들에게 외국국적 취득 이전에 대한민국의 국적을 명시적으로 확인받은 사실을 입증하도록 요구함으로써 이들을 재외동포법의 수혜대상에서 제외한 것은 정당성을 인정받기 어렵다. 요컨대, 이 사건 심판대상규정이 … 정부수립 이전 이주동포를 재외동포법의 적용대상에서 제외한 것은 합리적 이유없이 정부수립 이전 이주동포를 차별하는 자의적인 입법이어서 헌법 제11조의 평등원칙에 위배된다. 헌재 2001. 11. 29. 99헌마494, 판례집 13-2, 714, 715면.

화적 통일과정에 의하여 소멸되어야 하며, 통일에 의하여 재편되는 국가는 기존의 대한민국의 승계국가가 아니라 바로 대한민국 자체라고 한다. 결국 과거의 대한제국과 현재의 대한민국 및 미래의 한반도 통일국가는 모두 동일한 국가이며, 전자의 국가는 소멸하고 후자의 국가가 이를 승계하는 관계에 있지 않다.

(나) 헌법 제3조의 영토조항은 남북한 통일의 헌법적 방식에 대한 해석의 기준을 제공한다. 한반도 전체를 대한민국의 영토로 명시하고 있는 영토조항에 따라서 북한지역은 이미 대한민국의 영토라고 해석된다. 다만 현실에 있어서 북한의 존재로 인하여 규범의 실효성이 사실상 제한되고 있을 뿐이다. 그러므로 정부는 통일을 실현시킴으로서 대한민국의 영토 내에 존재하는 헌법 외적 권력집단을 소멸시키고 헌법의 규범력을 복원시켜야 할 의무를 부담한다. 통일은 영토조항에 의하여 헌법적으로 당연히 요청되고 있는 사항을 실현하는 과정일 뿐이다. 다만 헌법 제4조에 의하여 대한민국은 평화적 통일을 추구하여야 하므로 통일은 반드시 북한 당국과의 협상에 의하여 실현되어야 한다. 또한 영토조항에 의하여 대한민국은 한반도 전체를 관할하는 국가임이 헌법에 이미 확인되어 있으므로 대한민국은 통일을 계기로 한반도 북부지역에 관할권을 확대하는 것을 헌법적으로 정당화하기 위한 별도의 헌법개정의 조치를 하는 것이 필요하지 않게 된다. 통일은 단지 남북한 당국간의 통일합의서의 체결과 발효에 의하여 실현되는 것이며 별도의 헌법적 절차는 요구되지 않는 것이다. 다만 통일합의서의 체결과정에서 북한주민의 이익을 헌법적으로 반영하기 위하여 필요한 헌법개정을 통일합의서 체결과 동시에 혹은 사후에 실시할 수는 있을 것이다.

결국 영토조항의 내용에 비추어 우리의 통일방식은 통일합의서를 체결하고 북한지역에 대하여 우리 헌법의 효력을 사실상 확대하는 방식에 의하게 된다.

(2) 한반도 국경확정과 간도(間島)문제

헌법 제3조의 국가영토로서의 한반도의 범위는 한반도의 지리적 개념을 기초로 하여 그 국경획정의 역사와 현재의 한민족의 실제 거주지역의 한계 및 인접국과의 국경 합의 등을 감안하여 종합적으로 해석되어야 할 것이다. 그렇게 볼 때 대륙과 접한 한반도의 북쪽 경계선은, 여전히 1712년 조선과 청국(淸

國)간 맺어진 백두산정계비(白頭山定界碑) 합의를 기준으로 판단하여야 한다. 그 이후에는 중국과의 관계에서 우리 헌법상 인정할 수 있는 유효한 국경합의가 더 이상 존재하지 않기 때문이다. 한반도의 범위는 정계비에서 밝힌 대로 '압록강과 토문강(土門江)의 경계 이남지역'이라고 보는 것이 합당하며, 여기서 토문강은 정계비 설치지역과 연결된 송화강(松花江)의 지류임이 지형상 명백하므로 이에 의할 때 두만강 이북의 한민족 주거지대인 간도지역이 우리 영토에 포섭된다.

그러나 대한민국 헌법의 실제 효력은 휴전선 이북을 사실상 관할하고 있는 북한정권의 존재로 인하여 한중 국경지역에 미치지 못하고 있으며 간도지역은 1909년 일제와 청제국 간의 간도협약 이후 중국이 오랜 기간 실효적으로 영유하고 있는 것이 현실적 상황이므로 우리 헌법 중심의 이러한 국경 해석은 해당 지역에 아무런 법적 실효성을 가지지 못하는 상태에 있다. 그러므로 남북한 통일의 단계에 이르게 되면 한국과 중국 간의 새로운 국경협상에 의하여 국경선이 최종적으로 확정되기 전까지의 잠정적 헌법해석으로밖에 인정될 수 없는 한계를 가진다고 할 것이다.

한편 남북한 통일은 헌법 제4조에 의거한 국가적 의무인바, 통일과정에서 한반도의 국경 해석 문제는 통일의 원만한 실현 문제와 결부될 것으로 예상된다. 중국은 한반도 국경을 불안하게 하는 남북한 통일에는 협조하지 아니할 것으로 생각되기 때문이다. 그러므로 통일의 실현을 위하여 정부에게 국경의 확정과 간도의 영유권에 관하여 중국과 협상할 광범위한 헌법적 정책재량을 부여할 필요가 있으며, 소멸국가인 북한과 중국 사이에 이미 체결하여 국경지역에 실제 적용되고 있는 조중국경조약(朝中國境條約)과 조중국경의정서의 내용을 인정하는 합의를 하는 것도 우리 헌법상 용인될 수 있다고 할 것이다. 종래 우리 헌법상 영토로 해석되는 지역의 일부(간도)를 외국에게 할양하는 취지의 이러한 조약이 헌법에 합치될 수 있겠는가 하는 의문이 있을 수도 있지만, 이는 ① 백두산정계비는 18세기 초 형성된 것으로 이 때는 동아시아에 근대국제법이 정립되지 못한 시기이며 그 내용이 지나치게 간략하여 300년이 지난 현재에 이르기까지 한중 간에 해석상 분쟁을 야기하고 있는 점, ② 간도지역은 중국이 1909년 일제와의 간도협약 이후 지금에 이르기까지 실제 영유하여 온 곳으로 우리 측의 주장은 현실적 점유의 측면에서 실효성이 결여되어 있는 점, ③ 한반도 국경지역을 사실상 지배하는 북한정권이 중국과의 조약에 의하여 정계비의 내용을 폐기하고 새로운 경계를 정하면서 중국의 간도 영유를 이미 인정한 점, ④ 국제법상의 '조약경계 이동(moving treaty-frontier)'의 원칙에 의하면 북한이 체결한 조중국경조약은 그 승계국가인 통일한국이 계승하여야 마땅하다는 점, ⑤ 조중국경조약에 의하면 백두산천지를 양국이 분할 공유하고 두만강 상류 북단 지역을 북한이 영유하도록 하였는데, 이는 정계비상 경계기준에 의할 때보다 백두산지역에서 오히려 국경을 북상시켜 간도 지역 양보에 대한 부분적 대상(代償)조치가 되고 있는 점[1] 등 실제 사정들을 감안할 때 일방적인 영토 할양의 경우라고는 보기 어렵고, 오히려 장기간 지속된 국가 간 영토분쟁에 대한 불가피한 해결로서 국제평화주의의 원칙상 우리 헌법상으로도 용인되는 한계 내에 있다고 보는 것이 타당하다.

(3) 한반도 해양주권과 독도(獨島)문제

㈎ 한반도 부속도서의 의미

헌법 제3조에서 말하는 '한반도의 부속도서'는 일본의 강점 이전부터 한반도 국가인 대한제국 내지 조선의 영역에 속하여 왔던 한반도 인근의 섬을 포함하는 개념이다. 따라서 한반도의 부속도서가 되기 위해서는 ① 지리적으로 한반도 주변 해역에 존재한 섬으로서,[2] ② 한반도 주민인 우리 국민의 거주 기타 경제적 활동의 범위 내에 있어 왔으며, ③ 역사적으로 한반도 국가의 판도(版圖)로 인식, 관리되어 온 곳의 요건을 갖추어야 한다.

㈏ 한반도 부속도서로서의 독도(獨島)의 법적 지위

독도는 ① 한반도 주변 해역인 동해에 위치하면서 삼국시대 이후 정치적으로 한반도 국가에 편입되어 온 울릉도와 가시거리 내에 있는 속도(屬島)로서, ② 전통적으로 어로(漁撈) 등 우리 국민의 경제적 활동의 무대가 되어 왔고, ③ 역사상 한반도에 있었던 여러 국가들에 관한 공식문서들 상으로도 울릉도와

---

1) 이현조, 조중국경조약체제에 관한 국제법적 고찰, 국제법학회논총 제52권 제3호, 2007, 181-183면.

2) 부속도서의 여부는 규범적 판단으로서 인간의 생활과 관련된 개념으로 파악하여야 하므로, 그 중 자연적 요건은 지리적(geographical) 개념으로 족하며 반드시 인류탄생 이전의 지질학적(geological)인 것이 될 필요는 없다고 본다. 예컨대 지질학상으로 독도의 해저지형이 한반도 내지 울릉도의 지괴와는 분리된 형태의 독립된 해저화산에서 돌출된 것이라고 하더라도 부속도서의 개념에는 영향을 미치지 아니하며, 해상의 거리상 한반도 혹은 한반도의 부속도서인 다른 본섬과 지리적으로 가장 근접된 것이면 자연적·지리적 요건은 충족된다고 할 것이다.

함께 우리나라 고유(固有)의 영토로 관리되어 온 곳이므로[1] 우리 헌법 제3조의 '한반도의 부속도서'에 해당한다.[2]

그런데 일본은 독도가 자국의 영토라고 주장하며 독도에 관한 우리 헌법해석에 도전하고 있다. 일본의 주장은 이 섬이 고래로 일본의 고유영토였다는 취지의 고유영토론(固有領土論)과 무주지(terra nullius)인 상태에 있는 것을 선점하였다는 취지의 무주지선점론(無主地先占論)으로 대별된다. 그러나 독도가 역사적으로 일본의 고유영토라는 주장은 특히 2000년대 이후에 들어와서 이에 반하는 고지도와 공문서가 공개됨으로써[3] 허구임이 완전히 입증되었으므로 일본의 남은 주장은 '1905년 2월 무주지 상태에 있던 독도를 선점함으로써 영토화하였다'는 무주지선점론으로 귀착된다.

그러나 독도는 그 이전부터 역사적으로 조선의 영토로 인식되고 관리되어 온 섬으로서 무주지인 섬이 아니었으므로[4] 당시 일본제국의 독도편입은 그 법적 전제부터 잘못된 것이다. 또한 당시는 러일전쟁의 개전으로 일본군이 우리나라를 군사적으로 강점하기 시작한 시점으로서 일본은 동해에서 러시아 해군을 막기 위한 군사적 목적으로 독도를 점령함과 아울러 일본 시마네현(島根縣)의 일부로 편입하는 행정조치를 감행하였다. 당시 대한제국은 이미 나라 전체가 일본에 의하여 군사적으로 점령되는 과정에 있었으므로 일본의 독도에

1) 1435년부터 1881년까지 지속된 조선의 울릉도에 대한 공도정책(空島政策)은 자국령 섬에 대한 행정적 관리의 한 형태였으며, 이 정책을 시행할 당시에도 조선은 이른바 수토관(搜討官)을 파견하여 섬을 관리하여 왔다.

2) 한국측의 각종 사서와 기록, 행정조치 등은 독도가 우리나라의 판도로 인식되고 관리되어 왔음을 입증하고 있다. 중요하게 거론되는 것은 ① 1145년 삼국사기의 우산도(독도) 언급, ② 1451년 고려사의 울릉도 외 우산도 언급, ③ 1454년 세종실록 지리지 강원도 울진현조(蔚珍縣條)에 "우산, 무릉 두 섬은 울진현 바로 동쪽 바다 한가운데 있는데 두 섬의 거리가 멀지 아니하여 일기가 청명하면 서로 바라볼 수 있다."라고 한 기록, ④ 1531년 신증 동국여지승람의 팔도총도와 강원도 부분지도에 울릉도와 우산도가 나란히 표시된 점, ⑤ 1693년 숙종실록에 안용복이 왜인들에게 독도가 우산도로서 조선의 섬임을 주장하고 왜인들을 쫓아낸 기록, ⑥ 1900. 10. 25. 대한제국 칙령 제41호에서 울릉군의 관할지에 울릉도와 石島('돌섬'의 의미인 獨島를 한문화한 표기)를 명시한 점, ⑦ 1906. 3. 5. 울릉군수 심흥택의 보고서에서 '본군 소속 독도(本郡所屬獨島)'에 대한 일본인의 동향을 보고한 점 등이 있다. 한국측 자료의 내용과 그 자료가치에 대한 자세한 설명은 이한기, 한국의 영토, 서울대학교 출판부, 1996, 234-264면.

3) 1877. 3. 29. 일본 정부는 국무를 총괄하던 태정관(太政官)의 결정으로 '내무성이 문의한 다케시마 외 1도는 우리나라(일본)와 관계없는 것임(本邦關係無)을 알아둘 것'이라고 지령하여 독도에 관한 조선과의 영토획정 문제를 의문의 여지없이 종결한 바 있다.

4) 대한제국은 이미 1900년 칙령 제41호로 독도를 대한제국의 관할지로 규정하였으며, 1906년에야 일본의 행정편입 사실을 알게 된 울도군수 심흥택이 상부기관에 올린 보고서와 이에 대한 대한제국 정부의 지령 등이 당시 조선의 독도에 대한 주권 인식과 관리 사실을 특히 잘 증명하고 있다. 당시 독도가 무주지의 상태가 아닌 점에 관하여는 이한기, 전게서, 278-282면.

대한 일방적 행정편입 조치에 대하여 실력으로 대항하는 것이 불가능했다. 그러므로 대한제국의 영토인 독도에 대한 일본의 이러한 행정조치는 당초부터 무효이고, 일본 점령의 사실상태는 일본제국의 한반도 강점(强占)의 종식과 함께 종료되었으며, 이로써 그동안 일본제국에 의하여 방해받아 왔던 독도에 대한 영토권한이 그 사실상 방해상태가 제거됨으로써 우리 헌법상으로는 '당연회복'된 것이다.[1)]

한편 일본은 제2차 세계대전의 패전 이후 연합국들과 체결한 강화조약인 1952년의 샌프란시스코조약에서 독도가 일본의 영토에 포함되었다는 주장을 중요한 보강논리로서 연결시켜 왔다. 그러나 이 조약에 명문으로 독도가 일본의 영토인 것으로 인정하는 문구가 존재하지도 아니할 뿐만 아니라,[2)] 가사 이 조약에서 독도의 일본 귀속이 명기되었음을 가정해 본다고 하더라도, 그 실제 귀속국인 대한민국을 배제한 채 미국·영국과 일본 등 제3국들이 모여서 임의로 우리나라의 영토를 처분하는 합의를 하는 것은 국제법적 논의와는 별도로 우리 헌법상으로는 전혀 수용될 수 없으며 그 법적 효력은 인정되지 않는다.

(다) 한반도 해양주권과 독도의 독자적 배타적 경제수역·대륙붕 인정 여부

해양주권(maritime sovereignty)은 국가가 그 영토에 인접한 해양에 대하여 가지는 관할권으로서 영해, 접속수역, 배타적 경제수역 및 대륙붕으로 나뉜다.[3)] 육상영토에 직접 인접하여 인정되는 영해는 해양법상 외국선박의 무해통항권(innocent passage)을 인정하여야 하는 제약 외에는 육상영토와 다름없이 연안국의 통치권이 전면적으로 적용되므로 이에 대한 국가의 권리는 본질상 주권적 권리에 해당한다고 일반적으로 인정된다. 그러나 배타적 경제수역에서

1) 연합국사령부는 1946. 1. 29. 훈령 SCAPIN 제677호로 독도를 일본의 범위에서 제외한 다음, 같은 해 6. 22. SCAPIN 제1033호로 독도 자체와 그 12해리 이내에 일본인과 그 선박 등의 출입을 금지시켰고(이른바 맥아더라인), 이를 계승하여 이승만 정부는 1952. 1. 18. '대한민국의 인접해양의 주권에 관한 대통령 선언'으로 주변국과의 수역경계선(이른바 평화선)을 설정하여 독도를 한국의 관할권 안에 포함시켰으며, 1954. 6. 주둔경비대를 파견하여 독도를 지배하였다.

2) 샌프란시스코 강화조약 제2조의a: 일본은 한국의 독립을 인정하고, 제주도 거문도 및 울릉도를 포함한 한국에 대한 모든 권리와 소유권 및 청구권을 포기한다.

3) 유엔해양법협약상 영해(Territorial Sea)는 영해기선(territorial baseline)으로부터 12해리까지 인정되는 수역이며, 접속수역(Contiguous Zone)은 이로부터 다시 12해리까지의 수역이다. 또한 배타적 경제수역(Exclusive Economic Zone)은 기선으로부터 200해리까지의 해역으로서 이중 영해 부분은 제외된다. 나아가 대륙붕(Continental Shelf)은 영해 밖으로 육지영토의 자연적 연장에 따라 대륙변계의 바깥 끝까지의 해저지역이나, 대륙변계의 바깥 끝이 영해기선으로부터 200해리에 미치지 않는 경우 200해리까지, 200해리를 넘는 경우 350해리까지 인정된다.

는 해당 국가에게 경제적 분야에 한정된 부분적 관할권만 인정되며,[1] 이러한 관할의 부분적 성격은 접속수역이나 대륙붕의 경우에도 같다. 이처럼 국가의 해양관할권은 육상 영토 내에서 가지는 완전한 주권과 비교할 때 제한적이므로 '국가의 해양주권'이라는 용어는 영해에 대한 주권적 권리를 제외한다면 엄밀히 말해서 해양에 대하여 국가가 가지는 분할가능한 '통치권'의 의미로 사용된다.

우리나라의 해양주권을 독도에 관하여 적용할 때, 우선 독도는 한반도 부속도서에 해당하고 대한민국의 영토로서 인근 12해리의 영해를 가진다. 그러나 나아가 배타적 경제수역과 대륙붕을 가지는 섬이 되기 위해서는 유엔해양법협약에 따라 '인간의 거주 또는 그 자체의 경제생활의 유지' 요건이 더 충족되어야 할 것인데,[2] 독도는 자연적이고 안정된 인간공동체가 형성된 적이 없는 무인도(無人島)로서 객관적으로 볼 때 거주집단의 식량과 식수를 계속적으로 공급할 자연적 능력이 희박한 불모지인 사정을 감안하면 위 요건이 충족되는 섬이라고 할 수 없다.[3] 따라서 독도 자체의 배타적 경제수역과 대륙붕은 인정되지 않는다고 함이 합당하다. 또한 독도 인근 12해리를 벗어난 해역을 일본과의 공동어업구역으로 설정하는 것을 내용으로 하는 제2차 한일어업협정은 독도가 독자적인 배타적 경제수역을 가지지 아니함을 고려할 때 대한민국의 해양주권을 침해하는 내용이 아니라고 할 것이고, 따라서 동 조약의 합헌성을 인정한 헌법재판소의 판례들[4]은 그 결론에 있어서 타당하다.[5]

---

1) 유엔해양법협약 제56조에 따라 연안국은 그 배타적 경제수역에서 (a) 해저의 상부수역, 해저 및 그 하층토의 생물이나 무생물 등 천연자원의 탐사, 개발, 보존 및 관리와, 해수·해류 및 해풍을 이용한 에너지생산과 같은 이 수역의 경제적 개발과 탐사를 위한 그 밖의 활동, (b) 인공섬, 시설 및 구조물의 설치와 사용, 해양과학조사 및 해양환경의 보호와 보전 등에 관한 관할권을 가진다.

2) 유엔해양법협약 제121조 ① 섬이라 함은 바닷물로 둘러싸여 있으며, 밀물일 때에도 수면 위에 있는, 자연적으로 형성된 육지지역을 말한다. … ③ 인간이 거주할 수 없거나 독자적인 경제활동을 유지할 수 없는 암석은 배타적 경제수역이나 대륙붕을 가지지 아니한다.

3) 유엔해양법협약 제121조 제3항에 대하여 2016년 7월 최초의 국제법적 유권해석을 내놓은 헤이그중재재판소의 남중국해 사건 중재판결은, 섬의 객관적 능력(objective capacity)으로 보아 인간공동체를 독자적으로 유지하기 어렵고 역사적(historically)으로도 그와 같은 공동체가 형성된 적이 없는 무인도는 동 조항의 적용을 받아 배타적 경제수역 등을 인정하지 않는다고 하였다. Permanant Court of Arbitration, 2016. 7. 12. The South China Sea Arbitration Award, paragraph 519-550.

4) 제2차 한일어업협정과 영해와의 관계를 살펴보면, 해양법협약에서는 배타적 경제수역을 영해 밖에 인접한 수역으로서 영해기선으로부터 200해리를 넘을 수 없도록 규정하고 있고(제55, 57조), 이에 따라서 한일 양국의 국내법에서도 동일한 취지의 규정을 두고 있다(우리나라의 배타적 경제수역법 제2조 제1항 및 일본의 배타적 경제수역 및 대륙붕에 관한 법률 제1조 제2항). 따라서 이 사건 협정은 배타적 경제수역을 직접 규정한 것이 아닐 뿐만 아니라 배타적 경제수역이 설정된다 하더라도 영해를 제외한 수역을 의미하며, 이러한 점들은 이 사건 협정에서의 이른바 중간수역에 대해서

제 2 절 남북한 통일

제 1 항 남북한 통일의 헌법적 문제

헌법 제3조는 대한민국의 영토는 한반도와 그 부속도서로 한다고 규정한다. 그러나 한반도에는 대한민국 외에 사실상 또 다른 국가인 북한이 존재하고 있다. 이와 관련하여 북한이 우리 헌법해석상 어떠한 지위를 가질 것인지 여부가 규명되어야 할 것이며, 헌법 제4조의 평화통일조항과 제3조의 영토조항의 관계도 문제되고 있다. 더 나아가 "① 대한민국은 한반도 안에 사실상 들어서 있는 북한과 어떠한 관계인가. 이는 국제관계인가 국내법관계인가. ② 분단이전에 한반도에는 이미 대한제국이라는 국가가 존재하고 있었는데 이 국가는 소멸한 것인가. 소멸하였다면 언제 소멸하였는가. ③ 일본의 한반도 강점은 이 문제에 어떠한 영향을 주는가"하는 문제들도 검토되어야 한다.

제 2 항 남북한 상호관계의 헌법적 구조

1. 전체 한국의 존재

(1) 우리 헌법은 대한민국의 영토를 한반도 전체인 것으로 선언하고 있을 뿐만 아니라(제3조) 국가통일의 헌법적 의무를 천명하고 있다(제4조). 동서독 분단 시기에 제정된 서독 기본법이 '전체 독일(Gesamtdeutschland)'의 존재를 전제로 한 조항들을 두고 있었던 것처럼,[1] 우리 헌법도 통일문제에 있어서 '통일

도 동일하다고 할 것이므로 독도가 중간수역에 속해있다 할지라도 독도의 영유권문제나 영해문제와는 직접적인 관련을 가지지 아니한 것임은 명백하다 할 것이다. 신한일어업협정 제1차 결정. 헌재 2001. 3. 21. 99헌마139 등, 판례집 13-1, 676, 710면; 신한일어업협정 제2차 결정, 헌재 2009. 2. 26. 2007헌바35, 판례집 21-1, 81면.

5) 위 판례들은 우리 영토인 독도가 독자적인 배타적 경제수역을 가짐을 전제로 동 협정의 합헌 판단을 하고 있으나, 동 협정은 독도 자체의 배타적 경제수역을 인정하지 않는 것을 용인하는 것을 내용으로 하고 있으므로 논리적으로 배타적 경제수역 발생의 법적 근거인 독도영유권까지 침해한다고 볼 수밖에 없다. 다만 독도 자체의 배타적 경제수역이 인정되지 않는다고 해석할 경우에만 동 협정은 독도영유권과는 무관한 내용을 규율하는 것이 되어 합헌이 될 수 있다고 할 것이다.

1) 독일의 경우 그 주변국은 독일의 재통일을 원하지 않았고 특히 동독 스스로 2민족 2국가론을 제기

된 전체 한국(Gesamtkorea)'의 법적 존재를 전제로 하고 있는 것이다. 이러한 입장은 전체 한국이 사실상 소멸하였던 계기가 된 을사보호조약과 한일합병조약이 강압에 의한 것으로 법적으로는 무효라고 하는 지배적 국내이론과 부합된다.

(2) 구한말 대한제국에서는 일본에 의하여 1905년의 을사보호조약과 1910년의 합병조약이 강요되었다. 보호조약 체결 당시 일본 총감은 무력시위를 하는 상황에서 한국의 대신들을 끌어다 서명을 강요하고 그 중 일부가 서명을 거부한 가운데 조약문이 제대로 서명되지 못한 상태에서 체결된 것처럼 공포하였다. 합병조약에는 황제의 서명도 없었다. 이들은 국제법적으로 강박조약이고 원천적으로 무효라고 보아야 합당하다. 이와 같은 과정을 거쳐 일본의 지배는 사실상 시작되었지만 이 또한 법적으로는 무효이다. 일본은 한국을 실효적으로 지배하기는 하였으나 이 지배는 법적 정당성을 갖춘 지배가 아니라 사실력에 의한 지배이며, 우리 헌법의 해석상 1945년까지 한반도에 존재하였던 일본의 권력은 본질상 불법국가(Unrechtsstaat)에 의한 사실상의 힘에 불과하다고 본다.[1] 그러므로 전체 한국의 국가(이전의 대한제국)는 권리능력은 존속하나 행위능력은 상실한 상태에서 존속하고 있었다고 할 것이며, 군주국의 형태로 존재하였던 국가는 1919년의 3·1운동을 계기로 하여 헌법제정권력자인 국민의 결단에 의하여 자유민주적 공화국제로 전환하였다고 할 것이다.

2. 남북한 국가관계와 대한민국의 법적 지위

일제의 패망 이후 전체 한국의 영역인 한반도에는 남한과 북한이라는 두

하면서 영구 분단을 기도하였다. 따라서 서독은 종전 후 전승국들이 독일문제의 처리에 관하여 체결한 일련의 조약(독일분단에 관한 1944. 9.의 런던조약 및 1945. 7.의 포츠담조약)들을 근거로 하여 '통일독일과의 평화조약 체결의 필요'를 도출함으로써, 독일의 분단은 잠정적인 것에 불과하며 독일통일이 국제법적으로 요청되는 것임을 정당화하려고 하였다.

1) 앞서 혁명과 쿠데타론에서 언급한 바와 같이 한스 켈젠의 법실증주의적 관점에 의하면 일본의 한반도 강점으로 종래 대한제국의 국제(國制)의 근거가 된 '근본규범(Grundnorm)'은 그 실효성을 상실당한 상태가 된다. 또 켈젠에 따르면 근본규범의 실효성 상실은 새로운 법질서의 창조로 이어진다고 하므로 일본의 한반도 지배의 규범력을 인정하는 논리가 성립하겠지만, 이미 앞서 혁명과 쿠데타론에서 제시한 바와 같이 오늘날 지배적인 견해인 '국민의 승인론'에 의할 때 일본의 한반도 강점은 주권자인 한국민(韓國民)의 신성한 승인을 얻지 못한 것이있으므로 규범력을 인정할 수 없고 힘과 폭력에 의한 사실상 지배에 그친다고 볼 수밖에 없다. 그리고 국가지배로서의 형태를 갖춘 당시 일본제국의 한반도 지배체제는 '불법국가'로 파악된다.

개의 부분국가(Teilstaat)가 사실상 존재하고 있다. 그러나 북한은 정권의 수립 과정을 고려할 때 점령국인 소련에 의하여 공산주의체제로 유도되고 강제된 통치단체로서 우리 한국 국민의 정치적 결단인 자유민주적 공화국의 이념에 반하며 그 영역에 거주하는 주민의 '자유로운 의사결정'을 거쳐서 성립된 국가로도 볼 수 없다. 반면 남측에서 성립한 대한민국은 3·1운동에서 표현된 자유민주적 공화제의 민족적 결단을 계승하고 총선거에 의한 주민의 자유로운 의사결정에 따라서 성립하고 주민의 기본적 인권이 보장되는 국가이므로 한반도에서 유일하게 입헌민주주의적 정통성을 가진 국가이다. 따라서 남측지역에 수립한 대한민국은 한반도에서 존속하고 있는 '전체 한국'과 동일한 국가이며, 단순히 전체 한국을 부분적으로 승계한 국가가 아니라 전체 한국 바로 그 자체인 것이다. 다만 아직 한반도의 북부지역에 정통성이 결여된 부분국가가 사실상 존재하는 탓으로 영역적으로는 부분적 동일성을 가지는 현실상태에 놓여 있을 뿐이다.

3. 남북한 관계의 특수성

나아가 이러한 대한민국의 국가적 특성으로부터 다음과 같은 남북관계의 특수성이 도출된다.

① 북한은 남한에게 외국이 아니며(Nicht-Ausland), 북한이 국제사회에서 국가로 활동하는 것은 사실상 인정하지만 국가로 승인할 수는 없다. ② 또한 북한과 사이에 관계 정상화가 이루어지더라도 대사관을 설치하거나 대사를 교환할 수 없다. 다만 상주대표부(Ständige Vertretung) 내지 연락사무소의 설치는 가능할 것이다. ③ 북한과의 합의는 다양한 방식으로 이루어질 수 있으나, 그 합의가 국제조약인 것은 아니다. 다만 국제조약에 준하는 법적 취급을 받을 수는 있다. ④ 남북한 간의 교역은 국제무역이 아니다. 이에 대하여 관세를 부과할 수 없다. ⑤ 남북한의 주민들은 남북을 포괄하여 하나의 국적을 가진다. 북한 주민도 남한의 영역에 들어오면 자동적으로 대한민국의 국민의 지위를 가지며 여기에 국적취득의 절차는 필요하지 않다.[1)]

1) 독일의 경우 동독 주민이 서독지역내에 들어오게 된 경우에만 국적취득의 효과가 발생할 수 있으며, 동독 주민이 동독 영토내에 거주하고 있는 경우에만 이러한 독일국적취득의 효력이 정지(停止, ruhend)상태에 있는 것으로 보는 '문호개방(門戶開放, offene Tür)의 원칙'이 적용되었다. Otto

제3항 남북한 통일의 헌법적 절차

북한의 급변사태에 의하든 점진적 민주화에 의하든 남북한이 통일을 실현함에 있어서 우리 헌법은 평화적 방법에 의할 것을 요구하고 있다. 따라서 어느 일방이 다른 일방의 의사를 억압하고 강요하는 형태, 특히 전쟁 기타 무력행사에 의하는 방법은 동원될 수 없다. 결국 남북한 양측 당국의 합의에 의한 통일만이 합헌적이다. 한편 통일은 헌법이 요청하는 국가적 구조변화로서 통일에 의하여 헌법의 동일성이 파괴될 수 없음은 당연하다. 따라서 통일을 계기로 한 헌법의 변화에서 민주주의 헌법의 동일성은 유지되어야 하며 자유민주주의 정치체제를 선택한 국민의 근본결단은 지켜져야 한다. 이와 같은 기준을 충족하면서 남북한 총선거를 실시하고 남북한 당국이 당사자로 되는 통일합의서를 체결하여 각자의 법규범에 따라 필요한 발효절차를 이행함으로써 통일이 실현될 수 있다.

1. 남북한 총선거의 실시

남북한의 통합이 현실로서 가능하게 된 상황에서는 먼저 남북한 총선거를 실시하는 것이 필요하다. 분단된 국가를 하나로 통합하는 작업은 결국 두 개 국가의 국가기관들을 각 기관별로 하나의 통일된 조직으로 재편하는 것이 되는데, 이는 구체적으로는 입법부와 행정부 및 사법부의 통합이며, 그 중 국민의 대표기관인 입법부를 통합된 조직으로 새로 구성하는 것은 남북한 총선거의 실시라는 과정에 의할 수밖에 없기 때문이다. 여기서 통일 전에 존재하던 남북한 양측의 의회인 남한의 국회와 북한의 최고인민회의를 물리적으로 합치는 것은 통일에 즈음한 남북한 주민들의 정치적 의사를 통일한국의 입법부 구성에 제대로 반영하는 것이 되지 않는다. 남한의 인구는 5,000만명에 이르렀는데 비하여 북한의 인구는 2,300만명을 상회하는 정도로서[1] 2배 이상의 인구차이가 있으므로 남북 양측의 입법부의 국민대표성에 관한 비중을 균등하게 불

Kimminich, *der Grundvertrag*, 1975, S. 99-101.

1) 2008년 기준으로 북한인구는 2,329만명인 반면(통계청 통계정보국, 2008년 남북한 인구 통계 참조), 2010년 기준으로 남한인구는 5,000만명을 넘어서고 있다.

수 없을 뿐만 아니라 북한의 기존 입법부가 북한주민의 변화된 정치적 의사를 진정하게 대표하는 기관이라고 할 수도 없기 때문이다. 결국 이는 국민의 자기결정에 따른 통일을 실현하는 것이 되지 못하므로 국민주권과 민주주의 원칙에 위반된다. 오직 남북한 전체를 한 단위로 하여 새로이 동시에 실시되는 총선거에 의하여서만 전체 국민들의 정치적 의사가 왜곡되지 않은 채 정확히 반영된 국민대표기관을 정당하게 형성할 수 있다.

2. 통일합의서의 체결

통일의 법적 실현을 위하여서는 남북한 당국 간의 통일합의서의 체결이 필요하다. 통일이 북한의 급변사태 발생에 의하든 점진적 변화에 의하든 통일 당시의 남북한 당국 간의 통일합의서 체결은 평화적 통일을 이루기 위한 필수적 과정이다. 통일합의서에는 남북의 법질서의 통합과 국가조직의 통합을 핵심적 내용으로 담아야 한다.

(1) 법질서의 통합

국가법질서의 최상위에는 헌법이 위치하며 그 아래에 민법, 상법, 형법, 민사소송법과 형사소송법 등의 기본법을 포함하여 다양한 법률들이 존재한다. 또한 이들 법률의 하위에는 법률에 의하여 위임받은 사항이나 그 밖의 고유한 영역을 규율하는 명령·규칙이 있다. 남북한의 통일은 실무적으로는 이러한 양측의 법질서를 단일화하는 작업이 될 것이다. 물론 그 중 헌법의 통합이 통일의 기본골격을 이루는 내용을 포함할 것이라는 점에서 핵심적 중요성을 가지게 된다. 통일한국에 적용될 헌법은 양측 주민들을 대표한 양측 정부의 합의에 의하여 구체화되어야 하겠지만 그 전제는 역시 자유민주주의에 입각하여 전체한국의 정치적 생활을 규정하는 기본 틀이 되어야 한다는 데에 있다. 따라서 당장 통일작업을 실현하여야 할 상황에서는 자유민주주의 체제를 수용하고 있는 기존의 남한 헌법의 기본원칙들을 남북한 양 지역에 확대 적용하는 방법에 의하는 것이 가장 실용적인 방법이며, 새로운 헌법을 완전히 고안하여 내는 것은 지나치게 느리고 비효율적인 작업이 될 것이다. 남북한 당국은 양측에 공히 적용될 헌법의 기본적 내용들에 대한 타결을 이루어 이를 통일합의서에 담아내어야만 한다.

이렇게 볼 때 남측의 헌법은 이미 자유민주주의 체제에 입각한 것으로서 통일을 계기로 하여 그 원칙적 사항을 변경할 것이 거의 없다고 보며 다만 분단을 전제로 하여 통일에 관하여 언급하고 있던 조항들, 예컨대 헌법 제4조 등은 더 이상 존재할 이유가 없어지므로 이들을 수정, 삭제할 필요는 발생할 것이다. 반면 체제의 근본적 전환이 필요한 북한측은 기존의 헌법으로는 자유민주주의에 기초한 새로운 헌법질서를 수용할 수 없으므로 일부 수정된 남측 헌법의 효력확장을 받아들이는 합의를 하는 것이 불가피할 것으로 생각된다.

나아가 법률의 통합을 위한 작업이 필요한데, 이는 민·상·형법과 민사·형사소송법 등 기본법과 그 밖의 모든 특별법 등 전체 법령에 대하여 그 내용을 ① 통일로 인하여 잠정적 혹은 최종적으로 북한지역에 확대적용될 남한의 법령, ② 통일로 인하여 잠정적 혹은 최종적으로 남한지역에 확대적용될 북한의 법령, ③ 통일을 계기로 전체지역에 적용될 신법령으로 나누어 정리하는 작업이 되어야 할 것이다. 이러한 내용이 통일합의서의 주요내용이 될 것임은 물론이나 워낙 방대한 양이 될 것이므로 통일합의서의 본문으로 하기에는 부적당하고 그 부속서의 형태로 정리하는 것이 합리적이다.[1)]

(2) 국가조직의 통합

국가조직의 통합은 입법부, 행정부와 사법부의 통합을 의미한다. 이 중 입법부의 통합은 총선거에 의할 것이므로 별도로 논하였고 여기서는 행정부와 사법부의 통합이 문제되는데 대통령 선거가 필요한 경우를 제외한다면 이는 양자 간의 합의로 통합원칙을 정하여 구체화하게 될 것인데, 그 통합원칙의 기본사항은 본문에서, 세부사항은 부속서에서 규율함이 적절하다.

---

1) 독일의 통일조약의 내용을 보면 헌법통합의 내용은 조약본문에 존재한다. 일반법의 통합은 원칙에 해당하는 기본사항은 본문에 있고 예외에 해당하는 구체적 사항들은 부속서(Anlage)에 수록하였다. 통일조약 제8조는 부속서에 특별한 규정이 없는 한 연방법을 구동독지역에 확장적용하고 제9조는 일정한 조건 하에서 계속 적용되는 구동독법률을 정하였다. 따라서 통일조약은 연방법으로서 동독지역에 적용되지 않는 부분이나 동독법으로서 잠정 적용되는 부분 등에 관한 방대한 내용을 다루고 있다. 우리나라의 경우에도 남한법의 북한지역에 대한 확장 적용을 원칙으로 하여 이는 통일합의서의 본문에서 규정하고 부속서에서는 구체적 법영역과 법적 쟁점에 따라 북한 법의 북한지역에 대한 잠정 적용, 혹은 북한법의 전 지역에 대한 전면적 확장 적용, 혹은 새로운 절충적 입법의 제정 적용 등 예외사항들을 규정하는 것이 입법기술상 명료하고 체계적이어서 바람직하다고 본다.

또한 국가조직의 통합에는 제도의 통합과 별도로 인적 통합이 필요하다. 즉 북한의 기존 공무원을 그대로 통일한국의 공무원으로 채용할 것인가 하는 문제가 발생한다. 판단건대 통일한국은 자유민주주의를 기반으로 하는 헌법국가로서 출범하므로 그 공무원은 이러한 가치에 대한 충성의무를 부담하게 된다. 따라서 북한체제의 구 공무원들에 대하여서는 자의에 의하여 공무원 조직에 남을 수 있는 기득권을 존중하되 자유민주주의적 가치체계에 적합한 소양을 가진 것인지 여부에 대한 심사를 거치게 하는 방안이 실행되어야 할 것이다. 이러한 심사는 전문적 식견을 가진 북한출신 인사를 포함한 독립위원회에서 담당하도록 할 수 있을 것이다. 이와 같이 통일합의서는 북한의 구 공무원에 대한 재임용의 기본적 제도를 정하게 될 것인바, 그 내용이 과도하고 편파적이어 합리성을 결하고 있는 경우라면 헌법상 과잉금지의 원칙, 평등의 원칙이나 신뢰보호의 원칙에 위배되는 것이 되어 위헌이 될 수 있다.[1)]

1) 독일의 경우 공산정권이 붕괴된 후 구 동독은 이미 법관법을 제정하여 사임하지 아니하는 판・검사에 대한 임용심사를 받도록 하였고 이 법률은 통일조약에 의하여 통일 이후에도 효력을 유지하였다. 이에 따라 통일을 전후하여 구 동독의 판검사의 약 3분의 1이 사퇴하고 잔존인원에 대하여서는 재임용절차가 진행되었다. 임용기준은 주로 법치국가 원칙 준수에 대한 의지와 이에 어긋난 과거전력의 여부가 기준이 되었다. 법무부, 통일독일의 구 동독 체제불법청산 개관(1995), 138-139면.

CHAPTER 03

헌법의 기본원리

제1절 국민주권의 원리

1. 의 의

우리 헌법은 국민주권의 원리에 기초하고 있다. 국민주권의 원리란 국가의 주권이 국민에 귀속한다고 하는 원리이다. 여기서 국민주권의 의미는 주권의 귀속주체를 어떠한 관점에서 보느냐에 따라 달라질 수 있는데, 이러한 차이는 프랑스혁명의 과정에서 보다 보수적인 입헌왕정파와 공화파 간의 다툼으로서 나타난 바 있다. 원래 주권론은 프랑스에서 장 보댕(Jean Bodin)에 의하여 왕이 대내적으로 최고이며 대외적으로 독립된 주권을 가진다는 군주주권론의 형태를 취하여 출발하였으나 루소 등 계몽주의 철학자와 혁명가들에 의하여 왕이 가지는 주권은 전적으로 국민에게 이전되어야 한다고 주장되었고 이러한 이념에 기초하여 프랑스혁명이 성공하였다. 그러나 이 혁명은 재산과 교양을 가진 시민 계층인 부르조아지의 선동과 하층민의 행동의 결합에 의하여 완수되었는데, 부르조아지 대표들은 하층민 즉 일반 대중이 혁명의 취지를 변질시켜 버릴 것을 두려워하여 새로운 입헌주의 정치체제를 형성함에 있어서 일반 대중이 배제되고 유산(有産)의 시민계급이 주도하도록 하는 대표민주주의를 채택하였다.

2. 나시옹주권론

프랑스혁명을 처음 주도한 부르조아지 계층 지도자들이 1791년 헌법에 구체화한 정치적 틀에 의하면 주권을 가진 국민이란 나시옹(nation)이다.[1] 여기서 나시옹이라고 함은 전체로서의 추상적 국민을 말한다. 그러므로 개개의 인간 내지 구체적 사람의 집합이 아니라 '전체로서의 국민'이 군주를 대신하여 주권자가 되는 것이다. 전체로서의 국민은 말하자면 법인격 있는 사단과 같이 추상적인 주체이다. 이는 법인(法人)이므로 그 권한을 행사할 대표자를 선출하여야 하고 그를 통하여서만 주권을 행사한다. 즉 대표제 내지 대의제를 주장하는 것이다. 대표자는 선거를 통하여 뽑아야 하는데 선거는 어느 정도 재산과 학식을 가진 자들이 대표자의 선출에 보다 큰 영향력을 가져야 한다. 따라서 재산과 지식이 없는 하층민은 선거에서 배제되었다. 즉 차등선거를 실시하였다. 이를 통하여 의회를 구성하고 이 의회에서 의원은 자신의 양심에 따라 자유위임에 의하여 소신껏 국가의사를 결정하는 데 참여하였다. 그리하여 프랑스혁명의 초기 구상된 정치체제는 인민주권론에 의거하여 직접민주주의를 주장하고 대표제를 부정한 루소의 민주주의관으로부터는 완전히 벗어난 것이 되었다.

3. 프플주권론

그러나 프랑스혁명은 시간이 흐름에 따라 점차 변질되어 일반대중을 대변하는 과격파들이 정권을 잡게 되었다. 로베스피에르, 마라, 당통 등 이러한 과격파들의 견해에 의하면 국민주권주의적 시각에서의 국민은 나시옹이 아니고 프플(peuple)이다. 이는 '유권자의 집합'을 말한다. 나시옹주권론에 의하면 총체로서의 국민은 하나의 법인격체이므로 그 대표자를 선출하는 것이 필연적이다.

1) 원래 군주주권론을 대체하는 국민주권론을 주장한 루소나 시에예스도 국민을 'nation'으로 표현하였으나 이를 추상적인 단체로서의 국민(nation)과 전체 유권자 집단인 인민(peuple)을 구분하지 않고 양자가 혼용되는 개념으로 사용하였다. 1789년의 프랑스 인권선언에서도 이와 같이 혼용되었다. 양 개념이 엄격히 구분된 것은 프랑스혁명이 성공하고 한 후 1791년 헌법에서 추상적 단체 개념으로서의 국민을 명문으로 명확히 한 데에서 시발한다. 이러한 연유에서 오늘날에도 일상적으로 '국민'은 위의 양 개념 모두에 혼용되고 있으며 그 정확한 의미는 용어의 구체적 사용 의도를 고려하여 각각 판단되어야 한다. 杉原泰雄, 憲法と國家論, 有斐閣, 2006, 17-18面.

그러나 프플 주권론에 의하면 전체 유권자들은 별도의 대표자가 필요없고 중요한 정책사항에 대하여 직접 결정하여 실행하면 된다고 보았다. 주권을 세분하여 볼 때 각 개개인은 그 부분들을 차지하는 것으로서 그들 각각이 주권자라고 보는 것이다. 또 일정한 연령에 도달하면 모두 주권자이고 학식과 재산에 차이가 있다고 하여 주권자로서의 지위가 달라지는 것이 아니다. 따라서 무산자나 무식자를 선거에서 배제할 수 없다는 것이 된다. 또한 이와 같이 주권자의 의사는 그때그때 국민의 의사를 인민투표에 의하여 확인하여 결정하여야 한다고 보았다.

4. 결　어

나시옹주권설과 프플주권설의 구분은 프랑스혁명 당시의 논쟁을 설명하는 것이고, 오늘날은 어느 한 이론에 치우치지 않고자 하는 것이 일반적 견해이다. 차등선거를 인정하는 나시옹주권설은 부르조아지 계급의 이익을 지나치게 대변하는 것으로서 민주성에 한계를 가지며, 직접민주주의를 원칙으로 고수하는 프플주권론도 현실상 그대로 적용하기 어렵다.

나시옹주권설은 1791년의 프랑스 최초의 입헌주의 헌법에서 취한 입장이었다. 반면 프플주권론에 의한 1793년의 프랑스의 헌법은 과격파인 로베스피에르가 우여곡절 끝에 미라보 등 온건파를 몰아내고 초안을 잡은 것이다. 그러나 이 헌법이 작성된 이후 프랑스 주변국들이 반혁명 동맹을 결성하여 프랑스에 군사적으로 침략을 개시하였으므로 이러한 국가적 긴급상황을 해소하기 위하여 구성된 공안위원회가 동 헌법의 발효를 보류한 채 비상통치를 실시하였다. 그 뒤 과격파가 실각함으로써 동 헌법은 작성되었으나 시행되지도 못한 채 폐기되고 말았다.[1)]

1) 역사적으로 볼 때 헌법의 여러 기본 원리 중 ① '주권론'은 16세기 중반 군주가 실권을 확립할 때 구성된 이론이고, ② 그 뒤 시민계급의 성장이 본격화된 18세기에 들어와서 '사회계약론'이 유행하였으며, ③ 18세기 말 시민혁명이 촉발될 단계에서 '헌법제정권력론'이 탄생하고, ④ 혁명이 성취되고 난 후 새로운 체제를 정착시키는 단계에 와서 '국민'의 개념에 관한 논란이 발생하는 순서가 된 것이다. 이와 같이 서양의 초기 헌법논쟁을 통한 기본적 사고들은 모두 현실적 구체적 정치상황에 자극되어 이에 적응하기 위하여 형성되었다.

제2절 법치주의의 원리

국민주권의 원칙에 의거하여 국가를 구성함에 있어서는 두 가지의 기본원리가 지켜져야 하는데, 이는 곧 법치주의의 원리와 민주주의의 원리이다. 법치주의와 민주주의는 입헌주의 헌법체제 전반을 지탱하고 있는 양대(兩大) 제도로서 법치주의는 주로 인민의 자유, 민주주의는 주로 국민의 평등을 보장하기 위한 제도적 장치라고 말할 수 있다. 이하에서 먼저 법치주의의 원리에 관하여 살펴본다.

1. 의 의

(1) 법치주의는 국가가 국민의 자유와 권리를 제한하는 데 있어서는 반드시 법률에 근거가 있어야 하고 또 법률에 위반된 국가권력의 행사는 금지된다는 원칙을 말한다. 법치국가(Rechtsstaat)는 법치주의가 제도적으로 실현되는 국가를 의미하며, 법치국가를 헌법이념 내지 원리적 측면에서 본 것이 법치주의라고 할 수 있다. 법치국가의 원리는 원래 우리 헌법상의 용어는 아니라 독일 헌법상의 표현을 차용하여온 것이지만 국가가 법에 구속되어야 한다는 국가구성원리의 의미를 적절히 표현하므로 우리 헌법상 기본원리로서 사용하기에도 적합한 개념이다. 따라서 이하에서는 법치국가의 원칙이라는 표현을 사용하기로 한다.

(2) 법치국가란 사람이나 폭력이 아니라 법이 지배하는 국가라는 의미를 가진다. 그런 의미에서 법치는 인치(人治)에 대비되어 사용되는 용어이다. 이는 국민이 사회생활을 함에 있어서는 법률을 반드시 준수하여야 한다는 준법주의(遵法主義)를 의미하는 것이 아니다. 모든 국민이 준법하여야 함은 국민의 헌법적 의무이자 국가생활의 기본이므로 법치국가에서 반드시 전제되어야 할 사항임에는 틀림없다. 그러나 법치국가의 원칙은 그 개념상 국민의 대표가 제정한 법률을 '국가권력의 담당자'가 준수하여야 한다는 요청인 것이다. 그러한 면에서 국민을 대상으로 하는 준법주의와는 방향이 정반대가 되어 있으며 국민이

아니라 국가에게 헌법적 의무를 부과하는 것을 요체로 하는 원리이다. 그리하여 국가권력의 담당자는 권력작용을 행함에 있어서 법을 위반하여서는 안 되고 특히 국민의 자유과 권리를 제한하기 위해서는 반드시 법률에 그 근거를 가지고 있어야 함을 요구하는 것이다.

2. 내 용

법치국가 원칙의 목적은 국민의 자유와 권리를 보장하는 데에 있으며, 법치국가 형성의 기술적 전제는 국가권력의 분립이다. 국가권력이 입법, 행정, 사법의 3권으로 분립되어 입법부가 정한 법률에 행정부가 기속되고, 법에 관한 분쟁이 사법부의 공정한 판결에 의하여 해결될 때에만 법치국가 원칙이 실현된다고 할 수 있기 때문이다. 법치국가 원칙의 핵심적 내용은 ① 국민의 대표기관인 입법부가 만든 규범인 법률이 다른 모든 공권력에 대하여 우월적 지위를 가지며 공권력의 행사는 법률에 어긋날 수 없다는 의미의 법률의 우위(Vorrang des Gesetzes)와 ② 국민의 자유와 권리를 제한하는 공권력의 행사는 단지 법률에 위반되지 않기만 하면 되는 것이 아니라 나아가 법률에 그러한 제한조치를 할 권한을 부여하는 구체적 근거조항이 있어야 한다는 의미의 법률의 유보(Vorbehalt des Gesetzes)이다. 나아가 ③ 법률을 집행하는 과정에서 분쟁이 발생한 경우 독립한 사법부에 의하여 법률에 따른 재판이 행하여질 것도 법치주의의 불가결한 내용이다.

3. 형식적 법치국가와 실질적 법치국가

선출된 시민대표가 만든 법률이라는 규범형식에 의한 국가권력의 통제를 핵심으로 하는 이러한 시민적 법치국가는 현실에서는 국민의 자유와 권리를 충실히 보장하지 못하는 허점을 드러내었다. 시민혁명이 성공한 국가라고 하더라도 시민의 대표로 선출된 의회가 정치적 상황에 따라 파당적이고 나아가 정의롭지도 아니한 법률을 통과시키는 경우 이러한 법률의 내용에 따라 국가권력이 행사되도록 하는 것을 막을 수 없기 때문이다.

시민적 법치국가에서는 법률에 의하기만 하면 기본권 제한이 정당화되었으나 이러한 규범형식적 통제에 치중한 형식적 법치국가는 기본권 보장의 목적을 충실히 실현할 수 없었으므로 여기에 법률의 내용 또한 실질적으로 정의로워야 한다는 요청이 덧붙여지게 되었다. 이제 법률은 내용적으로 정의와 평등 혹은 법적 안정성 등 법의 이념에 합치되어야만 국가권력을 통제할 수 있는 정당한 규범인 것으로 인식되었다. 이러한 요소가 도입된 보다 발전된 법치국가를 형식적 법치국가에 대비하여 '실질적 법치국가'라고 한다.

실질적 법치국가는 형식적 법치국가의 개념요소에 덧붙여 ① 위헌법률심사제, ② 포괄적 위임입법의 금지, ③ 신뢰보호의 원칙 등을 내용상 포섭한다. 위헌법률심사제는 법률의 내용이 헌법에 위반되는지 여부를 사법기관에 의하여 심사받도록 하는 것이다. 또한 법률로 정할 사항을 법률에 구체적으로 정하지 않고 모두 하위 규범에서 정하도록 포괄적으로 위임한다면 이는 법치주의의 요청을 외관형식상으로만 준수하는 것이며 실제적으로는 모든 내용을 하위규범이 결정하는 것이 된다. 이와 같은 포괄적 위임은 법치주의를 우회하여 위반하는 성격을 가지므로 허용될 수 없다. 따라서 법률에서 이미 구체적으로 정한 범위와 한계를 벗어나지 아니한 세부적 사항을 하위규범에서 규율하는 것만이 허용되며 이를 포괄적 위임입법 금지의 원칙이라고 한다.

4. 법치주의 원리의 파생원칙

법치주의는 헌법의 기본원리이지만, 실제 헌법재판에서 문제된 쟁점의 위헌 여부에 대한 판단기준으로서 빈번히 활용되는 구체적 심사원칙들의 헌법적 근거가 되고 있는 점에서 실제적 의미가 크다. 이와 같이 법치주의로부터 파생되는 헌법원칙으로 신뢰보호의 원칙, 자기책임의 원칙 및 과잉금지의 원칙을 들 수 있다.

(1) 신뢰보호의 원칙

㈎ 신뢰보호의 원칙은 실질적 법치국가의 파생원리로서 도출되는 헌법원칙으로서 실제 사건으로 문제되는 경우가 많다. 법률을 개정할 때 구 법질서(舊法秩序)에 대한 수범자인 국민의 신뢰가 합리적이고도 정당하며 법률의 개정으로 야기되는 국민의 손해가 극심하여 새로운 입법으로 달성하고자 하는 공익

적 목적이 그러한 당사자의 신뢰의 파괴를 정당화할 수 없다면 그러한 새 입법은 신뢰보호의 원칙에 반하게 된다. 이러한 신뢰보호원칙의 위배여부를 판단하기 위하여는, 한편으로는 침해받은 이익의 보호가치, 침해의 중한 정도, 신뢰가 손상된 정도, 신뢰침해의 방법 등과 다른 한편으로는 새 입법을 통해 실현하고자 하는 공익적 목적을 종합적으로 비교·형량하여야 한다. 여기서 신뢰보호 가치의 정도를 결정하는 핵심적 척도는 법규범에 내재된 국가행위의 예측가능성이 된다. 법률이 처음부터 잠정적으로 시행됨을 밝히거나 법률개정을 통하여 혜택을 점진적으로 축소함으로써 진로변경을 간접적으로 표현한 경우에는 신뢰이익의 보호가치는 감소된다(국가행위의 예견성). 또한 개인의 의사를 배제하고 국가가 일방적으로 자신의 의사를 사인의 행위 기준으로 강요한 경우 국가의 의사에 따라 행동한 사인의 신뢰행사가 더 존중되어야 한다(국가에 의하여 명령받은 신뢰의 존중). 한편 비교형량의 결과 보호되는 공익이 침해되는 사익보다 크다고 하더라도 사익을 최소침해하는 방식을 취하지 않는다면 이 경우에도 신뢰보호의 원칙에 위배된다. 따라서 문제된 사익을 최소한으로만 침해하기 위하여 경과규정을 두게 되는바, 신뢰보호의 구체적 실현수단으로 사용되는 경과규정에는 기존 법률이 적용되던 사람들에게 신법 대신 구법을 적용하도록 하는 방식과 적정한 유예기간을 두는 방식 및 보조금 지급과 같이 적응보조규정을 두는 방식 등이 있을 수 있다.[1]

(나) 신뢰보호의 원칙에 관련하여 이미 종료된 법률관계를 새로운 내용으로 재생시키는 진정소급입법(眞正遡及立法)은 원칙적으로 위헌이다. 이러한 입법을 통한 국민의 신뢰 침해는 너무 중대하기 때문이다. 예컨대 특정한 범죄행위에 대한 공소시효가 이미 완성된 이후에 만료된 시효를 다시 되살리는 입법을 하는 경우이다. 다만 진정소급입법이라고 하더라도 침해되는 사익과 실현하고자 하는 공익을 비교할 때 공익상 필요성이 비교할 수 없을 정도로 압도적으로 우월하다고 명백히 인정된다면 극히 예외적으로 헌법적으로 정당화될 수 있다.[2]

---

1) 헌재 2002. 11. 28. 2002헌바45, 판례집 14-2, 704, 711-714면.

2) 독일에서는 통일을 이룬 후 구 동독공산당의 불법행위에 대한 공소시효 특별법을 제정하여 시행한 바가 있다. 이 법 또한 구 동독 정권이 존속하는 기간 동안 정권지도부에 의하여 저질러진 반법치국가적 범죄행위의 공소시효를 일괄정지하는 내용을 규정하고 있는데, 이에 대하여 소급효 여부를 판단하기 전에 이 법의 내용이 기존 법률관계의 내용을 확인하는 데 불과한 것인지 아니면 법률관계에 새롭게 구성하는 창설적 효력을 가지는 것인지 여부가 먼저 문제되었다. 독일의 경우 정권

이와 달리 아직 만료되지 아니하고 진행중에 있는 법률관계를 변경시키는 내용을 가진 부진정소급입법(不眞正遡及立法)은 원칙적으로 합헌이라고 보고 있다. 이 경우 침해되는 국민의 신뢰의 정도는 비교적 크지 아니하며 대개 그러한 입법을 행한 입법자의 공익적 의도의 정당성이 인정되는 한 합헌적으로 보게 된다. 그러나 부진정소급입법이라고 하더라도 앞서 본 심사기준에 따라 관련된 공익과 사익을 비교형량하여 판단하여 볼 때 사익에 대한 침해가 지나친 것으로서 법익의 균형이 무너진 경우에는 신뢰보호원칙에 위배된다.

(2) 자기책임의 원칙

㈎ 자신의 행위이거나, 타인의 행위라도 자신에게 귀책사유가 있는 행위에 대하여서만 법적 책임을 진다는 자기책임의 원칙 또한 실질적 법치주의 원칙으로부터 파생되어 인정되는 헌법내재적 원리로서 실제 사건에서 종종 문제되고 있다. 헌법 제13조 제3항이 '모든 국민은 자기의 행위가 아닌 친족의 행위로 인하여 불이익한 처우를 받지 아니한다'고 규정하는데, 이는 직접적으로는 친족의 행위에 대한 연좌제의 금지를 천명한 것이나, 규정의 문리적 취지상 친족이 아닌 타인의 행위로 인한 불이익한 처우가 금지되는 것은 당연히 전제되어 있으므로 자기책임의 원칙은 이 조항에서 명문의 헌법적 근거를 가지고 있다고 말할 수 있다. 따라서 자기책임의 원칙에 반하는 공권력적 조치는 '그 자체로서' 헌법위반이 된다고 보아야 할 것이다.[1] 이 원칙은 특히 범죄에 대

지도부의 명령을 법률과 같은 것으로 보고 기소함에 있어서 법률적 장애가 있었던 경우에는 공소시효가 정지된다는 규정이 존재하였으므로 위 시효정지법은 단지 확인적 효력만을 가지는 것으로서 소급입법 자체를 부정하는 견해가 일반적이었으며 독일연방헌법재판소도 이러한 해석에 따랐다. 그러나 우리 형사소송법에는 그와 같은 법적 규율이 존재하지 아니하므로 5·18민주화운동특별법과 같은 법률은 공소시효에 관하여 창설적 효과를 가진다고 볼 수밖에 없다. 창설적 효과를 가진 법률이라면 새로운 법률관계를 형성하는데 그 소급효의 내용이 범죄성립요건을 새로 구성하는 등 죄형법정주의를 침해하는 정도에까지 갔는가 아니면 단지 범죄에 대한 소추조건을 새로 창설한 데에 불과한 것인가 여부가 판단되어야 한다. 그 여하에 따라 죄형법정주의 위배가 문제되는지 아니면 신뢰보호의 원칙의 위배 여부가 문제될 뿐인지 여부가 결정된다. 죄형법정주의 위배의 문제가 된다면 어떠한 경우에도 합헌이 될 수 있는 소지가 없을 것이나 신뢰보호의 원칙 위배의 문제가 되면 진정소급입법에 해당된다고 하더라도 극히 예외적으로 합헌이 될 소지가 없는 것이 아니다. 5·18민주화운동특별법에 대한 헌법재판소의 결정례는 진정소급입법에 대한 이와 같은 예외적 정당성을 인정하였던 결정이다. 헌재 1996. 2. 16. 96헌가2, 판례집 8-1, 51-56면 참조.

1) 헌법 제10조가 정하고 있는 행복추구권에서 파생되는 자기결정권 내지 일반적 행동자유권은 이성적이고 책임감 있는 사람의 자기의 운명에 대한 결정·선택을 존중하되 그에 대한 책임은 스스로 부담함을 전제로 한다. 자기책임의 원리는 이와 같이 자기결정권의 한계논리로서 책임부담의 근거로 기능하는 동시에 자기가 결정하지 않은 것이나 결정할 수 없는 것에 대하여는 책임을 지지 않고 책임부담의 범위도 스스로 결정한 결과 내지 그와 상관관계가 있는 부분에 국한됨을 의미하는

한 제재로서의 형벌에 엄격히 적용되어야 하며 법인의 경우도 자연인과 마찬가지로 적용된다.[1)]

(나) 그런데 여기에 더하여 헌법재판소는 '자기책임의 원리에 반하는 제재를 받지 아니할 권리', 즉 자기행위와 무관한 제재를 받지 아니할 권리는 헌법 제37조 제1항이 규정하고 있는 '헌법에 열거되지 아니한 권리'로서 기본권성을 지니며 이를 제한하는 법률은 과잉금지의 원칙에 의한 헌법심사를 받아야 한다는 설시를 하기도 하지만,[2)] 자기책임 원칙의 위반은 그 자체로서 위헌이므로 과잉금지원칙에 의한 추가심사의 필요가 없다고 보아야 논리적으로 정당하다고 생각된다.

(3) 과잉금지의 원칙

과잉금지원칙은 법치주의의 원리에서 당연히 추출되는 헌법상의 기본원리인 비례의 원칙을 말하는 것으로서, 공권력의 발동에 있어서 ① 목적의 정당성, ② 수단의 적합성, ③ 피해의 최소성, ④ 법익의 균형성이 준수될 것을 요

책임의 한정원리로 기능한다. 이러한 자기책임의 원리는 인간의 자유와 유책성, 그리고 인간의 존엄성을 진지하게 반영한 원리로서 그것이 비단 민사법이나 형사법에 국한된 원리라기보다는 근대법의 기본이념으로서 법치주의에 당연히 내재하는 원리로 볼 것이고 헌법 제13조 제3항은 그 한 표현에 해당하는 것으로서 자기책임의 원리에 반하는 제재는 '그 자체로서' 헌법위반을 구성한다고 할 것이다. 헌재 2004. 6. 24. 2002헌가27, 판례집 16-1, 706, 715면. 담배소비세 위헌결정.

1) 자동차손해배상보장법 조항 등에 의할 경우, 법인이 종업원 등의 위법행위와 관련하여 선임·감독상의 주의의무를 다하여 아무런 잘못이 없는 경우에도 법인에게 형벌을 부과할 수밖에 없게 된다. 이처럼 이 사건 자동차손해배상보장법 조항 등은 종업원 등의 범죄행위에 관하여 비난할 근거가 되는 법인의 의사결정 및 행위구조, 즉 종업원 등이 저지른 행위의 결과에 대한 법인 자신의 독자적인 책임에 관하여 전혀 규정하지 않은 채, 단순히 법인이 고용한 종업원 등이 업무에 관하여 범죄행위를 하였다는 이유만으로 법인에 대하여도 형사처벌을 과하고 있는바, 이 사건 자동차손해배상보장법 조항 등은 아무런 비난받을 만한 행위를 한 바 없는 자에 대해서까지, 다른 사람의 범죄행위를 이유로 처벌하는 것으로서, '형벌에 관한 책임주의' 원칙에 반한다. 헌재 2010. 12. 28. 2010헌가73, 공보 171, 67, 71-72면. 자동차손해배상보장법 양벌규정 위헌결정.

2) 스스로의 생각에 따라 자유롭게 행동할 권리가 있고 그 대신 자기의 행위에 대하여는, 그리고 자기의 행위에 대하여만 자기가 책임을 진다는 자기책임의 원리는 헌법의 내재적 원리의 하나이고, 연좌제금지의 배경과 근거에 비추어 볼 때 헌법 제13조 제3항 속에는 '타인'의 행위로 인한 불이익한 처우를 금지한다는 뜻도 당연히 포함되어 있다 할 것이므로 '자기책임의 원리에 반하는 제재를 받지 아니할 권리', 즉 자기행위와 무관한 제재를 받지 아니할 권리는 헌법 제37조 제1항이 규정하고 있는 '헌법에 열거되지 아니한 권리'로서 기본권성을 지닌다. 이 사건 법률조항에 대하여는 이 권리의 침해 여부가 독립적이고 우선적인 심사기준이 되어야 하는바, 비록 이 사건 법률조항이 청구인의 이러한 권리를 제한하고는 있지만 헌법 제37조 제2항에 따른 과잉금지원칙에 위배되지 않으므로 위헌이라고 할 수 없다(자기책임의 원리에 관한 재판관 권성, 재판관 김경일의 별개의견). 헌재 2005. 12. 22. 2005헌마19, 판례집 17-2, 785, 786면. 배우자 선거범죄를 이유로 한 당선무효 합헌결정. 그러나 배우자의 선거범죄에는 일반적으로 후보자 본인에게도 귀책사유가 있을 것이므로 반드시 자기책임의 원칙에 반한다고 할 수 없다.

구하는 것을 그 내용으로 한다. 특히 우리 헌법은 제37조 제2항에서 '국민의 모든 자유와 권리는 국가안전보장, 질서유지 또는 공공복리를 위하여 필요한 경우에 한하여 법률로서 제한할 수 있다'고 규정함으로써 과잉금지원칙을 기본권제한입법에 있어서 입법권의 한계로 함을 명문으로 인정하였다고 보는 것이 일반적이다.[1] 이처럼 과잉금지의 원칙은 과잉'입법'금지 원칙으로서 헌법재판 실무에서 널리 적용되고 있으나, 이것이 국민의 자유 보장을 목적으로 한 헌법의 기본원리로서의 법치주의 원칙상 도출되는 원칙임을 감안할 때 그 의미는 반드시 입법의 영역에 국한되어야 할 이유가 없으며, 입법작용 이외의 모든 공권력 작용의 기본권 침해 여부를 판정하는 기준으로서 보편적으로 적용되는 원칙이 되어야 할 것이다. 헌법재판소의 결정례에서도 입법 이외의 공권력 작용에 바로 과잉금지의 원칙을 적용하여 그 위헌성 여부를 판단한 사례가 존재한다.[2]

1) 헌재 1990. 9. 3. 89헌가95, 판례집 2, 245, 260면; 헌재 1992. 12. 24. 92헌가8, 판례집 4, 853, 878-879면. 같은 취지임.

2) 일부 시민들이 서울광장 인근에서 불법적인 폭력행위를 저지른 바 있다고 하더라도 그것만으로 폭력행위일로부터 4일 후까지 이러한 조치를 그대로 유지해야 할 급박하고 명백한 불법·폭력 집회나 시위의 위험성이 있었다고 할 수 없으므로 이 사건 통행제지행위는 당시 상황에 비추어 필요최소한의 조치였다고 보기 어렵고, 가사 전면적이고 광범위한 집회방지조치를 취할 필요성이 있었다고 하더라도, 서울광장에의 출입을 완전히 통제하는 경우 일반시민들의 통행이나 여가·문화활동 등의 이용까지 제한되므로 서울광장의 몇 군데라도 통로를 개설하여 통제 하에 출입하게 하거나 대규모의 불법·폭력 집회가 행해질 가능성이 적은 시간대라든지 서울광장 인근 건물에의 출근이나 왕래가 많은 오전 시간대에는 일부 통제를 푸는 등 시민들의 통행이나 여가·문화활동에 과도한 제한을 초래하지 않으면서도 목적을 상당 부분 달성할 수 있는 수단이나 방법을 고려하였어야 함에도 불구하고 모든 시민의 통행을 전면적으로 제지한 것은 침해의 최소성을 충족한다고 할 수 없다. 또한 대규모의 불법·폭력 집회나 시위를 막아 시민들의 생명·신체와 재산을 보호한다는 공익은 중요한 것이지만, 당시의 상황에 비추어 볼 때 이러한 공익의 존재 여부나 그 실현 효과는 다소 가상적이고 추상적인 것이라고 볼 여지도 있고, 비교적 덜 제한적인 수단에 의하여도 상당 부분 달성될 수 있었던 것으로 보여 일반 시민들이 입은 실질적이고 현존하는 불이익에 비하여 결코 크다고 단정하기 어려우므로 법익의 균형성 요건도 충족하였다고 할 수 없다. 따라서 이 사건 통행제지행위는 과잉금지원칙을 위반하여 청구인들의 일반적 행동자유권을 침해한 것이다. 서울광장 통행저지 위헌사건, 헌재 2011. 6. 30. 2009헌마406, 판례집 23-1하, 457, 458면 참조.

제3절 민주주의의 원리

1. 민주주의의 개념

입헌주의 헌법은 법치주의와 민주주의의 양대 원리에 기초하고 있다. 그 중 민주주의는 주권자인 국민에 의한 통치를 의미하는 원리로서 주지하는 바와 같이 그 원류는 고대 그리스에 있으며 어원상으로도 인민의 지배를 의미하는 데모스(demos)와 크라티아(kratia)의 합성어이다.

민주주의는 전체 인민이 국가의사를 결정한다는 정치 원리이다. 그러나 인민은 국가를 구성하는 인적 요소로서 국가권력의 지배를 받는 피치자(被治者)이기도 하다. 그러므로 민주주의는 치자와 피치자가 동일하여야 한다는 원리, 즉 자동성(自同性)의 원리에서 출발한다. 피치자의 지위를 가지는 인민이 국가의사를 결정하는 치자로서의 힘을 가진다는 것은 정치논리로서는 이상적이지만 이러한 이념을 현실적으로 가동되는 법적 체제로 구체화하는 것은 사실 난해한 문제이다. 전체 인민은 이해관계가 다양한 수많은 집단으로 나뉘어 있고 국민들의 정치적 성향은 언제나 대립될 수 있는 것임을 고려할 때 국가권력의 담당자가 피치자 전체로 된다는 것은 단순히 정치적 선전의 의미만 가질 뿐 현실적 구현이 어려우며, 오히려 제도적으로 악용되어 실제 국가의사의 결정이 국민의 뜻을 빙자한 집권자의 개별의지에 의거하도록 하는 근거가 될 위험이 있다. 그러므로 '치자 = 피치자'로 상징되는 민주주의의 의미는 헌법적 개념으로서 보다 정확하고 엄밀하게 한정되어야 하며, 이를 현실의 정치형태로 실현하는 데 있어서는 효율적이면서도 악용되지 않도록 하는 주도면밀한 정치기술의 고안과 도입이 반드시 요청된다.

2. 민주주의의 실현형태 – 대표민주주의 정치체제

근대 시민혁명 이래 다양한 정치형태가 스스로 민주주의 체제임을 표방하고 있다. 정치적 지배자가 바로 인민이 되어야 한다는 것은 이념적으로는 정당하고 호소력도 있으나 이를 어떻게 현실적으로 실현하여야 하는가 하는 것은 매우 모호하고 어려운 과제가 된다. 그러나 일반적으로 정치형태로서의 민주주의는 직접민주주의 혹은 간접민주주의의 정치체제로 구체화되고 있다. 직접민주주의 정치체제는 유권자의 총체인 인민이 직접 그때그때의 구체적 국가의사를 결정하는 정치형태로서 국민발안, 국민투표, 국민소환 등의 제도에 의하여 실현된다. 그러나 고대 그리스의 도시국가나 현대 스위스 칸톤과 같이 수천 명 내지 수만 명 규모의 소규모 정치체제가 아니라 수천만 내지 수억 인의 인구를 가진 현대적 국가 체제에서 직접민주주의적 제도에 의하여서만 국가를 운영하는 것은 현실적으로 불가능하며, 이러한 상황에서 민주주의는 불가피하게 간접민주주의 내지 대표민주주의의 형태를 가지게 된다. 다만 간접민주정치제도를 원칙으로 취하면서도 일부 직접민주제도를 가미하는 것은 인민의 지배라는 이상에 보다 실질적으로 접근한다는 의미에서 바람직하며, 많은 국가가 이러한 혼합방식을 취하고 있다. 우리나라의 경우에도 국회와 대통령 등 국민이 선출한 대표기관에 의한 통치를 원칙으로 하되 국민투표제를 가미하는 방식으로 혼합적 민주주의 정치형태를 취하고 있다.

이와 같이 오늘날 정치형태로서의 민주주의는 간접민주제를 취하고 있으며, 국민에 의하여 선출된 대표자 등 국가권력의 담당자가 국민적 대표성을 근거로 하여 현실적 상황에서 나타나는 국민의 여론을 감안하면서 구체적인 국가의사를 정하게 된다. 이러한 과정에서 국가의사가 그 정당성의 측면에서 국민에게 그 원천이 있는 경우, 즉 국가의사의 결정이 국민에게 정당하게 귀속될 수 있는 경우에는 민주적 정책결정이 있었다고 할 수 있고, 그와 같이 국가의사가 결정되는 체제를 민주주의 정치체제라고 할 수 있을 것이다.

3. 통치형태로서의 민주주의의 구체적 내용

민주주의를 구현하는 정치기술의 내용에 관하여 다양한 견해가 주장될 수 있지만 일반적으로 다음의 원리들이 정치형태로서의 민주주의에 불가결한 것으로 인정된다.

(1) 평등한 정치참여의 보장

모든 국민에게 평등한 정치참여를 보장하는 것은 민주주의 정치체제의 핵심사항이다. 법치주의가 자유의 보장을 요체로 하는 반면 민주주의는 정치적 평등의 보장을 요체로 한다. 국민은 정치과정에 참여하여야 하고 또한 일부 특정집단의 국민이 소외되지 않고 모든 국민이 평등하게 정치에 참여할 수 있을 때 민주정치는 실현되는 것이다. 특정의 개별집단에게 정치참여가 배제된다면 이는 이미 전체 국민에 의한 지배의 원칙이 무너지는 것이다. 결국 민주주의는 모든 국민의 평등한 정치참여의 보장 이상도 이하도 아니라고 말할 수 있다. 평등한 정치참여를 위하여서는 선거 내지 투표에서의 모든 국민의 평등보장이 반드시 요구될 것이다.

(2) 정치적 자유의 보장

정치적 평등 실현의 전제조건으로서 인민에게 정치적 자유가 보장되어야 한다. 정치적 자유가 보장되지 아니한 분위기 하에서 국민 모두의 정치적 평등이 보장될 수 없기 때문이다. 그리하여 선거에 있어서 여론 형성의 자유, 표현의 자유가 보장되어야 하고 정당설립과 활동의 자유가 보장되어야만 국민이 정치적 권리를 평등하게 행사할 수 있게 된다. 자유와 평등은 원래 모순·대립되는 가치임을 감안할 때 모든 자유권이 민주주의 제도에 필연적인 전제조건이 된다고 할 수는 없으나, 평등한 정치참여의 보장을 위하여 반드시 요구되는 정치적 자유들은 민주주의의 실현에 필수불가결하다고 파악되어야 한다.

(3) 다수결의 원칙

정치형태로서의 민주주의를 실현시키는 데 있어서는 다수결의 원칙이 정치적 기술으로 요구된다. 민주주의 정치체제에서는 국가의사의 결정이 문제될 때 인민 전체 혹은 그 대표자들이 모여 토론하고 상호 설득에 의하여 의견이 통합되면 좋겠지만 설득이 되지 않을 경우가 있을 수 있다. 이와 같이 인민의 의사가 분열되는 경우라고 하더라도 국가의사의 결정은 이루어져야 하는 것이므로 최종적으로는 분열된 의사를 가진 인민들 중 다수인이 원하는 방향의 의사결정을 함을 통하여서만 민주주의 정치체제가 작동불능을 면할 수 있다. 결국 민주주의 정치체제의 의사결정은 다수결의 원칙에 의할 수밖에 없고 이는 이보다 나은 더 이상의 정치기술은 상정하기 어렵다는 점에서 최선의 방법일 수밖에 없는 것이다. 다수결만이 민주정체 내에서 최대한의 평등을 보장할 수 있으며 다수결의 원리로 인하여 최대다수의 유권적 시민은 자신의 의사에 복종한다는 생각을 갖게 된다.

그런데 다수결의 원칙은 단지 견해의 대립이 발생한 경우 다수인의 견해를 확인하기만 하면 된다는 것만을 내용으로 하는 것은 아니며 여기에는 일정한 전제조건이 있다. 먼저 각 개인은 상호 토론과 논증에 의하여 다른 의견을 수긍하고 자신의 선확신(先確信)을 수정할 용의가 있는 이성적 존재로서 다수결의 의사 결정에 참여하여야 한다. 이러한 절차적 보장에 의하여 다수결은 내용상의 정당성도 갖추게 된다. 또한 다수결의 표결에 참여한 구성원은 다른 주제에서는 다른 인적 결합에 의하여 소수가 다수로 변모하고 다수가 소수로 될 수 있는 내용적 유연성을 가져야만 한다. 이른바 '교체의 원리(principle of rotation)'가 작동하여야 하는 것이다. 따라서 표결구성원이 파당적으로만 결합하여 같은 파당끼리라면 어떠한 주제에 관한 내용이라고 하더라도 찬성하며 다른 파당에 속하는 구성원에 대하여서는 내용에 관계없이 반대하는 정치적 분위기에서의 다수결은 민주적 정당성을 가지기 어렵다. 이렇게 볼 때 국회에서 제대로 된 토론과 논증이 없이 단지 소속 파당의 의원 숫자에 의거하여 입법을 행하는 이른바 법률안 변칙통과행위는 형식적으로는 다수결의 원칙에 의한 것으로 보인다고 하더라도 민주주의적 정당성을 가진 다수결이 작동하여 이루어진 입법행위가 될 수 없다.

(4) 정치적 영역 이외의 분야에 대한 평등의 확산

이와 같이 법치주의는 인민의 자유를 보장함을 목적으로 하는 반면, 민주주의는 인민의 평등의 보장에 주안점을 두고 있다. 그리고 인민의 정치적 평등 보장을 위하여서는 정치적 자유가 필수적이라는 점에서 특히 여론형성의 자유와 정당의 자유 등 정치적 자유는 민주주의 정치체제의 불가결한 전제요소가 된다. 그런데 여기서 더 나아가 경제적 불평등이 심화되면 정치참여의 평등 보장도 흔들린다는 의미에서 민주주의 정치체제에서는 경제적 측면에서도 불평등이 배제되어야 함이 요구되기도 한다. 또한 이러한 평등의 보장은 사회적, 문화적 제반 분야로 확대되어 나가야만 인민의 평등실현은 보다 충실화되는 것이다.

결국 민주주의 정치체제의 법적인 핵심요소는 평등한 정치참여에 있다고 할 것이지만 이는 단지 정치적 영역에만 한정하여 고려될 수는 없으며 외연(外延)을 확대하여 나아가 경제적·사회적·문화적 혹은 그 밖의 모든 영역에서의 인민의 평등이 확산되어야 하는 것이다. 그러한 의미에서 어느 국가나 사회의 민주성을 판단하는 데 있어서는 민주주의적 체제라고 할 수 있는가 하는 체제 인정의 '가부'의 문제가 아니라, 과연 어느 정도 정치적 평등과 자유가 실현되고 있는가 하는 민주주의 실현의 '정도'의 문제가 보다 중요한 실제적 의미를 가지게 된다.

제 4 절 헌법의 기본원리의 변용

1. 법치주의와 민주주의의 상호관계

(1) 우리 헌법은 국민주권주의에 기초를 두고 있으며, 국민주권주의에 의하여 국가를 구성하는 양대 기본원리가 법치주의 원리와 민주주의 원리이다. 법치주의를 제도적 측면에서 이를 구현하는 국가를 법치국가라고 하며, 민주주의의 이념에 따라서 구현된 국가의 기본질서를 민주적 기본질서라고 표현한다.

법치주의의 목적은 기본권의 보장에 있고 그 전제조건으로서 권력분립이 요청된다. 내용으로서 국민의 대표기관이 제정한 법률의 우위, 행정의 합법률성, 법에 의한 재판을 든다. 요컨대 법치주의는 국민의 자유를 보장하기 위한 제도적 고안이다.

민주주의는 치자와 피치자의 자동성에서 출발한 정치이념으로서 그 내용상 결국 평등한 정치참여의 보장에 귀착한다. 정치적 평등의 실현을 위하여서는 그 전제로서 정치적 자유의 보장이 요구되며, 특히 정치적 여론 형성의 자유와 정당설립과 활동의 자유 등이 필요하다. 또한 국가의사의 결정은 다수결의 원칙에 의한다. 구체적 발현형태로서는 간접민주정체와 직접민주정체가 있는데 다수의 인구를 가진 현대국가에서 원칙은 간접민주정체라고 할 것이며 다만 법기술적으로 가능한 한도에서 직접민주정 제도를 가미한다.

민주주의는 정치적 측면에서의 참여권의 동등함을 요구하지만, 이러한 정치적 평등은 경제적 측면에서 차별이 없어야만 실질적으로 함양될 수 있다. 빈부격차가 격심한 상태에서 극빈층은 부유층과 같은 정치적 역량을 발휘할 수 없는 것이다. 마찬가지로 사회적 혹은 문화적 영역에서 국민들이 고루 혜택을 볼 수 있도록 함이 필요하다. 이렇게 볼 때 민주주의는 결국 평등의 실현원리이며, 정치적, 경제적, 사회적 평등이 많이 실현될수록 더 민주주의적이 된다고 할 수 있다.

(2) 법치주의는 국가권력이 국민을 억압할 때 이에 대한 국민의 방어논리이다. 민주주의는 이러한 소극적 원리가 아니라 국민이 직접 국가권력을 맡아 국가의사를 결정하겠다는 적극적 원리이다. 그런데 자유와 평등은 서로 대립되고 갈등되는 측면이 있으며, 특히 경제적 자유는 경제적 평등과 논리적으로도 극명하게 모순된다. 이처럼 자유와 평등이 긴장관계에 있으므로 국민주권의 입헌국가에서 자유와 평등을 같이 중시하고 헌법의 양대 이념으로 추구한다고 하더라도 서로 긴장되고 충돌되는 면이 있어서 자유민주주의의 구체적 운용을 어렵게 하고 있다.

그러나 민주주의의 개념 속에도 표현의 자유, 정치적 자유 등은 포함되어야 한다. 민주주의는 주로 평등을 실현하기 위한 이념제도이지만 일부 정치적으로 중요한 자유는 민주주의의 내용으로 포섭되고 여기서 평등과 자유는 서로 결합되고 보완하는 측면이 있다. 이와 같이 민주주의와 법치주의의 관계는 자유와 평등의 관계와 같이 때로는 긴장하고 때로는 보완하는 상호관련성을 가지게 된다.

2. 시민적 법치국가의 변화

18세기 말 프랑스 혁명으로 대표되는 시민혁명 이후 탄생한 근대적 입헌국가는 시민적 법치국가 내지 형식적 민주국가로서 운용됨으로써 19세기 이후 근대사회의 산업화가 진전함에 따라 나타난 사회적 갈등을 해소하지 못하면서 상당한 단점을 드러내었다.

(1) 시민적 법치국가의 모순

시민적 법치국가 내지 입헌민주국가는 자유와 평등 중 자유의 보장에 치중하고 평등의 실현을 등한시하였다. 정치적 평등이 민주주의의 요체이며 시민에게 평등한 선거권이 주어졌지만 여기서 평등과 정의에 관한 관념은 어디까지나 비례적 평등 내지 배분적 정의(正義)에 기초하였다. 개인별 차이나 특성에 구애되지 않고 인간이라면 모두 똑같이 취급되어야 한다는 산술적 평등 내지 평균적 정의는 고려되어 있지 않았다. 정치적 평등을 실현함에 있어서 학식과 재력을 가진 자와 그렇지 못한 자를 같이 취급하는 것은 같지 아니한 것을 불합리하게 같게 취급하는 것으로서 오히려 정의롭지 못하다는 것이다. 따라서 학식과 재산을 가진 자에게는 그에 비례하여 보다 큰 선거참여권을 부여하는 차등선거가 당연시되었다.

이에 비하여 개인의 자유는 최대한 확대되었다. 특히 경제적 자유를 무한정 인정한 것은 부작용을 야기하였다. 부유한 계층은 그 재산권의 행사를 통하여 노동자들을 지배하고 이를 더 많은 부를 축적하는 데 활용하였다. 부익부 빈익빈(富益富 貧益貧)의 현상이 심화되고 사회는 소수의 자본가와 대다수의 무산노동자와 농민으로 계급적으로 분열되는 현상이 발생하였다. 이러한 사회적 분위기에서 시민적 법치국가 내지 입헌민주체제에서 국가는 대부분의 인민을 착취하고 지배하기 위한 법적 수단이며 그 이상도 이하도 아니라는 식의 혁명이론이 대두하게 되었다.

(2) 사회주의 헌법의 기본원리

사회주의 헌법에서 주권자인 인민은 노동으로 진정한 가치를 창출하는 노동자와 농민 계층을 말한다. 자본가는 인민이 아니고 주권자인 인민을 부당하게 착취하는 타도대상일 뿐이다. 시민적 법치주의의 국가들은 유산자 계급의 지배수단이므로 이를 폭력적 혁명에 의하여 전복시켜야 할 대상으로 보았다.

사회주의 혁명은 제1차 세계대전에서 패전한 러시아에서 성공하여, 소비에트 연방이 만들어지고 사회주의 헌법이 제정되었다. 이 헌법을 특징짓는 기본원리는 ① 주권자인 노동자·농민계급에 의한 권력집중주의, ② 공산당의 영도적(領導的) 지위, ③ 생산수단의 공유 원칙으로 집약할 수 있다.

사회주의 헌법에 의하면 모든 권력은 주권계급인 노동자·농민에게 귀속되어야 한다. 따라서 권력은 분립될 수 없고 노동자·농민 계급을 대표하는 인민대표회의에 집중된다. 다만 이들 대표체는 보통 수천 명의 다수로 구성된 비상설의 기구이므로 다시 그들 중 간부회의를 구성하여 상시적으로 국가정책과 입법을 결정한다. 한편 주권자인 노동자·농민 계급의 전위조직인 공산당의 영도적 지위를 헌법상 인정하고 있다. 그리하여 당이 국가를 이끌며 공산당 이외의 정당은 일체 금지된다(공산당의 일당독재). 나아가 사유재산을 원칙적으로 부정하고 특히 생산수단은 국유 혹은 공유로 한다.

이와 같은 사회주의 헌법의 3원칙 중 어느 하나라도 무너지면 온전한 사회주의체제에서 이미 이탈하였다고 할 수 있다. 세 원칙이 모두 무너진 단계에 이르면 사회주의 체제는 끝났다고 보아야 한다. 예컨대 러시아와 같이 공산당이 집권한 중국은 개방정책 이후 건물에서뿐만 아니라 토지에까지 사유를 인정하고 있으므로 '생산수단의 사유화' 원칙을 포기하였으나, '인민대표제에 의한 권력집중 원칙'과 특히 '공산당의 영도적 지위' 원칙을 고수하고 있으며 그러한 의미에서 부분적으로 변화한 사회주의 헌법체제라고 평할 수 있다. 또한 구소련은 체제전환 당시 수차의 헌법개정에 의하여 위 3원칙을 차례로 포기하였으며 그 중 특히 공산당의 영도조항의 폐기야말로 사회주의 헌법 종식의 결정적 전환점이 되었다.

(3) 사회적 법치국가의 대두

이와 같이 시민혁명에 의하여 절대군주제를 무너뜨린 자유주의적 입헌정치체제는 그 후속체제인 사회주의체제에 의하여 붕괴될 위험에 처하였다. 이에 대한 반성으로 입헌국가는 그 법치주의적 기본원리를 원칙으로 유지하되 여기에 사회국가적 원리를 채택하여 보완하는 방법으로 그 모순을 시정하고자 하였다. 법치국가에 도입된 사회국가적 원리의 요지는 다음과 같은 내용의 것이다.

(가) 헌법이 보장하는 자유가 형식화되어 인민의 굶어 죽을 자유가 될 정도가 되어서는 안 된다. 그렇게 하기 위해서는 인민에 대한 최소한의 생존 배려가 보장되어야 한다. 이는 인간다운 생활을 할 권리를 주(主) 기본권으로 하는 사회적 기본권의 탄생을 의미한다.

(나) 재산권 행사는 공공복리에 적합하여야 한다. 특정 재화를 독점함으로써

폭리를 취하는 것을 금지하고 생산수단을 가진 자들이 담합하여 시장원리를 무시하고 불공정거래행위를 하는 경우 사회정의의 관점에서 이에 대한 통제를 가한다.

(다) 자유시장경제를 무제약적으로 인정하지 않고 시장경제에 대한 규제와 조정을 인정한다. 즉 시장경제가 방임상태에서 경제공황 혹은 초인플레를 발생시키거나 국가자원 분배의 심각한 왜곡이나 빈부차이를 심화시키는 등 부작용이 일어나면 국가가 개입하여 규제와 조정을 한다.

20세기 이후 독일 바이마르헌법을 필두로 하여 입헌민주국가의 헌법에서는 이와 같은 사회국가적 원리들을 도입함으로써 헌법의 기본원리를 수정·보완하였다. 우리 헌법의 기본원리 중에도 사회국가의 원리가 도입되어 있으나, 다만 이는 시민적 법치국가의 기본원리와 대등한 정도의 기본원리로서의 가치를 가진 것이 아니고 법치주의의 기초에 부가된 수정원리로서의 성격을 가지는 것으로 보아야 한다.

3. 시민적 민주국가의 변화

(1) 시민적 민주국가의 가치상대주의

시민적 법치국가에서 자유 보장의 중심축은 국민의 대표에 의하여 만들어진 법률에 의하여서만 자유의 제한이 가능하다는 원리에 있다. 그런데 여기서 법률에 의한 자유 제한만이 강조되어 어떤 내용이든 법률이라면 기본권 제한이 가능하다는 식의 형식주의로 흐르게 되었다. 마찬가지로 시민적 민주국가에서 인민의 지배의 중심축은 다수결에 의하여 국가의사를 결정한다는 원리에 있는데 이 또한 다수결에 의하기만 한다면 그 내용을 불문하는 형식주의적 사고에 빠지게 되었다. 사상과 의견이 시장원리에 의하여 자유롭게 경쟁한다면 가장 우월적 사고가 지배하게 될 것이므로 이러한 방법만 취한다면 자연히 가장 현명한 결과에 도달할 수 있다는 것이었으나, 이러한 방법은 결국 그 내용이 과연 정의로운지 여부에 대한 직접적인 검증을 포기하는 것이 된다. 결국 시민적 민주국가는 다수결에 의하기만 하면 어떠한 내용이건 수용할 수 있는 가치중립주의 내지 가치상대주의적 경향을 가지게 되었다.

이처럼 시민적 법치국가 내지 시민적 민주국가는 법률과 다수결에 의하기만 하면 어떤 내용의 국민의 자유와 권리도 제한될 수 있도록 방임함으로써 비민주적 정치세력이 체제 내적인 방법으로 국가권력을 장악하여 국민의 자유와 권리를 무시하면서 민주주의 자체를 붕괴시킬 수 있는 길을 열어주는 결과를 가져왔다.

(2) 전체주의 정당의 합법적 정권탈취와 민주주의의 붕괴

1933년 독일에서는 비례대표제 선거를 통하여 의회를 구성하였던 바이마르 헌법체제 하에서 파시즘적 전체주의를 지향하는 나치당이 다른 정당과의 제휴를 통하여 정권을 쟁취하였다. 나치당은 이와 같이 합헌적인 방법으로 정권을 쟁취한 다음 바이마르헌법을 사실상 사문화시키면서 반민주주의적인 전체주의 체제를 구축하면서 대외침략 전쟁으로 나서서 세계대전을 유발하였다.

나치당이 민주주의 체제를 붕괴시킨 과정을 살펴보면

(가) 정권을 인수한 직후 의회방화사건을 조작하는 등 공산주의 외부세력에 의한 위기상황을 인위적으로 조성하고 이에 빙자하여 국가긴급권을 항시 발동하여 입헌주의의 예외방식에 따라 통치하였고,

(나) 베르사이유 조약의 폐기, 국제연맹의 탈퇴 등으로 침략전쟁으로 가는 길을 열어 나감에 있어서 외관상 직접민주주의의 방식으로 분류되지만 실제로는 독재정치를 정당화하기 위한 수단으로 악용되는 국민투표와 신임투표를 활용하였으며,

(다) 수권법(授權法, Ermächtigungsgesetz)을 제정하여 사실상 입헌주의를 폐기하였는데 동 수권법은 ① 행정부도 법률을 제정할 수 있고, ② 행정부가 제정한 법률은 헌법에 구애되지 않으며, ③ 총통의 명령(Führerbefehl)은 법률과 같은 효력을 가진다는 것을 핵심 내용으로 하였다. 이에 따라 행정부의 명령은 그 내용 여하를 불문하고 어떠한 권력적 통제 하에도 놓이지 않게 되었으며 종국적 효력을 가지게 되었다. 이는 입헌주의의 폐기에 다름 아니었음에도 불구하고 입헌주의 헌법인 바이마르헌법은 폐지되지 않은 채 나치의 패전에 이르기까지 형식적 존속을 유지하였다.

(3) 방어적 민주주의의 대두

이러한 역사적 경험 이후 민주주의 체제는 민주주의 자체를 반대하는 적대

세력에까지 관용적일 수 없다는 이른바 방어적 민주주의의 관념이 등장하였다. 종래 법률형식주의와 가치상대주의에 입각한 시민적 민주국가는 민주주의 체제 내에서 합법적 방법으로 정권을 잡아서 민주주의를 붕괴시키려는 기도로부터 스스로를 방어할 수 있어야 하며, 이러한 체제방어를 위한 제도적 장치가 마련되어야 한다는 것이다.

이러한 방어적 민주주의의 이념에 따라, 법률은 형식이 갖추어지기만 하면 정당한 것이 아니고 그 내용이 정의에 부합되어야 하는데 이를 확보하기 위해서는 ① 법률의 위헌 여부를 심사하여 위헌인 법률의 효력을 상실시키는 제도가 요청되었고(위헌법률심사제도), ② 반민주주의적이며 헌법에 반하는 목적을 가진 정치세력이 사회 내부에서 등장하여 합법적으로 활동하는 것을 금지하는 제도가 도입되었으며(위헌정당해산제도), ③ 기본권을 남용하여 반민주적 활동을 하는 개인에 대하여 그 기본권을 향유할 자격을 박탈하는 제도(기본권 상실제도)가 고안되었다. 우리 헌법은 이 중 위헌법률심사제도와 위헌정당해산제도를 규정하고 있으나, 독일 기본법상 존재하는 기본권상실제도는 도입하고 있지 않다.

4. 자유민주적 기본질서의 헌법적 의미

(1) 자유민주주의의 의의

우리 헌법상의 양대 기본 원리인 법치주의와 민주주의를 결합한 이념원리가 자유민주주의라고 할 수 있다. 법치주의와 민주주의는 국민주권의 실현원리로서 양자는 모순되고 대립하는 관계에 있기도 하지만 경우에 따라서는 서로 조화롭게 보완하는 관계에 있기도 하다. 평등없는 자유에 의하여 인민은 주권자가 될 수 없으며, 자유없는 평등에 의하여 인민의 주권은 공허해지기 때문이다. 그런 의미에서 특히 개인의 자유를 전적으로 무시하는 사회주의 체제는 균형을 잃은 편파적인 정치체제라고 할 것이다. 우리 헌법은 자유의 이념과 평등의 이념을 공존시키고 있으며 헌법의 기본원리인 자유민주주의는 자유의 보장을 위한 법치주의와 평등의 보장을 위한 민주주의를 합한 개념에 해당한다.

(2) 자유민주적 기본질서의 개념분석

자유민주주의를 제도적 측면에서 보아 헌법적으로 이를 구현하는 형태를 '자유민주적 기본질서'라고 표현한다. 여기서 자유민주적 기본질서의 법적 의미는 이론상 혹은 판례상으로 이미 정립되어 있다. 헌법재판소는 국가보안법 조항들의 위헌 여부와 관련한 판례에서 자유민주적 기본질서를 '모든 폭력적 지배와 자의적 지배, 즉 … 일인독재 및 일당독재를 배제하고 다수의 의사에 의한 국민의 자치, 자유·평등의 기본원칙에 의한 법치국가적 통치질서'라고 표현한 바 있다. 또 이는 구체적으로는 기본적 인권의 존중, 권력분립, 의회제도, 복수정당제도, 선거제도, 사유재산과 시장경제를 골간으로 한 경제질서 및 사법권의 독립 등을 의미한다고 하였다.[1)]

여기서 '모든 폭력적 지배와 자의적 지배를 배제하고'의 표현은 시민적 자유주의 체제의 내부에서 민주주의를 부정하는 전체주의 세력의 폭력적 지배가 합법적 절차에 의하여 등장하였던 경험을 고려하여 비록 그것이 합법적 절차에 의한 것이든 아니든 어떠한 경우에도 내용상 이를 배제한다는 점을 명확히 밝힌 의미가 있다. 또한 '그때그때의 다수의 의사에 의거한 … 국민의 자치'는 민주주의의 핵심개념을 표현하고 있다. 나아가 말미의 '법치국가적 통치질서'라는 표현에 의하여 법치주의의 제도적 내용이 여기에 모두 포섭된다. '자유와 평등에 의한 통치질서' 또한 법치주의와 민주주의의 기본적 통치이념을 결합하여 압축적으로 표현한 것이 된다. 나아가 자유민주적 기본질서를 구체화하는 제도적 원칙으로서 기본적 인권의 존중은 법치주의의 목적이고, 권력분립은 법치주의의 전제조건이다. 또한 의회제도는 간접 민주주의의 제도적 표현으로서 민주주의의 실현형태이며, 복수정당제도나 선거제도는 민주주의의 정치적 운용에 반드시 필요한 제도이다. 나아가 사유재산제도는 경제적 자유질서의 근간이며, 사법권의 독립은 법치주의의 필수불가결한 핵심내용이다.

이러한 개념 정의는 사실 한국 헌법 이론의 토양에서 자생적으로 발전한 것은 아니며 독일 헌법재판소의 판례이론을 그대로 수용한 것이기는 하지만,[2)]

---

1) 헌재 1990. 4. 2. 89헌가113, 판례집 2, 49, 64면. 국가보안법상 찬양·고무죄 한정합헌결정.

2) 다만 우리 헌법재판소는 독일 헌법재판소의 판례에서는 보이지 않는 '반국가단체의 일당독재를 배제하고 …'라는 문구를 추가하고 있으나, 반국가단체는 국가보안법상의 특수개념에 불과한 것이므로 이를 굳이 표현한 것은 자유민주적 기본질서에 대한 일반추상적 개념정의로서는 오히려 부적절하다고 생각한다.

그 개념에는 정치형태로서의 민주주의와 법치주의의 최소성립요소들이 모두 포함되어 있는 점에서 보편적 타당성을 가진다고 할 것이다.[1]

(3) 통합진보당 해산결정에서 나타난 헌법재판소의 견해에 대한 평가

한편 우리 헌법질서의 요체인 '자유민주적 기본질서'의 개념과 관련하여 주목되는 것은, 헌법재판소가 2014년 12월 통합진보당을 해산한 결정에서 밝힌 '민주적 기본질서'의 개념이다. 여기서 헌법재판소는 "헌법 제8조 제4항의 '민주적 기본질서'는, 개인의 자율적 이성을 신뢰하고 모든 정치적 견해들이 상대적 진리성과 합리성을 지닌다고 전제하는 다원적 세계관에 입각한 것으로서, 모든 폭력적·자의적 지배를 배제하고, 다수를 존중하면서도 소수를 배려하는 민주적 의사결정과 자유와 평등을 기본원리로 하여 구성되고 운영되는 정치적 질서를 말한다."라고만 정의하여 법치국가적 통치질서를 여기에서 언급하지 아니하고 있다.[2] 여기에서 다원적 세계관과 폭력적·자의적 지배의 배제는 수식적·부차적 성격의 논급에 불과하고, 요체는 '민주적 의사결정과 자유 및 평등을 기본으로 한 정치질서'라는 부분인데, '민주적 의사결정'이라는 다소 순환논법적이며 모호한 표현으로 다수결의 의미를 축소·상대화시켜버린 것은 심각한 오류가 있는 부분이라고 생각된다. 왜냐하면 헌법에서 논하는 다수결의 개념 자체가 토론과 상호설득의 가능성 및 교체의 원리가 작동하는 것을 이미 전제로 하고 있으며, 다수결은 민주주의 정치원리의 불가결한 기술요소이기 때문이다. 그 밖에 자유·평등의 정치질서라는 부분도 정당해산심판의 실제 사건에서 구체적 기준이 되어야 할 헌법적 개념 구성으로서는 너무 애매모호한 표현이다. 나아가 우리 헌법상 민주적 기본질서는 자유민주적 기본질서로서 '법치국가적 통치질서'를 제외하면 그 정체성을 잃게 될 것이므로 이 부분을 삭제한 것도 타당하지 않다.

---

1) 독일 헌법재판소의 개념 정의는 BVerfGE 2, 1, 12f. 참조. 여기서는 우리 헌법재판소의 위 결정에서 본 개념 정의 중 자유주의 경제 원칙에 관한 부분만을 제외하면 거의 동일하게 정의하고 있다.
2) 헌재 2014. 12. 19. 2013헌다1. 통합진보당 해산결정 요지 참조.

제 5 절 평화주의의 원리

1. 평화주의의 헌법적 의의

(1) 우리 헌법은 전문(前文)에서 '평화적 통일의 사명'을 설정하고 '항구적인 세계평화와 인류공영에 이바지함'을 선언하였다. 이에 따라 헌법 제4조 후문은 국가가 평화적 통일정책을 수립하고 추진할 것을 명하며, 헌법 제5조 제1항은 대한민국이 국제평화의 유지에 노력하고 침략적 전쟁을 부인함을 천명하였다. 이처럼 대한민국 헌법은 그 기본원리로서 '평화주의'를 채택하고 있다.[1)]

(2) 헌법상의 평화주의에서 말하는 '평화'는 '전쟁을 포함한 일체의 무력행사를 국가정책에서 원칙적으로 배격한다'는 의미이다. '원칙적으로'라고 말할 수밖에 없는 이유는 헌법의 명문 규정상으로도 침략전쟁만이 부인되고 있고 국가의 무력행사수단인 국군이 헌법에 의하여 설치되며 국군의 해외파병이 국회의 동의하에 이루어질 수 있도록 하는 등 일정한 전제조건 하에서는 무력행사가 헌법상 이미 용인되고 있기 때문이다. 그러나 침략전쟁의 부인만이 평화주의의 내용의 전부가 아니며, 그 밖의 모든 평화저해행위도 부인된다고 봄이 정당하다.[2)]

또한 평화주의가 헌법의 '기본원리'라고 함은 단순히 우리나라가 추구할 수 있는 하나의 정당한 국가 목적 또는 공익 목표에 그치는 것이 아니라, 모든 공권력의 행사와 개인의 기본권 행사도 이 헌법원리에 합치되게 행동하여야 하는 강한 구속력을 가지는 것임을 의미한다. 나아가 여기서 이를 국제평화주의라고 하지 않고 단지 평화주의라고만 말하는 것은, 대한민국이 아직 분단국가의 현실에서 벗어나지 못하고 있어서 국가 내부적인 통일의 문제에서 평화주의가 가지는 의미가 크고, 이는 국제관계뿐만 아니라 남북한관계를 포괄하는 일반원칙이 되어야 하기 때문이다.

---

1) 권영성, 헌법학원론, 법문사, 2008, 171면; 김철수, 헌법학신론, 박영사, 2009, 260면; 허 영, 한국헌법론, 박영사, 2010, 177-178면.

2) 독일 기본법 제26조 제1항. 우리 헌법의 경우 명문의 규정은 없지만 독일의 '평화저해(Störung)행위'론을 해석상 도입하는 것이 가능하고 또 필요하다고 본다.

2. 국제관계에서의 평화주의

(1) 침략전쟁의 부인과 자위권 행사의 허용

우리 헌법은 대한민국이 국제평화에 기여하는 국가가 되어야 함을 요구함과 동시에 전쟁과 무력사용에 있어서는 침략전쟁을 부인하는 한계를 설정하고 있다. 여기서 침략전쟁은 일반적으로 다른 국가의 주권이나 영토의 보전 또는 정치적 독립을 훼손하는 무력행사를 말하지만[1] 보다 넓게는 '국가정책을 관철하기 위한 수단으로서의 무력행사'를 포괄하는 개념이다. 또한 평화주의를 헌법의 기본원리로 하는 우리 헌법의 정신을 참작할 때, 부인되는 침략전쟁의 개념에는 침략전쟁의 실행행위 자체만이 아니라 침략전쟁의 준비행위도 포함된다. 독일 기본법은 이 점을 헌법규정 자체에 의하여 명확히 하고 있다.

그러나 자위권(自衛權)의 행사로서의 방위전쟁은 침략전쟁에서 제외된다. 여기서 자위권이라 함은 외국으로부터의 급박하고 현실적인 침해에 대응하여 자국을 방위하기 위하여 필요한 일정한 실력을 행사할 권리를 말한다. 즉 자위권의 행사로 인정되기 위해서는 ① 외국으로부터의 침해가 급박하고 부정한 행위일 것(위법성의 요건)과 ② 방위전쟁 이외의 다른 수단이 없고 불가피한 상태일 것(필요성의 원칙) 및 ③ 자위권적 조치가 침해를 배제하는 데에 필요한 한도 내에 그칠 것(균형성의 원칙)이 요구되고 있다.[2]

이처럼 주권국가는 '개별적 자위권'을 당연한 권리로 보유하지만, 국제법의 평면에서는 여기서 더 나아가 '집단적 자위권'이라는 개념을 설정하여 개별국가에게 허용되는 자위권의 범위를 넓히고 있다(유엔헌장 제51조 제1문). 집단적 자위권은 타국에 대한 무력공격에 즈음하여 자국에 대한 직접적인 침해가 없다고 하더라도 평화와 안전에 관한 일반적 이익에 기초한 원조를 하기 위하여 방위행위를 하는 권리이다. 헌법의 국제법 존중주의를 감안할 때 우리 헌법상의 침략전쟁 부인조항은 이와 같이 국제사회에서 인정된 국제법적 규범과 결합하여 해석되어야 하며, 따라서 침략전쟁은 부인하되 개별적 또는 집단적 자위권의 행사는 모두 합헌의 테두리 안에 드는 무력행사라고 보아야 할 것이

---

1) 국제연합헌장 제2조 제4항, 1974년 유엔총회 결의 제3314호 침략의 정의 참조.

2) 芦部信喜, 憲法 第5版, 岩波書店, 2012, 65면.

다.[1)]

(2) 무력행사에 대한 헌법적 통제

(가) 헌법적 한계의 필요성

“전시에 법은 침묵한다(Inter arma silent leges)”라는 법언이 말하듯, 국가가 외부의 무력행사에 의하여 존망에 걸린 극단적 위기상황에 놓인 경우 국가를 존속시키기 위하여 필요하다면 입헌주의적 가치조차 양보될 수 있다고 말하여진다.[2)] 그러나 이러한 발상이 일반화되어 계속되는 국가위기를 이유로 하여 헌법무시적 관념이 통용되도록 하여서는 안 될 것이다. 우리 헌법이 평화주의를 천명하고 있는 이상, 오늘날 상시적(常時的) 무력행사의 시기에 자칫 국가가 군사국가화(軍事國家化)하는 것을 예방하기 위해서는, 무력을 행사함에 있어서 일반적으로 어디까지 나아갈 수 있으며 어느 한계선을 넘을 수 없는지 실체적인 헌법적 한계를 설정하고 통제하는 것이 매우 긴요하다.

(나) 법익균형 원칙의 적용

그러므로 이러한 중소규모의 무력행사에는 비록 그것이 침략전쟁 부인(否認)의 헌법적 한계선을 넘지 아니한다고 하더라도, 적어도 무력행사를 통하여 실현되는 국가적 이익과 이에 병행하여 초래되는 국가적 손실 및 국민의 권익상 고통의 크기를 비교 · 형량하여 그 헌법적 적합성 여부를 다시 검증하는 헌법적 한계는 설정되어야 한다.[3)] 국군의 무력행사에는, 행위 당사자에 대한 측면이든 그 행위의 상대방에 대한 측면이든, 개개인에게 언제나 하나의 ‘총체적인 기본권 침해’를 야기하는 작용이 잠재 · 수반되는 것이며, 국민과의 관계에서 법익균형이 무너진 과도한 무력행사는 가사 침략전쟁에는 해당하지 않더라도 ‘평화저해행위’를 구성할 것이기 때문에 법익형량의 요구는 헌법의 기본원칙인 평화주의 원칙으로부터 도출될 수 있다. 이처럼 헌법상 평화주의의 원칙

---

1) 우리 헌법의 평화주의는 집단적 자위권을 문제없이 포함할 수 있는 점에서 특별한 무력포기조항을 가진 일본헌법과는 차별화된다.

2) 토마스 제퍼슨이 “성문 법률의 엄격한 준수는 선량한 시민의 최상의 의무 중 하나임이 틀림없다. 그러나 이보다 더 중요한 의무는 필요성과 자기보전 및 위기에 처한 국가를 구원할 의무이다.”라고 한 바와 같이 미국헌법의 시조들도 국가방어의 중요성이 헌법상의 권리보다 우위에 있음을 인정하는 언급을 한 예가 많다. Mark E. Brandon, War and American Constitutional Order, Vanderbilt Law Review, Nov. 2003, p. 1815, 1830 참조.

3) Ibid., pp. 1830-1834 참조. Brandon은 여기서 무력행사에 대한 사법부의 사법심사의 필요성을 강조하고 심사기준으로 법익형량의 원칙을 제시하고 있다.

은 침략전쟁과 방위전쟁 간의 한계 설정으로 기능할 뿐만 아니라, 오늘날 상시화된 중·소규모의 무력행사에 대한 전반적·헌법적 통제기준으로서도 작용할 필요가 있다.[1][2]

(3) 평화적 생존권의 도입 문제

국가의 무력행사와 관련하여 헌법상 국민에게 주관적 공권으로서 평화적 생존권을 인정하여야 하는가 하는 문제가 있다. 이에 관하여 헌법재판소는 평화적 생존권이 헌법상 기본권에는 해당하지 않는다고 판단하고 있으며 그 이유로서 평화의 개념이 추상적 개념에 불과하다는 점을 들고 있으나,[3] 평화의 개념은 헌법해석에 의하여 얼마든지 그 범위와 한계가 명확히 될 수 있으므로 헌법재판소의 논리는 설득력이 부족하다. 헌법재판소의 소극적 입장은 이러한 권리를 인정하면 국민 개인이 헌법재판을 통하여 국가의 국방정책에 일일이 간섭해 올 법적 수단이 마련되어 그만큼 정치적 부담을 줄 것을 우려한 사법자제적 고려에서 나온 것으로 보이지만, 오늘날 무력행사가 상시화되고 북한의 핵위협이 현실화된 상태에서 평화유지의 문제는 단순히 헌법원칙에 그치는 것이 아니라 개개 국민들의 일상생활의 영위에 중대한 영향을 주고 있는 문제가 된 만큼, 차라리 이를 그대로 국민의 기본권으로 인정하여 헌법적 심사기준으로 삼을 수 있도록 함이 더 바람직하다. 입헌주의 헌법의 사상적 기초가

1) 이러한 법익형량 기준 도입의 장점에 관하여서는, 무력행사의 영역에서도 통상 사법심사에 적용되는 기준을 도입하여 법원이 이 문제에서 판단을 회피한다는 인상을 지우고 법의 지배의 영역을 넓힐 수 있다는 점과 이 기준이 지닌 탄력성을 감안할 때 법원이 대립된 공익과 사익에 관한 세심한 판단을 할 기회를 주어서 관련 분쟁을 완화하고 아울러 정당한 군사개입의 사법적 신뢰성을 높일 수 있는 점 등을 든다. Ibid., p. 1833.

2) 지금까지 우리 헌법재판소는 국가의 무력행사의 합헌성에 대한 판단에 소극적인 자세를 보여왔으나 이것이 헌법판단에서 배제되어야 함을 판례로서 명확히 확립한 것은 아니다. 헌재 2003. 12. 18. 2003헌마255. 제1차 이라크파병사건 결정; 헌재 2004. 4. 29. 2003헌마814. 제2차 이라크파병 사건 결정 참조.

3) 평화주의가 헌법적 이념 또는 목적이라고 하여 이것으로부터 국민 개인의 평화적 생존권이 바로 도출될 수 있는 것은 아니다. … 평화적 생존권을 구체적 기본권으로 인정한다고 가정할 때, 그 권리내용이란 우선 "침략전쟁에 대한 것"에서 찾을 수밖에 없을 것이다. … 따라서 평화적 생존권의 권리내용으로서 상정할 수 있는 것은 "침략전쟁에 강제로 동원되지 아니할 권리", "침략전쟁을 위한 군사연습, 군사기지 건설, 살상무기의 제조·수입 등 전쟁준비 행위가 국민에게 중대한 공포를 초래할 경우 관련 공권력 행사의 정지를 구할 권리" 등일 것이다. 그러나 침략전쟁과 방어전쟁의 구별이 불분명할 뿐만 아니라 … 평화적 생존권이라는 이름으로 관련 공권력 행사를 중지시키려는 것은 실효적으로 보호받을 가능성을 긍정하기 쉽지 않다. 이러한 사정을 종합적으로 고려해 보면, 평화적 생존권을 헌법에 열거되지 아니한 기본권으로서 특별히 새롭게 인정할 필요성이 있다거나 그 권리내용이 비교적 명확하여 구체적 권리로서의 실질에 부합한다고 보기 어렵다 할 것이다. 한미연합훈련 사건 결정, 헌재 2009. 5. 28. 2007헌마369, 판례집 21-1하, 769, 775-776면.

되어 온 사회계약론적 사고로 돌아가 볼 때에도, 자연상태의 인간은 자유로우나 평화를 유지할 수 없어서 국가를 창설하고 기본권과 평화를 보장받고자 한다는 것이었으므로 평화유지의 문제는 국가생활에 있어서 국민 개개인에게 가장 기본적인 중대사항이라는 점이 새삼 참작되어야 할 것이다. 헌법상의 평화주의는 평화적 생존권을 기본권으로 도입함으로써 공허한 구호가 아니라 구체적인 실천규범으로서의 헌법적 기능을 다할 수 있게 될 것이다.[1)]

3. 남북한 관계에서의 평화주의

(1) 남북한 관계의 특수성과 평화주의

한반도 통일의 헌법적 의무를 천명하고 있는 우리 헌법은 국제평화주의와는 별도로 통일문제에 있어서도 평화주의 원칙을 선언하고 있다. 남북한 관계가 국제법 관계도 국내법 관계도 아닌 그 중간단계의 특수관계에 머무는 점을 고려할 때, 북한은 외국이 아니므로 북한에 대한 무력의 행사를 국제평화주의의 틀에서 보아 침략전쟁의 범주에서 부인되어야 할 것으로 보기는 어렵다. 이 점에서 평화통일주의에 관하여는 국제평화주의와는 관점이 다른 해석을 가함이 필요하다. 나아가 우리 헌법이 선언한 평화통일주의의 의미는 통일의 상대방인 북한의 현실적 입장과 무력사용에 관한 그들의 태도를 감안하여 이에 대한 적합한 대응이 되도록 해석되어야 한다.

(2) 무력행사에 의한 통일 시도의 금지

평화적 통일주의를 천명한 우리 헌법의 규정들을 고려할 때 대한민국이 주도적으로 북한에 대하여 전면적 무력행사 내지 전쟁을 일으키는 방법으로 통일을 시도하는 것은 명백히 금지된다. 그러나 북한의 침공이 먼저 시작되고 이에 대항하여 대한민국의 존립을 수호하기 위하여 방어전쟁을 수행하는 것은 성격상 자위권의 행사에 해당하므로 헌법상 용인되어야 한다. 그러나 북한의 국지적 도발을 이유로 이에 대한 무력대응을 확대하여 북한지역에 대하여 전면적인 무력행사를 하는 것은 헌법이 허용하는 한계의 밖에 있는 행위이다.

---

1) 평화적 생존권을 인정한다면 그 침해의 문제는 우리 헌법의 구조상 헌법재판에서 원칙적으로 과잉금지 원칙에 의한 판단을 받을 수 있으며 이는 법익균형의 원칙에 의한 판단을 내포하게 될 것이다.

평화주의의 기본적 요청은 선제적인 무력행사를 금하고 또한 상대방의 의도로 일부 무력분쟁이 촉발되더라도 방어전쟁의 단계에서 가능한 한 모든 방법으로 그 확대를 피하고 억제·종결시켜야 한다는 점이 있다. 그러므로 국지적 도발의 경우에 대처하는 대한민국의 무력행사는 그 도발행위에 대한 대응의 필요성과 균형성이 인정되는 정도의 비례적인 것이어야만 헌법적 정당성을 부여받을 수 있다.

(3) 선제적 자위권의 허용 문제

나아가 북한이 남한을 침공하려는 명백한 징후가 포착되었을 때 이 침공을 예방하고 피해를 축소시키기 위하여 선제타격을 가하는 것이 허용되는지의 문제가 있다. 이는 이른바 선제적 자위(preemptive self-defense)의 문제로서 국제법으로는 관습법으로 인식되어 오다가 유엔의 출범 이후 이를 인정하는 견해와 부정하는 견해가 나뉘어 있다.[1] 판단컨대 남북한 관계는 국제관계가 아니고 민족 내부의 특수관계라고는 하나 북한이 국제사회에서는 국가로 인정받고 있는 점을 감안하여 남북한 간의 무력행사에 관한 법적 파악의 문제에 있어서도 합리성이 있는 범위 내에서 국제법적 규율을 준용하여야 하며, 이것은 선제적 자위권의 행사 문제에서도 동일하게 보아야 할 것이다. 그러한 의미에서 현대 국제법상으로도 그 합법성이 아직 논란의 대상이 되고 있는 선제적 자위권의 행사는 우리 헌법상의 평화주의에 원칙적으로 부합하기 어려운 개념이라고 할 것이다.[2]

그러나 북한이 '핵무기'를 써서 무력행사를 해 올 경우라면, 대한민국은 국가의 존립과 다수 국민의 생존권이 침해되는 심각하고 광범위한 치명적 피해를 입게 될 것이 확실히 예상되므로 엄격한 조건 하에 예외적으로 선제적 자위권의 행사를 용인함이 불가피하다. 헌법이 국가 존속 자체의 급박한 위협에 대한 대처를 가로막는 자살규범이 될 수는 없기 때문이다. 다만 그 요건의 충

1) 김영원, 국제법상 예방적 자위권에 관한 연구, 고려대학교 박사학위논문, 1994. 8, 226-248면(예방적 자위권에 대한 국제사회의 태도).

2) 국제법상으로도 선제적 자위권은 오직 핵무기 공격에 대하여서만 행사할 수 있다고 보아야 한다는 주장이 강하다. 그 논거로서는 오직 핵무기에 대하여서만 완전한 국제적 규율과 컨센서스가 존재하며, 다른 대량살상무기(예컨대 화학무기나 생물학무기)와는 비교할 수 없는 중대한 피해를 발생시키기 때문이라고 한다. 오직 핵무기를 이용하여서만 세계인민을 인질화할 수 있다. Rachel A. Weise, How Nuclear Weapons Change the Doctrine of Self-defense, N.Y.U. J. Int'l L. & Pol., 44,. summer 2012, p. 1370.

족 여부 판단에 있어서 판단자의 자의(恣意)나 주관적 상황 인식의 차이가 개입될 수 있으므로 선제적 자위권을 헌법적으로 허용할 경우에는 특히 그 남용의 위험에 대한 철저한 대처가 필요하다. 따라서 북한에 대한 선제적 자위권의 발동에는 적어도 ① 북한의 즉각적인 핵공격이 있을 것임이 명백하고 신뢰할 수 있고(clear and credible), ② 공격이 임박하여 다른 선택의 여지가 없으며(imminent), ③ 이러한 자위권의 행사는 핵공격을 저지하는 데에 필요한 한도 내에서만 행하여야 한다(proportionate)는 요건이 필요하다.

4. 국제법질서의 존중과 외국인의 법적 지위 보장

헌법 제6조 제1항은 '헌법에 의하여 체결·공포된 조약과 일반적으로 승인된 국제법규는 국내법과 같은 효력을 가진다.'라고 규정한다. 이는 우리 헌법이 조약과 일반적으로 승인된 국제법규로 대표되는 국제법질서를 국내법질서로 수용하여 준수하겠다는 의미의 이른바 국제법존중주의를 천명한 조항이라고 해석된다. 그런데 국내법질서는 헌법으로부터 법률과 명령·규칙 및 구체적 판결과 행정명령에 이르는 상하 위계질서로 편제되어 있으므로 국내법적 효력을 가지는 조약과 국제법규가 국내법 위계질서상 어떠한 규범에 상응한 효력을 가질 것인지 문제된다.

이에 관하여 국내의 학설은 조약과 일반적으로 승인된 국제법규는 법률과 같은 효력이 있는 것으로 보고 상호 내용상 충돌이 있는 경우에는 신법우선, 특별법우선의 원칙에 의하여 해결하는 것으로 보는 견해가 다수이다. 그러나 이렇게 되면 우리나라가 국내법으로 수용한 조약 기타 국제법규를 법률에 의하여 수정 폐기할 수 있게 되고 이는 오히려 국제법존중의 헌법원칙에 반하는 결과를 초래하여 문제가 된다. 독일과 프랑스 헌법에서는 명문으로 국제법이 법률에 우월하는 효력을 가지는 점을 밝힘으로써 명확히 해결하고 있는데,[1] 우리 헌법은 국내법에 수용된 조약과 국제법규의 국내법적 효력을 명시하는 규정을 두고 있지 않다. 판단건대 조약은 국가간의 구속력 있는 합의를 내용

1) 독일 기본법 제25조는 국제법의 일반원칙은 연방법의 일부이고, 법률에 우선하며 연방주민의 권리와 의무를 직접 창출한다고 규정한다. 프랑스헌법 제54조와 제55조도 조약이 헌법에 위반할 수 없으나, 원칙적으로 법률의 상위의 효력을 가지는 것으로 규정한다. Dominque Turpin, Droit Constitutionnel, PUF, 4ème éd, 2003, pp. 131-147.

으로 하며 일반적으로 승인된 국제법규도 국제사회에 통용되는 기본적 법규범을 의미하므로 헌법이 국제법존중의 원리를 표명한 이상 단순법률에 의한 임의적 폐기·변경의 대상이 된다고 해석하기는 어려우며, 그 국내법적 효력은 원칙적으로 단순법률 이상의 것이 되어야 할 것이다.[1] 그러나 조약과 국제법규에 의한 헌법개정을 인정할 수는 없으므로 헌법 동위(同位)적 효력은 가질 수 없고, 결국 헌법과 법률의 중간적 효력을 가진다고 해석함이 가장 합당하다. 이처럼 독일과 프랑스와 같이 명문의 헌법규정을 가진 것은 아니나 헌법해석에 의하여 같은 결론을 도출할 수 있다고 본다.[2]

한편 조약과 국제법규도 그 내용과 효력의 측면에서 계층적 구조를 가지는데, 헌법 제60조에서 정한 바와 같이 주권의 제약이나 안전보장에 관한 조약이나 강화조약, 국가나 국민에게 중대한 재정적 부담을 지우는 조약이나 입법사항에 관한 조약은 그 국내법적 효력을 발함에 있어서 국회의 동의를 요한다. 내용상 헌법적 중요성이 큰 것으로 인정되는 이러한 '동의조약(同意條約)'은 위와 같이 헌법하위·법률상위적 효력을 부여함에 적합하다고 할 것이다. 여기서 국회의 동의는 조약의 법률우위적 효력을 전제로 하여 이를 국내법적으로 수용하는 의미를 가진다고 본다. 그러나 내용상 위의 중요성에 미치지 못하여 국회의 동의를 받을 필요가 없는 이른바 '비동의조약(非同意條約)'에는 국회가 일반적으로 입법사항에 관하여 정립하는 법규범인 법률보다 하위의 효력이 부여되어야 합당하다. 이는 국가간의 합의라고 하여도 오직 행정절차적 세부사항을 다루어 행정규칙에 상응한 내용을 가지는 이른바 고시류조약(告示類條約)의 경우에도 같다. 비동의조약은 법률보다 하위, 행정규칙보다 우위의 효력을 가질 것이나, 고시류조약은 행정규칙과 동위의 효력을 가진다고 보는 것이 법규범의 위계질서상 타당한 해석이 된다고 본다.

앞서 본 바와 같이 법률 등 국내입법이 그 내용상 국회의 동의를 받은 조약과 충돌하는 경우 해당 법원은 그 충돌 사안에서 원칙적으로 조약을 적용하여야 할 것이다. 그러나 조약이 법률에 효력상 우선한다는 취지의 명백한 헌법조항을 두고 있지 아니한 이상, 당해 법률은 무효가 되는 것이 아니며 형식

1) 이 점을 확실히 하기 위해서 법률에 명문으로 조약의 우선적 적용을 직접 규정하는 사례도 존재한다. 선박안전법 제16조가 '선박의 안전성과 인명의 안전에 관한 조약에 이 법과 다른 규정이 있을 때에는 그 규정에 의한다'고 규정한 사례 등을 들 수 있다.

2) 성낙인, 헌법학 제16판, 법문사, 2016, 320면. 같은 취지.

적으로 존재하나 구체적 쟁송에서 적용불능(unanwendbar)인 상태에 빠지게 된다고 할 것이다.[1] 또한 이러한 법률에 기초한 행정행위도 위법하며 취소의 대상이 될 것이다.[2]

나아가 헌법 제6조 제2항은 '외국인은 국제법과 조약이 정하는 바에 의하여 그 지위가 보장된다'고 규정하는바, 이는 외국인의 처우에 있어서 국제법존중주의에 입각하되 상호주의(reciprocity)에 따라 보완된 국내법적 지위를 보장하는 취지로 해석된다. 따라서 외국인의 기본권은 인간(人間)으로서의 권리의 경우 국제법과 조약의 내용에 따라 보호될 것이나, 시민(市民)으로서의 권리는 당해 외국인의 소속 국가의 우리 국민에 대한 기본권 보호의 정책을 감안할 때 이에 상응한 정도가 되도록 하는 상호주의를 기반으로 하여 그 보호의 범위를 결정한다고 할 것이다.

제 6 절 헌법 전문(前文)의 효력

(1) 우리 헌법의 전문은 '유구한 역사와 전통에 빛나는 우리 대한 국민은 3 · 1운동으로 건립된 대한민국임시정부의 법통과 불의에 항거한 4 · 19민주이념을 계승하고, … 1948년 7월 12일에 제정되고 8차에 걸쳐 개정된 헌법을 이제 국회의 의결을 거쳐 국민투표에 의하여 개정한다.'고 선언하고 있다.

(2) 이러한 전문의 헌법적 의미와 관련하여, 우선 헌법 전문이 헌법으로서의 가치(valeur constitutionnel)을 가지는지 여부가 문제될 수 있다. 여기서 헌법 전문의 규범적 효력이 인정될 수 있는지 여부에 관해서는 견해가 나뉘고 있다. 규범성을 부정하는 견해로서, 법실증주의적 경향이 강하였던 19세기의 독일 국법학을 대표하는 안쉬츠, 마이어 등과 영미헌법학자들의 일부는 헌법 전문(Präambel, preamble)이란 헌법의 유래라든지 헌법제정의 목적 또는 헌법제정에 있어서 국민의 결의 등을 기술한 선언적인 것에 불과하고 법적 규범력을 가지는 명령적인 것은 아니라고 주장하였다.[3] 이에 대하여 규범성을 긍정하는 견

---

1) Jarras/Pieroth, GG kommentar 8. Aufl. C. H. Beck, 2006, Art. 25. rdnr. 13.

2) von Münch/Kunig, Grundgesetz-Kommentar, Band 2, 3. Aufl. C. H. Beck, 1995, Art. 25, rdnr. 40.

3) 권영성, 헌법학원론, 법문사, 2007, 129면.

해로서 슈미트, 헤세, 라이프홀츠 등 20세기의 대표적 독일 공법학자들과 독일 연방헌법재판소는 헌법 전문의 규범적 효력을 인정하는 입장에 있다.[1] 또한 프랑스 헌법에 있어서는 권리장전의 내용이 헌법 전문을 통하여 헌법에 수용되고 있으므로 헌법 전문의 내용을 포함하지 아니하고는 기본권의 헌법적 보장을 인정하기조차 어렵다. 따라서 프랑스에서는 헌법 전문(préambule)의 규범적 효력을 인정하는 것이 당연하게 받아들여지고 있으며 프랑스 헌법평의회의 확고한 입장이기도 하다.[2]

우리 헌법재판소도 '우리 헌법의 전문과 본문에 담겨있는 최고 이념은 국민주권주의와 자유민주주의에 입각한 입헌민주헌법의 본질적 기본원리에 기초하고 있다. 기타 헌법상의 제 원칙도 여기에서 연유되는 것이므로 이는 헌법전을 비롯한 모든 법령해석의 기준이 되고, 입법형성권 행사의 한계와 정책결정의 방향을 제시하며, 나아가 모든 국가기관과 국민이 존중하고 지켜가야 하는 최고의 가치규범이다'라고 하여 규범적 효력을 전체적으로 긍정하고 있다.[3]

(3) 헌법 전문의 헌법적 효력 인정 여부는 이를 인정할 실익이 있는지 여부와 규범성을 인정할 만큼 구체화된 내용을 가지는 것인지 여부에 의하여 판단되어야 한다고 생각한다. 프랑스의 경우 헌법 전문의 헌법적 효력이 인정되고 있는 것은 헌법 본문에는 통치구조적 규율만이 존재할 뿐이어서 기본권의 보장에 관련하여서는 1789년 인권선언을 언급하고 있는 헌법 전문을 통하여서만 헌법적 포섭이 가능하였기 때문이다. 우리 헌법의 전문도 단지 헌법의 유래나 헌법제정의 경위 등을 서술하고 있는 데에 그치지 아니하고, 국권상실과 회복에 관련하여 대한민국의 국가적 정통성, 일제통치의 불법성, 일제과거 청산의 헌법적 요청 등 본문에서 담지 못한 대한국민의 헌법적 근본결단에 관한 내용을 담고 있는 부분은 그 헌법규범성이 인정되어야 마땅하다. 특히 전문에서 "유구한 역사와 전통에 빛나는 우리 대한국민은 3·1운동으로 건립된 대한민국임시정부의 법통과 불의에 항거한 4·19민주이념을 계승하고"라고 한 부분이 여기에 해당한다. 이와 같이 우리 헌법의 경우에도 전문은 본문이 표현하지 못하는 헌법적 가치를 담고 있기 때문에 그 한도에서는 헌법적 효력을

---

1) 상게서, 130면.
2) Dominique Turpin, *Droit constitutionnel*, 2003. 7. Paris, Puf, p. 121. 'le préambule fait partie de la Constitution.'
3) 헌재 1989. 9. 8. 88헌가6, 판례집 1, 199, 205면.

가진다고 보아야 합당하다. 전문이 포섭하고 있는 이러한 내용에 대하여 효력을 부인함으로써 헌법적으로 이를 무시하게 되면, 우리 헌법은 반드시 헌법에 의하여 규율하여야 할 중요 내용에 대하여 규율을 누락한 흠결을 가진 규범이 될 것이기 때문이다. 그러나 어떠한 내용의 헌법적 효력을 인정할 것인지는 개개의 전문 내용의 구체적 해석에 따라 따를 것이며 헌법적 효력이 인정된다고 하여 반드시 기본권이 도출되어야 하는 것도 아니다.1)

요컨대 대한민국의 국가적 정통성(法統)과 일제의 과거청산의 헌법적 요구와 관련된 문제에서 헌법 전문이 규율하고 있는 부분은 본문에서 구현될 수 없는 내용의 것이므로 헌법적 효력을 가진다고 본다.2)

(4) 그러나 기타의 헌법 전문의 내용은 헌법의 본문에서 규율한 사항을 확인적으로 선언하는 것이거나 그 의미 자체가 불확정적인 것이기 때문에 프로그램적 성격 이상은 가지지 않는다고 생각한다. 예컨대 '자유민주적 기본질서의 확립'은 헌법 제1조와 제8조에서, '평화통일과 국제평화주의의 지향'은 헌법 제4조와 제5조에서, '국민주권의 원리'는 헌법 제1조에서, 각인의 기회균등은 헌법 제11조에서 모두 규율되고 있으므로 이러한 헌법 본문조항들에 대하여 규범적 효력을 인정하는 것으로 충분하다고 본다. 또한 '동포애로써 민족적 단결을 공고히 함'이나 '사회적 폐습과 불의 타파', '능력의 최고도 발휘'와 '자유와 평등에 따르는 책임과 의무의 완수' 등의 요구는 헌법제정권력자의 이상(理想)을 밝힌 데에 그치고 여기서 확정된 내용의 법적 규범이 도출된다고는 보기 어렵다고 생각한다.

1) "헌법 전문에 기재된 3·1정신"은 우리나라 헌법의 연혁적·이념적 기초로서 헌법이나 법률해석에서의 해석기준으로 작용한다고 할 수 있지만, 그에 기하여 곧바로 국민의 개별적 기본권성을 도출해낼 수는 없다고 할 것이므로, 헌법소원의 대상인 "헌법상 보장된 기본권"에 해당하지 아니한다. 헌재 2001. 3. 21. 99헌마139, 판례집 13-1, 676, 677면. 신한일어업협정 사건 결정.

2) 헌법은 국가유공자 인정에 관하여 명문 규정을 두고 있지 않으나 전문(前文)에서 "3·1운동으로 건립된 대한민국임시정부의 법통을 계승"한다고 선언하고 있다. 이는 대한민국이 일제에 항거한 독립운동가의 공헌과 희생을 바탕으로 이룩된 것임을 선언한 것이고, 그렇다면 국가는 일제로부터 조국의 자주독립을 위하여 공헌한 독립유공자와 그 유족에 대하여는 응분의 예우를 하여야 할 헌법적 의무를 지닌다. 헌재 2005. 6. 30. 2004헌마859, 판례집 17-1, 1016면.

CHAPTER 04

헌법의 기본제도

제 1 절 정당제도

1. 의 의

정당이란 국민의 정치적 의사 형성을 유도하고 결집하여 국가의사에 반영하는 매개체로서의 기능을 하는 결사를 말한다. 민주주의 국가에서 정당은 국민과 국가 사이에 위치하면서 국민의 분산된 정치적 의사를 수렴, 결집하여 국가의사가 될 수 있도록 중간에서 매개하는 기능을 한다.

정당은 국민의 정치적 매개체의 기능을 하는 점에서는 각종의 정치적 시민단체와 유사하지만, 선거에 직접 참여하여 정권을 획득하기 위하여 노력하고 또 정권 획득에 성공하면 그 정치적 노선과 정책을 국가의사에 반영하는 기능을 하는 조직인 점에서 시민단체보다 적극적인 정치적 역할을 담당한다. 결국 정당의 궁극적 목표는 정권의 획득에 있으며 이를 위하여 활동한다는 점에서 정당은 일반적인 시민단체와 구별된다.

또한 정당은 사적(私的)인 정치결사이다. 오늘날 정당제 민주주의 국가에서는 헌법에 정당조항을 두어 헌법의 규율을 받는다. 그래서 민사상 사단이 아니고 '헌법기관'이라는 주장이나 '국가기관'이라는 주장이 있었으나, 정당이 공적인 기능을 한다고 하여 반드시 국가기관이라고 할 수는 없다. 정당의 당원이나 간부는 공무원이 아니며 정당은 국가예산에 의하여 운용되지 않는다. 나아가 헌법기관이란 국가기관 중에서도 가장 중추적 기능을 가진 기관들로서 헌법에서 직접 그 권한과 조직에 관하여 규정하는 기관들을 의미하므로 정당이 여기에 포함될 수 있는 여지는 없다. 하지만 정당은 정치적 결사로서 법인격 없는 사단에 해당하므로 소송의 주체가 될 수 있다.

2. 기능과 조직

정당은 국민의 정치적 여론 형성을 주도하는 기능을 하는 점에서 정치체제의 민주적 운용에 핵심적 역할을 담당하고 있다. 정당은 국민의 각 계층의 주장을 수렴하여 그들의 이익을 정치적으로 대변함과 동시에 대중들을 정치적으로 교육시키고 나아가 국민들이 희망하는 이상적인 정치지도자를 육성한다는 기능도 가지고 있다. 정당은 정권을 담당할 경우 정권담당자와 국민의 중간에서 정치적 매개체로서의 역할을 하게 되지만, 집권하지 못한 정당은 비판적 여론을 결집하여 국정에 대한 견제가 이루어지도록 하는 역할을 담당한다.

정당이 민주주의 정치생활에 있어서 담당하는 이와 같은 중심적 역할을 감안하여 그 조직에 있어서는 정당의 기능이 정당하게 행사될 수 있는 조건이 마련되어야 한다. 헌법 제8조 제2항 후문이 "정당은 국민의 정치적 의사형성에 필요한 조직을 가져야 한다."라고 규정한 것도 이러한 취지에서이다. 이와 관련하여 헌법재판소는 한국정치의 병폐가 되어 왔던 지구당의 폐지,[1] 지역정당이나 군소정당의 배제를 위한 정당법 조항이 비례의 원칙에 반하지 아니하고 합리성이 있다는 이유로 합헌이라고 판단하였다.[2]

---

1) 정당의 조직 중 기존의 지구당과 당연락소를 강제적으로 폐지하고 이후 지구당을 설립하거나 당연락소를 설치하는 것을 금지하는 조항은 … 정당으로 하여금 그 핵심적인 기능과 임무를 전혀 수행하지 못하도록 하거나 이를 수행하더라도 전혀 비민주적인 과정을 통할 수밖에 없도록 하는 것이라면 정당의 자유의 본질적 내용을 침해하는 것이 되지만, 지구당이나 당연락소가 없더라도 이러한 기능과 임무를 수행하는 것이 불가능하지 아니하고 특히 교통, 통신, 대중매체가 발달한 오늘날 지구당의 통로로서의 의미가 상당부분 완화되었기 때문에, 기본권의 본질적 내용을 침해한다고 할 수 없다. 또한 입법목적인 '고비용 저효율의 정당구조를 개선함'은 그 정당성을 인정할 수 있고, 지구당 폐지는 위 입법목적을 달성하는데 효과적이고 적절한 수단이며, 지구당을 폐지하지 않고서는 문제점를 해결할 수 없다는 한국정당정치의 현실에 대한 입법자의 진단이 타당하므로 … 비례원칙에 반하지 아니한다. 헌재 2004. 12. 16. 2004헌마456, 판례집 16-2하, 618, 619면. 지구당폐지조항 합헌결정.

2) "5 이상의 시·도당"과 "각 시·도당 1,000명 이상의 당원"이라는 두 가지 상수(常數)를 정당등록의 기준으로 하는 정당법 조항은 지역정당 및 군소정당을 배제하려는 취지이며, 특정 지역에만 조직이 형성되는 것을 막고, 5개 이상의 시·도에 각 조직이 구성되고 그 조직 내에 일정 수 이상의 당원이 활동할 것을 요구함으로써 선거단체 및 소규모 지역정치단체들이 무분별하게 정당에 편입되는 것을 억제하기에 적합한 수단이라고 할 것이다. 이와 같이 전국 정당으로서의 기능 및 위상

그러나 헌법재판소는, 국회의원 총선거에 참여하여 의석을 얻지 못하고 유효투표총수의 100분의 2 이상을 득표하지 못한 정당을 등록 취소하도록 한 정당법 조항은 과잉금지원칙에 위배하여 정당 설립의 자유를 침해한다고 하여 위헌을 선고한 바 있다.1) 물론 이는 정당의 존속 자체에 관한 규제로서, 정당이 국회의원 총선거에서 일정한 득표율과 당선실적을 올리지 못한 정당의 의회 진출을 봉쇄하는 저지조항(Sperrklausel)의 문제와는 별개의 것이다.2)

3. 정당제도와 민주주의의 변모

(1) 정당국가적 민주주의의 출현

입헌민주주의는 국민의 대표기관인 의회가 국민의 의사에 적합하게 활동하고 정치적으로 결정적인 기관이 되는 대의제(代議制) 민주주의의 형태로 출발하였다. 그러나 곧 정당이 국민의 정치활동에 있어서 불가결한 존재가 되었으며 정치의 중심에 서게 된 정당은 소속 의원들의 활동을 통제하여 의원들로 하여금 의회 내에서 정당의 당론을 관철하는 거수기(擧手機)의 역할을 하는 존재로 전락시키고 의회 내의 토론이 다른 정당 소속의 상대 의원을 설득시키기

을 충실히 하기 위해서 5개의 시·도당을 구성하는 것이 필요하다고 본 입법자의 판단이 자의적이라고 볼 수 없고, 각 시·도당 내에 1,000명 이상의 당원을 요구하는 것도 우리나라 전체 및 각 시·도의 인구를 고려해 볼 때, 청구인과 같은 군소정당 또는 신생정당이라 하더라도 과도한 부담이라고 할 수 없다. 따라서 이러한 제한은 "상당한 기간 또는 계속해서", "상당한 지역에서" 국민의 정치적 의사형성 과정에 참여해야 한다는 헌법상 정당의 개념표지를 구현하기 위한 합리적인 제한이라고 할 것이므로, 헌법적으로 정당화된다. 헌재 2006. 3. 30. 2004헌마246, 판례집 18-1상, 402, 404면. 정당등록요건 합헌결정.

1) 헌법재판소는 정당설립의 자유를 제한하는 법률의 합헌성을 심사할 때에 헌법 제37조 제2항에 따라 엄격한 비례심사를 하여야 한다. … 정당등록취소조항은 실질적으로 국민의 정치적 의사형성에 참여할 의사나 능력이 없는 정당을 정치적 의사형성과정에서 배제함으로써 정당제 민주주의 발전에 기여하고자 하는 한도에서 그 입법목적의 정당성과 수단의 적합성을 인정할 수 있다. 또한 이는 정당의 존속 자체를 박탈하여 모든 형태의 정당활동을 불가능하게 하므로, 그에 대한 입법은 필요최소한의 범위에서 엄격한 기준에 따라 이루어져야 한다. 그런데 일정기간 동안 공직선거에 참여할 기회를 수회 부여하고 그 결과에 따라 등록취소 여부를 결정하는 등 덜 기본권 제한적인 방법을 상정할 수 있고, 정당법에서 법정의 등록요건을 갖추지 못하게 된 정당이나 일정 기간 국회의원선거 등에 참여하지 아니한 정당의 등록을 취소하도록 하는 등 현재의 법체계 아래에서도 입법목적을 실현할 수 있는 다른 장치가 마련되어 있으므로, 정당등록취소조항은 침해의 최소성 요건을 갖추지 못하였다. 나아가, 정당등록취소조항은 어느 정당이 대통령선거나 지방자치선거에서 아무리 좋은 성과를 올리더라도 국회의원선거에서 일정 수준의 지지를 얻는 데 실패하면 등록이 취소될 수밖에 없어 불합리하고, 신생·군소정당으로 하여금 국회의원선거에의 참여 자체를 포기하게 할 우려도 있어 법익의 균형성 요건도 갖추지 못하였다. 따라서 정당등록취소조항은 과잉금지원칙에 위반되어 청구인들의 정당설립의 자유를 침해한다. 정당등록취소조항 위헌결정, 헌재 2014. 1. 28. 2012헌마431 등, 판례집 26-1상, 155, 156면.

2) 저지조항의 문제는 제2절 선거제도 참조.

위한 것이 아니라 '의회의 창(窓)을 넘어' 여론을 향한 것이 되도록 하였다. 국민이 대표자를 뽑는 선거도 인물본위의 선거가 아니라 정당을 선택하는 선거로서의 성격을 가지게 되었다. 정치생활에서 정당이 중심적 역할을 담당하게 됨으로써 종래의 대의제 민주주의는 근본적인 변화를 겪게 되었는데, ① 이제 주권자인 국민은 선거 때뿐만 아니라 상시적으로 여론을 통하여 정치적 결정에 영향을 주게 되었고, ② 의원은 무기속 위임이 강조되는 국민의 대표로부터 정파강제가 통용되는 정당의 대표로 변하였으며, 이에 따라 ③ 선거도 인물 본위의 선출이 아니라 후보자가 소속한 정당의 선택으로서 직접민주제적 성격을 띠게 되었다. 나아가 ④ 정당을 통한 의회와 정부의 결속이 강화되어 양 기관간의 권력분립이 약화되는 반면 정부를 담당한 여당과 그렇지 못한 야당 간에 권력적 견제와 통제가 이루어지게 되었다.[1)]

이처럼 '정당국가적 민주주의'의 경향은 현대 민주주의의 보편적 정치현상이라고 할 수 있으나, 헌법규정상으로 대의제 민주주의를 대체할 정도로 강력한 규범적 의미가 부여되지는 아니하고 있다. 헌법 제46조 제2항이 "국회의원은 국가이익을 우선하여 양심에 따라 직무를 행한다."라고 규정함을 감안할 때 국회의원의 무기속 위임의 원칙이 헌법상의 원칙으로 수용되고 있으며,[2)] 따라서 정당국가적 민주주의 요소의 도입은 대의제 민주주의의 본질을 해하지 아니하는 범위 내에서만 입법자의 결정에 따라 허용된다.[3)]

1) 게르하르트 라이프홀츠 저, 권영성 역, 헌법국가와 헌법, 박영사, 1973, 93-126면. 현대 정당국가 편 참조.

2) 전국구의원(全國區議員)이 그를 공천한 정당을 탈당할 때 의원직을 상실하는 여부는 그 나라의 헌법과 법률이 국회의원을 이른바 자유위임(自由委任) 또는 무기속위임(無羈束委任) 하에 두었는가, 명령적 위임(命令的 委任) 또는 기속위임(羈束委任) 하에 두었는가, 양제도를 병존하게 하였는가에 달려있는데, 자유위임하의 국회의원의 지위는 그 의원직을 얻은 방법 즉 전국구로 얻었는가, 지역구로 얻었는가에 의하여 차이가 없으며, 전국구의원도 그를 공천한 정당을 탈당하였다고 하여도 별도의 법률규정이 있는 경우는 별론으로 하고 당연히 국회의원직을 상실하지는 않는다. 헌법 제7조 제1항, 제45조, 제46조 제2항의 규정들을 종합하면 헌법은 국회의원을 자유위임의 원칙 하에 두었다고 할 것이고, A정당 소속 전국구의원이던 B가 A정당을 탈당할 당시 시행되던 구 국회의원선거법이나 국회법에는 전국구의원이 그를 공천한 정당을 탈당한 경우에 의원직을 상실한다는 규정을 두고 있지 않았다. 따라서 위 B가 A정당을 탈당하였어도 이로 인하여 전국구의원의 궐원이 생기는 것은 아니므로 선거관리위원회에게 위 B가 A정당을 탈당하였음을 원인으로 하여 전국구의원 승계결정을 할 작위의무가 존재하지 않는다. 헌재 1994. 4. 28. 92헌마153, 판례집 6-1, 415, 416면. 전국구의원 탈당으로 인한 의원직 승계 사건 결정.

3) 현대의 민주주의가 종래의 순수한 대의제 민주주의에서 정당국가적 민주주의의 경향으로 변화하고 있음은 주지하는 바와 같다. 다만, 국회의원의 국민대표성보다는 오늘날 복수정당제 하에서 실제적으로 정당에 의하여 국회가 운영되고 있는 점을 강조하려는 견해와, 반대로 대의제 민주주의 원리를 중시하고 정당국가적 현실은 기본적으로 국회의원의 전체국민대표성을 침해하지 않는 범위 내에서 인정하려는 입장이 서로 맞서고 있다. 국회의원의 원내활동을 기본적으로 각자에 맡기는

(2) 방어적 민주주의와 정당 규제

근대 시민혁명 직후에 나타난 대의제 의회민주주의 헌법에서는 정당에 관한 규정을 두지 아니하였으며 헌법은 정당에 대하여 아무런 관심을 두지 아니하였다. 정당은 국가기관이 아니며 단지 국민들의 정치적 활동을 위한 사적 결사에 불과하므로 이를 국가조직의 기본틀인 헌법에 규정하지 아니하는 것이 논리적으로 합당하였기 때문이다.

그러나 시민적 민주주의 체제에 있어서도 국가의 현실적 정치생활의 면에서는 같은 정치적 견해와 입장을 가진 사람들이 결합하여 다른 견해와 입장을 가진 정치적 집단과 대립하여 투쟁하는 양상을 보여 왔으며, 결국 정당이 정치생활의 중추적 역할을 담당하게 되었다. 그러나 특히 독일에서 반민주주의적 이념과 강령을 표방하는 파시스트 정당이 집권하여 민주주의 체제 자체가 파괴되는 역사적 경험을 거치게 되자, 입헌주의 헌법은 민주주의에 대하여 적대적인 정강과 정책을 가진 정당에 대하여서는 이를 헌법적으로 금지함으로써 민주주의 헌법체제를 방어할 수 있는 제도적 장치를 가지는 이른바 '방어적 민주주의'의 방향으로 변모하였다. 또한 제2차 세계대전 이후 때마침 동서냉전 체제가 형성되어 체제대결이 시작되자 방어적 민주주의의 가치는 자유민주적 기본질서를 부정하는 공산주의 정당에 대한 방어논리로서 재생되었다. 그리하여 입헌주의 헌법은 정당에 대하여서도 민주주의에 적합한 합헌적 활동을 요구하면서 정당의 목적과 활동을 적극적으로 규제하기 시작하였다.

4. 위헌정당해산제도

(1) 의 의

현대의 방어적 민주주의 국가에서는 반민주주의적 정당의 존속을 용인하지

자유위임은 자유로운 토론과 의사형성을 가능하게 함으로써 당내민주주의를 구현하고 정당의 독재화 또는 과두화를 막아주는 순기능을 갖는다. 그러나 자유위임은 의회 내에서의 정치의사형성에 정당의 협력을 배척하는 것이 아니며, 의원이 정당과 교섭단체의 지시에 기속되는 것을 배제하는 근거가 되는 것도 아니다. 국회의원의 국민대표성을 중시하는 입장에서도 특정 정당에 소속된 국회의원이 정당기속 내지는 교섭단체의 결정(소위 '당론')에 위반하는 정치활동을 한 이유로 제재를 받는 경우, 국회의원 신분을 상실하게 할 수는 없으나, "정당내부의 사실상의 강제" 또는 소속 "정당으로부터의 제명"은 가능하다고 보고 있다. 그렇다면 당론과 다른 견해를 가진 소속 국회의원을 당해 교섭단체의 필요에 따라 다른 상임위원회로 전임(사・보임)하는 조치는 특별한 사정이 없는 한 헌법상 용인될 수 있는 "정당내부의 사실상 강제"의 범위 내에 해당한다. 헌재 2003. 10. 30. 2002헌라1, 판례집 15-2하, 17, 18-19면. 국회 상임위원회 위원 강제사임 사건 결정.

않으며, 만약 민주주의의 체제 내에서 이러한 정당이 발생하는 경우 이를 해산·소멸시키기 위하여 위헌정당의 해산제도를 도입하고 있다. 우리 헌법상의 정당조항인 헌법 제8조 제1항은 정당 설립의 자유와 복수정당제를 보장하고 있으나, 제4항은 정당의 목적이나 활동이 민주적 기본질서에 위배될 때 정부의 제소에 의하여 헌법재판소가 정당을 해산할 수 있도록 규정한다.

(2) 해산요건으로서의 민주적 기본질서

여기서 정당 해산의 요건인 민주적 기본질서의 내용이 어떠한 것이 되어야 할 것인가에 대하여 '자유민주적 기본질서'인지 아니면 단지 '민주적 기본질서'로서 자유주의의 기본 개념을 포함하지 아니하는 것인지 여부에 관하여 견해 차이가 존재하였다. 그러나 결국 이는 우리 헌법질서의 핵심인 민주적 기본질서를 의미하는 것이며 여기에는 자유주의적 요소를 존중하는 민주주의 제도를 의미하여야 할 것이다.

정당의 해산요건으로서의 민주적 기본질서는 우리 헌법질서의 기반이 되는 정치적 민주주의 제도의 핵심요소를 표현한 것이다. 요컨대 우리 헌법의 기초가 되는 민주적 기본질서의 개념은 정치형태로서 민주주의라고 할 수 있기 위하여 요구되는 최소한의 제도적 요청이며, 이는 자유주의의 제도적 요청인 법치주의의 이념과 결합된 민주주의, 즉 자유민주주의를 의미한다.

헌법 제8조 제4항에서 요구하는 자유민주적 기본질서가 특히 사회민주주의의 개념적 징표인 것으로 생각될 수는 없다. 따라서 재산권 행사의 공공복리성이나 자유시장경제에 대한 공익적 제한 등을 전혀 인정하지 않는 정강을 가진 정당이라고 하더라도 민주적 기본질서에 위배되는 것은 아니므로 해산사유를 충족하지 않는 반면, 권력분립이나 기본권의 보장 혹은 대의제도 등을 부정하는 정당이라면 민주적 기본질서를 위배한 것이 되므로 해산의 대상이 된다고 보아야 한다.

결국 사회민주주의는 자유민주주의보다 개념의 폭이 넓다고 할 것이며 이처럼 폭넓은 개념에 위반되면 모두 해산되는 것으로 보게 되면 해산사유의 실질적 폭이 지나치게 넓어져서 정당활동의 자유를 위축시킬 것이므로 타당하지 않다. 정당은 입헌민주주의 체제의 핵심에 속하는 자유민주주의의 기본적 제도요청에 반할 때에만 해산될 수 있다. 그러나 순수한 민주주의보다는 폭이 넓다고 보아야 하며 여기서 법치주의가 부인되면 안 될 것이다.

헌법조항 상으로는 '자유'라는 수식(修飾)이 존재하지 않고 단지 '민주적 기본질서'라고 하고 있으므로 자유주의는 배제되는 것이 아닌가 하는 의문을 제기해 볼 수도 있겠지만, 정당조항의 민주적 기본질서는 독일의 기본법에 자유민주적 기본질서라고 명시한 바와 같이 우리 헌법의 해석상으로도 자유민주적 기본질서를 의미한다고 보아야 한다. 특히 헌법전문에서는 '자유민주적 기본질서'라는 표현을 사용하고 있음을 고려하여 비록 정당조항에 그와 같은 수식이 없어도 같이 해석되어야 한다고 보는 것이 정당하다.1)

(3) 해산의 절차

위헌정당해산 절차에 있어서 소추권자와 판단권자는 제도적으로 분리되고 있다. 여기서 제소권자는 정부이다. 따라서 특정의 정당이 그 목적이나 활동이 민주적 기본질서에 위배되는지 여부에 대한 1차적 판단권자는 정부가 된다. 이에 대한 심판권자는 헌법재판소로서 헌법재판소는 정부가 위헌제소를 하여 주지 않으면 어떠한 정당에 대하여서도 해산명령을 내릴 수 없다는 의미에서 2차적 판단권자라고 볼 수 있다. 헌법재판소는 가중다수결에 의하여 6인 이상의 재판관의 찬성이 있어야만 정당의 해산을 결정할 수 있다(헌법 제113조 제1항, 헌법재판소법 제23조 제2항 제1호). 따라서 9인의 재판관 중 다수에 해당하는 5인의 찬성이 있더라도 정당해산청구는 기각될 수밖에 없다.

(4) 해산결정의 효과

헌법재판소의 정당해산 결정에 의하여 당해 정당은 바로 해산・소멸된다. 또한 위헌결정을 받은 정당과 같은 목적이나 활동을 하는 대체정당의 설립과 운용은 금지된다(정당법 제42조). 그러므로 이러한 대체정당이 창설될 경우 그 등록을 받을 수 없다. 나아가 위헌정당의 재산은 국고에 몰수되며(정당법 제48조 제2항), 위헌정당의 소속 의원은 국회의원 자격을 상실한다.2)

---

1) 그러나 헌법재판소는 통합진보당 해산결정에서 정당조항의 문언대로 '민주적 기본질서'에 기초하여서만 판단하고 있다. 헌재 2014. 12. 19. 2013헌다1. 통합진보당 해산결정 요지 참조.

2) 헌재 2014. 12. 19. 2013헌다1. 통합진보당 해산결정.

제 2 절 선거제도

1. 의의와 기능

선거는 대의제 민주주의를 구현하기 위하여 주권자인 국민이 그 대표자를 선출하는 기술적 방법이다. 대규모의 인구를 가진 현대국가에서 민주주의 정치제제를 운용하기 위하여서는 대표 민주주의에 의할 수밖에 없으므로 국민의 대표기관의 자리에 적절한 인물을 선임하는 방법으로서의 선거제도는 민주주의 정치체제에서 필수적인 제도이다. 그러므로 선거는 민주적 참여의 기본요소로서 자유민주주의 체제의 제도적 기초가 된다. 민주주의 체제에서 주권자인 국민은 선거를 통하여 국가기능을 수행할 대표를 형성할 뿐만 아니라 선거인의 신임을 피선거인에게로 결집시키고 정부에 대한 통제를 행한다.

그러나 선거제도가 반드시 민주주의 체제에서만 이루어지는 것은 아니다. 통치의 정치기술적 수단으로서의 선거는 권위주의 체제나 전체주의 체제에서도 존재하기 때문이다. 이러한 체제들에서 선거는 공개적 경쟁 없이 실시되며 기존의 정치권력관계를 정당화하기 위한 수단으로서 활용된다.

2. 선거의 기본 원칙

헌법 제41조 제1항은 국회의원은 국민의 보통·평등·직접·비밀선거에 의하여 선출된다고 규정하고 제67조 제1항은 대통령에 대하여서도 같은 취지의 규정을 둠으로써 선거의 실시와 선거권의 행사에 있어서 준수되어야 할 4대 원칙으로서 보통선거, 평등선거, 직접선거 및 비밀선거의 기본원칙들을 천명하고 있다.

(1) 보통선거

선거권과 피선거권은 모든 국민에게 인종, 성별, 종교, 재력, 교육, 교양, 사회적 신분 등과 관계없이 부여되어야 한다. 다만 일정한 연령에의 도달, 정신적 판단력 혹은 국적과 주거지의 존재 등을 요건으로 하는 것은 선거권과 피선거권을 행사하는 데 요구되는 불가피한 전제조건이므로 이는 허용된다.

법제사적으로 볼 때 선거권의 행사에 있어서는 인종이나 종교 혹은 성별에 따른 구분과 배제, 일정한 교육수준과 재산규모에 따른 제한 등이 행하여졌으나 20세기 이후 사회의 평판화(平板化)가 진전됨에 따라 철폐되었고 현재에는 선거권 부여를 위한 성숙연령의 하향조정과 국외체류자에 대한 국외투표의 실시 강화의 방향으로 보통선거가 확대되어 가는 추세에 있다.

(2) 평등선거

유권자의 투표는 재산 규모, 납세 정도, 교육 수준, 인종, 종교, 혹은 성별에 따라 차등을 두지 않고 같은 중요성을 가져야 한다는 것이다. 선거에 있어서 투표자의 자질과 능력이 다르다는 이유로 투표가치에 차이를 두는 것은 오늘날의 대중 민주주의에 있어서는 평등의 원칙에 위반하여 불합리한 차별을 하는 것으로서 허용되지 않는다. 그러므로 모든 선거인은 투표에 있어서 한 표만을 행사하여야 한다(一人一票主義). 투표에 있어서 수적(數的) 가치평등을 요구하는 이 원칙은 모든 선거원칙 중에서도 실제로 가장 중요한 것이다.

또한 평등선거 원칙의 정신을 확장하면 투표의 결과가치 또한 동등하여야 한다는 요구가 발생한다. 그러나 경쟁적 선거에 있어서는 투표의 결과 후보자들 사이에 승패가 갈리기 마련이므로 승자를 지지한 투표자와 패자를 지지한 투표자 간의 성과가치의 불균형이 초래되는 것이 불가피하다. 이 때문에 평등선거의 원칙상 어느 정도의 성과가치의 평등이 요구되는가 하는 점에 관하여는 견해의 차이가 존재한다.

(3) 직접선거

국회의원이나 대통령 선거에 있어서 유권자는 원하는 후보자에게 직접 투표할 수 있어야 하며, 투표자와 후보자 간에 중간선거인이 개재하는 간접선거방식은 우리 헌법상 허용되지 아니한다. 그러나 미국의 대통령선거와 같이 국외의 선거 사례에서는 이러한 간접선거가 인정되는 경우가 없지 않다. 간접선거에는 선거인단이 1차 선거인의 투표의사에 구속되는 형식적 간접선거와 선거인단이 1차 선거인의 투표의사와 무관하게 독자적으로 투표할 수 있는 실질적 간접선거로 나누어 볼 수 있다.

(4) 비밀선거

유권자는 어떠한 내용의 투표를 하는 것인지를 타인이 알지 못하는 상태에서 투표할 수 있어야 하며 투표행위 이후에도 이를 인지할 수 없어야 한다. 선거관리자는 다만 투표의 결과를 집계할 수 있을 뿐이다. 따라서 기명투표나 기립투표 등 투표자를 인식할 수 있게 하는 모든 형태의 공개적 투표방법은 헌법상 허용될 수 없다. 선거기술적으로는 폐쇄된 기표소와 접을 수 있는 투표용지 및 봉인(封印)된 투표함에 의하여 선거가 실시될 것이 요구된다.

3. 선거제도의 유형과 내용

선거제도는 다수대표제와 비례대표제를 기본적 유형으로 하여 임의로 조합될 수 있는 기술적 요소들을 어떻게 정하는가에 따라 다양한 유형들로 나뉠 수 있다. 선거제도를 구성하는 데에는 선거구분할, 입후보방법, 투표방법과 당선결정방법 등 다양한 요소가 있으나, 선거구의 분할에 관한 선거구제와 당선결정방법으로서의 대표제가 선거제도의 유형과 특징을 결정하는 가장 중요한 요소이다.

(1) 선거구 제도 - 소선거구제와 중 · 대선거구제

선거구는 선거를 실시함에 있어서 선거인단을 구성하는 지역적 단위이며, 선거구를 획정하는 선거기술적 방식이 선거구제도이다. 선거구는 지역을 세분하여 비교적 소수의 선거인단으로 구성될 수 있고, 보다 큰 규모로 넓은 지역을 단위로 다수의 선거인을 포함하도록 할 수 있을 것이다. 1인만을 선출하는 가장 작은 단위의 선거구를 소선거구(小選擧區)라고 하고, 통상 5인 이상을 선출하는 선거구를 대선거구(大選擧區)라고 칭한다. 따라서 2인 내지 4인의 대표자들을 선출하는 선거구는 중선거구가 된다. 선거구를 극단적으로 확대하면 전국이 하나의 선거구로 구성될 수 있을 것이며(全國選擧區), 이 경우 사실상 선거구의 분할은 존재하지 않는 것으로 된다.

(2) 대표제 - 다수대표제와 소수대표제

대표제는 입후보자의 당선을 결정하는 방식 내지 의원 정수를 배분하는 방식이다.

선거에서 최다득표를 한 후보자만을 당선시키는 방식을 다수대표제, 최다득표를 하지 못하더라도 당선의 기회를 가지는 방식을 소수대표제라고 한다. 소선거구제의 경우 선거구에서 1인만을 당선시켜야 하므로 필연적으로 다수대표제와 결합한다. 중선거구, 대선거구제는 반드시 1위의 득표자만이 당선되는 것은 아니고 다수를 확보하지 못한 후보자도 당선될 가능성이 있으므로 소수대표제와 결합되어 운용되는 제도라고 할 수 있다.

선거구에서 선출되는 의원 정수가 많아지면 개인별로 선거를 하지 않고 정당을 기준으로 선거를 하여 정당이 제시하는 후보자 명부를 보고 투표를 하게 된다. 특히 전국 1선거구가 되도록 선거구를 확대하여 수십 명 혹은 수백 명의 정치적 대표를 선출하여야 한다면 선거기술상 선거인은 특정의 후보자 개인을 보고 투표하기 어렵고 정당이 제시한 후보자명부를 기준으로 하여 투표를 하게 되므로 결국 개인중심의 투표가 아니라 정당중심의 투표를 하게 된다. 투표의 결과 각 정당이 차지한 득표율에 따라 정당의 후보자들의 당선이 결정된다. 비례대표제는 소수대표제가 규모를 극단적으로 확장한 것이며, 일반적으로 전국 1선거구제와 결합된다.

(3) 소선거구 다수대표제

소선거구 다수대표제는 다시 절대다수대표제와 상대다수대표제로 나뉜다. 당선을 위해서는 투표자의 과반수 이상의 득표를 할 것을 요구하는 방식이 절대다수대표제이며 이러한 요구 없이 단지 최다득표만으로 당선되도록 하는 방식이 상대다수대표제이다. 상대다수대표제는 의회주의가 처음 발전한 앵글로색슨계 국가, 즉 영국과 미국에서 전통적으로 취하는 선거방식으로서 우리나라의 대통령 선거나 국회의원 선거의 경우에도 채택되어 있다. 그러나 프랑스와 같은 대륙법국가의 경우 대통령선거 등에서 절대다수대표제가 도입되어 있다.

소선거구 다수대표제에서는 각 선거구를 어떻게 획정하는가 혹은 선거구별 유권자 수와 분포를 어떻게 정하는가 하는 문제가 선거결과와 관련하여 핵심적 중요성을 가진다. 또한 무분별한 후보난립을 막기 위하여 후보자 기탁금 제도를 시행하고 있는데 그 정도에 따라 위헌성 여부가 문제되고 있다.

㈎ 선거구 인구 불평등의 문제

선거구 인구의 불평등은 투표의 성과가치의 차별 문제를 야기한다. 선거구의 획정에 있어서 모든 선거구의 인구수를 정확히 같도록 분배하는 것은 선거 기술적으로 불가능하다. 선거구 획정에 있어서는 당해 지역의 사회적, 문화적 동질성도 고려하여야 하기 때문이다. 억지로 인구의 숫자만 맞추게 되면 소수 집단의 투표가치는 오히려 축소되는 역작용도 있을 수 있다. 그러나 입법자가 각 선거구의 인구수를 정함에 있어서 인구편차의 정도가 불합리할 정도로 극심하면 헌법상의 평등의 원칙에 부합할 수 없다.[1)]

우리나라의 경우 헌법재판소의 1995년 12월 결정에서는 경기 분당의 선거구 인구수는 23만, 전남 무안의 선거구 인구수가 5만 2,000명으로 4 대 1 이상의 차이가 나는 것은 위헌이라고 하면서 선거구 인구수가 평균으로부터 60% 편차를 넘어서는 안 된다고 하였는데 이에 따라 최대인구 선거구와 최소인구 선거구의 인구의 비율상 차이는 4 대 1이 넘지 못하게 되었다.[2)] 이후 헌법재판소의 2001년 10월 결정에서는 원칙으로서는 독일식의 기준, 즉 상하편차 33.33%의 기준을 적용하여야 하지만 우리 현실을 감안하여 상하편차 50%를

1) 미국의 경우 연방대법원은 1946년의 Colegrove v. Green(328 U.S. 549) 판결에서 선거구 획정문제는 정치문제로서 사법판단의 대상이 아니라고 하였으나 1962년 Baker v. Carr(369 U.S. 186) 판결에서 지나치게 불평등한 인구비례의 선거구 획정은 평등위반의 문제가 되고 이는 사법심사의 대상이 된다고 하였다. 이 판결은 선거구 획정에 관한 사법심사에 있어서 혁명적 전환점이 되었고 그 영향을 받아 이후 세계 각국의 사법부는 선거구 획정문제를 본격적으로 다루지 시작하였다. 독일의 연방헌법재판소는 1963년 선거구 인구편차의 문제를 다루며 선거구 평균 인구수를 기준으로 하여 33.33%의 인구편차를 넘는 경우에는 조정되어야 한다고 하면서 이를 위헌의 한계선으로 삼았다. 이는 결국 최소인구선거구와 최대인구선거구의 대비상 차이는 2 대 1 이상이 될 수 없다는 것을 의미한다. 일본의 최고재판소도 선거구의 인구편차가 최대 4 대 1이 되는 것은 위헌이라고 판단하였다. 그 후 미국은 연방하원의원 선거에서 선거구별로 동일한 인구수를 요구하면서 절대적 평등인 0에 가깝도록 편차를 줄이기 위하여 성실히 노력하였음을 입증하지 않는다면 평등선거의 원칙에 반한다고 보고 있고, 독일은 원칙적으로 상하 편차 15%를 허용한도로 하되, 상하 편차 25%를 반드시 준수해야 할 최대허용한도로 함으로써 탄력적인 입법을 하고 있다. 일본 역시 1994. 2. 4. 제정된 중의원의원선거구획정심의회설치법 제3조 제1항에서 "각 선거구의 인구 중 가장 많은 것을 가장 적은 것으로 나누어 얻은 숫자가 2 이상이 되지 않도록 함을 기본으로 하고, 행정구획, 지세, 교통 등의 사정을 종합적으로 고려하여" 선거구를 획정하도록 규정하고 있으며, 2011년에는 인구비례 2.3 : 1인 선거구에 대하여 "위헌"이라고 판단하였다. 헌재 2014. 10. 30. 2012헌마192 결정이유 중 5. 나. (2) 인구편차의 허용기준 참조.

2) 다만 이 결정의 법정의견은 선거구를 도시형 선거구와 농촌형 선거구로 유형화하고 각 유형별로 평균인구수로부터 50% 편차를 초과할 수 없음을 부가하여 요구하였다. 헌재 1995. 12. 27. 95헌마224, 판례집 7-2, 760면.

적용하였다. 이는 결국 선거구 인구수의 3 대 1 기준을 지켜야 함을 의미하였다.[1] 그러나 13년이 경과한 2014년 10월 결정에 이르러 헌법재판소는 이전 선례에서 거론되었던 국회의원의 지역대표성이나 도농 간의 인구격차, 불균형한 개발 등은 더 이상 인구편차 상하 33⅓%, 인구비례 2 : 1의 기준을 넘어 인구편차를 완화할 수 있는 사유가 되지 않는다고 보고, 동 시점에서 헌법이 허용하는 인구편차의 기준을 인구편차 상하 33⅓%, 인구비례 2 : 1을 넘어서지 않는 것으로 변경하였다.[2]

하지만 지방자치 시·군·구의원선거의 선거구 획정에 관하여는 인구편차 상하 50%(인구비례 3:1)로 판단하고 있다.[3]

(나) 선거구 획정 문제

선거구는 입법자의 정치적 편의에 따라 임의로 획정하여서는 안 된다. 특히 지역적으로 분리된 선거구는 원칙적으로 헌법에 반한다. 특별한 이유가 없다면 선거구는 서로 연결되어 있어야만 하는 것이다.

헌법재판소는 지역적으로 분리된 선거구는 원칙으로 위헌이라고 했다가[4] 나중에는 반드시 위헌은 아니라고 하여 합헌을 선고한 사례가 있다. 분리된 선거구라고 하더라도 합리적 사유가 있으면 반드시 위헌은 아니라는 것이다.[5]

(다) 후보자 기탁금 문제

공직선거에 입후보하기 위하여서는 선거관리위원회에 일정한 액수의 기탁

1) 헌재 2001. 10. 25. 2000헌마92, 판례집 13-2, 502면.

2) 헌재 2014. 10. 30. 2012헌마192 결정이유 중 5. 나. (2) 인구편차의 허용기준 참조.

3) 헌재 2018. 6. 28. 2014헌마166; 2021. 6. 24. 2018헌마405.

4) 선거구의 획정은 사회적·지리적·역사적·경제적·행정적 연관성 및 생활권 등을 고려하여 특단의 불가피한 사정이 없는 한 인접지역이 1개의 선거구를 구성하도록 함이 상당하다. 인접지역이 아닌 지역을 1개의 선거구로 구성하는 경우는 특별한 사정이 없는 한 입법재량의 범위를 일탈한 자의적인 선거구획정으로서 헌법에 위반된다. 헌재 1995. 12. 27. 95헌마224 등, 판례집 7-2, 760, 788면.

5) 입법부는 인구편차를 이유로 위헌이 난 결정의 취지를 준수하여 인구수를 조정하려고 노력하는 과정에서 인천시 일부지역과 강화군 일부를 합친 선거구를 구성하였는바, 대다수의 인구를 포함한 인천시의 구역에 같은 선거구로 편입된 강화군 지역의 주민들이 낸 소송에서 헌법재판소는 이러한 지역분리적 선거구 획정이 합헌이라고 결정하였다(1998. 11. 26. 96헌마54, 판례집 10-2, 742면). 헌법재판소는 이 결정에서 입법부로서는 헌법재판소의 선결정의 취지를 따르기 위해서 불가피하게 선거구를 지역적으로 분리되도록 하였는데 이를 다시 위헌이라고 판단하면 국회와의 갈등이 더욱 심화되는 위기가 초래될 것이 아닌가 하는 우려도 했을 것이라고 생각한다. 결과적으로 헌법재판소는 선거구 인구편차에서는 매우 진보적인 입장을 보이다가 선거구 획정 문제에 와서는 갑자기 완화된 기준을 들이대는 모순된 결과를 보이게 되었다.

금을 납부하여야 한다. 공직후보자에게 기탁금을 요구하는 것은 과도한 후보자 난립을 막기 위한 것으로 제도 자체가 위헌인 것은 아니지만, 그 액수가 지나치게 거액이어서 일반 국민들이 입후보하는 데 있어 경제적 장애가 될 정도에 이르면 위헌이라고 보아야 한다.[1]

현행 공직선거법은 대통령선거에 3억원, 시·도지사선거에 5천만원, 국회의원선거 입후보에 1천500만원, 자치구·시·군의 장 선거에 1천만원을 각 요구한다.[2] 이 액수가 지나치게 거액이어서 국민의 공무담임권을 불합리하게 제한하는 것인지 여부는 통화가치의 변화가 심한 오늘날의 경제상황에서는 당해 선거가 실시될 당시의 국민의 소득수준과 물가수준을 고려하여 항상 새롭게 판단되어야 할 문제이다. 그러한 의미에서 헌법재판소가 2001. 7. 사건에서 국회의원선거 기탁금 2천만원이 위헌이라고 판단하였다가 2003. 8. 사건에서 기탁금 1천500만원은 합헌이라고 판단한 것[3]이 반드시 일관성을 상실한 판단이라고는 할 수 없을 것이다. 대통령 선거기탁금 5억원에 대하여서도 헌법불합치의 위헌결정이 선고되었다.[4] 한편 선거실시 후 기탁금의 반환여부를 규율함에 있어서도 국고귀속의 조건인 득표율을 과도하게 높게 책정하여서는 안 되는데, 헌법재판소는 득표율 20%의 조건이 너무 엄격한 것이기 때문에 위헌이라는 기준을 제시한 바 있다.[5]

(4) 비례대표제

비례대표제는 이와 같이 정당의 득표점유율이 가능한 한 정확히 반영되도록 정치적 대표를 결정하는 방식이라고 할 것이다. 여기서도 투표방법과 투표결산법에 있어서 여러 가지의 제도적 선택가능성이 존재하며 다수대표제와의 혼합도 가능하기 때문에 실제로는 다양한 형태의 비례대표제가 존재한다.

---

1) 국립대학교 총장후보 지원자에게 1,000만원의 기탁금을 납부하게 하는 것은 공무담임권의 과도한 제한으로 위헌이라고 한 결정례가 있다. 헌재 2018. 4. 26. 2014헌마274, 판례집 30-1(상), 648면.

2) 공직선거법 제56조(기탁금) 제1항 제1호 내지 제6호.

3) 헌재 2003. 8. 21. 2001헌마687.

4) 헌재 2008. 11. 27. 2007헌마1024, 판례집 20-2하, 477면. 대통령선거 기탁금 헌법불합치결정.

5) 헌법불합치의 결정이 있은 후 개정된 공직선거법 제57조(기탁금 반환등) 제1항은 대통령선거, 지역구국회의원선거, 지역구지방의회의원선거 및 지방자치단체의 장선거의 경우 후보자가 유효투표총수의 100분의 10 이상 100분의 15 미만을 득표한 경우에는 기탁금의 100분의 50에 해당하는 금액을 반환하나, 100분의 10 미만을 득표한 경우에는 전액을 국고귀속시키는 것으로 규정하였다.

(가) 입후보방법

입후보방법은 개별 입후보제와 명부식 입후보제로 대별된다. 소선거구 다수대표제의 경우에는 개별 입후보제에 의할 것이나 비례대표제에 의한 투표를 실시할 경우 유권자는 각 정당이 제시하는 후보자 명부에 대하여 투표하게 된다. 정당 후보자명부의 형태는 명부상의 입후보자의 순위가 변경될 수 없는 구속명부식(starre Liste)과 우선투표 혹은 새로운 순위설정을 통하여 순위가 변경될 수 있는 이완명부식(lose gebundene Liste) 및 하나의 명부 내에서나 여러 명부 사이에서 변경이 자유로운 자유명부식(freie Liste)의 세 가지 방식이 일반적으로 존재한다.

구속명부식에서는 정당이 '갑·을·병·정 …'의 순으로 명부상의 후보자 순위를 확정하며 유권자는 이 후보자명부에 대하여 투표할 뿐이고 정당이 이미 확정한 후보자 순위를 임의로 변경할 수 없다. 결국 유권자는 특정의 정당 자체에 대한 포괄적 투표를 하게 된다. 이완명부식에서는 정당이 후보자명부상의 순위를 확정하는 것이 아니고 정당이 제시한 인물 중 유권자가 투표시 그 순위를 정하게 된다. 자유명부식에서는 유권자가 투표시에 직접 후보자명부를 완성하고 나오게 된다. 따라서 정당이 제시한 명부는 투표자에게 하나의 제안으로서의 의미를 가질 뿐이다. 자유명부식에서 투표자는 정당 간을 넘나들면서 자신이 작성하는 명부에 서로 다른 정당의 인물들을 써넣을 수 있으므로 투표자의 선택권은 가장 잘 보장되지만 투표결과의 산출 등 선거관리는 그만큼 복잡해진다. 독일과 일본 및 우리나라에서 시행되는 비례대표제 선거는 보다 단순한 구속명부식에 의하고 있다.

(나) 투표결산법 – 의원정수의 배정

비례대표제의 투표결산법으로서 득표율에 비례하여 각 정당에게 의석을 배분하는 방법은 동트식과 헤어·니마이어식으로 대별된다.

① 동트(d'Hondt) 방식은 각 정당의 득표수를 '1, 2, 3, 4 …' 등의 분모 순으로 나누어 여기서 나오는 상수의 크기에 따라 전체 순위를 결정하는 방식이다.

② 헤어·니마이어(Hare/Niemeyer) 방식은 각 정당들의 유효득표수를 의석정수와 곱하고 다시 총 유효투표수로 나눈다. 각 정당은 여기서 나온 수치(소수점 제외)와 같은 의석을 차지한다. 잔여의석이 생길 경우에는 소수점 이하의

수치의 크기에 따라 배정된다.[1] 따라서 소수점이 나오면 일단 소수점 앞 정수까지를 확정하고 잔여 의원 정수는 소수점 이하의 숫자가 큰 정당부터 잔여의석을 한 석씩 차지하게 되지만, 만약 소수점 이하도 완전히 같은 정당들 간에 잔여의석이 모자란다면 초과의석을 설치하여 동등한 의석배정을 할 수밖에 없을 것이다.

동트방식은 헤어·니마이어 방식보다 계산이 간편하나 의석배정상 다수당에게 조금 더 유리하다는 결론이 나와 있다. 헤어·니마이어 방식이 수학적 엄밀성을 가지므로 형평에 문제가 없는 반면 동트방식은 다수당에 유리한 것은 합리성이 없으므로 점차 헤어·니마이어방식이 채택되는 추세에 있다. 독일은 원래 동트방식에 의하다가 선거법을 개정하여 헤어·니마이어방식으로 전환하였으며, 우리나라의 선거법도 헤어·니마이어방식에 의하고 있다.[2]

㈐ 저지조항의 설치

소선거구 다수대표제는 평등원칙의 측면에서 문제가 많은 반면 비례대표제는 군소정당의 난립을 야기하는 단점이 있다. 특히 독일은 비례대표제를 통하여 큰 피해를 입은 바가 있다. 바이마르 공화국은 순수비례대표제를 채택하였는데 나치당이 국민다수의 지지를 받지도 못하였음에도 불구하고 타 정당과 제휴하여 집권한 다음 국가긴급권의 남용과 아울러 헌법파괴를 내용으로 하는

1) 예컨대 국회의원 정수가 10명인 경우에 비례대표제 선거를 실시하여 1,000명의 투표자 중 A정당이 480표, B정당이 360표, C정당이 160표를 득표한 경우를 가정한다. A정당 명부상 후보자는 a1, a2, a3, a4 …의 순으로 되어 있고, B정당 명부상 후보자는 b1, b2, b3, b4 …, C정당 명부상 후보자는 c1, c2, c3, c4 …의 순으로 되어 있다고 할 때, 동트식에 의하면 A정당은 a5(상수 96), B정당은 b4(상수 90), C정당은 c1(상수 160)까지가 당선권에 들게 되어 결국 A정당은 5석, B정당은 4석, C정당은 1석을 배정받게 된다. 그러나 헤어·니마이어방식에 의하면 A정당의 의석배정비율은 4.8, B정당은 3.6, C정당은 1.6으로서 각자 4석, 3석, 1석을 우선배정받고 잔여석 2석은 소수점 이하의 비율의 크기 순에 따라 배정받는다. 나아가 소수점 이하 수가 0.8로서 가장 큰 A정당이 먼저 1석을 배정받을 것이나 나머지 1석은 B와 C 정당이 소수점 이하 수가 같으므로 1석의 추가의석을 배정하여 각자 1석을 귀속시킬 수밖에 없을 것이다. 결국 헤어·니마이어 방식에 의할 경우 A정당은 5석, B정당은 4석, C정당은 2석을 배정받게 된다. 이는 동트식에 의할 때보다 소수당에게 다소 유리한 의석배정의 결과를 가져온다.

2) 공직선거법 제189조(비례대표국회의원의석의 배분과 당선인의 결정·공고·통지) ① 중앙선거관리위원회는 비례대표국회의원선거에서 유효투표총수의 100분의 3 이상을 득표하였거나 지역구국회의원총선거에서 5석 이상의 의석을 차지한 각 정당(이하 이 조에서 "의석할당정당"이라 한다)에 대하여 당해 의석할당정당이 비례대표국회의원선거에서 얻은 득표비율에 따라 비례대표국회의원의석을 배분한다. ② 제1항의 득표비율은 각 의석할당정당의 득표수를 모든 의석할당정당의 득표수의 합계로 나누어 산출한다. ③ 비례대표국회의원의석은 각 의석할당정당의 득표비율에 비례대표국회의원 의석정수(이하 이 조에서 "의석정수"라 한다)를 곱하여 산출된 수의 정수(整數)의 의석을 당해 정당에 먼저 배분하고 잔여의석은 소수점 이하 수가 큰 순으로 각 정당에 1석씩 배분하되, 그 수가 같은 때에는 당해 정당 사이의 추첨에 의한다.

수권법을 제정하여 입헌주의를 폐기하고 말았다. 이와 같은 폭력적이고 비민주주의적인 정당이 정권을 탈취할 수 있었던 원인 중 주요한 것이 바로 비례대표제 선거제도라고 거론된다. 그 정강이 상식을 벗어난 극단적 정치이념을 추구하는 정당이 대다수의 국민들로부터 외면당하더라도 비례대표제 하에서는 의회진출이 보다 용이해지며 이들은 의회 내의 과격한 활동으로 의회주의를 위기에 빠뜨릴 수 있는 것이다. 이러한 경험을 고려하여 전후 독일은 비례대표제를 유지하되 순수 비례대표제에서 벗어나 득표율이나 당선실적이 현저히 낮은 군소정당의 의회진출을 막는 저지조항(Sperrklausel)을 두게 되었다. 이에 따라 군소정당이라도 총선에 참가할 수는 있으나 그 중 총투표수의 5% 미만의 득표에 그친 정당은 의석배분에 참가할 수 없게 되었다. 우리나라도 비례대표제를 혼합하고 있는데 3%의 저지조항을 두고 있다. 이는 비례대표제의 장점을 살리되 단점을 없애려고 하는 의도라고 할 수 있으나 이렇게 되면 그만큼 평등원칙에는 충실하지 못하는 결과를 가져오기도 한다. 소정당에게 투표한 유권자의 투표가치는 보다 낮아지게 되어 차별적 효과를 가져오기 때문이다. 그러나 이는 비례대표제의 헌법적 단점을 완화하기 위한 제도이므로 정치적 상황을 고려하여 볼 때 합리성이 있다고 인정되는 비율의 저지조항을 두는 것은 헌법위반이 아니라고 할 것이다.[1)]

4. 선거제도의 각 유형들의 장단점 평가

(1) 선거는 민주주의를 실현하기 위한 기술적 제도이며 민주주의는 국민의 정치적 평등을 목적으로 하므로 국민의 정치적 평등을 가장 크게 함양시키는 선거제도가 민주주의 체제로서는 가장 바람직할 것이다. 그러므로 선거에 있어서는 국민 혹은 유권자의 평등의 최대한 실현이 핵심적 문제가 된다. 평등선거에 있어서는 선거참여의 기회의 균등 이외에 투표 결과가치의 평등이 중요한 의미를 가진다. 그러나 한편으로 선거는 국정을 담당할 대표자를 선정하

---

1) 연방헌법재판소는 선거는 개인으로서 유권자의 정치적 의사를 관철하여 국민에게 현존하는 의사들을 표현하는 대표를 구성하는 목표를 가질 뿐만 아니라 의회를 기능가능한 국가기관으로 만들어야 한다고 전제하면서 5%의 저지조항(Sperrklausel) 제도가 의회에서 안정적 다수를 구성하고 활동가능한 정부를 형성하는 데에 도움을 주는 순기능을 가진다는 이유로 헌법에 위반되지 않는다고 보았다. BVerfGE 6, 84, 89ff; 51, 222, 234ff.

는 정치적 기술이며, 안정된 국정 운영을 위한 다수세력과 그 대표의 창출이 선거의 또 하나의 중요한 목표이다.

(2) 선거제도 중 비례대표제는 결과가치의 평등에 가장 충실하다. 득표비율에 따른 의원 정수의 배분으로 모든 투표자의 투표가치를 동등하게 하는 효과를 발휘하며 그런 점에서 평등의 실현 정도는 가장 완전하다. 반면 다수대표제에서는 표결 결과 최대 다수를 얻지 못한 후보자에 대한 투표는 모두 사표(死票)가 된다. 그러므로 다수대표제는 많은 투표를 사표로 만들어 투표자들 간에 투표결과 가치의 면에서 불평등을 심화시키게 된다.

특히 소선거구 상대다수대표제를 채택한다면 경우에 따라서는 사표로 처리되는 투표가 과반수에 이를 수도 있으며 선거에서 과반수 이하의 득표를 하였음에도 불구하고 안정적 다수의 의원을 확보하여 집권하는 것이 흔히 발생하게 된다. 그러나 소선거구 상대다수대표제가 이와 같은 단점이 있다고 하여 선거제도 그 자체로서 바로 위헌이라고 보아야 할 정도로 평등의 이념에 어긋난 것이라고는 말할 수는 없다.[1] 선거의 목적은 한편으로 국민의 정치적 의사(민의)를 평등하게 반영한다는 것 외에 민주주의를 실현하기 위한 국민의 대표기관을 효율적으로 구성하는 것에 있으며 소선거구 상대다수대표제가 전자의 목적(선거 평등의 실현)에는 취약하지만 후자의 목적(국민대표의 효율적 창출)에는 매우 적합하기 때문이다.

(3) 비례대표제를 채택하면 필연적으로 군소정당의 난립의 효과를 가져온다. 적은 득표율에 의하여서도 의석배분의 여지가 있게 되므로 많은 군소 정치세력들이 정당을 결성하여 선거에 참여하게 되고 국민의 정치적 의사도 그만큼 분열되게 된다. 그 과정에서 극단적 정견을 가진 세력의 의회진출도 용이하게 된다. 또한 각 나라마다 정치적 풍토와 배경이 다르겠지만 경험적으로 볼 때 비례대표제 선거에 의할 경우 50% 이상의 득표율을 확보한 다수당이 거의 나타날 수 없다.[2] 선거결과 과반수 득표와 의석배정에 성공한 정당이 창

1) 실제로 순수한 소선거구 상대다수대표제 선거제도는 헌법상 평등원칙에 위배되어 위헌이라고 주장하는 학자도 있다. 그러나 다수의 견해는 소선거구 상대다수대표제 자체가 위헌이라고 보지는 않는다. 독일에서도 학계의 지배적 견해는 선거제도의 선택에 있어서 '선거입법자(연방의회)'는 헌법상의 구속을 받지 않는 것으로 본다. 선거입법자가 헌법상의 구속을 받는 것은, 선택된 특정의 선거제도를 전제로 하여, 그것을 구체적으로 형성하는 경우에 한한다고 해석한다. 독일연방헌법재판소도 '선거제도의 선택'과 '선거제도의 구체적 형성'을 구별하여 평등선거의 원칙에 의한 심사는 후자에 한한다고 해석하고 있다. 長尾一紘, 選擧制度の選擇と立法裁量の限界, 比較法雜誌 11-2號, 32-33面.

출되지 못하면 선거 후 어느 정당이 집권할 것인지 확정되지 아니하는 후유증을 남기게 된다. 다수의 정당들 사이에 득표가 나누어질 경우 정부구성이 불가능해질 수도 있다. 이는 필연적으로 정국의 불안과 혼란을 초래하게 된다. 따라서 안정된 국정운영을 위한 다수를 창출하여야 한다는 선거의 기본적 목적에서 판단할 때 비례대표제는 비효율적인 제도이다.

(4) 선거구와 대표제의 종류와 그 결합에는 소선거구와 다수대표제, 중・대선거구와 소수대표제, 전국 1선거구와 비례대표제 등으로 조합될 수 있는데, 어떠한 제도나 그 조합을 택할 것인가는 국민이 선택할 문제이다. 또 각기 장점과 단점이 있으므로 소선거구 다수대표제와 비례대표제를 절충하는 혼합제를 고려하여 볼 수도 있다. 이러한 혼합제가 현실로는 많이 채택되고 있으며 우리나라의 국회의원 선거에 있어서도 혼합제가 채택되고 있다.

입법론상 혼합제는 독일식, 일본식, 한국식으로 나누어 볼 수 있다. 독일에서는 연방의회 의원 정수의 반을 소선거구 상대다수대표제로 선출한다. 여기에 비례대표제 선거를 병행하는데 이는 전국을 대상으로 각 주를 단위로 하여 실시한다. 이에 따라 투표자 1인은 2표를 행사한다(一人二票制). 투표자는 한 표는 당해 선거구의 후보자에게, 다른 한 표는 비례대표제의 정당명부에 투표한다. 의원정수를 정할 때에는 오직 비례대표제에 의한 투표, 즉 각 정당명부에 대한 투표만을 집계하여 헤어・니마이어 방식으로 의원정수를 정한다. 한편 선거구에서 다수를 차지한 후보자는 자동적으로 당선되며, 소선거구제에서 선출된 의원 수만큼 당해 정당의 배분 의원 수는 축소된다. 이에 따라 각 정당이 차지하는 의원 정수는 종국적으로 비례대표제 선거에서의 득표비율에 상응한 수로 결정되고 단지 의원정수의 절반만큼은 소선거제 선거에서 다수를 차지한 인물이 차지하게 되는 것이다. 이와 같이 독일의 소선거구 다수대표제는 유권자가 선호하는 인물을 당선시켜 인물선거를 실현하는 의미가 있지만 선거결과 각 정당이 차지하는 의원정수에 영향을 미치지는 못하므로 본질적으로는 비례대표제 선거라고 할 것이고, 이러한 의미에서 인물본위의 비례대표제 선거(personalisiertes Verhältniswahlsystem)라고 불린다.[1] 다만 의원정수 배정이 각 주(Land)단위로 계산되는 관계로 비례대표제에 의한 의원정수보다 소선거구에

2) 독일에서는 기본법체제하에서 지금까지 치러진 모든 선거에서 기민・기사연합과 사민당을 포함한 어떤 정당도 과반의석을 의미하는 50% 이상의 득표율을 기록한 적이 없다.

1) Dieter Nohlen, *Wahlrecht und Parteiensystem*; 신두철・김원 역, 선거법과 정당제도, 2004, 303면.

서 당선된 의원수가 더 많은 경우가 발생할 수 있고, 이 경우에는 그 차이의 의원 수만큼 초과의석의 발생을 허용하고 있다.

일본의 경우 양 제도의 혼합제를 채택하나 중의원 정수 465인 중 289인에 대하여서만 소선거구 「다수대표제」로 선출하고 나머지 176인은 전국구 비례대표제에 의한 선거로 배정한다. 1인 2표제인 것도 독일과 같으나, 소선거구 다수대표제와 비례대표제 사이에 독일과 같은 의원정수상의 중복·관련이 없이 완전히 분리되어 있다는 점에서 커다란 차이가 존재한다.[1)] 독일의 경우와는 다른 이러한 제도적 분리성을 부각하여, 다수대표제와 비례대표제의 양 제도 사이에는 하나의 별개의 도랑(溝)이 파여져 분리시키고 있다고 하여 도랑선거제(溝選擧制, Grabensystem)라고 표현하기도 한다. 이러한 제도에서는 비례대표제와 소선거구제가 각각 절반의 균등한 중요성과 본질성을 공유한다. 우리나라에서는 독일과 같은 융합형을 '연동형' 비례대표제, 일본과 같은 분리형을 '병립형' 비례대표제라고 부르기도 한다.

우리나라의 경우 국회의원 총수 300명 중 253명은 소선거구제에 의하여 선출되고 나머지 47명만 비례대표제에 의하여 선출된다. 혼합제로서 1인2표제에 의한 투표방식을 채택하고[2)] 헤어·니마이어 방식에 의한 투표결산을 하는 것은 독일이나 일본과 같다. 우리나라의 비례대표제는 연동형인 점에서 독일과 같지만, 소선거구 의석수가 비례대표 의석수보다 5배 이상에 이르는 점에서 각각 절반이 되도록 하는 독일식 연동제와 차이가 있다. 비례대표제와 소선거구제의 사이에서 소선거구제로 훨씬 기울여져 있으며 독일과 같은 완전한 연동형 비례대표제에는 미치지 못하고 있다.

이렇게 비례대표 의석수가 상대적으로 과소하기 때문에 연동제에 따라 사

1) 다만, 일본 중의원선거에서는 소선거구와 비례대표구는 중복입후보가 가능하며, 소선거구에서 낙선하더라도 비례대표구에서 부활당선이 가능하다.

2) 공직선거법은 이른바 1인 1표제를 채택하여 유권자에게 별도의 정당투표를 인정하지 않고 있으며, 지역구선거에서 표출된 유권자의 의사를 그대로 정당에 대한 지지의사로 의제하여 비례대표의석을 배분토록 하고 있는바, 이러한 비례대표제 방식에 의하면, 유권자가 지역구후보자나 그가 속한 정당 중 어느 일방만을 지지할 경우 지역구후보자 개인을 기준으로 투표하든, 정당을 기준으로 투표하든 어느 경우에나 자신의 진정한 의사는 반영시킬 수 없으며, 후보자든 정당이든 절반의 선택권을 박탈당할 수밖에 없을 뿐만 아니라, 신생정당에 대한 국민의 지지도를 제대로 반영할 수 없어 기존의 세력정당에 대한 국민의 실제 지지도를 초과하여 그 세력정당에 의석을 배분하여 주게 되는바, 이는 선거에 있어 국민의 의사를 제대로 반영하고, 국민의 자유로운 선택권을 보장할 것 등을 요구하는 민주주의원리에 부합하지 않는다. 헌재 2001. 7. 19. 2000헌마91, 판례집 13-2, 77, 78면. 1인 1표제 위헌결정.

표가 발생한 정당에 대하여 비례대표의석을 온전히 할당해 주면 배분할 의석이 많이 모자랄 상황에 처하므로 연동배분의석 수를 절반(연동률 50%)으로 제한하였다(제1호). 선거 결과 사표의 과다에 따라 연동배분 의석수는 늘어나기도 줄어들기도 할 것인바, 잔여 의석이 생기면 각 정당의 득표비율에 따라 배분하도록 하고(제2호) 의석수가 모자라면 각 정당은 비례적으로 조정 축소된 의석수를 배정받게 된다(제3호).[1)]

(5) 우리나라의 경우 소선거구제와 비례대표제의 연동제이지만 비례대표의석의 비중이 지나치게 낮음으로써 투표의 성과가치의 불균형으로 인한 선거불평등의 문제가 충분히 해소되지 않고 있다. 학계에서는 소선거구 다수대표제와 비례대표제의 비중이 반반씩 되도록 비례대표제에 의한 의석수를 늘여야 바람직하다는 견해가 많다. 그러나 선거제도를 선택하는 것은 국민이 최종적으로 정할 문제로서 현실적으로는 국민의 대표기관인 입법부의 재량에 맡겨져 있다. 결국 그 나라의 정치풍토, 정치의식, 민주주의의 발전 정도 등에 따라 채택되는 제도의 내용이 달라질 것이다.

---

1) 제189조(비례대표국회의원의석의 배분과 당선인의 결정·공고·통지)
② 비례대표국회의원의석은 다음 각 호에 따라 각 의석할당정당에 배분한다. <개정 2020. 1. 14.>
1. 각 의석할당정당에 배분할 의석수(이하 이 조에서 "연동배분의석수"라 한다)는 다음 계산식에 따른 값을 소수점 첫째자리에서 반올림하여 산정한다. 이 경우 연동배분의석수가 1보다 작은 경우 연동배분의석수는 0으로 한다.

연동배분 의석수=[(국회의원정수－의석할당정당이 추천하지 않은 지역구 구회의원당선인수) ×해당 정당의 비례대표국회의원선거 득표비율 －해당 정당의 지역구국회의원당선인수]÷2

2. 제1호에 따른 각 정당별 연동배분의석수의 합계가 비례대표국회의원 의석정수에 미달할 경우 각 의석할당정당에 배분할 잔여의석수(이하 이 조에서 "잔여배분의석수"라 한다)는 다음 계산식에 따라 산정한다. 이 경우 정수(整數)의 의석을 먼저 배정하고 잔여의석은 소수점 이하 수가 큰 순으로 각 의석할당정당에 1석씩 배분하되, 그 수가 같은 때에는 해당 정당 사이의 추첨에 따른다.

잔여배분의석수=(비례대표국회의원 의석정수－각 연동배분의석수의 합계) ×비례대표국회의원선거 득표비율

3. 제1호에 따른 각 정당별 연동배분의석수의 합계가 비례대표국회의원 의석정수를 초과할 경우에는 제1호 및 제2호에도 불구하고 다음 계산식에 따라 산출된 수(이하 이 조에서 "조정의석수"라 한다)를 각 연동배분의석 할당정당의 의석으로 산정한다. 이 경우 산출방식에 관하여는 제2호 후단을 준용한다.

조정의석수=(비례대표국회의원 의석정수×연동배분의석수)÷각 연동배분의석수의 합계

제 3 절 지방자치제도

1. 의 의

지방자치란 일정한 지역을 기초로 하여 그곳에 거주하는 주민이나 단체가 자기 자신들의 책임 하에 지방의 사무를 처리하는 제도이다. 지방자치는 국민들로 하여금 자신이 생활하는 지역을 중심으로 민주주의를 연습하도록 하여 (이른바 풀뿌리 민주주의) 자질있는 민주시민을 양성하고 그 사회와 국가를 더욱 민주주의적으로 만드는 민주주의의 교육 기능을 가진다. 또한 지방자치단체장과 지방의회 의원을 선거함으로써 국민 참정권의 범위가 확대되어 정치적 기본권이 더 충실히 실행하도록 하는 의미를 가지게 된다. 나아가 지방자치를 통하여 지방분권을 실현하고 중앙집권을 완화함으로써 중앙과 지방 사이에 권력분산을 실현하여 민주주의 이념에 더 접근하는 기능을 가진다.

2. 본 질

지방자치는 자신의 지역사회에서 정치권을 행사할 지역주민의 고유한 권리로서 국가권력과 관계없이 인간으로서 생래적으로 가지는 천부인권이라는 견해(자치고유권설)와 지방자치의 권한도 본질상 국가권력의 일부이며 지역주민은 국가권력으로부터 그 권한을 위임받은 것이라고 보아야 한다는 견해(자치위임설)가 나뉜다.

고유권설을 따라 지방자치권을 천부인권이라고 보게 되면 이는 국가권력의 제한으로부터 최대한 보장되는 기본권이 되어야 한다. 그러나 실제로는 지방자치권은 입법자의 결단에 따라 내용적 범위가 정하여지며 헌법은 제도 존립의 최소한만을 보장한다. 우리 헌법 제117조 제2항은 '지방자치단체의 종류는 법률로 정한다'고 하였으며 헌법 제118조 제2항은 '지방자치단체의 조직과 운영에 관한 사항은 법률로 정한다'고 규정하여 헌법과 법률이 인정하는 한도 내에서만 지방자치를 인정하는 것으로 되어 있다. 따라서 우리 헌법의 내용상 지방자치는 천부인권으로 보기는 어려우며 자치위임설에 따라 국가로부터 위임받은 권한이라고 보는 것이 타당하다. 자치위임설이 통설적 견해이다.

이처럼 지방자치는 국가의 권한 위임에 따라 시행되는 것이며, 헌법은 지방자치의 핵심적 내용의 존재를 제도적으로 보장한다. 따라서 입법자가 지방자치제도를 전면적으로 폐지하는 것은 제도보장의 침해가 될 것이다. 지방자치단체의 존립 자체를 부정하는 것 외에도 지방자치단체의 주요 사무를 법률이 전면적으로 폐지시키는 것도 제도보장의 침해로서 헌법에 위반될 수 있다. 예컨대 자치입법권, 자치재정권, 자치조직권 등 지방자치단체가 가지는 주요 권능 중 하나를 전면 폐지하는 것은 지방자치제도의 본질을 침해하는 것이 되므로 제도보장의 침해에 해당할 것이다.

3. 유 형

(1) 법계(法系)에 따른 분류

지방자치 제도는 영미식 주민자치와 대륙식 단체자치로 유형화되며, 영미형과 대륙형 제도는 서로 의미를 달리 한다.

㈎ 영미식 주민자치

영미식 주민자치는 주민의 지방사무에 대한 참여와 민주주의의 함양 기능을 중시한다. 그리하여 지방의회와 지방행정기구를 조직상 일원화하는 통합주의적 시각에서 자치단체를 구성하며, 의회 내에 행정을 위한 위원회를 두게 된다. 의원내각제의 지방자치제에 대한 반영이라고도 할 수 있다. 지방자치권의 법적 근거에 관하여 일괄수권방식보다는 개별적·귀납적으로 권한을 수권하는 방식을 취한다. 지방자치제도의 재정적 원천이 되는 지방세는 국세와 무관한 독립세의 형태로 징수한다.

㈏ 대륙식 단체자치

반면 대륙식 단체자치는 제도 구성상 논리적이고 합리적 방식을 추구하여 의회와 행정기관이 완전히 상호 분립된 형태를 취한다. 대륙식 단체자치는 민주주의 함양보다는 지방분권과 행정능률에 주안점을 둔다. 지방자치단체의 모든 관장사항을 일괄적으로 법정하는 포괄수권주의를 취하는 경향이 있으며,

지방세의 부과는 국세와 함께 징수하는 부가세의 방식을 취하여 조세저항을 줄인다. 우리나라의 지방자치제도는 대륙식 단체자치의 형태를 취하고 있다.

(2) 민주주의 실현형태에 따른 분류

지방자치제도는 민주주의의 실현 형태에 따라 직접민주주의형과 간접민주주의형으로 분류된다.

(가) 직접민주주의형

국가차원의 민주주의의 실현형태에서 제도로서의 민주주의는 직접민주주의 정치제도가 원형이 되는 것과 같이 지방자치제도에 있어서도 전체주민이 참여한 회의체에서 자치단체의 의사를 결정하고 집행하는 체제가 있을 수 있다. 그러나 이러한 방식은 지방자치단체가 비교적 소규모이어서 전체 주민의 회합과 토론 및 의견수렴이 실제로 가능하다는 것이 전제되어야 할 것이다. 다만 주민투표, 주민발안이나 주민소환의 제도는 국가차원에서도 활용되는 바와 같이 비교적 대규모 인구의 지방자치단체에서도 도입될 수 있다.

(나) 간접민주주의형

지방자치단체의 의사결정이나 그 집행도 주민이 직접 행하지 아니하고 주민이 선출한 대표자에 의하여 행하여지게 할 수 있다. 이 경우 주민은 지방의원선거를 통하여 지방의회를 구성하고 지방의회에서 집행기관의 장을 선출하는 의원내각제형과 지방의회 의원과 집행기관장을 모두 주민이 직접 선출하는 대통령제형으로 나누어 볼 수 있다. 우리나라의 지방자치제도는 지방의회의원과 집행기관장을 모두 주민이 선출하므로 대통령제형에 해당한다.

4. 지방자치단체의 관할 사무

지방자치단체의 사무에는 원래부터 지방자치단체에 고유한 사무와 원래 지방자치단체의 사무는 아니지만 국가로부터 위임받아 행하는 사무가 혼재한다. 전자는 자치사무(自治事務), 후자는 위임사무(委任事務)라고 칭하는데 지방자치단체가 관할을 가지고 실행하는 사무라는 점에서는 공통되지만 본질을 달리하며 엄밀한 의미에서 지방자치단체의 사무는 자치사무만을 말한다.

(1) 자치사무

자치사무는 지방자치단체가 지역적 관할을 가지는 지방 주민에 대한 복리 사무를 말한다. 자치사무는 지방자치단체에 본질상 당연히 인정되어야 할 사무이므로 법령에 다른 규정이 없는 한 지방자치단체는 이를 처리할 수 있다고 보아야 한다.

(2) 위임사무

원래 지방자치단체의 사무에 속하는 것은 아니지만 국가로부터 위임받아 행하는 위임사무에는 국가가 권한을 위임한 대상이 어디인가에 따라 기관위임사무와 단체위임사무로 나뉜다.

(가) 기관위임사무

기관위임사무는 지방자치단체의 기관에 해당하는 지방자치단체장에게 위임된 국가사무를 말한다. 이 경우 지방자치단체장은 국가사무를 위임한 중앙행정기관장에 대하여 하부 행정기관으로서의 지위를 가진다. 따라서 지방자치단체장이 지방에 관한 사무를 처리하는 외관이 나타나지만 실제로는 국가사무를 처리하고 있을 뿐이므로 동 사무처리권의 존부에 대한 다툼은 국가와 지방자치단체 사이에서 권한쟁의의 대상이 될 수 없다.

(나) 단체위임사무

국가사무의 위임은 보통 지방자치단체장을 대상으로 행하여지지만 예외적인 경우 지방자치단체에게 직접 위임되기도 한다. 하천점용료 징수사무와 같은 것이 여기에 해당하나 지방자치단체에게 처리가 위임되는 국가사무의 실제 사례는 극히 드물다.

5. 지방자치단체의 권한

헌법 제117조 제1항은 지방자치단체는 주민의 복리에 관한 사무를 처리하고 재산을 관리하며 법령의 범위 안에서 자치에 관한 규정을 제정할 수 있다고 규정한다. 따라서 지방자치단체는 주민의 복리에 관한 사무를 처리하기 위하여 스스로를 조직하고(自治組織權), 관련된 행정을 펼치며(自治行政權), 재정을 관장하며(自治財政權), 법령이 인정하는 한도 내에서 입법권(自治立法權)을 가진다.

(1) 자치조직권

헌법 제118조 제2항은 지방자치단체의 조직과 운영은 법률로 정한다고 하고 있으며 이에 따라 지방자치법은 지방자치단체의 조직과 운영의 기본적인 사항을 규율하고 있다. 지방자치단체의 자치조직권은 위 헌법과 법률이 정하는 바에 반하지 않는 범위 내에서 하부 행정기관의 운영 등 세부적 조직사항에 관하여 행사될 수 있다. 예컨대 지방자치단체는 행정자치부 장관의 승인을 얻어서 자치구가 아닌 구와 읍・면・동의 구역을 변경하거나 폐치・분합(廢置・分合)할 수 있다.

(2) 자치행정권

지방자치단체는 자치사무에 속하는 주민의 복리에 관한 행정을 처리할 권한을 가진다. 소속 공무원의 인사에 관한 권한도 포함된다.

(3) 자치재정권

지방자치단체는 지방사무의 처리를 위한 경비의 지출을 위하여 그 세입을 확보하고 지출을 관리할 자치재정권을 가진다. 자치재정권은 지방사무에 대한 처리권의 당연한 귀결이며 그 내용의 일부라고 할 수 있다. 그러나 현재 우리나라 지방자치단체의 세입규모는 지출에 비하여 충분하지 않고 국가나 상급지방자치단체의 교부금이나 보조금에 크게 의존하고 있는 실정이다. 이는 지방자치단체의 국가의존을 심화시켜 지방자치제도의 실효성을 약화시키는 요인이 되고 있다.

(4) 자치입법권

헌법 제117조 제1항은 '지방자치단체는 법령이 정하는 범위 안에서 자치에 관한 규정을 제정할 수 있다'고 하여 지방자치단체의 자치입법권의 범위와 한계를 규정한다. 자치입법에는 지방의회가 정하는 조례와 지방자치단체장이 정하는 규칙이 존재한다.

조례는 지방자치단체의 자치사무와 단체위임사무를 규율한다. 법령이 조례에서 정하도록 위임하는 사항도 규율하기는 하지만 이는 엄밀한 의미에서 조례에 고유한 규율사항은 아니다. 조례는 반드시 '법령이 정하는 범위 안에서' 규율하여야 한다. 여기서의 법령에는 법률뿐만 아니라 법규명령과 법규명령적 행정규칙이 포함되므로 조례가 정하는 내용이 이에 위반되어서는 안 된다.

나아가 조례에서 정하는 사항이 주민의 권리를 제한하거나 의무를 부과하는 내용일 경우 법치국가 원칙이 적용되어 법률에 근거 내지 위임이 있어야 한다는 위임필요설과 조례 자체가 주민의 대표기관에 의하여 정립된 규범이므로 반드시 법률상의 위임이 필요하지는 않다는 위임불요설이 나뉜다. 지방자치의 차원에서도 법치국가의 원칙은 관철되어야 하므로 위임이 필요하다고 보는 것이 통설이며 타당한 견해이지만 조례의 자주법적 성격을 고려하여 조례에 있어서는 법률적 위임이 형식상 존재하기만 한다면 족하며 위임명령의 경우와는 달리 '포괄적 위임'도 허용된다고 본다.[1)]

다만 벌칙규정에 있어서는 이와 같은 완화된 기준이 적용될 수 없다. 벌칙을 적용하는 문제에서는 죄형법정주의의 관점에서의 고려가 필요하기 때문이다. 따라서 조례에 대한 포괄적 위임은 허용될 수 없다. 다만 지방자치법 제20조는 조례위반에 대하여 1천만원 이하의 과태료를 부과할 수 있다고 규정하고 있으므로 동 금액이하의 과태료 부과에 있어서는 별도의 법률적 위임은 필요하지 않다는 해석이 허용될 수 있으나, 1천만원을 넘는 과태료를 부과하기 위하여서는 반드시 별도의 법률의 위임이 필요하다고 보아야 한다. 이 경우 죄형법정주의에 대한 우선적 고려가 이루어져야 하기 때문이다.

6. 주민투표권 문제

2004. 1. 29. 제정된 주민투표법에 의하여 지방자치단체의 주민은 법률상 허용되는 일정한 경우 주민투표를 할 수 있게 되었다. 주민의 입장에서 볼 때 주민투표권이라는 권리가 새로이 형성되는 것이지만 이는 어디까지나 법률상

1) 조례의 제정권자인 지방의회는 선거를 통해서 그 지역적인 민주적 정당성을 지니고 있는 주민의 대표기관이고 헌법이 지방자치단체에 포괄적인 자치권을 보장하고 있는 취지로 볼 때, 조례에 대한 법률의 위임은 법규명령에 대한 법률의 위임과 같이 반드시 구체적으로 범위를 정하여 할 필요가 없으며 포괄적인 것으로 족하다. 헌재 1995. 4. 20. 92헌마264, 판례집 7-1, 564면. 담배자판기사건 결정.

의 권리일 뿐 헌법상의 권리는 아니다.[1)] 따라서 일반적으로 주민투표권은 헌법이 보장하는 참정권에 속하지 아니한다고 보고 있다. 입법자가 주민투표의 결과에 반하는 입법조치를 한다고 하더라도 정치적 효과는 별론으로 하고 헌법이 보장한 국민의 기본권 침해의 문제를 발생시키는 것은 아니라고 보는 것이다. 그러나 주민의 복리사항으로 지방자치단체의 고유사항에 대한 주민투표의 결과에 역행하는 정책의 실행은 국민주권과 적법절차원칙에 어긋나고 적어도 그 한도 내에서는 헌법위반이 성립한다고 보아야 정당할 것이다.

주민투표법상 주민투표는 ① 지방자치단체의 장이 주민에게 과도한 부담이나 영향을 미치는 주요 결정을 내림에 있어서 시행하거나(주민투표법 제7조), ② 중앙 행정기관의 장이 국가정책의 수립에 관하여 관계 주민의 의견을 청취할 필요가 있을 때 시행할 수 있다(주민투표법 제8조). 판단컨대 적어도 법 제7조의 주민투표의 결과에 대하여서는 국민주권의 원칙에 따라 법적 기속력을 해석상 부여하여야 합당하다고 본다. 특히 지방자치단체의 폐치·분합을 실행하기 전에 그 주민들의 찬반을 묻는 주민투표는 국가정책 수립에 대한 주민의견을 묻는 것으로 간주되어 법 제8조에 의한 주민투표로 처리되고 있으나, 그것도 주민의 복리사항과 직결되는 문제이므로 법 제7조에 의한 주민투표로 처리되는 것이 상당하고 주민투표의 실시 결과에 있어서도 관할 주민의 견해가 존중되어야 적법절차원칙에 합치되어 합헌이라고 볼 수 있다고 생각한다.[2)]

---

1) 우리 헌법은 법률이 정하는 바에 따른 '선거권'과 '공무담임권' 및 국가안위에 관한 중요정책과 헌법개정에 대한 '국민투표권'만을 헌법상의 참정권으로 보장하고 있으므로, 지방자치법 제13조의2에서 규정한 주민투표권은 그 성질상 선거권, 공무담임권, 국민투표권과 전혀 다른 것이어서 이를 법률이 보장하는 참정권이라고 할 수 있을지언정 헌법이 보장하는 참정권이라고 할 수는 없다. 헌재 2001. 6. 28. 2000헌마735, 판례집 13-1, 692, 693, 1431면. 주민투표법 입법부작위 사건 결정.

2) 그런 의미에서 제주도에 존재하던 4개의 기초지방자치단체를 폐지하고 도 전체를 제주특별자치도로 하여 특수한 단일 지방자치단체로 구성함에 있어서 사전에 시행된 주민투표에서 서귀포시와 남제주군의 투표 결과 과반수 이상의 투표자가 자신이 거주하는 기초지방자치단체의 폐지를 반대하였음에도 불구하고 이를 폐지하는 법률을 시행한 것은 주민투표의 결과를 존중하지 아니한 것으로서 적법절차에 위배되어 위헌의 소지가 있다고 생각한다. 그럼에도 불구하고 헌법재판소가 2006. 4. 27. 2005헌마1190, 제주특별자치도 사건 결정에서 이와 반대되는 결정을 한 것은 주민투표의 적법절차로서의 헌법적 의미를 무시한 것이므로 타당하지 않다고 본다.

제 4 절 경제질서

1. 사회적 시장경제의 수용

우리 헌법상 경제헌법은 기본권의 장에 일부 관련된 조항들이 있지만 주로 헌법 제9장의 경제편, 즉 조문상으로는 제119조에서 제127조까지를 말한다.1) 그런데 헌법의 해석상 이들 조문들이 동등한 가치를 가진 것은 아니고 그 중 첫째 조항인 제119조가 기본이 되는 핵심조항이다. 나머지 조항들은 제119조가 정한 헌법적 경제질서의 틀 내에서 각 분야별로 구체화된 경제적 공익을 보호하는 조치에 대한 근거를 마련한 것이며, 국가에 의하여 경제분야에서 추구될 수 있는 공익적 사항들을 예시적으로 열거하고 있는 조항들에 불과하다고 할 것이다.

헌법 제119조는 제1항에서 우리 경제질서의 헌법적 기본을 분명히 하고 있다. 그것은 '개인과 기업의 경제상의 자유와 창의'인 것이다. 그런데 역사적으로 노정된 자유방임적 자본주의의 내재적 폐해는 제거될 수 있어야 하는 것이므로 위와 같은 헌법적 기본을 유지하는 한도 내에서 경제에 관한 규제와 조정을 할 수 있다고 보는 것이 제2항이다.

이와 같은 해석은 조문의 문리해석상 혹은 헌법전체의 체계적 해석으로 볼 때 더 말할 것이 없을 정도로 당연한 것이고 학계의 일반적 견해라고도 볼 수 있다. 그리고 이러한 해석을 독일의 경우와 같이 '사회적 시장경제'라고 표현하고 있으며,2) 우리 헌법재판소도 우리 헌법이 사회적 시장경제를 지향하고 있음을 밝히고 있다.3)

---

1) 현행 헌법은 '제9장 경제'에서 헌법적 경제질서에 관하여 규율하고 있는바, 그 조문은 헌법 제119조에서 제127조에 이른다. 여기서는 균형있는 국민경제(제119조 제2항), 경자유전의 원칙(제121조 제1항), 국토공개념의 도입(제122조), 농어촌종합개발(제123조 제1항), 지역경제육성(제123조 제2항), 농수산물 가격 안정(제123조 제4항), 과학기술의 혁신과 정보 및 인력의 개발(제127조 제1항)에 관한 규정을 두고 있다. 또한 경제질서에 관한 직접적인 규율은 아니지만 '제2장 국민의 권리와 의무'에서 근로권의 확대, 노동자의 최저임금제, 여자의 근로보호, 여자와 청소년의 복지향상을 위한 국가의무, 국가의 주택개발노력 의무 등을 규정하였다.

2) 예컨대 김철수, 헌법학신론 제17전정판, 박영사, 2006, 108면.

3) 우리 헌법은 전문 및 제119조 이하의 경제에 관한 장에서 균형있는 국민경제의 성장과 안정, 적정

2. 독일의 사회적 시장경제의 의미와 내용

이와 같이 우리 헌법이 수용한 경제질서라고 말하여지는 사회적 시장경제는 독일 헌법상의 경제질서를 모범으로 하여 이를 도입·해석한 것이므로 그 의미를 파악하기 위하여서는 독일 기본법상의 경제질서의 해석을 참고할 필요가 있으므로 이에 관하여 살펴본다.

(1) 경제질서에 대한 기본법의 중립적 입장

독일은 우리 헌법과는 달리 기본법에 별도의 경제에 관한 장(章)을 편제하여 두고 있지 않다. 그리하여 헌법상의 경제질서의 의미와 내용은, 재산권을 보장하고 그 행사는 공공복리에 적합하여야 한다고 한 재산권 보장규정(기본법 제14조 제1항과 제2항), 직업의 자유 보장 규정(제12조) 등 경제적 활동에 관한 기본권 보장 규정들에 의하여 간접적으로 해석될 수밖에 없는 헌법적 구조를 가진다.

여기서 독일 연방헌법재판소는 위 경제적 기본권 보장 조항들을 포함하여 기본법 전체는 어느 특정한 경제체제를 정하는 결단을 내리고 있지 아니하다고 판시한 바가 있으며,[1] 그 한도에서 기본법은 경제정책적 중립성을 지키고 있다고 할 수 있다.[2] 그러나 이것이 독일 헌법상 경제의 영역이 헌법으로부터 자유로운 영역이 된다는 것을 의미하지는 않는다. 경제정책적 조치는 기본법이 보장한 경제적 자유나 사회국가 원칙이나 법치국가 원칙 등의 기본법에 포함된 기본 원칙들을 지향한 것이어야만 하기 때문이다.

특히 기본법이 지니고 있던 이러한 경제질서에 대한 침묵은 독일 통일을 계기로 하여 어느 정도 깨어지고 있음을 주목할 필요가 있다. 통일 직전 동·서독 간에 체결되었던 화폐·경제·사회통합조약 제1조 제3항에 의하면 '사회

한 소득의 분배, 시장의 지배와 경제력남용의 방지, 경제주체간의 조화를 통한 경제의 민주화, 균형있는 지역경제의 육성, 중소기업의 보호육성, 소비자보호 등 경제영역에서의 국가목표를 명시적으로 규정함으로써, 우리 헌법의 경제질서는 사유재산제를 바탕으로 하고 자유경쟁을 존중하는 자유시장 경제질서를 기본으로 하면서도 이에 수반되는 갖가지 모순을 제거하고 사회복지·사회정의를 실현하기 위하여 국가적 규제와 조정을 용인하는 사회적 시장경제질서로서의 성격을 띠고 있다. 헌재 2001. 6. 28. 2001헌마132, 판례집 13-1, 1441, 1442면. 백화점 셔틀버스 운행금지 합헌결정.

1) BVerfGE 50, 290, 336ff.

2) BVerfGE 30, 292, 315.

적 시장경제(soziale Marktwirtschaft)'를 양 당사국(동·서독)의 경제질서로 하고 이 원칙을 헌법에 속하는 것으로 한다고 명문으로 규정하였는바, 이 내용은 통일조약의 일부로 포섭되어 통일독일의 법률로서 효력을 가지게 되었다. 그러나 독일통일은 기본법 제23조에 의거하여 동독지역이 기본법 체제에 가입함으로써 이루어졌으므로 종래의 기본법의 경제정책에 대한 개방성과 중립성의 원칙은 그대로 유지되었다고 할 수 있다.1)

(2) 독일식 경제질서로서의 사회적 시장경제

이처럼 독일의 경제질서는 일반적으로 '사회적 시장경제'를 의미하는 것으로 받아들여지고 있는데, 여기서 사회적 시장경제의 개념은 제2차 세계대전 후 서독의 기본법 하의 경제질서에 관한 독일 경제학자들의 연구의 소산이다. 이는 A. Müller-Armack에 의하여 최초로 명명되었으며, 한마디로 사회적으로 운영·관리되는 시장경제 체제를 말한다고 할 수 있다.2)

독일의 프라이부르크 경제학파에 의하여 창안되고 발전한 사회적 시장경제의 개념은 영미식의 고전적, 자유방임적 시장경제와는 상당한 차이를 가진다. 고전적 자유주의는 자유로운 시장경제가 자동적으로 원활히 작동한다고 본 반면, 사회적 시장경제의 경제사상적 기초가 되는 소위 질서자유주의(Ordoliberalismus)는 시장경제를 자유의 제 원칙 하에 정부에 의하여 조직·관리되는 경제질서로 이해한다. 순수한 자유방임적 상태의 시장은 실패한다는 역사적 경험에 비추어 현대 자본주의의 경제질서는 무의식적으로 성장한 질서(Gewachsene Ordnung)가 아니라 의식적으로 규율된 질서(Gesetzte Ordnung)가 되어야 한다는 것이다. 따라서 사회적 시장경제에서는 자유방임에서 오는 시장왜곡과 독과점의 폐해를 막고 경쟁을 최대한 유지하면서 시장의 효율적 운용이 가능하도록 정부가 필요한 조치를 다하여야 한다. 한편 사회적 시장경제에서 '사회적'의 개념은 '사회적 형평성'을 유지하기 위한 정부의 역할을 강조하는 의미를 가지고 있다. 즉 공정한 경쟁적 시장에 필요한 '경쟁조건의 평등'이 실현되도록 하기 위하여서는 부(富)의 형성에 있어서 부의 집중(集中)이 아니라 부의 분산(分散)이 요구된다는 것이다. 여기서 더 나아가 산업간, 도시간, 지역간 인구배치의

1) v. Münch/Kunig, Grundgesetzkommentar, Band 1, Art. 14. 2a.
2) 김문현, 헌법상 경제질서의 성격, 고시연구, 2000. 2, 101, 105-106면.

적정화와 사회간접자본의 정비 등에 대한 정부의 적극적 정책개입을 필요로 하는 것도 경쟁조건의 평등을 중시하는 독일의 사회적 시장경제의 특징의 하나이다. 요컨대 독일의 사회적 시장경제질서는 '경쟁질서의 기초 위에서 자유로운 창의성과 사회적 형평성을 결합시키는 것'을 추구하는 경제적 제도이며, 여기서 정부의 사회정책적 시장개입이 중요한 역할을 하게 된다.[1]

3. 사회주의적 계획경제와의 혼합경제론의 부당성

그런데 여기서 헌법 제119조 제2항의 의미를 과대하게 평가하여 우리의 경제의 헌법적 기본원칙에서 자유시장경제가 제외되어야 한다는 견해가 주장되기도 하는데 우리 헌법의 해석론으로는 어디까지나 자유시장경제가 원칙이 되어야 한다고 본다. 우리의 경제질서에 관하여 헌법이 요구하는 것은 '개인의 자유와 창의가 기본이 되어야 함'에 있고, 이를 기본권의 측면에서 풀이하면 개인의 직업의 자유와 경영활동의 자유 및 재산권의 본질적 내용이 훼손되지 말아야 하는 것이 된다. 이러한 헌법적 요구는 우리 경제가 국가의 계획이나 통제가 아니라 개인의 자유와 창의에 신뢰를 부여하는 '시장경제'가 근간으로 작동하여야 함을 의미하는 것이다. 따라서 일부에서 사용하는 혼합경제라는 형태의 표현은 우리 경제질서의 헌법적 본질을 정확히 나타내는 것이 아니라고 할 것이다. 혼합이라는 단어의 의미는 두 가지의 다른 것을 동등하게 섞어 놓았다는 것을 암시하는데 그것은 아마도 시장경제와 계획경제, 자유주의 경제와 사회주의 경제를 의미할 것이다. 그런데 우리 경제질서의 헌법적 구조가 위 양 체제 내지 제도의 중간점접에 있는 것은 결코 아니다.

사회주의적 계획경제란 ① 생산수단의 사유를 부인함과 아울러 ② 국가질서에서 주권자인 무산자 계급의 전위대인 공산당이 영도적 지위를 가지는 것을 전제로 하여, ③ 이들에 의한 통제적 계획경제를 근간으로 하는 것이다. 그러므로 생산수단의 사유 금지나, 공산당의 영도적 지위, 혹은 통제경제를 포기하게 되면 이미 사회주의적 계획경제체제가 아니다. 나아가 이러한 사회주의적 계획경제는 경제질서에서 '개인(특히 기업가)의 자유와 창의를 배제'하는 것

1) 황준성, 한국 시장경제 확립을 위한 사상적 패러다임의 모색: 독일 시장경제의 경험을 중심으로, 2001, 171-173면.

을 그 본질로 하는 것으로 이는 우리 헌법이 요구하는 경제질서에 정면으로 배치되는 것이다. 우리 헌법상의 시장경제질서에는 이러한 사회주의적 계획경제의 근간요소가 가미될 수 있는 여지는 전혀 없다.

따라서 우리 헌법상의 경제질서는 사회주의 경제와 자유주의 경제의 중간에 있는 것이 아니다. 우리 헌법상의 경제질서는 전적으로 자유주의 경제질서에 속하는 것이며 다만 자유방임에서는 벗어나서 자유주의가 노정할 수 있는 내재적 단점을 시정할 정책적 권한을 법치주의의 통제 하에 국가가 행사할 수 있도록 수정하고 있을 따름인 것이다.

4. 사회적 시장경제 질서 하에서의 국가정책에 대한 헌법적 통제의 내용

그렇다면 이러한 경제헌법의 분야에서 실제로 헌법적으로 문제되는 것은 국가의 경제정책에 어떠한 헌법상 한계가 존재하는가, 다시 말하여 국가의 경제정책은 어느 정도로 헌법적 통제 내지 사법심사의 대상이 되는가 하는 점에 중심이 놓이게 된다.

(1) 국가의 경제정책에 대한 재량권 존중의 원칙

이 문제는 우선 사법자제론 내지 행정재량론의 일반론으로부터 출발하여야 한다고 본다. 우선 경제정책의 운용은 행정권 발동의 한 분야이므로 이를 정부가 행사함은 지극히 당연한 것이다. 경제정책은 정부의 주도에 의하여 추진될 수밖에 없는 형성적 국가활동이다. 그런데 사법은 구체적 사건에서 법보장을 임무로 하는 것이므로 행정의 영역에 이러한 범위를 넘어서서 지나치게 내용에 관여하고 행정을 지도하는 것은 권력분립의 원칙에 비추어 경계되어야 한다. 또 경제정책의 운용은 매우 전문적 분야의 행정이므로 이에 대한 판단을 사법부에 맡기는 데에는 문제가 있다. 수시로 변화하는 경제 상황에서 어떤 시점에 어떠한 정책을 펴나갈 것인가는 정부, 특히 정부 내의 경제전문 담당자들이 그때그때 필요한 경제관련 정보들을 수집·파악하고 당면한 각종 이해관계들을 비교형량하여 최적의 결과를 실현시켜나가야 하는 것으로, 정책기술적 재량의 여지가 주어져야만 하는 것이다. 또한 각종의 경제정책을 재판이라는 형식으로 재판소가 적극적으로 개입·통제하게 된다면 재판소 자체가 정치적 책임을 추급받을 우려가 있고 사법만능의 폐해를 발생시킬 우려도 있다고 할 수 있다. 이러한 사법자제론과 경제행정에 대한 재량의 인정은 대체로 수긍되어야 할 것이다.

이와 같이 오늘날 행정의 전문영역에 대한 사법적 자제로 인하여 일단 그 영역의 정책 판단이 문제가 된 경우, 집행기관의 광범위한 재량이 인정되어 사법심사는 '현저히 합리성이 결여된 것인지 아닌지 여부'만 심사하는 너그러운 것이 될 것이다. 이 점은 특히 일정한 경제정책이 고도의 정치성을 띠어서 그 결단여부가 사법심사의 대상으로 함이 부적절한 것이 되는 경우에 그러하다. 헌법재판소가 지난 금융실명제 실시에 관련한 조치에 대한 헌법소원에서 비록 이러한 통치행위론을 헌법소원의 영역에서 적용하기를 부정하기는 하였지만 긴급명령의 요건을 너그럽게 심사하여 기각결정을 한 것은 결과적으로 이와 같은 사법자제론과 행정재량론의 정신을 고려한 결정이라고도 평가할 수 있다.1)

(2) 예외적 상황에 대한 헌법판단

하지만 아무리 경제정책 전문적인 결정에 집행부의 재량이 존중되어야 한다고 하더라도 그 재량권의 행사가 한계를 일탈하거나 남용되어 기본권을 침해하는 경우에는 사법적 통제의 대상이 된다고 보는 것이 확고한 헌법원칙이다. 그리고 이러한 재량권의 남용의 판단기준으로서 대표적으로 활용되는 것이 명백성 심사 혹은 평등심사에 있어서 합리성 심사의 원칙이라고 할 수 있

1) 긴급재정경제명령을 발할 수 있는 중대한 재정·경제상의 위기 상황의 유무에 관한 제1차적 판단은 대통령의 재량에 속한다. 그러나 그렇다고 하더라도 그것이 자유재량이라거나 객관적으로 긴급한 상황이 아닌 경우라도 주관적 확신만으로 좋다는 의미는 아니므로 객관적으로 대통령의 판단을 정당화할 수 있을 정도의 위기상황이 존재하여야 한다. 살피건대 우리 사회는 지난 30여 년간 경제성장 제일주의에 매달려 온 결과, 성장에 필요한 자금조달을 극대화하는 과정에서 비실명금융거래가 조장되어 음성불로소득이 만연하고 지하경제가 확산되었으며, 정치·사회·경제 등 모든 분야에서 부정·부조리를 온존·심화시키는 역할을 하여 왔는바, 그로 인하여 금융시장이 왜곡되고 금융정책의 실효성이 떨어져 … 대형 금융사고가 빈발하고, 유휴자금이 부동산과 사채시장으로 몰려 투기가 극에 달하였으며 탈세 및 조세의 형평성 문제가 제기되고 기업이 자금조달에 어려움을 겪는 등 건전한 경제발전에 장애가 되어 특히 1980년대 이후 문제가 더욱 심각해져 중대한 사회·경제적 문제로서 더 이상 이를 방치할 수 없는 위기상황에까지 이르렀으며, 이와 같은 위기를 극복하고 정상적인 금융질서를 회복함으로써 지하경제의 범위를 축소시키고 침체되어 있던 생산부문에 활력을 불어넣기 위하여는 금융거래의 실명화 조치가 반드시 필요하였던 사실은 주지하는 바와 같다. 그렇다면 이 사건 긴급명령은 "중대한 재정·경제상의 위기에 있어서 국가의 안전보장 또는 공공의 안녕질서를 유지하기 위하여" 발하여진 것이라고 할 수 있을 것이다. 헌재 1996. 2. 29. 93헌마186, 판례집 8-1, 111. 121-122면. 금융실명제 사건 결정.

다. 결국 경제정책은 일응 정부의 재량이 존중되는 것이나 그 재량권이 현저하게 남용된 것으로 판단되는 경우에는 헌법재판을 통한 사법적 개입을 면할 수 없다.

일반원칙적으로는 위와 같이 말할 수 있으나, 구체적인 경우의 헌법적 판단은 다르게 생각할 수 있다. 경제정책 자체는 물론 행정부의 광범위한 재량이 인정되어야 할 분야지만, 이러한 경제정책의 집행은 관련 법령의 제개정, 각종 조세와 부담금의 부과, 독과점 관련 제도의 변경 등 국민의 기본권을 직접적으로 제한하는 형태로 나타나는데 이러한 형태의 공권력적 조치는 헌법일반론에 의한 각종 헌법심사를 면할 수 없기 때문이다.

그 중 조세와 부담금의 부과는 많은 측면에서 헌법적 심사를 엄격히 받고 있는 것이 현재의 상황이라고 할 수 있다. 조세의 영역에서 경제정책적 재량의 측면이 고려되는 것은 사실이지만 다른 한편으로 조세는 헌법 제59조에 의하여 그 종목과 세율은 법률에 의하도록 하면서 조세법률주의에 따라 엄격한 헌법적 심사대상이 되고 있다. 그런데 여기에서는 주로 어떤 실질적 심사기준에 의한 판단보다는 '위임입법의 한계 준수' 내지 '법률 명확성원칙의 준수'라고 하는 형식적 측면의 헌법적 기준을 지켰는지 여부가 문제되고 있다. 이것은 조세의 영역에서도 정부의 전문적 정책판단을 가급적 존중해 주는 범위 내에서, 다만 정부가 헌법이 요구하는 최소한의 형식요건 즉 '기본권 제한 법률주의'를 지켜주는지 여부를 확인하는 방향으로 헌법적 심사를 진행하고 있기 때문이다. 이 점은 재량권의 한계와 일탈의 문제와는 성격이 다른 것으로서 헌법재판소로부터 예외없이 정밀한 헌법심사를 받고 있다.

독과점의 규제와 공정거래의 확립에 관한 여러 사안도 비록 경제정책의 중요한 일부를 이루는 것으로서 행정적 재량의 인정 여지가 많은 분야이다. 그러나 이는 동시에 관련 기업과 거래 당사자들의 경제적 기본권을 심하게 침해하는 경우가 많다. 기본권의 제한이 이와 같이 중대한 경우에는 정책적 재량판단의 여지가 있을 것임에도 불구하고 중요한 기본권의 제한에 관련한 엄격한 헌법심사의 대상이 될 수밖에 없는 것이다. 즉 재량의 수축현상이 일어난다고 생각한다. 그러므로 평등심사에 있어서의 비례성 심사 혹은 기본권 제한에 있어서의 과잉금지의 원칙 등 헌법심사에서 가장 보편적으로 활용되고 있는 심사기준의 적용을 받게 된다. 그리고 이것은 조세영역의 경우와 마찬가지로 특히 위임입법의 한계나 법률명확성의 요구, 혹은 이중처벌금지나 적법절차의 원칙 등에 의하여 세심한 헌법심사를 받아야 한다.

결론적으로 경제정책의 분야는 ① 정부의 공익실현을 위한 광범위한 재량권 행사가 존중되어야 하지만 그 재량의 한계에 있어서 재량남용의 경우 헌법심사를 면할 수 없고, 또 이와는 별도로 ② 국민의 기본권을 침해하는 형태로 나타나는 구체적 조치는 과잉금지, 조세법률주의, 위임입법의 한계, 법률명확성, 적법절차, 이중처벌금지 등 다양한 형태의 헌법심사의 대상이 될 수밖에 없다.

PART 2

기본권론

CHAPTER 01 기본권 총론

제1절 기본권의 의의와 분류

1. 의　　의

기본권은 헌법에 의하여 보장되는 개인의 기본적 자유와 권리를 말한다. 기본권은 각 개인이 향유하며 국가에 대하여 그 실현을 요구할 수 있는 권리인 점에서 주관적 공권(主觀的 公權)의 성격을 가진다. 기본권은 자유권적 기본권과 평등권 등과 같이 전국가적(前國家的) 권리로서 헌법에 의하여 확인되고 있는 권리와 청구권적 기본권과 사회권적 기본권과 같이 헌법에 의하여 비로소 창설된 권리를 포괄하고 있다. 헌법상의 기본권은 헌법소송에서 위헌판단의 준거 규범으로 작용하는 점에서 법률 등 하위규범의 차원에서 보장되는 일반적 권리들과는 구별된다.

2. 분　　류

헌법에 의하여 보장되는 기본권은 총체적인 권리장전을 의미하므로 여러 가지 다른 법적 성격의 권리들로 분류될 수 있다. 이를 대별하면 ① 국가에 대한 방어권적 성격을 가지는 자유권적 기본권, ② 불합리한 차별을 받지 아니할 포괄적 권리로서의 평등권, ③ 주권자로서 국민의 대표를 선출하고 정치적 의사결정을 할 권리로서의 정치적 기본권, ④ 국가에 대하여 일정한 행위를 청구할 수 있는 청구권적 기본권, ⑤ 국가에 대하여 인간다운 생활을 할 수 있도록 배려하여 줄 것을 요구할 사회권적 기본권 등으로 분류할 수 있다.

3. 제도적 보장과의 구별

(1) 제도적 보장은 국가존립의 기반이 되는 특정의 제도를 헌법적으로 보장해서 그 본질이 침해될 수 없도록 하는 것을 말하며, 객관적 법질서를 지칭한다는 점에서 주관적 공권인 기본권과 구별된다. 정당제도, 선거제도 혹은 지방자치제도 등이 그 예이다.

(2) 연혁적으로 볼 때 제도적 보장의 개념은 바이마르 공화국의 독일에서 나치 체제의 등장에 즈음하여 어떠한 정치권력에 의하여서도 독일 고래(古來)의 헌법적 제도의 최소한의 본질적 요소가 침해될 수 없도록 하려는 취지에서 주장되었다. 자유주의에 반하는 세력이 바이마르헌법의 기본원칙을 해치는 것을 방지하고자 하는 법적 노력의 일환이었던 것이다.

(3) 우리 헌법상 제도보장으로 인정되는 것은 선거제도, 정당제도, 사유재산제도 등인데 이들은 모두 근대 이후 서양으로부터 도입된 것으로 한국 고래의 전통적 제도는 거의 포함되지 않는다. 제도보장의 내용은 한국 고래의 제도를 유지하고자 하는 데 있지 않으며, 그러한 의미에서 본래의 독일식 제도보장의 개념과는 차이가 있다. 우리 헌법에 의한 제도보장에 있어서도 이는 최대한의 보장이 아니라 제도의 본질에 속하는 핵심적 내용은 최소한 보장되어야 한다는 의미만을 가진다. 이는 기본권의 보장이 최대한의 보장이 되어야 하는 것과 대비된다.

(4) 제도보장은 일반적으로 기본권의 보장과 중첩된 영역에서 존재하는데, 그 중 제도보장이 우선하는 경우가 있는 반면 기본권이 우선하는 경우도 존재한다. 예컨대 ① 복수정당제가 보장됨으로써 개개인의 정당설립의 자유나 가입과 탈퇴의 자유가 도출된다고 할 것이므로 여기서는 제도보장이 보다 선행하며 기본권은 여기서 유출되는 관계에 있다. 그러나 ② 선거제도의 보장은 각 개인이 주권자로서 참정권을 가지고 선거를 할 수 있기 때문에 도출되므로 여기서는 기본권이 선행하며 제도보장이 이로부터 도출되는 것이다. 한편 ③ 재산권과 사유재산제도의 보장은 선후를 구분할 수 없이 병존하는 경우라고

할 수 있다.

제2절 기본권의 연혁

기본권 내지 인권은 인류의 장구한 역사 속에서 비교적 최근에 이르러 발전된 개념이다. 인간을 신에 대한 봉사를 위한 수단적 존재로 여겼던 중세적 인간관에서 벗어나 인본주의적 사상 경향이 태동하고 이것이 정치부문에도 확산되자 개인의 천부적 인권의 존재와 보장을 핵심으로 한 사회계약론이 존 로크 또는 장 자크 루소 등 사회계약론자들에 의하여 주창되면서 기본권과 인권의 법적 체계화가 본격적으로 이루어지게 되었다. 근대사회의 태동기에 발전한 이러한 천부인권론은 서양의 각국의 정치적 역사적 상황에 따라 서로 다른 모습으로 그 헌법체계에 흡수되어 고유한 양상으로 발전되어 왔다. 이하에서 영국과 미국 및 프랑스와 독일에서의 기본권 내지 인권의 발전과정을 살펴본다.

1. 영 국

영국의 인권발달사에 있어서 1215년 존(John)왕이 귀족들의 압력으로 맺은 마그나 카르타(Magna Charta)가 인권보장의 효시가 된다고 하고 있다. 이는 아직 인권의 의식이 없던 시대에 국왕이 중세 이래 관습법으로서 귀족들에게 부여된 권리를 존중한다는 취지의 서약이었지만 그 의미의 함축성으로 인하여 후세에 인권보장에 관한 최초의 헌장으로 재평가되고 있다. 1628년에 이르러 절대군주를 지향하던 스튜어트왕가와 의회와의 투쟁 중 의회는 국왕의 권력을 영국의 관습법 하에 명확히 한계지우고자 하는 권리청원(Petition of Rights)을 관철시켰다. 에드워드 쿠크(Edward Coke) 경이 주로 성안한 이 권리청원은 불법적인 체포·구금과 의회의 동의없는 과세 등을 금지하였으며 대헌장의 내용의 재확인이기도 하였다. 나아가 1688년 의회는 국왕을 추방하고 이른바 명예혁명이라고 불리는 무혈의 시민혁명을 이룩한 다음 권리장전(Bill of Rights)을 제정하였다. 그 내용은 제임스 2세의 불법행위를 열거하고 의회의 동의 없는 법률의 제정이나 금전의 징수 및 상비군의 유지를 금지하며 선거 및 언론의 자유, 잔인한 형벌의 금지, 의회를 자주 소집할 것 등을 규정하였다. 영국에서의 인권보장은 ① 국왕의 대권(prerogative)과 귀족의 특권(privilege) 간의 투쟁과정에서 형성되었으며, ② 관습법의 역사적 집적물인 보통법(common law)에 근거하여 오랜 기간 발전되어 왔고, ③ 추상적 원칙의 제시보다는 국왕의 전제를 방지하기 위한 구체적 절차를 중심으로 실현되고 있는 점에 특징이 있다.

2. 미 국

1776년에 버지니아주 의회를 통과한 권리장전은 천부인권설에 입각하여 기본권 목록을 제시한 최초의 권리장전이다. 이는 존 로크의 사상적 영향 하에 재산권과 행복과 안전을 추구할 권리 등을 제시하고 있다. 이어서 나타난 미국의 독립선언은 인민에게 생명·자유 및 행복 추구의 천부적 권리가 있음을 지적하면서 그 권리의 확보를 위하여 조직된 정부의 정당성은 '피치자의 동의'에 유래한 것이며 인민에게 혁명권(革命權)이 존재함을 선언하였다. 영국과의 독립전쟁에서 승리한 후 1787년에 제정된 미국의 연방헌법에는 명문의 권리장전이 오히려 기본권을 축소시킬 수 있다는 우려에서 이를 포함하지 아니하였으나 곧 헌법상의 권리장전의 필요성을 다시 인식하여 1791년에는 10개조의 권리장전이 헌법에 추가되었다. 또한 남북전쟁 후 노예제의 폐지와 적법절차 원칙의 각 주(州)에의 적용 조항이 추가되었고, 1870년에는 흑인의, 1920년에는 여성의 투표권 보장이 실현되었다.

3. 프 랑 스

미국의 독립에 이어서 프랑스에서 시민혁명이 성공하자 미국의 헌법과 독립선언의 영향을 강하게 받은 인권선언이 프랑스에서도 탄생하였다. 1789년 8월 26일의 '인간과 시민의 권리선언(la déclaration des droits de l'homme et du citoyen)'은 인간의 자연권을 열거하면서 자유권, 소유권, 안전 및 압제에 대한 저항권 등을 선언하였다. 특히 기본권으로서 소유권을 열거한 점이 특징적이다. 1793년에 이르러 새로운 공화제 헌법을 제정함에 있어서 그 전문에 권리장전을 새로이 편성하여 규정하였으나 이 헌법은 결국 시행되지 못하였다. 프랑스의 권리장전은 위 1789년의 '인간과 시민의 권리선언'을 그대로 유지하고 있으며, 이후의 헌법은 별도로 본문에 권리장전을 두지 않고 있다. 현행 헌법 하에서도 1789년의 위 권리장전은 전문에 도입되어 헌법의 일부분을 구성하면서 실효성을 유지하고 있다.

4. 독 일

독일에서는 영국이나 프랑스와 같은 시민혁명이 성공하지 못하고 1871년의 독일 통일이 군주주권 체제의 프로이센에 의하여 이룩됨으로써 기본권의 헌법적 수용은 제대로 실현되지 아니하였다. 다만 1849년의 시민혁명기에 성안된 프랑크푸르트 헌법초안(Frankfurter Verfassungsentwurf)에서 제반 기본권을 상세히 규정하는 내용을 담고 있었으나 발효되지 못하였다. 실효성이 있는 권리장전은 1919년의 바이마르헌법에 이르러 비로소 빛을 보게 되었다. 바이마르헌법(Weimarer Reichsverfassung)은 자유권과 평등권 및 재산권 이외에 이른바 사회적 기본권을 최초로 규정하였다. 나치 시대를 겪은 후 1949년에 제정된 본 기본법(Bonner Grundgesetz)에서는 전체주의에 대한 반성으로 인간의 존엄성을 특히 강조하면서 상세히 체계화된 기본권의 목록을 규정하였으며 독일 통일 이후에도 기본법에 포함된 이 권리장전은 그 내용을 거의 유지한 채 시행되고 있다.

5. 인권보장의 현대적 상황

인종학살 등 대규모의 인권침해로 점철된 제2차 세계대전이 끝나자, 인권의 보장은 국제연합 등 국제기구를 중심으로 하여 국제법적 규범으로 정립되는 새로운 단계로 접어들었다. 그 대표적인 것은 1948년 12월의 세계인권선언이다. 이는 그간 각국의 국내법적 이론과 규범으로 정립된 인권의 내용을 상세히 체계화한 것이나 강제력이 없는 권고적 의미의 선언에 그쳤다. 그리하여 국제연합은 그 법적 강제력을 확보하기 위한 조치로서 1966년 국제연합인권규약(International Covenant on Human Rights)을 채택하게 되고 이는 다자간 조약으로서 각국의 비준을 거쳐 1976년 발효되었다. 국제연합인권규약은 '경제적 사회적 문화적 권리에 관한 국제규약', 이른바 A규약과 '시민적 정치적 권리에 관한 국제규약', 이른바 B규약 및 선택의정서로 구성되어 있다. 그 중 권리장전으로서 특별한 중요성을 가지는 것은 B규약이라고 할 수 있으며 우리나라도 이에 가입하였다. 따라서 동 인권규약은 우리나라의 국내법으로 수용되었으며 헌법에 포함된 권리장전의 내용을 구체적으로 보충하는 실효성을 가지고 있다.

제3절 기본권의 주체

1. 자 연 인

대한민국 국적의 자연인(自然人)은 헌법이 보장하는 모든 기본권의 주체가 된다. 여기서 아직 생명의 탄생단계에 있는 태아(胎兒)에게 기본권이 인정될 것인지 여부와 사자(死者)에게도 어느 범위에서 기본권을 확대 적용할 것인지가 문제된다. 판단건대 태아는 아직 인간으로서의 주체성을 가지지 못한 단계에 있으므로 일반적인 기본권은 인정될 수 없으나 탄생의 과정 중에 있는 생명체인 만큼 생명에 관한 기대권은 기본권으로서 인정되어야 할 것이다.[1] 다만 초기배아의 단계에서는 이러한 태아로서의 생명권은 보호되지 아니한다.[2] 또한 사자라고 하여도 사회적 명예와 평가가 남는 만큼 그의 인격권과 명예권은 그 한도에서 기본권으로서 보호되어야 한다.[3]

2. 외 국 인

헌법이 보장하는 기본권 중 '인간(人間)에 대한 권리'는 그 본질상 당연히 외국인에게 적용된다고 할 것이고, '국민(國民)에 대한 권리'는 헌법 제6조 제2항에 따라 국제법과 조약이 정하는 바에 의하여 당해 외국인이 속하는 국가와 상호주의(相互主義)적으로 보호된다.

따라서 인간의 존엄권이나 생명권·평등권 기타 대부분의 자유권은 자연인

1) 헌재 2008. 7. 31, 2004헌바81.
2) 헌재 2010. 5. 27. 2005헌마346.
3) 헌재 2010. 10. 28. 2007헌가23.

인 인간에 대한 권리로서 외국인에게도 적용된다고 할 것이다.[1] 그러나 외국인에 대한 입국의 허부는 대한민국의 주권에 속한 사항이므로 그 입국의 자유가 기본권으로 보장될 수는 없다. 아울러 망명권도 우리 헌법이 명시적으로 보장한 바가 없으므로 외국인에게 보장된 기본권에 속하지 않는다. 다만 외국인이 입국한 이상 그 직업활동이나 거주이전의 자유를 완전히 부정할 수는 없다고 하겠다.[2] 정치적 자유권은 국민으로서의 권리이므로 외국인에게는 인정되지 아니한다고 할 것이나, 지역사회에 거주하며 활동하는 외국인에게 그 지방참정권을 인정하는 것은 세계적 추세이므로 이는 상호주의에 따라 인정되어야 한다고 본다. 청구권적 기본권은 기본권 보장을 위한 기본권인바 여기서 보장하고자 하는 기본권이 인간으로서의 권리라고 한다면 외국인에게도 당해 청구권적 기본권까지 보장된다고 보아야 할 것이다. 예컨대 평등권을 보장받기 위하여 행사하는 재판청구권의 경우가 이와 같다. 다만 국가배상이나 범죄피해자 보호를 위한 청구권의 경우에는 상호주의에 따라 보장받는다고 봄이 타당하다. 나아가 사회적 기본권은 국가의 재정능력을 동원하여 국민의 생존을 보장하는 성격의 권리로서 국민의 권리로서의 성격이 뚜렷하므로 외국인의 경우에는 원칙적으로 인정되지 않는다고 봄이 상당하다. 그러나 근로의 권리 중 '일할 환경에 관한 권리'는 인간으로서의 권리라고 파악되므로 이는 외국인에 대하여서도 인정된다.[3]

---

1) 청구인들이 침해되었다고 주장하는 인간의 존엄과 가치, 행복추구권은 대체로 '인간의 권리'로서 외국인도 주체가 될 수 있다고 보아야 하고, 평등권도 인간의 권리로서 참정권 등에 대한 성질상의 제한 및 상호주의에 따른 제한이 있을 수 있을 뿐이다. 헌재 2001. 11. 29. 99헌마494, 판례집 13-2, 714, 723면.

2) 직업의 자유 중 직장 선택의 자유는 인간의 존엄과 가치 및 행복추구권과도 밀접한 관련을 가지는 만큼 단순히 국민의 권리가 아닌 인간의 권리로 보아야 할 것이므로 외국인도 제한적으로라도 직장 선택의 자유를 향유할 수 있다고 보아야 한다. 청구인들이 이미 적법하게 고용허가를 받아 적법하게 우리나라에 입국하여 우리나라에서 일정한 생활관계를 형성, 유지하는 등, 우리 사회에서 정당한 노동인력으로서의 지위를 부여받은 상황임을 전제로 하는 이상, 이 사건 청구인들에게 직장 선택의 자유에 대한 기본권 주체성을 인정할 수 있다. 헌재 2011. 9. 29. 2007헌마1083 등, 판례집 23-2상, 623면.

3) 헌법상 근로의 권리는 '일할 자리에 관한 권리'만이 아니라 '일할 환경에 관한 권리'도 의미하는데, '일할 환경에 관한 권리'는 인간의 존엄성에 대한 침해를 방어하기 위한 권리로서 외국인에게도 인정되며, 건강한 작업환경, 일에 대한 정당한 보수, 합리적인 근로조건의 보장 등을 요구할 수 있는 권리 등을 포함한다. 여기서의 근로조건은 임금과 그 지불방법, 취업시간과 휴식시간 등 근로계약에 의하여 근로자가 근로를 제공하고 임금을 수령하는 데 관한 조건들이고, 이 사건 출국만기보험금은 퇴직금의 성질을 가지고 있어서 그 지급시기에 관한 것은 근로조건의 문제이므로 외국인인 청구인들에게도 기본권 주체성이 인정된다. 헌재 2016. 3. 31. 2014헌마367, 판례집 28-1상, 471면.

3. 법 인

(1) 기본권의 성질에 의한 판단

법인의 기본권 주체성은 기본권의 성질에 따라 결정된다. 따라서 자연인의 신체적·심리적·정신적 특성에 따르는 기본권은 성질상 법인에게 적용되기 어려운 것으로서 법인에게 인정되는 기본권 목록에서 제외된다.

이렇게 볼 때 인간의 존엄권과 신체의 자유나 양심의 자유 또는 신앙의 자유는 법인에게 인정되지 아니한다. 그러나 법인에게도 명예나 신용에 관한 권리가 있으므로 그 인격권은 경우에 따라 인정될 수 있다. 법인은 그 목적에 따라 국가사회의 제반 분야에서 각종 활동을 하므로 평등권, 직업의 자유, 거주·이전의 자유, 종교의 자유, 언론·출판·집회·결사의 자유, 학문의 자유, 예술의 자유, 재산권 등의 기본권의 주체가 될 수 있다. 다만 사생활의 자유와 비밀은 자연인에 고유한 권리로서 법인의 권리로는 인정될 수 없다.

(2) 공법인의 기본권 주체성

공법인은 국가나 지방자치단체를 대신하여 공공행정을 수행할 목적으로 설립된 법인으로서 공권력 수행의 주체로서의 성격을 가지므로 원칙적으로 기본권의 수범자(Adressat)이지 소지자(Träger)에 해당하지 않는다. 다만 공법인이라도 ① 조직법상 국가로부터 독립되어 고유한 업무영역을 가지고, ② 기본권에 의하여 보호되는 생활영역에 속하며, ③ 기본권 실현에 기여하는 활동을 하는 경우에는 그 한도에서 기본권의 주체성이 인정될 수 있다. 이러한 취지에서 헌법재판소는 국립대학에 대하여 대학자율권의 주체성을 인정하고 한국방송공사에 대하여 언론의 자유의 주체성을 용인한 바 있다.[1]

(3) 법인격 없는 사단과 정당

법인격 없는 사단은 단체의 실질이 사단임에도 불구하고 권리능력을 가지지 아니한 것이다. 이는 기본권 행사의 실질적 측면에서는 법인과 달리 취급

---

1) 헌재 1992. 10. 1. 92헌마68. 서울대 사건; 헌재 1999. 5. 27. 98헌바70. 한국방송공사 사건; 헌재 2001. 2. 22. 99헌마613. 세무대학 사건.

받을 이유가 없으므로, 그 대표자의 정함이 있고 독립된 사회적 조직체로서 활동하는 경우에는 성질상 법인이 누리는 기본권을 모두 향유한다.[1)]

또한 정당도 그 법적 성격이 법인격 없는 사단이라고 할 것인데 그 본질과 활동의 성격상 정치적 자유를 누릴 뿐 아니라 평등권, 재산권의 주체가 될 수 있다. 특히 헌법 제8조 제1항은 정당설립의 자유, 정당조직의 자유, 정당활동의 자유 등을 포괄하는 정당의 자유를 보장한다.[2)]

제4절 기본권의 효력

기본권의 효력은 기본권이 가지는 그 내용을 실현시킬 수 있는 힘 내지 구속력을 말한다. 기본권의 효력은 이에 기속되는 대상이 누구인가에 따라서 국가를 상대로 한 효력, 즉 대국가적 효력과 개인을 상대로 한 대사인적(對私人的) 효력 내지 제3자적 효력으로 나눌 수 있다.

제1항 기본권의 대국가적 효력

(1) 기본권은 원래 국가에 대하여 개인의 자유와 권리를 보호하기 위한 방어적 권리이다. 따라서 기본권은 국가에 대하여 효력을 가져야 하며 국가의 여러 작용 중 특히 권력적 작용에 대하여 효력을 가짐이 원칙이다.

(2) 국가작용 중에는 관리작용(管理作用)과 국고작용(國庫作用)과 같이 비권력적 작용의 성격을 가지는 것도 존재한다. 이 중 관리작용은 공권력을 행사하는 것이 아니라 영조물의 설치·관리, 공기업의 운영 등과 같이 공적 재산을 관리하는 작용을 말하며, 국고작용은 국가가 사인과 같이 영리활동 내지 일반적 경제활동을 하는 작용을 지칭한다. 담배를 재배하여 판매하는 전매사업이나 군대에서 사용할 무기 등 공물(公物)의 조달 사업 등이 국고작용의 예인데, 이 경우 국가는 공권력적 주체로 나서지 않으며, 마치 사인처럼 경제활동을 하여 영리활동을 하고 물품을 구매하게 된다.

---

1) 헌재 1991. 6. 3. 90헌마56.
2) 헌재 2004. 12. 16. 2004헌마456.

(3) 국가가 관리작용이나 국고작용을 하는 경우 거래의 상대방인 국민은 국가에 대하여 기본권을 주장할 수 있는가 하는 문제에 관하여, 원칙적으로는 인정되지 않는 것으로 보지만 뒤에 언급하는 바와 같이 사인(私人)에 대하여 일정한 경우 기본권은 효력을 가지므로 관리작용 혹은 국고작용을 행하는 국가에 대하여서도 같은 범위에서 기본권이 효력을 가진다고 보는 것이 균형있는 판단이다. 이와 같이 국가의 관리작용, 국고작용에 대하여서도 기본권은 일정한 범위 내에서 효력을 가진다고 보는 것이 통설이다. 또한 헌법 제10조가 '국가는 기본적 인권을 확인하고 보장할 의무를 진다'고 규정하여 기본권 보호 의무의 주체를 반드시 공권력적 작용을 하는 국가에 한정되고 있지 아니하고 있는 점도 국가작용 일반에 대하여 기본권의 효력이 미친다는 해석의 간접적 근거가 된다.

제2항 기본권의 대사인적 효력

기본권은 원칙적으로 개인이 국가에 대하여 자신의 권리를 지키기 위한 방어권으로서의 성격을 가진다. 그러나 사회생활의 현실에서는 국가가 아니라고 하더라도 재산이나 조직의 측면에서 월등한 힘을 가진 개인이나 사적(私的) 단체가 존재하며, 이들은 압도적인 경제력과 조직력을 통하여 거래상대방인 개인의 자유로운 선택을 제한하는 준권력적(準權力的) 활동을 함으로써 개인의 기본권을 침해하는 일이 실제로 발생한다. 이와 같이 국가 대 개인의 관계가 아닌 개인과 개인간의 관계에서도 상호관계가 평등하게 이루어지지 않고 어느 일방이 상대방의 기본권을 침해하는 상태가 나타나는데 여기에 대한 이론적 대처의 차원에서 기본권의 대사인적(對私人的) 효력이 논의된다. 이 문제에 대한 이론적 접근방식은 미국과 독일의 경우 상당한 차이를 보이고 있는데 이하에서 나누어 살펴본다.

1. 독일의 이론

사인간의 법률관계에 기본권의 효력 인정 여부에 관하여 그 효력을 부인하는 견해(효력부인설)와 직접적 효력을 인정하는 견해(직접효력설) 및 일부 경우에만 적용된다거나 간접적으로만 적용된다고 보는 견해(절충설)가 나뉜다.

(1) 효력부인설

사법관계에 관한 법적 규율에 있어서는 사적자치(私的自治)의 원칙이 우선적으로 존중되어야 한다. 따라서 사법관계에 있어서는 당사자간의 합의에 의하여 그 기본권의 일부를 포기할 수도 있다. 또한 법체계 일반은 공법과 사법체계로 준별되며, 사법은 공법과는 다른 고유한 독자적인 법원칙에 의하여 운용된다. 만약 사법적 관계에 기본권 규범이 적용된다면 사법과 공법의 이원적(二元的) 구분이 붕괴되고 전체적인 법체계에 혼란을 가져오게 된다. 따라서 사법관계에 있어서는 공법적 규율원칙인 기본권 규범이 적용되어서는 안 된다는 것이다.

(2) 직접적용설

효력을 부정하는 견해는 논리적 정당성이 있지만 사인들 간에도 기본권 침해가 실제로 문제되고 있는 현실을 설명하지 못한다. 실제로 경제적 강자가 계약 등 합의에 의하여 약자의 기본권을 침해하는 경우가 발생할 수 있으며 이 경우 경제적 약자의 기본권은 구제받을 필요가 있다. 그런 면에서 효력부인설을 취하는 입장은 약점을 가지며 이를 액면 그대로 주장하는 학설은 거의 없다. 그러나 사법관계에서 사적자치의 원칙을 존중하고 공사법의 이원체계를 유지하여야 한다는 효력부인설의 주장 자체는 타당하므로 기본권 규범이 전면적으로 사법관계에 적용되어야 한다는 주장 또한 극단적 견해로서 관철될 수 없다. 직접적용설이라고 하여도 모든 기본권에 대하여 전면적으로 적용하여야 한다고 주장하는 견해는 드물다.

(3) 부분적 직접적용설

기본권은 다양한 성격을 가지므로 각 특성에 따라 사법관계에 적용될 수 있는 것이 있고 그렇지 아니한 것이 있을 수 있다. 개인이 다른 개인의 자유를 지나치게 속박할 경우 자유권적 기본권의 침해가 문제될 소지는 존재할 것이다. 그러나 청구권적 기본권 등은 국가에 대한 절차적 청구의 본질을 가지므로 사적 영역에서 적용될 여지가 없다. 사인에 의하여 불합리한 차별을 당할 경우 평등권이 침해될 수 있으므로 이 또한 사법관계에 적용될 가능성은 상존한다. 특히 근로3권은 본질상 노사관계에서 적용되어야 할 것이므로 사인간에 직접 적용되는 권리로서의 성격을 가지고 있다. 근로3권은 사인에 대하여 직접 적용되는 기본권의 대표적인 경우라고 할 것이다. 이처럼 기본권 중 성질상 사인에게 적용함이 타당하다고 보이는 것들만 직접 적용한다고 본다.

(4) 간접적용설

직접적용설에 의하게 되면 당사자간 합의 내지 사적자치의 존중, 사법의 고유한 법칙성의 존중, 공사법(公私法)의 이원성 등 법의 기본체계가 무너진다는 문제점이 있다. 따라서 이와 같은 법의 기본원칙을 고수하되 사법적 영역에서는 사법상의 일반원칙 조항을 매개로 하여 기본권의 효력이 간접적으로 사법관계에 적용되도록 한다는 견해가 간접적용설이다. 여기서 기본권 적용의 관문(關門)이 될 수 있는 사법상 일반원칙 조항으로 대표적인 것은 민법의 공서양속(公序良俗) 조항이다. 민법 제103조는 '선량한 풍속 기타 사회질서에 위반한 사항을 내용으로 하는 법률행위는 무효로 한다'고 규정한다. 이 조항을 통하여 계약 등 사법적 법률행위가 어느 당사자의 기본권을 부당하게 침해할 때에는 사회질서 위반 등을 이유로 무효라고 해석함으로써 기본권의 효력을 사법영역에 미치게 할 수 있다는 것이다. 고의 또는 과실로 인한 위법행위로 타인에게 손해를 가한 자에게 손해배상책임을 지도록 규정한 불법행위 조항도 이와 같은 관문조항으로서의 역할을 할 수 있다.

이러한 견해는 공사법의 이원적 체계를 혼란시키지 않으면서도 사법관계에서 기본권의 효력이 미치도록 하므로 논리적으로 우수하다고 하여 헌법학자들이 일반적으로 받아들이고 있는 통설이다.

(5) 평 가

간접적용설이 통설적 입장이기는 하나, 이 견해 또한 지나치게 공법중심적 사고에서 나온 것이며 추상적이고 이론적으로 치우쳐서 실제 판결에는 제대로 반영되고 있지 못한 비현실적 주장이라는 점에서 흠이 있다고 생각한다. 법원의 재판이 원칙적으로 헌법소원의 대상이 되지 아니하는 현행의 헌법재판제도 하에서 사법적 관문조항(關門條項)의 의미는 민사재판의 담당 판사가 전적으로 해석하게 되며 이에 대하여 원칙적으로 헌법재판소는 관여할 수 없게 되어 있다. 물론 일반법원의 판사도 기본권의 의미를 충분히 의식하여 사법상의 일반조항을 기본권의 효력 인정을 위한 관문조항으로 활용할 수도 있겠지만 현재로서는 그와 같은 법률해석이 실제 재판에서 충분히 이루어지지 않고 있다고 본다. 일반법원에서는 폭증하는 민사재판의 적정한 처리에 주된 관심을 두어야 하므로 사법관계에 공법적 원칙을 적용하는 문제에 소극적이며 기본권의 적용문제는 여기서 그렇게 심도있게 다루어질 수 없기 때문이다.

이에 반하여 독일에서는 헌법재판소가 일반법원의 최고법원으로서 기능하고 있다. 따라서 간접적용설을 적용하더라도 당해사건에서 중대한 헌법문제가 개재되면 일반법원의 심판 이후에 결국 헌법재판소로 가져가게 된다. 헌법재판소는 헌법재판의 전문기구이므로 모든 재판에서 당사자는 최종적으로 헌법전문기관의 판단을 받는 구조가 되어 있다고 할 수 있다. 그러나 우리나라의 경우 일반법원의 재판에서 사인의 기본권 침해의 헌법 문제가 개재되더라도 헌법재판소가 개입할 수 있는 여지가 거의 없다. 기본권의 제3자적 효력을 사법조항의 해석을 통하여 간접적용하여야 한다는 견해는 헌법재판소가 사법적 분쟁을 다루는 판결에 대한 종국적 판단권을 가져야만 실질적으로 작동될 수 있다. 이러한 제도적 장치가 없는 우리나라에서 간접적용설은 단지 헌법학자의 공허한 이론적 주장에 그칠 뿐 실제적 의미를 가지기 어렵다.

2. 미국의 판례이론

(1) 국가행위론의 연혁

㈎ 미국은 영국으로부터의 독립 당시 천부인권과 만인의 평등을 지향하는 입헌주의 사상을 기초로 국가를 수립하였지만, 흑인노예제도의 존폐 문제는 독립 당시부터 남북 주(State)들 간의 갈등 요인이 되었다. 상공업이 발달한 북부지역의 제 주에서는 흑인노예가 필요하지 아니한 반면, 흑인노예의 제도는 남부 지역 제 주들의 경제를 지탱하는 중요한 역할을 하고 있었기 때문이다. 독립전쟁 당시 남북의 제 주들은 흑인노예제도의 문제를 의식적으로 외면함으로써 일단 분열을 피하고 단합하여 영국과의 투쟁에서 승리하였다. 그런 이유로 1787년의 미국 연방헌법에서는 노예제도 폐지에 관하여는 언급을 피하고

있다. 노예제도의 문제는 잠복되어 오다가 1860년에 이르러 남북전쟁의 발발로 결국 전쟁을 통하여 해결을 보게 되었는데 북부가 승리함으로써 헌법개정에 의하여 노예제도는 폐지되고 남부 지역의 제 주들을 포함한 미합중국의 어떠한 주도 그 주민에 대하여 평등보호를 거부하지 못하도록 규정되었다.[1] 따라서 연방뿐만이 아니라 각 주(State)도 개인, 특히 흑인에 대하여 법의 평등보호를 거부할 수 없게 되었다.

(나) 그러나 그 이후에도 남부지역에서는 흑인에 대한 사실상의 차별이 계속되었는데, 수정헌법의 평등조항으로 인하여 법률에 의하거나 주의 공권력에 의한 직접 차별을 할 수는 없게 되었으므로 사인의 행위를 통하여 흑인을 분리하는 방법이 널리 활용되었기 때문이다.

예컨대 주에서 백인들만 이용할 공원을 조성함에 있어서 주정부는 사인에게 공원을 임대하고 그 사인이 흑인의 출입을 금지한다거나, 대학과 같은 공적 영조물을 사인에게 임대하고 그 사인으로 하여금 흑인이 출입하지 못하도록 금지하도록 하는 등의 방법에 의하여 수정헌법상의 평등조항의 적용을 회피하려고 하였던 것이다. 이러한 사안에서 평등 위반이 다투어진 소송들에서 연방대법원은 처음에는 수정헌법상 평등조항은 각 주에게 적용되는 것일 뿐 사인에게는 적용되지 아니한다는 이유로 차별대상인 흑인들을 패소시켰으나, 민권운동이 전개된 이후 연방대법원의 태도는 변화하여 이른바 국가행위론(state action theory)에 따라 이러한 사인의 행위가 평등위반으로서 헌법에 위반됨을 인정하게 되었다. 국가가 원조(援助)한 사인이 차별적 조치를 하는 경우 그 배경에는 국가가 자리잡고 있으므로 이를 국가의 행위로 의제한다는 것이다. 여기서 국가는 주(州, State)를 말하므로 정확히 말하면 '주행위의제론'이라고 할 수 있다.

(2) 국가행위 의제의 유형

미국 연방대법원은 1940년대 이후 입장 변화를 보여서 국가행위이론을 적용하기 시작하였는데, 이를 영역상 대별하면 공적기능이론과 국가개입이론 및 사법집행이론으로 나눌 수 있다.

---

1) 미국 헌법 수정 제14조 제1항.

㈎ 공적기능(public function)이론

사인의 행위라고 하여도 그 본질을 따져서 공적 기능을 가지는 경우에는 이를 주의 행위로 의제한다는 것이다. 다음 사례들이 이러한 논리에 입각한 것이다.

대규모 석유회사가 소유·관리하는 마을을 방문한 종교인이 자신의 종교를 선전하는 전단을 뿌리다가 회사 관리인에 의하여 쫓겨나자 종교의 자유를 침해당하였다고 주장하며 제기한 소송에서, 연방대법원은 그 마을은 회사에 귀속되는 사유재산이기는 하지만 단위 마을로서의 모든 공적 기능이 이루어지고 있고, 회사는 국가로 의제될 수 있는 공적 기능을 행사하고 있으므로 원고의 기본권 행사를 저지할 수 없다고 판단하였다.[1)]

미국의 각 주는 대통령 선거 등 공직선거를 할 때 본선거를 시행하기 전에 정당별로 예비선거(primary election)를 실시하는 제도를 가지고 있다. 공화당과 민주당의 양당제 구조에서 각 당이 예비선거를 하여 먼저 후보자를 선출하는 것이다. 그런데 텍사스 주 선거법에서는 백인들만이 예비선거에 참가할 수 있도록 규정하였다(이른바 'white primary' 조항). 이에 예비선거에서 제외당한 흑인들이 제기한 소송에서 연방대법원은 당해 주가 헌법상의 평등조항을 위반하였다는 이유로 위헌임을 선고하였다.[2)] 수정헌법상 평등조항은 각 주에 적용되도록 규정하므로 이는 당연한 판단이라고 할 것이다. 이러한 판결을 받자 텍사스 주 법률은 정당의 주(州)집행위원회가 예비선거에 관하여 규율하는 것으로 규정하고 주집행위원회의 규정에 의하여 백인들만이 예비선거에 참가할 수 있도록 하였다. 그러나 연방대법원은 연이은 소송에서 주집행위원회도 주와 같은 공적 조직이므로 평등조항의 적용을 받는다고 하면서 위헌판결을 하였다.[3)] 다시 텍사스 주는 각 정당의 전당대회에서 예비선거에 관한 사항을 규율하는 규정을 만들 수 있도록 하였으며, 이에 따라 민주당 등 정당은 그 규정에 의하여 white primary를 규정하였다. 다시 제기된 소송에서 연방대법원은 민주당은 사적 조직이지만 예비선거 자체가 공적 기능을 가진 것이므로 주로 의제되어 그 내부규정에 의하여 실시하는 white primary는 헌법에 위반된다고 판단하였다.[4)]

1) Marsh v. Alabama, 326 U.S. 501(1946).
2) Nixon v. Herndon, 273 U.S. 536, 540(1927).
3) Nixon v. Condon, 286 U.S. 73(1932).

(나) 개입(entanglement)이론

국가가 개인에게 허가를 주거나 재정지원을 하는 등 특권이나 특혜를 주어서 일반인에 대한 서비스의 제공 등을 하게 하는 경우 그 개인이 행하는 행위는 국가의 행위로 의제된다. 정부의 보조금 지원을 받아 개인이 운영하는 공원, 학교, 체육관이나 식당 등의 경우가 이에 해당한다.1) 이러한 시설에 백인들에게만 입학을 허용하는 경우 재정지원이나 기타 특혜제공을 통하여 국가가 개입하고 있으므로 국가행위의 의제이론을 적용하는 것이다.

(다) 사법집행(judicial enforcement)이론

사인의 행위가 국가행위로 의제되는 것은 아니라도 사인의 행위에 대하여 판결과 그 집행 등의 방법으로 국가가 개입하면 이는 국가행위에 해당하여 헌법의 적용을 받는다는 이론이다. 연방대법원의 이러한 입장이 정립된 것은 Shelley v. Kraemer 판결이 최초인데, 그 사건의 개요는 다음과 같다.

백인들만이 거주하는 마을에서 주민들이 흑인에게 집을 팔지 않기로 하는 합의를 하였으나 그 중 어느 주민이 흑인에게 집을 매도하자 다른 주민들이 계약위반을 이유로 당해 매매는 취소되어야 한다고 주장한 사건에서, 원심 법원은 여기서 흑인에게 집을 팔 수 없도록 한 약정은 사인간의 합의로서 존중되어야 하므로 이를 위반한 매도계약은 취소되어야 한다고 판단하였다. 그러나 연방대법원은 사인간의 행위라고 하더라도 당사자간에 다툼이 발생하여 소송이 제기되고 법원이 개입하여 그 판결이 집행되어버린 경우에는 법원의 집행을 국가의 개입으로 볼 수 있다고 보았다. 따라서 사인간의 행위에 개입한 법원의 판결이 주의 행위로 간주되어 이에 대한 수정헌법 평등조항의 적용을 인정하였다.2)

이러한 사례에서는 문제된 사인의 행위는 공적 기능을 가지지 아니하며 이에 대한 국가의 개입도 존재하지 않는다. 그럼에도 불구하고 그 행위에 대한 효력 여부에 관하여 법원의 판결이 있게 되면 동 판결은 국가행위로서 헌법의 적용을 받게 된다는 것이다. 그런데 이와 같이 본다면 국가행위이론이 적용되지 않을 사법적 분쟁은 존재할 수 없게 된다. 사인간의 행위에 대하여 소송이

4) Smith v. Allwright, 321 U.S. 649(1944).
1) Burton v. Wilmington Parking Authority, 365 U.S. 715(1961).
2) Shelley v. Kraemer, 334 U.S. 1(1948).

제기되면 모두 주의 행위로 간주되므로 그 범위는 무한정 확대될 수 있어서 사실상 모든 사법적 행위에 대하여 공법원리의 적용이 확대되어야 한다는 면에서 지나친 결과를 가져온다는 비판이 있다.1)

3. 결 어

이상에서 본 바와 같이 독일의 이론은 논리적이기는 하나 실제 효과가 부족한 반면 미국의 이론은 논리적으로 결함없이 발전된 것은 아니지만 오히려 현실적 적용가능성이 크다. 따라서 이러한 미국의 이론은 우리 헌법현실에 적용하는 데에도 보다 유용하다고 본다. 우리 사법제도상 간접적용설은 일반법원이 민사재판에서 기본권을 적용하는 판결을 충분히 하여 주지 않는다면 실효성을 가질 수 없다. 오히려 미국식의 국가행위의제론을 활용하는 것이 기본권의 대사인적 효력을 실제로 강화하는 지름길이 될 것이다. 헌법 제10조는 국가의 기본권보장의무를 규정하고 있는데, 여기서 말하는 국가에는 공권력의 주체로서의 국가 외에 국가행위에 의제될 수 있는 권력적 행위를 하는 사인의 경우를 포함하는 것으로 해석한다면 우리 헌법상으로도 국가행위의제론 적용의 헌법적 근거를 찾을 수 있다고 본다.

지금까지는 헌법재판, 특히 헌법소원의 대상에는 공권력의 행사 혹은 불행사로서의 권력적 국가작용만을 포함하는 것으로 해석되고 있다. 여기에 관리작용, 국고작용이 모두 제외되고 있으며, 나아가 사인간의 행위가 제외됨은 당연한 것으로 받아들여지고 있다. 그러나 앞으로 국가행위의제론의 취지를 감안하여 헌법소원의 대상이 되는 공권력의 행사 혹은 불행사의 의미를 확장하는 것이 필요하다고 본다. 그리하여 공적 기능을 가지거나 국가가 개입된 사인의 권력적 행위에도 헌법소원이 받아들여지도록 해석되어 나가는 것이 바람직하다. 그렇게 된다면 기본권의 제3자적 효력은 수많은 일반 소송사건의 처리에 쫓기고 있는 법원이 아니라 헌법소송만을 전문적으로 담당하고 있는 헌법재판소에 의하여 보다 실효적으로 보장될 수 있을 것이다.2)

---

1) Erwin Chemerinsky, *Constitutional Law*, 3rd ed., pp. 528-529.

2) 우리 헌법소송법제상 법원의 재판은 원칙적으로 헌법소원의 대상에서 제외되므로, 사법적 집행(judicial enforcement) 자체를 국가행위로 간주함으로써 기본권의 제3자적 효력이 무한정 확대되는 미국판례법상의 문제점은 우리나라의 경우에는 발생할 수 없다. 이러한 측면도 국가행위의제론

제5절 기본권의 경합과 충돌

(1) 기본권의 침해는 반드시 하나의 기본권에 대하여서만 이루어지는 것이 아니며 복수의 기본권이 동시에 침해의 대상이 될 수 있다. 기본권이 침해되는 실제 사례에 있어서는 단수의 기본권만이 아니라 여러 기본권들이 경합하여 문제되는 경우가 오히려 더 빈번하다. 예컨대 준법서약제의 경우에는 그 수범자의 양심의 자유와 평등권의 침해 여부가 문제되고, 성별에 따른 교원할당제의 경우에는 평등권과 직업의 자유의 침해 여부가 함께 문제된다. 소득세의 부부합산과세의 경우에도 평등권과 재산권의 침해 여부가 병행하여 다투어질 수 있다. 이와 같이 하나의 침해행위에 의하여 복수의 기본권이 문제될 경우 이른바 기본권의 경합(競合)이 발생한다.

(2) 반면 어느 한 기본권의 주체가 그 기본권을 행사함에 있어서 타인의 기본권을 침해하는 경우가 있을 수 있고 이 경우 양 기본권 주체의 기본권들은 서로 대립하여 갈등하는 양상을 보이기도 한다. 예컨대 담배를 애호하는 사람은 끽연권(喫煙權)이 자신의 행복추구권에 들어간다고 생각하지만, 담배를 싫어하는 자는 옆 사람이 담배를 피워서 그 연기를 억지로 마시게 되면 자신의 행복추구권으로서의 혐연권(嫌煙權)이 침해당하였다고 주장할 것이다. 이처럼 복수의 기본권 주체들 사이에서 서로 기본권을 실현하는 것이 모순되는 경우 이를 기본권의 충돌이라고 한다.

(3) 기본권의 경합은 단일한 기본권 주체가 여러 기본권들의 실현을 주장할 경우 어느 기본권이 우선하는가 하는 문제인 반면, 기본권의 충돌은 복수의 대립된 기본권 주체들 간에 모순, 대립하는 기본권들 사이에서 어느 기본권을 우선시켜 주어야 하는가 하는 문제로 귀착된다.

제1항 기본권의 경합

(1) 기본권 경합을 논하는 실익은 헌법소송의 실무에서 어떠한 기본권을

이 우리 법제에 잘 적응할 수 있는 요인의 하나라고 본다.

우선하여 주장하고 또 판단하여야 하는가 하는 순위를 정하는 데에 현실적으로 필요하다는 데에 있다. 예컨대 부부합산소득을 기준으로 한 소득세부과제도에 대하여 헌법재판을 제기함에 있어서 당해 청구인이 재산권, 평등권, 행복추구권 등 제반 기본권들 중 어느 기본권의 침해를 우선하여 주장할 것인가 하는 문제에 관련되며, 당해사건을 담당한 판사는 위 기본권들 중 어느 기본권의 침해 여부를 우선하여 판단하여야 할 것인가 하는 점을 실무적으로 정하는 문제에 관련된다. 이처럼 자유권이나 재산권 혹은 평등권 중 어느 기본권이 우선되어 판단되는가 여부에 따라서 결정의 내용과 의미는 상당한 차이를 가져올 수 있으므로 기본권의 경합문제는 헌법소송의 실무상 중요한 의미를 가진다.

(2) 기본권의 경합이 발생하는 경우 판단방법에 관하여서는, 경합된 기본권 중 그 사건의 구체적 사안에 가장 밀접하게 관련된 기본권부터 적용하여야 한다는 밀접성설(密接性說)이 통설로서 타당하며 실무적으로도 이와 같이 판단되고 있다. 다음으로 구체적 사안과의 관련 밀접성의 정도 면에서 차이를 두기 어려운 경우에는 같은 중요도를 가진 것으로 병행하여 판단되어야 하겠지만 일반적으로 보다 강력한 의미와 효력을 가진 기본권으로 인식되는 것을 먼저 적용하여야 할 것이다. 다만 실제 사건에서는 최강력 효력을 가진 기본권인지 아닌지 여부는 주관적이고 추상적인 기준에 불과하여 전적으로 이에 따라 판단하기는 곤란한 경우가 많을 것이며, 이러한 경우에는 관련 기본권들을 차별 없이 전부 적용하는 것이 무난하다.[1)]

제 2 항 기본권의 충돌

1. 의 의

어느 일방이 자신의 기본권을 행사하는 것이 다른 일방의 권익을 침해하게 되는 경우 이는 양자 간의 기본권 충돌의 문제로 번질 수 있다. 즉 기본권의

1) 하나의 규제로 인해 여러 기본권이 동시에 제약을 받는다고 주장하는 경우에는 기본권침해를 주장하는 청구인의 의도 및 기본권을 제한하는 입법자의 객관적 동기 등을 참작하여 먼저 사안과 가장 밀접한 관계에 있고 또 침해의 정도가 큰 주된 기본권을 중심으로 해서 그 제한의 한계를 따져 보아야 한다. 헌재 2002. 4. 25. 2001헌마614, 판례집 14-1, 410면. 경비업법 사건 결정.

충돌은 복수의 기본권 주체가 서로 대립되는 기본권을 주장하고 행사하고자 할 때 발생하는 문제이다. 예컨대 인터넷상 타인의 비방을 금지하는 내용의 법률은 비방대상자의 인격권을 보호하는 입법목적을 가지겠지만 동시에 행위자의 표현의 자유를 제한하게 된다. 이처럼 법률이 어느 한편의 권익은 옹호하지만 다른 한편의 권익을 제한할 때 이 법률의 내용을 둘러싸고 관련된 집단이나 개인 사이에 기본권 충돌문제가 발생하게 된다. 기본권 충돌이 발생할 경우 어느 기본권을 우선적으로 보호하여야 할 것인지가 해결되어야 한다.

2. 기본권의 유사충돌

기본권의 행사인 것과 같은 외관을 가졌으나 실제로는 기본권의 행사로 볼 수 없는 경우가 존재한다. 연극을 하면서 연극 상대를 살상하는 것이 예술의 자유에 포함된다고 주장한다거나, 생활고로 인하여 타인의 재물을 임의로 취하면서 인간다운 생활을 할 권리를 주장한다거나 하는 것은 도대체 권리의 내용에 포함될 수도 없는 범죄행위에 불과한 것이며 이러한 경우는 진정한 기본권 충돌과 구분하여 기본권의 '유사충돌'이라고 한다.

3. 기본권 충돌의 해결기준

(1) 가장 우선적으로는 기본권의 해석에 의하여 해결하여야 한다. 각 기본권의 효력이 인정되는 범위와 한계를 엄밀히 해석함으로써 일견 기본권의 충돌로 보이는 문제들을 해결해 나갈 수 있다. 그와 같이 하여도 기본권의 충돌문제가 정리가 되지 않으면 다른 방법으로 넘어가게 될 것이다.

(2) 기본권의 해석에 의하여 해결되지 아니하면 우선 법익형량의 방법에 의한 판단이 필요하다. 양측이 주장하는 권리와 법적 이익의 크기를 서로 비교하여 볼 때 그 크기에 있어서 명확한 차이가 나면 법익이 큰 쪽이 우선하고 작은 쪽이 양보하여야 한다. 이는 결국 기본권의 권리로서의 비중에 따라서 판단하는 것이 된다. 기본권의 중요성을 따져서 상호 비교하여 보면 기본권들 간에 서열이 매겨지게 되고, 그 중 보다 높은 서열의 중대한 기본권을 우선시키겠다는 것이다. 여기서 가장 중요한 기본권으로는 생명권, 인격권, 자유권, 자유권 중에서도 양심의 자유와 같은 정신적 자유를 들 수 있고, 그보다 덜한

것으로 정치적 자유, 그 다음으로 재산권 등 경제적 자유 등의 서열을 매길 수 있을 것이다. 청구권적 기본권과 사회권적 기본권 등은 일단 자유를 얻고 난 다음 인간답게 살아가기 위한 권리를 의미하므로 자유권적 기본권 다음의 서열에 놓이게 될 것이다.

(3) 그러나 이러한 기본권 서열에 의한 해결방식이 통하지 않는 경우 '비례적 제한의 원칙'을 적용한다. 이는 충돌하는 양 기본권이 서로 조금씩 양보하자는 취지이다. 그러나 사안에 따라서는 서로 양보하여 해결할 문제가 아닌 경우가 있을 수 있으며 이때에는 상호 양보가 아닌 제3의 방법으로 해결한다는 원칙, 즉 '대안제시의 원칙'으로 해결할 수 있을 수도 있다. 여기서는 제3의 해결책을 새로 고안하여야 하는 문제가 남는다. 또한 양 기본권들 간에 적절한 조화가 이루어지는 방향으로 해결해 나가야 한다는 '실제적 조화의 원칙'에 의지하여 해결을 도모할 수도 있다.

(4) 그러나 제3의 해결책을 고안할 수 없거나 이를 통한 해결이 부적절한 경우 양 기본권 중 하나를 취하고 이에 대립된 나머지 기본권을 제한하는 방법에 의할 수밖에 없다. 이때 제한되는 기본권을 기준으로 하여 볼 때 과잉금지의 원칙이 준수되어야 한다. 따라서 어느 일방의 기본권을 후퇴시키고 다른 일방의 기본권을 실현시킴에 있어서는 필요한 한도 내에서 최소한의 제한만 가하여야 하는 것이 된다.1)

제 6 절 기본권의 한계와 제한

제 1 항 기본권의 한계

(1) 생래적이고 천부적 권리인 기본권은 전국가적(前國家的) 권리이지만 전

1) 흡연자가 비흡연자에게 아무런 영향을 미치지 않는 방법으로 흡연을 하는 경우에는 기본권의 충돌이 일어나지 않는다. 그러나 흡연자와 비흡연자가 함께 생활하는 공간에서의 흡연행위는 필연적으로 흡연자의 기본권과 비흡연자의 기본권이 충돌하는 상황이 초래된다. 그런데 흡연권은 위와 같이 사생활의 자유를 실질적 핵으로 하는 것이고 혐연권은 사생활의 자유뿐만 아니라 생명권에까지 연결되는 것이므로 혐연권이 흡연권보다 상위의 기본권이라 할 수 있다. 이처럼 상하의 위계질서가 있는 기본권끼리 충돌하는 경우에는 상위기본권우선의 원칙에 따라 하위기본권이 제한될 수 있으므로, 결국 흡연권은 혐연권을 침해하지 않는 한에서 인정되어야 한다. 헌재 2004. 8. 26. 2003헌마457, 판례집 16-2상, 355, 361면. 금연구역지정 사건 결정.

사회적(前社會的) 권리는 아니다. 기본권은 타인의 기본권과 만나는 선에서 그 한계를 가진다. 나의 자유는 남의 자유가 시작되는 곳에서 멈추는 것이다.[1)]

이와 같이 기본권은 공익을 이유로 한 제한을 논하기 이전에 이미 그 본질상 일정힌 한계를 가진다. 기본권의 내재적 한계는 크게 세 가지의 범주로 나누어 설명되는데 ① 타인의 권리(Rechte anderer)를 침해하여서는 안 되는 한계, ② 그 사회의 도덕률(Sittlichkeit)에 반하여서는 안 되는 한계 및 ③ 헌법질서(Verfassungsordnung)에 위반되어서는 안 되는 한계가 그것이다.

(2) 독일 기본법 제2조 제1항은 기본권의 본질적 한계를 분명히 인정하는 규정을 두고 있으나,[2)] 우리 헌법에는 그러한 명문의 규정이 없다. 그러나 기본권의 한계는 기본권의 본질로부터 나오는 것이어서 해석에 의하여서도 당연히 인정되어야 하므로 굳이 규정을 둘 필요는 없다고 할 것이다.

(3) 이와 같이 우리 헌법은 기본권의 한계에 관하여 일반적으로 규율하는 조항을 두고 있지는 않지만, 특수한 영역에서의 기본권에 관하여 그 한계를 규정하는 경우가 있다. 예컨대 헌법 제21조 제4항에서 언론·출판은 타인의 명예와 권리, 또는 공중도덕이나 사회윤리를 침해하여서는 안 된다고 명백히 규정한다. 특히 언론·출판의 분야에서 그 자유로운 행사를 빙자하여 기본권의 한계를 넘는 일이 많으므로 특별히 규정하고 있는 것이다. 그러나 이는 이 조항에 의하여 비로소 창설된 언론출판의 자유에 대한 제한이라기보다는 일반적으로 언론출판의 자유에 본질상 인정되어야 하는 한계로서의 의미를 가진다.

또한 헌법 제8조 제4항은 정당의 목적이나 활동이 민주적 기본질서에 위배될 때에는 정부는 헌법재판소에 그 해산을 제소할 수 있고, 정당은 헌법재판소의 심판에 의하여 해산된다고 규정하는데, 이 경우에도 특히 정당이 정치활동을 하면서 그 정치적 자유를 행사하는 과정에서 헌법의 기본질서에 위배되는 행위를 하는 문제가 우려되기 때문에 이에 관하여서는 헌법이 관심을 가지고 별도의 규율을 하는 것이며 그러한 활동을 하는 정당을 해산하기 위한 절

---

1) 프랑스인권선언 제4조 제1문: 자유는 타인에게 해를 끼치지 않는 모든 것을 할 수 있는 것에 있다. 따라서 개인의 자연권의 행사는 사회의 다른 구성원에게 같은 권리를 향유할 것을 보장하는 것 이외에는 한계를 가지지 아니한다. 이러한 한계는 법률에 의해서만 결정될 수 있다.

2) 독일 기본법 제2조 제1항은 '누구든지 타인의 권리를 침해하지 않고 헌법질서나 도덕률에 반하지 않는 한 자신의 인격을 자유로이 발현할 권리를 가진다.'라고 규정하는바, 여기서 기본권 일반에 적용되는 한계로 작용할 수 있는 ① 타인의 권리 침해 금지, ② 헌법질서 준수, ③ 도덕률의 준수의 원칙들이 제시되고 있다.

차를 헌법에서 특별히 정하고 있다.

제2항 기본권의 제한

기본권의 본질에서 유래하는 일반적 한계와는 별도로 기본권은 공익상 이유로 이를 특별히 제한할 수도 있다. 법치국가의 원칙상 기본권의 제한은 반드시 법률에 의하여야 한다. 법률은 국민의 대표기관이 그 일반의사를 규범화한 것이므로 기본권의 제한은 법률에 의하여서만 가능하게 함으로써 국가권력 담당자의 자의적인 침해로부터 기본권을 방어할 수 있게 된다.

Ⅰ. 기본권의 헌법유보

(1) 법치국가의 원칙상 기본권이 법률에 의하여 제한될 수 있다고 한다면, 법률보다도 더 상위의 국가규범에 해당하는 헌법규범 자체에 의하여서도 제한될 수 있는 것은 논리적으로 당연하다. 따라서 헌법규정에서 일정한 기본권에 관하여 바로 그 제한의 원칙을 정하는 경우도 있는데 이를 헌법유보(Verfassungsvorbehalt)라고 한다.

(2) 기본권의 헌법유보는 일반적 헌법유보와 개별적 헌법유보로 나누어 볼 수 있다. 우리 헌법에는 기본권 일반에 대하여 적용되는 한계를 설정하는 원칙조항으로서의 일반적 헌법유보조항은 존재하지 않는다. 그러나 개개의 특정한 기본권 영역에서 그 한계를 규정하는 내용의 개별적 헌법유보조항은 다수 발견된다. 정당의 목적이나 활동이 민주적 기본질서에 위배되는 경우 그 정당의 정치적 기본권을 제한하는 내용을 가진 헌법 제8조 제4항은 헌법이 특정의 기본권의 제한에 관하여 직접 규정하고 있으므로 개별적 헌법유보에 해당하는 예가 된다. 재산권의 행사는 공공복리에 적합하도록 하여야 한다고 규정하는 헌법 제23조 제2항도 헌법이 직접 국민의 특정의 기본권의 제한을 정하는 것으로 개별적 헌법유보에 해당한다. 그러나 이러한 헌법유보조항들은 모두 기본권의 본질로부터 도출되는 한계를 헌법으로 명시적으로 재확인하는 내용을 가질 뿐이다. 따라서 헌법유보는 우리 헌법구조에서 새로운 기본권의 제한을 설정하고 있는 것은 아니며 기본권의 내재적 한계를 확인하는 성격의 것에 그

치고 있다.

Ⅱ. 기본권의 법률유보

1. 개별적 법률유보와 일반적 법률유보

(1) 기본권의 법률유보는 기본권의 제한을 법률에 근거를 두고 행하는 것을 말한다. 기본권의 법률유보도 개별적 법률유보와 일반적 법률유보로 나누어 볼 수 있다. 개별적 법률유보는 어느 기본권에 관하여 헌법이 특별히 규정을 두면서 이를 법률로 제한할 수 있다고 밝히는 방식의 기본권 유보이다. 일반적 법률유보는 기본권 일반에 적용되는 제한원리를 정하는 것으로 헌법 제37조 제2항 본문의 내용이 이에 해당한다. 동 조항은 국민의 모든 자유와 권리는 국가안전보장·질서유지 또는 공공복리를 위하여 필요한 경우에 한하여 법률로 제한할 수 있다고 규정하고 있어서 기본권 전반에 적용되는 제한의 일반원리를 규율하고 있는 것이다.

(2) 우리 헌법상의 개별적 법률유보의 예로서는 헌법 제12조의 신체의 자유 조항에서 법률에 의하지 아니하고는 체포·구속 등을 당하지 아니한다고 한 것이나, 제23조 제1항 제2문, 제3항에서 재산권의 내용과 한계는 법률로 정하고 공공의 필요에 의한 재산권의 수용·사용 또는 제한 등은 법률로써 하도록 한 것 등을 들 수 있다. 이 경우 헌법은 개별적 기본권에 특정하여 법률에 의한 제한을 정하고 있으므로 개별적 법률유보라고 한다.

(3) 그러나 기본권은 그것이 절대적 권리로 인정되지 않는 한 일정한 요건하에 법률로서 제한될 수 있는 것이므로 헌법이 개별 기본권에 대하여 법률유보를 정하는 것은 단지 그 기본권에 대하여 헌법이 특별히 관심을 가지고 확인하는 의미를 가질 뿐이다. 따라서 보다 실질적이고 중요한 의미를 가지는 것은 기본권 일반에 대하여 모두 적용되는 기본권 제한원칙을 정하는 일반적 법률유보이다.

2. 기본권 제한의 헌법적 원칙

헌법에서 기본권을 천명하는 실익은 공권력에 의한 국민의 기본권 침해에 대하여 국민이 스스로를 방어하고 기본권을 수호할 수 있도록 하는 데에 있다. 기본권은 최대한 보장이 되어야 하지만 공익상 필요에 의하여 제한될 수도 있음을 부정할 수 없으므로 이러한 공익상 제한을 함에 있어서 어떠한 헌법적 기준이 요구되는가를 정하는 것이 기본권 보장에서 실제적으로 핵심적인 중요성을 가진다.

이러한 기본권 제한의 일반 원칙을 규정하는 조항이 헌법 제37조 제2항이다. 동 조항은 '국민의 자유와 권리는 국가안전보장 · 질서유지 · 공공복리를 위하여 필요한 경우에 한하여 법률로서 제한할 수 있다'고 규정한다. 여기서 기본권 제한의 목적이 한정되어 있고, 법률의 형식을 갖추어야 하며(법률유보원칙) 필요성의 요구를 충족시켜야 함을 천명하고 있다.[1)]

(1) 기본권 제한의 목적

기본권 제한의 목적은 국가안전보장이나 질서유지 혹은 공공복리를 위한 것이어야 한다. 국가안전보장은 외적의 침입이나 내란행위, 군사쿠데타 등으로부터 국가의 안전과 유지를 확보하는 것이다. 국가보안법, 국가기밀보호법, 형법의 내란죄 등이 국가안전보장을 위한 기본권의 제한을 정하는 법률에 해당한다.

질서유지는 사회질서를 보호함을 말하고, 이를테면 불법적인 집회나 시위로부터 공익을 보호하는 것이 이에 해당한다. 질서유지를 위한 기본권 제한을

---

1) 피청구인 대통령의 지시로 피청구인 대통령 비서실장, 정무수석비서관, 교육문화수석비서관, 문체부장관이 야당 소속 후보를 지지하였거나 정부에 비판적 활동을 한 문화예술인이나 단체를 정부의 문화예술 지원사업에서 배제할 목적으로 개인의 정치적 견해에 관한 정보를 수집 · 보유 · 이용한 행위는 개인정보자기결정권에 대한 중대한 제한이 되므로 이를 위해서는 법령상의 명확한 근거가 필요함에도 그러한 법령상 근거가 존재하지 않으므로 이 사건 정보수집 등 행위는 법률유보원칙을 위반하여 청구인들의 개인정보자기결정권을 침해하며, …(위 정보수집에 따라)… 특정 개인이나 단체를 문화예술인 지원사업에서 배제하도록 한 일련의 지시 행위는 특정한 정치적 견해를 표현한 자에 대하여 문화예술 지원 공모사업에서의 공정한 심사 기회를 박탈하여 사후적으로 제재를 가한 것으로, 개인 및 단체의 정치적 표현의 자유에 대한 제한조치에 해당하는바, 그 법적 근거가 없으므로 법률유보원칙을 위반하여 표현의 자유를 침해한다. 헌재 2020. 12. 23. 2017헌마416 특정 문화예술인 지원사업 배제행위등 위헌 결정, 판례집 32-2, 684-686면.

규율하는 법률로서 '집회 및 시위에 관한 법률'이나 '화염병 사용 등의 처벌에 관한 법률' 등이 있다.

공공복리라고 함은 각 시민들의 사적 이익이 아니라 시민 전체의 이익을 의미한다. 공공복리를 위한 기본권의 제한은 다양하기 때문에 이를 목적으로 한 다수의 법률이 존재한다.

공공복리는 달리 표현하면 공익(公益)이라고 할 것인데 공익은 개개인의 이익인 사익과 대립되는 것이다. 넓은 의미에서 국가안전보장이나 질서유지 등도 공익에 속하므로 공공복리의 개념에 모두 포섭될 수 있는 것이다. 결국 기본권 제한의 일반법리에서 그 목적은 '공익의 유지'라고 축약할 수 있다. 공익을 지향하는 한 그 목적은 국가안전보장이나 질서유지 혹은 공공복리 등으로 포섭될 수 있고 그 중 어느 부분에 속하는지 여부는 기본권의 제한을 정당화하는 점에서 동일하며 큰 차이를 가져오지 않는다.

(2) 기본권 제한의 형식

기본권 제한은 법률에 의하거나 적어도 법률에 근거를 두어야 하는바 이를 법률유보(Gesetzesvorbehalt)원칙이라고 한다. 따라서 대통령령, 부령, 고시나 훈령과 같은 행정입법에만 의할 수 없다. 기본권을 제한하는 법률은 일반추상성을 가진 법규범이어야 하고 내용이 명확하여야 한다. 이러한 요구를 충족한 규범만이 기본권 제한에 합당한 법률이 된다.

㈎ 일반추상성

법률이 일반추상성을 가져야 한다는 것은 구체적인 개별내용을 규율하는 것이 되어서는 안 된다는 의미이다. 법률은 전 국민에게 효력을 가지는 규범으로서 기능하여야 한다. 국민의 대표인 국회의원들은 특정의 집단에 대하여서만 규제하는 처분과 같은 내용의 법률은 만들 수 없다. 즉 예외적 법률(Ausnahmegesetz)은 허용되지 않으며, 법률은 추상적 규범으로서 일반 요건을 설정하여 이에 해당하면 누구나 적용을 받도록 하는 내용을 가져야 한다. 개별적 규율을 하는 것은 입법부가 행하는 하나의 처분이며 이는 집행부의 권한에 속하고 입법부가 이를 대신하는 것은 삼권분립의 정신에 반하기 때문이다.

그렇지만 처분적 법률이라고 하더라도 당연히 위헌이 되는 것은 아니며,

그 내용이 헌법상 요구되는 평등의 원칙에 위배하는지 여부를 살펴보아서 이에 반할 때에만 위헌이 된다. 처분적 법률은 평등위반에 대한 강력한 의심을 야기하는 사정이 되지만 평등원칙에 반하지 않는 한 곧바로 위헌이 되지는 않는 것이다.[1)]

(나) 명확성

기본권을 제한하는 법률은 그 내용이 명확하여야 한다. 내용이 불명확한 것은 바로 불명확하기 때문에 무효(void for vagueness)라고 판단될 것이다. 기본권을 제한하는 법률의 내용이 막연하면 집행기관은 자신들의 견해에 따라 기본권을 제한하게 되고 이는 입법자가 제정한 법률에 의하여 기본권의 제한이 이루어져야 한다는 원칙을 사실상 무용(無用)하게 한다.

여기서 어느 정도 명확하여야 하는가 하는 명확성의 정도가 문제되는데, 상식을 가진 일반인이 그 규정의 문언을 읽었을 때 어떠한 행동이 금지되고 어떠한 행동이 허용되는지를 알 수 있는 정도가 되어서 자신의 행동을 용이하게 이에 맞추어 갈 수 있는 예측가능성이 있는지 여부에 따른다. 무엇을 금지하고 무엇을 허용하는 것인지 예측하고 자신의 행동을 이에 맞출 수 있는 정도로 족하며 모든 경우를 서술적으로 표현할 필요는 없다. 나아가 일반인으로서는 선뜻 이해하기 어려운 법률용어가 등장한다고 하더라도 법률전문가의 자문을 통하여 그 내용을 알 수 있을 정도이면 충분하다. 그러나 법률전문가의 자문에 의하여서도 정확히 파악할 수 없는 정도라면 불명확한 것이 될 것이다.[2)]

---

1) 5·18민주화운동특별법 사건 결정에서 주된 쟁점은 군사쿠데타 관련자들에 대한 공소시효의 연장이 신뢰보호의 원칙에 위반하는지 여부에 있었으나 이 법률이 1980. 5. 18. 당시의 군사쿠데타에 관계한 군인들만을 규율하므로 처분적 법률로서 위헌이 아닌지 하는 점도 문제되었다. 이에 대하여 헌법재판소는 처분적 법률성을 인정하고 평등 심사의 기준에 의하여 판단하였으나 그 규율대상자의 기본권을 특별히 불합리하게 차별하는 것은 아니므로 합헌이라고 결론지었다. 판례의 관련 부분은 다음과 같다.

"개별사건법률은 원칙적으로 평등원칙에 위배되는 자의적 규정이라는 강한 의심을 불러 일으키는 것이지만, 개별법률금지의 원칙이 법률제정에 있어서 입법자가 평등원칙을 준수할 것을 요구하는 것이기 때문에 특정규범이 개별사건법률에 해당한다 하여 곧바로 위헌을 뜻하는 것은 아니며, 이러한 차별적 규율이 합리적인 이유로 정당화될 수 있는 경우에는 합헌적일 수 있다. 이른바 12·12 및 5·18 사건의 경우 그 이전에 있었던 다른 헌정질서파괴범과 비교해 보면, 공소시효의 완성여부에 관한 논의가 아직 진행중이고, 집권과정에서의 불법적 요소나 올바른 헌정사의 정립을 위한 과거청산의 요청에 미루어 볼 때 비록 특별법이 개별사건법률이라고 하더라도 입법을 정당화할 수 있는 공익이 인정될 수 있으므로 위 법률조항은 헌법에 위반되지 않는다." 헌재 1996. 2. 16. 96헌가2, 판례집 8-1, 51면.

2) 법률 명확성의 원칙은 법치주의와 신뢰보호의 원칙에서 비롯되는 것이며, 불명확한 법률이 무효가

(3) 기본권 제한의 방법과 정도

(가) 이원적 심사기준의 적용

기본권은 공익의 보호를 위하여 법률로 제한하더라도 반드시 '필요한 경우에 한하여' 제한되어야 한다는 필요성의 원칙의 적용을 받는다. 이에 따라 기본권 제한의 방법과 정도가 적절하여야 하는데 이를 판단함에 있어서는 두 가지 심사기준이 나누어 적용되고 있다. 즉 엄격한 심사(strict scrutiny test)와 완화된 심사(rational basis test)가 그것이다.

(나) 완화된 심사로서의 합리성 기준

완화된 심사의 경우는 기본권 제한 입법의 위헌 여부를 심사함에 있어서 입법자의 입법형성권을 광범위하게 존중하면서 제한 목적과 내용을 볼 때 합리성이 있으면 위헌이 되지 아니한다고 보는 것이다. 이는 입법목적상의 합리성만 따진다는 의미에서 '합리성 심사' 혹은 명백히 입법재량을 일탈하거나 남용한 것인지 여부만을 문제삼는다는 의미에서 '명백성 심사'라고 하는데, 이에 의하면 일견 보아서 제한하고자 하는 기본권의 내용과 추구하는 목적이 명백히 적절하지 못할 때 이외에는 개입하지 않는다. 법률은 국민의 대표기관에서 만드는 일반규범으로서 그 합헌성이 추정되어야 함을 고려할 때 모든 위헌심사는 일반적으로 이러한 합리성 내지 명백성 심사로부터 출발하여야 한다.

그러나 헌법 제37조 제2항이 기본권 제한 입법에 대한 헌법적 통제를 규정하고 있으므로 국민의 대표기관에 의하여 정립된 법률이라고 할지라도 그것이 국민의 기본권, 특히 자유권적 기본권과 정치적 기본권을 실질적으로 침해하는 것이라면 과잉금지원칙 등 헌법적 심사원칙이 엄격히 적용된다.

되어야 하는 것은 그것이 수범자에 대하여 '공정한 경고'를 흠결하기 때문이다. 여기서의 수범자는 준법정신을 가진 사회의 평균적 일반인을 의미하는데, 준법정신을 가진 평균인은 애매한 법문을 자신이 해석할 수 없을 때 자신만의 판단에 의할 것이 아니라 법률전문가나 당해 법령에 보다 정통한 지식을 가진 사람 등의 의견이나 조언을 직접, 간접적으로 듣거나 참조하여 자신의 행동 여부를 결정하게 된다. 특정의 금지규정 내지 처벌규정의 내용을 파악함에 있어서 평균인의 입장에서 전문가의 조언이나 전문서적 등을 참고하여 자기의 책임하에 행동방향을 잡을 수 있고 그러한 결론이 보편성을 띠어 대부분 같은 결론에 도달할 수 있다면 명확성을 인정할 수 있고, 법률전문가 등의 조언을 구하여도 자신의 행위가 금지되는 것인지 아닌지를 도저히 정확히 예측할 수 없다면 그 규정은 불명확하여 무효가 될 수밖에 없다. 이와 같이 법령 특히 형벌법규의 내용은 일반인에게 명확한 고지가 이루어져야 하는 것이나, 다만 당해 법령의 특성에 맞추어 그 일반인이 어떤 행위를 결정할 때 통상 어느 정도 법적 전문지식에 의한 보완을 받게 된다는 점을 감안하여 명확성 여부를 판단하여야 한다. 헌재 2005. 3. 31. 2003헌바12, 판례집 17-1, 340, 349면. 부당해고사건 결정.

이를테면 헌법재판소는 과잉형벌의 위헌성 심사에 있어서 ① 범죄와 형벌의 부과에 관하여 입법자의 광범위한 입법재량을 인정하지만, ② 행위자의 '책임과 형벌 간의 균형'이 상실되고 전체 형벌체계의 관점에서 지나치게 가혹하여 체계정당성을 상실하여 평등원칙에 반하거나 ③ 형벌의 본래의 목적을 달성하는데 필요한 정도를 현저히 초과한 제재로서 과잉금지원칙에 반하는 등, 헌법상의 제 원리에 위반하여 재량권을 일탈·남용한 경우에는 헌법에 반한다고 판단하고 있다(책임과 형벌의 비례원칙). 이와 같이 기본권 제한입법의 형성에 관한 입법재량이 인정된다고 하더라도 신체의 자유와 같은 중대한 기본권 제한이 문제되는 경우에는 아래의 과잉금지원칙에 의한 심사를 받아야 한다.[1]

㈐ 엄격한 심사로서의 과잉금지의 원칙

엄격한 심사는 기본권을 제한함에 있어서 단지 합리적 근거가 있다고 하는 것만으로는 부족하고 이른바 비례성(proportionality) 심사에 의하여 엄격한 판단을 하는 것이다. 기본권 제한의 목적이 되는 공익과 제한되는 기본권 향유자의 사익 간에 자로 잰 듯한 비례관계가 성립되어야 한다는 것이다.[2] 비례성 심사는 보통 과잉금지원칙(Übermaßverbot)에 의한 심사를 말한다. 헌법재판소의 판례에 의하면 과잉금지원칙에 의한 심사는 목적의 정당성과 수단의 적합성, 피해의 최소성과 법익의 균형성이라는 4가지 세부원칙에 의한 심사를 의미하고 있다.[3]

---

1) 어떤 행위를 범죄로 규정하고, 이에 대하여 어떠한 형벌을 과할 것인가 하는 문제는 원칙적으로 입법자가 우리의 역사와 문화, 입법당시의 시대적 상황과 국민일반의 가치관 내지 법감정, 범죄의 실태와 죄질 및 보호법익 그리고 범죄예방효과 등을 종합적으로 고려하여 결정하여야 할 국가의 입법정책에 관한 사항으로서 광범위한 입법재량 내지 형성의 자유가 인정되어야 할 분야이다. 따라서 어느 범죄에 대한 법정형이 그 죄질과 이에 대한 행위자의 책임에 비하여 지나치게 가혹한 것이어서 전체 형벌체계상 현저히 균형을 잃게 되고 이로 인하여 다른 범죄자와의 관계에 있어서 헌법상 평등의 원리에 반하게 된다거나, 그러한 유형의 범죄에 대한 형벌 본래의 기능과 목적을 달성함에 있어 필요한 정도를 일탈함으로써 헌법 제37조 제2항으로부터 파생되는 비례의 원칙 혹은 과잉금지원칙에 반하는 것으로 평가되는 등 입법재량권이 헌법규정이나 헌법상의 제원리에 반하여 자의적으로 행사된 경우가 아닌 한, 법정형의 높고 낮음은 입법정책의 당부의 문제이지 헌법위반의 문제는 아니다. … 한편 이러한 입법재량은 무제한한 것이 될 수는 없으며, 법정형의 종류와 범위를 정할 때에는 형벌 위협으로부터 인간의 존엄과 가치를 존중하고 보호하여야 한다는 헌법 제10조의 요구에 따라야 하고, 헌법 제37조 제2항이 규정하고 있는 과잉입법금지의 정신에 따라 … 야 하며, 형벌이 죄질과 책임에 상응하도록 적절한 비례성을 지켜야 한다. 헌재 2008. 11. 27. 2006헌바94, 판례집 20-2하, 226, 234면.

2) 미국 판례법상으로는 '중요한 정부이익을 추구함에 필요한 정도로 엄격히 재단(裁斷)되어야 한다(narrowly tailored to advance compelling government interests)'고 표현한다.

3) 국가작용 중 특히 입법작용에 있어서의 과잉입법금지의 원칙이라 함은 국가가 국민의 기본권을 제한하는 내용의 입법활동을 함에 있어서 준수하여야 할 기본원칙 내지 입법활동의 한계를 의미하는 것으로서, 국민의 기본권을 제한하려는 입법의 목적이 헌법 및 법률의 체제상 그 정당성이 인

① 목적의 정당성

먼저 기본권 제한의 입법목적이 정당한 것이어야 한다. 목적의 정당성을 판단함에 있어서는 주로 당해 법률의 모두(冒頭)에 나오는 입법목적 조항의 내용이 참조된다. 그 내용이 국가안전보장이나 질서유지 혹은 공공복리에 긍정적으로 봉사하는 것이라고 판단된다면 입법목적의 정당성은 인정되는 것이 보통이다.

② 방법의 적정성

이는 법률에 규정한 기본권 제한조치가 그 입법목적의 실현에 긍정적으로 기여하는 적절한 수단이 되어야 한다는 요구이다. 만약 입법목적이 정당함에도 불구하고 당해 기본권 제한 조치가 이러한 입법목적을 실현시키는 데에 아무런 도움이 되지 아니하는 것이거나 나아가 입법목적의 실현을 저해하는 의미를 가지는 것이라면 방법의 적정성은 인정될 수 없다.

여기서는 다만 당해 수단이 입법목적에 긍정적으로 봉사하는지 여부를 심사한다. 반드시 이 수단만이 당해 목적을 실현하는 방도가 되어야 한다는 강한 의미를 가진 것은 아니며, 목적과 수단이 서로 긍정적으로 연관되며 방향성이 같은지 여부만을 판단한다.

만약 당해 조치가 입법목적에 전혀 긍정적 기여를 하지 않는 것이라면 방법의 적정성이 인정될 수 없을 뿐 아니라, 사실 그 조치의 진정한 입법목적은 당해 법률이 내세우고 있는 것과는 다른 별개의 것으로서 정당성을 결여한 것이라고도 할 수 있다. 이처럼 방법의 적정성이 배제되는 기본권 제한조치는 엄밀히는 목적의 정당성까지 부정받게 되며 그러한 의미에서 입법목적의 정당성과 방법의 적정성은 분리되어 판단될 수 없는 단일한 가치평가의 단계라고

정되어야 하고(목적의 정당성), 그 목적의 달성을 위하여 그 방법이 효과적이고 적절하여야 하며(방법의 적정성), 입법권자가 선택한 기본권제한의 조치가 입법목적달성을 위하여 설사 적절하다 할지라도 보다 완화된 형태나 방법을 모색함으로써 기본권의 제한은 필요한 최소한도에 그치도록 하여야 하며(피해의 최소성), 그 입법에 의하여 보호하려는 공익과 침해되는 사익을 비교형량할 때 보호되는 공익이 더 커야 한다(법익의 균형성)는 법치국가의 원리에서 당연히 파생되는 헌법상의 기본원리의 하나인 비례의 원칙을 말하는 것이다. 이를 우리 헌법은 제37조 제1항에서 "국민의 자유와 권리는 헌법에 열거되지 아니한 이유로 경시되지 아니한다." 제2항에서 "국민의 모든 자유와 권리는 국가안전보장, 질서유지 또는 공공복리를 위하여 필요한 경우에 한하여 법률로써 제한할 수 있으며, 제한하는 경우에도 자유와 권리의 본질적인 내용을 침해할 수 없다."라고 선언하여 입법권의 한계로서 과잉입법금지의 원칙을 명문으로 인정하고 있으며 이에 대한 헌법위반여부의 판단은 헌법 제111조와 제107조에 의하여 헌법재판소에서 관장하도록 하고 있다. 헌재 1992. 12. 24. 92헌가8, 판례집 4, 853, 878-879면.

도 할 수 있다.

③ 피해의 최소성

이는 국가안전보장, 질서유지나 공공복리의 실현 등을 위하여 기본권을 제한함에 있어서 선택 가능한 여러 가지 방법이 있을 수 있는 경우 당해 입법자는 반드시 기본권의 제한이 최소화되는 방법을 선택하여야 한다는 요구이다.[1] 공익의 실현을 위하여 기본권을 비교적 가볍게 제한하는 별개의 방법이 존재함에도 불구하고 이를 외면하고 굳이 기본권이 크게 침해되는 방법을 썼다면 기본권에 대한 피해를 최소화하는 것이 될 수 없다.[2]

④ 법익의 균형성

이는 기본권 제한으로 보호하고자 하는 공익과 이로 인하여 침해되는 사익을 비교해 볼 때 공익이 사익보다 더 중대하여야 한다는 요구이다. 공익보다 문제된 사익이 더 광범위하고 무거운 것이라면 기본권을 제한하는 당해 법률은 법익의 균형성을 상실한 것이 된다. 이처럼 기본권을 제한하는 법률에서 추구하는 공익과 제한되는 사익간에 균형관계가 형성되어 있어야 하며 이 균형이 무너져 있으면 이 요건이 충족되지 않는다.

㈑ 세부요건 심사의 단계적 의미

과잉금지원칙의 4가지 세부요건은 논리적으로 볼 때 ① 목적의 정당성, ② 방법의 적정성, ③ 피해의 최소성, ④ 법익의 균형성의 단계로 순차적으로 심사되어야 한다. 엄격한 심사에서는 과잉금지원칙의 위 4가지 세부요건 모두를 통과하여야 할 것이다. 그러나 완화된 심사에서는 명백히 불합리적인 것이 아니면 합헌이므로 결과적으로 위 4가지 요건 중 목적의 정당성과 방법의 적정

---

1) 미국헌법에서는 이를 Least restrictive alternative test, 줄여서 보통 'LRA 기준'이라고 한다. Erwin Chemerinsky, Constitutional Law, 3rd ed., p. 797.

2) 우리 민법 제764조의 적용에 있어서 사죄광고를 구하는 판결이 아니고도 ① 가해자의 비용으로 그가 패소한 민사손해배상판결의 신문·잡지 등에 게재, ② 형사명예훼손죄의 유죄판결의 신문·잡지 등에 게재, ③ 명예훼손기사의 취소광고 등의 방법을 상정할 수 있다고 할 것인데, 이 경우에는 강제집행을 하게 된다 하여도 사죄광고의 경우처럼 양심결정의 강제나 인격권을 무시하는 등의 헌법위반의 문제는 별로 생길 수가 없다. 취소광고라 하더라도 윤리적 판단이 여기에 게재된 것이 아니고 공연히 적시된 사실의 존재의 취소를 명하는 데 그치는 것이기 때문이다. … 이렇듯 국민의 기본권을 보다 덜 제한하는 명예회복에 필요한 다른 처분도 충분히 상정할 수 있고 또 금전배상청구도 배제하지 않는 터이며 결코 사죄광고만이 명예회복에 유일무이의 수단이 아니라고 한다면 구태여 가해자에게 양심표명의 강제 내지 굴욕감수를 강요하는 사죄광고제도는 어디까지나 과도한 것이며 또한 불필요한 국민의 기본권의 제한이 된다. 헌재 1991. 4. 1. 89헌마160, 판례집 3, 149, 158-159면. 사죄광고명령 위헌결정.

성의 두 요건만을 심사하게 된다. 완화된 심사라고 하여도 기본권 제한의 목적 자체가 도저히 합리성을 인정할 수 없거나 목적은 정당하지만 그에 상응한 방법이 아닌 경우에는 이는 명백히 합리성을 결여하는 것이 되어 위헌이 되기 때문이다.

㈒ 심사기준의 판정

① 엄격한 심사와 완화된 심사가 적용되는 경우는 어떻게 서로 구분되는 것인지 문제된다. 사실 기본권 제한 입법에 대하여서는 과잉금지의 원칙에 의하여 위헌 여부의 심사를 행하는 것이 보통이다. 기본권은 민주주의의 한계를 이루기 때문이다. 그러나 모든 사건에 대하여 이러한 엄격심사를 하면 일반적으로 입법이 헌법재판관의 판단에 의하여 효력 여부가 결정되게 되어서 일종의 사법독재에 이를 위험이 있다. 법치주의는 국민의 대표기관이 기본권 제한의 원칙과 내용을 정하여야 함을 전제로 하는데 이를 무시하고 민주적 대표성이 없는 사법관이 나서서 기본권 제한의 모든 내용을 결정한다고 하게 되면 민주주의 원칙에도 반할 뿐 아니라 법치주의 정신에도 부합하지 않는다.

② 따라서 기본권의 침해가 보다 중요한 경우에는 엄격한 심사를 하여야 하겠지만 국민에게 혜택을 주는 적극적인 국가형성작용으로서 행정부나 입법부가 전문적으로 다루어야 할 특수영역에서의 기본권 제한의 문제는 원칙적으로 입법자의 재량을 존중하는 것이 타당하다. 이러한 재량의 영역에서는 입법자가 기본권 제한의 내용을 정하게 되며 헌법재판소나 사법부에 의한 헌법심사는 이러한 영역한계를 넘어서는 재량권 일탈이 발생하였거나 재량권을 심하게 남용함이 명백한 경우에만 행하여져야 한다. 이는 완화된 헌법심사를 의미한다. 헌법재판소나 법원은 외교관계, 군사문제 등 전문적 정보나 지식이 부족한 특수한 입법 혹은 행정영역에 기본권 침해의 명목으로 지나치게 깊이 관여하지 않는 것이 바람직하다고 할 것이다.

③ 국가가 특정한 공익 목적의 달성을 위하여 일부 개인들과 특별한 법률관계를 맺고 이들에 대하여 포괄적 지배관계를 형성하는 이른바 특별권력관계에 있어서도 기본권 제한의 심사는 이러한 관계를 참작하여야 한다. 예컨대 공무원복무관계, 재소자 수용관계, 국립대학 재학관계, 국공립병원 입원관계, 공원이용관계 등에서 발생하는 개인의 기본권 제한조치와 같은 것이 여기에

해당한다.

이 경우 기본권의 제한은 특별한 강도를 가지게 되며, 행정주체 내지 국가의 자율권은 폭넓게 인정된다. 이러한 관계에 있어서도 법치주의가 완전히 배제된다고 할 수는 없으나 입법자가 광범위한 입법형성의 자유 내지 재량을 가짐으로써 기본권 제한은 완화된 헌법심사의 대상이 되는 것이다.

④ 그러나 일반적 생활영역에서 기본권이 본격적으로 제한되고 있는 경우에는 과잉금지원칙에 의한 엄격한 심사에 의하여 위헌 여부가 판단되어야 한다.

이와 관련하여 미국의 판례법상으로는 침해되는 기본권의 종류와 성격에 따라 서로 다른 기준으로 심사하는 이른바 '이중기준의 원칙'이 적용되어 왔다. 민주주의에 핵심적인 의미를 가지는 정신적 자유, 예컨대 표현의 자유나 검열문제, 혹은 종교의 자유를 제한하는 문제 등에 있어서는 엄격한 심사를 행하고 보다 덜 중요한 권리로 여겨지는 경제적 자유, 예컨대 영업의 자유나 재산권 행사의 자유 등에서는 완화된 심사를 행한다는 것이다.

이에 대하여 독일 연방헌법재판소는 기본권의 종류에 따른 구별이 아니라 특정 기본권의 제한 유형을 기준으로 심사정도를 결정하는 방법을 활용하기도 하였다. 이에 의하면 기본권의 내용 자체에 관한 제한은 엄격심사에 의하고 기본권 행사방법을 제한하는 것은 완화된 심사가 가능하다는 것이다. 기본권 자체에 대한 제한도 당사자의 주관적 개인적 사유에 따른 경우에는 객관적 일반적 사유에 의한 경우에 비하여 다소 완화된 심사를 하도록 하고 있다.[1)]

⑤ 독일식 이론이 기본권의 제한이 기본권의 핵심사항으로 향한 것인가 아니면 기본권 행사의 시기·장소·방법 등에 관한 부수적 사항에 불과한 것인가를 구분하고 있다는 측면에서 보다 정교하고 합리적인 면이 있기는 하지만

---

1) 독일 연방헌법재판소는 약국판결(Apothekenurteil)에서 3단계로 나누어 심사의 강도를 달리 하는 이른바 단계이론(Stufentheorie)을 제시하고 있다. 1958. 6. 11. BVerfGE 7, 377. 이 판결에 의하면 당사자와 관계없는 객관적 사유로 직업의 자유를 제한하는 경우 가장 엄격한 심사를 받는 것으로 한다. 예컨대 약국 개설을 규제함에 있어서 거리제한이 요구하는 경우와 같다. 거리제한의 경우 본인에게 책임이 돌아갈 원인이 개입하는 것이 아니고 오직 공익 때문에 제한을 당하는 경우가 된다. 기본권 주체의 주관적 사유에 의한 제한의 경우는 그 다음으로 강한 심사를 받게 된다. 직업의 자유의 행사에 있어서 일정한 자격을 요구하고 있는 경우 예컨대 약사시험에 합격한 자만 약국의 영업을 허가하는 것이 이에 해당한다. 그러나 영업시간의 제한과 같이 직업의 자유를 봉쇄하는 것이 아니라 행사하되 그 일부 시간적 제한만을 두는 경우에는 완화된 심사의 대상이 된다. 자격획득은 본인의 노력에 달린 문제이며, 능력과 자질의 부족으로 자격시험에 합격하지 못한 경우에는 그 분야의 직업의 자유가 완전히 제한되기는 하지만 객관적 사유에 의한 제한의 경우에 비교하여 완화된 심사를 하게 된다.

아직 정론으로 수용된 것은 아니라고 본다. 하지만 우리 헌법재판소의 판례에 의하여도 미국의 판례와 같이 정신적 자유나 표현의 자유 제한에 대하여서는 엄격히 심사하되, 경제적 자유는 보다 완화된 심사를 행하며, 독일의 판례와 같이 기본권 자체에 관한 일반적 제한에 대하여서는 엄격히 심사하고, 행사범위나 방법에 관한 부분적 제한에 대하여서는 비교적 완화된 심사를 하는 경향은 존재한다고 생각된다.

3. 기본권의 본질 침해의 금지

(1) 헌법 제37조 제2항은 "국민의 자유와 권리는, (이를 법률로서) 제한하는 경우에도 자유와 권리의 본질적 내용을 침해할 수 없다."라고 규정한다. 이와 같이 기본권의 본질적 내용은 법률에 의한 제한의 대상이 되지 않는데, 여기서 무엇이 '본질적 내용'에 해당할 것인가 여부를 놓고 견해의 대립이 존재한다.

(2) 지금까지 논의된 바에 의하면 학설은 크게 상대설과 절대설로 나뉘고 그 중 절대설은 다시 인간존엄성설과 핵심영역보장설로 나뉘고 있다. ① 상대설은 개별 기본권별로 본질적 내용은 구체적 경우마다 사안을 놓고 판단하여야 한다고 보는 견해인 반면, ② 절대설은 개별적 경우에 관계없이 기본권에는 그 본질에 해당하는 핵심적 실체가 존재한다고 보는 견해이다. 절대설에는 다시 무엇이 기본권의 핵(核)에 해당할 것인가 하는 점을 놓고, ① 각 기본권의 내용에 포함된 '인간의 존엄과 가치'부분이 핵에 해당하는 부분이라는 견해와 ② 각 기본권별로 내용을 파악하여 그 중 보장이 되지 않는다면 기본권 자체가 유명무실한 것이 되고 형해화(形骸化)되어 버린다고 보게 되는 핵심적 영역이 이에 해당한다고 보는 견해가 있다.

(3) 이 문제에 관하여 헌법재판소는 절대설인 핵심영역보장설에 입각한 판시를 보이고 있으며,[1] 다만 생명권에 관하여서는 사형제도가 그 본질 침해에

1) 토지재산권의 본질적인 내용이라는 것은 토지재산권의 핵이 되는 실질적 요소 내지 근본요소를 뜻하며, 따라서 재산권의 본질적인 내용을 침해하는 경우라고 하는 것은 그 침해로 사유재산권이 유명무실해지고 사유재산제도가 형해화(形骸化)되어 헌법이 재산권을 보장하는 궁극적인 목적을 달성할 수 없게 되는 지경에 이르는 경우라고 할 것이다. … 사유재산제도의 전면적인 부정, 재산권의 무상몰수, 소급입법에 의한 재산권박탈 등이 본질적인 침해가 된다는데 대하여서는 이론의 여지가 없으나 본건 심판대상인 토지거래허가제는 헌법의 해석이나 국가, 사회공동체에 대한 철학과 가치관의 여하에 따라 결론이 달라질 수 있는 것이다. 헌재 1989. 12. 22. 88헌가13, 판례집 1, 357, 373-374면. 토지거래허가제 합헌결정.

해당하지 않는다고 한다.[1]

제7절 국가의 기본권 보장의무

1. 의 의

헌법 제10조 제2문은 "국가는 개인이 가지는 불가침의 기본적 인권을 확인하고 이를 보장할 의무를 진다."라고 규정한다. 헌법이 이처럼 국가의 기본권 확인과 보장의무를 명시한 것은 입헌주의 헌법 창조의 기본이념인 사회계약론과 맥을 같이 하고 있다. 사회계약론에 의하면 생래적으로 자유로운 인간은 자연상태에서의 법적 불안정을 극복하기 위하여 필요악적 존재인 국가를 만들었으며, 국가로 하여금 기본권을 확인하고 보장하게 하는 대신에 국가를 방어하고 유지할 의무를 부담하였던 것이다. 따라서 이 조항은 입헌주의 헌법체계에서 국가의 본질과 그 사명을 분명히 한 의미를 지닌다.

2. 국가의 기본권 확인과 보장의 의미

(1) 국가가 가지는 기본권 확인의무는 국가생활의 기본장전인 헌법에서 기본권의 목록을 구체화하고 모든 국가권력이 이에 복종하도록 함으로써 실현되어 있다. 또한 시대에 따라 새로이 인식되는 기본권에 대하여서도 헌법 제37조 제1항은 "국민의 자유와 권리는 헌법에 열거되지 아니한 이유로 경시되지 아니한다."라고 규정하여 기본권에 포섭되어야 함을 확인하고 있다. 구체적 분쟁에서의 기본권의 확인은 결국 헌법재판소의 결정에 의할 것이다.

(2) 헌법에 요구하는 국가의 기본권 보장의무는 단순히 선언적인 것이 아니고 법적 강제력을 가진다. 국가가 기본권 보장을 제대로 실행하지 아니하면

---

1) 생명권의 경우, 다른 일반적인 기본권 제한의 구조와는 달리, 생명의 일부 박탈이라는 것을 상정할 수 없기 때문에 생명권에 대한 제한은 필연적으로 생명권의 완전한 박탈을 의미하게 되는바, 위와 같이 생명권의 제한이 정당화될 수 있는 예외적인 경우에는 생명권의 박탈이 초래된다 하더라도 곧바로 기본권의 본질적인 내용을 침해하는 것이라 볼 수는 없다. 헌재 2010. 2. 25. 2008헌가23, 판례집 22-1상, 36면. 이 논지는 생명권의 경우에는 '기본권의 본질적 내용'의 논의가 의미가 없다는 취지로 보인다.

헌법적 의무 위반을 구성한다. 여기서 보장의무의 내용은 국가기관의 침해로부터 기본권을 보장할 의무와 사인(私人)의 침해로부터 기본권을 보장할 의무로 대별되는데, 국가기관의 침해에 대하여서는 별도의 헌법규정과 하위 법률체계에 의하여 국가의 기본권 보장이 실현되고 있다. 헌법규정에서는 특히 청구권적 기본권, 즉 기본권 보장을 위한 기본권이 인정되고 국가가 이를 구체적으로 형성할 헌법적 의무를 부담하는 것으로 나타난다.

3. 사인에 의한 기본권의 침해와 과소보호금지원칙

기본권 침해가 사인에 의하여 이루어질 경우 국가는 어느 정도로 개입하여 침해받는 기본권을 보호하여야 헌법에 적합한 것인지 문제될 수 있다. 여기서도 국가는 기본권을 최대한 보장하여야 한다고 보는 것이 논리적으로는 정당할 것이다. 그러나 국가의 보호의무의 실현에 있어서 여러 가지의 실현방법 중 어떠한 것을 선택할 것인지는 국가가 결정할 수 있어야 하고 그 과정에서 국가의 재정상태 등 제반 여건이 고려되어야 하므로 적어도 '최소한의 보호조치'를 취한 이상 헌법에 위반된다고는 하기 어렵다고 봄이 통설이다. 결국 사인에 의한 기본권의 침해조치에 대한 국가의 보호의무 실행의 헌법적합성을 따지는 데에 있어서는 '과소보호금지원칙'이 적용되며, 이에 의하면 ① 국가가 기본권 보호를 위하여 필요한 조치를 전혀 실행하지 아니하거나 ② 기본권 보호를 위한 조치를 행하였다고 하더라도 불완전하고 불충분하여 국가에게 인정되는 재량권을 명백히 일탈하거나 남용한 것인 경우에는 과소보호에 해당한다고 보게 된다.[1] 헌법재판소도 교통사고 중상해 피해자의 보호의무,[2] 태아의

1) 장영철, 과소보호금지원칙에 관한 연구, 헌법학연구 제14권 제1호, 2008. 3, 109면; 이부하, 비례성원칙과 과소보호금지원칙, 헌법학연구, 제13권 제2호, 2007. 6, 275면 등은 과잉금지원칙에 대한 과소보호금지 원칙의 독자성을 강조한다.

2) 국가의 신체와 생명에 대한 보호의무는 교통과실범의 경우 발생한 침해에 대한 사후처벌뿐 아니라, 무엇보다도 우선적으로 운전면허취득에 관한 법규 등 전반적인 교통관련법규의 정비, 운전자와 일반국민에 대한 지속적인 계몽과 교육, 교통안전에 관한 시설의 유지 및 확충, 교통사고 피해자에 대한 보상제도 등 여러 가지 사전적·사후적 조치를 함께 취함으로써 이행된다 할 것이므로, 형벌은 국가가 취할 수 있는 유효적절한 수많은 수단 중의 하나일 뿐이지, 결코 형벌까지 동원해야만 보호법익을 유효적절하게 보호할 수 있다는 의미의 최종적인 유일한 수단이 될 수는 없다 할 것이다. 따라서 (교통사고로 피해자에게 중상해를 입게 한 운전자에게 종합보험 가입시 공소권면제를 규정한) 이 사건 법률조항은 국가의 기본권보호의무의 위반 여부에 관한 심사기준인 과소보호금지의 원칙에 위반한 것이라고 볼 수 없다(다만 피해자가 중상해를 입은 경우 사망사고와 불합리한 차별로 인한 평등권 위반 및 피해자의 재판절차진술권의 과잉된 침해 등을 이유로 동 조항을

손해배상청구권 상속의 보호의무,1) 환경권 보호의무,2) 소비자의 생명・신체 안전의 보호의무3) 등 국가의 기본권 보호의무에 관하여 과소보호금지원칙을 적용하고 있다.

4. 과소보호금지원칙과 과잉금지원칙의 관계

(1) 공익에 의한 기본권 제한에 있어서 헌법심사는 기본권의 공익에 대한 최대한 보장을 추구한다. 그런데 기본권 제한의 목적이 되는 공익은 그 실체를 벗겨보면 '타인의 기본권에 대한 보호'를 포함하는 경우가 많다. 이처럼 공익의 개념 속에 기본권 충돌의 논의 대상이 될 수 있는 타인의 기본권 보호의 가치가 휩쓸려 포함되어 있는 것은 정확한 헌법심사를 방해하는 것이 된다. 이러한 경우의 헌법심사에 있어서는 공익과 타인의 기본권 보호의 문제는 개념적으로 엄격히 분리되어 별도로 고찰되어야 논리적으로 정당하다.

(2) 그러므로 특정의 법률이나 공권력적 조치가 어느 기본권의 보호를 위

일부위헌결정함). 헌재 2009. 2. 26. 2005헌마764 등, 판례집 21-1상, 156면. 중상해 교통사고 운전자 공소권 면제조항 위헌결정.

1) 국가가 적극적으로 국민의 기본권을 보장하기 위한 제반조치를 취할 의무를 부담하는 경우에는 설사 그 보호의 정도가 국민이 바라는 이상적인 수준에 미치지 못한다고 하여 언제나 헌법에 위반되는 것으로 보기 어렵다. 국가의 기본권보호의무의 이행은 입법자의 입법을 통하여 비로소 구체화되는 것이고, 국가가 그 보호의무를 어떻게 어느 정도로 이행할 것인지는 입법자가 제반사정을 고려하여 입법정책적으로 판단하여야 하는 입법재량의 범위에 속하는 것이기 때문이다. 물론 입법자가 기본권 보호의무를 최대한 실현하는 것이 이상적이지만, 그러한 이상적 기준이 헌법재판소가 위헌 여부를 판단하는 심사기준이 될 수는 없으며, 헌법재판소는 권력분립의 관점에서 소위 "과소보호금지원칙"을, 즉 국가가 국민의 기본권 보호를 위하여 적어도 적절하고 효율적인 최소한의 보호조치를 취했는가를 기준으로 심사하게 된다. 따라서 입법부작위나 불완전한 입법에 의한 기본권의 침해는 입법자의 보호의무에 대한 명백한 위반이 있는 경우에만 인정될 수 있다. 다시 말하면 국가가 국민의 법익을 보호하기 위하여 아무런 보호조치를 취하지 않았든지 아니면 취한 조치가 법익을 보호하기에 명백하게 부적합하거나 불충분한 경우에 한하여 헌법재판소는 국가의 보호의무의 위반을 확인할 수 있을 뿐이다. 헌재 2008. 7. 31. 2004헌바81, 판례집 20-2상, 91, 92-93면. 태아의 생존조건부 손해배상청구권 합헌결정.

2) 국가는 사인인 제3자에 의한 국민의 환경권 침해에 대해서도 적극적으로 기본권 보호조치를 취할 의무를 지나, 헌법재판소가 이를 심사할 때에는 국가가 국민의 기본권적 법익 보호를 위하여 적어도 적절하고 효율적인 최소한의 보호조치를 취했는가 하는 이른바 "과소보호금지원칙"의 위반 여부를 기준으로 삼아야 한다. 헌재 2008. 7. 31. 2006헌마711, 판례집 20-2상, 345면. 확성기 선거운동 소음기준 미설정 합헌결정.

3) 국가가 국민의 생명・신체의 안전에 대한 보호의무를 다하지 않았는지 여부를 헌법재판소가 심사할 때에는 국가가 이를 보호하기 위하여 적어도 적절하고 효율적인 최소한의 보호조치를 취하였는가 하는 이른바 '과소보호 금지원칙'의 위반 여부를 기준으로 삼아, 국민의 생명・신체의 안전을 보호하기 위한 조치가 필요한 상황인데도 국가가 아무런 보호조치를 취하지 않았든지 아니면 취한 조치가 법익을 보호하기에 전적으로 부적합하거나 매우 불충분한 것임이 명백한 경우에 한하여 국가의 보호의무의 위반을 확인하여야 한다. 헌재 2008. 12. 26. 2008헌마419, 판례집 20-2하, 960, 961면. 미국산 쇠고기 수입고시 합헌결정.

하여 다른 기본권을 제한하는 내용을 가질 경우 이를 기본권 제한의 측면에서만 파악하여 헌법 제37조와 과잉금지의 원칙에 의하여서만 헌법심사를 하는 것은 불충분한 헌법심사라고 생각한다. 그 기본권과 상충하는 다른 기본권의 보호에 대한 배려가 결여되기 때문이다. 따라서 이러한 헌법심사는 서로 대립되는 양 기본권 사이의 권리조화를 이루기 위하여 과소보호 금지와 과잉제한 금지의 양 측면에서 모두 진행되어야 균형된 것이 된다고 본다.

(3) 이처럼 기본권 충돌에 관계된 공권력적 조치는 일방으로 어느 국민 집단의 기본권을 제한하는 조치로서 과잉금지원칙에 어긋나는 것이 되어서는 안 되며, 타방으로 다른 국민 집단의 기본권을 사인(私人)인 제3자들에 의한 침해로부터 보호하는 조치로서 과소보호금지원칙에 위배되어서도 안 된다. 그러므로 그 규제의 강도가 낮은 단계에서는 과소보호의 기준을 충족하여야 하며 규제의 강도가 높은 단계에서는 과잉금지의 기준을 충족하여야 한다. 그런데 규율의 정도 면에서 이와 같은 과소보호의 기준과 과잉금지의 기준은 당연히 차이를 가져올 것이므로 그 중간영역이 존재하게 되고 그 영역에서 입법자는 법적 규율의 재량을 가지게 된다. 결국 헌법심사의 관점에서 기본권 충돌문제를 규율하는 법률 등 공권력적 조치는 ① 최소한의 보호조치에 해당하는 저강도의 규율 단계, ② 법적 규율의 재량 단계, ③ 최대한의 규제조치에 해당하는 고강도의 규율 단계로 나누어 볼 수 있다. 여기서 과소보호금지원칙의 기준에 미달하는 지나친 저강도의 규율이나 과잉금지원칙의 기준을 초과하는 지나친 고강도의 규율은 모두 헌법위반이 될 것이다.

CHAPTER 02

기본권 각론

제 1 절 인간의 존엄과 가치 및 행복추구권

제 1 항 인간의 존엄과 가치

1. 의의와 법적 성격

(1) 개별기본권에 대한 목적원리성

헌법 제10조 제1문은 모든 국민은 인간으로서의 존엄과 가치를 가지며 행복을 추구할 권리를 가진다고 규정한다. 인간의 존엄과 가치에 대한 존중은 모든 개별 기본권들의 핵심에 속하는 사항이다. 모든 개별적 기본권은 궁극적으로 인간의 존엄과 가치를 실현하기 위하여 보장된다고 할 수 있다. 결국 이는 목적과 수단의 관계에 있는 것이다. 이와 같이 인간의 존엄과 가치 및 행복추구권을 명문화한 헌법 제10조 제1문은 모든 개별 기본권 보장조항들에 대한 목적조항으로서의 위상을 가진다.

(2) 주관적 공권이 아닌 객관적 헌법원리성

인간의 존엄과 가치는 우리 헌법의 가장 중요한 기초원리이고, 모든 기본권이 여기로부터 원류하는 핵심원칙이다. 그러나 헌법은 인간의 존엄과 가치를 천명하면서도 이것을 하나의 특정한 기본권이라고는 하지 않고 있다. 여기서 우리 헌법상 인간의 존엄과 가치를 구체적 기본권으로 보아야 할 것인가 아니면 헌법의 기본원리로만 파악하여야 할 것인가 여부에 대한 논의가 발생한다.

판단컨대, 인간의 존엄과 가치는 기본권의 체계에 있어서 신체의 자유, 직업의 자유, 사생활의 자유 등 개별적 기본권들과는 다른 차원의 것이다. 이는 특정의 영역에서만 의미를 가지는 개별적 기본권이 아니라 모든 자유의 가장 핵심적인 부분을 차지하고 있는 보편성을 가진 기본권의 핵심사항이다. 따라서 인간의 존엄과 가치에 관한 헌법 제10조의 규정은 구체적이고 한정된 영역에서 효력을 가지는 특정의 기본권을 선언한 것이라기보다는 모든 기본권에 통용되는 헌법원리를 선언한 것이라고 보아야 합당하다. 그러므로 동 조항은 주관적인 공권을 보장한 것이 아니고 객관적인 헌법질서와 헌법원리를 선언한 것이다.

(3) 헌법개정의 한계

나아가 인간의 존엄과 가치는 헌법의 최고규범으로서 헌법개정의 한계에 속한다. 헌법개정은 모든 헌법사항에 대하여 가능한 것이 아니고 헌법의 동일성을 유지하는 핵심적 기본원리에 속하는 내용을 대상으로 할 수 없다. 인간의 존엄과 가치의 유지 또한 헌법의 핵심적 기본원리에 속하며 이를 무시하는 헌법체제는 이미 민주주의 체제라고 볼 수 없다.

(4) 기본권의 본질적 내용

또한 인간의 존엄과 가치는 기본권의 본질적 내용을 형성한다. 헌법 제37조 제2항에 의하면 국민의 자유와 권리는 일정한 요건 하에서 법률에 의하여 제한될 수 있으나 그 본질적인 내용은 어떠한 경우에도 제한될 수 없다. 여기서 기본권의 본질적 내용을 판단함에 있어서는, 인간존엄성설은 각 기본권 속에 인간의 존엄과 가치에 직결되어 있는 부분이 본질적 내용으로 된다고 본다. 핵심영역보장설은 각 기본권마다 해석에 의하여 본질적 내용이 무엇인지 찾아내어야 한다는 것이지만 결국 각 기본권에 속하는 내용 중 인간의 존엄과 가치에 대한 핵심적 고려사항이 이에 해당할 것이라는 점에서는 실제로는 유사한 결론에 이르게 될 것이다. 일반적으로 핵심영역보장설에 의하고 있다고 할 수 있으나 이에 의하더라도 인간의 존엄과 가치가 기본권의 본질적 내용의 징표가 된다는 점을 부인할 수는 없다고 본다.

(5) 대국가적 방어권성

그렇다면 인간의 존엄과 가치를 침해하면 어떻게 될 것인가. 그 자체만으로 하나의 개별적 기본권을 구성하지 않는다고 하더라도 이는 모든 기본권의 핵심적 내용으로 포함되고 있는 것이므로 그러한 의미에서 기본권성을 가지고 있다. 오히려 개별적 기본권보다 더욱 강력한 기본권성을 가진다.

따라서 일정한 국가작용이 인간의 존엄과 가치를 훼손할 경우에 이 국가작용은 관련된 기본권의 침해에 해당하며 이를 헌법소송의 대상으로 하여 헌법위반 판단을 받을 수 있을 것이라는 점에서 인간의 존엄과 가치가 대국가적 방어권으로서의 의미를 가지게 됨은 당연하다. 결국 인간의 존엄과 가치도 그것이 비록 개별적 기본권은 아니지만 각각의 개별적 기본권에 융해되어 있는 내용으로서 기본권적 성격을 가지는 점을 부인할 수 없다.[1)]

2. 인간의 존엄과 가치와 헌법적 인간상

헌법 제10조 제1문이 모든 국민은 인간으로서의 존엄과 가치를 가진다고 천명한다. 여기서 우리 헌법이 상정하는 인간상(人間像)은 공익을 위한 수단적 존재로서 인간을 파악하는 전체주의적인 인간상이 아니고 사회 일반의 가치와 이익 및 타인의 권익을 무시하고 개인적 이익만을 추구하는 극단적인 개인주의적 인간상에 입각한 것도 아니다. 이는 타인의 권익과 사회적 가치를 존중하면서 사익을 추구하는 합리주의적 인간상을 기초로 한다. 이를 인격주의(人格主義)적 인간상이라고 표현하는데 우리 헌법은 이에 기초한 것이라고 해석된다. 이는 기본적으로 개인주의적 바탕에 서서 국가는 개인을 위하여 존재한다는 입장을 받아들이지만, 다른 한편 사회적 존재인 인간은 타인과 관련하여

1) 헌법 제10조에서 규정한 인간의 존엄과 가치는 헌법이념의 핵심으로, 국가는 헌법에 규정된 개별적 기본권을 비롯하여 헌법에 열거되지 아니한 자유와 권리까지도 이를 보장하여야 하며, 이를 통하여 개별 국민이 가지는 인간으로서의 존엄과 가치를 존중하고 확보하여야 한다는 헌법의 기본원리를 선언한 조항이다. 따라서 자유와 권리의 보장은 1차적으로 헌법상 개별적 기본권규정을 매개로 이루어지지만, 기본권제한에 있어서 인간의 존엄과 가치를 침해한다거나 기본권형성에 있어서 최소한의 필요한 보장조차 규정하지 않음으로써 결과적으로 인간으로서의 존엄과 가치를 훼손한다면, 헌법 제10조에서 규정한 인간의 존엄과 가치에 위반된다고 할 것이다. 헌재 2000. 6. 1. 98헌마216, 판례집 12-1, 622, 648면.

생활하는 사회관련성을 가지며 공익을 존중하면서 자신의 권익을 추구하여야 하는 존재임을 인정하는 것이다.

3. 헌법적 효력

인간의 존엄과 가치가 비록 하나의 개별적 기본권으로 파악되지는 아니한다고 하더라도 여러 가지 측면에서 실제적인 효력을 가진다.

첫째, 국가나 국민이 인간의 존엄과 가치를 어겨서 행동하여서는 안 된다는 의미에서 이는 국가와 국민의 행위에 대한 실천적 한계이다. 국가가 활동하고 개인이 행동함에 있어서 타인에게 인간의 존엄과 가치를 침해하는 활동을 하여서는 안 된다.

둘째, 인간의 존엄과 가치는 각종 법령을 해석함에 있어서 해석기준이 된다. 법령은 일반추상적 규범이므로 구체적 적용을 위해서는 해석이 가하여져야 하는바 여기서 법해석의 보완원리로 작용한다. 법의 내용상 흠결이 있을 때 인간의 존엄과 가치를 최대한 발현하는 방향으로 이를 보완하는 해석을 하여야 하는 것이다.

셋째, 인간의 존엄과 가치는 국가작용의 판단기준으로 작용한다. 국가작용은 입법, 행정, 사법작용으로 나뉘는데, 입법작용인 법률에 대한 헌법적 판단기준이 될 뿐만 아니라 행정처분 등 각종 행정작용에 대하여서도 마찬가지이며, 사법부의 판결도 인간의 존엄과 가치를 기준으로 한 판단이 되어야 한다.

제2항 생명권: 인간의 존엄과 가치에 직결된 기본권

1. 생명권의 의의

인간의 존엄과 가치는 모든 기본권에 담겨있는 그 핵심적이고 본질적 핵에 속하는 것이지만 인간의 존재 자체에 관한 기본권으로서의 생명권은 인간으로서의 존엄과 가치에 직결되어 인정되어야 할 가장 중요한 기본권이라고 할 것이다. 따라서 생명권의 의의나 사형제도, 태아의 생존권이나 존엄사의 권리와 같은 생명권 관련 문제들은 인간의 존엄과 가치 편에서 함께 논의되는 것이 기본권 체계상 적합하고 생명중시의 인본주의적 입장에서 보아 바람직하다.

2. 법적 성격

인간은 생명체로서 자기 유지와 보호의 본능을 가진 존재이며, 인간의 생명은 그 자체가 목적이며 결코 수단이 될 수 없으므로 인간의 생명에 대한 권리는 모든 기본권 중에서도 핵심적인 것이며 그 어떠한 경우에도 공익을 이유로 박탈될 수 없는 가장 본질적인 권리이다. 그러한 의미에서 생명권은 법률에 의하여서도 제한이 불가능한 절대적 기본권으로서의 성격을 가진다. 나아가 기본권 제한의 일반 법리에서 통상 허용되는 바와 같이 법익형량의 심사기준을 여기에 적용하여 다수 생명의 보전을 위한 소수생명의 희생을 정당화할 수도 없다.

우리 헌법에는 생명권의 보장에 관하여 명문의 규정을 두고 있지 않다. 그러나 전체주의 체제 하에서 침략전쟁을 일으켜 주변국과 자국 인명의 대규모 살상을 초래한 경험을 가진 독일과 일본의 경우 침략전쟁에서 패전한 이후 헌법에 직접 생명권을 규정하며 특히 독일은 사형을 금지하는 내용의 명문의 헌법조항을 두고 있다.[1] 그러나 우리 헌법의 경우처럼 생명권에 대한 명시적인 규정을 두고 있지 않다고 하더라도 생명권이 국민의 기본권에 포함되는 것은 당연하다고 할 것이다. 굳이 그 헌법적 근거를 찾는다면 인간으로서의 존엄과 가치를 언급한 헌법 제10조와 국민의 자유와 권리는 열거되지 아니한 이유로 경시되지 아니한다는 점을 확인한 헌법 제37조 제1항이 있으며, 나아가 신체의 자유를 보장하는 헌법 제12조도 그 전제로서 생명권이 인정하고 있다고 해석할 수 있다. 이와 같이 생명권은 헌법에 열거하지 아니한 권리로서 기본권의 하나로 인정된다.

3. 관련 문제

(1) 사형제도

㈎ 사형은 범죄자의 생명을 단절시키는 방법으로 그 죄과를 치르게 하는 형벌로서 그 대상자의 생명권을 완전히 박탈하는 효과를 가진다. 따라서 범죄

1) 기본법 제102조 사형은 폐지된다(Todesstrafe ist abgeschafft).

자의 범행 내용의 중대성과 잔학성 여부와 관계없이 사형이라는 형벌 자체가 인간의 존엄과 가치를 근본적으로 침해하며 기본권의 본질을 침해하므로 위헌이라는 논리를 쉽게 구성할 수 있다. 또한 아무리 중대한 공익을 위한다고 하더라도 인격의 주체를 살해하는 방법을 쓰는 것은 인격주의적 인간상의 실현을 추구하는 헌법의 인간관에도 부합될 수 없다.

(나) 그러나 사형을 합헌으로 보는 견해도 광범위한 지지를 받고 있는 것이 현실이다. 아무리 생명권이 기본권 중 핵심적인 중요성을 가진 권리라고 하더라도 타인의 생명권을 잔혹하게 박탈하는 등 중대하고 극악무도한 범죄행위를 행한 행위주체에 대하여서는 제한될 수도 있다고 보는 것이다. 이러한 견해에 의하면 생명권도 일반공중의 생명의 보호 등 보다 우월적인 압도적 중요성을 가진 공익의 유지를 위하여 제한될 수도 있으므로 법률에 의하여 제한할 수 있는 상대적 기본권의 성격을 지닌다고 보게 된다. 나아가 그 제한 방법은 헌법 제37조 제2항에 의거하여야 할 것이다. 즉 타인의 생명을 박탈하는 잔혹행위를 한 자에 대하여서는 법률에 의하여 과잉금지의 원칙이 준수되는 한도 내에서 제한이 이루어질 수 있다는 것이 된다.

(다) 우리 헌법재판소의 사형제도에 관한 판단은 생명권도 상대적 기본권이라는 입장에 기초하고 있다.[1)] 일반적으로 사형제도의 목적은 응보와 일반예방에 의하여 설명된다. 형법에 규정된 형벌의 목적은 범죄자가 사회에 해악을 가한 만큼 응징하고 제재를 하는 것, 즉 응보와 범죄자를 응징함과는 별도로 그 비행에 대하여 사회를 방어, 보호하기 위하여 조치를 하는 것, 즉 일반예방에 있는 것이다. 가령 어떤 자가 연쇄살인을 저질렀다고 할 때 그를 사형으로 처벌하지 않으면 그러한 범죄에 대하여 억지효과가 없다고 판단할 수 있다. 무기징역 정도의 형벌로는 범죄예방적 효과를 완전히 거둘 수 있을 만큼 위하력이 없다고 보는 것이다. 범죄자라고 하더라도 그 기본권을 보다 덜 제한하는 방법으로 공익유지를 실현할 방법이 있음에도 불구하고 이를 택하지 않았

1) 헌법은 절대적 기본권을 명문으로 인정하고 있지 아니하며, 헌법 제37조 제2항에서는 국민의 모든 자유와 권리는 국가안전보장·질서유지 또는 공공복리를 위하여 필요한 경우에 한하여 법률로써 제한할 수 있도록 규정하고 있어, 비록 생명이 이념적으로 절대적 가치를 지닌 것이라 하더라도 생명에 대한 법적 평가가 예외적으로 허용될 수 있다고 할 것이므로, 생명권 역시 헌법 제37조 제2항에 의한 일반적 법률유보의 대상이 될 수밖에 없다. 헌재 2010. 2. 25. 2008헌가23, 판례집 22-1상, 36면. 제2차 사형제도 합헌결정(합헌 5인, 위헌 4인). 또한 헌재 1996. 11. 28. 95헌바1, 판례집 8-2, 537면. 제1차 사형제도 합헌결정(합헌 7인, 위헌 2인)도 같은 취지이다.

으면 과잉금지원칙에 위배되겠지만 이러한 경우에는 범죄인에 대한 위하(威嚇) 효과, 즉 범죄에 대한 일반예방 실현의 관점에서 무기징역 정도로는 도저히 대체가 될 수 없다고 보는 것이다.

또한 헌법 제110조 제4항은 '비상계엄에 관한 군사재판에서 단심으로 할 수 있다고 하면서 다만 사형을 선고하는 경우에는 그러하지 아니하다'고 규정한다. 그러므로 우리 헌법은 사형을 용인하고 있고 이 제도를 전제하고 있다는 것이다.[1)]

㈑ 이처럼 헌법재판소는 사형제도의 헌법적 쟁점을 ① 절대적 기본권으로서 과잉금지원칙의 적용 없이 바로 위헌인가 아니면 상대적 기본권으로서 과잉금지원칙에 따라 위헌 여부의 판단을 하여야 하는가, ② 무기징역에 사형을 대체할 형사정책적 효과가 있는가, ③ 우리 헌법이 사형을 명문으로 인정하는 것이 아닌가 하는 점에 있는 것으로 보고 있다.

판단컨대, 기본권을 '국민의 자유와 권리는 국가안전보장·질서유지 또는 공공복리를 위하여 필요하다는 이유에서 제한할 수 있다'고 규정한 헌법 제37조 제2항 전문에 의거하여 제한될 수 있는 상대적 기본권과 그 어떠한 경우에도 공익상의 필요를 이유로 한 제한이 허용될 수 없는 절대적 기본권으로 분류할 때, 사형은 인간을 살해하는 것으로서 곧 인간의 존엄과 가치의 침해이며, 생명을 잃게 되면 동시에 모든 기본권을 상실당하게 되어 기본권의 본질적 내용의 침해에도 해당한다고 볼 수밖에 없다. 인간이 생명을 유지할 수 있어야 기본권이 의미를 가질 것이기 때문이다. 따라서 생명권은 헌법 제37조 제2항 전문에 따라 제한되는 대상이 될 수 없는 절대적 기본권이며 사형제도는 이를 제한하는 것으로서 과잉금지의 원칙에 의한 합헌성 판단의 대상이 될 수 없다고 보는 것이 논리적으로 정당하다고 생각한다.

그러나 절대적 기본권이라고 하더라도, 기본권의 본질로부터 나오는 내재적 한계는 인정되어야 할 것이며, 나아가 타인의 절대적 기본권과 상충되는

1) 우리 헌법은 개별적인 인간존재의 근원인 생명을 빼앗는 사형에 대하여 정면으로 이를 허용하거나 부정하는 명시적인 규정을 두고 있지 아니하지만, 헌법 제12조 제1항이 "모든 국민은 … 법률과 적법절차에 의하지 아니하고는 처벌·보안처분 또는 강제노역을 받지 아니한다."라고 규정하는 한편, 헌법 제110조 제4항이 "비상계엄하의 군사재판은 … 법률이 정하는 경우에 한하여 단심으로 할 수 있다. 다만, 사형을 선고한 경우에는 그러하지 아니하다."라고 규정함으로써 적어도 문언의 해석상으로는 간접적이나마 법률에 의하여 사형이 형벌로서 정해지고 또 적용될 수 있음을 인정하고 있는 것으로 보인다. 헌재 1996. 11. 28. 95헌바1, 판례집 8-2, 537, 544-545면.

등 기본권 충돌의 문제로부터 자유로운 것은 아니다. 어느 한 사람의 생명권이 타인의 생명권의 보장과 상충되고 있다면 양측 모두의 절대적 기본권이 걸린 문제로서 기본권 제한의 법리가 아니라 기본권 충돌의 법리에 의하여 해결되어야 한다. 살인자를 사형에 처하는 경우 피해자의 생명권은 이미 침해가 종료된 상태에 있으므로 가해자의 생명권과 상호 충돌하는 것이 아니라는 견해도 있을 수 있으나, 가해행위와 사형집행행위를 포괄하여 시간적 범위를 넓혀서 생각할 때 양측의 기본권 충돌이 있다고 못 볼 바가 아니라고 생각한다. 결국 사형제도는 원칙적으로 기본권의 본질을 침해하여 위헌이 되나, 타인을 계획적으로 잔혹하게 살해한 가해자의 경우에는 생명권의 충돌 문제로서 엄격한 조건 하에 허용될 수도 있다고 본다.

그 밖에 무기징역이 범죄예방이나 위하력의 면에서 사형을 대체할 효과를 가진다는 주장은 지나치게 의제적이고 학술적인 주장으로서 현실에 부합하지 않는다. 나아가 우리의 실정 헌법이 사형제도를 인정하는 언급을 하고 있는 것도 사실이므로 헌법이론적 논의를 떠나서 사형제도 그 자체는 우리 헌법상 허용되고 있다고 보는 것이 합당하다.

이상의 논의를 종합할 때 사형제도는 일반적으로 허용될 수는 없으나 생명권 침해의 충돌의 관점에서 과잉금지의 원칙보다 더 엄격한 조건 하에 극히 예외적으로 허용될 수 있으며 이는 우리 헌법의 명문의 취지에도 부합되는 것이라고 생각한다. 어떠한 조건이 필요할 것인지는 헌법재판소의 결정으로 확정시켜 나가야 할 문제이겠으나, 미국의 판례이론에 비추어 ① 계획적 살인행위에만 적용될 것, ② 장애인과 청소년을 대상에서 배제할 것, ③ 엄격한 절차에 의한 증거조사와 합리적 의심이 배제된 정도의 확신에 의하여서만 유죄판단이 가능할 것, ④ 행위자의 특성과 전력이 충분히 고려될 수 있는 절차가 보장될 것, ⑤ 사형에 대한 재량판단을 제한할 객관적 법적 기준을 세울 것, ⑥ 사형판결의 자의성 여부를 실질적으로 검증할 상소절차가 보장될 것 등이 필요하다고 본다.[1)]

㈎ 결국 사형제도의 운용은 헌법이론상의 논리필연에 따라 결정될 문제라기보다는 그 국가의 국민들이 사형에 관하여 어떤 생각을 가지고 있는가 하는 것이 반영되어야 할 문제이다. 국민들의 의식구조가 사형은 문명사회에서 수

1) Gregg v. Georgia, 428 U.S. 153(1976).

용될 수 없는 야만적 제도라고 하는 데에 기운다면 그 국가의 사법기관의 위헌판단을 받게 되는 것이 자연스러운 결과이나, 국민감정과 사회적 수준이 그와 같은 정도에 미치지 못한 상태에서 남용되지 아니하는 최소수준에서 유지된다면 사법기관의 위헌판단은 무리가 될 것이다. 유럽연합에 소속된 제국가들은 사형제도를 모두 폐지하고 있는 반면, 미국은 사형제도가 연방대법원의 판례에 의하여 헌법에 위반되지 않는다고 보고 있으며 일본의 경우는 사형이 아직도 집행되고 있는 등 선진국의 제도적 동향이 차이를 보이는 것은 이 때문이다.

(2) 더 많은 생명을 구하기 위하여 일부 생명을 박탈하는 조치의 위헌성

미국의 9·11 항공기테러사태 이후 항공기를 실력으로 점거한 테러집단이 다수의 인명을 살상하기 위하여 점거한 항공기를 무기로 활용하는 경우 국가가 이러한 항공기를 격추하여 다수의 인명희생을 예방하는 조치를 할 수 있는가 하는 것이 새로운 헌법문제로서 부각되었다. 이에 관하여 우리 법제상 관련 입법이 제정된 바는 없고 헌법재판소의 판례도 없으나, 독일의 경우 테러세력에게 점거되어 무기로 활용되는 순간에 있는 항공기를 격추할 권한을 군대에게 부여하는 항공안전규정은 생명을 수단으로 취급하고 있는 것으로서 헌법위반이라고 판시한 바 있다.[1] 그러나 이 문제에서 생명권의 상호충돌은 앞서본 사형제도의 경우보다도 더 극명하게 나타나고 있으며, 비례적 제한과 양보의 원칙에 의한 해결을 도모하는 외에는 달리 방법이 없다고 생각한다.

(3) 인공임신중절

인공임신중절은 태아의 생명권과 산모의 자기결정권이 충돌하는 헌법문제로서 서구의 선진 제국에서 오래 전부터 격렬한 논쟁의 대상이 되어 왔다. 특히 미국과 독일의 경우 헌법이론적으로 의미가 큰 중요한 판례가 형성되어 있다. 우리나라의 법제에서는 인공임신중절은 엄격한 조건 하에서만 실행될 수 있도록 규정되어 있지만 실제 관행에서는 법이 요구하는 조건이 잘 준수되지 않으며 위반행위는 형법상 낙태죄에 해당하지만 이에 대하여 실제로 형사사건이 되는 예는 드물다.

---
1) BVerfGE 115, 118, 139ff.

(가) 미국의 판례이론

미국 연방대법원은 임신중절의 헌법적합성이 문제된 Roe v. Wade 판결[1]에서 ① 임신 후 첫 3개월의 기간 동안은 임산부의 프라이버시가 우선하고 ② 임신 후 둘째 3개월의 기간 동안은 원칙적으로 임신중절을 허용하되, 임산부의 건강을 고려하여 금지한다든지 하는 일부 규제를 하는 것은 가능하다고 하며, ③ 임신 후 셋째 3개월 기간이 되면 태아가 상당히 성숙되어 '독자적 생존능력'이 발생하였다고 보아서 이제는 태아의 생명에 대한 권리가 모체의 자녀선택권, 즉 임산부의 자기결정권보다 우선한다고 하였다. 따라서 이 시기에는 원칙적으로 임신중절이 금지된다. 다만 극히 필요한 경우 모체의 생명을 위협한다든지 하는 아주 특별히 필요한 경우가 아니면 이 시기의 임신중절은 허용될 수 없다.

이를 이른바 3-3-3 공식이라고 하는데 미국에서는 아직까지도 이 판례가 완전히 번복된 것은 아니다. 하지만 위 판례에서 제시된 헌법적 허용기준이 너무 의제적·형식적이라고 보고, 태아가 '독자적 생존능력'을 가졌다고 보는 시기에 이르기도 전에 임신중절에 대하여 지나치게 심한 규제를 하는 것은 임산부에게 과도한 부담(undue burden)을 주는 것으로 허용되지 않는다고 하면서 실질을 중시하여 판단하고자 하는 것이 그 이후의 판례의 일반적 경향이다.

(나) 독일의 판례이론

독일 연방헌법재판소는 임신중절문제에 관하여 미국 연방대법원보다 더 보수적인 경향을 보인다. 1972년 제1차 낙태판결이 있었는데 이는 임신 초기 12주간은 산모의 임의로 임신중절을 하는 것을 허용하고 그 이후부터는 우생학적 이유나 사회윤리적 이유 또는 의학적 이유 등 특별한 사유가 있지 않으면 안 되는 것으로 한다는 이른바 기간해결방식(Fristenlösung)이 헌법위반이라고 결정하였다. 따라서 서독에서는 태아가 착상되고 난 이후에는 임신중절은 허용될 수 없다는 원칙이 오랜 기간 유지되었다. 그런데 1990년 독일이 통일됨으로써 서독은 의사 처방에 의하여서만 임신중절이 허용(Indikationslösung)되는 서독의 제도와 기간해결방식에 의한 동독의 제도는 서로 충돌하게 되었다. 통일로 인하여 원칙적으로 서독법이 동독에 대하여 확장 적용되었는데 임신중절

1) Roe v. Wade, 410 U.S. 113(1973).

제도에 관하여서는 양독간에 큰 논쟁이 있었다. 통일 후 상당기간이 흐른 후에야 제정된 절충입법에서는 동독측 의견을 주로 반영하여 12주간은 낙태를 허용하면서 이를 임산부의 자유의사로 하는 것은 아니고 이 기간 중에도 의사의 충고를 받아야 하도록 하는 제도를 도입하였다. 그러나 연방헌법재판소는 이 제도 또한 헌법위반이라고 판결하였다.[1)]

㈐ 우리나라의 경우

헌법재판소는 2019. 4. 11. 형법상의 낙태죄 처벌조항이 과잉금지의 원칙에 위반하여 임신한 여성의 자기결정권을 침해한다는 이유로 헌법불합치결정을 하였다. 결정 당시의 최신 의료기술 등에 의할 때 태아는 임신 22주경부터 독자적인 생존이 가능하므로 이 시점 이후에는 태아의 생명권이 우선 보호되어야 하지만 그 이전에는 임신한 여성의 자기결정권이 충분히 보호되도록 국회가 입법재량을 가지고 입법하여야 한다는 것이다.[2)] 이에 대하여 '임신 제1삼분기(first trimester, 임신 초기 14주 무렵까지)'에는 어떠한 사유를 요구함이 없이 임신한 여성이 자신의 숙고와 판단 아래 낙태할 수 있도록 하여야 하고 단순위헌으로 충분하다는 취지의 소수의견이 있었다.[3)] 생각건대 임신기간이 경과

---

1) 1993. 5. 28. BVerfGE 88, 203.

2) 자기낙태죄 조항은 모자보건법에서 정한 사유에 해당하지 않는다면 결정가능기간 중에 다양하고 광범위한 사회적·경제적 사유를 이유로 낙태갈등 상황을 겪고 있는 경우까지도 예외 없이 전면적·일률적으로 임신의 유지 및 출산을 강제하고, 이를 위반한 경우 형사처벌하고 있다. 따라서, 자기낙태죄 조항은 입법목적을 달성하기 위하여 필요한 최소한의 정도를 넘어 임신한 여성의 자기결정권을 제한하고 있어 침해의 최소성을 갖추지 못하였고, 태아의 생명 보호라는 공익에 대하여만 일방적이고 절대적인 우위를 부여함으로써 법익균형성의 원칙도 위반하였으므로, 과잉금지원칙을 위반하여 임신한 여성의 자기결정권을 침해한다. 자기낙태죄 조항과 동일한 목표를 실현하기 위하여 임신한 여성의 촉탁 또는 승낙을 받아 낙태하게 한 의사를 처벌하는 의사낙태죄 조항도 같은 이유에서 위헌이라고 보아야 한다. 자기낙태죄 조항과 의사낙태죄 조항에 대하여 각각 단순위헌결정을 할 경우, 임신 기간 전체에 걸쳐 행해진 모든 낙태를 처벌할 수 없게 됨으로써 용인하기 어려운 법적 공백이 생기게 된다. 더욱이 입법자는 결정가능기간을 어떻게 정하고 결정가능기간의 종기를 언제까지로 할 것인지, 결정가능기간 중 일정한 시기까지는 사회적·경제적 사유에 대한 확인을 요구하지 않을 것인지 여부까지를 포함하여 결정가능기간과 사회적·경제적 사유를 구체적으로 어떻게 조합할 것인지, 상담요건이나 숙려기간 등과 같은 일정한 절차적 요건을 추가할 것인지 여부 등에 관하여 앞서 헌법재판소가 설시한 한계 내에서 입법재량을 가진다. 따라서 자기낙태죄 조항과 의사낙태죄 조항에 대하여 단순위헌결정을 하는 대신 각각 헌법불합치결정을 선고하되, 다만 입법자의 개선입법이 이루어질 때까지 계속적용을 명함이 타당하다. 헌재 2019. 4. 11. 2017헌바127, 판례집 31-1, 405-406면.

3) 태아가 덜 발달하고, 안전한 낙태 수술이 가능하며, 여성이 낙태 여부를 숙고하여 결정하기에 필요한 기간인 임신 제1삼분기에는 임신한 여성의 자기결정권을 최대한 존중하여 그가 자신의 존엄성과 자율성에 터 잡아 형성한 인생관·사회관을 바탕으로 자신이 처한 상황에 대하여 숙고한 뒤 낙태 여부를 스스로 결정할 수 있도록 하여야 한다. 심판대상조항들은 임신 제1삼분기에 이루어지는 안전한 낙태조차 일률적·전면적으로 금지함으로써, 과잉금지원칙을 위반하여 임신한 여성의

함에 따라 임신한 여성의 자기결정권으로부터 태아의 생명권의 존중이 우세하도록 하는 단계적 판단을 함은 타당하나, 형법상 낙태죄와는 별도로 모자보건법에서 낙태죄에 대한 일종의 위법성 조각사유를 규정하고 운용하고 있었던 점과 헌법재판소가 형법상 낙태죄에 대하여 2012. 8. 23. 합헌결정을 내린 바가 있었기 때문에 동 선고일 이전으로는 위헌결정의 소급효가 확장될 수 없는 점[1] 및 현실에서 낙태죄로 처벌되는 사례가 희소한 점 등을 고려하면 법적 혼란의 우려하여 헌법불합치 선고를 할 필요는 거의 존재하지 않는다. 따라서 위헌성이 명백한 임신 초기 14주까지의 기간 동안 낙태행위를 처벌하는 부분에 한정하여 일부 위헌의 결정을 함이 가장 적절하였다고 본다.

(4) 초기배아 이용 및 인간복제

오늘날 생명공학의 발전에 따라 불임이나 희귀·난치병의 치료를 위하여 수정 후 모체에 착상하기 전의 배아(초기배아)를 실험에 사용하는 것이나 혹은 나아가 유전자가 동일한 새로운 인간의 개체를 만들어내는 것(인간복제)이 헌법상 허용될 수 있는지 논의된다.

초기배아의 의학적 이용과 관련하여, 인간의 생명권은 그 절대적 가치를 고려할 때 인간형성의 단계에서 가급적 이른 시기부터 인정되어야 바람직할 것이나 다른 한편으로 배아생성자의 배아에 대한 자기결정권도 존중되어야 하고 질병치료연구를 발전시키는 것 또한 인간의 생명을 연장하고 존엄성을 고양시킨다는 면에서 배아생성자가 제공한 배아를 의학적 연구의 대상으로 삼는 것은 합리적인 범위에서 허용될 필요가 있다고 할 것이다. 이러한 상충되는 가치를 조화시키는 관점에서 수정 후 모체 착상전의 초기배아에 대하여서는 아직 생명권이 발생하지 아니한 단계의 세포군으로 보아서 기본권 주체성을 인정하지 않고 의학적 연구가 허용된다고 보는 것이 적절하다고 생각된다. 헌법재판소도 이러한 입장에 따른 결정을 하였으며 다만 여기에 덧붙여 초기배아가 가진 인간으로의 발전가능성을 고려하여 적절한 국가적 보호의 필요성을 지적하고 있다.[2]

자기결정권을 침해한다. 같은 판례집, 406면.

1) 헌재 2012. 8. 23. 2010헌바402, 판례집 24-2상, 471.

2) 초기배아도 수정이 된 배아라는 점에서 형성 중인 생명의 첫걸음을 떼었다고 볼 여지가 있기는 하나 아직 모체에 착상되거나 원시선(뇌와 척수로 분화되는 원시신경관의 윤곽으로서 수정후 14일

인간복제는 인간의 탄생과 존재 자체를 목적이 아니라 하나의 수단으로 취급하고 있는 인간 존엄성에 대한 정면 위반행위로서 헌법에 반한다고 보아야 마땅하다. 생명윤리 및 안전에 관한 법률도 이를 금지하고 있다(제11조).

(5) 안락사 · 존엄사

안락사라고 함은 불치의 병으로 극심한 고통을 겪고 있는 환자에 대하여 의학적 시술을 하여 사망에 이르게 하는 것을 말하는데 그 시술이 적극적인 것과 소극적인 것이 있으므로 적극적 안락사와 소극적 안락사로 나뉜다. 적극적 안락사란 생명을 단절시키는 약물을 투여하는 것과 같이 시술자의 작위에 의하여 해당 환자를 사망에 이르게 하는 것을 말한다. 이에 비하여 소극적 안락사는 인공호흡기구와 같은 생명연장장치를 더 이상 가동시키지 않는 것과 같이 일종의 부작위의 방식을 취하는 것을 말한다.

이 중 적극적 안락사는 시술자가 환자를 살해하는 것에 다름아니므로 헌법적으로도 허용될 여지가 없으며 형법상의 살인죄에 해당한다. 그러나 소극적 안락사는 고통받는 환자 본인의 진지한 요청이 있는 때, 즉 존엄사(尊嚴死)에 해당하는 경우에는 엄격한 조건 하에서는 헌법적으로 허용될 수 있는 여지가 있다. 불치의 병으로 고통받는 본인이 스스로 인간답게 죽을 권리를 행사하겠다는 의사를 표명하는 때에는 생명도 인간이 가진 이익이므로 존엄을 유지하며 이를 포기할 권리가 존중되어야 할 것이기 때문이다.

요컨대 안락사는 생명권에 대한 침해로서 일반적으로 허용될 수 없으나, 예외적으로 ① 현대의학상 불치(不治)의 병에 걸려서 ② 도저히 피할 수 없는 극심한 고통을 겪고 있는 환자에 대하여 ③ 본인의 진지한 요구가 있거나 식물인간 상태에 빠진 경우 가족의 명확한 동의가 있을 때에 한하여 ④ 소극적

전후에 나타남: 필자주)이 나타나지 않은 이상 현재의 자연과학적 인식 수준에서 독립된 인간과 배아 간의 개체적 연속성을 확정하기 어렵다고 봄이 일반적이라는 점, 배아의 경우 현재의 과학기술 수준에서 모태 속에서 수용될 때 비로소 독립적인 인간으로의 성장가능성을 기대할 수 있다는 점, 수정 후 착상 전의 배아가 인간으로 인식된다거나 그와 같이 취급하여야 할 필요성이 있다는 사회적 승인이 존재한다고 보기 어려운 점 등을 종합적으로 고려할 때, 초기배아의 기본권 주체성을 인정하기 어렵다. … 다만, 오늘날 생명공학 등의 발전과정에 비추어 인간의 존엄과 가치가 갖는 헌법적 가치질서로서의 성격을 고려할 때 인간으로 발전할 잠재성을 갖고 있는 초기배아라는 원시생명체에 대하여도 위와 같은 헌법적 가치가 소홀히 취급되지 않도록 노력해야 할 국가의 보호의무가 있음을 인정하지 않을 수 없다. 현재 2010. 5. 27. 2005헌마346, 판례집 22-1하, 275, 292면. 생명윤리법 사건 결정.

으로 생명연장장치를 제거하는 부작위에 의하여야 하며 ⑤ 의사의 시술로서 시술 당시의 의학기술상 가장 타당한 방법이 되어야 하고 ⑥ 관련 자료와 보고서의 작성 보관 등 적절한 사후 조치가 이루어지는 한도 내에서만 헌법상 허용될 수 있다고 할 것이다.1)

제 3 항 행복추구권

1. 의 의

(1) 헌법 제10조 제1문 후단은 모든 국민은 행복을 추구할 권리를 가진다고 규정한다. 인간은 행복을 추구하는 존재이므로 인간에게 생래적 권리로서 행복추구권이 주어져야 함은 당연한 이치라고 할 수 있는데, 최초의 권리장전인 미국 버지니아 권리장전에서부터 이미 행복추구권은 명문화되었다. 그러나 여기서 말하는 인간의 행복을 권리로 인정하는 것은 철학적 주제를 법적 해석의 대상으로 가져오는 것이 되고 인생의 목적이 사람마다 다양할 수밖에 없는 이상 행복의 개념에 법적으로 구속력이 있는 일의적 정의(定義)를 내리는 것은 사실상 불가능하다. 이러한 문제로 인하여 행복추구권은 실제로는 인간의 가장 기본적인 일반행동을 부당한 간섭없이 임의로 실행할 수 있는 권리, 즉 일반적 행동자유권의 의미로 받아들여지고 있으며, 비록 자명한 천부인권에 포섭되고는 있으나 동시에 그 내용이 불확정한 포괄적이고 부차적인 기본권으로서만 인정되고 있다. 따라서 종래 특별히 주목받지 못하다가 사회의 변화에 따라 기본권으로 인정되어야 할 필요성을 가지게 된 권리가 새로이 부각되는

1) '죽음에 임박한 환자'는 전적으로 기계적인 장치에 의존하여 연명할 수밖에 없고, 전혀 회복가능성이 없는 상태에서 결국 신체의 다른 기능까지 상실되어 기계적인 장치에 의하여서도 연명할 수 없는 상태에 이르기를 기다리고 있을 뿐이므로, '죽음에 임박한 환자'에 대한 연명치료는 의학적인 의미에서 치료의 목적을 상실한 신체침해 행위가 계속적으로 이루어지는 것이라 할 수 있고, 죽음의 과정이 시작되는 것을 막는 것이 아니라 자연적으로는 이미 시작된 죽음의 과정에서의 종기를 인위적으로 연장시키는 것으로 볼 수 있어, 비록 연명치료 중단에 관한 결정 및 그 실행이 환자의 생명단축을 초래한다 하더라도 이를 생명에 대한 임의적 처분으로서 자살이라고 평가할 수 없고, 오히려 인위적인 신체침해 행위에서 벗어나서 자신의 생명을 자연적인 상태에 맡기고자 하는 것으로서 인간의 존엄과 가치에 부합한다. 그렇다면 환자가 장차 죽음에 임박한 상태에 이를 경우에 대비하여 미리 의료인 등에게 연명치료 거부 또는 중단에 관한 의사를 밝히는 등의 방법으로 죽음에 임박한 상태에서 인간으로서의 존엄과 가치를 지키기 위하여 연명치료의 거부 또는 중단을 결정할 수 있다 할 것이고, 위 결정은 헌법상 기본권인 자기결정권의 한 내용으로서 보장된다. 헌재 2009. 11. 26. 2008헌마385, 판례집 21-2하, 647, 648-649면. 존엄사 보호 입법부작위 각하결정.

경우 이 권리를 행복추구권에서 파생되는 기본권으로 해석하여 헌법상의 권리장전의 목록에 포섭시키게 되고, 이러한 용도에 활용될 수 있다고 하는 점에서 기본권으로서 행복추구권이 진정한 유용성을 발휘하게 된다.

(2) 우리 헌법의 역사에서 행복추구권은 1962년 헌법에서 처음으로 명문화되었다. 헌법상 행복추구권은 인간의 존엄과 가치의 보장과 함께 규정됨으로써 인간의 존엄과 가치라는 기본권 보장의 핵심적 목적에 봉사하는 수단으로서의 포괄적 권리라고 해석될 수 있는 기본권 체계상의 위치를 가지게 되었다. 포괄적 권리이므로 사회발전에 따른 해석의 변경에 의하여 새로운 개별적 기본권이 여기서 파생되어 나올 수 있는 것이다.[1)]

(3) 그런데 한편 헌법 제37조 제1항은 국민의 자유와 권리는 헌법에 열거되지 아니한 이유로 경시되지 아니한다고 하고 있다. 따라서 반드시 기본권으로 인정되어야 할 권리가 있다면 헌법에서 명문으로 특별히 규정하고 있지 않더라도 헌법해석에 의하여 인정할 수 있는 것이다. 그렇다면 헌법 제37조 제1항이 있으므로 굳이 행복추구권과 같은 포괄적 권리를 별도로 둘 필요가 없고 우리 헌법상의 행복추구권 규정은 기본권 체계와 해석에 혼란을 가져올 뿐인 무용한 규정이라는 비판이 있을 수 있다. 그러나 행복의 추구라고 하는 것은 생래적인 천부인권으로서 특별한 의미와 내용을 가지므로 헌법에 명백히 규정하는 것이 반드시 실제적 의미가 없다고 볼 수는 없다. 특히 이 권리가 우리 헌법학자들이 주로 본받고 있는 독일헌법상 존재하지 않는다는 이유만으로 폄하되어서는 안 될 것이며, 독일헌법과 구분되는 우리 헌법의 고유한 특징으로 받아들이고 우리 헌법고유의 기본권체계에 유용한 가치로 포섭하기 위한 창의적 헌법해석의 대상으로 삼아야 정당할 것이다.

2. 법적 성격

(1) 주관적 권리성

행복의 의미가 포괄적이고 가변적인 만큼 행복추구권도 너무나 포괄적인 의미와 영역을 차지하고 있으므로 이를 의미내용상 특정된 하나의 개별적 기

1) 예컨대, 최근 인터넷의 급속한 발전과 보편화에 따라 새롭게 대두된 '잊혀질 권리(Recht auf Vergessen)'를 들 수 있다.

본권이라고 보기는 어렵다. 그러나 헌법 제10조 제1문이 '모든 국민은 행복을 추구할 권리를 가진다'고 규정하는 바와 같이 헌법이 명문으로 권리임을 인정하고 있으므로 주관적 권리성, 즉 기본권성을 부정할 수는 없다고 할 것이다. 이 점에서 행복추구권은 동일한 헌법조항에서 선언된 '인간으로서의 존엄과 가치'와는 헌법적 성격을 달리 한다.

(2) 포괄적·보충적 기본권성

그러나 이는 내용상 불확정성을 지니는 행복이란 의미의 특수성 때문에 포괄적 권리성을 지닌다. 따지고 보면 모든 기본권은 기본권의 주체인 인간이 행복하기 위하여 부여되는 것이다. 그런 의미에서 행복추구권과 다른 개별 기본권과의 관계에서 목적과 수단의 관계에 있다고 할 수 있다. 헌법해석의 실제에 있어서는 각 개별적 기본권의 내용으로 이미 인정되는 부분이라면 이를 다시 행복추구권의 내용에 포함되는 것으로 보아 중복하여 보호할 필요는 없으므로 각 개별적 기본권의 내용에 포섭될 수 없는 부분만 행복추구권의 내용에 들어간다고 보아서 충분하다. 그러한 의미에서 행복추구권은 명문의 규정에 의하여 인정되는 권리가 아닌 것들만을 포함하는 보충적 기본권이다.

3. 내 용

행복추구권의 실제 내용은 매우 다양할 수 있으나 크게 보면 사적 영역에서의 자기결정권과 사적 영역에서의 일반적 행동자유권 및 협의의 인격권으로 나누어 볼 수 있다.

(1) 사적 영역에서의 자기결정권

모든 국민은 행복을 추구하기 위하여 자신의 사적 영역에서 자기 마음대로 결정할 수 있는 권리를 가진다. 여기서 개인이 지배하는 자신의 사적 영역은 매우 다양하므로 여기서는 그 중 실제로 특히 문제되는 영역을 중심으로 살펴보기로 한다.

(가) 장기매매와 신체의 기증

장기매매 등 개인이 자신의 신체의 일부인 장기를 매매하는 것은 헌법상 허용될 수 없다. 이는 사회윤리에 반하며 결국 인간의 존엄과 가치를 심하게 훼손하는 결과가 되기 때문이다. 다만 매매가 아닌 기증에 의한 장기이식으로서 인간의 존엄성을 훼손하지 아니하는 방법으로 이행되는 것은 인정될 수 있을 것이다. 1999년 제정된 장기이식에 관한 법률에 의하면 장기의 매매는 처벌의 대상이 되어 있으며, 다만 본인이 사망할 경우에 대비하여 미리 자신의 장기를 기증하기로 하는 것은 허용된다. 이러한 한도 내에서는 신체에 관한 자기결정권을 인정하는 것은 인간의 존엄성을 침해하지는 않는다고 할 것이다.

(나) 두발, 착의 등 자신의 생활방식과 기호를 스스로 결정할 권리

사적 영역에서의 자기결정권에는 우선 자신의 생활방식을 스스로 결정할 권리가 포함된다. 물론 이러한 권리는 사회생활에서 타인과 연관되는 한 일반적으로 절대적인 권리는 될 수 없으며 상대적 기본권의 성격을 가지게 된다. 자신의 생활방식에는 몸을 치장하고 옷을 어떻게 차려입을 것인지를 정하는 것도 포함된다. 예컨대 학생이 교칙에 반하여 자신의 머리모양을 유지하고자 하는 경우 당해 학생의 자기결정권의 침해 여부가 문제될 수 있다.

미결구금상태의 피고인(미결수)은 범죄의 혐의 등 구속사유가 인정되어 구금된 상태에 있으나 아직 형사재판이 진행중에 있으므로 형사소송법상 무죄추정을 받는다. 그런데 아무리 범죄의 혐의가 있어서 구금된 자라고 하더라도 어떤 상황에서도 수의(囚衣)의 착용을 강제한다면 그 행복추구권의 침해가 문제될 수 있다. 수의의 착용이 강제되는 한 자신의 몸에 어떠한 착의(着衣)를 할 것인가에 대한 자기결정권이 제한되기 때문이다. 이는 결국 재소자 규율의 공익과 착의에 관한 개인의 자기결정권이 충돌되는 문제로서 해결되어야 할 것이다.1)

또한 흡연과 같은 개인적 기호활동에 관하여도 국가가 개입하면 자기결정권의 침해가 문제될 수 있다. 당구장 출입, 오토바이 운전, 각종 위험한 스포츠를 즐기는 것 등도 일면적으로는 모두 자기 개인의 라이프 스타일에 관한 문제로서 자기결정권의 보호영역에 들어가는 행위들이다.

1) 헌재 1999. 5. 27. 97헌마137. 재소자수의착용 위헌결정 사건.

㈐ 성적 자기결정권의 문제

자신의 성적(性的) 생활을 자기 마음대로 결정할 수 있는 권리의 존재에 관하여서도 헌법상 논의되고 있는데 이러한 권리의 존재를 인정하는 것이 대세이며 헌법재판소 판례의 입장도 그러하다.

혼인을 하면 자신의 배우자에 대하여 성적으로 충실하여야 할 의무를 지며 우리 형법상 이를 위반한 배우자와 그 상간자를 처벌하는 간통죄가 존재하였는데 간통죄가 위헌이라고 주장하며 위헌법률심판제청신청 등 헌법재판으로 제소하는 사례가 계속되었다. 헌법재판소는 간통죄가 성적 자기결정권을 과잉되게 침해하여 위헌인지 여부에 대하여 몇 차례 헌법위반이 되지 아니한다는 판단을 한 바가 있으나[1] 2015년 2월 마침내 간통죄가 위헌임을 결정하였다.[2] 이는 우리 사회에서 여성의 사회적 지위가 빠른 속도로 신장됨으로써 혼인과 성생활에 나타난 남녀관계의 변화가 반영된 것이라고 하겠다.

혼인을 빙자하여 음행의 상습이 없는 부녀를 기망하여 간음한 자를 처벌하는 혼인빙자간음죄에 관하여 헌법재판소는 합헌이라고 하였던 종전의 판례[3]를 변경하여 헌법 제37조 제2항의 과잉금지원칙을 위반하여 남성의 성적자기결정권 및 사생활의 비밀과 자유를 침해하는 것으로 헌법에 위반된다고 결정하였다.[4]

---

1) 간통죄의 합헌결정은 헌재 1990. 9. 10. 89헌마82(재판관 6 대 3); 헌재 1993. 3. 11. 90헌가70(재판관 6 대 3); 헌재 2001. 10. 25. 2000헌바60(재판관 8 대 1); 헌재 2008. 10. 30. 2007헌가17(재판관 4 대 5) 결정들로 이어졌다.

2) 사회 구조 및 결혼과 성에 관한 국민의 의식이 변화되고, 성적 자기결정권을 보다 중요시하는 인식이 확산됨에 따라 간통행위를 국가가 형벌로 다스리는 것이 적정한지에 대해서는 이제 더 이상 국민의 인식이 일치한다고 보기 어렵고, 비록 비도덕적인 행위라 할지라도 본질적으로 개인의 사생활에 속하고 사회에 끼치는 해악이 그다지 크지 않거나 구체적 법익에 대한 명백한 침해가 없는 경우에는 국가권력이 개입해서는 안 된다는 것이 현대 형법의 추세여서 전세계적으로 간통죄는 폐지되고 있다. 또한 간통죄의 보호법익인 혼인과 가정의 유지는 당사자의 자유로운 의지와 애정에 맡겨야지, 형벌을 통하여 타율적으로 강제될 수 없는 것이며, 현재 간통으로 처벌되는 비율이 매우 낮고, 간통행위에 대한 사회적 비난 역시 상당한 수준으로 낮아져 간통죄는 행위규제규범으로서 기능을 잃어가고, 형사정책상 일반예방 및 특별예방의 효과를 거두기도 어렵게 되었다. 부부간 정조의무 및 여성 배우자의 보호는 간통한 배우자를 상대로 한 재판상 이혼 청구, 손해배상청구 등 민사상의 제도에 의해 보다 효과적으로 달성될 수 있고, 오히려 간통죄가 유책의 정도가 훨씬 큰 배우자의 이혼수단으로 이용되거나 일시 탈선한 가정주부 등을 공갈하는 수단으로 악용되고 있기도 하다. 결국 심판대상조항은 과잉금지원칙에 위배하여 국민의 성적 자기결정권 및 사생활의 비밀과 자유를 침해하는 것으로서 헌법에 위반된다. 헌재 2015. 2. 26. 2009헌바17 등, 판례집 27-1상, 20-21면. 간통죄 위헌결정.

3) 헌재 2002. 10. 31. 99헌바40. 혼인빙자간음죄 합헌결정.

4) 결혼과 성에 관한 국민의 법의식에 많은 변화가 생겨나 여성의 착오에 의한 혼전 성관계를 형사법률이 적극적으로 보호해야 할 필요성은 이미 미미해졌고, 성인이 어떤 종류의 성행위와 사랑을 하건, 그것은 원칙적으로 개인의 자유 영역에 속하고, 다만 그것이 외부에 표출되어 명백히 사회에

또한 부부라고 하더라도 원칙적으로 배우자의 성적 자기결정권을 존중하는 범위 내에서 성생활을 영위하여야 하므로 배우자의 의사에 반한 강제적 성행위는 기본권의 침해를 구성할 수 있으며 형법상 강간죄나 강요죄를 구성할 소지가 있다. 다만 부부는 가족공동체의 기초로서 성생활에 있어서 상대방에 충실할 의무를 지므로 구체적 정황을 고려한 가치조화적 해석을 요한다.

(2) 사적 영역에서의 일반적 행동의 자유

개인은 사적 영역에서라면 자기가 원하는 대로 행동할 수 있는 권리를 가진다. 다만 타인의 권리와 모순되거나 사회질서 등 공익과 충돌하는 경우에는 그 행사에 한계가 있을 수 있다. 일반적 행동의 자유가 인정되는 개인의 사적 영역은 극히 다양하게 나타날 수 있으므로 여기서 문제가 되는 사항들을 중심으로 살펴본다.

(가) 미결수의 접견교통권

미결수의 접견교통권은 변호인과의 접견교통권과 그 밖에 가족·친지 등 지인과의 접견교통권 등으로 나누어 볼 수 있는데 그 헌법적 의미와 위상은 한결같지 아니하다. 헌법에 의하여 보장되는 형사피의자의 방어권 중 핵심적 권리의 하나는 변호인과의 접견교통권이라고 할 수 있는데, 이는 공익에 의하여 일반적으로 금지될 수 없는 준(準)절대적 기본권으로서의 위상을 가지고 있다.[1] 따라서 형사피의자의 변호인이 변호활동을 위하여 구치소에 구금되어 있는 그 의뢰인에 대한 접견을 신청하면 구치소장은 공익상 이유를 들어서 이를 거부할 수 없다. 나아가 구치소 직원은 변호인 접견시에 주변에서 이를 청취

해악을 끼칠 때에만 법률이 이를 규제하면 충분하며, 사생활에 대한 비범죄화 경향이 현대 형법의 추세이고, 세계적으로도 혼인빙자간음죄를 폐지해 가는 추세이며 일본, 독일, 프랑스 등에도 혼인빙자간음죄에 대한 처벌규정이 없는 점, 기타 국가 형벌로서의 처단기능의 약화, 형사처벌로 인한 부작용 대두의 점 등을 고려하면, 그 목적을 달성하기 위하여 혼인빙자간음행위를 형사처벌하는 것은 수단의 적절성과 피해의 최소성을 갖추지 못하였다. 이 사건 법률조항은 개인의 내밀한 성생활의 영역을 형사처벌의 대상으로 삼음으로써 남성의 성적자기결정권과 사생활의 비밀과 자유라는 기본권을 지나치게 제한하는 것인 반면, 이로 인하여 추구되는 공익은 오늘날 보호의 실효성이 현격히 저하된 음행의 상습없는 부녀들만의 '성행위 동기의 착오의 보호'로서 그것이 침해되는 기본권보다 중대하다고는 볼 수 없으므로, 법익의 균형성도 상실하였다. 헌재 2009. 11. 26. 2008헌바58, 판례집 21-2하, 520면. 혼인빙자간음죄 위헌결정.

1) 일반적으로 미결수의 변호인 접견교통권은 공익상의 이유로 제한될 수 없다는 점에서 절대적 권리라고 말하여지나, 전쟁이나 구치소 반란 등 극도의 비상사태에서도 무조건적으로 보장될 수는 없을 것이며 그러한 경우 압도적으로 우월한 공익에 우선당하여야 할 여지는 남아있으므로 절대적 권리에서 한발 물러나 준절대적인 권리라고 표현하고자 한다.

하면서 견제나 제한을 가할 수 없다.

그러나 구금중인 피의자가 변호인 이외에 일반인, 예컨대 그 가족과 만나고자 할 때 그 접견교통권은 반드시 절대적으로 보장되어야 할 정도의 것은 아니다. 미결수는 범죄혐의가 있고 구속사유가 있어서 구금되고 있으나 아직 무죄추정을 받고 있으므로 가족 등 지인들과의 접견교통권의 존재 자체는 인정되어야 한다. 그러나 이들에 대한 접견교통권은 행복추구권에서 파생된 일반적 행동자유권에 속하며, 그 성격은 상대적 기본권에 불과하다. 따라서 이들에 대한 접견교통이 구치소장의 허가사항으로 규정되어 있다면 이러한 조항은 과잉금지 등 기본권 제한의 일반원칙에 합치되는지 따져보아서 그 헌법적합성 여부가 판단되어질 것이다.

㈏ 소비활동의 자기결정권

주류(酒類) 중 소주·탁주 등 각 지방 고유의 전통 브랜드를 가지는 경우 지방의 주류산업을 보호하는 차원에서 자도(自道)의 주류를 매매, 소비하도록 유도하거나 강제하는 법적 제도가 마련될 수 있다. 소비자의 입장에서 볼 때 이러한 자도주류구입명령제도는 타지역에서 생산된 주류를 마음대로 사서 마실 수 없도록 제한한다는 점에서 소비활동에 대한 자기결정권을 침해하는 것이 된다.

헌법재판소는 소주에 대한 자도소주구입명령제도가 주류업자의 자기결정권을 침해하는 것으로 헌법위반이라고 결정하였지만 타지역 생산 탁주를 반입하지 못하게 하는 탁주구역제한제도는 헌법위반이 아니라는 판단을 한 바가 있다.

탁주는 대개 그 생산업자가 영세하여 정책적 보호의 필요성이 크고, 이를 먼 지역에서 가져오면 부패하기 쉬우므로 지역별로 반입을 제한하는 것이 반드시 불합리하게 소비자의 권리를 제한하는 것으로 되지는 아니하는 반면, 소주의 경우는 생산업자가 재력을 가진 큰 회사인 경우가 많고 굳이 소비자의 권리를 생산업자의 권리에 후퇴시킬 필요가 없으므로 헌법적 판단에 있어서 이러한 차이점이 고려되었기 때문이라고 본다.[1]

1) 헌재 1996. 12. 26. 96헌가18. 자도소주구입명령제도 위헌결정과 헌재 1999. 7. 22. 98헌가5. 탁주공급구역제한 합헌결정.

(다) 음주측정 불이행

도로교통법상 음주측정거부행위는 금지되고 위반할 경우 처벌의 대상이 되고 있다. 경찰관 등 공권력 담당자가 개인으로 하여금 음주측정요구에 응하는 행위를 반드시 행하도록 강제하는 것이 행복추구권에서 파생되는 일반적 행동자유권의 침해가 아닌지 문제될 수 있다. 그러나 헌법재판소는 음주측정의 강제가 불합리하고 과도하게 일반적 행동자유권을 침해하는 것은 아니기 때문에 합헌이라는 판결을 한 바가 있다.[1]

(라) 계약의 자유로운 체결과 이행

일반적 행동자유권에는 자율적으로 자신의 사법적 법률관계를 형성하고 개인적 생활을 영위할 자유가 포함된다. 사법적 생활영역에서 적용되는 민법상의 기본원칙인 사적자치(私的自治)의 원칙은 헌법상으로는 일반적 행동의 자유 나아가 행복추구권의 한 파생원칙으로서 헌법질서에 포섭되는 것이다. 따라서 사적자치에서 유래하는 계약의 자유도 헌법적으로는 일반적 행동자유권의 한 유형이라고 말할 수 있다.

그러나 공익상 필요에 따라 법률에 의하여 개인에게 계약의 체결과 이행을 강제하는 경우가 있는데 이 때 개인의 일반적 행동의 자유가 침해되어 헌법에 반하는지 여부가 문제될 수 있다. 예컨대 건강보험법에 의하면 일정한 국민들에게 국민건강보험에의 가입을 강제하고 있으며, 국민연금법은 일정한 요건에 해당하는 국민들에게 국민연금에의 가입을 강제하고 있다.[2] 또 일정한 규모의 4층 이상의 건물을 소유하는 자는 화재보험에 반드시 가입하도록 강제하는 입법이 이루어진 경우도 있었다.[3] 이는 모두 사적자치에 대한 제한이며 헌법적으로는 일반적 행동자유권의 제한에 해당한다.

그러나 일반적 행동자유권은 원칙적으로 상대적 기본권이므로 그 제한의 위헌성에 대한 판단은 헌법 제37조 제2항과 과잉금지의 원칙에 따라 따져보아야 할 것이다. 헌법재판소는 건강보험이나 국민연금과 같은 공적 보험에의 가

---

1) 음주측정을 강제하는 이 사건 법률조항에 의하여 일반적 행동의 자유가 제한될 수 있으나, 그 입법목적의 중대성, 음주측정의 불가피성, 국민에게 부과되는 부담의 정도, 처벌의 요건과 정도에 비추어 헌법 제37조 제2항의 과잉금지의 원칙에 어긋나는 것이라고 할 수 없으므로, 이 사건 법률조항은 헌법 제10조의 규정된 행복추구권에서 도출되는 일반적 행동의 자유를 침해하는 것이라고도 할 수 없다. 헌재 1997. 3. 27. 96헌가11, 판례집 9-1, 245, 246면. 음주측정강제 합헌결정.
2) 헌재 2002. 10. 31. 99헌바76. 요양기관 강제지정 합헌결정.
3) 헌재 1991. 6. 3. 89헌마204. 4층 이상 건물 화재보험강제 위헌결정.

입강제는 합리적 기준에 의하여 실행되는 한 헌법위반이 되지 않는다고 판단하였으나, 4층 이상 건물의 소유자에게 화재보험 가입을 강제한 입법은 지나치게 당해 국민의 일반적 행동의 자유를 침해한 것으로서 헌법에 위반된다고 판단하였다.

(마) 청소년의 심야 인터넷게임

16세 미만 청소년에게 오전 0시부터 오전 6시까지 인터넷게임의 제공을 금지하는 이른바 '강제적 셧다운제'는 인터넷게임 제공자의 영업의 자유를 제한하고 부모의 자녀교육권에 국가가 개입하는 문제이나, 해당 청소년의 사적 영역에서의 일반적 행동자유권을 제한하는 제도로서의 성격도 지닌다. 이러한 복합적 권리 침해의 문제에서, 헌법재판소는 청소년의 인터넷 과몰입과 중독을 방지하고자 하는 공익적 고려를 우선시하면서 과잉금지원칙에 의거한 판단으로 강제적 셧다운제가 위헌이 아니라고 판단한 바 있다.[1)]

(바) 부정청탁 및 금품수수

부정청탁 및 금품등 수수의 금지에 관한 법률은 공직자와 언론인 및 사립학교 관계자에게 부정청탁에 의한 직무수행과 직무관련성이나 대가성이 없는 일정금액 초과의 금품수수를 금지하고 있다. 이러한 부정청탁금지조항과 금품수수금지조항은 금지명령의 형태로 그 수범자들에게 하고 싶지 않은 일을 강요하고 있으므로 이들의 일반적 행동자유권을 제한하는 경우에 해당하는바, 헌법재판소는 공직사회나 교육계 및 언론계 등의 부정청탁과 금품수수 관행이 오랫동안 만연해 왔고 크게 개선되지 않고 있다는 국민인식 등에 비추어 입법

1) 16세 미만 청소년에게 오전 0시부터 오전 6시까지 인터넷게임의 제공을 금지하는 이른바 '강제적 셧다운제'를 규정한 구 청소년보호법 규정은 청소년의 건강한 성장과 발달 및 인터넷게임 중독을 예방하려는 것으로, 인터넷게임 자체는 오락 내지 여가활동의 일종으로 부정적이라고 볼 수 없으나, 우리나라 청소년의 높은 인터넷게임 이용률, 인터넷게임에 과몰입되거나 중독될 경우에 나타나는 부정적 결과 및 자발적 중단이 쉽지 않은 인터넷게임의 특성 등을 고려할 때, 16세 미만의 청소년에 한하여 오전 0시부터 오전 6시까지만 인터넷게임을 금지하는 것이 과도한 규제라고 보기 어렵다. 여성가족부장관으로 하여금 2년마다 적절성 여부를 평가하도록 하고, 시험용 또는 교육용 게임물에 대해서 그 적용을 배제하는 등 피해를 최소화하는 장치도 마련되어 있으며, 본인 또는 법정대리인의 자발적 요청을 전제로 하는 게임산업법상 선택적 셧다운제는 그 이용률이 지극히 저조한 점 등에 비추어 대체수단이 되기에는 부족하므로 침해최소성 요건도 충족한다. 나아가 청소년의 건강 보호 및 인터넷게임 중독 예방이라는 공익의 중대성을 고려할 때 법익균형성도 유지하고 있으므로, 이 사건 금지조항이 인터넷게임 제공자의 직업수행의 자유, 여가와 오락 활동에 관한 청소년의 일반적 행동자유권 및 부모의 자녀교육권을 침해한다고 볼 수 없다. 헌재 2014. 4. 24. 2011헌마659 등, 판례집 26-1하, 176, 177면.

자의 결단이 잘못이라고 할 수 없고 과잉금지원칙에도 위배되지 않는다는 이유 등으로 그 합헌을 결정하였다.1)

(3) 협의의 인격권

헌법에서 명문으로 규정하고 있지 아니한 권리로서 각 개인의 인격적 동일성에 직결되어 있는 성명권, 초상권 및 명예권 등이 협의의 인격권에 포함된다. 그러나 성명, 초상, 경력, 인터넷 사이트의 등록명(ID) 등 인격적 징표에 관한 사항에 대한 권리는 개인정보 자기결정권의 내용이 되기도 하므로 사생활의 비밀과 자유보장에 의하여 일차적 보호를 받게 된다.2)

협의의 인격권의 침해가 직접 문제된 경우, 그 위헌성 여부의 판단은 먼저 인간의 존엄과 가치로서의 기본권의 본질 침해 여부에 대한 검토가 필요할 것이며, 나아가 법치국가 원칙에서 도출된 과잉금지원칙을 적용함이 상당하다. 또 여기서 과잉금지원칙은 반드시 법률 조항에 의한 침해의 경우가 아닌 일반 공권력 발동에 의한 경우에도 적용될 수 있다고 본다.3)

1) 부정청탁금지조항은 부패가 빈발하는 직무영역에서 금지되는 행위를 구체적으로 열거하여 부정청탁의 유형을 제한하고 있고, 부정청탁의 행위 유형에 해당하더라도 법질서 전체와의 관계에서 정당시되는 행위는 예외를 인정하여 제재대상에서 제외하고 있으며, 언론인이나 사립학교 관계자가 부정청탁을 받고 그에 따라 직무를 수행한 경우에만 처벌하고 있다. … 금품수수금지조항은 직무관련성이나 대가성이 없더라도 동일인으로부터 1회 100만 원 또는 매 회계연도 300만 원을 초과하는 금품 등을 수수한 경우 처벌하도록 하고 있다. 이는 사립학교 관계자나 언론인에게 적지 않은 금품을 주는 행위가 순수한 동기에서 비롯될 수 없고 일정한 대가관계를 추정할 수 있다는 데 근거한 것으로 볼 수 있다. 우리 사회에서 경제적 약자가 아닌 사립학교 관계자와 언론인에게 아무런 이유 없이 이러한 금품을 줄 이유가 없기 때문이다. 또한 사립학교 관계자와 언론인이 직무와 관련하여 아무리 적은 금액이라도 정당한 이유 없이 금품 등을 받는 것을 금지하는 것이 부당하다고 할 수 없다. … 따라서 부정청탁금지조항과 금품수수금지조항이 과잉금지원칙을 위반하여 청구인들의 일반적 행동자유권을 침해한다고 보기 어렵다. 헌재 2016. 7. 28. 2015헌마236 등, 공보 제238호, 1252, 1254면. 부정청탁금지법 합헌결정.

2) 인격권의 보충성, 헌재 2012. 5. 31. 2009헌마553, 판례집 24-1하, 529, 539면 등 참조.

3) 사람은 자신의 의사에 반하여 얼굴을 비롯하여 일반적으로 특정인임을 식별할 수 있는 신체적 특징에 관하여 함부로 촬영당하지 아니할 권리를 가지고 있으므로, 촬영허용행위는 헌법 제10조로부터 도출되는 초상권을 포함한 일반적 인격권을 제한한다고 할 것이다. … 피청구인은 기자들에게 청구인이 경찰서 내에서 수갑을 차고 얼굴을 드러낸 상태에서 조사받는 모습을 촬영할 수 있도록 허용하였는데, 청구인에 대한 이러한 수사 장면을 공개 및 촬영하게 할 어떠한 공익 목적도 인정하기 어려우므로 촬영허용행위는 목적의 정당성이 인정되지 아니한다. 피의자의 얼굴을 공개하더라도 그로 인한 피해의 심각성을 고려하여 모자, 마스크 등으로 피의자의 얼굴을 가리는 등 피의자의 신원이 노출되지 않도록 침해를 최소화하기 위한 조치를 취하여야 하는데, 피청구인은 그러한 조치를 전혀 취하지 아니하였으므로 침해의 최소성 원칙도 충족하였다고 볼 수 없다. 또한 촬영허용행위는 언론 보도를 보다 실감나게 하기 위한 목적 외에 어떠한 공익도 인정할 수 없는 반면, 청구인은 피의자로서 얼굴이 공개되어 초상권을 비롯한 인격권에 대한 중대한 제한을 받았고, 촬영한 것이 언론에 보도될 경우 범인으로서의 낙인 효과와 그 파급효는 매우 가혹하여 법익균형성도 인정되지 아니하므로, 촬영허용행위는 과잉금지원칙에 위반되어 청구인의 인격권을 침해하였

제2절 평 등 권

1. 평등원칙의 적용범위

헌법 제11조 제1항은 '모든 국민은 법 앞에 평등하다. 누구든지 성별·종교 또는 사회적 신분에 의하여 정치적·경제적·사회적·문화적 생활의 모든 영역에 있어서 차별을 받지 아니한다'고 규정한다.

모든 국민이 법 앞에서 평등하다는 것은 문언상 '법적용상의 평등'만을 의미한다고 할 수도 있지만 실제로는 반드시 그와 같이 좁게 해석하지는 않는다. 법 앞에서의 평등이 '법적용상의 평등'만을 의미하게 되면 법의 내용 자체에서 발생하는 불평등의 문제에 대하여서는 헌법이 개입할 수 없다는 결과를 가져오게 된다. 이것은 평등원칙이 입법부를 구속하지 않고 단지 행정부와 사법부만을 구속한다는 것을 의미하는데, 이렇게 되어서는 법치국가의 원칙은 형식화, 형해화되어 법률에 의하기만 하면 불합리한 차별도 용인되는 극히 위험한 국가질서를 창출할 수 있게 된다. 자유와 권리를 제한하는 법률은 정의로워야 하며 그 내용상으로도 평등의 원칙이 지켜지지 않으면 안 된다.

이와 같이 오늘날의 실질적 법치국가에서는 평등원칙의 적용범위에 관하여 법적용평등설 혹은 입법자비구속설(立法者非拘束說)은 수용될 수 없으며 법내용평등설 내지 입법자구속설(立法者拘束說)만이 정설이 될 수 있다.

2. 절대적 평등설과 상대적 평등설

절대적 평등설이라고 함은 개인적 사정을 고려하지 않고 모든 사람들을 평균적으로 같이 취급하여야 한다는 주장이다. 이에 대하여 상대적 평등설은 각자의 사정을 고려하여 같이 취급되어야 할 자들은 같이 취급하되, 다르게 취급되어야 할 자들은 다르게 취급하여야 한다는 입장을 말한다. 상대적 평등설에 의하면 각 개인들을 서로 같게 혹은 다르게 취급한다는 결과만을 이유로

다. 헌재 2014. 3. 27. 2012헌마652, 판례집 26-1상, 534, 535면. 같은 취지임.

평등 여부를 최종 판단할 수 없고, 같은 자를 불합리하게 다르게 취급하거나 서로 다른 자를 불합리하게 같이 취급한다든지 하는 것이 평등원칙에 위반된다고 한다. 헌법상 요구되는 평등은 원칙적으로 이와 같이 차별취급의 합리성 여부를 기준으로 헌법적합성 여부를 판단하는 상대적 평등을 의미한다.

3. 차별 취급의 합리성 판단의 기준

(1) 상대적 평등설의 입장에서 평등 위반 여부를 판단하는 기준은 차별의 결과가 존재하는지 여부가 아니라 차별취급에 있어서 합리성이 유지되는지 여부이다. 여기서 차별취급의 합리성이란 무슨 의미이며 어떠한 기준에 의하여 판단되어야 하는가의 문제가 발생한다. 합리성은 자의적 차별이 되지 아니할 때 인정된다고 하지만 이는 합리성이라는 추상적 기준을 다시 자의성(恣意性, arbitrariness)이라는 기준으로 대체하는 데 불과하게 된다.

(2) 실제로 헌법적 판단을 함에 있어서는 합리성 내지 자의성의 개념을 보다 구체적으로 파악할 필요가 있다. 이러한 요청에서 합리성의 인정 여부를 인간의 존엄성 위배 여부를 기준으로 하여 판단하자는 주장과 입법의 목적의 정당성을 기준으로 한다는 견해가 제기된다. 인간존엄성 기준설은 특정 법률에 의하여 일부 집단은 득을 보고 다른 일부 집단은 해를 입고 있다고 할 때 불리한 취급을 받은 집단에게 인간으로서의 존엄성을 해치는 조치가 되지 않는가 하는 기준에 의하여 판단하겠다는 논리이다. 반면 입법목적기준설은 특정의 차별적 조치를 규정하는 법률의 입법목적을 분석하여 그 정당성 여부를 살펴보고 당해 법률에 의한 차별적 조치가 그 입법목적을 달성하는데 적절한 수단이 되는가 하는 기준에 의하여 따져볼 때 일응 목적의 정당성과 수단의 적정성이 인정되면 합리성을 인정하겠다는 논리이다.

(3) 학설로는 양 기준을 혼합하여 판단하여야 한다는 견해가 우세하다. 판단건대 입법목적기준설은 행위의 목적을 기준으로 옳고 그름을 판단하고자 하는 아리스토텔레스의 목적론(目的論)적 정의관(正義觀)과 관점을 같이 하는 것으로서 실제 분쟁에서 적용가능한 유용한 기준을 일반적으로 제공하기에 가장 적합하다. 하지만 이 기준만으로는 자유와 인권에 대한 고려가 결여되며, 정당화되는 입법목적의 내용을 지나치게 광범위하게 해석하여 차별을 너무 넓게

공인하여 줄 우려가 있다고 생각된다. 그러므로 인간의 자유와 권리를 기준으로 정의를 판별하고자 하는 칸트의 인본주의(人本主義)적 정의관에 의한 보완이 필요하며, 결국 기본적으로는 입법목적기준에 의하되 인간존엄성기준을 가미하여 심사하는 것이 적절하다고 본다. 나아가 입법목적기준설에 의할 때 차별의 중요도에 관계없이 오직 입법의 차별목적의 정당성의 존부만을 고려하여 판단하는 것이 구체적 타당성이 없는 결론에 이를 수 있는 위험이 있으므로 이를 보완하기 위하여 중대한 차별이 있는 경우에는 공리주의(功利主義)적 정의관에 따라 충돌되는 법익의 중요성을 계량하여 비례의 원칙에 따라 판단하는 것을 가미할 필요가 있다. 따라서 양 기준을 함께 적용하여야 한다고 보는 것이 타당한 견해라고 생각한다.

(4) 헌법재판소는 원칙적으로 입법목적기준설에 의하면서 합리성 인정과 자의성 배제의 기준으로서 입법목적의 정당성, 수단의 적정성을 중심으로 판단하고 있다. 나아가 차별취급으로 인하여 기본권이 중대하게 침해된다든지 특히 우리 사회에서 문제가 많이 되어 헌법이 직접 관심을 표명하는 영역에 있어서는 이보다 더 엄격한 심사잣대를 대어서 판단한다. 그리하여 헌법재판소는 이러한 예외적인 경우에 해당하는 차별취급에 있어서는 그 합리성 여부를 비례의 원칙에 의하여 판단함으로써 피해의 최소성과 법익의 균형성이 취하여질 것까지 요구하고 있다. 한편 우리 헌법상 인간의 존엄과 가치가 보호되어야 하는 원칙은 모든 기본권 심사의 기본으로서 평등위반의 점에서도 관철되어야 한다.

이와 같은 헌법재판소의 실무는 위 혼합설의 입장과 결과적으로 다르지 않으며, 이는 평등과 정의에 관하여 역사적으로 정립되어 온 아리스토텔레스식의 목적론적 정의 기준과 칸트식의 인본주의적 정의 기준 및 벤담과 밀의 공리주의적 정의 기준을 헌법재판의 평등심사에 모두 반영하는 것으로서 타당성이 있다고 생각된다.

4. 평등심사의 이원성

(1) 완화된 심사와 엄격한 심사의 구분

평등 심사에 있어서 원칙적인 합리성 심사가 완화된 심사라고 한다면 예외적인 비례성 심사는 엄격한 심사이라고 할 수 있다. 합리성 심사에서는 차별목적의 정당성과 수단의 적정성만 판단하는 반면, 비례성 심사에서는 피해의 최소성과 법익의 균형성에 대한 판단도 진행하여야 한다.

자유권적 기본권의 제한의 합헌성 여부를 판단함에 있어서도 입법형성권을 존중하여 명백히 재량권을 일탈하거나 남용하여 입법을 한 것이 아니라면 합헌성을 인정하는 완화된 심사와 과잉금지의 원칙에 의하여 제대로 판단하는 엄격한 심사로 나뉘어 볼 수 있는데, 평등원칙을 판단함에 있어서도 이와 마찬가지로 엄격한 심사와 완화된 심사가 있으며 그 논리적 구조는 실질적으로 동일하다고 본다. 양자 공히 완화된 심사에서는 목적의 정당성과 수단의 적정성만을 따져보게 되며 엄격한 심사에서는 더 나아가 피해의 최소성과 차별당하는 사람이 입은 불이익의 정도와 보호하고자 하는 공익의 크기의 정도를 비교하는 법익의 균형성까지 따져보는 것이다. 헌법재판소 판례에서는 완화된 심사를 '자의금지 원칙' 심사, 엄격한 심사를 '비례의 원칙' 심사라고 보통 표현한다.[1]

(2) 엄격심사로서 비례성 심사를 하는 경우

그렇다면 어떠한 경우에 예외적으로 엄격심사를 하여야 하는 것인지가 문제될 것인데, 헌법재판소는 ① 헌법이 차별을 금지하는 기준이나 영역을 직접 제시하는 경우와 ② 차별로 인하여 국민의 기본권이 중대하게 침해되는 경우가 이러한 예외적 경우에 해당한다고 보고 있다.

헌법 제11조 제2문은 누구든지 성별·종교 또는 사회적 신분에 의하여 정치적·경제적·사회적·문화적 생활의 모든 영역에 있어서 차별을 받지 아니한다고 규정하고 있다. 이 조항이 차별의 기준으로 제시하고 있는 성별·종교·사회적 신분은 헌법이 직접 금지하는 것으로 해석할 것이나, 정치·경제·사회·문화의 모든 영역에서의 차별을 금지한다는 것은 앞서 본 차별기준이 적용되는 모든 영역을 표현하기 위한 것일 뿐이므로 이것만으로 헌법이 특

1) 노인성질병이 있는 사람의 장애인 활동지원급여 수급권은 국가에 대하여 적극적으로 급부를 요구하는 사회보장수급권의 하나로서, 국가가 재정부담 능력과 전체적인 사회보장 수준 등을 고려하여 그 내용과 범위를 정하는 것이므로 광범위한 입법형성의 자유가 인정된다. 따라서 평등원칙 위반 여부를 판단함에 있어서 자의금지의 원칙에 따라 차별을 정당화하는 합리적인 이유가 있는지 여부를 심사의 기준으로 삼는 것이 타당하다. 헌재 2020. 12. 23. 2017헌가22 등, 판례집 32-2, 574, 583.

별히 차별을 금지하는 영역을 의미한다고 해석하기는 곤란하다. 이는 사실상 법적 관계가 성립하는 모든 사회활동영역을 포괄하므로 예외로서의 의미를 상실하게 되기 때문이다.

이와 같이 성별, 종교, 사회적 신분은 헌법이 분명히 제시하고 있는 차별금지의 기준이다. 이러한 기준에 의한 차별을 허용하는 법률의 평등원칙 위배 여부를 판단함에 있어서는 엄격심사를 행하여야 한다. 따라서 차별입법의 목적의 정당성과 수단의 적정성만을 따지는 것으로는 부족하고 피해의 최소성과 법익의 균형성에 의하여서도 판단해 보아야 하며 여기서 통과되어야만 평등원칙 위반이 되지 않는다.

차별취급이 동시에 기본권의 중대한 제한을 가져오는지 여부에 대한 판단은 차별입법의 구체적 내용을 고려하여 개별적으로 평가되어야 한다.

(3) 판례의 태도

평등심사를 행함에 있어서 헌법재판소는 처음에는 합리성 심사만을 기준으로 하는 듯 하였지만 1999년 선고된 군제대자 가산점 결정에 이르러 원칙적으로 합리성 심사를 행하되 일정한 예외적 경우에는 심사밀도를 높여서 비례성 심사를 행하여야 한다는 이중기준설로 진화하였다.[1] 그러나 그 이후에도 합리성 심사를 내세우면서 실제로는 비례성 심사를 하거나[2] 비례성 심사를 내세우면서도 헌법정신을 감안하여 사실상 합리성 심사에 그치기도 하다가[3] 다시

---

1) 평등위반 여부를 심사함에 있어 엄격한 심사척도에 의할 것인지, 완화된 심사척도에 의할 것인지는 입법자에게 인정되는 입법형성권의 정도에 따라 달라지게 될 것이나, 헌법에서 특별히 평등을 요구하고 있는 경우와 차별적 취급으로 인하여 관련 기본권에 대한 중대한 제한을 초래하게 된다면 입법형성권은 축소되어 보다 엄격한 심사척도가 적용되어야 할 것인바, 가산점제도는 헌법 제32조 제4항이 특별히 남녀평등을 요구하고 있는 "근로" 내지 "고용"의 영역에서 남성과 여성을 달리 취급하는 제도이고, 또한 헌법 제25조에 의하여 보장된 공무담임권이라는 기본권의 행사에 중대한 제약을 초래하는 것이기 때문에 엄격한 심사척도가 적용된다. 헌재 1999. 12. 23. 98헌마363. 군제대자가산점 사건 결정.

2) 예컨대 헌재 2001. 3. 21. 99헌마139. 신(新)한일어업협정 합헌결정.

3) 평등권의 침해 여부에 대한 심사는 그 심사기준에 따라 자의금지원칙에 의한 심사와 비례의 원칙에 의한 심사로 크게 나누어 볼 수 있는데, … 국가유공자와 그 유족 등 취업보호대상자가 국가기관이 실시하는 채용시험에 응시하는 경우에 10%의 가점을 주도록 하고 있는 이 사건의 경우는 비교집단이 일정한 생활영역에서 경쟁관계에 있는 경우로서 국가유공자와 그 유족 등에게 가산점의 혜택을 부여하는 것은 그 이외의 자들에게는 공무담임권 또는 직업선택의 자유에 대한 중대한 침해를 의미하게 되므로, … 차별적 취급으로 인하여 관련 기본권에 대한 중대한 제한을 초래하게 되는 경우에 해당하여 원칙적으로 비례심사를 하여야 할 것이나, 구체적인 비례심사의 과정에서는 헌법 제32조 제6항이 근로의 기회에 있어서 국가유공자 등을 우대할 것을 명령하고 있는 점을 고려하여 보다 완화된 기준을 적용하여야 할 것이다. 헌재 2001. 2. 22. 2000헌마25. 제1차 국가유공

헌법해석을 변경하여 비례성 심사로 회귀하는 등[1] 다소간의 뉘앙스를 가지는 결정들을 내고 있다. 하지만 전체적으로 보아 군제대자 가산점 사건 이후 헌법재판소는 기본적으로 위와 같은 이중기준설을 견지하고 있다.

5. 적극적 평등실현조치

(1) 의 의

사회의 관습이나 사정에 따라서 전통적으로 차별을 받아 온 특정의 집단이 존재하는 경우 단순히 헌법에 그 차별을 금지한다는 선언을 하는 것만으로는 차별금지의 실효를 거두기에 부족할 수 있다. 이들에 대한 차별을 실질적으로 없애고 진정한 평등사회를 만들기 위하여 특별히 이들 집단을 우대하는 수혜적 조치를 강제하는 입법조치를 할 수 있다. 이러한 결과적 평등의 강제조치를 '적극적 평등실현조치(affirmative action)'라고 말한다. 적극적 평등실현조치는 불평등한 사회적 분위기를 타파하기 위한 급진적 조치이므로 영구히 지속할 수 없고 어느 정도 평등의 분위기가 정착될 때까지 잠정적으로 시행되는 한시적 성격을 지닌다는 점에서 헌법적 한계를 가진다.

(2) 미국의 판례이론

적극적 평등실현조치에 관한 논의는 원래 흑백인종차별이 구조적 사회문제로 되어 있는 미국에서 제기되어 판례법으로 형성된 것이다. 미국의 대표적

자 가산점 사건 결정(합헌).

1) 종전 결정에서 헌법재판소는 헌법 제32조 제6항의 "국가유공자・상이군경 및 전몰군경의 유가족은 법률이 정하는 바에 의하여 우선적으로 근로의 기회를 부여받는다"는 규정을 넓게 해석하여, 이 조항이 국가유공자 본인뿐만 아니라 가족들에 대한 취업보호제도(가산점)의 근거가 될 수 있다고 보았다. 그러나 오늘날 가산점의 대상이 되는 국가유공자와 그 가족의 수가 과거에 비하여 비약적으로 증가하고 있는 현실과, 취업보호대상자에서 가족이 차지하는 비율, 공무원시험의 경쟁이 갈수록 치열해지는 상황을 고려할 때, 위 조항의 폭넓은 해석은 필연적으로 일반 응시자의 공무담임의 기회를 제약하게 되는 결과가 될 수 있으므로 위 조항은 엄격하게 해석할 필요가 있다. 이러한 관점에서 위 조항의 대상자는 조문의 문리해석대로 "국가유공자", "상이군경", 그리고 "전몰군경의 유가족"이라고 봄이 상당하다. … 이 사건 조항으로 인한 공무담임권의 차별효과는 앞서 본 바와 같이 심각한 반면, 국가유공자 가족들에 대하여 아무런 인원제한도 없이 매 시험마다 10%의 높은 가산점을 부여해야만 할 필요성은 긴요한 것이라고 보기 어렵고, 입법목적을 감안하더라도 일반 응시자들의 공무담임권에 대한 차별효과가 지나친 것이다. … 이 사건 조항의 차별로 인한 불평등 효과는 입법목적과 그 달성수단 간의 비례성을 현저히 초과하는 것이므로, 이 사건 조항은 일반 공직시험 응시자들의 평등권을 침해한다. 헌재 2006. 2. 23. 2004헌마675. 제2차 국가유공자 가산점 사건 결정(위헌).

판례로서는 Regents of Uni. of Cal. v. Bakke 판결을 들 수 있다. 이 사건에서 원고인 백인 배키(Bakke)는 캘리포니아 대학 의과대학의 지원자로서 입학시험에 응시하였으나, 동 대학의 학사위원회가 의과대학 정원 100명 중 16명을 흑인 등 소수인종으로 뽑겠다고 하는 할당제를 시행하였고, 시험의 결과 배키는 백인 기준으로 볼 때 84명의 열외에 있으나 흑인 합격자의 성적을 기준으로 볼 때 흑인의 최고 득점자보다 더 나은 성적을 내었다. 이에 배키는 위 학사위원회의 불합격조치가 평등원칙에 위반된다고 하여 소송을 제기하였으며, 연방대법원의 다수의견은 인종차별에 의한 불평등에 해당하여 엄격심사에 의하여야 한다는 그의 주장을 받아들였다. 보통의 경우 흑인에 대한 인종차별이 문제되나 이 경우는 그 반대로 백인이 차별당하는 역차별의 경우인데, 그 역차별의 경우라도 차별의 기준이 역시 인종이므로 이에 대하여서는 엄격한 심사에 의하여 판단하여야 한다고 보았던 것이다. 따라서 피해의 최소성의 기준이 적용되며 위 흑인할당제는 동 기준에 위배되어 위헌이라고 판단하였다. 이에 대하여 이 사건의 경우는 보통의 인종차별에 해당하는 것이 아니고 적극적 평등실현조치로 인한 것이기 때문에 엄격한 심사로 갈 수 없고 따라서 위헌이 아니라는 소수의견이 있었다.1)

(3) 역차별에 대한 평등심사의 밀도

우리나라의 경우에도 적극적 평등실현조치가 초래하는 역차별에 대하여 그 평등위반 판단의 기준을 어떻게 보아야 할 것인가 하는 것이 논란이 대상이 된다. 헌법재판소는 적극적 평등실현조치로 인한 역차별에 대하여서도 헌법이 특히 금지하는 성별에 의한 차별이 되거나 혹은 중대한 기본권 침해가 되는지 여부를 따져보아서 그에 따라 심사밀도를 결정하면 된다는 논지에 의한 결정을 한 바 있지만, 이렇게 되면 적극적 평등실현조치의 개념이 헌법적으로 하등의 실질적 의미를 가지지 아니하게 되는 문제가 있다. 적극적 평등실현조치의 특수성을 인정하는 한 그로 인한 역차별 또한 일반원칙에 의할 수는 없다고 보아야 하리라고 생각한다. 우리나라의 사회적 상황을 감안할 때 적극적 평등실현조치는 주로 여성차별에 대한 방어책으로서의 의미가 있다고 하겠으므로 남성차별의 경우에는 헌법에 규정이 없는 이상 엄격심사의 기준이 적용

1) Regents of the University of California v. Bakke, 438 U.S. 265(1978).

되지 아니하여 문제될 것이 없다는 논리도 성립할 수 있겠지만, 엄격심사의 요건에는 중대한 기본권 침해의 경우도 포함되므로 그것만으로는 사회적 소외계층을 보호하는데 충분하지 않다고 생각된다.[1)] 따라서 적극적 평등실현조치의 결과로 초래된 역차별의 경우에는 엄격한 심사가 아닌 완화된 심사에 의한다고 보는 것이 타당하다고 할 것이다.

제 3 절 자유권적 기본권

제 1 항 신체의 자유

헌법 제12조는 신체의 자유에 관한 다양한 내용을 담고 있다. 신체의 자유의 보장에 관한 형사절차적 사항은 형사소송법에서 별도로 상세히 규율되나, 헌법에서는 형사소송법에서 보장하는 피의자·피고인의 권리에 관한 내용 중 가장 기본적이고 핵심적 사항들을 기본권으로 격상하여 보장한다.

1. 죄형법정주의

헌법 제13조 제1항은 모든 국민은 행위시의 법률에 의하여 범죄를 구성하지 아니하는 행위로 소추되지 아니한다고 규정한다. 이는 소위 죄형법정주의(nullum crimen nulla poena sine lege)를 천명한 것인바, 헌법은 이 조항에 의하여 형법의 기본원칙인 죄형법정주의를 헌법원칙으로 승화하고 있다.

죄형법정주의는 범죄와 형벌은 반드시 법률에 의하여야 하며 누구도 법률

1) 예컨대 특정 직역에서 여성 등 특정 집단의 참여비율을 높이기 위한 조치로서 여러 가지 방법이 강구될 수 있고 그 내용에 따라 역차별받는 일반집단의 기본권 침해 정도는 다르게 나타나게 된다. 이러한 방법에는 일정한 비율의 참여를 강제하는 고정할당제(固定割當制), 일정한 기한을 두고 차츰 비율을 높여가면서 마지막에는 목표한 비율을 채우는 목표할당제(目標割當制), 이에 부가하여 참여를 위한 자격을 요구하는 최소자격요구제(最小資格要求制), 같은 자격자라면 소외집단에 속한 자를 참여시키는 동일자격 우선채용제(同一資格 優先採用制) 등 여러 단계가 있을 수 있다. 여기서 상대 집단에 대한 기본권 침해가 가장 경미한 조치는 동일자격 우선채용제라고 할 것이며 가장 중대한 조치는 물론 고정할당제가 될 것이다. 이와 같이 같은 목적을 가진 적극적 평등실현조치라고 하더라도 그 방법과 정도에 따라서 기본권에 대한 중대한 침해가 되는지 여부의 점에서 차이가 발생한다.

에 의하지 아니하고는 처벌되지 아니한다는 원칙으로서 국가공권력 중 가장 강력한 권한인 형사적 처벌권으로부터 국민 개개인의 안전을 보장하기 위한 원칙이다. 또한 형벌이 사형, 징역형, 금고형, 벌금과 과료 등으로 구성되어 개인의 생명권과 자유권 및 재산권을 박탈하는 것을 내용으로 하고 있는 점을 고려할 때, 이는 기본권의 제한과 박탈에 해당하므로 반드시 법률에 의하여서만 부과될 수 있도록 하여야만 법치주의 원칙에 합치될 수 있다. 그러나 죄형법정주의는 헌법상의 법치주의 원칙의 단순한 파생원칙인 것은 아니며, 보다 더 강력한 독자적인 의미와 내용을 내포하는 것이다. 일반적으로 죄형법정주의는 범죄와 형벌이 법률에 의하기만 하면 된다고 하는 형식적 내용에 그치지 아니하고, 나아가 법률의 내용이 명확할 것을 요구한다(명확성원칙). 또한 형벌은 소급하여 부과될 수 없고(형벌불소급원칙), 여기서 관습형법은 배제되며(관습형법배제원칙), 절대적 부정기형은 금지되고(절대적 부정기형의 금지), 형법의 해석에 있어서는 유추해석이 배제된다(유추해석금지원칙)는 점 등이 죄형법정주의의 파생원칙으로서 요구된다.

(1) 명확성원칙

범죄와 형벌에 관한 법률의 내용은 명확하여야 하며, 애매모호한 표현으로 자의적 처벌이 가능하도록 하면 안 된다. 그러나 범죄와 형벌에 관한 법률이 어느 정도 내용을 구체화하여야만 명확성의 원칙에 부합할 수 있는지 여부는 일의적인 기준으로 '명확히' 정의하기가 매우 곤란하고 실제로는 개개의 헌법재판 사건에서 문제된 법률내용의 전체적 내용을 종합·고려하여 구체적으로 타당한 결정이 그때그때 내려지는 것이 현실이다. 그러나 판례이론에 의하면 처벌에 관한 법률이 명확하기 위해서는 ① 상식을 가진 평균인의 기준에서 무엇이 허용되고 무엇이 금지되는지 그 대강을 인식할 수 있어서 자신의 행위를 결정함에 있어서 예측가능성이 부여될 수 있을 정도로 구체화될 것이 필요하다. 하지만 ② 법률은 일반추상성을 가지는 규범인 만큼 그것이 적용되는 모든 경우를 상세히 서술적으로 기술할 필요까지는 없으며 분쟁이 발생한 경우 판사가 해석을 가할 여지를 부여하고 있어도 무방하다. 여기서 ③ 법률의 의미 내용을 판단함에 있어서는 당해 조문의 문언상 의미뿐만 아니라 그 법률 전체 나아가 법체계 전체를 포함한 종합적 해석에 의할 수 있다. 또한 일반인을 기준으로 판단한다고 하지만 ④ 변호사 등 법전문가의 자문을 받아서 알 수 있는 사정도 고려되어야 하며 이러한 법적 자문을 통하여 그동안 집적된 판례이론도 인지할 수 있다는 것을 전제로 판단되어야 한다.

(2) 형벌불소급의 원칙

형벌은 행위 당시 법률에 의하여 존재하는 것이어야 하며 누구도 행위 당시에는 존재하지 아니하였으나 행위 이후에 새로 도입된 법률에 의하여 처벌될 수 없다. 이를 형벌불소급의 원칙이라고 하며 여기에는 어떠한 예외도 인정되지 않는다. 이 원칙은 행위자의 행위 당시의 신뢰를 보호하고자 하는 측면에서 법치주의의 파생원칙으로서 인정되는 신뢰보호의 원칙과도 취지를 같이 하는 것이나, 신뢰보호의 원칙은 단지 형벌법규에 한정하지 않고 널리 적용되며 비록 진정소급입법이라고 하더라도 압도적인 공익의 실현을 위하여 불가피하게 일부 사익을 제한하는 경우에는 예외적으로 허용될 수 있다고 보는 점에서 어떠한 예외도 인정하지 아니하는 형벌불소급의 원칙과는 다르다.

예컨대 5·18 민주화운동특별법 사건에서 문제된 법률은 공소시효를 소급하여 연장하는 것을 내용으로 하였다. 헌법재판소는 이 법률의 내용이 범죄의 구성요건을 새로 설정하는 것이 아니라 행위 당시 이미 존재하는 범죄에 대한 처벌조건을 강화하는 것에 불과하여 죄형법정주의의 파생원칙인 형벌불소급의 원칙이 적용되는 경우가 아니라 법치주의의 파생원칙인 신뢰보호의 원칙의 위배여부가 문제된다고 보았다. 그런데 여기서 신뢰보호의 원칙을 적용하게 되면 압도적 공익의 실현을 위하여 극히 제한된 사익을 제한하는 예외는 허용될 수 있고 5·18 쿠데타의 경우가 바로 이러한 예외적 사유에 해당한다는 견해에 입각하여 위 법률이 위헌이 아니라고 판단하였다. 그러나 위 법률이 단순히 처벌조건의 문제가 아니라 범죄를 새로이 설정하는 것을 내용으로 하였다면 위 법률은 형벌의 소급입법으로서 위헌을 면할 수 없었을 것이다.[1)]

---

1) 형벌불소급의 원칙은 "행위의 가벌성" 즉 형사소추가 "언제부터 어떠한 조건하에서" 가능한가의 문제에 관한 것이고, "얼마 동안" 가능한가의 문제에 관한 것은 아니므로, 과거에 이미 행한 범죄에 대하여 공소시효를 정지시키는 법률이라 하더라도 그 사유만으로 헌법 제12조 제1항 및 제13조 제1항에 규정한 죄형법정주의의 파생원칙인 형벌불소급의 원칙에 언제나 위배되는 것으로 단정할 수는 없다. 헌재 1996. 2. 16. 96헌가2, 판례집 8-1, 51면. 5·18 특별법 합헌결정.

(3) 관습형법의 배제

범죄와 형벌은 반드시 법률에 의하여 이루어져야 한다고 할 때의 법률이란 국회에서 제정한 성문의 법률만을 의미하며 관습에 의하여 성립되는 법률은 여기서 배제된다. 헌법사항은 국민의 법적 확신에 의하여 성립하는 관습법에 의하여 규율될 수도 있으나, 형사적 처벌은 불문(不文)의 법규정에 의할 수 없으며 반드시 성문(成文)의 금지규정과 처벌규정이 존재하여야만 이루어질 수 있다.

(4) 절대적 부정기형의 금지

소년법에 의하면 19세 미만인 자는 소년으로 취급하여 형법상의 범죄행위를 범하여 처벌함에 있어서 부정기형을 선고하여야 하도록 규정한다.[1] 이는 소년범의 경우 형벌은 제재를 통한 응보(應報)의 실현보다는 교화(敎化)를 통한 사회복귀가 중요하기 때문에 복역 성과의 정도에 따라 조기 석방이 가능하도록 하는 것이다. 그러나 형기의 상한과 하한을 미리 정한 부정기형의 형태로 선고하는 '상대적 부정기형(相對的 不定期刑)'만 허용되며, 형기에 관한 아무런 제한이 없이 부정기형을 부과하는 이른바 '절대적 부정기형(絕對的 不定期刑)'은 죄형법정주의에 위반되어 헌법에 반한다.

(5) 유추해석의 금지

형벌법규를 해석함에 있어서는 다른 영역의 법규 해석의 경우에는 통용되는 유추해석이 허용되지 않는다. 예컨대, 절도죄를 처벌함에 있어서 개념상 절도에 해당할 수 없는 행위를 포함시켜 유추하여 처벌하는 것은 허용되지 않는다. 형벌법규에 관하여 유추해석을 할 수 있도록 하면 죄형법정주의의 보장적 효과가 무너지기 때문이다.

북한 형법과 같은 사회주의 형법에서는 유추해석이 형법의 일반원칙이 되어있다. 그리하여 주권자인 노동자와 농민의 이익을 보호하기 위해서는 형법에 규정이 없더라도 가장 유사한 규정을 유추적용한다고 하는데, 신체의 자유를 죄형법정주의에 의하여 보장하고자 하는 자유민주주의 체제의 관점에서는 범죄와 형벌에 관한 유추해석을 원칙으로 하는 사회주의 체제는 근대적 의미

1) 소년법 제60조(부정기형) ① 소년이 법정형으로 장기 2년 이상의 유기형(有期刑)에 해당하는 죄를 범한 경우에는 그 형의 범위에서 장기와 단기를 정하여 선고한다. 다만, 장기는 10년, 단기는 5년을 초과하지 못한다.

의 형법을 가진 것이 아니며 신체의 자유의 보장이 이루어지고 있지 아니한 반인권적 체제라고 볼 수밖에 없다.

2. 적법절차원칙

(1) 적법절차원칙(due process of law)은 원래 미국 헌법에서 발전한 헌법원리로서 우리 헌법상으로도 인정된다.[1] 헌법 제12조 제1항 제2문 중 '누구든지 … 적법한 절차에 의하지 아니하고는 처벌·보안처분·강제노역을 받지 아니한다'고 규정한 것이 우리 헌법상 적법절차원칙을 천명한 부분이다.

그러나 적법절차원칙은 단지 위 헌법조항 부분이 언급하고 있는 처벌·보안처분·강제노역을 부과하는 경우에만 적용되어야 할 것이 아니다. 특히 처벌·보안처분·강제노역의 부과는 신체의 자유를 박탈하는 중대한 기본권의 제한으로서 가장 강력한 정도의 적법절차인 법원의 '재판'에 의하여야 하므로 이 규정에서 말하는 적법절차는 법원의 재판을 말한다고 볼 수밖에 없다. 그러나 재판은 가장 고도화된 적법절차에 불과하며 적법절차는 재판에 비하여 더 포괄적인 개념이므로, 적법절차원칙은 보다 광범위한 영역에서 국민의 생명과 자유 및 재산을 보호하기 위하여 적용되어야 한다. 이처럼 적법절차원칙은 모든 국가작용이 정당한 절차에 따라 발동되어야 함을 요구하며, 특히 기본권을 제한하는 국가작용은 언제나 사전에 정당한 절차를 거친 후에 발동되어야 한다는 의미를 가진다.

(2) 입법작용도 국가작용이므로 기본권을 제한하는 법률은 내용상 과잉되지 않고 적절하기만 하면 헌법적으로 충분한 것이 아니며 법률을 제정할 당시 이해관계가 있는 국민들의 의견을 충분히 수렴하는 절차를 거친 다음 제정되어야 한다. 특히 이와 같은 국민적 의견의 수렴절차를 거치지 않고 일부 권력 담당자의 임의적 의사에 의하여 제정하면 적법절차의 위반으로서 헌법적 정당성을 상실하게 된다. 결국 법률은 내용상, 형식상, 절차상 원칙을 준수하여야 하며

1) 적법절차에 관하여, 미국헌법의 수정 제5조는 "… 누구라도 … 정당한 법의 절차(due process of law)에 의하지 아니하고는 생명, 자유, 또는 재산을 박탈당하지 아니한다."라고 하고, 수정 제14조 제1항은 "… 어떠한 주도 정당한 법의 절차에 의하지 아니하고는 어떠한 사람으로부터도 생명, 자유 또는 재산을 박탈할 수 없으며, 그 관할 내에 있는 어떠한 사람에 대하여도 법률에 의한 평등한 보호를 거부하지 못한다."라고 규정한다.

어느 한 측면에서라도 이를 충족하지 못하는 경우에는 위헌으로 귀착된다.

(3) 우리 헌법은 제12조 제1항과 제3항에서 처벌·보안처분 또는 강제노역을 당하거나 영장을 발부함에 있어서 적법절차원칙이 적용됨을 밝히고 있을 뿐이지만, 미국 헌법의 경우 이러한 영역상의 제한은 존재하지 않는다. 개인의 생명, 자유와 재산(life, liberty and property)의 제한에 관한 모든 영역에 미치도록 규정되어 기본권 제한의 보편적 원칙으로 작용하는 미국헌법상의 적법절차의 법리는 우리나라의 헌법이론에도 영향을 미쳐서 형사절차뿐만 아니라 행정절차 일반에 대하여 모두 미치는 것으로 해석되고 있다.

예컨대 식품접객업 허가처분을 하거나, 자동차 운전면허를 취소하는 처분을 하는 등 행정절차를 함에 있어서 먼저 당사자에게 통지하여 이의가 있으면 유리한 자료를 제출하라는 통지를 하여야 하며, 그렇지 않다면 기본권 제한 불이익 처분이 있을 것임을 미리 고지하고 자료제출의 기회를 부여하여야 한다. 특정의 회사에 대하여 불공정거래행위를 하였다는 이유로 과징금을 부과하는 경우 단지 고지하고 자료제출의 기회를 주는 것만으로는 부족하다. 청문(聽聞, hearing)의 절차를 열어서 이해관계인이 변론을 하고 특히 변호사를 선임하여 법률적으로 따지는 등의 기회를 주는 것이 적절할 수도 있다. 청문 이외에 관련 토론회를 개최하는 것 등을 고려할 수도 있을 것이다. 이와 같이 다양한 기본권 제한 영역에서 이를 규율하는 법률은 여러 가지 형태의 절차를 요구할 수 있다.[1)]

(4) 더 나아가 적법절차원칙은 절차적 정당성뿐만 아니라 실체적 내용에 대한 통제원리로서도 작용하는 것으로 널리 해석되고 있다. 그러나 우리 헌법에는 기본권 제한의 내용통제에 관한 일반원칙적 규정이 존재하므로 절차 원리로서의 적법절차원칙을 여기에 확대적용하는 것은 무리가 있고 그럴 필요도 없다. 이러한 해석론이 도입된 것은 적법절차원칙을 처음으로 헌법원칙으로 정립한 미국헌법의 판례법적 영향을 받은 것이나, 미국 헌법에는 우리 헌법

---

1) 적법절차원칙에서 도출할 수 있는 가장 중요한 절차적 요청 중의 하나로, 당사자에게 적절한 고지를 행할 것, 당사자에게 의견 및 자료 제출의 기회를 부여할 것을 들 수 있겠으나, 이 원칙이 구체적으로 어떠한 절차를 어느 정도로 요구하는지는 일률적으로 말하기 어렵고, 규율되는 사항의 성질, 관련 당사자의 사익(私益), 절차의 이행으로 제고될 가치, 국가작용의 효율성, 절차에 소요되는 비용, 불복의 기회 등 다양한 요소들을 형량하여 개별적으로 판단할 수밖에 없다. 헌재 2003. 7. 24. 2001헌가25, 판례집 15-2, 1, 17-18면; 헌재 2006. 5. 25. 2004헌바12, 판례집 18-1하, 58, 66-67면; 헌재 2016. 3. 31. 2013헌바190, 판례집 28-1상, 345, 353면.

제37조 제2항과 같은 기본권의 내용 제한을 통제하는 일반규정이 존재하지 않으며, 적법절차 준수조항만이 있으므로 우리 헌법체계와는 사정이 다르다. 그럼에도 불구하고 미국 판례법의 영향 하에 우리나라 헌법재판소도 기본권 제한 법률이 내용상 타당한지 여부를 심사하는 기준으로서 적법절차원칙이 기능한다고 보는 판례를 낸 바 있다.[1] 그러나 이는 기본권 제한 법률의 내용 심사 기준의 설정에 중복과 혼란을 초래하므로 바람직하지 않다고 생각된다.

그러나 다수설은 그러한 경우에도 확대 적용된다고 보는데, 이는 법률의 형식을 지니지 아니하는 행정부나 사법부의 공권력적 조치에 대하여서는 헌법 제37조 제2항이 적용될 여지가 없으므로 그 경우에 대비하여 확장 적용하여야 한다는 논리에 기초한다. 그러나 기본권 제한은 언제나 법률에 의하여서만 이루질 수 있기 때문에 법률 이외의 영역에서 일어날 수 있는 기본권 제한 조치를 견제하기 위하여 적법절차원칙을 적용하여야 한다는 주장은 타당하지 않다고 생각한다.

3. 형사피의자 · 피고인의 신체의 자유 보장을 위한 제도

(1) 영장주의 원칙

㈎ 영장주의는 형사절차에 있어서 수사기관 등 공권력 주체가 체포 · 구금 · 압수 · 수색 등 강제처분을 행하려면 반드시 법관이 발부한 영장에 의하여야 한다는 것을 말한다. 헌법 제12조 제3항은 '체포 · 구속 · 압수 · 수색을 할 때에는 검사의 신청에 의하여 법관이 발부한 영장을 제시하여야 한다'고 하여 영장제도를 정하고 있다. 이는 적법절차원칙이 인신의 자유 제한과 관련하여 적합한 형태로 제도화된 것이라고 할 수 있다. 적법절차가 엄격히 요구되는 영역이 인신구속 등이 문제되는 형사적 영역이며, 여기서 요구되는 고도의 적

1) 헌법 제12조 제3항 본문은 동조 제1항과 함께 적법절차원리의 일반조항에 해당하는 것으로서, 형사절차상의 영역에 한정되지 않고 입법, 행정 등 국가의 모든 공권력의 작용에는 절차상의 적법성뿐만 아니라 법률의 구체적 내용도 합리성과 정당성을 갖춘 실체적인 적법성이 있어야 한다는 적법절차의 원칙을 헌법의 기본원리로 명시하고 있는 것이므로 헌법 제12조 제3항에 규정된 영장주의는 구속의 개시시점에 한하지 않고 구속영장의 효력을 계속 유지할 것인지 아니면 취소 또는 실효시킬 것인지의 여부도 사법권독립의 원칙에 의하여 신분이 보장되고 있는 법관의 판단에 의하여 결정되어야 한다는 것을 의미하고, 따라서 형사소송법 제331조 단서 규정과 같이 구속영장의 실효 여부를 검사의 의견에 좌우되도록 하는 것은 헌법상의 적법절차원칙에 위배된다. 헌재 1992. 12. 24. 92헌가8. 검사 10년 이상 구형시 구속유지 위헌결정.

법절차는 영장제도로 나타나는 것이다. 연혁적으로 영장제도는 영국의 입헌주의가 점진적으로 발전하는 과정에서 왕권의 제약과 인권보호를 위한 제도로서 형성되었고 현재는 입헌주의국가에서 보편적으로 취하는 불가결한 인신보호제도로 확립되었다.

(나) 1997년 형사소송법의 개정 이전에는 특히 인신 체포의 단계에서 영장제도가 실효적으로 적용되지 못하였다. 인신의 체포는 인신의 구속을 위하여 반드시 필요한 선행절차가 된다. 수사기관으로서는 구속영장이 발부되더라도 신병을 확보하지 못하면 구속영장을 집행할 수 없게 되기 때문이다. 이와 같이 인신의 체포는 모든 강제수사의 기초가 되는 것임에도 불구하고 형사소송법상 체포영장 등 이를 명확히 규율하는 제도가 존재하지 아니하였다. 이러한 법규율의 공백상태에서 수사기관이 당해 범죄혐의자를 임의동행(任意同行)의 명목으로 인치하여 구속 전 48시간 동안 보호유치하는 수사관행이 행하여지고 있었다. 여기서 임의동행은 대상자의 승낙을 전제로 하는 것이지만 실제로는 당사자의 동의 여부에 관계없이 신병의 체포와 보호유치가 이루어졌는데, 이는 형사소송법상 범죄혐의자의 신병의 확보 내지 체포에 관한 합리적 규율을 행하는 제도적 장치가 불비하여 불가피하게 발생한 문제이기는 하였지만 엄밀히는 불법체포 내지 불법구금에 해당한다고 볼 수 있었다.

1997년 형사소송법의 개정으로 체포영장 제도가 도입되어 죄가 있는 것으로 의심되고 검사의 출석에 불응할 우려가 있을 때에는 체포영장을 발부받을 수 있도록 하였다(형사소송법 제200조의2). 체포는 구속의 사전단계임을 감안하여 체포영장의 발부에는 구속영장에 비교하여 훨씬 완화된 요건이 요구된다. 체포시간은 48시간 이내로 하였는데, 우리나라의 수사기관은 체포 후 48시간 이내에 구속영장을 발부받기 위하여 준비하는 데에 익숙해져 있는 기존의 수사관행을 반영한 것이라고 할 수 있다.

다만 장기 3년 이상의 징역 등에 해당하는 죄의 혐의가 있는 경우에는 검사가 발부하는 체포장에 의한 긴급체포가 가능하다(형사소송법 제200조의3). 대부분의 범죄혐의 사건들이 여기에 해당할 것이므로 긴급체포 제도는 이전의 임의동행의 관행에 대신하여 수사의 초동단계에서 검사가 인신 확보를 할 수 있는 유력한 수단이 되고 있다.

(다) 판사는 구속영장이 청구되었을 때 청구 대상인 피의자를 직접 소환하여

영장담당판사가 직접 심문할 수 있다(형사소송법 제201조의2. 이른바 구속전피의자 심문제도로서 통상 '영장실질심사제도'라고 불린다). 영장실질심사는 이전의 서면심사에 대비된 용어로서 이전에는 판사는 수사기관이 송부한 기록만을 보고 판단하였던 데에 반하여 이제는 판사가 직접 심문하여 구속여부의 적부를 판단할 수 있게 되었다. 이러한 제도 개선에는 법관을 대면조차 못하고 구속이 이루어지던 종래의 실무가 인권보호에 불충분하였다는 반성적 고려가 배경이 되었다고 본다.

㈑ 구속영장을 발부받으면 경찰에서 10일, 검찰에서 10일의 수사기간을 가질 수 있으며, 검사는 단 1회 10일 한도로 법관으로부터 수사기간의 연장을 허가받을 수 있다(형사소송법 제203조, 제205조). 따라서 구속된 피의자의 입장에서는 아무리 길어도 30일 이내에 수사가 종결되어 기소 여부가 결정된다.[1)]

(2) 체포·구속 적부심사제도

체포·구속 적부심사제도는 인신보호영장(writ of habeas corpus) 제도가 발달한 영국의 제도를 모범으로 한 것으로서 인신의 체포·구속에 관한 보호는 영장제도만으로 모자란다는 인식에 기초하고 있다. 일단 체포·구속영장이 발부되어 집행된 이후에도 피구속자측이 과연 체포·구속되기에 적합한 사정이 존재하는지 여부를 법원에 대하여 한 번 더 살펴보아 달라고 청구할 수 있는 제도가 존재한다면 피체포·구속자의 인신보호에 보다 철저할 수 있을 것이다. 체포·구속적부심사제도는 이에 부응하여 체포·구속당시 영장의 심사를 전격

---

1) 군사법원법 제239조가 규정하고 있는 군사법경찰관의 10일간의 구속기간은 그 허용 자체가 헌법상 무죄추정의 원칙에서 파생되는 불구속수사원칙에 대한 예외이다. 그런데 이 조항은 경찰단계에서는 구속기간의 연장을 허용하지 아니하는 형사소송법의 규정과는 달리 군사법경찰관의 구속기간의 연장을 허용하여 예외에 대하여 다시 특례를 설정함으로써 기본권 중에서도 가장 기본적인 것인 신체의 자유에 대한 제한을 가중하고 있으므로, 이 사건 법률규정이 과잉금지의 원칙에 위배되는지 여부를 심사함에 있어서는 그 제한되는 기본권의 중요성이나 기본권제한 방식의 중첩적·가중적 성격에 비추어 엄격한 기준에 의할 것이 요구된다. … 군사법원법의 적용대상 중에 특히 수사를 위하여 구속기간의 연장이 필요한 경우가 있음을 인정한다고 하더라도, 이 사건 법률규정과 같이 군사법원법의 적용대상이 되는 모든 범죄에 대하여 수사기관의 구속기간의 연장을 허용하는 것은 그 과도한 광범성으로 인하여 과잉금지의 원칙에 어긋난다고 할 수 있을 뿐만 아니라, 국가안보와 직결되는 사건과 같이 수사를 위하여 구속기간의 연장이 정당화될 정도의 중요사건이라면 더 높은 법률적 소양이 제도적으로 보장된 군검찰관이 이를 수사하고 필요한 경우 그 구속기간의 연장을 허용하는 것이 더 적절하기 때문에, 군사법경찰관의 구속기간을 연장까지 하면서 이러한 목적을 달성하려는 것은 부적절한 방식에 의한 과도한 기본권의 제한으로서, 과잉금지의 원칙에 위반하여 신체의 자유 및 신속한 재판을 받을 권리를 침해한다. 헌재 2003. 11. 27. 2002헌마193, 판례집 15-2하, 311, 325-328면. 군사법경찰관 구속기간 연장제도 위헌결정.

적으로 처리함으로써 발생할 수 있는 부적절한 결과를 바로잡고 체포·구속 후의 사정변경을 감안하여 주기 위하여 재도(再度)의 심사를 요구하는 제도인 것이다. 피의자 자신은 물론이고 그 가족과 변호인 등도 체포·구속적부심사의 청구인이 될 수 있다.

(3) 보석과 구속집행정지 제도

(가) 보석(保釋)제도는 국민의 신체의 자유를 최대한 보장하려는 헌법정신에 기한 불구속재판의 원칙과 영장주의와 무죄추정의 원칙 등의 구현을 위하여 법원의 판단으로 보증금의 납부 등의 조건하에 피고인의 구속을 풀어주어 피고인으로 하여금 자유로운 신체활동을 통한 가정적·사회적 기타 모든 면의 행복을 추구하면서 충분한 재판준비를 할 수 있도록 하는 형사소송법상의 인신보호제도의 하나이다. 구 형사소송법은 법원의 보석결정에 대하여 검사에게 즉시항고를 제기할 권한을 인정하였으며(구 형사소송법 제97조 제3항) 즉시항고가 있는 경우 재판의 집행이 정지되도록 규정되었다(형사소송법 제410조). 그러나 헌법재판소는 보석허가결정에 대한 검사의 즉시항고제도가 헌법상 영장주의와 적법절차 및 과잉금지원칙에 위배된다는 이유로 검사의 즉시항고권 조항에 대하여 위헌결정을 선고한 바 있다.[1]

(나) 구속집행정지란 구속의 집행력을 정지시켜서 피고인을 석방하는 재판 및 그 집행을 말한다. 법원은 상당한 이유가 있는 때에는 결정으로 구속된 피고인을 친족·보호단체 기타 적당한 자에게 부탁하거나 피고인의 주거를 제한하여 구속의 집행을 정지할 수 있다(형사소송법 제101조 제1항). 구속집행정지는 구속의 집행을 정지할 뿐이고, 구속의 효력에는 영향이 없다는 점에서 구속취소와 다르고 보석과 그 본질을 같이하나, 보증금을 조건으로 하지 않고 피고인이나 변호인 등에게 신청권이 인정되지 않고 직권에 의하여 행해지므로, 가사 신청이 있더라도 법원의 직권 발동을 촉구하는 의미밖에 없다. 실무에서는

1) 보석허가결정에 대하여 검사의 즉시항고를 허용하여 그 즉시항고에 대한 항고심의 재판이 확정될 때까지 그 집행이 정지되도록 한 형사소송법 제97조 제3항의 규정은 당해 피고인에 대한 보석허가결정이 부당하다는 검사의 불복을 그 피고인에 대한 구속집행을 계속할 필요가 없다는 법원의 판단보다 우선시킨 것이어서 구속의 여부와 구속을 계속시키는 여부에 대한 판단을 사법권의 독립이 보장된 법관(法官)의 결정에만 맡기려는 영장주의에 위반되고, 그 내용에 있어 합리성과 정당성이 없으면서 피고인의 신체의 자유를 제한하는 것이므로 적법절차원칙에 반하며, 기본권제한 입법의 기본원칙인 방법의 적정성, 피해의 최소성, 법익의 균형성을 갖추지 못하여 과잉금지의 원칙에도 위반된다. 헌재 1993. 12. 23. 93헌가2, 판례집 5-2, 578면.

중병, 출산, 가족의 장례참석 등 긴급하게 피고인을 석방할 필요가 있는 경우 등에 주로 사용되고 있다. 이와 같이 구속집행정지는 피고인의 긴급한 개인적 사정에 초점을 맞추어 이용되고 있으며 보석제도를 보충하는 기능을 한다.

종래 구속집행정지결정에 대하여 검사는 3일 내에 즉시항고를 할 수 있었고, 즉시항고의 제기기간 내에 즉시항고의 제기가 있는 때에는 재판의 집행은 정지되었다. 그러므로 즉시항고가 제기된 경우 그 항고심의 재판이 확정될 때까지 구속집행정지결정의 집행이 일률적으로 정지되었다. 그러나 헌법재판소는 이에 대하여도 앞서 본 보석허가결정의 즉시항고 위헌결정과 같은 취지에서 위헌이라고 판단하였다.1)

(4) 체포·구속 이유 등 고지제도

(가) 수사기관은 구속영장을 집행할 때에 당해 피의자에게 체포 또는 구속의 이유를 고지하여야 한다. 헌법 제12조 제5항은 '누구든지 체포 또는 구속의 이유와 변호인의 조력을 받을 권리가 있음을 고지받지 아니하고는 체포 또는 구속을 당하지 아니한다'고 규정한다. 따라서 수사기관은 체포·구속 때에 피체포자 또는 피구속자에게 이러한 내용을 고지하지 않으면 헌법에 위반되며 불법체포 또는 불법구속이 된다. 이러한 수사상 원칙은 미국의 형사소송법제로부터 영향을 받아 정립되었으며 특히 미국연방대법원의 Miranda v. Arizona 사건 판결의 영향을 받은 것이다.2)

---

1) 법원이 피고인의 구속 또는 그 유지 여부의 필요성에 관하여 한 재판의 효력이 검사나 다른 기관의 이견이나 불복이 있다 하여 좌우되거나 제한받는다면 이는 영장주의에 위반된다고 할 것인바, 구속집행정지결정에 대한 검사의 즉시항고를 인정하는 이 사건 법률조항은 검사의 불복을 그 피고인에 대한 구속집행을 정지할 필요가 있다는 법원의 판단보다 우선시킬 뿐만 아니라, 사실상 법원의 구속집행정지결정을 무의미하게 할 수 있는 권한을 검사에게 부여한 것이라는 점에서 헌법 제12조 제3항의 영장주의원칙에 위배된다. 피고인에 대한 신병확보의 필요성은 피고인의 출석을 보장할 만한 조건의 부가에 의하여 그 목적을 달성할 수 있으며, 법원의 구속집행정지결정에 대하여 검사가 불복할 수 있도록 하더라도, 보통항고를 하고 집행정지를 청구하거나, 즉시항고를 인정하되 즉시항고에 재판의 집행을 정지하는 효력을 인정하지 않는 방법도 있으므로, 구속집행정지결정 자체를 무력화시키는 방법보다 덜 침해적인 방법에 의해서는 그 목적을 전혀 달성할 수 없다고 보기 어렵다는 점을 고려할 때 피해의 최소성을 갖춘 것이라고 할 수 없다. 또한 법원이 일정한 조건 하에 구속의 집행을 정지하는 경우 도주와 증거인멸의 우려 등은 이미 법원의 결정 단계에서 고려되었다는 점, 구속의 집행정지 사유들은 한시적인 경우가 많아 그 시기를 놓치게 되면 피고인에게 집행정지의 의미가 없어지게 되는 점 등을 종합해 보면, 법익의 균형성을 갖춘 것이라고 보기도 어렵다. 헌재 2012. 6. 27. 2011헌가36, 판례집 24-1하, 703면.

2) 미연방대법원 1966. 6. 13. 선고 Miranda v. Arizona 사건 판결(384 U.S. 436). 이 사건에서 미란다는 체포될 때 어떠한 형사소송법상 혹은 헌법적 권리도 고지받지 못하였다고 주장하였다. 미연방대법원은 ① 수사기관은 피의자에게 진술거부권을 고지하여야 한다. ② 그럼에도 불구하고 진술을

㈏ 헌법 제12조 제5항 제2문에 의하면 체포 또는 구속당한 자의 가족 등 법률이 정하는 자에게는 그 이유와 일시·장소가 지체없이 통지되어야 한다. 인신을 구속하여 놓고 가족 등 기타 친지들에게 아무런 통지를 하지 않는 것은 국가권력에 의하여 행방불명자를 낳는 것으로 그 자체로서 사회적 불안을 조성하는 조치이며 이는 당사자의 방어권과 가족·친지의 알권리를 침해할 뿐만 아니라 인간의 존엄을 훼손하는 것이 된다. 피의자 또는 피고인을 구속한 수사기관이나 법원은 가족 등 법률이 정한 자에게 법률이 정한 구속관련사항을 지체없이 통지하여야 한다.

(5) 무죄추정의 원칙

헌법 제27조 제4항은 '형사피고인은 유죄의 판결이 확정될 때까지는 무죄로 추정된다'고 규정하여 무죄추정의 원칙을 천명하고 있다. 무죄추정의 원칙은, 아직 공소제기가 없는 피의자는 물론 공소가 제기된 피고인이라도 유죄의 확정판결이 있기까지는 원칙적으로 죄가 없는 자에 준하여 취급하여야 하고 불이익을 입혀서는 아니 되며, 가사 불이익을 입힌다 하여도 필요한 최소한도에 그쳐야 한다는 원칙을 말한다.[1)]

여기서 이미 기소된 피고인이 무죄추정의 대상인 것으로 규정되어 있는 이상 기소 전 단계에 있는 피의자에게도 무죄추정이 인정되어야 함은 당연하다. 피의자와 피고인이 무죄로 추정되므로 수사는 불구속으로 함이 원칙이며 도주와 증거인멸 등 특별한 요건이 있는 경우에만 예외적으로 구속하여 수사할 수 있다. 또한 피고인은 무죄로 추정되므로 형사재판에서의 공소사실에 대한 입증책임은 검사에게 있다. 형사재판을 담당하는 법관은 자유심증에 의하여 증거판단을 할 것이지만, 단지 '증거의 우위(preponderance of evidence)'에 의하여 판단하는 민사재판의 경우와는 달리 '모든 합리적 의심의 우려가 없는 정도(beyond all reasonable doubts)'의 유죄의 증거가 채택되었을 때에만 유죄판결을 내릴 수 있다. 그렇지 않고 유죄를 입증하는 증거와 무죄를 입증하는 증거의

한 경우에는 그 진술이 진술자에게 불리한 증거로 사용될 수 있다. ③ 구속 당시 변호인의 조력을 받을 권리가 있다는 것을 반드시 고지하고 구속을 하여야 하며 이를 하지 않은 경우 불법구속이 된다고 판단하였고, 이러한 수사원칙이 준수되지 못하였다는 이유로 미란다에게 무죄를 선고하였다.

1) 헌재 1990. 11. 19. 90헌가48; 헌재 2010. 9. 2. 2010헌마418; 헌재 2014. 4. 24. 2012헌바45, 판례집 26-1하, 41면.

어느 쪽도 유무죄의 심증을 형성하기에 불충분할 때에는 피고인에게 이익이 되도록 무죄의 판단을 하여야 한다(in dubio pro reo). 피의자나 피고인은 무죄로 추정되므로 수사기관이나 재판기관은 수사나 재판 과정에서 그 인격을 존중하여야 하며, 폭행·폭언 기타 무리한 언동이나 위압적인 태도를 보여서는 안 된다.

무죄추정의 원칙은 단지 형사절차 내에서만 통용되는 원칙으로 그 적용범위를 좁힐 것은 아니며, 아직 유죄가 확정되지 아니한 피의자나 피고인이 단지 수사나 재판를 받는다는 사실만으로 각종 불이익을 받도록 하는 것을 금지하는 데에까지 효력을 미친다.[1)]

(6) 자백(自白)의 증거능력과 증거력의 제한

동서양을 막론하고 근대 이전의 형사사법제도에서는 유죄의 자료로서 자백에 전적으로 의존하였고, 그 결과 자백을 얻기 위한 고문 등의 강압수사가 공연히 행하여졌으며 이에 따른 허위자백도 만연하였다. 이러한 부작용을 인식하여 입헌주의 헌법에서는 일반적으로 자백의 증거능력과 증거력을 엄격히 제한한다. 우리 헌법 제12조 제7항도 '피고인의 자백이 고문·폭행·협박·구속의 부당한 장기화 또는 기망 기타의 방법에 의하여 자의로 진술된 것이 아니라고 인정될 때 또는 정식재판에 있어서 피고인의 자백이 그에게 불리한 유일한 증거일 때에는 이를 유죄의 증거로 삼거나 이를 이유로 처벌할 수 없다'고 규정하였다. 이처럼 임의성(任意性)이 없는 자백은 증거능력이 없으므로 형사재판의 증거에서 완전히 배제되어야 하며, 보강증거(補强證據)가 없는 자백은 증거능력은 인정되나 그것만으로 유죄의 증거로 삼을 수 없다는 점에서 증거력이 제한된다.

(7) 진술거부권

헌법 제12조 제2항은 '모든 국민은 … 형사상 자기에게 불리한 진술을 강요당하지 아니한다'고 규정하여 피의자 또는 피고인이 수사 또는 공판절차에서

1) 헌재 1990. 11. 19. 90헌가48. 변호사업무정지명령 사건 결정; 헌재 1994. 7. 29. 93헌가3. 기소된 사립학교교원 직위해제 사건 결정; 헌재 1998. 5. 28. 96헌가12. 기소된 공무원 직위해제 사건 결정; 헌재 2010. 9. 2. 2010헌마418, 판례집 22-2상, 526면. 금고이상형 선고 지방자치단체장 권한대행 헌법불합치결정.

의 진술을 거부할 권리를 보장하고 있다. 이 진술거부권은 영미법상의 '자기부죄거부 특권(privilege against self-incrimination)'으로부터 유래한 것이다.

진술거부권은 피의자 또는 피고인에 대하여서도 수사기관이나 소추기관과 대등한 당사자의 입장에서 방어권을 행사할 수 있도록 하기 위한 배려에서 인정된다. 나아가 수사나 재판에 임하여 검사나 판사가 피의자신문 또는 피고인신문을 할 때 반드시 미리 이러한 거부권이 있다는 것을 알려주고 시작하여야 한다. 그러한 고지가 없으면 그 신문은 위법한 증거로서 증거능력을 상실하게 된다.

(8) 변호인의 조력을 받을 권리

헌법 제12조 제4항은 '누구든지 체포 또는 구속을 당한 때에는 즉시 변호인의 조력을 받을 권리를 가진다. 다만, 형사피고인이 스스로 변호인을 구할 수 없을 때에는 법률이 정하는 바에 따라 국가가 변호인을 붙인다'고 규정하여 변호인의 조력을 받을 권리를 헌법상의 기본권으로 인정하고 있다. 변호인의 조력을 받을 권리가 실효적으로 보장되기 위해서는 먼저 수사 또는 형사재판을 받게 된 자로 하여금 변호인을 선임하여 그 조력을 받을 기회가 있음을 알 수 있도록 해 주어야 하며, 수사기관은 범죄혐의자를 구속할 때에 반드시 그 변호인을 선임할 수 있음을 고지하여야 할 것이다.

피구속자의 변호인과의 접견교통권은 준(準)절대적 권리로서 인정된다. 피구속자인 의뢰인이나 선임된 변호인은 언제든지 구금장소를 방문하여 접견할 권리가 있으며 구금시설의 관리자는 공익상의 이유로 이러한 접견을 거부할 수 없다. 또 이 권리는 '변호인이 되려는 자'와의 접견교통권을 포함한다.[1)]

나아가 접견시 대화내용의 비밀이 보장되어야 한다. 예컨대 변호인이 구속된 피의자를 접견함에 있어서 접견장소에 행정공무원이 참여하여 대화를 청취하고 메모하는 행위 등은 접견교통권을 침해하는 것이 된다. 구금시설의 관리자 또는 그 소속 직원은 변호인 접견시 가시거리(可視距離)에 위치하면서 피구속자의 신변을 감시하고 불법행위를 방지하며 시설의 안전을 유지하기 위한

---

1) 헌법재판소는 더 나아가 '변호인이 되려는 자'의 접견교통권을 헌법상 기본권으로 인정한다. "변호인이 되려는 자의 접견교통권은 피의자 등을 조력하기 위한 핵심적인 부분으로서, 피의자 등이 가지는 헌법상의 기본권인 '변호인이 되려는 자'와의 접견교통권과 표리의 관계에 있다. 따라서 피의자 등이 가지는 '변호인이 되려는 자'의 조력을 받을 권리가 실질적으로 확보되기 위해서는 '변호인이 되려는 자'의 접견교통권 역시 헌법상 기본권으로서 보장되어야 한다." 헌재 2019. 2. 28. 2015헌마1204, 판례집 31-1, 141, 142면.

활동을 계속할 수 있으나 변호인과의 대화를 엿들을 수 있는 가청거리(可聽距離)에 있어서는 안 된다.[1] 헌법재판소는 구치소장이 변호인접견실에 CCTV를 설치하여 미결수용자와 변호인 간의 접견을 관찰한 행위가 교도관의 육안에 의한 시선계호를 기계장비에 의한 것으로 대체한 것에 불과하므로 변호인의 조력을 받을 권리의 침해가 아니라고 하는데,[2] 이러한 CCTV관찰행위는 녹음청취가 제외된 경우에만 합헌이 될 수 있다고 할 것이다.

변호인 접견의 비밀 보장에 따라 구속된 의뢰인이 그 변호인과 사이에 교환하는 서신도 특별한 헌법적 보호를 받게 된다. 따라서 재판을 계속하고 있는 미결수가 그 변호인에게 보내는 서신을 기결수의 경우와 같이 검열하는 것은 변호인과의 접견교통권의 침해에 해당한다.[3]

(9) 형사기록의 열람등사권

형사기록을 피고인이나 피의자 혹은 그 변호인이 열람하고 등사해 갈 수 있는지 여부는 피의자 또는 피고인의 방어권 기타 권익의 보호를 위하여 실제로 중요한 의미를 가진다. 피의자나 피고인은 자신이 행한 과거의 행위들을 기억하겠지만 검사가 어떤 내용의 수사를 하고 있는지는 잘 알 수 없고 이러한 수사와 재판의 과정이나 내용이 정리되어 있는 형사기록은 수사와 재판의 어느 단계에서나 큰 관심의 대상이 된다.

---

1) 변호인과의 자유로운 접견은 신체구속을 당한 사람에게 보장된 변호인의 조력을 받을 권리의 가장 중요한 내용이어서 국가안전보장·질서유지·공공복리 등 어떠한 명분으로도 제한될 수 있는 성질의 것이 아니다. 그리고 구속된 사람을 계호(戒護)함에 있어서도 1988. 12. 9. 제43차 유엔총회에서 채택된 "모든 형태의 구금 또는 수감상태에 있는 모든 사람들을 보호하기 위한 원칙" 제18조 제4항이 "피구금자 또는 피수감자와 그의 변호인 사이의 대담은 법 집행 공무원의 가시거리(可視距離) 내에서 행하여 질 수는 있으나 가청거리(可聽距離) 내에서 행하여져서는 아니된다."라고 적절하게 표현하고 있듯이 관계공무원은 구속된 자와 변호인의 대담내용을 들을 수 있거나 녹음이 가능한 거리에 있어서는 아니되며 계호나 그 밖의 구실 아래 대화장면의 사진을 찍는 등 불안한 분위기를 조성하여 자유로운 접견에 지장을 주어서도 아니된다. 헌재 1992. 1. 28. 91헌마111, 판례집 4, 51, 60-61면. 변호인 접견제한 위헌결정.

2) 헌재 2016. 4. 28. 2015헌마243, 판례집 28-1하 122, 123면.

3) 헌법 제12조 제4항 본문은 신체구속을 당한 사람에 대하여 변호인의 조력을 받을 권리를 규정하고 있는바, 이를 위하여서는 … 변호인과 미결수용자 사이의 서신(書信)에도 적용되어 그 비밀이 보장되어야 할 것이다. 다만 미결수용자와 변호인 사이의 서신으로서 그 비밀을 보장받기 위하여는 첫째, 교도소측에서 상대방이 변호인이라는 사실을 확인할 수 있어야 하고, 둘째, 서신을 통하여 마약 등 소지금지품의 반입을 도모한다든가 그 내용에 도주·증거인멸·수용시설의 규율과 질서의 파괴·기타 형벌법령에 저촉되는 내용이 기재되어 있다고 의심할 만한 합리적인 이유가 있는 경우가 아니어야 한다. 헌재 1995. 7. 21. 92헌마144, 판례집 7-2, 94, 95면. 미결수용자 서신검열 위헌결정.

(가) 기소전 수사기록

수사의 개시로부터 기소 여부가 결정되기 전까지의 시기에 그 수사기록은 일단 수사기관에게 귀속된 서류이며 수사기관 외부의 관련자들이 임의로 참조할 권리를 가질 수 있는 대상은 아니다. 그러나 피의자가 구속된 이후 기소가 되기 전의 시기에 피의자나 그 변호인은 구속적부심사제도를 활용할 수 있는데 이 경우 적부심 재판에서 피의자나 그 변호인이 방어권을 제대로 행사하기 위해서는 수사기록 중 일부의 열람이나 등사가 허용되는 것이 필요하다. 따라서 피의자나 그 변호인이 검사의 수사기록에 대한 열람·등사의 청구를 하여오는 경우 검사는 피의자의 방어권 행사에 불가결한 내용을 담은 서류로서 피의자의 협조에 의하여 형성된 것에 대하여서는 이를 받아들여야 한다고 함이 적절하다. 이 점에 대하여 헌법재판소는 특히 고소장과 피의자 신문조서는 검사가 열람·등사를 허용하여주어야 할 의무가 있다고 인정하였다.[1)]

(나) 기소후 공판개시 전의 수사기록

기소되고 난 후 제1회 공판이 열리기 이전의 시기에 당해 피고인의 변호인은 수사기록의 열람·등사에 큰 관심을 가지게 된다. 변호인으로서는 당연한 재판을 준비하여야 할 것인데 재판을 위한 모든 증거자료가 여기에 집중되어 있기 때문이다. 이 단계에서 수사기록이 법원에 가 있으면 법원은 기록을 열람케 하는 조치를 취할 수 있을 것이지만, 제1회 공판 개시 전에는 증거조사가 시작되지 아니하였으므로 수사기록은 아직 검사가 소지한 상태에 있다.

변호인이 검사에 대하여 그 기록의 열람 혹은 등사를 청구하여도 재판의 반대당사자의 입장에 있는 검사는 그 기록의 열람이나 등사에 대하여 까다로울 수밖에 없을 것이며 검사의 기각처분에 대하여 불만을 가진 변호인이 헌법소원을 제기할 수 있는 것인지 문제된다.

종래 형사소송법에서는 이에 대한 규율이 없었으므로 법적 구제는 기록열

1) 고소로 시작된 형사피의사건의 구속적부심절차에서 피구속자의 변호를 맡은 청구인으로서는 피구속자에 대한 고소장과 경찰의 피의자신문조서를 열람하여 그 내용을 제대로 파악하지 못한다면 피구속자가 무슨 혐의로 고소인의 공격을 받고 있는 것인지 그리고 이와 관련하여 피구속자가 수사기관에서 무엇이라고 진술하였는지 그리고 어느 점에서 수사기관 등이 구속사유가 있다고 보았는지 등을 제대로 파악할 수 없게 되고 그 결과 구속적부심절차에서 피구속자를 충분히 조력할 수 없음이 사리상 명백하므로 위 서류들의 열람은 피구속자를 충분히 조력하기 위하여 변호인인 청구인에게 그 열람이 반드시 보장되지 않으면 안 되는 핵심적 권리로서 청구인의 기본권에 속한다. 헌재 2003. 3. 27. 2000헌마474, 판례집 15-1, 282, 288면. 기소전 수사기록 열람신청 사건 결정.

람등사거부처분의 취소를 구하는 행정소송을 통하여 해결하는 것이었으나, 일반적으로 행정소송의 재판기간이 수개월 이상 소요됨을 감안할 때 제1심 공판 이전에 기록열람등사의 허부를 결정하는 행정소송이 종료될 것으로 기대하기 어려웠다. 행정소송의 대상이 될 수 있는 처분이라고 하여도 이를 통한 시기 적절한 권리구제의 기대가능성이 없을 경우에는 헌법소원의 대상이 될 수 있으므로 헌법소원이 가능하다고 보는 것이 타당하였고, 우리 헌법재판소의 판례의 입장도 그러하였다.[1] 그러나 이렇게 보면 헌법재판소에서 단기간에 구체적인 형사소송 사건의 기록의 열람·등사가 허용될 수 있는 범위를 개별적으로 확정하여 주어야 하게 되는데 이는 최고법원인 헌법재판소의 소관 업무로서는 적합하지 못한 측면이 있었다. 모든 구체적 개개 사건에 대하여 헌재가 일일이 판단해 줄 여유는 없으므로 헌법소송 적격을 부정한 소수의견은 이러한 사정을 중시한 것이었다.[2]

결국 이 문제는 2007년 6월 1일 형사소송법 개정(2008. 1. 1. 발효)에 의하여 검사의 기록열람·등사 거부나 범위제한 처분에 대하여 법원에 불복할 수 있는 제도를 명시적으로 도입함으로써 해결되었다.[3] 따라서 이제는 형사소송법에 의한 구제절차를 밟아야 하며, 보충성의 원칙상 헌법소원을 제기할 수는 없게 되었다. 다만 법원이 기록열람·등사를 허용하였음에도 불구하고 이에 불응한 검사의 거부처분에 대하여 헌법재판소는 보충성의 원칙에 대한 예외를

1) 수사기록에 대한 열람·등사권이 헌법상 피고인에게 보장된 신속·공정한 재판을 받을 권리와 변호인의 조력을 받을 권리 등에 의하여 보호되는 권리라 하더라도 무제한적인 것은 아니며, 또한 헌법상 보장된 다른 기본권과 사이에 조화를 이루어야 한다. 즉, 변호인의 수사기록에 대한 열람·등사권도 기본권제한의 일반적 법률유보조항인 국가안전보장·질서유지 또는 공공복리를 위하여 제한되는 경우가 있을 수 있으며, 검사가 보관중인 수사기록에 대한 열람·등사는 당해사건의 성질과 상황, 열람·등사를 구하는 증거의 종류 및 내용 등 제반 사정을 감안하여 그 열람·등사가 피고인의 방어를 위하여 특히 중요하고 또 그로 인하여 국가기밀의 누설이나 증거인멸, 증인협박, 사생활침해, 관련사건 수사의 현저한 지장 등과 같은 폐해를 초래할 우려가 없는 때에 한하여 허용된다. 헌재 1997. 11. 27. 94헌마60, 판례집 9-2, 675, 676-677면. 공판개시전 수사기록열람등사청구 사건 결정.

2) 공소가 제기되어 사건이 법원에 계속된 후에는, 변호인이 검사가 보관하고 있는 수사기록을 열람·등사할 필요가 있는지의 여부나 검사가 변호인에게 수사기록의 열람·등사를 허용하지 아니할 만한 정당한 사유가 있는지의 여부 등은, 실체적 진실을 규명하기 위하여 피고인이 실질적으로 검사와 대등한 지위에서 충분하게 방어할 기회를 피고인에게 주는 등 공판절차를 합목적적으로 원활하게 진행함으로써 신속하고 공정한 재판을 하여야 할 책무를 지닌 법원의 적절한 소송지휘권의 행사를 통하여 당해사건의 형사소송절차에서 판단될 일이지, 헌법재판소가 사건마다 일일이 수사기록을 검토하여 헌법소원심판절차에서 판단할 일은 아니라고 할 것이다. 헌재 1997. 11. 27. 94헌마60, 판례집 9-2, 675, 678-679면. 김용준 재판관의 반대의견.

3) 형사소송법 제266조의3, 제266조의4.

인정하여 헌법소원을 받아들이고, 이러한 검사의 거부처분이 무조건적으로 헌법에 위반한다고 판시한 바 있다.[1]

(다) 확정된 소송기록

형사사건의 소송기록은 재판 확정 후 다시 검찰로 송부되어 검찰청의 기록창고에 공소시효가 만료될 때까지 보존된다. 이러한 형사확정기록의 열람이나 등사를 위하여서는 그 소재지가 검찰청인 만큼 검사에 대하여 열람 혹은 등사를 청구하여야 하고 검사가 이를 기각하는 경우 이에 불복하는 변호인 등은 종래 행정소송을 제기하여 구제를 받아야 하였으나,[2] 2007년 6월 1일 형사소송법의 개정으로 그 열람·등사의 허부에 관하여 보다 상세한 기준에 의한 규율이 도입되었다.[3] 새로 도입된 형사소송법상의 제도에 의하여도 검사의 불허처분에 대하여는 법원에 취소·변경을 청구할 수 있으므로 법원의 재판은 헌법소원의 대상에서 원칙적으로 제외되어 있는 만큼 그 결과에 대하여서는 헌법소원을 제기할 수 없다.

4. 이중처벌의 금지

헌법 제13조는 '동일한 범죄에 대한 거듭된 처벌'을 금지하여 이중처벌금지의 원칙을 천명하고 있다. 종래 이는 형사소송법상의 일사부재리(一事不再理)의 원칙이 헌법적 차원에서 보장된 것이라고 보고 금지되는 '처벌'의 범위는 일반 형법상의 처벌에 국한되는 것으로 해석되어 왔다.[4] 그 결과 국민이 이 원칙으로 보호받을 수 있는 범위가 부당하게 축소되고 관련 기본권 보호가 위축되는 효과를 가져오고 있다.[5]

---

1) 신속하고 실효적인 구제절차를 형사소송절차 내에 마련하고자 열람·등사에 관한 규정을 신설한 입법취지와, 검사의 열람·등사 거부처분에 대한 정당성 여부가 법원에 의하여 심사된 마당에 헌법재판소가 다시 열람·등사 제한의 정당성 여부를 심사하게 된다면 이는 법원의 결정에 대한 당부의 통제가 되는 측면이 있는 점 등을 고려하여 볼 때, 수사서류에 대한 법원의 열람·등사 허용 결정이 있음에도 검사가 열람·등사를 거부하는 경우 수사서류 각각에 대하여 검사가 열람·등사를 거부할 정당한 사유가 있는지를 심사할 필요 없이 그 거부행위 자체로써 피고인의 열람·등사권과 신속·공정한 재판을 받을 권리 및 변호인의 조력을 받을 권리를 침해한다. 헌재 2010. 6. 24. 2009헌마257, 판례집 22-1하, 621, 622-623면. 검사의 기록열람·등사 거부처분 위헌결정.

2) 공공기관의 정보공개에 관한 법률 제10조(정보공개의 청구방법)과 제13조(정보공개 여부 결정의 통지) 및 제20조(행정소송)이 정한 절차에 따른다.

3) 형사소송법 제59조의2.

4) 헌재 2003. 7. 24. 2001헌가25, 판례집 15-2상, 1면 참조.

헌법이 규정한 처벌이 반드시 형법에 열거된 형벌로만 한정되어야 한다는 것은 형법의 해석이 아닌 헌법의 해석론으로서 불만족스러운 것이며, 여기에 다시 비례의 원칙 내지 과잉제재금지원칙을 적용하여 보완한다고 해 보아도 본질적으로 달라질 수 없다. 따라서 이를 해석함에 있어서 미국연방대법원의 판례에서 제시한 바와 같이 금지되는 처벌의 의미를 실질적으로 파악할 필요가 있다고 본다.[1] 그리하여 일반형벌 이외의 과벌의 형식을 가진 처분이라고 하더라도 오직 징벌적 목적을 가진 것이라면 본질상 제재에 해당하므로 이중처벌금지의 대상이 되는 처벌이 된다고 본다.

다만 여기서 문제된 처분이 과연 징벌적 목적을 가진 것인지 여부를 판단함에 있어서는 구체적 사건에서 나타난 개별적 사정을 기준으로 할 것이 아니라 당해 과벌을 결정하는 법률규정 자체를 기준으로 하여 입법의도를 파악하는 등의 객관적이고 일반추상적인 분석작업에 따라 당해 과벌의 제재로서의 본질 여부를 판단하는 것이 타당하다.

제 2 항 사생활에 관한 자유와 권리

헌법은 사생활 영역에서의 개인의 기본권 보호를 위한 자유와 권리를 다양한 형태로 인정하고 있다. 기본적으로 헌법 제17조는 '모든 국민은 사생활의 비밀과 자유를 침해받지 아니한다'고 하고, 제18조는 '모든 국민은 통신의 비밀을 침해받지 아니한다'고 규정한다. 나아가 헌법 제16조는 '모든 국민은 주거의 자유를 침해받지 아니한다'고 하고 있으며, 제14조가 '모든 국민은 거주・이전의 자유를 가진다'고 규정한 것도 광의에서 보면 사생활의 자유와 관련되는 점에서 공통되므로 이들 기본권을 여기서 모두 함께 고찰한다.

---

5) 이중처벌금지 원칙 위반 여부가 쟁점화된 대표적인 사건들로는, 헌재 2004. 10. 28. 2003헌가18 추징금미납자에 대한 출국금지 사건, 헌재 2003. 7. 24. 2001헌가25 공정거래법상 부당내부거래자에 대한 과징금 사건, 헌재 2003. 6. 26. 2002헌가14 청소년성매수자에 대한 신상공개 사건, 헌재 2002. 7. 18. 2000헌바57 퇴직후 공무원 연금의 환수 사건, 헌재 2001. 5. 31. 99헌가18 등 부동산실명제 위반자에 대한 과징금 사건, 헌재 1995. 5. 25. 91헌바20 군무이탈과 복귀명령위반 사건 등 다수가 존재하지만, 헌법재판소는 모두 동 원칙에 위반되지 않는다고 판단하여 왔고 그 어느 사건에서도 위헌 판단을 내린 바가 없다.

1) United States v. Halper, 490 U.S. 435(1989).

Ⅰ. 사생활의 비밀과 자유

1. 연혁과 의의

사생활의 비밀과 자유는 보통 프라이버시(privacy)권이라고 말하여지는 권리로서 입헌주의 헌법에는 비교적 늦게 도입된 기본권이다. 미국과 독일 또는 일본 등의 선진국 헌법에서도 아직 규정화되고 있지는 않다. 미국의 경우 판례에 의하여,[1] 독일의 경우는 인격권 등 다른 기본권으로부터 도출된다는 해석에 의하여, 일본에서는 행복추구권의 한 유형으로서 인정되고 있다. 그러나 정보탐지의 기술이 빠르게 발전하는 현대의 정보화사회에서는 각 개인에 대한 사생활의 침해의 위협이 크게 문제시되고 있으므로 이러한 상황에 따라 오늘날 사생활의 비밀과 자유의 보장의 비중은 보다 확대되고 있다.

2. 법적 성격

사생활의 비밀과 자유는 개인의 사생활에 대한 국가의 간섭을 배제하는 성격의 권리이므로 자유권적 기본권의 성격을 가진다. 그러나 사생활의 비밀 보장의 의미를 확장하여 나가면 국가가 일정한 행위를 하여줄 것을 요구할 권리까지 포함하게 되고 그 한도에서는 청구권적 기본권의 성격을 가지게 될 것이다. 이러한 권리의 법적 성격의 구분은 이를 제한하는 입법이나 공권력적 조치에 대한 헌법심사의 강도의 차이를 가져온다는 점에서 실제적 중요성이 있다.

3. 내 용

(1) 사생활의 비밀과 자유의 보장의 의미

사생활은 개인의 내밀한 영역에서의 행위와 생활을 의미한다. 헌법은 이 영역에서의 비밀과 자유를 보장하는 것이다.[2] 사생활의 비밀을 침해하는 행위

1) Griswold v. Connecticut, 381 U.S. 479(1965).
2) 헌재 2003. 10. 30. 2002헌마518, 판례집 15-2하, 185면. 자동차안전띠 부착 강제 합헌결정. 헌법재판소는 자동차안전띠의 부착은 개인의 내밀한 영역의 행위로 볼 수 없다고 판단하였다.

로서는 사생활 탐지의 목적으로 그 공간에 침입하거나 이를 탐지하는 행위, 나아가 지득한 내용을 공개하거나 이를 허위로 또는 과장하여 공표하는 등의 행위가 모두 포함된다. 사생활의 자유를 보장한다고 함은 사적인 개인생활 영역의 자유로운 형성과 영위를 보장함을 말하며, 행동의 자기결정권을 의미한다는 점에서 정보의 자기통제권을 의미하는 사생활의 비밀보장과 구별된다. 이러한 사생활에 속하는 행위는 결혼, 성생활, 피임, 착의, 두발모양 결정 등을 들 수 있다.

(2) 개인정보 자기결정권

(가) 법적 성격

사생활 비밀의 보호의 헌법적 요청을 보다 일반화하여 보면 개인의 모든 일신전속적 정보를 자신이 관리하고 처분할 수 있는 권리로 확장하여 볼 수 있으며 이를 '개인정보 자기결정권'이라고 칭할 수 있다. 우리 헌법재판소도 헌법에 열거되지 아니한 기본권의 하나로서 이러한 개인정보 자기결정권을 인정한다. 이 권리는 개인이 자신에 대한 일체의 정보를 관리·통제할 권리를 의미할 뿐만 아니라 ① 국가가 자신에 대한 정보를 수집하는 것을 제한하고, ② 국가가 관리하고 있는 자신에 대한 정보의 이용과 타인 제공을 금지하며, ③ 그 열람 및 정정을 요구하는 권리를 포함한다고 보고 있다. 이렇게 볼 때 개인정보 자기결정권은 국가의 간섭을 배제하는 의미에서 자유권적 기본권으로서의 성격을 가질 뿐만 아니라 나아가 국가에 대하여 일정한 행위를 요구하는 의미에서 청구권적 기본권의 성격을 강하게 지니게 된다. 실제로 이 권리의 침해 여부가 문제될 경우에는 당해사건에서 문제된 개인정보청구권의 법적 성격이 어떠한 것인지를 미리 확정하여야 하며 이를 통하여서만 기본권 제한의 헌법적 정당성의 판단기준을 얻을 수 있다.[1)]

(나) 정보통신의 발전과 관련된 문제

(a) 잊혀질 권리의 대두

1990년 중반 이후 급속히 발전된 인터넷 가상공간은 국경을 초월한 인류의 표현의 장으로서 개인의 인격발현과 민주주의의 발전에 큰 기여를 하여왔다.

---

1) 헌재 2005. 5. 26. 99헌마513, 판례집 17-1, 668면. 지문날인제도 합헌결정; 헌재 2005. 7. 21. 2003헌마282, 판례집 17-2, 81면. 교육정보시스템(이른바 'NEIS')제도 합헌결정.

그러나 온라인 정보공간의 개방성과 전파의 신속·광범위성으로 인하여 명예훼손적인 불법 정보가 쉽게 유통되고 개인의 신상털기식 개인정보 노출이 빈번히 일어나는 사회현상이 문제시되고 있다.[1] 특히 이러한 불법 내지 사생활 침해의 성격을 지닌 정보는 한번 온라인 매체에 게재되면 특별한 사정이 없는 한 영속적으로 그곳에 남아있게 된다. 여기서 당해 개인의 기본권 즉 개인정보 자기결정권을 기초로 하여 이를 삭제·차단할 권리가 인정되어야 할 것인지 여부가 논의된다.[2]

이와 같이 인터넷 공간 내지 온라인매체에서의 개인정보삭제청구권을 이른바 '잊혀질 권리(right to be forgotten, Recht auf Vergessen, droit à l'oubli)'라고 부르고, 새로운 기본권으로서의 법적 성격이 논의되고 있다.

이러한 잊혀질 권리의 법적 성격은 기본적으로 헌법상 사생활의 비밀 보호로부터 도출되는 개인정보 자기결정권의 한 형태라고 할 수 있다. 그러나 최근 정보통신의 발전이 이루어진 이후에 비로소 문제되기 시작한 권리이므로 헌법상 열거되지 아니한 권리로 보아 헌법 제37조 제1항에서 그 인정근거를 찾을 수 있으며, 나아가 포괄적 기본권인 행복추구권에서 파생되는 새로운 권리로서 파악될 수도 있다고 본다. 개인정보 자기결정권으로서의 잊혀질 권리는 자신의 정보에 대한 외부의 간섭을 배제하는 자유권적 성격을 가지나 정보 지배력을 가진 온라인매체 관리자에게 그 삭제·차단을 청구할 수 있다는 것을 내용으로 하는 점에서 청구권적 기본권에 유사한 법적 성격도 겸하고 있다.

잊혀질 권리는 이를 과도하게 보장할 때 인터넷 공간과 온라인매체 내에서의 표현의 자유의 위축과 공익성 정보의 공유 차단 등 부작용이 크다는 문제

---

1) 사생활 침해나 명예훼손 등 '불법정보'인 경우에는 정보통신망법상 그 피해자에게 삭제 혹은 반박청구권이 인정되어 있다.
정보통신망 이용촉진 및 정보보호 등에 관한 법률 제44조의2(정보의 삭제요청 등) ① 정보통신망을 통하여 일반에게 공개를 목적으로 제공된 정보로 사생활 침해나 명예훼손 등 타인의 권리가 침해된 경우 그 침해를 받은 자는 해당 정보를 취급한 정보통신서비스 제공자에게 침해사실을 소명하여 그 정보의 삭제 또는 반박내용의 게재(이하 "삭제 등"이라 한다)를 요청할 수 있다.

2) 잊혀질 권리는 불법정보에는 미치지 못한다고 하더라도 내용상 부적절하고 과도하여 그 유포가 바람직하지 못하다고 판단한 개인정보에 대하여 본격적으로 문제될 것이다. 이 점에 관하여도 우리 개인정보보호법이 별도의 조항을 두어 원칙적 보호의지를 천명하고 있다.
개인정보보호법 제35조(개인정보의 열람) ① 정보주체는 개인정보처리자가 처리하는 자신의 개인정보에 대한 열람을 해당 개인정보처리자에게 요구할 수 있다.
제36조(개인정보의 정정·삭제) ① 제35조에 따라 자신의 개인정보를 열람한 정보주체는 개인정보처리자에게 그 개인정보의 정정 또는 삭제를 요구할 수 있다. 다만, 다른 법령에서 그 개인정보가 수집 대상으로 명시되어 있는 경우에는 그 삭제를 요구할 수 없다.

점을 안고 있다. 이는 한편으로 개인정보 자기결정권에 근거한 잊혀질 권리와 다른 한편으로 가상공간에서의 표현의 자유 및 알 권리 사이에 '기본권 충돌'의 문제를 구성한다. 따라서 기본권 충돌시 헌법적 해결 기준에 따라서 이 문제를 풀어야 한다고 생각되며 상호 양보에 의한 '비례적 제한의 원칙' 내지 과잉금지의 원칙에 따라야 할 것이다.

(b) 빅데이터의 활용과 개인정보자기결정권

오늘날 정보 수집·처리기술의 급격한 진전으로 모든 영역에서 방대한 규모의 데이터가 디지털화되어 축적되고 이것이 온라인으로 관리·분석될 수 있는 이른바 빅데이터(Big Data)의 시대가 열리게 되었다. 여기에 축적된 방대한 규모의 정형 또는 비정형의 데이터는 그 처리을 통하여 새로운 결과와 가치를 추출하는 기술, 즉 정보채굴(데이터 마이닝, Data Mining)의 대상이 되고 있다.

이러한 정보채굴작업은 일정한 결과와 가치를 추출하기 위하여 빅데이터에 무차별적으로 묻혀있는 개인정보들을 발굴하여 활용한다는 측면에서 개인정보의 침해에 이를 가능성을 내포하는데, 특히 기존에 축적된 빅데이터의 분석을 통하여 개인이 모르는 사이에 그에 관한 구체적 정보를 생산해 내는 개인 프로파일링(profiling)의 수단으로 활용될 수 있어서 그 대상이 된 사람의 개인정보 자기결정권의 침해가 심각히 우려되는 상황을 야기하고 있다. 나아가 이는 공권력이나 거대기업이 모든 개인의 행동을 통제하는 빅브라더(Big Brother) 사회의 출현을 초래할 우려도 낳고 있다.1) 그러나 공공기관이나 정보관리산업에 종사하는 거대기업 등 빅데이터의 수집·처리 주체들은 주로 국가안보 등 공익 목적을 위하거나 고객의 행동패턴을 파악하여 영업에 반영하는 등의 합법적인 목적을 위하여 빅데이터를 활용하는 것이 일반적이다. 그러므로 빅데이터 처리의 헌법적 문제는 한편으로는 개인정보자기결정권의 보호와 다른 한편으로는 공익의 증진 및 영업활동의 자유 등 정보수집·처리자의 권리 보호 사이의 권익충돌로 귀착된다고 할 수 있다.

이 문제의 헌법적 해결에 있어서는, ① 먼저 공권력에 의한 개인정보 자기결정권의 침해의 문제라면 헌법 제37조 제2항의 기본권 제한의 일반원칙을 엄

1) 특히 스마트폰과 같은 개인용 모바일 컴퓨팅 기기가 대중화되고, 인터넷에 연결되어 인공지능화한 가전제품, CCTV·GPS, 웨어러블 컴퓨터 등을 기반으로 하는 사물인터넷(Internet of Things)이 등장하며 개인의 삶이 점차 이에 의존하게 됨에 따라 24시간 이동궤적과 데이터 사용 내역 등 모든 국민의 개인활동들이 데이터 관리자에 의하여 수집·분석·처리되는 것이 가능하게 되었다.

격히 준수하여야 할 것이다. 특히 과잉금지원칙에 따른 엄격한 강도의 심사가 요구된다고 본다. ② 나아가 거대기업 등 사적 관리주체의 경우에도 이들은 그 영업규모나 영향력의 면에서 공권력에 비견되므로 이들의 영업활동의 자유는 비례의 원칙에 의하여 개인정보자기결정권을 과도하게 침해하지 않는 범위 내로 한정하는 것이 타당하다. 특히 빅데이터 처리의 '목적의 정당성'과 '피해의 최소성'을 엄격히 심사하여야 한다고 본다. 또한 빅데이터의 처리에 관한 규제적 입법활동은 아직 본격화되지 아니한 상태에 있으나, 장차 그 규율내용의 헌법적 정당성은 개인정보자기결정권 보호의 차원에서 과잉금지의 원칙에 따라 엄격히 스크린된 한도 내에서만 허용되어야 할 것이다.

(3) 개인생활 자기결정권

사생활의 자유 보장을 보다 광의로 일반화하면 개인생활의 자기결정권으로 발전할 수 있다.[1] 그러나 인간의 생활은 타인과의 교류에 기반을 둔 사회생활인 경우가 보통이므로 이 권리는 개인정보의 자기결정권과 달리 타인의 권리와 충돌하지 아니하는 사적 영역에서만 온전히 실현될 수 있다.

4. 제 한

(1) 일반원칙

사생활의 비밀과 자유의 보장도 공익을 목적으로 제한될 수는 있으므로 이 경우 헌법 제37조 제2항을 준수하여야 하며 과잉금지원칙의 적용을 받는다고 할 것이다. 나아가 사생활의 자유의 제한에 있어서는 사생활의 보호영역으로서 '개인의 내밀한 영역'이 각 생활영역에서 어떻게 한계지워져서 보호되어야 할 것인지 여부에 관한 점을 규명하여 이에 따른 판단기준을 설정할 필요가 있다.

(2) 생활영역의 사적 성격의 정도에 따른 보호

인간은 개인으로서 사적 생활을 보존하여야 하지만 동시에 사회적 존재로서 공적 생활을 영위하므로 인간활동의 영역은 극도로 사적인 공간으로부터

---

1) 개인생활 자기결정권은 이처럼 헌법 제17조에서 근거를 찾을 수 있으나 헌법 제10조의 인간의 존엄과 가치 및 행복추구권으로부터 도출되는 권리라고 할 수도 있다.

완전히 공개된 공적 활동의 장에 이르기까지 광범위하게 걸쳐 있다. 사생활의 보호의 관점에서 이러한 인간생활의 영역을 사적 성격이 강한 부분으로부터 공적 성격이 강한 부분으로 단계적으로 나누어 볼 때 ① 양심의 형성이나 성생활, 일기나 서신의 작성과 같은 순수내밀활동 영역, ② 가족과의 가정생활 또는 친구와의 교류와 같은 일상적인 사적 활동 영역, ③ 직업활동 등과 같은 일반적인 사회적 활동 영역, ④ 제도적 기타 의식적으로 공개된 공적 활동 영역으로 분류할 수 있을 것이다.

이 중 사적 성격이 강한 영역에서는 보다 강하게 사생활의 비밀과 자유가 보장되어야 할 것인데, 내밀의 영역에서는 개인적 동의 없이는 어떠한 경우에도 사생활의 비밀이 침해될 수 없다고 할 것이고, 일상적인 사적 활동 영역에서는 원칙적으로 사익이 공익을 우선한다고 판단하여야 하며, 반대로 일반적인 공적 생활 영역에서는 공익이 사익을 우선할 것이고 마지막으로 공개된 공적 활동 영역에서는 사생활의 비밀과 자유의 보호는 존재하지 않는다고 보는 것이 타당하다. 물론 이러한 영역구분론은 어디까지나 원칙론적 판단기준으로서의 역할을 할 뿐이며, 문제가 되는 경우마다 사생활 보호의 이익과 이를 제한하는 공익 사이의 구체적인 법익교량이 필요하다.

Ⅱ. 통신의 비밀 불가침

1. 의　의

통신은 개인간의 의사소통을 내용으로 하는 것으로 사생활의 주요한 영역의 하나이다. 따라서 사생활의 비밀과 자유의 보장에 포함되는 것이라고 할 수도 있으나 우리 헌법은 이와는 별도로 제18조에서 통신의 비밀 불가침을 명시적으로 선언하고 있다.

2. 법적 성격

통신의 비밀 불가침은 국가의 간섭 배제를 내용으로 하므로 자유권적 기본권에 속한다. 그러나 국가의 보장이 이루어지지 않거나 불충분한 경우 그 보호를 요구할 수도 있다는 측면에서는 구체적 사안에 따라 청구권적 기본권의 성격을 가질 수도 있을 것이다.

3. 내 용

통신은 비우편적 방법의 개인간의 직접적 의사소통에 해당하는 신서(信書)와 우편제도를 통한 의사소통인 우편(郵便) 및 전기·전자적 방법에 의한 의사소통인 전신(電信)으로 분류될 수 있다. 누구든지 이러한 통신을 통신자의 동의없이 열람하거나 도청하거나 이러한 행위로 지득한 정보를 누설하는 것은 그 침해행위에 해당한다. 종래 전신제도는 국가에 의하여 관리·운영되어 왔으므로 전신에 대한 공권력의 도청이 크게 문제되어 왔으나, 오늘날의 정보화사회에서는 각종 형태의 정보의 무단열람, 탈취(이른바 해킹) 또는 누설 등도 심각한 사회문제가 되고 있다.

4. 제 한

(1) 통신제한조치

㈎ 통신의 비밀의 불가침에 대한 제한은 통신비밀보호법에서 규율된다. 이 법에 의하면 이른바 통신제한조치가 허용되는데 법원의 허가를 통신행위자의 동의에 대한 대상조치(代償措置)로 간주하여 개인 통신에 대한 열람과 청취가 가능하도록 규율하고 있다. 통신제한조치는 ① 범죄수사를 위한 것(제6조)과 ② 국가안보에 대한 위해방지를 위한 것(제7조)으로 대별되는데, 전자의 경우 지방법원의 허가를 요하나 후자의 경우 고등법원 수석부장판사의 허가를 요하도록 규정한다. 다만 국가안보 위해 방지의 경우라고 하여도 외국인이나 외국기관의 통신에 대한 것은 대통령의 승인으로 가능하도록 하고 있는데, 이는 결국 사법기관의 통제 없이 행정부의 임의에 의하여 도청을 할 수 있도록 하는 점에서 적법절차 상으로 심각한 결함을 가진 제도라고 생각한다.[1] 통신제한조치

1) 우리나라의 통신비밀보호법 제7조 제1항은 "대한민국에 적대하는 국가, 반국가활동의 혐의가 있는 외국의 기관·단체와 외국인, 대한민국의 통치권이 사실상 미치지 아니하는 한반도 내의 집단이나 외국에 소재하는 그 산하단체의 구성원의 통신과 군용전기통신법 제2조의 규정에 의한 군용전기통신(작전수행을 위한 전기통신에 한한다)의 경우 서면으로 대통령의 승인을 얻어서 통신제한조치를 할 수 있다."라고 규정한다. 이는 대통령의 대권론(Presidential Prerogative)에 기초한 미국 행

의 기간은 4개월을 한도로 하나, 긴급한 경우에는 사후에 법원의 허가를 받을 수 있도록 하는 이른바 긴급통신제한조치도 허용되고 있는데 역시 적법절차 위반의 문제를 안고 있다.

(나) 통신비밀보호법은 통신제한조치의 기간연장제도를 두면서도(제6조 제7항) 그 총연장기간이나 총연장횟수에 아무런 제한을 두지 아니하였는데, 헌법재판소는 이것이 과잉금지원칙에 위배되어 위헌이라고 판단하였다.[1)]

(2) 서신검열

헌법재판소는 수용시설 관리자의 수용자의 서신에 대한 검열의 헌법적 허용 여부에 관하여 ① 미결수용자의 변호인과의 서신과 ② 그 밖에 변호인 아닌 자의 서신을 구분하여, 전자의 서신의 경우에는 변호인과의 접견교통권이 절대적으로 보장되어야 함을 감안하여 불법적 내용이 기재된 의심이 없는 한 검열하여서는 안 된다고 하는 반면, 후자의 서신의 경우에는 수용시설의 질서유지를 위하여 검열은 허용될 수 있다고 판단한다.[2)]

정부의 전화 등 통신감청에 관한 이론이 우리 국내법에 그대로 반영된 사례라고 할 수 있다. 그러나 전화 등 통신감청의 법제가 사법부의 통제를 배제할 경우 나타날 심각한 인권침해의 문제는 미국의 '테러와 전쟁'에서 줄곧 비밀리에 실시된 부시행정부의 TSP(Terrorist Surveillance Program, 테러리스트 감시계획)를 통하여서도 잘 인식할 수 있다. 대통령의 승인에 의한 전화 등 감청 승인은 남용의 소지가 크므로 특히 전시가 아닌 평시의 입법으로는 배제되어야 마땅하다.

1) 통신제한조치기간의 연장을 허가함에 있어 총연장기간 또는 총연장횟수의 제한을 두고 그 최소한의 연장기간 동안 범죄혐의를 입증하지 못하는 경우 통신제한조치를 중단하게 한다고 하여도, 여전히 통신제한조치를 해야 할 필요가 있으면 법원에 새로운 통신제한조치의 허가를 청구할 수 있으므로 이로써 수사목적을 달성하는데 충분하다. 또한 법원이 실제 통신제한조치의 기간연장절차의 남용을 통제하는데 한계가 있는 이상 통신제한조치 기간연장에 사법적 통제절차가 있다는 사정만으로는 그 남용으로 인하여 개인의 통신의 비밀이 과도하게 제한되는 것을 막을 수 없다. 그럼에도 통신제한조치기간을 연장함에 있어 법운용자의 남용을 막을 수 있는 최소한의 한계를 설정하지 않은 이 사건 법률조항은 침해의 최소성원칙에 위반한다. 나아가 통신제한조치가 내려진 피의자나 피내사자는 자신이 감청을 당하고 있다는 사실을 모르는 기본권제한의 특성상 방어권을 행사하기 어려운 상태에 있으므로 통신제한조치기간의 연장을 허가함에 있어 총연장기간 또는 총연장횟수의 제한이 없을 경우 수사와 전혀 관계없는 개인의 내밀한 사생활의 비밀이 침해당할 우려도 심히 크기 때문에 기본권 제한의 법익균형성 요건도 갖추지 못하였다. 따라서 이 사건 법률조항은 헌법에 위반된다. 헌재 2010. 12. 28. 2009헌가30, 판례집 22-2하, 545면. 통신제한조치 기간연장 무제한 위헌결정.

2) 증거인멸이나 도망을 예방하고 교도소 내의 질서를 유지하여 미결구금제도(未決拘禁制度)를 실효성 있게 운영하고 일반사회의 불안을 방지하기 위하여 미결수용자(未決收容者)의 서신에 대한 검열은 그 필요성이 인정된다고 할 것이고, 이로 인하여 미결수용자의 통신의 비밀이 일부제한되는 것은 질서유지 또는 공공복리라는 정당한 목적을 위하여 불가피할 뿐만 아니라 유효적절한 방법에 의한 최소한의 제한으로서 헌법에 위반된다고 할 수 없다. … 헌법 제12조 제4항 본문은 신체구속을 당한 사람에 대하여 변호인의 조력을 받을 권리를 규정하고 있는바, 이를 위하여서는 신체구속을 당한 사람에게 변호인과 사이의 충분한 접견교통을 허용함은 물론 교통내용에 대하여 비밀이 보장되고 부당한 간섭이 없어야 하는 것이며, 이러한 취지는 접견의 경우뿐만 아니라 변호인

Ⅲ. 주거의 자유와 불가침

1. 의 의

헌법 제16조는 모든 국민은 주거의 자유를 침해받지 아니한다. 주거에 대한 압수나 수색을 할 때에는 검사의 신청에 의하여 법관이 발부한 영장을 제시하여야 한다'고 규정하여 주거의 자유와 불가침 및 주거 압수·수색의 영장주의를 천명하고 있다. 헌법이 이와 같이 주거의 자유와 불가침을 보장하는 것은 '사생활의 장소적 근거'를 특별히 보호하는 의미를 가진다.

2. 내 용

여기서 보호되는 주거는 인간의 기거(寄居)를 위한 장소를 의미한다. 주택이 해당할 것임은 물론이나 사무실 등 그 밖의 건조물도 기거의 용도로 폐쇄된 공간으로 활용하고 있는 한 주거가 될 수 있다. 주거는 그 거주자의 사생활이 영위되는 공간이므로 여기에 국가의 간섭이나 침입은 배제되어야 한다. 또 주거의 불가침이라고 함은 거주자의 의사에 반하여 타인이 그 주거에 출입할 수 없음을 말한다.

3. 주거에 대한 압수·수색의 영장주의

그러나 범죄 수사 등 공익의 유지를 위하여 공권력이 개인의 주거에 개입할 필요가 있을 수 있으며, 헌법은 이를 위하여 거주자의 동의에 대한 일종의 대상조치(代償措置)로서 법관의 영장을 요하도록 하는 영장주의(令狀主義)를 도입하고 있다. 주거의 압수·수색에 있어서는 법관의 영장을 발부받아 이를 제

과 미결수용자 사이의 서신에도 적용되어 그 비밀이 보장되어야 할 것이다. 다만 미결수용자와 변호인 사이의 서신으로서 그 비밀을 보장받기 위하여는, 교도소측에서 상대방이 변호인이라는 사실을 확인할 수 있어야 하고, 서신을 통하여 마약 등 소지금지품의 반입을 도모한다든가 그 내용에 도주·증거인멸·수용시설의 규율과 질서의 파괴·기타 형벌법령에 저촉되는 내용이 기재되어 있다고 의심할 만한 합리적인 이유가 있는 경우가 아니어야 한다. 헌재 1995. 7. 21. 92헌마144, 판례집 7-2, 94, 95면. 변호인 서신검열 위헌결정.

시하여야 하도록 하는 것이 그것인데, 다만 이러한 영장주의에 대한 예외로서 긴급 압수·수색제도가 형사소송법상 인정되고 있다.[1] 주거의 불가침에 관하여 이러한 영장주의에 대한 예외의 제도를 허용하는 헌법규정은 별도로 없으나, 헌법 제12조 제3항 단서에서 압수·수색의 영장주의에 대한 예외를 허용하고 있으므로 이를 적용할 수 있다.[2]

Ⅳ. 거주·이전의 자유

1. 의 의

거주·이전의 자유는 국민의 인격의 발현과 행복추구권의 실현을 위하여 필수적으로 보장되어야 할 기본권이다. 이러한 보장에 의하여 국민은 자신의 임시적인 거소와 영속적인 주소를 자유롭게 정하고 임의로 변경할 수 있게 된다.

2. 주체와 법적 성격

거주·이전의 자유의 주체는 우리 국민이며 외국인은 여기에 포함되지 않는다. 외국인의 입국의 허가 여부는 국가의 주권사항에 속하며 외국인에게 우리나라의 영토 내로 들어와 거주할 자유는 헌법에 의하여 보장되지 않기 때문이다. 다만 일단 입국이 허용된 외국인에게 출국의 자유는 인정된다고 보는 것이 일반적 견해이다.

거주·이전의 자유는 주거를 결정하고 이를 변경함에 있어서 국가의 간섭과 개입을 배제하는 것을 내용으로 하므로 자유권적 기본권에 속하며 이에 따

1) 형사소송법 제216조 ③ 범행중 또는 범행직후의 범죄 장소에서 긴급을 요하여 법원판사의 영장을 받을 수 없는 때에는 영장없이 압수, 수색 또는 검증을 할 수 있다. 이 경우에는 사후에 지체없이 영장을 받아야 한다.

2) 헌법 제12조 제3항과는 달리 헌법 제16조 후문은 "주거에 대한 압수나 수색을 할 때에는 검사의 신청에 의하여 법관이 발부한 영장을 제시하여야 한다."라고 규정하고 있을 뿐 영장주의에 대한 예외를 명문화하고 있지 않다. 그러나 헌법 제12조 제3항과 헌법 제16조의 관계, 주거 공간에 대한 긴급한 압수·수색의 필요성, 주거의 자유와 관련하여 영장주의를 선언하고 있는 헌법 제16조의 취지 등을 종합하면, 헌법 제16조의 영장주의에 대해서도 그 예외를 인정하되, 이는 ① 그 장소에 범죄혐의 등을 입증할 자료나 피의자가 존재할 개연성이 소명되고, ② 사전에 영장을 발부받기 어려운 긴급한 사정이 있는 경우에만 제한적으로 허용될 수 있다고 보는 것이 타당하다. 헌재 2018. 4. 26. 2015헌바370 등, 판례집 30-1상, 563, 564면.

른 헌법심사원칙이 적용된다.

3. 내 용

거주·이전의 자유는 먼저 ① 국내지역의 거주·이전의 자유를 기본으로 한다. 북한지역도 헌법이론상 국내지역이며 따라서 거주·이전의 자유의 대상지가 될 것이나 국가보안법 등 법률상의 제한을 받고 있다.[1] 그러나 거주·이전의 대상지는 반드시 국내지역으로 한정되지 않으므로 외국으로의 ② 출국의 자유와 ③ 외국에서의 여행의 자유 및 외국으로부터 국내로의 ④ 입국의 자유도 인정된다. 나아가 거주·이전의 자유에 근거하여 ⑤ 해외이주의 자유 및 국적이탈의 자유도 인정된다.

4. 제 한

거주·이전의 자유도 헌법 제37조 제2항에 따라 국가안전보장·질서유지·공공복리를 위하여 법률로서 제한할 수 있으며 이 경우 과잉금지의 원칙이 적용된다. 예컨대 국가보안법상 북한은 반국가단체로 해석되고 있으므로 북한지역에의 거주·이전의 자유는 국가안전보장을 위하여 법률에 의하여 제한되는 경우에 해당한다. 그러나 무국적의 자유는 인정되지 않고, 탈세나 병역 기피 목적의 국적이탈도 국가안전보장 등 공익 목적에 반하므로 제한될 수 있다.[2]

---

1) 국가보안법 제6조(잠입·탈출) ① 국가의 존립·안전이나 자유민주적 기본질서를 위태롭게 한다는 정을 알면서 반국가단체의 지배하에 있는 지역으로부터 잠입하거나 그 지역으로 탈출한 자는 10년 이하의 징역에 처한다.

2) 국적법 제12조 제1항 본문 등 심판대상조항에 의하면 (만18세 이전 복수국적자로서 대한민국 국민인 남성은) 병역준비역에 포함되는 만 18세가 되는 해로부터 3개월 이내까지 원칙적으로 어느 하나의 국적을 선택할 의무가 있고, 이 기간이 지나면 병역의무가 해소되기 전에는 국적이탈 신고를 할 수 없다.
동 법률조항의 입법목적은 병역준비역에 편입된 사람이 병역의무를 면탈하기 위한 수단으로 국적을 이탈하는 것을 제한하여 병역의무 이행의 공평을 확보하려는 것이다.
그러나 복수국적자의 주된 생활근거지나 대한민국에서의 체류 또는 거주 경험 등 구체적 사정에 따라서는 사회통념상 심판대상 법률조항이 정하는 기간 내에 국적이탈 신고를 할 것으로 기대하기 어려운 사유가 인정될 여지가 있다. 주무관청이 구체적 심사를 통하여, 주된 생활근거를 국내에 두고 상당한 기간 대한민국 국적자로서의 혜택을 누리다가 병역의무를 이행하여야 할 시기에 근접하여 국적을 이탈하려는 복수국적자를 배제하고 병역의무 이행의 공평성이 훼손되지 않는다고 볼 수 있는 경우에만 예외적으로 국적선택 기간이 경과한 후에도 국적이탈을 허가하는 방식으로 제도를 운용한다면, 병역의무 이행의 공평성이 훼손될 수 있다는 우려는 불식될 수 있다. 병역준비역에 편입된 복수국적자의 국적선택 기간이 지났다고 하더라도, 그 기간 내에 국적이탈 신고

제3항 양심의 자유

1. 헌법적 개념으로서의 양심

헌법 제19조는 '모든 국민은 양심의 자유를 가진다'고 규정한다. 최초로 양심의 자유를 규정한 버지니아 권리장전은 양심의 자유를 신앙의 자유와 같이 규정하였다. 이처럼 근대헌법의 발전 단계에서 양심의 자유는 종교의 자유를 확보하기 위한 투쟁과정에서 보장되게 되었지만, 우리 헌법이 보호하는 양심에는 종교적 신앙뿐만 아니라 도덕적 판단을 인식하는 도덕적 윤리까지 포함된다. 더 나아가 인간과 사회에 대한 사상체계, 예컨대 개인주의 사상, 사회주의 사상, 국가주의 사상, 심지어 나치즘이나 인종우월적 사상 또한 하나의 인생관 혹은 세계관이므로 여기서의 양심에 해당하여 내심에 머무르는 한 헌법적 보호를 받는다. 일반적으로 양심이라는 말보다는 사상이 더 폭넓은 개념이지만 헌법상 양심의 자유에서 말하는 양심은 사상까지 포함한 개념으로 본다. 법률적 견해나 이론 주장은 원칙적으로 전문적 사항에 대한 개인적 의견일 뿐으로서 양심에 포함될 수 없지만 그것도 하나의 사상체계가 되면 양심의 자유의 문제가 될 수 있다.

2. 법적 성격

양심의 자유는 헌법이 보장하는 정신적 자유의 핵심사항으로서 자유권적 기본권에 속한다. 자유권적 기본권은 공익의 보호를 위하여 법률로 제한할 수 있는 상대적 기본권임이 원칙이나 양심의 내면적 측면은 규제가 불가능하며(내면적 무제약성), 그러한 한도에서 절대적 권리라는 점이 양심의 자유의 현저한 법적 특성이다. "사상에는 조세를 부과할 수 없다(Gedanken sind zollfrei)"는

를 하지 못한 데에 대하여 사회통념상 그에게 책임을 묻기 어려운 사정 즉, 정당한 사유가 존재하고, 병역의무 이행의 공평성 확보라는 입법목적을 훼손하지 않음이 객관적으로 인정되는 경우라면, 병역준비역에 편입된 복수국적자에게 국적선택 기간이 경과하였다고 하여 일률적으로 국적이탈을 할 수 없다고 할 것이 아니라, 예외적으로 국적이탈을 허가하는 방안을 마련할 여지가 있다. … 심판대상 법률조항은 과잉금지원칙에 위배되어 청구인의 국적이탈의 자유를 침해한다.
2020. 9. 24. 2016헌마889, 판례집 32권 2집 280-302면, 병역준비역 편입 복수국적자의 국적이탈 제한 위헌결정.

법언과 같이 인간의 내면적 양심의 유지는 본질적으로 개인의 의지에 달린 것이며 인간이 만든 세속적 제도에 의하여 침해될 수 없기 때문이다.

3. 내 용

헌법 제19조의 양심의 자유는 크게 양심형성의 내부영역과 형성된 양심을 실현하는 외부영역으로 나누어 볼 수 있으므로, 그 구체적인 보장내용에 있어서도 내심의 자유인 '양심형성의 자유'와 양심적 결정을 외부로 표현하고 실현하는 '양심실현의 자유'로 구분된다.

(1) 양심형성의 자유

(개) 의 의

양심의 자유는 외부로부터의 부당한 간섭이나 강제를 받지 않고 개인의 내심영역에서 양심을 형성하고 양심상의 결정을 내리는 양심형성의 자유가 인정되는 데에서 출발한다. 양심형성의 자유는 양심의 자유의 가장 기초가 되는 내용이다.

(내) 절대적 자유성의 의미와 한계

개인의 내면에 형성된 양심은 그것이 인간의 내심에 머무르는 한 절대적으로 보호된다. 따라서 각 개인은 자신이 경험하고 사고한 바에 따라 자신의 사상적 신조나 신앙을 내면적으로 임의로 형성할 수 있고, 공권력은 이러한 개인의 내면적 과정에 개입하려고 하여서는 안 된다. 개인의 내면적 양심은 외부의 간섭이 아무리 혹독하더라도 종국적으로는 개인의 의지에 의하여 스스로 결정되는 것이기 때문에 외부적 간섭이 인간의 내심을 완전히 지배할 수는 없으며 이러한 의미에서 내면적 양심형성이 절대적 자유라고 하는 것은 논리적으로 당연한 귀결이기도 하다. 국가의 규제는 외부로 표출되는 개인의 언동을 대상으로 할 수밖에 없으므로 인간의 내심의 영역을 벗어난 것에 대한 제한이 될 뿐이어서 양심형성의 자유를 건드리는 것이 될 수 없으나, 일정한 사상이나 신앙을 가진 자에 대하여 그 사상이나 신조를 가진다는 점 자체를 이유로 하여 기본권을 제한한다면 이는 절대적 자유인 내면적 양심의 자유를 침해하는 것이 된다.

(2) 양심실현의 자유

㈎ 표현의 자유로서의 상대적 자유

양심실현의 자유는 형성된 양심을 외부로 표명하고 양심에 따라 삶을 형성할 자유이다. 양심의 형성은 인간의 내면적 정신세계에 머무르는 현상이므로 양심형성의 자유는 절대적 자유의 의미를 가지지만, 양심의 외부적 실현은 내면에 형성된 양심을 외부적으로 표현하기 위한 행동의 의미를 가지므로 양심실현의 자유는 공익과의 충돌과정에서 제한될 수 있는 상대적 자유의 성격을 가진다.[1] 이는 결국 표현의 자유의 보호 문제가 되므로 표현의 자유 제한의 헌법원칙들이 여기에 적용된다.

㈏ 분 류

개인이 내심적으로 형성한 양심은 크게 두 가지 방법으로 외부적으로 실현될 수 있다. 타인과의 의사소통에 의한 것과 행동으로 실천함에 의한 것이 그것이다.

타인과의 의사소통, 즉 언어에 의한 양심 실현의 자유는 내면적 양심을 외부로 적극적으로 표명할 자유와 양심의 표명을 강요받지 아니할 자유로 나누어 볼 수 있다. 전자는 양심표명을 위한 적극적 자유이고, 후자는 양심을 외부적으로 표명하지 아니하기 위한 소극적 자유로서 침묵의 자유라고 할 수 있다.

행동에 의한 양심실천의 자유는 양심에 따른 행동을 할 자유와 양심에 반하는 행동을 강요받지 아니할 자유를 포함한다.[2] 전자는 양심실천을 위한 적극적 자유이고 후자는 그 소극적 자유라고 할 수 있다.

(a) 양심표명의 자유

각 개인이 내면적으로 형성한 양심을 외부로 표명하는 자유는 곧 표현의 자유에 해당한다. 따라서 여기에는 표현의 자유의 보장과 제한에 관한 모든 법리가 적용된다. 일반적으로 언론·출판의 자유를 위시한 표현의 자유는 정신적 자유의 범주에 속하고 민주정치의 실현의 전제가 되는 중핵적 기본권으로서 다른 기본권에 비하여 우월적 지위를 가지고 엄격한 제한원리를 적용하

---

1) 헌재 1998. 7. 16. 96헌바35, 판례집 10-2, 159, 166면 참조.

2) 양심의 자유는 구체적으로는 양심을 표명할 적극적 자유와 양심을 표명하도록 강요받지 아니할 자유(침묵의 자유), 양심에 반하는 행동을 강요받지 아니할 자유(부작위에 의한 양심실현의 자유), 양심에 따른 행동을 할 자유(작위에 의한 양심실현의 자유)를 모두 포함한다. 헌재 2004. 8. 26. 2002헌가1, 판례집 16-2상, 141, 151-152면. 양심적 병역거부 사건 결정.

는 등 강력한 헌법적 보호를 받는다.

(b) 침묵의 자유

자신의 양심을 소극적으로 표현하지 아니할 자유도 보호되어야 한다. 이러한 침묵의 자유는 양심표명의 자유의 소극적 측면이기는 하나 거의 절대적으로 보호되는 자유라고 보아야 한다. 만약 국가가 개인에게 문제된 영역에서 그 신조가 무엇인지를 물었을 때 대답이 강제된다면 그 내심의 생각을 억지로 끌어내는 것이 되고 이는 절대적으로 보호되어야 할 내심의 자유영역을 침해하는 것이 되기 때문이다.

따라서 소위 양심추지(良心推知) 행위는 헌법적으로 허용될 수 없다. 논리적으로 볼 때 인간의 내면에 속한 양심은 스스로 그 신념이 흔들리지 아니하는 한 강압과 유혹 등 어떠한 강도의 외부적 압력에 의하여 강제로 침해될 소지가 없다고 할 수 있다. 그러나 국가에서 일정한 사상의 전파를 꺼려하여 인민들의 내심에 들어 있는 사상이 어떠한지 알아내기 위하여 공권력이 일정한 방법으로 양심의 추지를 시도하는 사례가 역사적으로 있어 왔다. 조선시대 말기에 관리들이 천주교도를 박해하기 위하여 누가 그 신자인지 여부를 알아내는 방법으로 공공장소에서 십자가를 놓고 밟고 들어오도록 하는 방법을 썼던 것도 그 사례가 된다. 이러한 양심의 추지(推知)는 개인이 국가나 사회 등 외부세계에 대하여 아무런 양심의 표출행위를 하지 않았음에도 불구하고 인간의 내심의 영역으로 들어가 어떤 생각이 있는지를 알아내고자 하는 행위로서 인간의 내면에 머무는 양심은 절대적으로 보호되어야 하는 헌법적 요청에 반하므로 언제나 헌법위반이 된다.

4. 관련 문제

(1) 충성서약의 문제

(가) 일반적 준법서약

(a) 양심추지 행위와 국법질서에 대한 충성서약(loyalty oath)의 문제는 구분되어야 한다. 일반적으로 국민에게 국법질서의 존중을 서약하게 하는 것은 그 개인의 양심을 추지하고자 하는 행위가 되지 않는다. 구체적 내용을 가진 개개의 법률의 내용이 아니라 전체으로서의 국법질서를 준수하는 점에 대한

포괄적 서약은 국민의 헌법적 의무를 확인하는 것에 불과하며 이러한 서약으로 인하여 각 개인이 장래에 있어서 일정한 방식의 사고(思考)를 하여야만 하도록 제약하는 것은 아니므로 양심의 자유를 건드리는 것은 아니기 때문이다. 이른바 준법서약제에 의하여 기결수에게 가석방의 혜택을 부여하는 전제조건으로서 국법질서의 존중 서약을 요구하는 것이 양심의 자유의 침해가 될 수 없는 것은 그 때문이다.1)

(b) 헌법재판소의 준법서약제 합헌결정은 미국연방대법원의 판례입장과 궤를 같이 한 판단이다. 연방대법원은 Cole v. Richardson 판결2)에서 단순히 국가의 헌법을 지지하는(support) 내용의 서약을 요구하는 조항의 합헌성을 인정하였다. 이러한 '헌법준수 충성서약' 조항은 정치적 견해나 이념과 관계없이 단순히 미국체제의 헌법적 절차에 따라 생활할 것을 서약받는 것일 뿐이고 동 서약을 통하여 특별히 구체적이고 적극적인 행동의무를 부과하는 것은 아니므로 수정헌법 제1조에 위반하지 않는다고 판단하였다. 그리고 이러한 가치중립적 '헌법준수(abide by the constitution)'의 충성서약은 반드시 문언 그대로의 직설적 표현을 사용하지 않고 문맥의 차이를 가져올 수도 있고, 예컨대 '헌법을 옹호한다(uphold)' 내지 '헌법을 방어한다(defend)'고 하든지 '무력이나 폭력 기타 불법적 위헌적 방법으로 미국정부를 전복함에 반대한다'고 하든지 하는 것도

1) 헌재 2002. 4. 25. 98헌마425, 준법서약제 사건 결정은 다음과 같이 설시한다.
① 내용상 단순히 국법질서나 헌법체제를 준수하겠다는 취지의 서약을 할 것을 요구하는 이 사건 준법서약은 국민이 부담하는 일반적 의무를 장래를 향하여 확인하는 것에 불과하며, 어떠한 가정적 혹은 실제적 상황하에서 특정의 사유(思惟)를 하거나 특별한 행동을 할 것을 새로이 요구하는 것이 아니다. 따라서 이 사건 준법서약은 어떤 구체적이거나 적극적인 내용을 담지 않은 채 단순한 헌법적 의무의 확인·서약에 불과하다 할 것이어서 양심의 영역을 건드리는 것이 아니다.
② 양심의 자유는 내심에서 우러나오는 윤리적 확신과 이에 반하는 외부적 법질서의 요구가 서로 회피할 수 없는 상태로 충돌할 때에만 침해될 수 있다. 그러므로 당해 실정법이 특정의 행위를 금지하거나 명령하는 것이 아니라 단지 특별한 혜택을 부여하거나 권고 내지 허용하고 있는 데에 불과하다면, 수범자는 수혜를 스스로 포기하거나 권고를 거부함으로써 법질서와 충돌하지 아니한 채 자신의 양심을 유지, 보존할 수 있으므로 양심의 자유에 대한 침해가 된다 할 수 없다.
③ 가석방심사등에관한규칙 제14조에 의하여 준법서약서의 제출이 반드시 법적으로 강제되어 있는 것이 아니다. 당해 수형자는 가석방심사위원회의 판단에 따라 준법서약서의 제출을 요구받았다고 하더라도 자신의 의사에 의하여 준법서약서의 제출을 거부할 수 있다. 또한 가석방은 행형기관의 교정정책 혹은 형사정책적 판단에 따라 수형자에게 주는 은혜적 조치일 뿐이고 수형자에게 주어지는 권리가 아니어서, 준법서약서의 제출을 거부하는 당해 수형자는 결국 위 규칙조항에 의하여 가석방의 혜택을 받을 수 없게 될 것이지만, 단지 그것뿐이며 더 이상 법적 지위가 불안해지거나 법적 상태가 악화되지 아니한다.
④ 이와 같이 위 규칙조항은 내용상 당해 수형자에게 하등의 법적 의무를 부과하는 것이 아니며 이행강제나 처벌 또는 법적 불이익의 부과 등 방법에 의하여 준법서약을 강제하고 있는 것이 아니므로 당해 수형자의 양심의 자유를 침해하는 것이 아니다.

2) Cole v. Richardson, 405 U.S. 676(1972).

위의 헌법준수의 내용과 아무런 차이가 없으며 그 내용도 명확한 것으로 역시 합헌이라고 판시하고 있다. 그리고 이와 같이 헌법준수의 서약이 합헌인 이유로서, "누구든지 무력이나 폭력 기타 불법적 위헌적 방법으로 미국정부를 전복할 헌법적으로 보장된 권리가 없기 때문에 장래를 향하여 미국의 헌법적 체제를 준수한다는 서약에 의하여는 어떠한 헌법적 권리도 침해될 수 없나[1]"는 점을 들고 있으며, 따라서 헌법준수의 충성서약을 거부한 자에 대하여는 청문(hearing) 등 사실관계 조사를 위한 절차적 기회를 부여할 하등의 필요가 없으며 적법절차를 위반한 것도 아니라고 판시하고 있다. 나아가 연방대법원은 선서를 받는 행위의 합헌성 여부를 판단함에 있어서 그 기준은 '선서를 받는 것 자체에 의하여 특정한 개인들을 해할 수 있는가'의 여부에 둔다고 하고 있다. 선서를 받는 것 자체는 단순히 형식적 의례적 절차(amenity)에 불과하여, 선서내용에 의하여 선서행위자의 과거의 행적이 문제되고 처벌의 위험성이 발생하여 그 지위를 불안하게 하는 등 특정한 개인들을 해할 수 있는 경우가 아니라면 이러한 충성서약은 양심이나 신념에 대한 침해가 될 수 없다고 하였다.[2]

㈏ 범죄행위자의 반성을 내용으로 하는 서약

공권력 담당자가 일정한 구체적인 내용의 서약을 요구한다고 하더라도 그 내용이 단지 통상적인 법질서의 준수에 관계될 뿐 개인의 사상적 신조에 전혀 무관한 것인 경우에도 이러한 서약은 양심의 자유를 침해하는 것이 되지 않는다. 따라서 검사가 가벼운 범법행위를 범한 자를 기소유예 처분함에 있어서 종래 범죄사실을 반성하고 재범을 하지 않겠다는 서약을 요구하는 것은 양심의 자유를 침해하는 것이 아니다.

㈐ 공무원의 국가에 대한 충성서약

공무원으로 취임함에 있어서 국가에 대한 충성서약을 하도록 강제하는 것 또한 내심의 양심 영역을 건드리는 것이 아니다. 공무원은 본질상 국가에 대한 충성을 전제로 하여 복무하여야 하며 이는 공무원에 대한 헌법상 요구이기도 하다. 만약 이러한 서약을 하기를 거부한다면 공무원으로 복무하지 않으면

---

1) Since there is no constitutionally protected right to overthrow a government by force, violence, or illegal or unconstitutional means, no constitutional right is infringed by an oath to abide by the constitutional system in the future.

2) 405 U.S. pp. 685-687.

될 것이며 이러한 사양에 대한 어떠한 법적 제약도 없으므로 공무원의 국가충성서약은 헌법위반이 되지 않는다.

(2) 양심적 집총거부의 문제

(가) 제한이 가능한 상대적 자유

종교적 신념에서 집총(執銃)을 거부하고 병역법에 따른 징집에 응하지 않는 경우에 개인의 종교의 자유를 우선하여 보호하여야 할 것인지 아니면 국방의 의무를 우선하여야 할 것인지 여부는 오랜 기간 논쟁이 계속된 헌법적 쟁점이다. 여기서 집총거부자는 종교의 자유보다는 일반적인 양심의 자유의 보호에 의존한다. 종교적 교리에 의한 것이든 개인적 윤리관에 의한 것이든 타인을 살상할 수 있는 무기를 사용하는 것이 인간으로서의 양심상 허용되지 않는다고 주장하기 때문이다.

판단컨대 인간의 내면에 머무르는 양심은 절대적으로 보호되어야 하지만, 양심이 외부로 표출되어 어떠한 형태로든 사회적 영향을 미칠 경우에는 기본권 제한의 헌법원칙에 따른다고 보아야 할 것이다. 그런데 개인의 양심에 따라 병역소집에 응하지 아니하는 행동을 할 자유는 이미 인간의 내면적 영역을 떠나고 있으므로 법률에 의한 제한이 가능한 상대적 자유라고 보아야 할 것이다.

(나) 비례의 원칙의 적용 가부

(a) 헌법적 의무로서의 국방의무

양심적 집총거부의 자유가 상대적 자유로서 법률에 의한 제한이 가능하다고 한다면 그 제한의 헌법적 정당성을 심사함에 있어서 과잉금지의 원칙 내지 비례의 원칙을 적용하여야 하는지 여부가 문제된다. 일반적으로는 공익을 유지하기 위하여 양심에 따라 일정한 행위를 하지 아니할 자유를 제한하는 데 있어서는 헌법 제37조 제2항 소정의 기본권 제한원칙에 따라야만 하고 또한 과잉금지의 원칙 내지 비례의 원칙이 적용되어야 할 것이다. 그러나 양심적 집총거부에 있어서는 그 대립된 법익은 단순히 국가안전보장이라는 공익으로서의 의미만을 가지는 것이 아니라 나아가 국민의 국방의 의무준수라고 하는 헌법적 의무의 성격을 가지고 있다. 단지 국가안전보장의 공익유지를 위하여 양심에 따라 행동할 자유를 제한하는 것이라면 여기에는 기본권의 최대보장을 위하여 비례의 원칙이 적용되어야 할 것이다. 그러나 국민의 국방의 의무준수를 요구하면서 양심에 따라 행동할 자유를 제한하는 것이라면 헌법적 권리와 헌법적 의무의 충돌문제로서 판단의 기준 자체가 달라져야만 한다.

(b) 헌법적 권리와 헌법적 의무의 비교형량

입헌주의 헌법은 국가 이전의 자연 상태에서 인간은 자유로운 존재이지만 개인은 서로 다툴 수 있고 외부세력의 위협에 취약하므로 그 안전을 확보하기 위하여 국가를 창설하였다는 것을 전제로 한다. 여기서 개인은 국가로부터 기본권의 보호를 받는 대신 국가를 유지하여줄 의무를 부담한다. 납세의 의무와 외적 침입시에 국가를 방어하여줄 의무, 즉 국방의 의무가 그것이다. 국가와 개인이 주고받는 이러한 권리와 의무는 상호 상대방이 그 의무를 다하지 않으면 권리를 보장하여 줄 수 없는 관계에 있다고 볼 것이고 이는 마치 사법적 계약에서 동시이행의 관계에 있는 쌍방의 권리의무와 유사하다고 할 것이다. 따라서 이러한 헌법상의 의무인 국방의 의무의 준수와 국방의 의무를 부담하는 개인의 기본권 보장의 관계는 기본권의 공익에 대한 최대보장원리로 기능하는 비례의 원칙에 의하여 합헌성 여부를 판단하기에 부적합하다. 여기서는 양 법익이 상호 대등관계에서 교량되어야 하며 따라서 집총을 강제함으로써 야기되는 양심의 침해의 정도와 국방의 의무의 준수를 통하여 실현되는 국가적 이익의 비교교량에 의하여 헌법적 정당성 여부가 결정되어야 마땅하다.

(다) 헌법재판소 결정 논지에 대한 분석

(a) 2004년의 1차 합헌결정

헌법재판소는 양심적 집총거부 사건에서 그 합헌성 판단기준으로 비례의 원칙을 적용할 수 없다고 판단하였다. 이러한 결론은 정당하였다고 할 것이나, 그 이유는 납득하기 어렵다.

판례에 의하면, 양심의 실현에 있어서는 타협이 불가능한데 헌법 제37조 제2항에 의거한 과잉금지의 원칙 내지 비례의 원칙은 일종의 타협원리이기 때문에 여기에 적용할 수 없다는 것이다. 특히 비례의 원칙의 중핵이 되는 피해의 최소성 원칙은 공익을 유지하는 범위 내에서 최소한 침해가 되도록 타협하자는 것을 핵심으로 하는 원리이다. 그러나 양심적 집총거부의 문제에서는 개인적 양심이 완전히 충족되든지 아니면 집총을 하든지 선택하여야 하며 결국 양심이 침해되든지 유지되든지 둘 중의 하나밖에 없고 타협점을 찾을 수는 없다는 것이다. 따라서 타협의 원리인 비례의 원칙은 여기에 적용되지 않는다고 하면서, 입법자의 광범위한 입법재량을 근거로 명백성 통제의 관점에서 판단하고 있다. 이러한 판단 기준에 의하여 북한의 위협, 동북아의 정세, 대체복무를 통하여 야기되는 사회적 문제 등을 고려할 때 입법자의 판단은 존중되어야 하며 여기에 명백한 잘못이 없으므로 위헌이 아니라는 것이다.

그러나 양심의 실현에는 타협이 불가능하므로 타협원리인 비례의 원칙을 적용할 수 없다면 비례의 원칙보다 더 엄격한 헌법원칙에 의하여 양심적 집총거부의 자유의 제한을 심사하여야 논리적으로 일관된다고 생각한다. 양심 실현의 중요성에 비추어 비례의 원칙을 적용할 수 없다고 판단하면서 심사강도가 떨어지는 비교형량에 의하는 것은 논리가 전도된 느낌이 있다.

판단건대 양심을 이유로 한 집총거부행위에 대한 법적 규제는 공익에 의한 기본권 제한 문제보다 한 차원 더 상위에 있는 헌법문제라고 할 것이고, 여기서는 국가를 유지하기 위하여 국방의 의무를 다하여야 할 국가구성원으로서의 헌법적 의무와 그 국민의 기본권이 충돌하고 있는 문제로 파악하는 것이 적절한 이론구성이다. 이를 근거로 하면 헌법 제37조 제2항에 의거한 비례의 원칙에 의한 판단이 아니라 헌법적 의무와 헌법적 권리의 비교교량에 의한 판단에 의하여야 하는 것이 된다. 이러한 논지는 위 판결의 다수의견을 보충하는 별개의견에서 나타나고 있는데 논리적 측면에서 가장 타당한 견해이다.[1]

(b) 2011년의 2차 합헌결정

헌법재판소는 2011. 8. 30.의 2차 결정에서 2004년의 1차 결정의 합헌결론을 유지하였으나 합헌의 법리를 수정하였다. 새 결정의 논지에 의하면 양심적 병역거부를 국방의 의무와 양심의 자유의 충돌문제로 파악하면서도 여기에는

---

1) 재판관 이상경의 별개의견: 헌법 제39조 제1항은 기본권 제한을 명시함으로써 기본권보다 국방력의 유지라는 헌법적 가치를 우위에 놓았다고 볼 수 있고 입법자는 국방력의 유지를 위하여 매우 광범위한 입법재량을 가지고 있으므로, 헌법 제37조 제2항 및 과잉금지원칙이라는 심사기준은 적용될 수 없다. 따라서 이 사건 법률조항이 위헌이라고 판단되기 위해서는 입법자의 입법권한 행사가 정의의 수인한계를 넘어서거나 자의적으로 이루어져 입법재량의 한계를 넘어섰다는 점이 밝혀져야 한다. 양심을 이유로 한 병역거부자의 양심이라는 것 자체가 일관성 및 보편성을 결한 이율배반적인 희망사항에 불과한 것이어서 헌법의 보호대상인 양심에 포함될 수 있는지 자체가 문제될 수 있고 적어도 이를 우리 공동체를 규율하는 정의의 한 규준으로 수용하기 어렵다 할 것이므로 양심을 이유로 한 병역거부자에 대한 형벌의 부과가 정의의 외형적 한계를 넘어섰다고 볼 수 없다. 또한 병역의무의 불이행에 대한 제재가 완화되어도 필요한 국방력이 유지될 수 있는지 여부 등 미래의 상황에 대한 전망이 불투명한 상태이므로 양심적 병역거부자에 대한 형벌이 자의적 입법이라고 할 수 없다. 헌재 2004. 8. 26. 2002헌가1, 판례집 16-2상, 141, 145-146면.

역시 헌법 제37조 제2항의 비례의 원칙이 적용된다는 것이다. 또한 비례의 원칙을 적용하여 볼 때에도 대체복무를 허용하지 아니하면서 오직 집총을 강요하는 병역의무의 부과가 최소침해성이나 법익균형성의 기준에 위반하지 아니한다고 하였다.[1)]

(c) 2018년의 헌법불합치결정

그러나 헌법재판소는 2018. 6. 28. 대체복무제를 도입하지 아니한 병역법상의 병역종류조항이 과잉금지의 원칙에 위반한다는 이유로 헌법불합치결정을 하였다. 이는 양심적 병역거부자에 대하여 대체복무제를 허용하지 아니한 채 적용하는 병역법 처벌조항이 비례의 원칙에 어긋나지 아니한다고 한 2011년의 결정의 취지에 내용상으로는 상반하는 것으로 선례를 변경하는 의미를 가지나, 형식상으로는 동 처벌조항은 합헌이지만 그 해석의 전제가 되는 병역종류조항이 양심적 병역거부자를 위한 대체복무제를 도입하지 아니한 점이 불완전·불충분한 부진정 입법부작위에 해당한다고 하여 헌법불합치를 선고하였다.[2)]

1) 병역의무와 관련하여 대체복무제를 도입할 것인지의 문제는 결국 '대체복무제를 허용하더라도 국가안보라는 중대한 공익의 달성에 아무런 지장이 없는지 여부'에 대한 판단의 문제로 귀결되는바, 남북이 대치하고 있는 우리나라의 특유한 안보상황, 대체복무제 도입 시 발생할 병력자원의 손실 문제, 병역거부가 진정한 양심에 의한 것인지 여부에 대한 심사의 곤란성, 사회적 여론이 비판적인 상태에서 대체복무제를 도입하는 경우 사회 통합을 저해하여 국가 전체의 역량에 심각한 손상을 가할 우려가 있는 점 및 종전 헌법재판소의 결정에서 제시한 선행조건들이 아직도 충족되지 않고 있는 점 등을 고려할 때 대체복무제를 허용하더라도 국가안보와 병역의무의 형평성이라는 중대한 공익의 달성에 아무런 지장이 없다는 판단을 쉽사리 내릴 수 없으므로, 양심적 병역거부자에 대하여 대체복무제를 도입하지 않은 채 형사처벌 규정만을 두고 있다고 하더라도 이 사건 법률조항이 최소침해의 원칙에 반한다고 할 수 없다. 헌재 2011. 8. 30. 2008헌가22, 판례집 23-2, 174, 191-195면.

2) 병역종류조항은, 병역부담의 형평을 기하고 병역자원을 효과적으로 확보하여 효율적으로 배분함으로써 국가안보를 실현하고자 하는 것이므로 정당한 입법목적을 달성하기 위한 적합한 수단이다. … 양심적 병역거부자의 수는 병역자원의 감소를 논할 정도가 아니고, 이들을 처벌한다고 하더라도 교도소에 수감할 수 있을 뿐 병역자원으로 활용할 수는 없으므로, 대체복무제를 도입하더라도 우리나라의 국방력에 의미 있는 수준의 영향을 미친다고 보기는 어렵다. 국가가 관리하는 객관적이고 공정한 사전심사절차와 엄격한 사후관리절차를 갖추고, 현역복무와 대체복무 사이에 복무의 난이도나 기간과 관련하여 형평성을 확보해 현역복무를 회피할 요인을 제거한다면, 심사의 곤란성과 양심을 빙자한 병역기피자의 증가 문제를 해결할 수 있으므로, 대체복무제를 도입하면서도 병역의무의 형평을 유지하는 것은 충분히 가능하다. 따라서 대체복무제라는 대안이 있음에도 불구하고 군사훈련을 수반하는 병역의무만을 규정한 병역종류조항은, 침해의 최소성 원칙에 어긋난다. 병역종류조항이 추구하는 '국가안보' 및 '병역의무의 공평한 부담'이라는 공익은 대단히 중요하나, 앞서 보았듯이 병역종류조항에 대체복무제를 도입한다고 하더라도 위와 같은 공익은 충분히 달성할 수 있다고 판단된다. 반면, 병역종류조항이 대체복무제를 규정하지 아니함으로 인하여 양심적 병역거부자들은 최소 1년 6월 이상의 징역형과 그에 따른 막대한 유·무형의 불이익을 감수하여야 한다. 양심적 병역거부자들에게 공익 관련 업무에 종사하도록 한다면, 이들을 처벌하여 교도소에 수용하고 있는 것보다는 넓은 의미의 안보와 공익실현에 더 유익한 효과를 거둘 수 있을 것이다. 따라서 병역종류조항은 법익의 균형성 요건을 충족하지 못하였다. 그렇다면 양심적 병역거부자에 대한 대체복무제를 규정하지 아니한 병역종류조항은 과잉금지원칙에 위배하여 양심적 병역거부자의 양심의 자유를 침해한다. 헌재 2018. 6. 28. 2011헌바379·383 등, 판례집 30-1하, 371-372면.

제4항 종교의 자유

1. 의 의

헌법 제20조 제1항은 '모든 국민은 종교의 자유를 가진다'고 하여 종교의 자유를 양심의 자유와는 별도로 보장하며[1], 제2항은 '국교는 인정되지 아니하며, 종교와 정치는 분리된다'고 규정하여 국교부인과 정교분리, 즉 국가의 종교적 중립성의 원칙을 천명하고 있다. 여기서 종교는 '신(神)과 같은 초월적 존재를 신봉하고 그것에 귀의하는 신념의 체계'를 말한다. 따라서 종교는 인간의 정신생활 중 한 분야로서 양심의 한 영역에 속하는 것이므로 논리적으로는 양심의 자유에 의하여서도 보장된다고 할 것이다. 그러나 역사적으로 종교는 인간의 정신생활의 핵심을 차지하여 왔으므로 오히려 종교의 자유가 먼저 문제되고 이것이 보장된 후 더 발전하여 양심의 자유 보장으로 이어졌다.

2. 법적 성격

종교의 자유는 각 개인이나 단체가 신앙의 형성이나 종교활동을 함에 있어서 국가의 간섭을 배제하는 의미를 가지므로 전형적인 자유권적 기본권에 해당한다. 다만 이러한 기본권의 보장은 제도보장으로서도 기능하여 헌법에 명문으로 인정한 바와 같이 국교의 부인과 정교분리의 원칙을 수반하고 있다. 따라서 종교의 자유 자체는 개인의 주관적 공권으로서 최대한 보장이 될 것이며 국교부인과 정교분리 등 이에 수반된 제도보장은 제도의 핵심적 내용을 위반할 수 없는 최소한 보장이 될 것이다.

3. 내 용

종교의 자유는 내심영역의 신앙의 자유와 외부적 영역의 종교활동의 자유로 대별된다. 여기에는 적극적으로 특정의 신앙을 형성하고 예배 등 이를 위

1) 제헌헌법 당시에는 종교의 자유를 양심의 자유와 함께 규정하였으나, 1962년의 제3공화국 헌법에서 종교의 자유를 분리하였으며 현행헌법에 이르기까지 독자적 기본권으로 규정되고 있다.

한 활동을 할 자유는 물론, 소극적으로 특정의 종교를 신봉하지 아니하고 이를 위한 활동을 하지 아니할 자유도 포함된다. 나아가 아무런 신앙을 가지지 아니할 무종교의 자유나 종교를 바꿀 자유 또는 포교(布敎)의 자유나 종교교육의 자유도 모두 포함한다.

4. 제 한

신앙의 자유는 내심의 자유이므로 법률에 의하여서도 제한이 불가능한 절대적 자유에 해당한다. 따라서 내면적 양심의 자유의 법리가 여기에도 그대로 적용된다. 그러나 외부적 표현행위가 수반되는 종교활동의 자유는 표현의 자유의 법리에 따른 법률적 제한이 가능할 것이다. 따라서 종교활동에 대하여서도 공익을 위한 법률적 제한이 가능하며 다만 이는 과잉금지의 원칙을 준수하여 과도한 제한이 되지 아니하여야 한다.[1] 종교활동도 표현행위에 포함되는 이상 명백하고 현존하는 위험의 원칙도 여기에 적용되어야 할 것이다.

제5항 언론·출판의 자유

1. 의 의

언론·출판과 집회·결사의 자유를 포함한 표현의 자유는 민주주의가 실현되기 위하여 반드시 보장되어야 할 전제조건이 되는 자유라는 점에서 여타 기본권과 구별된다. 민주주의는 주권자인 국민의 자유로운 정치적 의견 표명과 토론이 없이는 이루어질 수 없으므로 표현의 자유는 민주주의의 제도적 실현의 불가결의 전제조건이다. 또한 표현의 자유는 개인적 차원에서 각자가 그

1) 군종장교로 복무하였던 자들이 예비군 훈련을 받음으로 인하여 훈련이 없었다면 그 훈련기간 동안 할 수 있었던 종교적 활동을 하지 못하게 되는 것은 사실이나, 향토예비군설치법은 … 훈련의 실시에 있어서 사전에 훈련소집통지서를 본인에게 전달하도록 하고 있으며, 훈련기간은 연 20일을 초과할 수 없도록 하고 있을 뿐만 아니라, 훈련자의 사용자는 훈련을 이유로 훈련자에게 어떠한 불이익한 처분도 할 수 없으며 이를 위반한 사용자는 처벌되도록 하고 있다. 그렇다면 향토예비군설치법이 정하는 이와 같은 훈련의 정도와 방법은 국가의 안전보장을 도모하기 위하여 훈련대상자의 종교활동의 자유등 제반 행동의 자유에 대하여 부득이하게 필요한 최소한도의 제한을 가하는 것이라고 하겠으므로 헌법상의 비례의 원칙에 적합하다고 판단된다. 그렇다면 결국 이 사건 법률조항들이 헌법 제37조 제2항에 위배하여 군종장교로 복무하였던 자 등 훈련참가자의 종교의 자유를 침해한다고 볼 수 없다. 헌재 2003. 3. 27. 2002헌바35, 판례집 15-1, 266, 279-280면.

인격을 발현시키는 수단으로서의 의미도 가진다. 개인이 그 생각하는 바를 외부적 세력의 강압에 의하여 제대로 표현하지 못하게 된다면 그의 인간으로서의 존엄성 자체가 심각하게 침해받는 것이 될 것이다. 나아가 표현의 자유를 보장하여야만 대립된 의견들이 서로 경쟁하는 사상의 자유시장이 형성될 수 있고, 사상의 자유경쟁을 통하여 더 현명한 아이디어와 견해 혹은 이념이 살아남아서 사회 발전의 원동력이 될 수 있다.

표현의 자유는 이러한 헌법적 기능으로 인하여 정신적 자유의 핵심으로서 물질적 자유나 기타 경제적 자유 내지 기본권에 비하여 헌법적으로 우월한 지위를 가진다. 따라서 공권력이 표현의 자유를 제한하는 데에 있어서는 일반적인 다른 자유권에 비교하여 보다 엄격한 헌법원칙에 의하여 심사되어야 한다.

2. 제한의 일반원칙

자유권적 기본권의 제한은 헌법 제37조 제2항에 의하여 규율되며 여기에는 과잉금지의 원칙이 적용된다. 표현의 자유의 제한에 있어서는 이러한 기본권 제한의 일반법리가 적용되어야 함은 물론이나, 이에 더하여 보다 더 엄격한 심사를 받게 된다.

표현의 자유의 제한은 사전제한과 사후제한으로 나누어 보아야 하며, 사전제한행위로서의 검열이나 허가는 헌법상 절대적으로 금지된다. 따라서 당해 제한행위가 검열이나 허가에 해당한다면 기본권 제한에 대한 일반적 판단기준인 과잉금지의 원칙에 의한 심사를 더 진행할 필요도 없이 곧바로 위헌임이 확정된다. 이처럼 표현의 자유에는 이를 제한함에 있어서 검열과 허가가 절대적으로 금지된다는 점에서 다른 기본권과 차별화되는 특별한 헌법적 보호가 제공되는 것이다.

3. 사전제한으로서의 검열의 금지

(1) 검열의 금지는 표현의 자유의 보호대상이 되는 모든 표현물에 적용된다. 따라서 상업광고도 검열금지의 대상이 된다.[1] 헌법재판소의 판례에 의하

---

1) 현행 헌법상 사전검열은 표현의 자유 보호대상이면 예외 없이 금지된다. 건강기능식품의 기능성 광고는 인체의 구조 및 기능에 대하여 보건용도에 유용한 효과를 준다는 기능성 등에 관한 정보

면 특정의 공권력적 행위가 검열에 해당하기 위해서는 ① 표현물의 사전제출 의무, ② 행정기관에 의한 심사와 판단, ③ 허가받지 못한 것의 표현 금지, ④ 절차를 관철할 수 있는 강제수단의 존재 등 4가지 요건을 충족하여야 한다.[1)]

(2) 구 영화법에 의거한 공연윤리위원회는 제작된 모든 영화를 사전에 제출받아 그 배포 가능 여부를 결정할 권한을 가지고 있었으며, 공연윤리위원회에 의하여 배포가 금지된 영화를 일반인에게 상영하는 행위는 처벌의 대상이 되었다. 헌법재판소는 공연윤리위원회의 영화심의는 위 4가지 요건에 모두 해당된다고 판단하고, 따라서 검열에 해당하여 위헌이라고 결정하였다.[2)] 음반 및 비디오물에 관한 법률에서는 음반과 비디오물도 공연윤리위원회의 사전 심의대상으로 하였는데, 헌법재판소는 마찬가지 이유에서 역시 검열이 된다고 보았다.[3)4)]

(3) 정부와 국회는 공연윤리위원회가 행정기관의 성격을 가졌던 관계로 그 심사행위가 검열이라고 판단되었으므로 이 기관의 행정기관적 성격을 바꾸면 된다는 취지에서 공연윤리위원회를 폐지하고 한국공연예술진흥협의회(이하 '공진협'이라고 줄임)를 구성하였다. 이 위원회는 조직구성상 국가에 직접 소속된 기관은 아니나 국가로부터 재정적 지원을 받고 국가기관이 그 위원을 임명하도록 하였다. 공진협에 의한 심의에 관하여서도 헌법재판이 제기되었으나 역시 검열에 해당하므로 위헌이라고 결정되었다. 국가로부터 독립된 조직이라고

를 널리 알려 해당 건강기능식품의 소비를 촉진시키기 위한 상업광고이지만, 헌법 제21조 제1항의 표현의 자유의 보호 대상이 됨과 동시에 같은 조 제2항의 사전검열 금지 대상도 된다. 헌재 2018. 6. 28. 2016헌가8 등, 판례집 30-1하, 313. 건강기능식품 광고 검열 위헌결정.

1) 헌재 1996. 10. 4. 93헌가13, 판례집 8-2, 212, 213면. 공윤 영화심의 위헌결정.

2) 영화법(映畵法) 제12조 제1항, 제2항 및 제13조 제1항이 규정하고 있는 영화에 대한 심의제의 내용은 심의기관인 공연윤리위원회가 영화의 상영에 앞서 그 내용을 심사하여 심의기준에 적합하지 아니한 영화에 대하여는 상영을 금지할 수 있고, 심의를 받지 아니하고 영화를 상영할 경우에는 형사처벌까지 가능하도록 한 것이 그 핵심이므로 이는 명백히 헌법 제21조 제1항이 금지한 사전검열제도를 채택한 것이다. 공윤 영화심의 위헌결정, 같은 면.

3) 헌재 1998. 12. 24. 94헌가6. 공윤 음반심의 위헌결정; 헌재 1998. 12. 24. 96헌가23. 공윤 비디오물심의 위헌결정.

4) 의료광고 역시 사전검열금지원칙의 적용대상이 된다. 의료광고의 사전심의는 보건복지부장관으로부터 위탁을 받은 각 의사협회가 행하고 있으나 사전심의의 주체인 보건복지부장관은 언제든지 위탁을 철회하고 직접 의료광고 심의업무를 담당할 수 있는 점, 의료법 시행령이 심의위원회의 구성에 관하여 직접 규율하고 있는 점, 심의기관의 장은 심의 및 재심의 결과를 보건복지부장관에게 보고하여야 하는 점, 보건복지부장관은 의료인 단체에 대해 재정지원을 할 수 있는 점, 심의기준·절차 등에 관한 사항을 대통령령으로 정하도록 하고 있는 점 등을 종합하여 보면, 각 의사협회는 행정권의 영향력에서 벗어나 독립적이고 자율적으로 사전심의업무를 수행하고 있다고 보기 어려우므로 의사협회의 의료광고 사전심의는 사전검열금지원칙에 위반된다. 헌재 2015. 12. 23. 2015헌바75, 판례집 27-2하, 627-628면. 의료광고 사전심의 위헌결정.

하더라도 구성상의 국가의존성, 국가로부터의 재정적 지원, 규칙제정에서의 국가의 관여 등의 사정이 있다면 행정기관적 성격을 인정하여야 한다는 이유로 공진협의 심의 역시 검열로서 위헌이라고 판단되었다.[1] 이에 따라 정부와 국회는 다시 영상물등급위원회(이하 '영등위'라고 줄임)를 구성하여 표현물의 사전심사를 행하도록 하였다. 영등위의 심사에서는 완전히 표현행위를 금지하는 조치를 포함하지 아니하고 폭력성이나 음란성 등 불법성이 강한 경우 이를 성인용으로 분류하여 특별한 상영관에서만 상연하는 것을 허용하도록 하였다. 따라서 이는 '허가되지 못한 것의 표현금지' 행위에는 해당하지 아니하므로 검열의 요건을 충족하지 못하게 되는 것이다. 그러나 영등위 또한 조직과 예산면에서 국가종속성을 가진 점은 공진협과 유사하므로 영등위는 검열요건상의 행정기관의 개념 안에는 포함된다고 보아야 할 것이다.[2]

(4) 영등위의 표현물심사제도에는 등급심사의 보류제도가 존재하였는데, 이는 폭력성, 음란성, 이적성, 불법성 등의 문제가 있는 표현물에 대해서는 정도가 심한 경우 영등위가 2년간 그 등급심사의 보류를 결정할 수 있도록 한 제도였다. 그러나 등급보류는 회수의 제한없이 계속될 수 있으므로 그렇게 조치할 경우 이는 결국 표현금지의 결과를 가져오는 점이 문제가 되었으며, 헌법재판소는 등급보류 제도 자체는 표현의 절대적 금지가 아니지만 이를 계속적으로 활용하면 표현의 절대적 금지와 사실상 다를 바가 없다는 이유로 검열에 해당한다고 보아서 위헌이라고 판단하였다.[3]

(5) 또한 검열이 문제된 특수한 경우로서 수입 비디오물과 음반 등 표현물에 대한 영등위의 수입추천제도가 있다. 관세법상 외국의 비디오물과 음반 등 표현물을 수입함에 있어서는 영등위의 수입추천이 있어야만 수입허가가 가능하도록 하고 이를 위반할 경우 처벌의 대상이 되도록 하였는데, 이러한 수입추천제도는 만약 영등위의 수입추천을 받지 못하게 되면 당해 표현물의 수입허가를 받는 것이 불가능하게 되어 동 수입추천결정은 국내에서의 배포 허가결정에 다름 아닌 결과를 초래하였다.

---

1) 헌재 1999. 9. 16. 99헌가1. 공진협 심의 위헌결정.

2) 광고의 심의기관이 행정기관인지 여부는 기관의 형식에 의하기보다는 그 실질에 따라 판단되어야 하고, 행정기관의 자의로 민간심의기구의 심의업무에 개입할 가능성이 열려 있다면 개입 가능성의 존재 자체로 헌법이 금지하는 사전검열이라고 보아야 한다. 2020. 8. 28. 2017헌가35, 2019헌가23(병합), 판례집 32-2, 78. 의료기기 광고 사전심의 위헌결정.

3) 헌재 2001. 8. 30. 2000헌가9. 영화 등급분류보류 위헌결정.

헌법재판소는 이러한 수입추천제도가 사전제출의무, 행정기관에 의한 심사, 허가받지 못한 것의 표현금지, 심사절차의 강제수단 등 검열의 모든 요건을 충족하므로 검열에 해당하여 위헌이라고 결정하였다.1)

판단컨대 수입추천제도가 검열에 해당한다는 헌법재판소의 판단은 내국인이 제작한 표현물이 아니라 외국인이 제작한 표현물까지 국내배포의 자유를 포괄적으로 인정하여야 한다는 사고에 기초하고 있다. 그러나 우리 국민의 창작물이 아니라 외국인이 제작한 표현물에 대하여서까지 표현의 자유를 이유로 통관시의 공익적 심사를 불가능하게 하는 것은 표현의 자유의 적용대상을 국외의 외국인의 경우에까지 확장하는 의미를 넘어서 외국인의 경제적 이익을 확보해 주기 위하여 불법수입물의 국내유통을 통제할 통관주권을 후퇴시키는 조치로서 지나친 감이 있다고 생각한다. 외국인의 국외표현물이 국내에 반입되기 위해서는 주권국가로서의 대한민국의 통관당국의 합법성 심사를 받아야 함이 당연하기 때문이다. 따라서 외국으로부터 수입하는 표현물에 대한 통관상 조치는 검열에 해당하지 않으며 단지 기본권 제한의 일반원칙인 과잉금지원칙에 의한 심사대상이 될 뿐이라고 보는 것이 적절하지 않을까 생각한다.

4. 사후제한의 심사원칙

(1) 과잉금지의 원칙

공익적 이유로 표현의 자유를 제한하는 데에 있어서는 헌법 제37조 제2항의 기본권 제한의 법리를 준수하여야 하며 특히 과잉금지의 원칙에 위배되지 않아야 한다. 헌법재판소는 과잉금지원칙에 의거하여 '인터넷 게시판 본인확인제(이른바 인터넷 실명제)'를 위헌이라고 판단한 바 있다.2)

---

1) 헌재 2005. 2. 3. 2004헌가8. 외국비디오물 수입추천 위헌결정.

2) 인터넷게시판을 설치·운영하는 정보통신서비스 제공자에게 본인확인조치의무를 부과하여 게시판 이용자로 하여금 본인확인절차를 거쳐야만 게시판을 이용할 수 있도록 하는 '본인확인제'를 규정한 '정보통신망 이용촉진 및 정보보호 등에 관한 법률' 조항들의 위헌성이 문제된 사건에서, 헌법재판소는 과잉금지의 원칙을 적용하여, "① 이 법령조항들이 표방하는 건전한 인터넷 문화의 조성 등 입법목적은, 인터넷 주소 등의 추적 및 확인, 당해 정보의 삭제·임시조치, 손해배상, 형사처벌 등 인터넷 이용자의 표현의 자유나 개인정보자기결정권을 제약하지 않는 다른 수단에 의해서도 충분히 달성할 수 있음에도, 인터넷의 특성을 고려하지 아니한 채 본인확인제의 적용범위를 광범위하게 정하여 법집행자에게 자의적인 집행의 여지를 부여하고, 목적달성에 필요한 범위를 넘는 과도한 기본권 제한을 하고 있으므로 침해의 최소성이 인정되지 아니하며, ② 또한 이 법령조항들은 국내 인터넷 이용자들의 해외 사이트로의 도피, 국내 사업자와 해외 사업자 사이의 차별 내지 자

(2) 명백하고 현존하는 위험의 원칙

(가) 미국판례법의 발전

표현의 자유를 제한함에 있어서는 특수한 헌법원리의 준수가 요구되기도 하는데 그 대표적인 것이 명백하고 현존하는 위험(clear and present danger)의 원칙이다. 이는 미국 연방대법원에서 창조되어 발전되어온 판례이론으로서 더글라스 홈즈 판사가 쉥크(Schenck)사건에서 제안한 것이다.[1)]

이 사건에서 원고인 쉥크는 미국 사회당의 간부로서 미국의 제1차 세계대전 참전과 징병제의 실시에 반대하는 취지의 문서를 작성하여 배포하려는 것이 발견되었으며, 수사당국은 그를 간첩죄로 기소하였다. 그 소송에서 표현의 자유의 침해가 문제되었는바, 연방대법원은 국민이 징병제을 반대하는 것은 평시에서는 문제가 될 수 없으나 독일과 전쟁 중인 상황에서는 방첩죄로 처벌될 수 있으며 이는 헌법위반이 되지 아니한다고 판결하였는데 그 이유로서 명백하고 현존하는 위험의 원칙이 처음으로 제시되었다.

(나) 명백성과 현존성의 의미

여기서 명백함(clear)은 표현과 공익침해 사이에 명확한 인과관계가 있음을 의미한다. 일정한 표현행위에 의하여 공익침해가 확실히 이루어질 것이라고 예상되는 경우 명백성이 인정된다. 현존함(present)은 표현행위와 공익침해의 결과가 시간적으로 근접(approximate)되어 있음을 의미한다. 즉 그러한 표현이 있으면 공익이 당장 침해될 수 있는 상황에 있음을 말한다.

밝은 대로에서 장난삼아 '불이야'라고 외쳐보았자 주변의 행인들에게 구체적 위험을 느끼게 할 수 없을 것이나, 어두운 영화관에서 영화 상영 중에 '불이야'라고 외쳐서 관객들로 하여금 불안과 혼란을 야기시키는 것은 사회적으로

의적 법집행의 시비로 인한 집행 곤란의 문제를 발생시키고 있고, 나아가 본인확인제 시행 이후에 명예훼손, 모욕, 비방의 정보의 게시가 표현의 자유의 사전 제한을 정당화할 정도로 의미 있게 감소하였다는 증거를 찾아볼 수 없는 반면에, 게시판 이용자의 표현의 자유를 사전에 제한하여 의사표현 자체를 위축시킴으로써 자유로운 여론의 형성을 방해하고, 본인확인제의 적용을 받지 않는 정보통신망상의 새로운 의사소통수단과 경쟁하여야 하는 게시판 운영자에게 업무상 불리한 제한을 가하며, 게시판 이용자의 개인정보가 외부로 유출되거나 부당하게 이용될 가능성이 증가하게 되었는바, 이러한 인터넷게시판 이용자 및 정보통신서비스 제공자의 불이익은 본인확인제가 달성하려는 공익보다 결코 더 작다고 할 수 없으므로, 법익의 균형성도 인정되지 않는다"는 이유로 인터넷게시판 이용자의 표현의 자유 및 인터넷게시판을 운영하는 정보통신서비스 제공자의 언론의 자유 등을 침해한다고 하면서 위헌을 선고하였다. 인터넷 본인확인제 위헌결정, 헌재 2012. 8. 23. 2010헌마47 등, 판례집 24-2상, 590, 591면.

1) Schenck v. United States, 249 U.S. 47(1919).

허용될 수 없으며, 이는 표현의 자유의 한계를 넘어서는 행위로 평가될 것이다. 이와 같이 표현의 자유에 대한 공익적 제한은 그 표현이 행하여지는 구체적인 현실 상황을 고려하여 합헌성 여부를 판단하여야 한다는 것이 명백하고 현존하는 위험의 원칙의 요체이다.

㈐ 판례의 변천

그러나 명백하고 현존하는 위험의 원칙에는 판단자의 주관적 시각이 개입될 소지가 크다는 단점이 있음을 점차 인식하게 되었다. 미국연방대법원은 1950년대에 이 원칙을 폐기하고 오직 객관적인 법익형량에 따라 판단한다는 방향으로 판례의 변경이 이루어졌다. 이는 우리 헌법식으로 말하자면 기본권 제한의 일반원칙인 과잉금지원칙으로 회귀하는 것을 의미할 것이다. 그러나 그 후 미국 연방대법원은 다시 이 원칙을 적용하기도 하였으므로 이 원칙은 미국에서도 아직 완전히 폐기된 것은 아니고 아직 살아 있는 원칙이라고 할 수 있다. 우리 헌법재판소에서도 이 원칙의 정신을 도입한 판결들이 존재하며 오히려 미국보다 넓은 영역에서 활용되고 있는 점에서 우리 헌법상으로도 중요한 원칙이다.

㈑ 헌법재판소의 판례

이 원칙을 적용한 것으로 평가될 수 있는 우리 헌법재판소의 대표적 판례로 국가보안법 사건 결정을 들 수 있다.

국가보안법의 해석상 북한의 체제를 찬양하고 그 입장을 고무하는 것은 이른바 찬양·고무행위로서 국가보안법 위반이 된다. 그러나 명백하고 현존하는 위험의 원칙에 의하면 평소의 평온한 상황에서 일반추상적으로 공익에 해를 끼칠 것으로 보인다는 이유만으로 그 발언 기타 표현을 제한하여서는 안 될 것이고, 나아가 그 발언이 구체적 상황에서 공익에 중대한 위해를 가할 근접성이 있다고 판단되는 경우만을 가려내어 제한하여야 한다.

찬양·고무죄의 위헌여부에 대한 판단에 있어서 이전 대법원의 판례에 의하면 법률상 구성요건은 단지 찬양·고무의 행위로만 단순히 규정되어 있으므로 구체적 상황과 의도를 고려할 수 없었다. 헌법재판소는 명백하고 현존하는 위험의 원칙의 정신을 도입하여 '자유민주적 기본질서에 실질적 해악을 미칠 명백한 위험성이 있는 행위에만 적용하여야' 하는 것으로 한정합헌의 판결을 내렸다. 이 판결은 찬양·고무죄의 합헌의 범위는 명백하고 현존하는 위험의 원칙에 적합한 한도 내에서 관련 표현의 자유를 제한하는 것으로 제한하는 의미를 가지고 있다.1)

또한 집회 및 시위에 관한 법률 위반사건 결정의 경우에도 집회 내지 시위가 공공의 안정과 질서에 직접적인 위협을 가할 것이 명백한 경우에만 처벌하는 한도 내에서 합헌이라는 한정합헌의 결정을 하였다. 따라서 명백하고 현존하는 위험의 원칙에 비추어 볼 때 여기에 위배되지 않는 집회나 시위행위는 처벌될 수 없음을 인정하고 있는데, 미국 연방대법원의 경우 이 원칙이 언론 출판행위의 제한에 적용될 뿐이고 집단적 행동인 집회와 시위행위에 대하여서는 적용하지 않고 공론장(public forum) 이론 등 다른 법리를 개발하고 있는 점과 차이가 있다.2)

(3) 막연하기 때문에 무효인 원칙

㈎ 의 의

표현의 자유를 제한하는 법률의 내용이 막연하고 광범위하기 때문에 무효라고 하는 이 원칙은 법치주의의 파생원칙인 명확성의 원칙과 취지를 같이 하는 것이다. 그러나 표현의 자유를 제한하는 법률은 내용이 모호하면 집행주체의 자의가 개입할 수 있게 되고, 이렇게 되면 표현행위에 대한 이른바 '위축효과(chilling effect)'가 나타나 민주주의 제도 자체에 대한 위협이 된다. 따라서 개인의 표현행위는 그 내용이 모호한 법률에 의하여 제한될 수 없다는 측면이 특히 강조되는 것이다.

㈏ 인터넷 표현의 규제기준으로서의 공공질서·미풍양속과 건전한 통신윤리

인터넷은 편리한 표현의 수단이지만, 이를 통하여 제공되는 가상공간 안에서 폭력, 음란, 사행행위 및 명예훼손 등이 자행되고 있는 점에 대하여서는 적

---

1) 헌재 1990. 4. 2. 89헌가113. 국가보안법 찬양고무죄 사건 결정.

2) 민주체제 전복을 시도하는 집회·시위나 공공의 질서에 관한 법익침해의 명백한 위험이 있는 집회·시위까지 집회의 자유라는 이름으로 보호하는 것이 헌법이 아닌 것이며, 대중적 집회에는 뜻밖의 자극에 의하여 군중의 흥분을 야기시켜 불특정 다수인의 생명·신체·재산 등에 위해를 줄 위험성이 내재되어 있는 것으로 이를 막자는데도 위 조문의 취의(趣意)가 있다고 할 것인즉 위 조문의 합헌적이고 긍정적인 면도 간과해서는 안 될 것이므로, 헌법과의 조화, 다른 보호해야 할 법익과의 조정 하에 해석상 긍정적인 면을 살리는 것이 마땅하다. 따라서 위 조문은 각 그 소정행위가 공공의 안녕과 질서에 직접적인 위협을 가할 것이 명백한 경우에 적용된다고 할 것이므로 이러한 해석 하에 헌법에 위반되지 아니한다. 헌재 1992. 1. 28. 89헌가8, 판례집 4, 4, 4-5면.

절한 법적 규율이 필요하다. 종래 전기통신사업법은 정보통신부장관으로 하여금 이와 같은 불법 표현물들을 발견하면 강제적으로 이를 삭제할 수 있도록 하는 규정을 두고 있었다. 이는 표현의 자유에 대한 직접적 제한이 되었는데, 공공의 안녕질서, 미풍양속을 해치는 표현물에 대하여 위 장관이 이를 발견하면 삭제 등 조치하고 그래도 배포한다면 처벌의 대상이 되도록 규율하였던 것은 기본권 제한의 일반원칙 중 법률명확성의 원칙과 관련하여 위헌의 논란이 있었다.[1] 헌법재판소는 서해해상에서 발생한 남북한 해군간의 무력충돌과 관련한 내용의 인터넷상의 표현에 대한 정보통신부 장관의 내용삭제명령과 관련하여, 인터넷상 표현의 자유가 제한되는 불온통신(不穩通信)의 요건인 '공공질서와 미풍양속'의 의미가 모호하다는 이유로 동 법률조항이 위헌이라는 결정을 하였다.[2]

2008년 2월 방송통신위원회법이 제정되어 방송통신위원회가 설치되고 그 산하의 방송통신심의위원회가 불법정보(不法情報)와 청소년유해정보들에 대한 삭제요구 등 규제권한을 정보통신부장관 대신 행사하게 됨으로써 인터넷 표현물에 대한 정부의 직접규제는 완화되었다.[3] 이에 관하여 방송통신위원회법 제21조 제4호는 심의위원회의 직무 중 시정요구의 대상을 "전기통신회선을 통하여 일반에게 공개되어 유통되는 정보 중 건전한 통신윤리의 함양을 위하여 필요한 사항으로서 대통령령이 정하는 정보"로 규정하였는바, 헌법재판소는 이

1) 종래 인터넷상의 음란, 폭력, 불법물에 대하여 정보통신부장관이 일차적으로 직접 규제조치하지 아니하였고 실제로는 정보통신윤리위원회가 모니터링하여 발견된 표현물에 대하여 청소년유해매체물지정, 내용 삭제 등 해당 규제조치를 하였다. 위원회의 결정은 당사자에 대하여서는 법적 효력이 없었고 권고적 의견에 불과하지만, 인터넷 사업자들은 이를 사실상 강제력이 있는 정부의견으로 받아들였다. 위원회의 의견을 거부한 사업자에 대하여서는 정보통신부장관에게 이를 통보하게 되고, 그러면 정보통신부 장관의 차원에서 법적 강제력을 가진 처분이 뒤따르게 되었기 때문이다. 다만 청소년유해매체 지정처분만은 청소년보호법과 그 하위 법령의 규정에 의한 것으로서 위원회의 고유한 법적 권한에 속하였다. 그러나 위원회가 행하는 사이트의 폐쇄 또는 삭제 명령은 권고적 성격의 것이므로 행정처분으로서의 법적 성격을 가지지 못하여 행정소송의 대상조차 되지 못하였다.

2) "공공의 안녕질서 또는 미풍양속을 해하는"이라는 불온통신의 개념은 너무나 불명확하고 애매하다. 여기서의 "공공의 안녕질서"는 위 헌법 제37조 제2항의 "국가의 안전보장·질서유지"와, "미풍양속"은 헌법 제21조 제4항의 "공중도덕이나 사회윤리"와 비교하여 볼 때 동어반복이라 해도 좋을 정도로 전혀 구체화되어 있지 아니하다. 이처럼, "공공의 안녕질서", "미풍양속"은 매우 추상적인 개념이어서 어떠한 표현행위가 과연 "공공의 안녕질서"나 "미풍양속"을 해하는 것인지, 아닌지에 관한 판단은 사람마다의 가치관, 윤리관에 따라 크게 달라질 수밖에 없고, 법집행자의 통상적 해석을 통하여 그 의미내용을 객관적으로 확정하기도 어렵다. 헌재 2002. 6. 27. 99헌마480, 판례집 14-1, 616-617면. 불온통신금지 위헌결정.

3) 방송통신위원회의 설치 및 운영에 관한 법률(2008. 2. 29. 제정) 제21조, 동 법률 시행령 제8조.

법률조항 중 '건전한 통신윤리'라는 개념은 다소 추상적이기는 하나, 전기통신회선을 이용하여 정보를 전달함에 있어 우리 사회가 요구하는 최소한의 질서 또는 도덕률을 의미하고, '건전한 통신윤리의 함양을 위하여 필요한 사항으로서 대통령령이 정하는 정보(불건전정보)'란 이러한 질서 또는 도덕률에 저해되는 정보로서 심의 및 시정요구가 필요한 정보를 의미한다고 할 것이며, 정보통신영역의 광범위성과 빠른 변화속도, 그리고 다양하고 가변적인 표현형태를 문자화하기에 어려운 점을 감안할 때, 위와 같은 함축적인 표현은 불가피하다는 이유로 이 법률조항이 명확성의 원칙에 반한다고 할 수 없다고 판단한 바 있다.1)

(다) 인터넷상 허위의 표현행위에 대한 처벌요건으로서의 공익을 해할 목적

전기통신기본법은 인터넷상 허위사실을 유포한 자에 대한 처벌의 요건으로 "공익을 해할 목적"을 요구하였는데(제47조 제1항), 헌법재판소는 이 요건의 의미가 불명확하고 추상적이어서 표현의 자유를 제한함에 있어서 일반인이 누구나 인식할 수 있는 기준이 되지 못한다는 이유로 위헌이라고 판단하였다.2)

(라) 표현행위에 대한 규제기준으로서의 음란과 저속

음란물은 개인의 사적 영역에 머물고 있다면 모르되, 일반 외부로 표출되고 나면 형법적 처벌의 대상이므로 헌법적으로 보호되는 표현의 자유의 대상범위를 벗어나 있다고 보는 것이 타당하다. 범죄행위가 헌법적으로 보호될 수

1) 헌재 2012. 2. 23. 2011헌가13, 판례집 24-1상, 25, 26-27면.

2) 공익을 해할 목적으로 전기통신설비에 의하여 공연히 허위의 통신을 한 자를 형사 처벌하는 전기통신기본법 제47조 제1항은 표현의 자유에 대한 제한입법이며, 동시에 형벌조항에 해당하므로, 엄격한 의미의 명확성원칙이 적용된다. 그런데 이 사건 법률조항은 "공익을 해할 목적"의 허위의 통신을 금지하는바, 여기서의 "공익"은 형벌조항의 구성요건으로서 구체적인 표지를 정하고 있는 것이 아니라, 헌법상 기본권 제한에 필요한 최소한의 요건 또는 헌법상 언론·출판의 자유의 한계를 그대로 법률에 옮겨 놓은 것에 불과할 정도로 그 의미가 불명확하고 추상적이다. 따라서 어떠한 표현행위가 "공익"을 해하는 것인지, 아닌지에 관한 판단은 사람마다의 가치관, 윤리관에 따라 크게 달라질 수밖에 없으며, 이는 판단주체가 법전문가라 하여도 마찬가지이고, 법집행자의 통상적 해석을 통하여 그 의미내용이 객관적으로 확정될 수 있다고 보기 어렵다. 나아가 현재의 다원적이고 가치상대적인 사회구조 하에서 구체적으로 어떤 행위상황이 문제되었을 때에 문제되는 공익은 하나로 수렴되지 않는 경우가 대부분인바, 공익을 해할 목적이 있는지 여부를 판단하기 위한 공익간 형량의 결과가 언제나 객관적으로 명백한 것도 아니다. 결국, 이 사건 법률조항은 수범자인 국민에 대하여 일반적으로 허용되는 '허위의 통신' 가운데 어떤 목적의 통신이 금지되는 것인지 고지하여 주지 못하고 있으므로 표현의 자유에서 요구하는 명확성의 요청 및 죄형법정주의의 명확성원칙에 위배하여 헌법에 위반된다. 헌재 2010. 12. 28. 2008헌바157, 판례집 22-2하, 684면. 전기통신기본법 위헌결정.

는 없기 때문이다. 물론 여기서 음란의 개념이 불명확하지는 않다는 법적 평가가 전제되어야 한다. 그와 같은 취지에서 헌법재판소도 음란의 개념은 불명확하지 않으며 음란물의 표현행위는 헌법적 보호의 대상이 되지도 아니한다는 취지의 판결을 한 바 있다. 다만 음란에 이르지 못한 '저속(低俗)'은 불명확한 개념이며 표현의 자유의 헌법적 보호영역 안에 들기 때문에 저속하다는 이유로 표현행위를 규제하는 것은 헌법위반이라고 판시하였다.1) 그러나 그 후 헌법재판소는 음란한 표현행위라도 표현의 자유의 헌법적 보호대상이 된다고 하면서 명시적인 판례변경을 하였으나,2) 음란의 개념이 불명확하지 아니한 이상 확정된 범죄행위에 다시 과잉금지의 원칙이나 명백하고 현존하는 위험의 원칙 등을 적용하여 표현의 자유로서 헌법적으로 보호할 수는 없으므로 헌법적 보호영역의 밖이라고 판시하였던 구 판례의 입장이 정당하다고 본다. 또한 이렇게 보더라도 명확성의 원칙이나 검열금지의 원칙은 표현의 음란성이 아직 확정되기 전의 단계에서 문제되는 헌법심사의 원칙이므로 그대로 적용하는데 장애가 되지 않는다.

5. 표현의 자유와 명예훼손

(1) 헌법 제21조 제4항은 '언론·출판은 타인의 명예나 권리 또는 공중도덕이나 사회윤리를 침해하여서는 아니된다. 언론·출판이 타인의 명예나 권리를 침해한 때에는 피해자는 이에 대한 피해의 배상을 청구할 수 있다.'고 한다. 이 조항은 표현의 자유를 행사함에 있어서 가지는 내재적 한계에 관한 규

1) "음란"이란 인간존엄 내지 인간성을 왜곡하는 노골적이고 적나라한 성표현으로서 오로지 성적 흥미에만 호소할 뿐 전체적으로 보아 하등의 문학적, 예술적, 과학적 또는 정치적 가치를 지니지 않은 것으로서, 사회의 건전한 성도덕을 크게 해칠 뿐만 아니라 사상의 경쟁메커니즘에 의해서도 그 해악이 해소되기 어려워 언론·출판의 자유에 의한 보장을 받지 않는 반면, "저속"은 이러한 정도에 이르지 않는 성표현 등을 의미하는 것으로서 헌법적인 보호영역 안에 있다. 헌재 1998. 4. 30. 95헌가16, 판례집 10-1, 327-328면.

2) 음란표현이 언론·출판의 자유의 보호영역에 해당하지 아니한다고 해석할 경우 음란표현에 대하여는 언론·출판의 자유의 제한에 대한 헌법상의 기본원칙, 예컨대 명확성의 원칙, 검열 금지의 원칙 등에 입각한 합헌성 심사를 하지 못하게 될 뿐만 아니라, 기본권 제한에 대한 헌법상의 기본원칙, 예컨대 법률에 의한 제한, 본질적 내용의 침해금지 원칙 등도 적용하기 어렵게 되는 결과, 모든 음란표현에 대하여 사전 검열을 받도록 하고 이를 받지 않은 경우 형사처벌을 하거나, 유통목적이 없는 음란물의 단순소지를 금지하거나, 법률에 의하지 아니하고 음란물출판에 대한 불이익을 부과하는 행위 등에 대한 합헌성 심사도 하지 못하게 됨으로써, 결국 음란표현에 대한 최소한의 헌법상 보호마저도 부인하게 될 위험성이 농후하게 된다는 점을 간과할 수 없다. 헌재 2009. 5. 28. 2006헌바109, 판례집 21-1하, 545, 546면.

정으로서 내재적 한계 중 가장 자주 발생하는 타인의 명예훼손 문제를 규율하고 있다.

(2) 언론의 자유와 명예훼손의 경계 설정에 관한 법리에 관하여서는 미국 연방대법원의 New York Times Co. v. Sullivan 판결이 미친 영향이 크다.[1] 이 사건에서 뉴욕타임즈 지(誌)는 남부지역 경찰의 흑인에 대한 인권침해 사건에 관한 광고를 게재하였는데, 그 일부 내용 중에는 발생하지 않았던 사실들이 실제인 것처럼 과장되어 기사화되었다. 이에 그 피해자에 해당하는 관할 경찰서장 설리번이 광고주인 민권단체와 공동불법행위책임을 이유로 언론기관을 상대로 하여 손해배상을 청구하였다. 그러나 법원은 언론기관이 공적인물(public figure)에 대한 기사를 게재함으로써 명예훼손 등이 문제된 경우 보다 폭넓게 언론의 자유를 보장하여야 한다고 하면서 설리번이 손해배상을 받기 위해서는 단순한 과실만으로는 부족하고 언론기관의 실제적 악의(actual malice)가 필요하다고 판결하였다. 실제적 악의는 중과실보다 더 엄격하게 고의에 준하는 과실이 있는 경우에만 책임을 지며 이는 배상을 요구하는 원고측이 입증책임을 지게 되었으므로 실제 소송에서 배상이 인정되기는 극히 곤란하게 되었다. 미국에서는 이 판결 이후 언론기관이 남부지역의 민권 운동에 대한 탄압 등을 보도함에 있어서 배상의 우려없이 보다 신속하고 과감한 보도를 하는 것이 가능하게 되었다.

(3) 이러한 공적인물론은 언론기관이 객관적 사실과 다른 보도를 하였을 때 어디까지 책임을 질 것인가 하는 점에 대한 한계를 설정하는 하나의 기준으로 널리 알려져 있다. 그러나 우리 대법원은 이러한 설리번 사건의 공적인물론을 그대로 적용하지는 아니하고 있다.[2] 우리나라에는 이를 인정할 특별한 법규정이 존재하지 않으므로 일반 불법행위책임론에 의할 수밖에 없다고 보는 것이다. 하지만 헌법재판의 경우에는 공적인물론의 기준에 따라 기본권 침해 여부를 판단할 소지는 있다. 현실적으로는 공무원에 대하여는 항상 언론에 의한 즉시적 감시가 필요하고 그 보도에 있어서 사전에 완전한 진위검증을 할 시간적 여유가 없을 수밖에 없다. 그런 의미에서 미국의 판례이론은 타당한 측면이 있으며 우리 헌법재판소도 이와 같은 공적인물론을 도입하는 취지를

1) New York Times Co. v. Sullivan, 376 U.S. 254(1964).
2) 대법원 1998. 5. 8. 97다34563 판결.

판시한 결정을 한 사례가 있다.1)

6. 표현의 자유로부터의 파생기본권

표현의 자유와 관련하여 국가, 개인, 언론기관의 삼각관계에서 특수한 헌법적 쟁점들이 존재한다. 개인이 국가에 대하여 가지는 알 권리·정보공개청구권의 문제와 언론기관이 국가로부터 방해받지 않고 활동하기 위하여 누려야 할 취재·편집(取材·編輯)의 자유의 문제 및 사실상의 언론권력에 의하여 피해를 입은 개인이 언론기관에 대하여 가져야 할 접근권(access權)의 문제가 그것이다. 이하에서 이를 나누어 살펴본다.

(1) 개인과 국가와의 관계 - 알 권리의 문제

(가) 오늘날 정보사회에서 국가가 개인에 관하여 보유하고 있는 방대한 정보와 관련하여 개인이 국가에 대하여 특별한 권리를 향유하는 것이 인정되어야 한다. 국가행정은 현대에서 매우 복잡하여져 있고, 행정이 밀실에서 이루어지면서 행정부가 국가사회와 각 개인에 관한 정보를 독점하며 국민들에게 공개하지 않고 나아가 왜곡하기까지 한다고 하면 국민들이 정보 무지로 인하여 국가권력에 의하여 조종당할 우려가 있다. 또한 모든 정보가 각 개인에게 공개되었다는 전제로 이루어지는 사상의 자유시장도 왜곡되게 된다. 이는 결국 민주주의 제도의 왜곡과 독재권력의 출현으로 귀착되고 말 것이다. 국가정보의 공개에 대한 국민의 권리, 이른바 '알 권리'는 국민의 참여에 의한 국가지배 내지 대의적 민주주의를 가능토록 하기 위하여 필수적으로 요구된다. 이는 일반

---

1) 신문보도의 명예훼손적 표현의 피해자가 공적 인물인지 아니면 사인인지, 그 표현이 공적인 관심사안에 관한 것인지 순수한 사적인 영역에 속하는 사안인지의 여부에 따라 헌법적 심사기준에는 차이가 있어야 한다. 객관적으로 국민이 알아야 할 공공성·사회성을 갖춘 사실은 민주제의 토대인 여론형성이나 공개토론에 기여하므로 형사제재로 인하여 이러한 사안의 게재를 주저하게 만들어서는 안 된다. 신속한 보도를 생명으로 하는 신문의 속성상 허위를 진실한 것으로 믿고서 한 명예훼손적 표현에 정당성을 인정할 수 있거나, 중요한 내용이 아닌 사소한 부분에 대한 허위보도는 모두 형사제재의 위협으로부터 자유로워야 한다. 시간과 싸우는 신문보도에 오류를 수반하는 표현은, 사상과 의견에 대한 아무런 제한없는 자유로운 표현을 보장하는 데 따른 불가피한 결과이고 이러한 표현도 자유토론과 진실확인에 필요한 것이므로 함께 보호되어야 하기 때문이다. 그러나 허위라는 것을 알거나 진실이라고 믿을 수 있는 정당한 이유가 없는데도 진위를 알아보지 않고 게재한 허위보도에 대하여는 면책을 주장할 수 없다. 헌재 1999. 6. 24. 97헌마265, 판례집 11-1, 768면. 김일성 애도편지 사건 결정.

적인 표현의 자유가 제대로 행사되기 위한 전제가 되는 또 다른 하나의 기본권으로서의 의미도 가진다. 우리 헌법에는 알 권리에 관한 명시적 조항은 존재하지 아니하나, 헌법재판소의 판례에 의하여 알 권리는 표현의 자유에 내포된 권리로서 인정되고 있다.

(나) 자유로운 정보수집권 내지 정보수집의 자유도 알 권리의 구체적 내용의 하나이다. 이는 정보수집을 함에 있어서 국가가 방해하지 못한다는 의미에서는 자유권적 기본권의 성격을 가진다.

그러나 알 권리의 핵심적 본질은 자유권적 기본권보다는 청구권적 기본권의 성격을 가지는 점에 있다. 이는 국가로부터 간섭을 배제하는 권리가 아니라 국가에 대하여 일정한 행위를 요구할 수 있는 권리라는 의미이다. 알 권리는 청구권적 기본권이라는 점에서 헌법적으로 특히 유의미한 것이다. 자신에게 이해관계가 있는 정보내용에 관하여 국가가 보유한 정보를 요구할 수 있는 권리야말로 현대의 거대국가사회에서 시민들에게 필수적으로 인정되어야만 할 새로운 기본권이기 때문이다. 이는 일반적인 정보공개청구권과 개별적인 정보공개청구권으로 나뉘어진다.

(다) 자유권적 기본권은 특별히 이를 구체화하는 법률이 따로 만들어져 있지 않더라도 언제든지 이를 행사할 수 있다. 이는 국가가 간섭하지 않기만 하면 실현되는 권리이기 때문이다. 그러나 청구권적 기본권은 이를 어떻게 실현할지 그 방법과 절차를 정하는 규정이 있어야만 한다. 이는 국가에 대하여 일정한 행위를 요구하는 권리이므로 어떠한 방법으로 요구할 것인지 그 내용을 구체화하는 법률이 미리 형성되어 있어야만 청구가 가능하기 때문이다. 그래서 학자들 간에는 청구권적 기본권은 그 내용을 구체화하는 법률이 있는 한도 내에서만 발생하는 권리이고 법률이 형성되어 있지 않는 경우에는 행사될 수 없다고 주장하기도 한다. 그러나 국가에서 해당 법률을 만들어주지 않으면 권리가 인정될 수 없다고 한다면 이는 이미 헌법에 의하여 인정되는 기본권이라는 성격이 박탈되는 것이며 헌법적 논의대상이 아니라는 것이 되어 자가당착에 빠지게 된다. 따라서 청구권적 기본권은 그 내용이 법률에 의하여 구체화되는 것이기는 하나 헌법의 명문이나 그 해석상 명백히 청구권이 인정되어야 할 분야에서 당해 법률이 이해관계있는 국민에게 그러한 권리를 부여하지 아니하고 있다면 그 법률은 청구권적 기본권을 침해하는 것으로서 헌법에 위반되는 것

이라고 판단되어야 합당하다.[1] 결국 알 권리는 청구권적 기본권으로서 이를 구체화하는 법률에 의하여 현실화되는 것이나 그 법률은 알 권리를 충분히 구체화하는 내용이 되어야 하며 그렇지 아니한 경우 위헌이라고 할 것이고 그 한도 내에서 알 권리는 법률이 구체화한 내용을 넘어서도 인정되는 권리인 것이다.

(라) 일반적 정보공개청구권은 일반시민의 입장에서 국가의 정보를 요구할 수 있는 권리이고, 개별적 정보공개청구권은 특별한 이해관계를 가진 개인이 그 범위 내에 있는 국가의 정보를 청구할 수 있는 권리이다. 일반적 정보공개청구권은 헌법적 권리로서 인정하지 않고 개별적인 정보공개청구권만이 기본권으로 인정될 수 있다고 보는 것이 지배적 견해인데, 이에 따르면 개인이 국가정보를 청구함에 있어서는 과연 그에게 당해 정보청구에 관한 특별한 이해관계가 존재하는지 여부가 관건이 될 것이다.

헌법재판소는 국가가 특정의 외국과 마늘의 수입에 관한 조약을 체결하였을 경우 국내의 마늘재배농민들이 그 조약의 세부내용 정보에 관하여 그와 같은 특별한 이해관계를 가진 자로서 정보공개를 청구하지 아니하였고 정부의 공개의무도 없으므로 알 권리의 침해도 없다는 취지로 판단한 바 있으나,[2] 정부가 비밀로 한 정보에 대하여는 국민들은 당초부터 그 존재를 몰랐으므로 정보공개 청구를 할 도리가 없을 뿐 아니라 조약의 내용이 국내적 효력을 가지기 위하여서는 비준 후 공포(公布)되어야 하기 때문에 헌법적 공개의무가 필연적으로 수반하므로 마늘재배농민은 마늘조약 정보에 대하여 별도의 청구 없이도 알 권리를 가진다고 보아야 합당하다. 따라서 그 내용을 비밀로 한 정부의 조치는 마늘재배농민의 알 권리를 침해한 것으로서 위헌이라고 판단하였어야

---

1) 헌재 1989. 9. 4. 88헌마22, 판례집 1, 176면. 임야조사서 열람거부 위헌결정도 이와 같은 취지이다.

2) 알 권리에서 파생되는 정부의 공개의무는 특별한 사정이 없는 한 국민의 적극적인 정보수집행위, 특히 특정의 정보에 대한 공개청구가 있는 경우에야 비로소 존재하므로, 정보공개청구가 없었던 경우 대한민국과 중화인민공화국이 2000. 7. 31. 체결한 양국 간 마늘교역에 관한 합의서 및 그 부속서 중 '2003. 1. 1.부터 한국의 민간기업이 자유롭게 마늘을 수입할 수 있다'는 부분을 사전에 마늘재배농가들에게 공개할 정부의 의무는 인정되지 아니한다. 또한 공포의무가 인정되는 일정범위의 조약의 경우에는 공개청구가 없더라도 알 권리에 상응하는 공개의무가 예외적으로 인정되는 것으로 생각해 볼 수도 있으나 위 부속서의 경우 그 내용이 이미 연도의 의미를 명확히 하고 한국이 이미 행한 3년간의 중국산 마늘에 대한 긴급수입제한 조치를 그 이후에는 다시 연장하지 않겠다는 방침을 선언한 것으로 집행적인 성격이 강하고, 특히 긴급수입제한조치의 연장은 중국과의 합의로 그 연장여부가 최종적으로 결정된 것으로 볼 수 없는 점에 비추어 헌법적으로 정부가 반드시 공포하여 국내법과 같은 효력을 부여해야 한다고 단정할 수 없다. 헌재 2004. 12. 16. 2002헌마579, 판례집 16-2하, 568, 569면. 마늘조약 사건 결정.

타당하다고 생각한다.

또한 헌법재판소는 변호사시험 성적을 공개하지 아니하도록 한 변호사시험법 조항이 수험자의 알 권리를 과잉되게 침해하는 것으로 위헌이라고 결정하였다.[1)]

(마) 알 권리를 구체화하는 법률로서 공공기관의 정보공개에 관한 법률('정보공개법'이라고 줄임)이 있다. 여기서 국민의 정보공개청구권은 각 영역별로 그 범위가 구체적으로 정하여져 있다.

그런데 정보공개법의 내용이 특정 영역의 정보공개를 극단적으로 축소된 범위 내에서만 허용하도록 규정하는 경우 이는 헌법적으로 어떠한 판단을 받을 것인가. 물론 입법자는 국민의 알 권리를 법률로 구체화함에 있어서 그 내용을 설정할 재량권을 가지지만 이러한 재량권은 반드시 합리적으로 행사되지 않으면 안 된다. 따라서 그 범위와 방법을 불합리하게 축소시킨 경우에는 헌법위반이 될 수 있다고 본다. 일반적으로 알 권리는 청구권적 기본권이며 개별적 정보공개청구권의 의미만을 가지므로 그 내용을 구체화하는 법률을 통하여 입법자가 허용한 범위 내에서만 인정되는 권리라고 설명하고 있으나, 여기에 덧붙여 입법자가 알 권리를 구체화함에 있어서 가지는 재량권은 합리적으로 행사되어야 하며 그렇지 못한 경우에는 헌법위반이 될 수 있다는 점에 유의하여야 한다.

---

1) 변호사시험 성적의 비공개로 인하여, 변호사시험 합격자의 능력을 평가할 수 있는 객관적인 자료가 없어서 오히려 대학의 서열에 따라 합격자를 평가하게 되어 대학의 서열화가 더욱 고착화되고, 변호사 채용에 있어서 학교성적이 가장 비중 있는 요소가 되어 다수의 학생들이 학점 취득이 쉬운 과목 위주로 수강하기 때문에 학교별 특성화 교육도 제대로 시행되지 않게 되며, 학교 선택에 있어서도 자신이 관심 있는 교육과정을 가진 학교가 아니라 기존 대학 서열에 따라 학교를 선택하게 되고, 법학전문대학원도 학생들이 어떤 과목에 상대적으로 취약한지 등을 알 수 없게 되어 다양하고 경쟁력 있는 법조인 양성이라는 목적을 제대로 달성할 수 없게 된다. 한편 시험 성적이 공개될 경우 변호사시험 대비에 치중하게 된다는 우려가 있으나, 좋은 성적을 얻기 위해 노력하는 것은 당연하고 시험성적을 공개하지 않는다고 하여 변호사시험 준비를 소홀히 하는 것도 아니다. 오히려 시험성적을 공개하는 경우 경쟁력 있는 법률가를 양성할 수 있고, 각종 법조직역에 채용과 선발의 객관적 기준을 제공할 수 있다. 따라서 변호사시험 성적의 비공개는 기존 대학의 서열화를 고착시키는 등의 부작용을 낳고 있으므로 수단의 적절성이 인정되지 않는다. 또한 법학교육의 정상화나 교육 등을 통한 우수 인재 배출, 대학원 간의 과다경쟁 및 서열화 방지라는 입법목적은 법학전문대학원 내의 충실하고 다양한 교과과정 및 엄정한 학사관리 등과 같이 알 권리를 제한하지 않는 수단을 통해서 달성될 수 있고, 변호사시험 응시자들은 자신의 변호사시험 성적을 알 수 없게 되므로, 기본권 침해의 최소성 및 법익의 균형성 요건도 갖추지 못하였다. 그렇다면 변호사시험 성적을 합격자에게 공개하지 않도록 규정한 변호사시험법 제18조 제1항은 과잉금지원칙에 위배하여 청구인들의 알 권리를 침해한다. 헌재 2015. 6. 25. 2011헌마769 등, 판례집 27-1하, 513-514면. 변호사시험 성적 비공개 위헌결정.

(2) 국가와 언론기관과의 관계 – 취재 · 편집의 자유의 문제

언론기관은 단지 언론활동을 통하여 수익을 창출하는 기업으로서의 기능을 가지는 것을 넘어서 각 생활영역에서 국민들이 필요로 하는 정보를 제공하고 국민의 여론형성을 주도하는 공적 기능을 수행한다. 이러한 언론기관의 공적 기능이 제대로 발휘되도록 하기 위해서는 국가로부터 그 활동이 방해받지 않도록 활동의 자유가 충분히 보장되어야만 한다. 구체적으로는 언론기관의 설립의 자유, 대외적 자유, 대내적 자유가 보장되어야 하는 것이다.

먼저 언론기관은 취재와 보도를 함에 있어서 국가로부터 부당한 간섭을 받지 아니하여야 한다. 취재의 자유와 보도의 자유가 보장되어야 하는 것이다. 이러한 맥락에서 취재원(取材源)의 비닉권(秘匿權)이 일반적으로 인정되고 있다. 그러나 취재원의 문제가 특정의 재판의 쟁점이 되어 해당 기자가 증인으로 소환되어 취재원을 밝히도록 신문받게 되었을 경우, 증언거부가 가능한지 여부와 관련하여 가치의 충돌 문제가 발생한다. 이는 언론기관의 취재의 자유와 재판당사자의 재판청구권이 충돌하는 경우에 해당하므로 기본권 충돌의 해결법리에 따라 처리되어야 할 것이다.

대내적 자유에서는 기자의 편집권이 경영자에 대하여서도 보장되어야 하는가 하는 논의가 있으며, 찬반양론이 있으나 아직 논의 중이고 정론이 없는 상태이다.

(3) 개인과 언론기관과의 관계 – access권의 문제

(가) 여기서는 개인이 언론기관에 대하여 자신 관련 기사에 대한 의견을 게재할 수 있는 권리인 이른바 악세스(access)권이 문제된다. 언론기관이 잘못된 보도를 한 경우 이를 통하여 피해를 입은 개인이 언론에 대하여 가질 수 있는 구제수단으로서는 손해배상의 청구가 대표적일 것이다. 그러나 여기서 덧붙여 보다 직접적이고 신속한 구제수단으로서 개인이 피해를 입힌 매체인 당해 언론에 직접 접근하여 자신의 견해를 표현할 수 있는 권리가 인정되어야 하는 것이다.

(나) 신문법 등 관련 법률에 의하면 악세스권은 그 내용에 따라 세 가지로 분류될 수 있다.

① 피보도자가 볼 때 보도된 사실관계가 허위인 것으로 판단하는 경우 3개

월 이내 해당 언론기관에 정정보도를 청구하는 권리인 정정보도청구권과 ② 보도된 사실적 주장이 피보도자를 일방적으로 매도하여 이의가 있는 경우 다른 견해와 주장을 싣도록 청구하는 권리인 반론보도청구권 및 ③ 수사를 개시하는 단계에서 미리 그 범법행위에 대한 보도를 하였는데 재판 결과 무죄가 난 경우 피보도자가 3개월 이내에 추후보도의 게재를 청구할 수 있는 권리인 추후보도청구권(일명 해명권)이 있으며 이를 통틀어 악세스권이라고 칭한다.[1)]

제 6 항 집회 · 결사의 자유

Ⅰ. 의 의

헌법 제21조는 표현의 자유로서 언론·출판의 자유와 함께 집회·결사의 자유도 보장한다. 언론·출판의 자유가 언어활동에 의한 개별적 표현의 자유를 말한다면 집회·결사의 자유는 행동에 의한 집단적 표현의 자유를 의미한다고 할 것이다. 그러나 언론·출판과 집회·결사의 자유는 공히 민주주의의 기반이 되는 정치적 자유로서 타 자유권에 비교하여 우월적인 중요성을 가지며 보다 강력한 보호를 받는다. 특히 집회와 시위의 자유는 대의제 민주주의 체제 내에서 다수파의 전횡으로 소수파의 권리가 위협받을 경우 소수집단이 그 의사를 표현할 수 있게 하는 효과적인 방법으로 작용함으로써 대의제를 보완하는 기능을 한다.

그러나 한편 집회와 시위의 자유는 주로 공공시설과 공적 장소를 다수인이 점거하여 집단적 의사를 표출하는 방법으로 행사되므로 공공의 안녕질서를 위태롭게 하거나 영업이나 교통의 방해로 타인의 권리를 침해할 우려가 크다. 그러한 점에서 다른 기본권에 비하여 공익이나 타인의 권리와 충돌가능성이 오히려 크며 그 한도 내에서 제한의 정도도 강화되어야 하는 특성이 있다.

1) 헌재 2006. 6. 29. 2005헌마165, 판례집 18-1하, 337면. 신문법 사건 결정.

Ⅱ. 집회와 시위의 자유

1. 집회와 시위의 개념

집회는 다수인이 '공동의 목적'을 가지고 '평화적'으로 일정한 장소에서 회합하는 것을 말하며,[1] 시위는 움직이는 집회를 의미하므로 집회에 개념상 포함되어 같이 보장된다. 미국 수정 헌법 제1조에서 의회의 법률은 인민의 '평화적' 집회의 권리(right of the people peaceably to assemble)를 침해할 수 없다고 규정한 것과 같이 헌법상 보호되는 집회는 반드시 평화적일 것을 요한다. 즉 헌법은 평화적 집회만을 기본권으로서 보호한다.[2]

2. 집회와 시위의 자유의 제한

(1) 사전제한으로서의 허가제의 금지

㈎ 표현행위에 대한 사전억제 금지의 원칙

헌법 제21조 제2항은 '언론·출판에 대한 허가나 검열과 집회·결사에 대한 허가는 금지된다'고 규정한다. 이와 같이 우리 헌법은 표현의 자유에 있어서 검열과 허가제가 인정되지 않는다고 명문으로 못박음으로써 표현의 자유 제한에 있어서는 헌법 제37조 제2항 소정의 기본권 제한의 일반원칙 외에 사전억제 금지의 원칙이 준수될 것을 요구한다.

㈏ 신고제의 허용

집회의 자유의 행사는 다수인의 집단적인 행동을 수반하기 때문에 집단행

1) 집회는, 일정한 장소를 전제로 하여 특정 목적을 가진 다수인이 일시적으로 회합하는 것을 말하는 것으로 일컬어지고 있고, 그 공동의 목적은 '내적인 유대 관계'로 족하다. 헌재 2009. 5. 28. 2007헌바22, 판례집 21-1하, 578면.

2) 집회의 자유에 의하여 보호되는 것은 단지 '평화적' 또는 '비폭력적' 집회이다. 집회의 자유는 민주국가에서 정신적 대립과 논의의 수단으로서, 평화적 수단을 이용한 의견의 표명은 헌법적으로 보호되지만, 폭력을 사용한 의견의 강요는 헌법적으로 보호되지 않는다. 헌법은 집회의 자유를 국민의 기본권으로 보장함으로써, 평화적 집회 그 자체는 공공의 안녕질서에 대한 위험이나 침해로서 평가되어서는 아니 되며, 개인이 집회의 자유를 집단적으로 행사함으로써 불가피하게 발생하는 일반대중에 대한 불편함이나 법익에 대한 위험은 보호법익과 조화를 이루는 범위 내에서 국가와 제3자에 의하여 수인되어야 한다는 것을 헌법 스스로 규정하고 있는 것이다. 헌재 2003. 10. 30. 2000헌바67, 판례집 15-2하, 41, 42면. 외교기관 인근 집회금지 위헌결정.

동의 속성상 의사표현의 수단으로서 개인적인 행동의 경우보다 공공의 안녕질서나 법적 평화와 마찰을 빚을 가능성이 큰 것 또한 사실이다. 특히 옥외집회는 일정한 옥외장소나 도로의 사용을 전제로 하므로 그러한 가능성이 더욱 높고, 이에 따라 사전에 집회의 자유와 다른 법익을 조화시킬 수 있는 제도적 장치가 요청된다. 그리하여 집회 및 시위에 관한 법률은, 옥외집회를 주최하려는 자는 그에 관한 신고서를 옥외집회나 시위를 시작하기 720시간 전부터 48시간 전에 관할 경찰서장에게 제출하도록 하였는데, 이러한 사전신고는 경찰관청 등 행정관청으로 하여금 집회의 순조로운 개최와 공공의 안전보호를 위하여 필요한 준비를 할 수 있는 시간적 여유를 주기 위한 것으로서, 협력의무로서의 신고일 뿐이다. 결국 구 집시법 전체의 규정 체제에서 보면 법은 일정한 신고절차만 밟으면 일반적·원칙적으로 옥외집회 및 시위를 할 수 있도록 보장하고 있으므로, 집회에 대한 사전신고제도는 헌법 제21조 제2항의 사전허가금지에 반하지 않는다.1)

㈐ 허가제의 금지 – 검열과 허가의 균형적 해석

검열 또는 허가에 해당하는 표현행위의 제한조치는 더 이상의 헌법판단의 필요없이 곧바로 헌법위반으로 이르게 하는 만큼 검열 혹은 허가의 개념적 범위의 확정은 표현의 자유의 한계를 설정함에 있어서 핵심적인 중요성을 가지게 된다. 헌법재판소의 다수의견은, 헌법 제21조 제2항에서 금지하고 있는 '허가'는 행정권이 주체가 되어 집회 이전에 예방적 조치로서 집회의 내용·시간·장소 등을 사전심사하여 일반적인 집회금지를 특정한 경우에 해제함으로써 집회를 할 수 있게 하는 제도를 의미한다고 본다.2)

판단컨대 위와 같은 허가의 의미는 원칙적으로 타당하나, 언론·출판의 검열의 해석과 균형을 고려할 때 집회·결사에 대한 허가는 행정권이 주체가 되어 집단적 표현행위가 발생하기 전에 예방적 조치로서 그 내용을 심사·선별하여 당해 표현행위를 사전에 '완전히' 억제하는 것, 즉 허가받지 아니한 행위를 금지하는 것을 전제로 한 제도를 말하는 것으로 해석되어야 한다고 본다.

1) 헌재 2009. 5. 28. 2007헌바22, 판례집 21-1하, 578, 589-590면; 또한 사전신고제도는 과잉금지의 원칙에도 위배되지 않는다. 헌재 2014. 1. 28. 2011헌바174 등, 판례집 26-1상, 34면.

2) 헌재 2009. 9. 24. 2008헌가25, 판례집 21-2상, 427, 427-428면. 야간집회시위 허가제 헌법불합치결정(촛불집회 사건 결정)의 5인 다수의견.

그 요소로서 ① 계획된 집단적 표현행위의 사전신고의무, ② 행정권이 주체가 된 내용심사, ③ 허가를 받지 아니한 표현행위의 금지 및 ④ 심사절차를 관철할 수 있는 강제수단 등의 요건을 갖추어야 하며, 여기서 허가를 받지 아니한 표현행위의 금지는 반드시 일반적·전면적이고 절대적인 것이 되어야 할 것이다. 표현행위가 일어나는 시간 혹은 장소나 그 밖에 행위태양과 표현방법 등의 일부에 한정된 제한은 상대적 제한이 될 뿐이다. 이는 표현행위를 사전에 완전히 억제하는 것이 아니므로 표현에 대한 사전억제로서 헌법상 금지되는 허가의 요건을 충족하지 못하며, 다음 단계의 헌법심사인 과잉금지원칙의 위배 여부에 의하여 위헌여부가 판단되어야 할 것이라고 생각한다.[1)]

(2) 일반적 제한원칙으로서의 과잉금지원칙의 적용

집회와 시위의 자유 역시 국가안전보장·질서유지 또는 공공복리를 위하여 필요한 경우에는 법률로써 제한될 수 있으나(헌법 제37조 제2항), 그 경우에도 그 본질적 내용을 침해하지 않는 필요최소한의 범위에 그쳐야 하며, 과잉금지의 원칙이 준수되어야 한다. 헌법재판소는 해가 뜨기 전이나 해가 진 후의 시위를 일률적으로 금지하는 법률조항은 시위의 자유를 지나치게 제한하는 것으로 과잉금지의 원칙에 위배되어 위헌이라고 판단하였다.[2)] 또한 헌법재판소는 외교기관 주변 100미터 이내에서의 집회와 시위를 전면적으로 금지하는 조항

1) 그러한 의미에서 헌법재판소가 "집시법 제10조 본문은 야간옥외집회를 일반적으로 금지하고, 그 단서는 행정권인 관할경찰서장이 집회의 성격 등을 포함하여 야간옥외집회의 허용 여부를 사전에 심사하여 결정한다는 것이므로, 결국 야간옥외집회에 관한 일반적 금지를 규정한 집시법 제10조 본문과 관할 경찰서장에 의한 예외적 허용을 규정한 단서는 그 전체로서 야간옥외집회에 대한 허가를 규정한 것이라고 보지 않을 수 없고, 이는 헌법 제21조 제2항에 정면으로 위반된다."라고 판단한 것(5인의 다수의견)은 위 조항이 주간의 옥외집회와 시위는 규제하지 아니하므로 일부 시간적 한계를 가진 규제에 불과하다는 점을 고려하지 않은 점에서 타당하지 않다고 생각한다. 위 촛불집회 사건 결정, 헌재 2009. 9. 24. 2008헌가25, 판례집 21-2상, 427, 428면.

2) 시위는 공공의 안녕질서, 법적 평화 및 타인의 평온에 미치는 영향이 크고, 야간이라는 특수한 시간적 상황은 시민들의 평온이 강하게 요청되는 시간대로, 야간의 시위는 주간의 시위보다 질서를 유지시키기가 어렵다. 야간의 시위 금지는 이러한 특징과 차별성을 고려하여 사회의 안녕질서를 유지하고 시민들의 주거 및 사생활의 평온을 보호하기 위한 것으로서 정당한 목적 달성을 위한 적합한 수단이 된다. 그런데 집시법 제10조 본문에 의하면, 낮 시간이 짧은 동절기의 평일의 경우, 직장인이나 학생은 사실상 시위를 주최하거나 참가할 수 없게 되는 등 집회의 자유가 실질적으로 박탈되는 결과가 초래될 수 있다. 나아가 도시화·산업화가 진행된 현대 사회에서 전통적 의미의 야간, 즉 '해가 뜨기 전이나 해가 진 후'라는 광범위하고 가변적인 시간대는 위와 같은 '야간'이 특징이나 차별성이 명백하다고 보기 어려움에도 일률적으로 야간 시위를 금지하는 것은 목적달성을 위해 필요한 정도를 넘는 지나친 제한으로서 침해의 최소성 원칙 및 법익균형성 원칙에 반한다. 따라서 심판대상조항들은 과잉금지원칙에 위배하여 집회의 자유를 침해한다. 헌재 2014. 3. 27. 2010헌가2 등, 판례집 26-1상, 324면.

이 필요최소한의 제한을 넘어선 것으로 위헌이라고 판단하였다.[1] 법원청사 또는 국회의사당 주변 100미터 이내의 집회와 시위의 전면적 금지를 규정하는 조항에 대하여서는 당해기관들의 기능 보호라는 법익의 중요성을 이유로 합헌결정을 한 바 있었으나,[2] 공공기관 등이 밀집한 공적 광장 등에서의 집회·시위를 통한 민의의 수렴이 갈수록 중요하여지는 정치적, 사회적 변화를 감안하여 판례를 변경하여 국회와 법원 등의 100미터 이내 인접지역이라고 하더라도 당해 기관들의 기능을 해치지 않는 범위 내에서 최대한 집회·시위의 자유를 허용하여야 한다는 취지의 헌법불합치결정을 하였다.[3][4]

(3) 명백하고 현존하는 위험의 원칙의 적용 여부

표현의 자유의 제한에 있어서 적용되는 '명백하고 현존하는 위험의 원칙'이 집회와 시위의 자유 제한의 경우에도 적용되는 여부에 대하여서는 견해의 차이가 있을 수 있다고 생각되나, 원래 이 원칙이 발전된 미국 연방 대법원의 판례법 상으로는 이는 언론과 출판의 자유의 제한에 있어서만 적용되고 있으며, 집회와 시위의 자유의 경우에는 '공론장(public forum) 이론' 등 다른 특수한 법리에 의하여 그 제한의 합헌성 여부가 심사되고 있다.[5]

---

1) 헌재 2003. 10. 30. 2000헌바67, 판례집 15-2하, 41면. 외교기관 주변 집회시위 금지 위헌결정.

2) 헌재 2005. 11. 24. 2004헌가17, 판례집 17-2, 360, 360-361면. 법원 주변 집회시위 금지 합헌결정; 헌재 2009. 12. 29. 2006헌바20, 판례집 21-2하, 745면. 국회의사당 주변 집회시위금지 합헌결정.

3) 국회의 헌법적 기능은 국회의사당 인근에서의 집회와 양립이 가능한 것이며, 국회는 이를 통해 보다 충실하게 헌법적 기능을 수행할 수 있다. 국회의원은 국가이익을 우선하여 양심에 따라 직무를 수행해야 하므로, '민의의 수렴'이라는 국회의 기능을 고려할 때 국회가 특정인이나 일부 세력의 부당한 압력으로부터 보호될 필요성은 원칙적으로 국회의원에 대한 물리적인 압력이나 위해를 가할 가능성 및 국회의사당 등 국회 시설에의 출입이나 안전에 위협을 가할 위험성으로부터의 보호로 한정되어야 한다. 헌재 2018. 5. 31. 2013헌바322 등, 판례집 30-1하, 88면.

4) 법원 인근에서의 집회라 할지라도 법관의 독립을 위협하거나 재판에 영향을 미칠 염려가 없는 집회도 있다. 예컨대 법원을 대상으로 하지 않고 검찰청 등 법원 인근 국가기관이나 일반법인 또는 개인을 대상으로 한 집회로서 재판업무에 영향을 미칠 우려가 없는 집회가 있을 수 있다. 법원을 대상으로 한 집회라도 사법행정과 관련된 의사표시 전달을 목적으로 한 집회 등 법관의 독립이나 구체적 사건의 재판에 영향을 미칠 우려가 없는 집회도 있다. 한편 집시법은 심판대상조항 외에도 집회·시위의 성격과 양상에 따라 법원을 보호할 수 있는 다양한 규제수단을 마련하고 있으므로, 각급 법원 인근에서의 옥외집회·시위를 예외적으로 허용한다고 하더라도 이러한 수단을 통하여 심판대상조항의 입법목적은 달성될 수 있다. 심판대상조항은 입법목적을 달성하는 데 필요한 최소한도의 범위를 넘어 규제가 불필요하거나 또는 예외적으로 허용 가능한 옥외집회·시위까지도 일률적·전면적으로 금지하고 있으므로, 침해의 최소성 원칙에 위배된다. 헌재 2018. 7. 26. 2018헌바137, 판례집 30-2, 71면.

5) 1983. 4. 20, United States v. Grace, 461 U.S. 171(1983). 이 판결에서 미연방대법원은 공론장에서의 표현의 자유 제한은 단순한 합리성 심사가 아니라 엄격한 심사에 의하여 판단되어야 한다고 하였다.

그러나 집회와 시위는 집단적 표현행위이므로 집회와 시위의 자유 또한 표현의 자유의 한 형태라고 할 것이므로 명백하고 현존하는 위험의 원칙은 여기에도 적용된다고 보는 것이 상당하고, 헌법재판소는 이 원칙을 집회와 시위의 자유에까지 확대하여 적용하는 취지의 결정례를 낸 바 있다.[1)]

Ⅲ. 결사의 자유

결사의 자유의 보호대상인 결사는 '다수인이 공동의 목적을 위하여 자발적으로 결합하여 운영하는 지속적 단체'라고 할 수 있다. 결사의 자유의 주체는 자연인뿐만 아니라 법인도 될 수 있다.[2)] 결사의 자유에는 '단체를 결성할 자유'가 기초가 될 것이나, 단체존속의 자유, 단체활동의 자유 및 가입과 탈퇴의 자유가 포함된다. 또한 소극적으로 단체에 가입하지 아니할 자유도 도출된다. 결사의 자유의 제한은 헌법 제37조 제2항에 의거하여 법률로 행할 수 있다. 그러나 여기에는 과잉금지의 원칙이 준수되어야 할 것이다.[3)] 또한 이와 별도로 헌법 제21조 제2항은 '결사에 대한 허가를 인정하지 아니한다'고 규정하므로 집회와 시위의 자유에 적용되었던 허가제 금지의 법리는 여기에도 적용된다.

1) 집회의 금지와 해산은 원칙적으로 공공의 안녕질서에 대한 직접적인 위협이 명백하게 존재하는 경우에 한하여 허용될 수 있다. 헌재 2003. 10. 30. 2000헌바67, 판례집 15-2하, 41, 43면.

2) 법인 등 결사체도 그 조직과 의사형성에 있어서, 그리고 업무수행에 있어서 자기결정권을 가지고 있어 결사의 자유의 주체가 된다고 봄이 상당하므로, 축협중앙회는 그 회원조합들과 별도로 결사의 자유의 주체가 된다. 헌재 2000. 6. 1. 99헌마553, 판례집 12-1, 686면.

3) 헌법 제21조에서 말하는 '결사'란 자연인 또는 법인의 다수가 상당한 기간 동안 공동의 목적을 위하여 자유의사에 기하여 결합하고 조직화된 의사형성이 가능한 단체를 말하는 것으로서, 공법상의 결사는 이에 포함되지 아니한다(헌재 1996. 4. 25. 92헌바47, 판례집 8-1, 370, 377면). … 대한변리사회는 공법상의 법인이라기보다는 사법상의 법인으로서, 변리사들이 공동의 목적을 위하여 결합하고 조직할 수 있는 사법상의 결사에 해당하고, 이에 따라 변리사들은 대한변리사회에 자유롭게 가입하고 탈퇴할 수 있는 헌법상 결사의 자유를 누릴 수 있다 할 것인데, 변리사법 제11조 중 변리사 부분이 … 등록한 변리사를 변리사회에 의무적으로 가입하도록 한 것은 결사에 가입하지 않을 '소극적 결사의 자유'를 제한하는 데 해당한다. … 변리사회 가입강제는 변리사회의 법적지위를 강화하여 공익사업을 수행하고 지식재산권에 관한 민간차원의 국제협력을 증진하고자 하는 입법목적의 정당성이 인정되고, 등록된 변리사로 하여금 변리사회에 의무적으로 가입하도록 하는 것은 그 입법목적의 달성에도 적합하며, 그 입법목적을 달성하기 위하여 적합한 유일한 수단이어서 피해의 최소성 원칙에도 위반되지 않을 뿐만 아니라, 청구인의 불이익 … 보다 그 입법목적을 달성함으로써 얻게 되는 공익의 비중과 정도가 더 크다 할 것이므로 법익의 균형성 원칙에도 위배되지 않는다. 따라서 … 법 제11조 부분은 청구인의 결사의 자유를 침해하지 않는다. 변리사회 가입강제 합헌결정, 헌재 2008. 7. 31. 2006헌마666, 판례집 20-2상, 319, 329-332면.

제7항 학문과 예술의 자유

Ⅰ. 학문의 자유

1. 의 의

헌법 제22조 제1항은 '모든 국민은 학문의 자유를 가진다'고 하여 학문의 자유를 보장하며, 제2항은 '저작가·발명가·과학기술자 … 의 권리는 법률로써 보장한다'고 규정한다. 또한 제31조 제4항은 '교육의 자주성·전문성·정치적 중립성 및 대학의 자치는 법률이 정하는 바에 의하여 보장된다'고 하고 있다. 여기서 학문이란 '진리를 탐구하고 익히는 이성적 활동'을 말하며, 그 자유를 보장함으로써 학문활동의 자유경쟁이 제대로 실현되고 나아가 학문의 진보가 원활히 이루어질 수 있게 된다.

2. 법적 성격

학문의 자유는 학문적 활동에 대하여 국가의 개입과 간섭을 배제하는 의미를 가지므로 자유권적 기본권으로서의 법적 성격을 지닌다. 또한 학문의 자유의 보장은 제도보장으로서도 기능하여 헌법에 명문으로 인정한 바와 같이 저작권 등의 보장과 교육의 자주성·전문성·정치적 중립성 및 대학의 자치의 원칙을 수반하고 있다. 학문의 자유 자체는 개인의 주관적 공권으로서 최대한 보장이 될 것이나, 이에 수반된 제도보장은 제도의 핵심적 내용을 위반할 수 없는 최소한 보장이 될 것이다.

3. 내 용

학문의 자유 중 가장 기초적인 것은 연구의 자유이다. 학문의 연구는 연구자 개인이 주체가 되는 것은 물론이나 보다 체계적이고 효율적인 연구는 대학이나 연구단체에 의하여 집단으로 실시될 수도 있으며 그러한 의미에서 단체도 학문의 자유의 주체가 될 수 있다. 나아가 학문의 자유는 연구결과 발표의 자유, 교수의 자유, 학문적 집회·결사의 자유도 포함한다.

또한 학문의 자유로부터 대학의 자치권이라는 기본권이 도출된다고 해석하는데 여기서 대학이 학내의 질서유지권을 가지는지 문제되고 있다.

4. 제 한

학문의 자유 중 연구의 자유가 절대적 기본권인가 하는 점이 논의되는데 내면적 양심형성의 자유나 신앙형성의 자유와는 달리 연구의 자유는 외부적 행위를 수반하므로 엄밀한 의미에서 절대적 자유가 된다고 볼 수는 없다. 그러나 연구의 자유는 학문의 자유의 기초가 되는 중핵적 권리인 만큼 연구주제의 선정이나 개인적 연구활동을 방해하는 것은 허용되지 아니하며 이는 절대적 기본권에 준(準)할 정도의 보호를 받아야 할 것이다. 기타 외부적 행위를 수반하는 연구결과 발표, 교수, 학문적 집회·결사에 있어서는 공익에 의하여 법률로서 제한하는 것이 가능하다. 그러나 이 경우에는 헌법 제37조 제2항에 의한 과잉금지의 원칙이 준수되어야 하는 외에도 표현의 자유에 특별히 적용되는 사전제한금지의 법리와 명백하고 현존하는 위험의 원칙이 적용되어야 할 것이다.

5. 대학의 자율성 보장

(1) 기본권으로서의 대학의 자율성

학문의 자유로부터 대학의 자율권이 도출된다고 해석된다. 헌법 제31조 제4항은 "대학의 자율성은 법률이 정하는 바에 의하여 보장된다."라고 규정하고 있는데, 이는 대학에 대한 공권력 등 외부세력의 간섭을 배제하고 대학구성원 자신이 대학을 자주적으로 운영할 수 있도록 함으로써 대학인으로 하여금 연구와 교육을 자유롭게 하여 진리탐구와 지도적 인격의 도야(陶冶)라는 대학의 기능을 충분히 발휘할 수 있도록 하기 위한 것이며, 대학의 자율성은 헌법 제22조 제1항이 보장하고 있는 학문의 자유의 확실한 보장수단으로 꼭 필요한 것으로서 이는 대학에게 부여된 헌법상의 기본권이다.[1]

(2) 권리의 주체

대학의 자율의 주체는 기본적으로 대학이라고 할 것이나, 교수나 교수회의 주체성도 부정할 수 없다. 가령 학문의 자유를 침해하는 대학의 장에 대한 관계에서는 교수나 교수회가 주체가 될 수 있고, 또한 국가에 의한 침해에 있어서는 대학 자체 외에도 대학 전구성원이 자율성을 갖는 경우도 있을 것이므로 문제되는 경우에 따라서 대학, 교수, 교수회 모두가 단독, 혹은 중첩적으로 주체가 될 수 있다.[1]

(3) 자율권의 내용 범위

여기서 대학의 자율은 대학시설의 관리·운영만이 아니라 전반적인 것이라야 하므로 연구와 교육의 내용, 그 방법과 대상, 교과과정의 편성, 학생의 선발과 전형 및 특히 교원의 임면에 관한 사항도 자율의 범위에 속한다.[2] 그러나 대학의 자율성의 보호영역이 원칙적으로 모든 대학의 존립의 계속 보장에까지 미치는 것은 아니다.[3]

대학이 학내의 질서유지권을 가지는지 문제되나, 대학의 자율권을 인정하는 한 대학에게 학내의 1차적 질서유지권도 부여된다고 봄이 타당하다. 이는 대학의 요청이나 동의없이 질서유지의 명목으로 경찰권이 임의로 대학 구내에 개입할 수 없음을 의미한다. 그러나 대학 구내가 치외법권 지대가 되는 것은 아니며 범죄진압과 질서유지를 위하여 긴급한 상황이거나, 대학의 자율적 대처능력을 넘어선 혼란상태가 조성된 경우에는 경찰권의 개입은 허용될 수 있다.

(4) 제 한

대학의 자율도 헌법상의 기본권이므로 기본권제한의 일반적 법률유보의 원칙을 규정한 헌법 제37조 제2항에 따라 제한될 수 있고, 대학의 자율의 구체적인 내용은 법률이 정하는 바에 의하여 보장된다. 또한 국가는 헌법 제31조 제6항에 따라 모든 학교제도의 조직, 계획, 운영, 감독에 관한 포괄적인 권한,

1) 헌재 1998. 7. 16. 96헌바33 등, 판례집 10-2, 116, 144면.
1) 헌재 2006. 4. 27. 2005헌마1047 등, 판례집 18-1상, 601, 602면.
2) 헌재 1992. 10. 1. 92헌마68 등, 판례집 4, 659, 670면.
3) 헌재 2001. 2. 22. 99헌마613, 판례집 13-1, 367, 368면.

즉 학교제도에 관한 전반적인 형성권과 규율권을 부여받았다고 할 수 있고, 다만 그 규율의 정도는 그 시대의 사정과 각급 학교에 따라 다를 수밖에 없는 것이므로 교육의 본질을 침해하지 않는 한 궁극적으로는 입법권자의 형성의 자유에 속하는 것이라 할 수 있다. 따라서 교육공무원법 등 관련 법률이 대학의 자유를 제한하고 있다고 하더라도 그 위헌 여부는 입법자가 기본권을 제한함에 있어 헌법 제37조 제2항에 의한 합리적인 입법한계를 벗어나 자의적으로 그 본질적 내용을 침해하였는지 여부에 따라 판단되어야 한다.[1)]

Ⅱ. 예술의 자유

헌법 제22조 제1항은 '모든 국민은 예술의 자유를 가진다'고 하여 예술의 자유 또한 보장하며, 제2항은 '… 예술가의 권리는 법률로써 보호한다'고 규정한다. 여기서 예술이란 '일정한 표현매체를 통하여 작가의 가치를 표현하는 창작적 활동'을 말한다.

예술의 자유 또한 학문의 자유와 마찬가지로 단지 개인에게만 인정되는 것이 아니라 예술적 단체나 예술의 보급을 목적으로 하는 법인에게도 인정되는 기본권이다. 예술의 자유에는 가장 기초적으로 예술창작의 자유가 포함되며, 예술 표현의 자유와 나아가 예술적 집회·결사의 자유도 포함된다.

예술의 자유의 제한에 있어서 창작의 자유는 외부적 행위를 수반하는 측면에서 절대적 권리라고는 할 수 없지만 이에 준할 정도로 강한 보호가 이루어져야 하며, 예술표현의 자유와 예술적 집회·결사의 자유는 법률에 의하여 제한될 수 있지만, 그 제한에 있어서는 과잉금지의 원칙이 준수되어야 하고 표현의 자유 및 집회·결사의 자유에 적용되는 엄격한 헌법원칙에 부응하여야 한다.

---

1) 헌재 2006. 4. 27. 2005헌마1047 등, 판례집 18-1상, 601, 602면.

제8항 직업의 자유

1. 의 의

헌법 제15조는 '모든 국민은 직업선택의 자유를 가진다'고 규정한다. 제헌헌법은 직업의 자유에 관하여 명문의 규정을 두고 있지 않았으나 제3공화국 헌법 이후부터 헌법에 규정을 두고 있다.

직업의 자유에서 보호의 대상이 되는 직업은 '생활의 기본적 수요를 충족시키기 위한 계속적인 소득활동'이라고 정의할 수 있다. 그것은 원칙적으로 합법적인 것이 되어야 할 것이나 법률상 허용되는 범위 내에 있는 것인가 아닌가의 여부는 헌법적 판단의 결정적 지표가 될 수 없다. 따라서 헌법이 직업의 자유의 대상으로서 보호하는 직업은 그것이 개인의 생활수요를 충족시키기 위한 계속적 활동이기만 하면 합법적인 것이건 불법적인 것이건 모두 포함될 수 있다.[1)]

2. 법적 성격

직업의 자유는 자유권적 기본권의 하나로서 개인의 주관적 공권의 성격을 가진다. 국가가 개인의 직업활동에 간섭하려할 때 이를 배제할 권리이며 국가에 대한 방어권으로서의 성격을 가진다. 그러나 더 나아가 직업의 자유는 객관적 법질서로서의 의미도 가진다. 이는 자유주의를 기반으로 한 경제질서 보장의 한 내용이며, 자유주의 경제질서는 그 체제 내의 개인의 직업의 자유의 보장을 반드시 포함하여야 하기 때문이다. 결국 직업의 자유는 개인의 주관적 공권이면서 동시에 객관적 법질서로서 제도적 보장을 의미한다는 점에서 양면적인 법적 성격을 가진다.

---

1) 헌재 1998. 3. 26. 97헌마194, 판례집 10-1, 302면. 이 결정은 밀수품의 보석감정업도 직업의 자유 제한의 심판대상인 직업에 해당한다고 한다.

3. 내 용

직업의 자유의 내용은 3가지로 분류할 수 있다.

(1) 직업결정과 선택의 자유

직업의 자유에는 우선 자신의 직업을 결정 내지 선택할 권리가 포함된다. 직업 결정과 선택의 자유 중에는 전직(轉職)과 이직(移職)의 자유도 내용상 포함된다. 직업의 자유는 경제적 자유의 일환이므로 국가의 개입에 의하여 다양한 형태로 공익 목적의 제한이 이루어질 수 있는데, 직업의 자유의 여러 측면 중 직업의 선택과 결정 자체를 제한하는 것이 가장 강도 높은 심각한 제한이 된다.

(2) 직업수행의 자유

다음으로 직업 행사의 자유가 포함된다. 이는 선택한 직업을 영위하는 자유를 말한다. 개인은 자신의 직업상 임의로 활동하고 소득을 올릴 수 있는 자유를 가지는 것이다. 그 직업이 영리를 목적으로 한 경우 이는 영업의 자유라고 말할 수 있다. 그 밖에 경쟁의 자유 혹은 기업활동의 자유도 이에 속한다.

(3) 공직의 직업성

공직이 직업의 자유에 의하여 보호하는 직업에 포함될 것인지 여부가 문제된다. 헌법 제25조는 모든 국민은 법률이 정하는 바에 의하여 공무담임권을 가진다고 규정한다. 이는 직업의 자유를 공직의 측면에서 보장하는 것인바, 공직은 이를 원하는 모든 자에게 취임을 보장할 수는 없기 때문에 공직에 취임할 수 있는 기회균등을 보장하는 의미로 해석되고 있다. 그렇다면 이것과 직업의 자유의 관계에 있어서, 공직은 직업의 하나의 특수한 영역이므로 공직취임권은 직업의 자유의 특별한 경우로서 직업의 자유 보장에 우선한다고 보아야 할 것이다. 구체적으로 공직취임의 문제는 직업의 자유 보장의 문제와 중복되는 문제로 나타나는 경우가 많은데 그 경우 공무담임권이 우선 적용되므로 동 권리 침해의 문제로서 논하면 될 것이다.

예컨대 국립대학교에서 교원을 채용할 때 여성에게 할당제를 적용하는 법률을 제정하거나, 혹은 초등학교 교원채용의 경우 남성교원의 유지하기 위한 할당제를 도입한 법률이 존재하는 경우, 여기서 직업은 공직의 성격을 가지므로 공무담임권 제한에 대한 합헌성 심사를 진행하면 족하며 직업의 자유의 제한 문제는 이에 흡수되므로 별도로 논할 필요가 없게 된다.

4. 제　한

직업의 자유를 제한함에 있어서는 헌법 제37조 제2항이 준수되어야 하고 과잉금지의 원칙에도 적합하여야 한다. 나아가 독일 연방헌법재판소에서는 직업의 자유의 제한에 관하여 단계이론(Stufentheorie)이라고 불리우는 독특한 법리를 제시한 바가 있는데 우리 헌법재판소도 이러한 법리를 적용하고 있다.

(1) 단계이론

단계이론은 독일연방헌법재판소가 약국 개설에 있어서 약국들 간 상호 일정한 거리간격을 두어야만 하도록 규정한 법률조항의 위헌성을 판단한 사건 결정(약국판결)에서 제시한 헌법심사기준이다.[1] 여기서 동 재판소는 직업의 자유에 대한 규제가 약국들 간의 과당 경쟁을 방지하여 불량의약품의 범람과 약물과다사용과 남용을 방지하고자 하는 목적을 가진 것이라고 하더라도 이러한 입법목적으로 약국들 간에 거리를 제한하는 것은 헌법에 반한다고 판단하였다.

이 판결에서는 직업의 자유 제한을 ① 직업 행사의 자유를 제한하는 단계와 ② 주관적 사유에 의하여 직업 결정의 자유를 제한하는 단계 및 ③ 객관적 사유에 의하여 직업 결정의 자유를 제한하는 문제의 세 가지 단계로 나누어 단계가 높아짐에 따라 더 엄격한 헌법심사를 받아야 한다는 잣대를 제시하고 있다.

㈎ 주관적 사유와 객관적 사유에 의한 직업 결정의 자유 제한

변호사시험, 의사시험, 법무사시험 등 자격시험의 합격을 조건으로 하여 직업선택 자격을 부여하는 것은 주관적 사유에 의한 직업선택의 자유 제한에 속

---

1) Apothekenurteil, 1958. 6. 11. BVerfGE 7, 377ff.

한다. 이는 개인적인 노력과 주관적 능력의 판정 여하에 따라 제한 여부를 결정하는 것이다. 그에 비하여 객관적 사유에 의한 제한은 개인적 노력이나 능력 여하와 관계없이 국가에 의하여 주어진 객관적 조건에 의하여 부과되는 제한이다. 이는 독일의 약국판결에 의하면 "월등하게 중요한 공익에 대한 입증할 수 있거나 고도의 개연성을 가진 중대한 위험을 방지하기 위한 경우에만 정당화될 수 있다."라고 한다.[1)]

이러한 취지를 우리나라의 기본권 심사체계에 고려하여 볼 때 객관적 직업선택의 자유의 제한에는 일반원칙인 과잉금지의 원칙에 비교하여 더 엄한 기준에 의한 심사가 필요하고 이에 따라 '명백하고 현존하는 위험의 원칙'이 적용되도록 함이 타당하다. 여기서는 해당 공익에 대한 위험이 급박하여 해악의 근접성의 정도가 커야 하며, 공익이 사익에 비교하여 월등하게 중요한 경우가 되어야 할 것이다.

객관적 사유에 의한 직업선택의 자유의 제한은 왜 이렇게 엄격한 심사대상이 되어야 하는가. 경제적 자유의 제한에 대하여서는 정신적 자유의 제한의 경우와 비교하여 보다 완화된 심사원칙을 적용한다는 것이 일반적으로 받아들여지고 있다. 그러나 직업 결정의 문제는 해당 개인의 인격권 행사의 문제이기도 하다. 직업을 가지지 못하면 인격을 제대로 발현하는 생활을 할 수 없다. 생활의 기본적 수요를 충족시키는 것은 인간의 존엄을 지키기 위한 전제조건이므로 이 부분의 자유가 정신적 자유에 비하여 덜 중요하다고 할 수 없다. 이처럼 직업의 자유의 핵심에 해당하는 객관적 직업선택의 자유의 제한의 문제는 인간의 존엄성 보장과 직결되므로 일반적 기준에 의한 심사만으로 만족할 수 없다는 것이다.

사회적으로 인기가 있고 공익성이 강한 직업에는 개인의 능력을 심사하여 그 직역에 합당한 자질을 구비한 자에게만 당해 직업에 종사할 수 있도록 하여야 할 것이고, 이로 인한 직업의 자유 제한에 대하여서는 일반적 기준에 의하여 심사하는 것으로 족할 것이다. 그러나 개인적 능력이나 자질과 아무런 관련이 없는 사유로 이를 제한하는 것은 일반원칙으로도 부족하며 보다 강력한 심사원칙에 의하여 합헌성이 부여되어야 한다고 보는 것이다.

1) BVerfGE 7, 378.

㈏ 직업행사의 자유 제한

직업수행의 자유의 제한은 주점업자의 영업시간 제한, 변호사의 개업지 제한이나 수임료 액수 제한, 의사의 영업광고 제한 등과 같이 직업활동을 허용하되 단지 시간, 장소, 기타 방법상의 제한을 가하는 것을 말한다.

직업수행의 자유의 제한은 경제적 규제에 수반되는 경우가 빈번하고, 경제적 규제 영역에서는 일반적으로 입법자의 입법재량이 광범위하게 인정되고 있다. 따라서 여기서는 일반적으로 완화된 심사, 합리성 심사 혹은 명백성 심사에 그치는 것으로 족하다. 그러므로 일반적으로 입법목적이 정당하다고 판단되면 위헌성이 문제되지 아니하나 당해 조치가 이러한 입법목적의 달성에 전혀 기여하지 못하는 부적절한 수단이 되고 있는 경우나 입법자의 입법형성권을 행사함에 있어서 재량권을 일탈하거나 남용하는 경우에는 위헌이 될 수 있다.

(2) 헌법재판소의 판단기준

헌법재판소는 직업수행의 자유를 제한할 때에는 광범위한 입법재량을 인정하여 완화된 심사를 하고, 객관적 사유에 의한 직업선택의 자유 제한의 경우는 매우 엄격한 심사를 하여 월등하게 중요한 공익에 대한 명백하고 확실한 위험이 인정될 것을 요구하는 엄격한 심사를 행한다.[1] 이러한 심사기준이 표현의 자유에서 적용되는 명백하고 현존하는 위험의 원칙과 정도가 같은 것인지 여부는 논란의 대상이 될 수 있으나, 공익 침해의 위험에 대한 판단에 있어서 그것이 명백하고 확실한 것인지 아니면 명백하고 현존하는 것인지는 사실상 구분이 곤란할 정도로 유사한 기준이며 명백하고 현존하는 위험이라는 것도 결국은 법익교량에 있어서도 공사익간에 현저한 차이가 존재하여야만 인정될 수 있을 것임을 감안할 때 양자의 심사기준은 어의의 표현차이에도 불구하고 서로 유사한 정도의 심사강도를 가지는 것으로서 구분의 필요성은 크지

1) 이 사건 법률조항은 청구인들과 같이 경비업을 경영하고 있는 자들이나 다른 업종을 경영하면서 새로이 경비업에 진출하고자 하는 자들로 하여금 경비업을 전문으로 하는 별개의 법인을 설립하지 않는 한 경비업과 그 밖의 업종간에 택일하도록 법으로 강제하고 있다. 이와 같이 당사자의 능력이나 자격과 상관없는 객관적 사유에 의한 제한은 월등하게 중요한 공익을 위하여 명백하고 확실한 위험을 방지하기 위한 경우에만 정당화될 수 있고, 따라서 헌법재판소가 이 사건을 심사함에 있어서는 헌법 제37조 제2항이 요구하는바 과잉금지의 원칙, 즉 엄격한 비례의 원칙이 그 심사척도가 된다. 헌재 2002. 4. 25. 2001헌마614, 판례집 14-1, 410-411면. 경비업법 사건 결정. 같은 취지의 결정례로서 헌재 2002. 5. 30. 2000헌마81; 헌재 1998. 3. 26. 97헌마194 등 참조.

않다고 본다.

또한 헌법재판소는 직업행사 자유의 제한의 경우와 객관적 사유에 의한 직업선택의 자유 제한의 경우 모두 과잉금지원칙이 적용된다고 하면서 전자의 경우 약한 심사를 하고 후자의 경우에는 엄격한 심사를 한다는 취지로 판단하고 있으나, 비례의 원칙 심사에 있어서 목적의 정당성과 수단의 적합성 심사에 그치는 것을 약한 심사로, 나아가 피해의 최소성과 법익의 균형성까지 따져보는 것을 강한 심사로 보아서 상호 명확한 구분을 두는 것이 타당하다고 생각한다.

5. 관련 판례

직업의 자유와 관련한 판례를 제한유형별로 나누어 살펴본다.

(1) 직업행사의 자유 제한의 경우

직업행사의 자유 제한이 위헌이라고 주장된 헌법재판 사건은 많으나 위헌이 선고되는 사례는 드물다. 그럼에도 불구하고 위헌이 선고된 사건은 종종 존재하는데 그러한 의미에서 앞서 본 단계론에 의한 심사원칙이 헌법재판의 실제에서는 반드시 명확하게 적용되고 있지는 않고 있다고 할 수 있다.

㈎ 자동차운전학원의 수강생으로서 운전면허를 취득한 자가 교통사고를 내면 당해 운전학원이 일정기간 영업이 정지되도록 한 법률조항에 대한 헌법재판 사건에서 헌법재판소는 동 조항이 헌법에 위반한다고 결정하였다. 이 조항에 따른 조치는 운전학원의 직업행사의 자유를 제한하는 것인데, 사설학원에 면허발급 권한을 위임하면서 상응한 책임을 지도록 하여 면허남발의 위험을 방지하기 위하여 설정된 제도라고 할 수 있다. 이 조항은 정당한 공익의 유지를 위한 것으로서 그 입법목적은 정당하나, 헌법이 요구하는 '자기책임의 원칙'에 비추어 볼 때, 교통사고를 낸 자와는 전혀 다른 법적 주체인 학원에게 책임이 귀속되도록 규율하는 것은 헌법에 위반된다는 판단을 받았다.[1)]

㈏ 학교인근의 극장 설립제한 사건에서 헌법재판소는 관련 직업행사의 자유의 제한의 합헌성 여부는 유치원, 초등학교, 중고등학교, 대학교 등 학교를

1) 헌재 2005. 7. 21. 2004헌가30, 2004헌가4(병합). 자동차운전학원 운영정지 사건 결정.

구분하여 판단하였다. 그리하여 대학교 앞의 거리제한은 전부 위헌이라고 판단하고, 유치원과 초등학교 및 중고등학교인 경우에는 학생들에게 해가 없는 영화를 상영하는 극장의 경우에는 위헌이라는 취지에서 헌법불합치의 판단을 하였다.[1]

(2) 주관적 사유에 의한 직업의 자유의 제한의 경우

변호사나 세무사와 같이 공익성을 띤 전문영역의 업무를 하기 위해서는 일정한 자격시험을 합격하여야만 하도록 강제되어 있는데 헌법재판소는 이러한 변호사시험 혹은 세무사시험의 제도가 모두 합헌이라고 결정하였다.[2] 사설학원강사를 함에 있어서 대학졸업의 자격을 갖추도록 요구하는 것에 대하여서도 합헌이라고 결정하였다. 그러나 국공립 사범학교의 졸업자에게 교사 채용의 우선권을 주도록 하는 법률조항에 대하여는 주관적 사유에 의한 직업선택의 제한이기에 앞서 평등권 위반의 문제가 심각한 점을 들어 위헌이라고 판단한 바 있다.[3]

(3) 객관적 사유에 의한 직업결정의 자유의 제한의 경우

㈎ 법무사법시행규칙에 의하여 법무사자격시험은 법원행정처장이 필요하면 실시할 수 있도록 하면서 실제로는 이 시험을 전혀 실시하고 있지 아니한 경우, 이 규칙은 법무사가 되고자 하는 국민의 직업선택의 자유를 제한하는 것이 된다. 또 그 제한의 사유는 당해 국민의 자질이나 능력 등을 참작하겠다는 것이 아니라 단지 법원과 검찰에서 퇴직한 자들만으로도 공급이 충분하므로 더 이상 자격자를 배출할 필요가 없다는 것이었으므로 이러한 제한은 직업행사자의 주관적 사유와 무관한 사항에 대한 고려에서 야기된 것으로서 객관적 사유에 의한 직업선택의 자유의 제한의 전형적인 것이다. 이에 대하여 헌법재

1) 헌재 2004. 5. 27. 2003헌가1. 학교보건법 사건 결정.

2) 헌재 1995. 6. 29. 90헌바43. 변호사 자격사건; 헌재 2003. 9. 25. 2001헌마156. 법무사 자격사건; 헌재 2002. 8. 29. 2002헌마160. 세무사 자격사건.

3) 국·공립사범대학 등 출신자를 교육공무원인 국·공립학교 교사로 우선하여 채용하도록 규정한 교육공무원법 제11조 제1항은 사립사범대학졸업자와 일반대학의 교직과정이수자가 교육공무원으로 채용될 수 있는 기회를 제한 또는 박탈하게 되어 결국 교육공무원이 되고자 하는 자를 그 출신학교의 설립주체나 학과에 따라 차별하는 결과가 되는 바, 이러한 차별은 이를 정당화할 합리적인 근거가 없으므로 헌법상 평등의 원칙에 어긋난다. 헌재 1990. 10. 8. 89헌마89, 판례집 2, 332면. 국공립 사범대학 출신자 우선채용 위헌결정.

판소는 위헌을 선고하였다.[1]

(나) 검찰총장 퇴임자의 공직취임제한을 내용으로 하는 조항도 이러한 범주에 속한다. 우리나라의 사법현실에서 검찰총장이 퇴임하면 법무부장관으로 가는 일이 빈번하였고 이러한 사정이 관례화되어 일반적으로 검찰총장은 퇴임 후의 다른 공직취임을 의식하여 정치권이나 권력자의 눈치를 보는 등 검찰권의 독립성을 훼손하는 요인이 되었으므로 검찰청법에 검찰총장은 퇴임 후 모든 공직에 취임할 수 없도록 하는 규정을 설치하게 되었던 것이다.

그러나 동 규정의 도입 당시 검찰총장은 동 조항이 검찰총장의 직업선택의 자유를 제한하는 것이라고 주장하면서 헌법소원심판을 청구하였다. 이에 관하여는 객관적 사유에 의한 직업선택의 자유의 제한으로서 이에 상응한 엄격한 심사가 진행되어 위헌이 선고되었다.[2] 이러한 선례에 따라 국가인권위원회의 위원의 퇴임후 공직 취임을 금지하는 법률조항에 대하여서도 위헌이 선고되었다.[3]

(다) 당구장에는 18세 미만자가 출입할 수 없다고 게시하여야 한다고 규정한 행정규칙은 위헌이라고 결정되었는데 이는 그 내용이 부당하였기 때문이 아니라 규제의 형식이 문화관광부 규칙에 의하였고 그 근거법률이 존재하지 아니하였기 때문이었다. 헌법 제37조 제2항에 따라 기본권인 직업의 자유를 제한함에 있어서는 법률에 의하거나 적어도 법률에 근거를 두어야 하며, 이와 같은 법률적 근거를 전혀 두지 아니하였다면 기본권 제한의 내용에 관하여 더 이상 살펴볼 것도 없이 형식심사에 의하여 위헌으로 된다.[4]

1) 헌재 1990. 10. 15. 89헌마178. 법무사법 시행규칙 위헌결정.
2) 헌재 1997. 7. 16. 97헌마26, 판례집 9-2, 72면. 검찰총장 퇴임후 공직제한 위헌결정.
3) 헌재 2004. 1. 29. 2002헌마788, 판례집 16-1, 154면. 국가인권위원회법 제11조 위헌결정.
4) 당구장에 대한 출입규제 내지 봉쇄는 법률(또는 법률이 구체적으로 명확히 범위를 정하여 위임한 경우의 법규명령)에 의하여서만 비로소 가능하다고 할 것인바, 이 사건 심판대상규정은 모법(母法)의 위임이 없는 사항을 규정하고 있어 결국 위임의 범위를 일탈한 것이다. 헌재 1993. 5. 13. 92헌마80, 판례집 5-1, 365, 366면. 당구장 출입금지 표시 위헌결정.

제4절 재 산 권

1. 의 의

(1) 재산권의 개념

재산권이란 인간에게 쓸모를 가진다는 의미의 사적 유용성(私的 有用性)과 이에 대한 처분권을 포함한 모든 재산적 가치가 있는 구체적 권리를 말한다. 재산적 가치가 있는 모든 권리가 이에 포함된다.

(2) 재산 일반의 재산권성

재산 일반 자체가 재산권을 형성하는 것인가 하는 문제가 있다. 예컨대 부당하게 조세부과처분의 대상이 되었다고 주장하는 국민이 헌법재판에서 위헌판단을 받기 위하여서는 당해 조항이 기본권을 침해하여 위헌이라는 주장을 할 필요가 있을 수 있다. 여기서 위헌적 조세부과는 재산권을 침해하는 것으로 볼 것인가, 또는 조세 부과 자체는 납세대상자의 재산 일반을 대상으로 할 뿐 특정한 재산을 취거하거나 이에 특별한 부담을 주는 내용을 가지지 아니하므로 재산권을 침해하는 것은 아니라고 볼 것인가 하는 문제가 쟁점이 된다. 헌법재판소는 재산 일반도 재산권의 큰 범주에 들어가므로 재산권 침해의 대상이 된다고 보며, 조세부과처분과 부담금부과처분 등 일반적인 금전납부의무 부과처분은 당해 의무자의 재산권을 제한하는 성격을 가짐을 인정하였다.[1)]

(3) 재산권 보장의 의미

재산권의 보장이 당해 재산의 가치보장을 의미하는가 아니면 그 존속을 보장하는가. 여기서 보장한다고 함은 개개의 물건을 종국적으로 보유하도록 한다는 의미가 아니고, 원칙적으로 보유하되 공익적 필요가 있을 때에는 보상을 함으로써 언제든지 국가의 제한은 정당화될 수 있다는 정도의 것이라고 보는

1) 헌법소원심판청구에 있어서 조세부과처분의 근거법령에 대한 심판청구는 권리침해의 직접성 요건의 결여를 이유로 받아들여질 수 없는 경우가 많겠으나, 위헌법률심판의 경우에는 재산권 등 기본권 침해를 이유로 하여 대상 법률이 위헌판단을 받을 수 있을 것이다.

견해가 있다. 재산권의 보장은 그 대상물의 존속을 보장하는 것이 아니라 그 가치를 보장함을 의미한다는 것이다(가치보장설).

이에 대하여 재산권이 당해 재산의 경제적 가치를 넘어서 그 존속을 보장한다는 견해는 재산권의 자유보장적 기능을 중시하는 입장에서 나온 것이다. 개인의 재산은 자유를 향유하기 위한 물질적 기초 내지 바탕이 된다. 따라서 존속보장의 의미를 과소평가할 수 없으며, 재산의 변용(變容)을 국가가 합리성 없이 자의적으로 강제하거나 강요할 수 없다는 것이다. 나아가 공공의 필요에 의하여 재산권을 수용할 수 있다는 이유만으로 재산권이 단지 가치보장에 불과하다고 단언할 수 없고 그 자유보장 및 행복추구적 기능을 무시할 수 없다고 보는 것이다(존속보장설).

2. 법적 성격

헌법에 의하여 보장되는 재산권은 국가권력 등 외부적 세력으로부터 방해받지 않고 임의로 향유할 수 있는 권리로서 자유권의 성격을 가지며 동시에 사유재산제도에 대한 제도적 보장의 의미도 가진다. 따라서 재산권은 공공복리에 의하여 제한할 수 있다고 하더라도 사유재산제를 폐지하는 정도에까지 이를 수는 없다. 따라서 공익 목적으로 재산권을 제한하더라도 그 정도가 극도로 심하여져서 국가가 개인의 재산을 일괄 관리하는 정도에까지 이를 수는 없다고 할 것이다. 이와 같이 재산권은 위의 두 가지 성격을 함께 지닌다고 보는 권리·제도 동시보장설이 일반적 견해이다.

3. 내 용

(1) 내용과 한계의 법률적 형성

㈎ 헌법 제23조 제1항 제2문은 재산권의 내용과 한계는 법률로 정한다고 규정한다. 재산권은 한편으로 생래적 천부인권의 성격을 가지나 한편으로 실제적 내용이 법률에 의하여 구체화되어야 제대로 행사될 수 있는 권리이다.

재산권은 개인이 혼자서 이를 향유하기만 하는 것이 아니며 거래의 대상이 되어 다른 개인 및 사회와의 관련성을 가지게 된다. 그 권리의 내용과 한계가 어떠한지를 법률에 의하여 미리 정하여두지 않으면 재산권 거래와 유통의 법적 안정성이 확보될 수 없다.

재산은 소유권뿐만 아니라 지상권, 유치권, 질권, 채권 등 다양한 형태로 존재하며, 재산권의 종류별로 그 내용과 효력이 미리 정하여져 있어야 제대로 이용될 수 있다. 그런 의미에서 입법에 의한 형성이 필요한 권리이다. 재산권은 유통을 전제로 하기 때문에 사회적 표준이 정하여져야 하고 이를 위하여서라도 법률에 의하여 내용과 한계가 미리 형성되어야만 한다.

(나) 그렇다면 재산권의 내용을 법률로 정하기만 하면 어떠한 내용을 담아도 좋은 것인가. 예컨대 모든 개인 소유물을 언제든지 국가가 몰수할 수 있도록 하는 등의 극단적 내용을 정할 수는 없을 것이다. 재산권은 입법적 형성에 의하여 구체화되는 권리이기는 하지만 이러한 형성에 즈음하여 입법자는 반드시 기본권 제한에 관한 헌법원칙을 준수하여야 한다. 이를 위반하면 그 법률 자체가 헌법위반이 될 것이며 이에 합치되는 새로운 법률이 만들어져야 한다.

(2) 재산권 행사의 공공복리성

헌법 제23조 제2항은 재산권의 행사는 공공복리에 적합하여야 한다고 규정한다. 일반적으로 모든 기본권은 헌법 제37조 제2항에 따라 공공복리를 위하여 제한할 수 있다. 그런데 재산권의 경우 사회적 관련성이 다른 기본권에 비교하여 두드러지게 크다. 공공복리 적합성은 다른 기본권에서는 여러 제한 원리의 하나에 불과하나 재산권의 경우에는 권리의 내재적 한계원칙으로서도 작용한다. 재산권의 행사는 사회적 수인의 한도를 넘어서면 공공복리에 대한 부적합을 이유로 이미 정당한 권리행사의 범위 자체에 포섭될 수 없게 되는 것이다. 그러나 일반적으로는 일정한 공공복리적인 목적을 추구하기 위하여 재산권을 제한하는 입법은 헌법 제37조 제2항의 적용을 받고 과잉금지의 원칙에 의하여 그 헌법적합성이 심사된다.[1)]

---

1) 헌법은 "모든 국민의 재산권은 보장된다. 그 내용과 한계는 법률로 정한다.", "재산권의 행사는 공공복리에 적합하도록 하여야 한다."(제23조 제1항, 제2항)고 규정함으로써 재산권은 법률로써 규제될 수 있고, 그 행사 또한 일정한 제약을 받을 수 있다는 것을 밝히고 있다. 재산권이 법질서 내에서 인정되고 보호받기 위해서는 입법자에 의한 형성을 필요로 한다. 즉, 재산권은 이를 구체적으로 형성하는 법이 없을 경우에는 재산에 대한 사실상의 지배만 있을 뿐이므로 다른 기본권과는 달리 그 내용이 입법자에 의하여 법률로 구체화됨으로써 비로소 권리다운 모습을 갖추게 된다. 입법자는 재산권의 내용을 구체적으로 형성함에 있어서 헌법상의 재산권보장(헌법 제23조 제1항 제1문)과 재산권의 제한을 요청하는 공익 등 재산권의 사회적 기속성(헌법 제23조 제2항)을 함께 고

(3) 공공필요에 의한 재산권의 수용

㈎ 공공복리에 의한 재산권 한계 또는 제한과의 구별

ⓐ 헌법 제23조 제3항은 '공공의 필요에 의한 재산권의 수용, 사용, 제한은 법률로 하여야 하고 이에 대하여 정당한 보상을 지급하여야 한다'고 규정한다. 그러나 한편으로 헌법 제23조 제2항은 재산권의 행사는 공공복리에 적합하여야 한다고 규정하므로, 특정의 재산에 대하여 그 권리자가 가지는 재산권 행사의 경계는 공공복리 적합성이 될 것이나(제2항), 더 나아가 공공의 특별한 필요가 있을 경우에는 국가는 개인의 재산 그 자체를 수용할 수 있게 된다. 다만 이와 같은 재산권의 박탈에는 정당한 보상이 필요하다. 또한 헌법 제37조 제2항에 의하여 재산권은 공공복리의 요구가 있으면 법률로 제한할 수 있다. 이에는 과잉금지의 원칙이 적용되며, 비례의 원칙을 충족하기 위한 정도의 보상으로 족하다.

여기서 헌법 제23조 제2항의 공공복리와 제3항의 공공의 필요가 개념상 어떻게 구분되는지, 또한 헌법 제23조 제3항에 의한 공용수용 등의 경우와 헌법 제37조 제2항에 의한 재산권의 제한이 그 요건이나 효과 면에서 어떻게 구별되는지 분명히 할 필요가 발생한다.

ⓑ 헌법 제23조 제2항의 공공복리는 재산권의 내재적 한계로 기능하며, 개념상 가장 폭이 좁고 엄격한 의미의 것이다. 일반적으로 헌법질서 위반, 사회적 윤리도덕 위배, 타인의 권리 침해 등이 여기에 해당한다.

헌법 제37조 제2항 소정의 기본권 제한의 목적인 공공복리의 개념은 이보다 비교적 넓은 것이다. 일반적으로 공익목적에 긍정적으로 봉사하는 모든 이익이 여기에서 말하는 공공복리의 개념에 포함될 수 있다. 기본권의 제한은 법률에 의하여야 하며 과잉금지의 원칙에 복종한다. 그리고 기본권의 본질적 내용을 침해할 수 없는 것이다. 그러나 헌법 제23조 제3항의 공공필요가 있는 경우의 재산권의 수용의 경우에는 기본권 자체를 박탈할 수 있으나 정당한 보상을 전제로 한다는 특징을 가지고 있으므로 공공의 필요의 개념이 무조건적

려하고 조정하여 양 법익이 조화와 균형을 이루도록 하여야 한다. 헌재 1998. 12. 24. 89헌마214, 판례집 10-2, 927, 944-945면; 헌재 2000. 6. 29. 98헌마36, 판례집 12-1, 869, 881면.

그런데 입법자가 재산권의 내용과 한계를 형성함에 있어서도 과잉금지의 원칙을 준수해야 하고, 재산권의 본질적 내용인 사용·수익권과 처분권을 부인해서는 안 된다. 헌재 2003. 8. 21. 2000헌가11 등, 판례집 15-2상, 186, 199면; 헌재 2012. 7. 26. 2011헌마169, 판례집 24-2상, 285면

으로 헌법 제37조 제2항의 공공복리의 개념보다 엄격하여야 한다고 단정하기는 어렵다.[1)]

(c) 예컨대 도로를 개설할 경우 육교나 지하도를 만들어 회피하는 것 정도는 제37조 제2항의 제한일 것이고 당해 토지를 국가가 도로의 용도로 직접 취하는 것은 제23조 제3항의 수용이 될 것이다. 제23조 제3항의 공공의 필요는 국가가 필요하다고 생각하면 당해 재산권 자체를 언제든지 박탈해 갈 수 있다는 의미에서 기본권의 본질 침해의 성격을 가지고 있고 이는 제37조 제2항의 법리에서 볼 때 불가능할 것이나, 정당 보상을 조건으로 하여 이것이 헌법적으로 허용되는 것임을 헌법 제23조 제3항이 분명히 밝힌 것이다.

(나) 경계이론과 분리이론의 구분

어디까지가 공공복리에 의한 내재적 제약이고 어떤 경우에는 공공필요에 의한 공용수용인가 하는 구분점과 관련하여 이른바 경계이론과 분리이론의 시각이 대립된다.

(a) 경계이론에 의하면, 재산권에 대한 제약을 가함에 있어서 제약이 아주 약한 단계에서는 공익을 위한 내재적 한계에 해당하여 제23조 제2항에 따른 한계에 불과할 것인데 제약이 점점 강하여지면 그것은 내재적 한계를 넘어서 공공수용에 해당하여 보상이 필요하게 된다. 그 사이의 어느 지점에 한계선이 존재한다. 이 경계야말로 당해 제약이 내재적 한계에 불과한가 혹은 공공수용에 해당하는가를 결정하는 기준이 된다. 따라서 경계이론은 공공복리에 의한 내재적 제약과 공공필요에 의한 공공수용이 본질적으로 같은 재산권의 제약이며 단지 재산권 제약의 강도의 차이에 따라 구별되는 것에 불과하다고 본다.

(b) 그러나 분리이론은 헌법 제23조 제2항과 제3항의 관계는 본질적으로 서로 차원이 다른 분리된 별개의 문제라고 본다. 제23조 제2항 소정의 사회적 제약은 재산권을 행사함에 있어서 일반적이고 객관적인 재산권의 범위 설정의 문제이다. 권리자가 재산권을 멋대로 남용하는 것을 헌법이 보장할 수 없으며 그러한 의미에서 재산권 행사의 범위를 일반추상적으로 한계지우는 것이다. 그러나 제3항은 이미 공공복리에 의하여 한계지워져서 형성된 재산권이 다시 공공의 필요에 의하여 특별히 희생(besonderer Opfer)될 수 있도록 하는 현실적

1) 헌법 제37조 제2항의 개념이 제23조 제2항의 것과 동일하다는 견해(문홍주)도 있으나 현재는 제23조 제2항의 개념이 보다 좁은 개념이라고 함이 일반적으로 인정되고 있다.

구체적 원리이다. 특정 지역의 공공사업을 위하여 그 지역의 토지를 수용하는 것과 같다.

(c) 경계이론과 분리이론의 시각의 차이는 위헌심사의 기준에서 나타난다. 분리이론에 따르면 제2항의 사회적 제약의 문제는 기본권의 내재적 제약, 비례의 원칙, 평등의 원칙, 신뢰보호의 원칙 등에 따라 판단하게 된다. 그러나 제3항의 공용수용의 문제는 '공공의 필요'라는 특수 요건에 따라 위헌 여부가 결정된다고 하는 결론이 된다. 경계이론에 따르면 기본권이 강하게 침해되면 보상이 필요하고 약하게 침해되면 보상이 필요없다고 하게 되므로 이에 관련한 헌법의 일반원칙이 모두 적용되게 된다. 분리이론이 일반적 견해라고 할 수 있으며 이에 의하면 특별희생에 의한 공용수용의 경우에는 제23조 제3항에 의하여서만 위헌 여부를 판단하며 비례의 원칙 등을 적용할 필요가 없게 될 것이다.

㈐ 분리이론에 따른 재화조달의 요건

공공의 필요에 의한 특별희생을 본질로 보는 분리이론에 의할 때 공용수용은 결국 공익상 필요한 '재화조달(Güterbeschaffung)'을 요건으로 하는 것으로 해석된다.[1] 하지만 공용수용만을 규정하는 독일 기본법의 경우와는 달리 우리 헌법 제23조 제3항은 공공의 필요에 의한 재산권의 수용 뿐 아니라 사용과 제한까지 인정하고 있어 문제가 된다. 여기서 공용사용은 재산권 자체는 그대로 두되 재산의 사용권을 박탈하는 것이므로 공공의 필요에 의한 국가나 공공기관 등의 '재화조달'을 요건으로 한다고 보기에 무리가 없다.[2] 재산권의 제한은 공공필요에 의한 재화조달과는 무관한 경우도 많겠지만[3] 특수한 경우 국가의 재화조달과정에서 재산권의 박탈과 사용이 아닌 제한과 부담이 발생할 수 없는 것도 아니다.[4] 따라서 공용수용·사용 이외에 공용제한의 경우에도 공공의

1) BVerfG, Urt. v. 12. 6. 2016. 1 BvR 2821/11, BVerfGE 143, 246-396. 독일 탈원전법의 재산권 침해를 인정한 결정으로서 공용수용이 재화조달을 요건으로 함을 분명히 한 사례이다.

2) 공용사용인 것으로 인정하여 제23조 제3항을 적용한 헌법재판소의 결정례로 다음 사례가 있다. "기존에 설치된 (고압송전선) 전원설비 선하 토지의 사용권원을 확보하는 사업에 관하여 전원개발사업자가 해당 토지를 사용할 수 있도록 정한 전원개발촉진법 조항은 그 문언뿐만 아니라 규율형식의 면에서도 개별·구체적으로 제3자의 토지에 관한 재산권을 사용 또는 제한하려는 성격을 갖고 있다. 이 사용조항이 재산권을 침해하는지 여부를 판단하기 위해서는 헌법 제23조 제3항이 규정하고 있는 공용사용의 헌법적 요건을 갖추고 있는지 여부 … 를 살펴보아야 한다." 2019. 12. 27. 2018헌바109, 판례집 31-2, 113, 123면. 고압송전선 선하지 공용사용조항 합헌결정.

3) 아래 (2) 개별적 문제에서 기술하는 그린벨트 위헌결정이 이러한 사례이다.

필요에 의한 재화의 조달을 요건으로 한다고 보는 것이 분리이론에 일관된 결론으로서 타당하다.

4. 제 한

(1) 일반론

재산권을 제한하는 법률의 위헌 여부를 판단할 때에는 우선 공익상 필요한 범위 내에서만 제한하고 있는지 여부를 비례원칙 등 일반적 헌법원칙에 의하여 판단한다. 또한 재산권을 새로이 제한하는 내용의 법률은 반드시 과거로 향한 심사가 필요하며 따라서 신뢰보호의 원칙의 위배 여부의 문제를 판단하여야 한다.

만약 제한권 제한의 내용이 공용수용에 해당한다면 헌법 제23조 제3항 소정의 공용수용의 요건에 적합한가 여부, 즉 공적 필요에 의한 것인지 혹은 정당한 보상이 이루어지는지 여부에 따라 위헌 여부를 판단하게 된다.

(2) 개별적 문제

㈎ 토지 공개념과 토지재산권 제한입법의 헌법적합성

재산권의 사회적 한계와 관련하여 인구에 비하여 좁은 국토를 보유한 우리나라에서 경제발전과 개발에 따른 급격한 지가상승으로 토지를 치부의 수단으로 삼고 투기하는 현상이 만연하고 국민경제에 심각한 타격을 가져오자 국가적으로 한정된 자원인 토지에 대한 재산권의 행사는 국민경제와 물가의 안정 등 경제적 공익목적에 강하게 종속되어야 한다는 '토지공개념(土地公槪念)'이 논의되고 이에 따라 ① 일정한 투기지역의 토지거래는 관할 당국의 허가를 받도록 강제하는 토지거래허가제, ② 200평 이상의 토지를 택지로 사용할 수 없도록 하는 택지소유상한제, ③ 보유토지의 가격상승으로 발생한 평가이익을 조세방식으로 환수하는 토지초과이득세제를 법률로 시행하였다.

헌법재판소는 토지거래허가제는 투기거래 억제를 위한 것으로 사유재산의 과도한 제한이 아니라는 이유로 그 합헌성을 인정하였으나,[1] 택지소유상한제

---

4) 예컨대 원자력발전소 건설부지로 수용된 장소 인근 토지는 직접 공용수용·사용된 것은 아니지만 주변의 원자력발전소 건설로 인하여 효용가치가 현저히 떨어지게 되므로 이와 같은 재화조달로 인한 공용제한으로 볼 수 있을 것이다.

는 개인의 인격실현의 공간이라는 택지의 특성을 강조하면서 재산권의 과도한 제한임을 이유로 위헌이라고 판단하였고,[1] 토지초과이득세 또한 미실현이득에 대한 과세로서 장래 소득이 발생하지 아니하는 경우에도 부담을 발생시키는 등 재산권을 과도하게 침해한다는 이유로 헌법불합치의 결정을 하였다.[2]

나아가 종래 시행되어 온 개발제한구역(이른바 그린벨트) 지정제도에 관련하여, 헌법재판소는 그린벨트를 설정하여 일체의 개발을 금지하는 입법은 재산권의 수인한도를 넘어선 제한을 하는 것이므로 기본권제한의 일반원칙인 비례의 원칙에 적합하여야 하며, 비례의 원칙에 적합하기 위하여서는 보상이 실현되어야 한다고 보고 있다.[3] 그러나 이러한 보상은 헌법 제23조 제1항과 제2항을 준수하기 위한 보상으로서 반드시 제3항에서 요구하는 정당한 보상이 될 것을 요구하는 것은 아니다. 이러한 보상을 규정하지 아니한 도시계획법의 관

1) 국토이용관리법 제21조의3 제1항의 토지거래허가제(土地去來許可制)는 사유재산제도의 부정이 아니라 그 제한의 한 형태이고 토지의 투기적 거래의 억제를 위하여 그 처분을 제한함은 부득이한 것이므로 재산권의 본질적인 침해가 아니며, 헌법상의 경제조항에도 위배되지 아니하고 현재의 상황에서 이러한 제한수단의 선택이 헌법상의 비례의 원칙이나 과잉금지의 원칙에 위배된다고 할 수도 없다. 헌재 1989. 12. 22. 88헌가13, 판례집 1, 357면. 토지허래허가제 합헌결정. 그러나 이 사건에서 위헌의견(재판관 5인)이 합헌의견(재판관 4인)보다 많아 위헌결정에 이르지 못한 다수의견을 형성하였다.

1) 재산권은 개인이 각자의 인생관과 능력에 따라 자신의 생활을 형성하도록 물질적·경제적 조건을 보장해 주는 기능을 하는 것으로서, 재산권의 보장은 자유실현의 물질적 바탕을 의미하고, 특히 택지는 인간의 존엄과 가치를 가진 개인의 주거로서, 그의 행복을 추구할 권리와 쾌적한 주거생활을 할 권리를 실현하는 장소로 사용되는 것이라는 점을 고려할 때, 소유상한을 지나치게 낮게 책정하는 것은 개인의 자유실현의 범위를 지나치게 제한하는 것이라고 할 것인데, 소유목적이나 택지의 기능에 따른 예외를 전혀 인정하지 아니한 채 일률적으로 200평으로 소유상한을 제한함으로써, 어떠한 경우에도, 어느 누구라도, 200평을 초과하는 택지를 취득할 수 없게 한 것은, 적정한 택지공급이라고 하는 입법목적을 달성하기 위하여 필요한 정도를 넘는 과도한 제한으로서, 헌법상의 재산권을 과도하게 침해하는 위헌적인 규정이다. 헌재 1999. 4. 29. 94헌바37, 판례집 11-1, 289-290면. 택지소유상한제 위헌결정. 그러나 이 위헌결정은 사건이 장기간(5년) 계류된 상태로 있다가 토지투기열풍이 식어서 택지소유상한제가 법률상 폐지되고 난 이후에 비로소 선고되었다.

2) 토초세법상 여러 과세기간에 걸쳐 장기간 토지를 보유하는 경우, 전체 보유기간 동안의 지가의 변동상황에 대처함에 있어서는 아무런 보충규정도 두고 있지 않은 결과 장기간에 걸쳐 지가의 앙등과 하락이 반복되는 경우에 최초 과세기간 개시일의 지가와 비교할 때는 아무런 토지초과이득이 없는 경우에도, 그 과세기간에 대한 토초세를 부담하지 않을 수 없는 불합리한 결과가 발생할 수 있게 되고, 이는 토초세 과세로 인하여 원본 자체가 잠식되는 경우로서, 수득세인 토초세의 본질에도 반함으로써 헌법 제23조가 정하고 있는 사유재산권보장 취지에 위반된다. 헌재 1994. 7. 29. 92헌바49, 판례집 6-2, 64, 66면. 토지초과이득세법 헌법불합치결정.

3) 도시계획법 제21조에 의한 재산권의 제한은 개발제한구역으로 지정된 토지를 원칙적으로 지정 당시의 지목과 토지현황에 의한 이용방법에 따라 사용할 수 있는 한, 재산권에 내재하는 사회적 제약을 비례의 원칙에 합치하게 합헌적으로 구체화한 것이라고 할 것이나, 종래의 지목과 토지현황에 의한 이용방법에 따른 토지의 사용도 할 수 없거나 실질적으로 사용·수익을 전혀 할 수 없는 예외적인 경우에도 아무런 보상없이 이를 감수하도록 하고 있는 한, 비례의 원칙에 위반되어 당해 토지소유자의 재산권을 과도하게 침해하는 것으로서 헌법에 위반된다. 헌재 1998. 12. 24. 89헌마214 등, 판례집 10-2, 927면

련 조항은 헌법에 합치되지 아니한다고 결정하였다.[1)]

㈏ **친일재산 국가귀속의 헌법적합성**

일제 강점기에 친일파가 친일부역행위로 일군 재산, 즉 친일재산(親日財産)의 국가귀속을 규정한 친일재산국가귀속법 조항이 개인의 재산권을 침해하는 위헌적 규정인지 여부에 관하여, 헌법재판소는 이러한 법적 규율이 이미 종료한 사실관계 혹은 법률관계를 새로이 규율하는 진정소급입법(眞正遡及立法)에 해당하지만 진정소급입법이라고 할지라도 국민이 그러한 소급입법을 사전에 예상할 수 있었던 경우에는 예외적으로 합헌이 될 수 있다는 논리를 적용하여 합헌결정을 하였다.[2)]

판단컨대 '모든 국민은 소급입법에 의하여 재산권을 박탈당하지 아니한다'고 한 헌법 제13조 제2항의 명문해석상 적어도 재산권의 박탈에 관한 한 진정소급입법의 합헌적 예외는 인정하기 어렵다. 이는 헌법 제13조 제1항에서 천명한 죄형법정주의로 인하여 범죄와 형벌에 관한 진정소급입법에는 합헌적 예외가 전혀 인정될 소지가 없는 것과 같은 이치이다. 가사 진정소급입법의 예외법리를 인정한다고 하더라도 이는 실제로는 지극히 엄격하게 적용되어야 할 극약처방과 같은 것으로서 단지 사전 예상이 가능한 정도만으로는 허용되어서는 안 될 것이다. 이를 수시로 적용하는 것은 법치주의를 정면으로 허무는 결과를 가져오기 때문이다. 친일재산의 귀속문제는 대한제국 당시 반포된 형법대전(刑法大全)상 반역행위자의 재산몰수조항의 존재, 일제강점의 불법성을 기초로 하여 볼 때 미해결의 재산권 문제로서 그 처리는 부진정소급입법(不眞正

---

1) 입법자가 도시계획법 제21조를 통하여 국민의 재산권을 비례의 원칙에 부합하게 합헌적으로 제한하기 위해서는, 수인의 한계를 넘어 가혹한 부담이 발생하는 예외적인 경우에는 이를 완화하는 보상규정을 두어야 한다. 이러한 보상규정은 입법자가 헌법 제23조 제1항 및 제2항에 의하여 재산권의 내용을 구체적으로 형성하고 공공의 이익을 위하여 재산권을 제한하는 과정에서 이를 합헌적으로 규율하기 위하여 두어야 하는 규정이다. 재산권의 침해와 공익간의 비례성을 다시 회복하기 위한 방법은 헌법상 반드시 금전보상만을 해야 하는 것은 아니다. 입법자는 지정의 해제 또는 토지매수청구권제도와 같이 금전보상에 갈음하거나 기타 손실을 완화할 수 있는 제도를 보완하는 등 여러 가지 다른 방법을 사용할 수 있다. 위 결정, 929-930면.

2) 친일재산 국가귀속조항은 진정소급입법에 해당하지만, 진정소급입법이라 할지라도 예외적으로 국민이 소급입법을 예상할 수 있었던 경우와 같이 소급입법이 정당화되는 경우에는 허용될 수 있다. 친일재산의 취득 경위에 내포된 민족배반적 성격, 대한민국임시정부의 법통 계승을 선언한 헌법 전문 등에 비추어 친일반민족행위자측으로서는 친일재산의 소급적 박탈을 충분히 예상할 수 있었고, 친일재산 환수 문제는 그 시대적 배경에 비추어 역사적으로 매우 이례적인 공동체적 과업이므로 이러한 소급입법의 합헌성을 인정한다고 하더라도 이를 계기로 진정소급입법이 빈번하게 발생할 것이라는 우려는 충분히 불식될 수 있다. 따라서 이 사건 귀속조항은 진정소급입법에 해당하나 헌법 제13조 제2항에 반하지 않는다. 헌재 2011. 3. 31. 2008헌바141, 판례집 23-1상, 276, 277면.

遡及立法)에 해당한다고 보아야 정당하며, 이에 따라 법익형량의 심사를 함으로써 합헌이라고 판단하였어야 논리적 무리가 없었다고 생각된다.[1]

5. 특별부담금 제도

(1) 의 의

특별부담금이란 특정한 공익사업의 경비를 조달하기 위해서 특정의 집단에게 강제적인 재산부담을 요구하는 것을 말한다. 강제징수라는 측면에서는 조세와 동일하나 특정의 집단에게만 부과하는 면에서 조세와 구별된다. 특별부담금은 그 성격에 따라 ① 일정한 임무를 수행하기 위하여 재정경비를 조성하기 위한 목적을 가진 '재정충당 특별부담금'과 ② 법상의 명령이나 금지와 같은 직접적인 규제수단이 아니라 금전에 의한 간접적인 규제수단에 의하여 일정한 국가목적을 유도하고 조정하는 기능을 하는 '유도적 특별부담금'으로 나뉜다. 특별부담금은 헌법적 정당성을 갖추기 위하여 4가지 요건을 구비할 것이 요구되는데, 이는 ① 부과대상인 집단의 동질성, ② 특정의 공익과제에 해당 집단이 '밀접한 연관성'을 가져야 한다는 객관적 근접성, ③ 특정의 공익과제에 대한 집단적 책임성, ④ 특별부담금을 그 과제에만 사용할 때 적절한 효과가 돌아가는가 하는 집단적 효용성이 그것이다.

헌법재판소는 특별부담금의 이러한 요건의 헌법적 충족 여부를 재산권 침해에 관한 과잉금지의 원칙과 평등의 원칙의 준수 여부의 문제로 파악한다. 그리하여 특히 조세유사적 성격을 지니고 있는 특별부담금의 부과가 과잉금지의 원칙과 관련하여 방법상 적정한 것으로 인정되기 위해서는, 이러한 부담금의 부과를 통하여 수행하고자 하는 특정한 경제적·사회적 과제에 대하여 특별히 객관적으로 밀접한 관련이 있는 특정집단에 국한하여 부과되어야 하고, 이와 같이 부과·징수된 부담금은 그 특정과제의 수행을 위하여 별도로 지출·관리되어야 하며 국가의 일반적 재정수입에 포함시켜 일반적 국가과제를

---

1) "대한민국임시정부의 법통을 계승할 것을 규정한 현행 헌법의 전문, 국가에 대한 반역죄 등을 규정한 대한제국의 형법대전 등을 살펴 볼 때, 친일재산에는 취득 당시 반사회적 가치 내지 범죄성이 내재하고 있었고, 과거사 청산절차를 밟지 못한 우리나라에서는 그 반사회성 및 범죄성이 현재까지도 지속되고 있다고 보이므로, 친일재산의 국가귀속은 현재 진행 중인 사실관계 또는 법률관계에 작용하는 부진정소급입법이다."라고 판시한 재판관 목영준의 별개의견이 이와 같은 취지이다.

수행하는 데에 사용하여서는 안 된다고 한다.[1] 여기서 다만 부담금의 수입이 반드시 부담금의무자의 집단적 이익을 위하여 사용되어야 한다고는 볼 수 없으나, 부담금의무자의 집단적 이익을 위하여 사용되는 경우에는 부담금부과의 정당성이 제고된다고 본다.[2]

(2) 관련 판례

㈎ 생수수입업자 수질개선부담금 합헌결정

생수업자가 외국생수를 수입하여 국내판매를 할 경우 생수수입업자에게 수질개선부담금을 부과하도록 정하는 경우 이들이 재산권 침해라는 이유로 헌법재판을 제기한 사례에서, 헌법재판소는 외국생수수입업자와 국내 수질의 개선문제가 연관성이 부족하므로 부담금을 부과하는 것이 위헌이라는 주장을 받아들이지 않고 수입생수업자에게 부담금을 강제하는 것이 위헌이라고 하기는 어렵다고 판단하였다.[3]

㈏ 문화예술진흥기금 위헌결정

공연 티켓을 발매할 때마다 매수자에게 부과하는 특별부담금의 위헌이 문제된 사건에서 헌법재판소는 공연관람은 국민이 누구나 할 수 있는 문화활동이고 여기서 특별부담의 대상이 되어야 할 특정의 집단을 확정할 수 없어 집단적 동질성이 없다는 이유로 위헌이라고 판단하였다.[4]

㈐ 학교용지부담금 위헌결정

주택건설개발사업지역에서 공동주택을 분양받은 자에게 학교용지확보를 위하여 징수하는 부담금에 대하여서도 특별부담금으로서 필요한 헌법상 요구조건을 충족하는지 여부에 따라 판단하여야 하는데, 학교용지부담금의 의무자들에게 해당 공익과제에 대한 집단적 동질성이 없고 해당 공익사업과의 밀접연

1) 헌재 1998. 12. 24. 98헌가1, 판례집 10-2, 819, 830-831면. 수질개선부담금 합헌결정.
2) 헌재 2003. 1. 30. 2002헌바5, 판례집 15-1, 86, 94-95면. 외국여행자납부금 합헌결정; 헌재 1999. 10. 21. 97헌바84, 판례집 11-2, 433면. 카지노사업자납부금 합헌결정.
3) 먹는샘물 수입판매업자에게 수질개선부담금을 부과하는 것은 수돗물 우선정책에 반하는 수입먹는샘물의 보급 및 소비를 억제하도록 간접적으로 유도함으로써 궁극적으로는 수돗물의 질을 개선하고 이를 국민에게 저렴하게 공급하려는 정당한 국가정책이 원활하게 실현될 수 있게 하기 위한 것으로서, 부과에 합리적인 이유가 있으므로 평등원칙과 … 비례의 원칙에 위배되는 것이라 볼 수 없다. 헌재 2004. 7. 15. 2002헌바42, 판례집 16-2상, 14, 14-15면. 수입생수업자 수질개선부담금 합헌 결정.
4) 헌재 2003. 12. 18. 2002헌가2, 판례집 15-2하, 367, 367면. 문예진흥기금 사건 결정.

관성이 없는 기준에 의하여 부과되므로 불합리한 차별로서 위헌이라고 판단하였다.[1)]

제5절 정치적 기본권

1. 의 의

정치적 기본권은 민주정치제도와 결부된 개인의 권리이며, 민주정치를 실현시키기 위해서 개인에게 마땅히 주어져야 할 기본권을 말한다. 따라서 어떤 권리들이 여기에 해당할 것인지의 여부는 민주정치제도의 현상과 내용에 연관된다.

2. 민주정치 제도와 정치적 기본권의 범위

(1) 민주정치제도는 이념상 치자(治者)와 피치자(被治者)의 동일성을 추구하는 정체라고 볼 수 있지만 현실적으로는 다수의 국민이 모두 치자의 입장에 설 수 없으므로 국민이 선출한 대표로 하여금 국가권력을 담당하게 하는 대표민주주의 내지 간접민주주의의 형태를 취할 수밖에 없다. 다만 직접민주주의 제도를 여기에 어느 정도 가미하여 예외로 인정하는 수준으로 허용하고 있다.

(2) 이러한 대표민주주의의 운영으로부터 모든 국민은 선거권과 피선거권을 정치적 권리로서 가지게 된다. 직접민주주의의 정치제도의 형태로서 국민발안제와 국민투표제 및 국민소환제가 현실적으로 운용될 수 있다. 국민발안제는 헌법안이나 법률안을 국민이 직접 제안하는 제도이고, 국민투표제는 국가정책이나 법률안 등을 국민이 직접 결정하는 제도이며, 국민소환제는 국민이 간접민주주의에 의하여 선출한 국가권력의 담당자인 공무원을 국민이 직접

---

1) 학교용지확보 필요성에 있어서 주택건설촉진법상의 수분양자들의 구체적 사정을 거의 고려하지 않은 채 수분양자 모두를 일괄적으로 동일한 의무자집단에 포함시켜 동일한 학교용지부담금을 부과하는 것은 합리적 근거가 없는 차별에 해당하고, 의무자집단 전체의 입장에서 보더라도 일반 국민, 특히 다른 개발사업에 의한 수분양자집단과 사회적으로 구별되는 집단적 동질성을 갖추고 있다고 할 수 없다. 헌재 2005. 3. 31. 2003헌가20, 판례집 17-1, 294면. 학교용지부담금 위헌결정.

해임시킬 수 있도록 하는 제도이다. 이러한 제도가 헌법에 수용되는 경우 국민은 관련된 권리를 정치적 기본권의 한 형태로서 누리게 될 것이다.

3. 우리 헌법상의 정치적 기본권

(1) 우리 헌법의 민주정치제도의 방식은 간접민주주의가 원칙이며 직접민주주의는 헌법에 의하여 특별히 규정하고 있는 경우에만 예외적으로 실현된다. 민주정체(政體)에 관한 이와 같은 헌법적 결단은 제헌헌법 이래 현행헌법까지 계속되어 오고 있다. 직접민주주의의 제도로서 국민발안제는 제1공화국 헌법에서 도입된 바 있고[1] 제3공화국 헌법에서도 유지되었다. 국민투표제는 이전부터 계속 실시하여 왔으며 현행 헌법상 제도로서도 수용되어 있다. 그러나 국민소환제는 한 번도 우리 헌법에 도입된 적이 없다. 이 제도는 스위스의 칸톤과 같이 비교적 소규모의 인구를 가진 정치단위에서는 시행이 가능하겠지만 우리나라와 같이 수천만의 인구규모를 가진 나라에서는 채택하기 곤란하다.

(2) 국민은 간접민주주의를 실현하기 위해서 국민의 대표를 선출할 선거권을 가진다(헌법 제24조). 또한 직접 공직을 담당할 수 있는 피선거권을 가진다. 그 외에 국민에게는 일반적으로 비선출직인 공직에 대한 취임권도 개방되어 있어야 한다. 헌법은 선출직이든 비선출직이든 국민이 이에 취임할 수 있는 권리를 공무담임권으로서 포괄하여 보장하고 있다(헌법 제25조).

국민투표제도에 상응하여 국민에게 주어지는 기본권이 국민투표권이다. 현행 헌법상 국민투표권은 제72조의 중요정책 국민투표제로부터 도출되는 권리와 제130조의 헌법개정 국민투표제로부터 도출되는 권리로 나뉜다. 전자의 권리는 대통령이 중요정책을 국민투표에 부의(附議)하여야만 발생하는 조건적인 불완전한 권리임에 반하여 후자의 권리는 헌법개정에서 국민투표는 필요적 절차이므로 무조건적인 완전한 권리라고 할 수 있다. 헌법재판소는 국민투표권이 헌법상 보장된 기본권에 해당함을 인정하고 있다. 특히 수도이전사건에서 헌법재판소는 법률에 의한 수도의 이전이 '헌법개정에 관한 국민투표권'의 기본권을 침해하였다는 이유로 헌법소원심판청구를 인용하였다.

---

1) 1954년 제2차 개헌에 의하여 도입된 제7조의2(주요정책 국민발안제), 제98조(헌법개정안 국민발안제).

(3) 민주주의 정치제도가 제대로 운영되기 위하여서는 정치적 자유가 보장되어야 한다. 선거운동의 자유는 물론 일반적으로 언론·출판·집회·결사의 자유가 여기에 해당한다. 이는 자유권적 기본권의 범주에 속하지만 정치적 기본권의 성격도 공유한다고 보아야 할 것이다. 또한 민주정치를 실현하기 위한 기본권으로서 정당의 자유가 보장되어야 한다. 정당이 국민들에 의하여 자유롭게 설립·조직되고 자유롭게 활동할 수 있어야만 민주주의가 기능할 수 있기 때문이다. 국민에게는 정당설립의 자유, 정당에 발기인으로 참여할 수 있는 자유가 인정되어야 하고 설립된 정당에 가입하여 당원으로 활동할 수 있는 자유 또한 보장되어야 한다. 정당의 활동이 제대로 보장되기 위해서는 위헌정당해산제도가 인정되어 헌법질서에 위배되지 않는 한 함부로 해산될 수 없도록 보장되어야 한다.[1]

(4) 나아가 정당의 민주성이 보장되어야 한다. 민주주의가 실현되기 위해서는 정당 활동의 자유가 보장되어야 할 뿐만 아니라 정당은 스스로 내부적으로 민주적이어야 한다. 정당 자체가 독재적으로 운영될 수 있고, 독재적 강령을 가진 정당이 집권하게 되면 그 국가는 민주주의적으로 운영될 수 없을 것이다. 이 점에 관하여 우리나라에서 특히 문제가 되는 것은 정당의 사당화(인물정당), 정당의 지역화(지역정당)의 현상일 것이다. 정당이 개인적 인물에 좌우되어 그 추종세력의 모임이 되거나 특정 지역의 인물들로 채워서 오직 그 지역의 특수이익만을 추구하는 정치세력이 될 때 이는 내부적 민주성이 보장된 정당이라고 할 수 없다.[2]

인물정당 혹은 지역정당의 특색을 가지게 되면 그 인물의 추종자나 특정 지역 출신자이 정당 내 영향력 있는 지위를 독점하고 개인적 연고나 출신지역이라는 불합리한 요소에 의하여 다른 정당원들을 차별하는 것이 되어 평등원칙이 위반되는 정당운영이 초래된다. 우리 정당정치 문화에 독특하게 존재한

---

1) 헌법 제8조 제1항이 명시하는 정당설립의 자유는 설립할 정당의 조직형태를 어떠한 내용으로 할 것인가에 관한 정당조직 선택의 자유 및 그와 같이 선택된 조직을 결성할 자유를 포괄하는 '정당조직의 자유'를 포함한다. 정당조직의 자유는 정당설립의 자유에 개념적으로 포괄될 뿐만 아니라 정당조직의 자유가 완전히 배제되거나 임의적으로 제한될 수 있다면 정당설립의 자유가 실질적으로 무의미해지기 때문이다. 또 헌법 제8조 제1항은 정당활동의 자유도 보장하고 있기 때문에 위 조항은 결국 정당설립의 자유, 정당조직의 자유, 정당활동의 자유 등을 포괄하는 정당의 자유를 보장하고 있다. 헌재 2004. 12. 16. 2004헌마456, 판례집 16-2하, 618면. 지구당폐지조항 합헌결정.

2) 이러한 측면에서 개방형 예비선거(open primary) 제도의 전면적 혹은 부분적 도입은 우리나라 정당의 내부 민주화를 위한 개혁적 조치로서 긍정적인 기능을 발휘할 수 있다고 할 것이다.

이러한 현상은 국민의 정치적 기본권을 침해하는 것으로서 앞으로 반드시 극복되어야 할 과제이다.

4. 관련 문제

(1) 재외국민의 참정권 허용

㈎ 제1차 위헌결정

각종 선거에서 선거권을 행사하거나 국민투표에 참여하기 위하여서는 주민등록 등 국내거주의 요건을 요구하고 국외거주자에게는 부재자투표를 허용하지 아니하는 기존의 선거법제는 재외국민과 단기 해외체류자의 선거권과 투표권을 전면봉쇄하고 있었다. 이 점에 대하여 헌법재판소는 일찍이 합헌결정을 내린 바가 있으나,[1] 2007년에 이르러 판례를 변경하여 헌법불합치의 결정을 하여 재외국민의 참정권 행사의 길을 열게 되었다.[2]

판단컨대 재외국민도 우리 헌법상의 국민이므로 그 참정권을 행사할 수 있도록 함이 헌법에 보다 부합할 것임은 말할 것이 없다. 그러나 재외국민의 참정권 허용의 문제는 외국 영토에서 우리나라의 선거와 투표를 실시하여야 하

1) 헌재 1996. 6. 26. 96헌마200; 헌재 1999. 1. 28. 97헌마253·270(병합); 헌재 1999. 3. 25. 97헌마99. 제1차 재외국민 참정권 사건 결정.

2) 선거권의 제한은 불가피하게 요청되는 개별적·구체적 사유가 존재함이 명백할 경우에만 정당화될 수 있고, 막연하고 추상적인 위험이나 국가의 노력에 의해 극복될 수 있는 기술상의 어려움이나 장애 등을 사유로 그 제한이 정당화될 수 없다.

• 재외국민에 대한 부분: 북한주민이나 조총련계 재일동포가 선거에 영향을 미칠 가능성, 선거의 공정성, 선거기술적 이유 등은 재외국민등록제도나 재외국민 거소신고제도, 해외에서의 선거운동방법에 대한 제한이나 투표자 신분확인제도, 정보기술의 활용 등을 통해 극복할 수 있으며, 납세나 국방의무와 선거권 간의 필연적 견련관계도 인정되지 않는다는 점 등에 비추어 볼 때, 단지 주민등록이 되어 있는지 여부에 따라 선거인명부에 오를 자격을 결정하여 그에 따라 선거권 행사 여부가 결정되도록 함으로써 엄연히 대한민국의 국민임에도 불구하고 주민등록법상 주민등록을 할 수 없는 재외국민의 선거권 행사를 전면적으로 부정하고 있는 공직선거법 제37조 제1항은 어떠한 정당한 목적도 찾기 어려우므로 헌법 제37조 제2항에 위반된다.

• 해외체류자에 대한 부분: 직업이나 학문 등의 사유로 자진 출국한 자들이 선거권을 행사하려고 하면 반드시 귀국해야 하고 귀국하지 않으면 선거권 행사를 못하도록 하는 것은 헌법이 보장하는 해외체류자의 국외 거주·이전의 자유, 직업의 자유, 공무담임권, 학문의 자유 등의 기본권을 희생하도록 강요한다는 점에서 부적절하며, 가속화되고 있는 국제화시대에 해외로 이주하여 살 가능성이 높아지고 있는 상황에서, 그것이 자발적 계기에 의해 이루어졌다는 이유만으로 국민이면 누구나 향유해야 할 가장 기본적인 권리인 선거권의 행사가 부인되는 것은 타당성을 갖기 어렵다는 점에 비추어 볼 때, 선거인명부에 오를 자격이 있는 국내거주자에 대해서만 부재자신고를 허용함으로써 재외국민과 단기해외체류자 등 국외거주자 전부의 국정선거권을 부인하고 있는 법 제38조 제1항은 정당한 입법목적을 갖추지 못한 것으로 헌법 제37조 제2항에 위반된다. 헌재 2007. 6. 28. 2004헌마644, 판례집 19-1, 859, 860-861면. 재외국민 참정권 사건 결정.

는 문제로서 관계국의 묵인이 없이는 주권침해의 국제법적 문제를 야기시킬 우려가 있으므로 국내법적 고려만으로는 해결하기 곤란한 특성을 가진다. 그러한 의미에서 구 판례가 이를 인정하는데 신중을 기한 점이 이해되어야 한다고 본다. 한편 헌법재판소는 이미 합헌으로 결정한 법률조항에 대하여 재심리함에 있어서는 합헌결정 후의 '사정변경' 여부를 따져보아서 상당한 사정변경이 존재하는 경우에만 판례변경을 하여야 하는데, 구 판례 이후 유럽의 제 국가들과 미국·일본 등을 중심으로 자국의 재외국민들에게 참정권을 허용하는 방향으로 입법변경이 이루어지는 추세에 있었으므로[1] 상호주의의 원칙상 우리나라가 재외국민의 참정권 행사를 허용하여도 관계국의 이의를 우려할 필요가 없는 상황에 이르렀다고 평가된다. 따라서 이러한 사정변경을 감안하면 헌법재판소가 판례를 변경하여 이를 불허하는 선거법 제도의 헌법불합치를 인정한 것은 타당한 결과를 가져왔다고 본다.

㈏ 제2차 위헌결정

한편 위의 헌법불합치결정에 따라 국회는 공직선거법을 개정하여 ① 재외동포는 대통령 선거와 비례대표국회의원 선거에 있어서 재외국민은 중앙선관위에 '재외선거인 등록신청'을 함으로써 선거에 참여할 수 있게 하였고(제218조의5), ② 지역구국회의원 선거에 있어서는 '국내거소신고' 제도를 두어서 이를 이행한 재외동포는 선거에 참여할 수 있도록(제15조 제1항 제2호) 하였다. 그러나 국민투표의 경우에는 이러한 선거권 확대제도가 적용되지 아니하였는바, 헌법재판소는 국민투표권자에 재외선거인을 포함하지 아니한 국민투표법 조항(제14조 제1항)이 헌법상 보장된 재외선거인의 참정권을 사실상 박탈하여 국민투표권을 침해한다고 하여 헌법불합치를 선고하였다.[2]

---

1) 미국은 1986년 재외국민의 부재자투표권을 인정하는 입법을 하였고(Alan Gura, *Ex-patriates and Patriots: a Constitutional Examination of the Uniformed and Overseas Citizens Absentee Voting Act*, Texas Review of Law and Politics, Fall 2001, p. 180, pp. 186-187), 독일은 1998년 국외거주 25년 이내의 자에게 선거참여를 허용하는 내용의 선거법 개정을 하였으며(Marten Breuer, *Verfassungsrechtliche Anforderungen an das Wahlrecht der Auslandsdeutschen*, Berlin, 2001, SS. 242), 일본은 1998년 공직선거법 개정으로 재외국민 선거제도를 창설하였는데 2005. 9. 14. 최고재판소는 재외국민의 선거권 인정범위가 너무 좁다는 이유로 관련 조항을 위헌이라고 판결한 바 있다(最高裁 判決 平成 17年 9月 14日, 判時 1908号 36面).

2) 헌재 2014. 7. 24. 2009헌마256, 2010헌마394(병합), 공보 제214호, 1272면. 제2차 재외국민 참정권 사건 결정. 또한 이 결정에서 헌법재판소는, 공직선거법이 인터넷투표방법이나 우편투표방법을 채택하지 아니하고 원칙적으로 공관에 설치된 재외투표소에 직접 방문하여 투표하는 방법을 채택한 것은 선거 공정성 확보의 측면, 투표용지 배송 등 선거기술적인 측면, 비용 대비 효율성의 측면을

(2) 선거운동의 자유 규제의 헌법적 한계

국민의 정치적 기본권에는 선거운동의 자유가 포함되는데, 선거운동은 대통령선거나 국회의원 선거 또는 지방자치선거 등 각종 선거의 결과를 좌우하는 중요한 변수로서 정치적으로 중요시되고 있는 만큼 규제내용이 복잡하고 그 헌법적합성 여부에 대한 논란이 많으며, 실제로 선거철이 다가올 때마다 이에 관한 헌법소송이 빈번히 제기되고 있다.

우리나라의 선거법제는 원래 선거운동을 일반적으로 금지하고 법률이 정하는 자들의 일정한 행위에 대하여서만 선거운동을 할 수 있게 하는 '예외적 허용주의'를 취하고 있었으나, 선거운동의 자유를 원칙적으로 금지하고 예외적으로만 인정하는 이러한 규제는 과잉금지원칙에서 요구되는 필요최소한의 기본권 제한이 될 수 없다는 취지에서 헌법재판소의 위헌판단을 받았다.[1] 이에 선거운동의 법제는 원칙적으로 모든 국민의 선거운동을 허용하되 법률이 정하는 내용의 선거운동은 금지하는 방식의 '원칙적 허용주의'로 변경되었다. 그러나 그 후에도 개인이 아닌 단체의 선거운동의 일괄적 제한은 여전히 유지되었는데 국회의원 선거의 낙선운동을 주도하는 정치적 시민단체를 중심으로 단체에 대한 선거운동의 규제가 헌법에 반한다는 주장은 계속되었다.[2] 특히 노동조합의 단체운동만은 법률상 허용되고 있는 데에서 나오는 평등의 원칙 위반 여부[3]나 당선운동과는 별도로 낙선운동 또한 선거운동으로서 함께 규제되고 있

종합적으로 고려한 것으로서 현저히 불공정하고 불합리하다고 볼 수 없으므로 재외선거인의 선거권을 침해하지 않는다고 결정하였다. 같은 결정, 1273면.

1) 구 대통령선거법 제36조 제1항 본문은 원칙적으로 전 국민에 대하여 선거운동을 금지한 다음 후보자의 가족, 정당이나 후보자에 의하여 선임되어 선거관리위원회에 신고된 극소수의 선거관계인들만이 선거운동을 할 수 있도록 하고 있으므로 이는 선거의 공정성 확보라는 목적에 비추어 보더라도 필요한 정도를 넘어 국민의 정치적 표현의 자유를 지나치게 제한하고 있는 것이고, 그로 인하여 선거의 공정성이 확보된다는 보장도 없으므로, 입법형성권의 한계를 넘어 국민의 선거운동의 자유를 지나치게 제한함으로써 국민의 참정권과 정치적 표현의 자유의 본질적 내용을 침해하는 것이어서, 헌법 제21조 제1항, 제24조에 위배된다. 헌재 1994. 7. 29. 93헌가4, 판례집 6-2, 15면. 대통령선거법 선거운동 금지조항 위헌결정.

2) 단체가 선거기간중에 특정 정당이나 후보자를 지지·반대하거나 지지·반대할 것을 권유하는 행위를 할 수 없도록 하였다 하더라도, 단체에 의한 선거운동이 지닌 문제점, 헌법이 정당에 대하여 일반결사와는 다른 특별한 보호와 규제를 하고 있는 점, 특정 정당이나 후보자에 대한 명시적인 지지나 반대 등의 행위만 금지할 뿐 단체의 정치적 의사표현의 자유를 달리 더 제한하는 것이 아니라는 점 등에 비추어 볼 때 정당이 아닌 단체의 평등권이나 정치적 의사표현의 자유를 과도하게 제한하는 것이라 할 수 없다. 헌재 1997. 10. 30. 96헌마94 판례집 9-2, 523-534면; 헌재 1995. 5. 25. 95헌마105, 판례집 7-1, 826면. 단체 선거운동 불허사건 결정.

3) 노동조합은 "근로자들이 자주적으로 근로조건의 유지·개선과 근로자의 경제적·사회적 지위의 향상을 도모할 목적으로" 하는 단체이고, 또 그러한 목적수행에 필요한 조직을 갖추고 있는 반면에, 헌법 제21조에서 규정하고 있는 단체는 그 설립목적이 노동조합과는 다르고 그 조직이 헌법에 규

는 해석이 과잉된 규제가 아닌지 여부[1] 등이 쟁점화되었지만, 헌법재판소는 시민단체의 선거운동에 대한 포괄적 금지나 낙선운동의 불허가 헌법에 위반되지 않는다는 입장을 보이고 있다.

또한 공직선거법은 선거운동기간을 제외하면 선거일전 180일부터 선거일까지 일체의 선거운동을 금하고 있는데, 헌법재판소는 정보통신망을 이용하여 정보를 게시·전송하는 방법의 선거운동까지 여기에 포함하는 것은 과잉금지의 원칙에 위배하여 위헌이라고 판단함으로써 사이버공간 특히 사회연결망 서비스(Social Network Service)를 통한 선거운동의 자유가 현실공간에서의 그것과는 달리 선거운동기간의 제한을 받지 않고 보장되도록 하였다.[2]

정된 것도 아니며, 그러한 조직을 형성할 의무가 있는 것도 아니다. 따라서 공직선거에 특정 정당이나 후보자를 지지·반대하거나 지지·반대할 것을 권유하는 선거운동을 함에 있어서 "각종 단체"를 "노동조합"에 비교하여 차별취급을 한다고 하더라도, 이는 헌법에 근거를 둔 합리적인 차별로 보아야 하므로, 노동조합이 아닌 단체에 대하여 선거운동을 허용하지 아니한 것은 헌법상의 선거운동의 균등보장규정 및 평등원칙에 위반된다고 할 수 없다. 헌재 1999. 11. 25. 98헌마141, 판례집 11-2, 614면. 노동조합 선거운동 허용 합헌결정.

1) 선거운동은 당선을 목적으로 하는 것(당선운동)과 낙선을 목적으로 하는 것(낙선운동)으로 나누어 볼 수 있고, 낙선운동은 다시 이를 나누어 당선을 목적으로 하여 운동하는 후보자측이, 경쟁 후보자의 낙선을 위하여 수행하는 낙선운동(후보자편의 낙선운동)과 당선의 목적없이 오로지 특정 후보자의 낙선만을 목적으로 하여 후보자편 이외의 제3자가 벌이는 낙선운동(제3자편의 낙선운동)으로 분류할 수 있으나, 우선 첫째로, 제3자편의 낙선운동이 실제로 선택하는 운동의 방법이나 형식은 후보자편의 낙선운동이 취하는 운동의 방법, 형식과 다를 것이 없고, 둘째로, 제3자편의 낙선운동의 효과는 경쟁하는 다른 후보자의 당선에 크건 작건 영향을 미치게 되고 경우에 따라서는 제3자편의 낙선운동이 그 명분 때문에 후보자편의 낙선운동보다도 훨씬 더 큰 영향을 미칠 수도 있다. 이러한 점들을 생각할 때에, 제3자편의 낙선운동은 후보자측이 자기의 당선을 위하여 경쟁 후보자에 대하여 벌이는 낙선운동과 조금도 다를 것이 없다. 헌재 2001. 8. 30. 2000헌마121, 판례집 13-2, 263면. 총선 시민연대 낙선운동 불허 사건 결정.

2) 일반유권자는 이 사건 법률조항(공직선거법 제93조 제1항)에 의하여 선거일 전 180일부터 선거일까지(선거운동기간 제외) 후보자나 정당에 대한 정치적 표현 내지 선거운동 일체를 제한받고 있는 바, … 사이버선거부정감시단의 상시적 운영, 선거관리위원회의 공직선거법 위반 정보 삭제요청 등 선거운동을 할 수 없는 자의 선거운동, 비방이나 허위사실 공표의 확산을 막기 위한 사전적 조치는 이미 별도로 입법화되어 있고, 선거관리의 주체인 중앙선거관리위원회도 인터넷 선거운동의 상시화 방안을 지속적으로 제시해오고 있으므로, 인터넷의 신속성·확장성으로 인한 폐해나 선거관리의 곤란이라는 이유를 들어 이 사건 법률조항을 정당화시키기는 어렵다. 무엇보다 일반유권자의 정치적 표현 내지 선거운동 속에 비방·흑색선전 등의 부정적 요소가 개입될 여지가 있다 하여 이 사건 법률조항과 같이 일반적·포괄적 금지조항으로써 인터넷상 정치적 표현 내지 선거운동 일체를 일정한 기간 전면적으로 금지하고 처벌하는 것은 최소침해성의 요건을 충족시키지 못한다 할 것이다. … 따라서 이 사건 법률조항 중 '기타 이와 유사한 것'에 '정보통신망을 이용하여 인터넷 홈페이지 또는 그 게시판·대화방 등에 글이나 동영상 등 정보를 게시하거나 전자우편을 전송하는 방법'이 포함되는 것으로 해석하여 이를 금지하고 처벌하는 것은 과잉금지원칙에 위배하여 청구인들의 선거운동의 자유 내지 정치적 표현의 자유를 침해한다. 헌재 2011. 12. 29. 2007헌마1001. 정보통신망 이용 선거운동 제한 한정위헌결정.

(3) 신임투표의 금지

(가) 정치적 기본권은 선거권과 피선거권 및 국민투표권으로 분류되는데, 국민투표권은 직접 민주주의의 실현의 한 형태로 두 가지 경우에만 인정된다. 헌법 제72조는 '대통령이 필요하다고 인정할 때에는 … 국가안위에 관한 중요정책을 국민투표에 붙일 수 있다'고 규정하고, 헌법 제130조는 '헌법개정안은 대통령, 국회의 발의에 의하여 국회의 가중다수결에 의한 찬성에 의하여 의결되더라도 국민투표에 붙여 투표자 국민의 과반수의 찬성을 얻어야 한다'고 규정한다. 제72조의 국민투표는 대통령의 재량적 정치적 판단에 의하여 실시되는 임의적 국민투표인 반면, 제130조의 국민투표는 헌법개정안이 국회의원들의 만장일치에 의한 것이라고 하여도 국민투표를 반드시 실시되어야 한다는 의미에서 필요적 국민투표이다.

제130조에 의하여 국민투표의 대상이 되는 것은 헌법개정안임이 규정상 명확하다. 그러나 제72조의 국민투표의 경우에는 단지 국가안위에 관한 중요정책이라고 되어 있어 문언상 명확하지는 아니하며 해석의 여지가 있다. 여기에 대통령 신임투표가 가능한가 하는 점에 관한 논의가 야기될 수 있는 것이다.

(나) 국민투표는 프랑스에서 발전한 제도로서 개념상 정책 국민투표(referendum)와 신임투표(plebiscite)로 구분된다. 국민투표는 직접민주주의의 실현형태로서 긍정적으로 수용됨이 당연할 것으로 보이지만 역사적으로는 독재적 권력을 출현시키거나 강화하는 수단으로 남용된 사례가 많았다. 프랑스의 경우 나폴레옹 1세와 3세가 집권 초기에 권력의 공고화를 위하여 신임투표를 악용한 바 있다. 특히 신임투표는 기존 집권자에 대한 신임을 거부하면 국가가 최고권력담당자의 공백으로 커다란 혼란에 빠질 것이라는 점을 배경에 두고 실시되는 것이기 때문에 독재체제의 정당화 수단으로 활용되었던 것이다. 헌법재판소는 신임투표의 위헌 여부를 직접 묻는 소송에서 신임투표 절차가 아직 확정단계는 아니라는 이유로 사건을 각하하였다가,[1] 대통령 탄핵심판 사건에 이르러 집권자의 신임을 묻는 신임투표는 우리 헌법에 수용된 중요정책 국민투표에 해당하지 아니하여 이를 추진하거나 실시하는 것은 헌법위반이라고 판단

1) 대통령이 단지 신임투표를 제안하기만 하였을 뿐이고 실행에 들어가지는 아니하였으므로 헌법소원의 대상이 되는 공권력의 행사 자체가 부존재하였기 때문에 헌법소원은 각하되었다. 헌재 2003. 11. 27. 2003헌마694 등, 판례집 15-2하, 350면. 대통령 신임투표 제한 사건 결정.

하였다.[1)]

(다) 중요정책 국민투표를 행함에 있어서 특정의 정책을 투표에 부치면서 대통령에 대한 신임을 연계하는 경우 이러한 방식의 신임투표도 허용될 수 없는가 하는 문제가 있다. 이른바 '정책·신임 연계 국민투표'라고 칭할 수 있는 것이다. 여기에 대하여서는 합헌과 위헌의 두 가지 견해가 있을 수 있다. 정책국민투표를 행하는 이상 이를 굳이 위헌이라고 할 수 없다는 견해가 있을 수 있는 반면, 정책국민투표를 빙자하여 신임투표를 목적으로 실시될 수 있으므로 허용되지 않는다고 보는 견해도 있을 수 있다. 헌법재판소는 이러한 형태의 신임투표도 인정될 수 없다고 보고 있다.[2)]

외국의 사례를 보면, 1969년 프랑스의 드골 대통령이 반대파가 장악하고 있던 의회의 반대를 넘어서 상원과 지방자치제도의 개혁을 실시하기 위하여 자신의 신임을 걸고 국민투표를 실시하였으나, 프랑스 국민들은 국민투표에서 그 신임을 부결하여 드골을 사임하게 하였던 전례가 있다.[3)]

(4) 공무담임권 보장의 헌법적 의미

(가) 공무담임의 기회균등의 보장

공무담임권은 피선거권과 공직취임권으로 나누어 볼 수 있다. 헌법 제25조가 공무담임권을 보장하는 의미는 공직취임을 원하는 국민들 모두에게 현실적으로 이를 보장한다는 것은 아니다. 공직에 취임할 기회의 균등을 보장할 뿐이다. 국민 모두에게 같은 기회를 주고 그 중 보다 능력이 있는 자에게 공직이 돌아갈 수 있도록 해 주겠다는 의미인 것이다(능력주의).

여기서 능력을 판단함에 있어서 종교, 성별, 신분, 출신지역 등 사회적 배경

---

1) 대통령이 자신에 대한 재신임을 국민투표의 형태로 묻고자 하는 것은 헌법 제72조에 의하여 부여받은 국민투표부의권을 위헌적으로 행사하는 경우에 해당하는 것으로, 국민투표제도를 자신의 정치적 입지를 강화하기 위한 정치적 도구로 남용해서는 안 된다는 헌법적 의무를 위반한 것이다. 헌재 2004. 5. 14. 2004헌나1, 판례집 16-1, 609, 613-614면. 노무현대통령 탄핵사건 결정.

2) 특정 정책을 국민투표에 붙이면서 이에 자신의 신임을 결부시키는 대통령의 행위도 위헌적인 행위로서 헌법적으로 허용되지 않는다. 물론, 대통령이 특정 정책을 국민투표에 붙인 결과 그 정책의 실시가 국민의 동의를 얻지 못한 경우, 이를 자신에 대한 불신임으로 간주하여 스스로 물러나는 것은 어쩔 수 없는 일이나, 정책을 국민투표에 붙이면서 "이를 신임투표로 간주하고자 한다."는 선언은 국민의 결정행위에 부당한 압력을 가하고 국민투표를 통하여 간접적으로 자신에 대한 신임을 묻는 행위로서, 대통령의 헌법상 권한을 넘어서는 것이다. 헌법은 대통령에게 국민투표를 통하여 직접적이든 간접적이든 자신의 신임여부를 확인할 수 있는 권한을 부여하지 않는다. 위 대통령 탄핵사건 결정, 649면.

3) 김승대, 헌법관습의 법규범성에 관한 고찰, 헌법논총 15집, 헌법재판소, 2004, 136-137면.

이 고려되어서는 안 된다. 오직 개인적 자질과 적성, 전문성 및 실력에 따라 판단하여야 하며, 이것이 바로 능력에 의한 선출을 보장하는 것이 된다. 이에 반하는 내용을 정하는 법률이 있다면 이는 공무담임권 보장에 위반하는 것으로 위헌이 될 것이다.

그렇다면 공무담임권이란 결국 공무담임의 평등 보장으로서 본질상 평등권의 성격을 가진 것이라고까지 말할 수 있을 것이다. 어느 사안에 대하여 공무담임권 침해가 문제된다고 하면 이는 기회균등의 문제가 아닌가 여부를 우선적으로 검토하여 보아야 한다. 그렇다면 평등권 침해 여부를 판정함에 적용하는 심사기준을 적용하여야 하고 결국 이에 대한 헌법심사는 평등심사의 문제로 귀착되어 버릴 것이다.

(나) 참정권과 자유권의 보장

그러나 공무담임권 제한의 문제가 언제나 반드시 평등 문제로만 귀착되는 것은 아니다. 기존 공무원 신분의 부당한 박탈이나 기타 일체의 공무담임권 행사의 기회를 봉쇄하는 경우에는 공직취임의 참정권과 직업선택의 자유 자체를 침해하게 된다. 예컨대 공무원 채용시험에 남녀할당제를 도입하였을 때 이는 기회균등의 문제가 된다. 그러나 특정의 국민에게 모든 형태의 공직취임을 봉쇄할 때에는 참정권과 자유권의 침해로 되고 이는 과잉금지원칙에 의하여 합헌성 여부가 판단되어야 할 것이다.[1)]

또한 공무원이 금고 이상의 형을 받게 되면 당연퇴직하도록 국가공무원법이 규정하고 있는 것과 관련하여 다수의 헌법재판소 결정이 존재한다. 이 규

1) 검찰청법 제12조 제4항은 검찰총장 퇴임후 2년 이내에는 법무부장관과 내무부장관직뿐만 아니라 모든 공직에의 임명을 금지하고 있으므로 심지어 국·공립대학교 총·학장, 교수 등 학교의 경영과 학문연구직에의 임명도 받을 수 없게 되어 있다. 그 입법목적에 비추어 보면 그 제한은 필요최소한의 범위를 크게 벗어나 직업선택의 자유와 공무담임권을 침해하는 것으로서 헌법상 허용될 수 없다. 헌재 1997. 7. 16. 97헌마26, 판례집 9-2, 72면. 검찰총장 퇴직후 공직제한 위헌결정; 퇴직한 인권위원이 국회의원등 선거직 공직뿐만 아니라 행정각부의 장·차관등 정무직 공직으로부터 각 부처에 설치되어 있는 각종 연구직 공직에 이르기까지 교육공무원직을 제외한 모든 영역에서 공직활동을 하는 것을 일정기간 동안 포괄적으로 봉쇄하는 것은 퇴직한 위원의 개인적 인격, 전문지식과 능력, 경륜 등을 국가경영에 활용할 기회를 박탈하는 효과를 야기하여 국가적으로는 인재의 손실을 초래하게 되고, 국가인권위원회의 위원으로 재직하게 되면 그 이후 공직취임이 제한되는 것을 꺼려하여 유능하고 소신 있는 인물이 위원으로 임명되는 것을 회피하도록 하는 부정적 결과를 가져올 수도 있다. 그렇다면 이 사건 법률조항은 … 참정권과 직업선택의 자유를 제한함에 있어서 갖추어야 할 수단의 적합성이 결여되었고, 위 기본권 제한으로 인한 피해가 최소화되지 못하였으며, 동 피해가 중대한 데 반하여 이 사건 법률조항을 통하여 달성하려는 공익적 효과는 상당히 불확실한 것으로서 과잉금지의 원칙에 위배된다. 헌재 2004. 1. 29. 2002헌마788, 판례집 16-1, 154, 155면. 국가인권위원 퇴직 후 공직제한 위헌결정.

정의 내용이 과잉된 것이라고 하여 헌법재판을 제기함에 있어서 침해되는 기본권으로 주장되는 것 중에 공무담임권이 포함된다. 헌법재판소 판례는 집행유예 이상을 선고받은 경우에 당연퇴직토록 하는 조항은 합헌이라고 보고 있으나,[1] 벌금이나 선고유예를 받은 경우에도 그러하도록 한 규정들은 위헌으로 판단하고 있다. 이는 공직 수행의 자유를 침해하는 것이 문제된 것이므로 평등원칙에 의하여서가 아니라 과잉금지원칙에 의하여 판단되었다.[2]

제 6 절 청구권적 기본권

(1) 청구권적 기본권은 국민의 권익이 침해되거나 침해될 우려가 있을 때 국민이 국가에 대하여 적극적으로 일정한 행위를 청구할 수 있는 권리이다. 청구권적 기본권은 국가가 일정한 조치를 하여줄 것을 요구하는 것을 내용으로 하는 국가에 대한 적극적 권리이므로 국가에 의한 간섭을 배제하는 것을 내용으로 하는 방어적 권리로서의 본질을 가진 자유권과는 반대의 법적 성격을 가진다. 19세기 독일의 국가법학자인 옐리네크는 국가에 대한 국민의 권리의무 관계를 논함에 있어서, 국민이 국가로부터 방해를 받지 아니할 소극적 권리로서의 자유권과 국가의 정치에 능동적으로 참여할 권리로서의 참정권 및 국가에 대한 수동적 지위에서 부담하는 국민의 의무과 대비하여 청구권은 국가에 대하여 일정한 청구를 할 수 있는 적극적 권리라고 구분한 바 있다.

(2) 청구권적 기본권에 속하는 기본권에는 국민이 국가에게 재판을 청구하여 권리를 확정해 줄 것을 요구하는 권리인 재판청구권이나, 국가로부터 입은 피해를 보상하여 줄 것을 청구하는 국가배상청구권 혹은 범죄로 인하여 입은 피해의 보상을 청구할 권리 등이 있다.

정보공개청구권도 청구권적 기본권에 속한다. 국민의 알 권리라고 말할 때에는 자유권적 측면도 있고 청구권적 측면도 겸할 것이나 그 중 청구권적 기

---

1) 헌재 1997. 11. 27. 95헌바14 결정에서 헌법재판소는 금고이상의 형의 집행유예를 받은 공무원의 당연퇴직을 규정한 법률조항은 입법재량을 일탈하지 아니한 합헌규정이라고 판단하고 있다.

2) 헌재 2002. 8. 29. 2001헌마788; 헌재 2003. 10. 30. 2002헌마684; 헌재 2005. 12. 22. 2004헌마947 등 결정에서 헌법재판소는 금고이상의 형의 선고유예를 받은 공무원의 당연퇴직이나 당연제적을 규정한 법률조항은 비례의 원칙 특히 최소침해성의 원칙에 위배하여 위헌이라고 판단하고 있다.

본권의 성격을 가진 부분을 한정할 때 이를 정보공개청구권이라고 지칭하는 것이다. 알 권리와 같이 복합적 내용을 가진 권리는 다양한 법적 성격을 가질 수 있고 실제 사례에서 문제되는 때에는 우선 구체적 경우에 그 권리가 어떠한 법적 성격을 가지는 것인지 하는 점이 파악되어야 한다. 기본권 제한의 심사기준은 그 권리의 법적 성격에 따라 달라지므로 헌법심사는 구체적 사건에서 작용하는 기본권의 법적 성격을 확정하여야만 이루어질 수 있는 것이다.

(3) 청구권적 기본권은 이를 구체화하는 법률이 존재하여야만 이 권리가 현실화될 수 있다. 청구권적 기본권의 실현을 위하여서는 먼저 기본권 형성적 법률의 제정이 요구된다. 예컨대 정보공개청구권이 인정된다고 할 때 그 권리의 범위는 관련 법률에 의하여 형성될 때에만 확정될 수 있다. 우리 법제상 공공기관의 정보공개에 관한 법률이 제정되어 있으므로 정보공개청구권은 이 법률에서 구체적으로 규정하는 내용이 있어야만 행사될 수 있는 것이다. 다만 헌법이 특정의 청구권적 기본권을 인정하고 있음에도 불구하고 국가가 당해 기본권을 형성하기 위한 법률을 제정하지 아니하고 있는 경우에는 국가는 법률을 통하여 그 청구권적 기본권을 구체화할 헌법적 의무를 위반하여 이러한 입법을 해태하는 것이므로 이러한 국가의 부작위는 헌법에 위반된다. 따라서 관련 국민은 이러한 입법부작위를 대상으로 하여 헌법재판을 제기할 수 있다. 또한 국가가 관련 법률을 마련하더라도 기본권의 구체화의 정도가 불충분한 경우에도 그와 같은 헌법재판을 통한 구제가 가능하다. 그 소송에서는 평등보호의 문제 혹은 과소보호의 문제가 쟁점이 될 것이다. 또한 청구권적 기본권 형성 법률의 내용이 기본권 제한의 의미를 가질 때에는 과잉금지의 원칙에 의한 심사를 받을 수도 있을 것이다. 그러나 일반적으로는 청구권적 기본권은 기본권 구제절차의 제도보장적 성격이 강하기 때문에 자유권 등 다른 기본권과 비교해 볼 때 상대적으로 광범위한 입법형성권이 인정되어 입법재량권의 일탈 혹은 남용이 명백하다고 보이는 경우에만 헌법위반이 된다고 할 것이므로 이러한 명백성 통제의 기준에 의하여 헌법심사를 받게 된다.[1)]

---

1) 헌재 2005. 5. 26. 2003헌가7, 판례집 17-1, 558면. 검사작성 피의자신문조서의 증거능력 사건 결정. 여기서 헌법재판소는 헌법심사의 기준을 합리성 원칙 내지 자의금지 원칙이라고 하고 있는데, 실질적으로는 명백성 통제의 기준과 다르지 않다고 본다.

제1항 청원권

(1) 헌법 제26조 제1항은 모든 국민은 법률에 의하여 국가기관에 문서로서 청원할 권리를 가진다고 규정한다. 이처럼 청원권은 국민이 국가기관에 대하여 문서로서 일정한 관련 사항에 대한 의견을 개진하거나 희망을 진술할 권리를 말한다. 청원권은 청구권적 기본권으로서 이를 실현하기 위하여서는 법률이 제정될 것을 요하며, 이에 따라 청원권을 구체화하는 법률이 청원법이다.

(2) 청원을 수리하는 국가기관은 당해 청원에 대하여 심사할 의무를 부담하지만 반드시 청원인의 희망을 관철시켜 주거나 그 의견에 따라주어야 할 의무는 지지 않는다. 청원법은 헌법이 보장한 청원권의 내용을 한 단계 더 발전시켜서 심사자는 청원인에게 일정한 기간 내에 심사하여 그 결과를 통지하여야 할 의무까지 부담하도록 하고 있다(청원법 제9조 제2항). 통지를 받지 못한 청원인은 헌법상의 권리를 침해당한 것은 아니고 단지 청원법상의 권리 즉 법률상의 권리만을 침해당한 것이므로 이를 이유로 헌법재판을 제기할 수는 없다.

(3) 헌법재판소는 국가가 청원을 수리하여 심사한 후 청원인에게 통지를 하였으나 청원내용을 기각한다는 결과만 통지받고 그 이유를 고지하지 아니한 사건에서 당해 국가기관이 헌법상의 기본권인 청원권을 침해한 것이 아니라고 판단하였다.[1] 기본권으로서의 청원권은 그 권리의 내용 범위가 청원을 수리하고 심사하는 데까지만 미치며, 법률상의 권리로서 청원권은 그 내용 범위가 이를 심사하여 그 결과를 통지하여주는 데까지 미친다. 그러나 어느 쪽도 청원인의 희망대로 청원을 처리하여주어야 한다거나 기각하더라도 그 이유를 고지하여야 한다는 데까지 그 권리 내용이 확장되어 있지 않다. 따라서 기각사유의 불고지(不告知)는 기본권 침해에 해당하지 않는다.

---

1) 헌재 2004. 10. 28. 2003헌마898. 청원결과통지 사건 결정.

제 2 항 재판청구권

1. 의 의

(1) 헌법 제27조 제1항은 '모든 국민은 헌법과 법률이 정한 법관에 의하여 법률에 의한 재판을 받을 권리를 가진다'고 규정한다.1) 재판청구권은 관련된 판례도 많으며 실제로 빈번히 문제되고 있어서 현실적으로 중요한 기본권이다.

(2) 재판청구권의 내용적 요소는 ① 재판이어야 함, ② 헌법과 법률이 정한 법관에 의한 재판이어야 함, ③ 법률에 의한 재판이어야 함으로 나누어 볼 수 있다. 여기서 재판이란 국민의 권리나 이익에 관한 분쟁이 있을 경우 공정하고 독립된 사법절차를 거쳐서 무엇이 법인지를 확정·선언하여주는 기능을 말한다. 여기서 '공정한 사법절차'라고 함은 대립되는 소송 당사자들에게 자기측에 유리한 주장과 입증을 충분히 이행할 공평한 기회를 부여하고 무기대등의 원칙이 준수되도록 하는 절차를 의미한다.2) 또한 여기서의 법관은 법적 전문성을 가지고 법에 의하여 자격이 부여된 법관을 의미하며, 인적·물적으로 독립성이 보장된 법관을 말한다. 나아가 법률에 의한 재판이란 실정법에 의한 재판이며, 여기서의 실정법에는 성문법이든 판례법이든 모두 포괄될 수 있다.

(3) 결국 헌법상 '재판청구권'을 보장한다고 함은 '헌법과 법률에 의한 법관에 의하여 공정한 재판을 받을 권리'를 보장한다는 의미이다. 모든 국민은 재판청구권을 가진다고 할 때 국민이 재판을 받을 때에 행정공무원 등이 최종심판관이 될 수 없도록 하여야 하며, 재판의 개념에 포섭될 수 없는 제도에 의

1) 여기서 "의하여 … 의한 …"이라고 표현한 것은 중복된 문장으로 헌법문장으로는 매끄럽지 못하다. 장래 헌법개정시 개선되어야 할 부 분이다.

2) 예컨대, 수용자가 변호인을 접견할 때에는 접촉차단시설이 설치된 곳에서 접견이 이루어지도록 하는 것은 공정한 재판을 받을 권리를 침해한 것으로 헌법에 위반된다.
수용자의 접견을 변호사와 접견하는 경우에도 원칙적으로 접촉차단시설이 설치된 장소에서 하도록 하는 것은 수용자의 효율적인 재판준비를 곤란하게 하고, 특히 교정시설 내에서의 처우에 대하여 국가 등을 상대로 소송을 하는 경우에는 소송의 상대방에게 소송자료를 그대로 노출하게 되어 무기대등의 원칙이 훼손될 수 있다. 변호사 직무의 공공성, 윤리성 및 사회적 책임성은 변호사 접견권을 이용한 증거인멸, 도주 및 마약 등 금지물품 반입 시도 등의 우려를 최소화시킬 수 있으며, 변호사접견이라 하더라도 교정시설의 질서 등을 해할 우려가 있는 특별한 사정이 있는 경우에는 예외를 두도록 한다면 악용될 가능성도 방지할 수 있다. 따라서 이 사건 접견조항은 과잉금지원칙에 위배하여 청구인의 재판청구권을 지나치게 제한하고 있으므로 헌법에 위반된다. 헌재 2013. 8. 29. 2011헌마122, 판례집 25-2상, 494면.

하여 법적 분쟁을 종국적으로 해결하도록 방치하여서는 헌법의 요구에 부합할 수 없게 된다.

(4) 또한 헌법재판소의 결정례에 의하면, 재판청구권은 법적 분쟁시 독립된 법원에 의하여 사실관계와 법률관계에 관하여 각 한번 심사를 받을 수 있는 권리로서 '적어도 한번'의 심급을 요구할 권리라고 한다.[1] 그러나 법원의 심급제와 관련하여 헌법 제101조 제2항은 '법원은 최고법원인 대법원과 각급법원으로 조직된다'고 규정하므로, 최고법원인 대법원을 제외한 법원은 급(級)을 달리하는 계층적 구조를 가져야 하며 법률에 의하여 동급의 법원만을 설치하는 것은 헌법에 위반된다고 할 것이다. 또한 대법원의 최고법원성과 일반법원의 계층성에 비추어 우리 헌법상 요구되는 심급제는 1차적 판단에 대한 불복(不服)을 보장하여야 하고 '적어도 2심 이상'이어야 한다고 해석되어야 마땅하다. 1회의 심사로 족하다는 것은 심급제를 두는 본질에 반하기 때문이다. 따라서 위 헌법재판소의 결정례와는 달리, 재판청구권은 법적 분쟁 발생시 사실관계와 법률관계에 관하여 각 복수(複數)의 심사를 받을 수 있는 권리로서 '적어도 2회'의 심급을 요구할 권리라고 보아야 우리 헌법의 해석상 정당하다고 본다.

2. 내 용

이하에서 문제되는 각 분야별로 재판청구권의 침해 여부를 검토함으로써 이 권리의 내용과 범위가 어떠한 것인지를 구체적으로 살펴본다.

(1) 군사재판

㈎ 군사법원법에 의하면, 군사재판의 재판부는 군판사와 심판관으로 구성된다. 군판사는 군인의 신분을 가진 자로서 사법시험이나 군법무관 시험을 거쳐

1) 우리 헌법이 재판을 받을 권리를 국민의 기본권의 하나로 규정하고는 있으나, 그렇다고 해서 상소심 절차에 의한 재판을 받을 권리가 당연히 인정되는 것은 아니다. 재판을 받을 권리라는 것은, '법적 분쟁시 독립된 법원에 의하여 사실관계와 법률관계에 관하여 한번 포괄적으로 심사를 받을 수 있도록 국민이 소송을 제기할 수 있는 권리'로서, 적어도 한번의 재판을 받을 권리, 적어도 하나의 심급을 요구할 권리인 것이며, 그 구체적인 형성은 입법자의 광범위한 입법재량에 맡겨져 있는 것이다(헌재 1996. 8. 29. 93헌바57, 판례집 8-2, 46, 60면; 헌재 1997. 10. 30. 97헌바37, 판례집 9-1, 502, 519면 등 참조). 즉 심급제도가 몇 개의 심급으로 형성되어야 하는가에 관하여 헌법이 전혀 규정하는 바가 없으므로, 이는 입법자의 광범위한 형성권에 맡겨져 있는 것이며, 모든 구제절차나 법적분쟁에서 반드시 보장되는 것은 아니다. 헌재 2005. 3. 31. 2003헌바34, 판례집 17-1, 363면. 항소이유서 미제출로 인한 항소기각 사건 결정.

소정의 법률실무교육을 받고 법무관으로 재직하는 자로 구성되나, 이러한 법률전문성을 갖추지 아니한 일반장교도 심판관이라는 직책으로 군사재판의 재판관이 될 수 있도록 한 점이 문제된다.[1] 이들은 헌법 제27조에 의한 헌법과 법률에서 정한 법관에 해당하지 아니하므로 군사재판은 헌법이 재판청구권을 보장하고 있는 취지와 상충된다고 할 것이다. 그러나 헌법 제110조 제1항은 '군사재판을 관할하기 위하여 특별법원으로서 군사법원을 둘 수 있다'고 규정하여 군사법원과 군사재판의 헌법적 근거가 되고 있으므로 위헌의 문제는 여기서 소멸된다.

(나) 제2항은 군사법원의 상고심은 일반법원인 대법원에서 관할한다고 규정하며, 제3항은 군사법원의 조직·권한 및 재판관의 자격은 법률로 정한다고 하여 앞서 본 심판관이 법률에 의하여 인정될 수 있는 헌법적 근거를 부여한다. 제4항은 비상계엄에 관한 특칙으로서 '비상계엄하의 군사재판은 군인·군무원의 범죄나 군사에 관한 간첩죄의 경우와 초병·초소·유독음식물공급·포로에 관한 죄 중 법률이 정한 경우에 한하여 단심으로 할 수 있다'고 하였는데, 단심재판은 헌법상 보장된 재판에 대한 불복제도에 배치되지만 비상계엄하의 군사재판에서는 특별히 허용되도록 한 것이다.

(다) 평시의 경우 군사법원은 군인·군무원의 모든 범죄와 군사적으로 중요한 의미를 가진 특정의 일반인 범죄에 대하여서만 관할권을 가진다. 그러나 비상계엄시에는 모든 국민이 일반적으로 군사법원의 관할 하에 들어가게 되고 그 중 중요한 범죄의 경우에는 단심으로 군사재판을 받게 된다. 이는 이론상으로는 국민의 재판권을 침해하는 것으로서 위헌으로 보이지만 헌법 제110조 제4항의 명문의 규정을 두어서 헌법적 근거를 확보하고 있는 이상 헌법위반이 되지 않는다.

(2) 행정심판

(가) 행정심판 허용의 헌법적 요건

행정심판은 행정처분에 대한 불복에 관하여 행정기관이 심리하여 판단하는 제도 일반을 말한다. 행정처분에 대하여 불복하여 그 취소를 구하는 행정소송

---

1) 군사법원법 제22조(군사법원의 구성), 제24조(심판관의 임명과 자격), 제26조(보통군사법원의 재판관) 참조.

을 하고자 할 경우 먼저 처분을 내린 행정청에 이의신청을 하도록 하고 처분청 혹은 상급 재결청이 이를 기각하는 경우에만 소송을 제기할 수 있도록 하는 것을 행정심판 전치제도라고 한다. 이처럼 행정처분에 관한 분쟁에 관하여 먼저 행정심판을 거쳐야 한다면 이는 재판청구권을 침해하는 것이 아닌가 하는 문제가 발생한다.

헌법 제107조 제3항은 '재판의 전심절차로서 행정심판을 할 수 있다. 행정심판의 절차는 법률로 정하되, 사법절차가 준용되어야 한다.'고 규정하여 행정심판이 헌법적으로 정당화되기 위한 요건으로서 ① 재판의 전심절차, ② 사법절차의 준용을 요구하고 있다.

㈏ 전심절차성

행정심판은 반드시 재판의 전심절차로서만 기능할 수 있다. 행정심판을 거친 후 불복하는 당사자로 하여금 정식재판을 청구할 수 있도록 하여야 하며, 이러한 소송상 불복의 제도를 두지 아니하고 행정심판의 결과가 종국적 결정으로 작용하게 하여서는 헌법에 위반된다. 재판은 분쟁의 대상이 된 사실관계를 확정하는 작용(사실심)과 이에 적용될 법을 채택하는 작용(법률심)으로 나누어 볼 수 있는데, 사실심과 법률심에 있어서 각각 행정심판이 전심절차로서만 작용되어야 하며 어느 한 쪽의 기능에서라도 행정심판이 종국적 판단과정으로 작용하게 된다면 헌법 제107조 제3항의 취지에 반하는 것이 된다.

㈐ 준사법절차성

나아가 행정심판의 절차는 반드시 사법절차(司法節次)에 준하여야 한다. 여기서 말하는 사법절차가 과연 무엇인가 하는 점이 문제될 것인데, 사법절차는 ① 독립된 심판관이 있고 ② 당사자의 변호권이 보장됨으로써 ③ 절차적 공정성이 보장되는 대심적(對審的) 구조의 심판절차를 말한다고 할 수 있다.

따라서 행정심판의 절차에서는 동일한 심판주체가 심판관과 소추관의 기능을 겸하는 규문(糾問)절차가 되어서는 안 되며, 심판관이 독립된 위치에서 공정한 판단을 할 수 있어야 한다. 또한 필요하다면 대석적(對席的) 변론을 열어서 서로 공격방어를 하는 구조를 가져야 하고, 처분대상자는 변호인을 선임하여 진술할 기회를 부여받아야 한다.

헌법은 행정심판 절차는 사법절차에 준(準)하여야 한다고 규정하므로 이에 유사한 정도의 절차적 근접성이 존재하면 된다. 따라서 사법절차의 특성과 징표들을 기준으로 하여 볼 때 이를 모두 충족시키지는 못하더라도 어느 정도 이에 근접하는 절차적 특성들을 구비하여야 할 것이다. 과연 그러한 준사법절차성(準司法節次性)을 갖추었는가 하는 점은 문제되는 각 절차마다 구체적 해석에 의하여 결정될 문제이다.

이러한 본질적 요소들을 전혀 가지지 못한 경우에는 그 행정심판절차는 헌법 제107조 제3항의 요건으로서의 준사법절차성을 충족하지 못하는 것이 된다.

㈑ **특허심판제도**

특히 문제된 사안으로서 구 특허심판제도를 들 수 있다.[1] 구 특허법에 의하면 특허재판을 받기 전에 먼저 특허청에 특허심판을 제기하여야 하며, 여기에 불복할 때에는 다시 특허청 항고심판부에 항고하여 심판을 받아야 하도록 하였다. 이처럼 제1심과 제2심 모두 특허청의 행정공무원에 의한 심판을 받도록 하고, 최종심(제3심)의 경우에만 대법원에 상고할 수 있도록 하였다.

이러한 특허쟁송제도에서 제1심과 제2심으로 기능하는 특허심판과 항고심판의 절차는 모두 행정심판의 성격을 가지므로 헌법 제107조 제3항에 따라 재판의 전심절차로서만 기능하여야 하며 준사법절차로서의 성격을 가져야 할 것이다.

먼저 준사법절차성에 관하여는, 특허심판과 항고심 절차에서 특허심판관의 독립성과 대심적 구조, 변호인의 선임권 등은 보장되었으므로 이 절차들은 사법절차에 준하는 것으로 볼 수 있다. 그러나 전심절차성에 관하여는 사실심과 법률심을 나누어 생각하여야 하는데, 최종심으로 기능하는 대법원은 사실확정문제를 취급하지 않으며 법률문제만 다루므로 특허쟁송에 있어서도 법률문제만 다루는 법률심의 역할을 할 뿐이다.[2] 따라서 사실문제는 제1심과 제2심에서 이미 확정되는데 이는 모두 행정심판에 불과하다. 요컨대 사실문제에 관한 재판은 행정심판에서 종국적으로 결정되도록 되어 있으며 이 점에 있어서 행정심판은 재판의 전심절차로 기능하고 있지 아니하다. 따라서 구 특허쟁송제도는 헌법 제107조 제3항에 위반하여 위헌이라고 할 것이며 헌법재판소도 이

1) 헌재 1995. 9. 28. 92헌가11. 특허심판제도 헌법불합치결정.
2) 우리 헌법의 명문에 의하여 3심제도가 규정되어 있는 것은 아니나, 법원의 조직에 관한 제101조와 제102조의 규정을 종합하면 해석상 불복제도는 보장되고 있다고 볼 것이다.

와 같은 취지의 결정을 하였다.[1]

이에 따라 구 특허쟁송제도는 폐지되고 사실심으로서의 특허쟁송이 법원의 관할이 되도록 하는 새로운 입법이 실현되었으며, 특허소송을 전문적으로 다루는 특허법원이 새로이 구성되었다(법원조직법 제28조의2 내지 4).

㈒ 변호사징계위원회의 심판

변호사 징계는 법무부장관의 권한이었으나, 헌법재판소는 적법절차에 반하여 위헌이라고 선고하였다.[2] 그리하여 제도가 변경되었는바, 제1심으로서 대한변호사협회의 징계위원회가 심판하고 이에 불복이 있으면 법무부 산하 변호사징계위원회의 결정을 받도록 하되, 여기서 다시 불복할 경우에는 대법원이 법률문제에 관하여 최종적인 판단을 하도록 하였다. 변호사의 징계 여부의 문제도 법적 분쟁이므로 관련된 행정심판은 재판의 전심절차로서만 기능하여야 한다. 그러나 이러한 소송구조도 사실심 문제에 관하여 심판의 주체가 행정공무원 내지 일반인으로만 구성된 행정심판절차에 의하여 최종적 결정을 하도록 하고 있으므로 헌법 제107조 제3항에 반하여 헌법에 위반될 수밖에 없다.[3]

㈓ 지방세부과처분에 대한 중첩적 행정심판제도

지방세부과처분에 이의가 있는 경우 먼저 행정심판을 거치게 하는 것 자체는 헌법 제103조 제3항 위반이 아니다. 그러나 관할 관청에 이의신청을 하여야 하고 이의신청 기각결정에 대하여 불복이 있는 경우 다시 심사청구제도를 두어서 상급 관청에 재도(再度)의 행정심판을 받도록 하는 것은 중복된 행정심판을 요구하는 것으로서 과도한 재판청구권의 제한이 되어 헌법 제27조 제1항과 제37조 제2항에 반하여 위헌이라고 보아야 할 것이다. 헌법재판소도 같은 취지의 결정을 하고 있다.[4]

---

1) 특허법 제186조 제1항이 행정심판임이 분명한 특허청의 항고심판 심결이나 결정에 대한 법원의 사실적 측면과 법률적 측면에 대한 심사를 배제하고 대법원으로 하여금 특허사건의 최종심 및 법률심으로서 단지 법률적 측면의 심사만을 할 수 있도록 하고 재판의 전심절차로서만 기능하게 하고 있는 것은, 앞서 본 바와 같이 일체의 법률적 쟁송에 대한 재판기능을 대법원을 최고법원으로 하는 법원에 속하도록 규정하고 있는 헌법 제101조 제1항 및 제107조 제3항에 위반된다. 헌재 1995. 9. 28. 92헌가11, 판례집 7-2, 264, 264-265면. 특허심판제도 헌법불합치결정.

2) 헌재 1990. 11. 19. 90헌가48. 변호사업무정지명령 사건 결정.

3) 헌재 2000. 6. 29. 99헌가9. 변호사징계위원회 사건 결정.

4) 헌재 2001. 6. 28. 2000헌바30. 지방세부과처분 이의신청제도 사건 결정.

(사) 필요적 전심절차의 요구

토지수용에 관한 이의가 있는 토지소유자는 그 분쟁에 대하여서는 반드시 먼저 수용위원회에 이의신청을 하여야 하며 토지수용위원회가 행한 재결을 받고 난 후에만 재판을 청구할 수 있다. 이와 같이 토지수용에 관한 분쟁에 있어서는 필요적 전심절차로서 행정심판이 요구되고 있다.

여기서 행정심판을 반드시 거치도록 하는 것이 위헌이라고 할 것인지 문제된다. 토지수용에 관한 일차적 판단은 전문성이 있는 특별위원회에서 판단하도록 하는 것이 필요하고 적절하다. 이것은 사안에 적합한 제도로서 합당한 전심절차이라고 할 것이므로 이를 재판청구 전에 반드시 거치도록 요구하는 것이 반드시 위헌이라고 하기는 어려울 것이다. 왜냐하면 헌법 제107조 제3항은 재판의 전심절차로서 행정심판을 할 수 있도록 허용한 취지에는 경우에 따라 이를 필요적으로 요구하는 것도 포함된다고 볼 수 있기 때문이다.[1]

(아) 산재보험법의 보험급여결정의 심사청구

사법절차의 특징적 요소는 ① 판단기관의 독립성과 공정성, ② 대심적 심리구조, ③ 변호인 선임권 등 절차적 권리가 보장되어야 한다는 점 등인데 이러한 본질적 요소를 전혀 구비하지 못한 절차라면 사법절차에 준한 절차라고 볼 수 없고, 헌법 제107조 제3항에서 요구하는 행정심판절차의 요건에 부응하지 못한다. 산재보험법이 규정한 보험급여결정의 심사청구절차는 전체적으로 대심구조에 가깝고, 재결절차와 방식, 효력 면에서 사법절차를 준용하고 있으며, 구성과 운용에서 위원회가 공정한 기관으로 보이는 점 등에서 준사법절차성을 인정할 수 있으므로 위 헌법규정에 위반된다고 볼 수 없다.[2]

(3) 약식명령 제도

약식명령 제도는 비교적 가벼운 정도의 범죄에 대하여 정식의 재판절차를 거치지 않는 약식의 절차에 의하여 벌금형을 부과하는 제도이다. 검사는 정식재판에 회부할 가치가 없고 벌금을 내게 하는 것으로 족하다고 판단하는 범죄의 피고인에 대하여 법원에 약식명령을 청구한다. 판사가 약식명령을 선고하고 당사자가 이에 응하여 벌금을 납부하면 재판없이 사건이 확정·종결된다.[3]

1) 헌재 2002. 11. 28. 2002헌바38. 토지수용 이의신청제도 사건 결정.
2) 헌재 2000. 6. 1. 98헌바8. 산업재해보상 보험급여 이의신청 제도 사건 결정.

이러한 약식명령제도가 당사자의 재판청구권, 특히 형사재판을 받을 권리를 침해하는 것이 아닌지 문제될 수 있다. 판단컨대 약식명령의 발부 자체가 판사에 의하여 이루어지고 있는 점, 변론 절차가 생략되었으나, 이는 피고인에게 부담이 될 절차를 그의 의사에 따라 생략하는 길을 열고 있을 뿐이며 피고인이 정식 재판을 원하면 그 청구에 의하여 재판절차가 이루어짐을 보장받고 있는 점 등을 고려할 때 약식명령제도는 피고인의 재판청구권을 불합리하게 침해한다고 볼 수 없다.

(4) 즉결심판 제도

경찰서장은 경미한 사건에 대하여는 경범죄로서 즉결심판에 회부할 수 있다. 판사는 관할 경찰서들을 순회하면서 관련 서류들을 보고 약식 재판을 하게 된다. 자백을 하면 다른 증거 없이 벌금과 구류의 형을 선고할 수 있다. 즉결심판의 판사는 벌금이나 과료 혹은 구류 등 경미한 형벌만 선고할 수 있으며, 징역형 등이 적당한 경우라고 할 때에는 정식재판에 회부하여야 한다. 즉결심판 절차에서도 정식의 사법절차는 생략되고 있으나, 이것이 피고인의 재판청구권을 불합리하게 침해한 것이라고는 볼 수 없다. 피고인이 즉결심판의 결과에 승복하지 않으면 정식재판을 청구할 수 있기 때문이다. 즉결심판 자체는 간략한 절차에 의하지만 피고인은 이에 불복함으로써 언제든지 정식재판을 받을 수 있으므로 최종적으로는 사법절차가 보장되어 있는 것이다.

(5) 통고처분 제도

통고처분은 가벼운 행정법규 위반이 있을 때 법원의 재판에 의하여 신체형이나 자유형 혹은 벌금형을 처하는 정식의 과벌 제도에 갈음하여 세무서장, 관세청장 혹은 경찰서장 등 관련 행정관청의 장이 금전적 제재를 통고하는 제도이다. 이러한 제재에 응하여 그 금액을 납입하면 소추를 면제받게 된다. 조세범, 관세범 혹은 교통사고, 경범죄 처벌법 위반 등의 경우에 활용되는 제도이다. 통고처분 제도에서도 당사자가 승복하지 아니하는 경우에는 범칙금 납부의무는 없다. 당사자의 임의 승복을 조건으로 하는 제도이므로 승복하지 않으면 정식절차에 의하여야 한다. 이를 통고받은 후 정식재판의 청구를 하는

3) 형사소송법 제4편 제3장 제448조 내지 제458조.

것도 가능하다. 따라서 본인이 원한다면 종국적으로는 재판청구권이 확보되어 있으며, 이러한 제도가 전과를 남기지 아니하는 점에서 당사자의 이익으로 귀속되며 형사사건의 비범죄화를 추구하는 기능을 하므로 국민의 재판청구권을 합리적으로 제한하는 합헌적 제도라고 할 것이다.

(6) 국가배상심의 제도

㈎ 국가배상청구권은 공무원의 직무상 불법행위로 인하여 손해를 입은 국민이 국가에 대하여 손해배상을 청구할 수 있는 권리이다. 헌법 제29조는 국가배상청구권을 국민의 기본권으로 보장하고 있다. 국가배상청구권을 보다 상세히 규율하는 국가배상법은 국가배상청구소송을 제기하고자 하는 국민은 먼저 국가배상심의위원회의 심의를 받아야 하도록 하는 이른바 '배상심의 전치주의'를 취하고 있다. 이러한 배상심의 전치제도가 국민의 재판청구권을 불합리하게 제한하는 것이 아닌지 문제되었으나 결론적으로 헌법재판소는 이러한 심의전치주의가 헌법위반은 아니라는 판단을 하고 있다.[1)]

㈏ 국가배상심의위원회의 배상액 결정은 일반 행정심판위원회의 결정과는 법적 성격과 효과를 달리 한다. 배상심의위원회의 결정은 국가가 국민에 대하여 저지른 불법행위의 배상액을 사정하여 이를 국민에게 제안하는 것, 즉 사법적으로는 청약의 의미를 가지는 것에 불과하다. 따라서 피해자인 국민은 그 배상액에 불만을 가지며 승복할 수 없다면 이를 수용할 것을 거부할 수 있고 이와 같이 동의되지 아니한 심의위원회의 사정액은 아무런 법적 효력을 가지지 않는다. 심의위원회가 정한 액수에 당해 국민이 구속된다면 사법적 분쟁에서 국가가 우월적 지위를 가지게 하는 것이 되어 불합리할 차별을 가져올 것이나, 당해 국민이 승복하지 않으면 심의위원회의 배상액 결정은 당초부터 아무런 효력을 가질 수 없으므로 여기에 국가에 대한 차별적 혜택은 존재하지 아니하는 것이다.

반면 일반적인 행정심판의 경우에는 일단 결정이 나면 이것은 행정행위로서의 구속력을 가게 되어 법적 효력을 수반한다. 국가배상심의회의 액수결정은 피해 국민에 대한 일종의 청약에 불과하고 그 효력 발생 여부는 상대방 국민의 의사 여하에 달려있을 뿐이라는 점에서 다른 행정심판 결정에 비하여 효

1) 헌재 2000. 2. 24. 99헌바17. 국가배상결정 전치주의 사건 결정.

력이 약하다.

㈐ 한편 피해자인 국민의 입장에서 배상심의회에서 사정한 금액에 승복하지는 아니하지만 일단 그 액수라도 수령하여 놓고 싶을 경우가 있다. 구 국가배상법은 당사자가 이렇게 배상심의회가 결정한 금액을 수령하여 버리면 재판상 화해의 효력이 있는 것으로 규정하였다.[1] 이와 같이 하게 되면 배상심의회가 정한 금액을 수령하면 그 금액이 재판으로 확정되어버리는 것이 되므로 당해 국민은 새로 이 문제에 관하여 재판을 제기하여도 기판력에 의하여 주장이 차단되어 구제받을 수 없게 된다. 이는 해당 당사자인 국민에게 지나치게 불리하였으며, 그 재판청구권에 대한 과도한 제한이라고 할 수 있다. 당해 피해자인 국민이 배상심의회의 결정 금액을 일응 수령하였다고 하더라도 이는 그 배상액 부분에 대하여서만 일부 승낙한 것에 불과하고 전체 합의액수를 확정하는 의미를 가지지 않는다고 보아야 정당하다. 단지 국가가 사법적 분쟁의 당사자가 되었다는 이유만으로 국가가 한 합의는 재판을 받아 확정한 것과 같은 효력을 부여하는 것은 국가만 불합리하게 우대하여주는 것이 된다. 이처럼 국가에 대하여 불합리하게 우월적 지위를 주는 이 제도에 대하여 헌법재판소도 위와 같은 이유로 위헌을 선고하였다.[2]

(7) 배심제도

㈎ 배심제도는 일반시민이 판관으로서 재판에 참여하는 제도이다. 이는 특히 영국과 미국을 중심으로 발달한 영미법적 제도이다. 재판을 사실문제에 대한 판단과 법률문제에 대한 판단으로 나누어 볼 때 영미형 배심제도는 배심원이 사실문제를 판단하고 법률전문가인 법관이 법률문제를 판단하도록 하고 있다. 그런데 이러한 제도는 대륙법계 국가에도 도입되어 있는데 영미법적 원형에서 변형되어 배심원과 판사가 하나의 판단체를 구성하여 사실문제와 법률문제를 통틀어 함께 결정한다. 프랑스와 독일의 배심제도는 특별히 참심제도(juré, Schöfe)라고 칭하여 좁은 의미의 영미식 배심제도와 구분하고 있다. 우리나라도 형사소송 중 일부 중요 범죄에 대하여서는 배심제도의 부분적 도입을 시도하는 취지의 법률이 시행되고 있으며, 헌법재판소는 이 법률에 대하여 평

1) 구 국가배상법 제16조.
2) 헌재 1995. 5. 25. 91헌가7. 배상결정의 재판상화해 의제 위헌결정.

등 원칙에 위배되지 않는다는 취지로 합헌의 결정을 선고한 바 있다.[1)]

(나) 배심제도가 헌법적으로 수용될 수 있는가 하는 점에 관하여, 다수설은 법률에 문외한인 배심원이 사실문제에만 관여하는 것은 무방하다고 보고 법률제도를 포함한 모든 문제에 관여하는 참심제도는 위헌이라고 보고 있다. 이에 대하여 배심원은 헌법 제27조 제1항에 정한 법관이 아니므로 이들이 재판의 판관으로 관여하는 것은 모두 위헌이라고 보는 소수설이 있는데 이는 기성 판사들을 중심으로 주장되는 견해이다.[2)] 한편 제1심에서는 배심원에 의한 심판이 이루어져도 불복하여 항소하거나 상고심에서 전문법관에 의한 재판을 받는 것이 보장되어 있다면 헌법위반이라고까지는 할 수는 없다는 취지에서 배심제도가 전반적으로 합헌이라는 견해도 존재한다. 기존의 이러한 견해들은 헌법이 보장하는 국민의 재판청구권은 헌법과 법률에 의한 법관에 의한 재판을 받을 수 있는 권리인데, 여기서의 법관에는 배심원이 포함될 수 없다는 해석론에 기초하고 있다.

(다) 그러나 헌법 제27조 제1항에서 말하는 '헌법과 법률에 의한 법관'이 반드시 직업법관만을 의미하는 것으로 필연적으로 해석되어야 할 근거는 없다고 본다. 국민주권의 원칙상 국민이 재판의 주체가 될 수 있음은 당연하므로 법관에 관한 헌법의 이 문구를 지나치게 경직되게 해석할 필요가 없으며, 법률의 규정에 의하여 배심제도를 일부 도입하는 한 배심원은 위 헌법이 말하는 헌법과 법률에 의한 법관에 해당된다고 보아야 정당하다. 그렇다면 배심제도의 채택 여부와 활용 범위의 결정은 국민적 요구와 사법정책적 고려에 따라서 법률적 차원에서 판단될 문제이며 여기에 헌법적 장애는 존재하지 않는다고 보아야 할 것이다.

나아가 제도적 연혁에서 볼 때, 참심제도는 대륙법계 국가에서 직업법관제

---

1) 국민의 형사재판 참여에 관한 법률 제5조 제1항은 기존의 형사재판과 상이한 국민참여재판을 위한 물적, 인적 여건이 처음부터 구비되기 어렵다는 점을 감안하여 대상사건의 범위를 제한한 것으로서 목적의 정당성이 인정되고, 국민의 관심사가 집중되고 피고인의 선호도가 높은 중죄 사건으로 그 대상사건을 한정한 것은 위와 같은 목적을 위한 합리적인 방법이므로 청구인의 평등권을 침해하지 않는다. 헌재 2009. 11. 26. 2008헌바12, 판례집 21-2하, 493면. 국민의 형사재판 참여에 관한 법률 합헌결정.

2) 헌법과 법률이 정한 법관에 의한 재판을 받을 권리는 직업법관에 의한 재판을 주된 내용으로 하는 것이므로, 국민참여재판을 받을 권리가 헌법 제27조 제1항에서 규정한 재판을 받을 권리의 보호범위에 속한다고 볼 수 없다. 헌재 2015. 7. 30. 2014헌바447, 판례집 27-2상, 270면. 국민참여재판 합헌결정.

의 기본을 유지하면서 영미법계의 이질적 제도인 배심제도를 다소 약한 의미에서 가미하는 제도로 형성된 것이다. 실제로는 배심원이 혼합된 판단체에서는 직업법관이 판단을 주도하고 법적으로 지도할 수밖에 없으므로 가장 철저한 배심제도는 사실문제의 판단을 오직 배심원에게 맡기는 영미법식 제도이며 그 절충형이 참심제도이다. 그러므로 영미식 제도는 합헌이고 대륙식의 참심제도는 위헌이라고 보는 것은 넌센스이다. 독일에서도 헌법상의 법관에는 국민이 직접 참여하는 배심원도 포함된다고 해석하며[1] 우리나라의 경우에도 그렇게 할 수 있다고 본다. 각각의 배심원은 당사자 혹은 변호인이 그 참여의 배제를 청구하면 배심원이 될 수 없을 뿐 아니라, 당해사건에서 독립적 배심원으로 권한을 행사할 수 있도록 보장하는 제도적 전제가 성립되어 있다. 따라서 헌법과 법률이 정한 법관에 그 사건에 한하여 선출되는 배심원이 포함된다고 해석하지 못할 이유가 없다. 배심제도는 우리나라의 소송법제에 부분적으로 이미 수용되었으며, 법원을 중심으로 이 제도가 위헌이라고 주장이 제기되고 있으나, 현대의 다원화 사회에서 일반시민에 의한 재판의 감시기능이 매우 중요한 시점에 왔으므로 제도의 도입은 사법정책적으로도 타당하다고 할 것이다.

제3항 국가배상청구권

1. 의 의

국가배상청구권은 공무원의 직무상 불법행위로 인하여 손해를 받은 국민이 국가에 대하여 정당한 배상을 청구할 수 있는 권리이다. 이는 국가가 국민에 대하여 일정한 행위를 하여줄 것을 요구하는 내용을 가진 것으로서 청구권적 기본권의 하나이다.

헌법 제29조 제1항은 '공무원의 직무상 불법행위로 손해를 받은 국민은 법률이 정하는 바에 의하여 국가 또는 공공단체에 정당한 배상을 청구할 수 있다.'고 하여 국가배상청구권을 규정하고 있다. 민법 제750조는 불법행위에 대한 손해배상책임을 규정하면서 고의 또는 과실로 타인에게 손해를 가한 자의 사

---

1) BVerfGE 4, 387, 406; 27, 312, 319; 48, 300, 317.

법적 배상책임을 일반적으로 정하고 있는데 비하여, 위 헌법조항은 국가의 불법행위로 손해를 입은 국민이 국가에 대하여 가지는 배상청구권을 공법적 권리인 기본권의 하나로 파악하여 보장하고 있는 것이다.

2. 법적 성격

헌법상의 국가배상청구권의 본질 내지 법적 성격이 어떠한 것인가에 관하여는, 국가가 불법행위를 한 행위자에 대신하여 책임을 부담하는 성격을 가진 것이라고 보는 대위책임설(代位責任說)과 행위자인 공무원이 국가의 기관이므로 그 행위는 국가의 직무상 행위이고 국가 자신의 책임이라는 보는 국가책임설(國家責任說)이 대립된다. 또한 절충적인 견해는 공무원의 불법행위가 고의 또는 중과실에 해당하는 경우에는 공무원의 사적 책임은 면제되지 않으므로 대위책임의 성격을 가지고, 경과실에 의하는 경우에는 국가가 자신의 책임으로 배상하는 것이므로 자기책임에 해당한다고 보는데, 대법원의 견해는 이러한 중간적 입장에 입각하고 있다.[1)]

3. 내 용

(1) 고의 또는 과실에 대한 배상책임과 구상권의 제한

공무원의 직무상 불법행위가 고의 또는 중과실에 해당한다면 국가는 손해를 입은 국민에게 정당한 배상을 하여야 하고 국가는 해당 공무원에게 구상권

---

1) 국가배상법 제2조 제1항 본문 및 제2항의 입법 취지는 공무원의 직무상 위법행위로 타인에게 손해를 끼친 경우에는 변제자력이 충분한 국가 등에게 선임감독상 과실 여부에 불구하고 손해배상책임을 부담시켜 국민의 재산권을 보장하되, 공무원이 직무를 수행함에 있어 경과실로 타인에게 손해를 입힌 경우에는 그 직무수행상 통상 예기할 수 있는 흠이 있는 것에 불과하므로, 이러한 공무원의 행위는 여전히 국가 등의 기관의 행위로 보아 그로 인하여 발생한 손해에 대한 배상책임도 전적으로 국가 등에만 귀속시키고 공무원 개인에게는 그로 인한 책임을 부담시키지 아니하여 공무원의 공무집행의 안정성을 확보하고, 반면에 공무원의 위법행위가 고의·중과실에 기한 경우에는 비록 그 행위가 그의 직무와 관련된 것이라고 하더라도 그와 같은 행위는 그 본질에 있어서 기관행위로서의 품격을 상실하여 국가 등에게 그 책임을 귀속시킬 수 없으므로 공무원 개인에게 불법행위로 인한 손해배상책임을 부담시키되, 다만 이러한 경우에도 그 행위의 외관을 객관적으로 관찰하여 공무원의 직무집행으로 보여질 때에는 피해자인 국민을 두텁게 보호하기 위하여 국가 등이 공무원 개인과 중첩적으로 배상책임을 부담하되 국가 등이 배상책임을 지는 경우에는 공무원 개인에게 구상할 수 있도록 함으로써 궁극적으로 그 책임이 공무원 개인에게 귀속되도록 하려는 것이라고 봄이 합당하다. 대법원 1996. 2. 15. 95다38677 전원합의체 판결.

을 행사할 수 있다. 따라서 종국적으로 책임은 해당 공무원에게 귀속된다. 공무원의 직무상 불법행위가 경과실에 의한 경우에는 그 행위는 국가기관으로서 행한 것으로 파악될 수 있으므로 국가는 공무원에 대하여 구상권을 청구할 수 없다고 보게 된다. 국가배상법이 이와 같이 규정하며, 판례의 입장도 이와 같다.

(2) 법률적 형성의 제한적 의미

국가배상청구권은 청구권적 기본권이므로 법률에 아무런 규정을 두지 않으면 인정될 수 없는 것인가. 판단컨대 공법적 규율이 전혀 없다고 하더라도 사법적 불법행위의 법리에 의하여 국가에게 배상책임이 인정되는 한도에서 국가배상청구는 가능할 것이다. 나아가 국가배상청구권은 헌법의 규정에 의하여 기본권으로서 바로 도출되며 법률은 이것을 단지 구체화하는 기능만을 하게 된다. 법률에 의한 구체화의 필요성은 그런 정도의 제한된 의미만 가질 뿐이다.

(3) 헌법 제29조 제2항의 국가배상청구권 배제조항의 문제

㈎ 헌법 제29조 제2항은 '군인·군무원·경찰공무원 기타 법률이 정하는 자가 전투·훈련 등 직무집행과 관련하여 받은 손해에 대하여는 법률이 정하는 보상 외에 국가 또는 공공단체에 공무원의 직무상 불법행위로 인한 배상은 청구할 수 없다'고 규정한다. 이 조항이 공상(公傷) 군인 등의 국가배상청구권을 배제하고 있는 것에 대하여 여러 측면에서 헌법적 논란의 대상이 되고 있다.

㈏ 연혁적으로 볼 때 이 조항은 베트남 파병에 따라 전상을 입은 군인들의 국가배상청구 문제와 관련된다. 베트남전 전상자의 국가배상청구가 증가하자 당시 정부는 국가재정이 이를 감당할 수 없다고 판단하여 그 실질적 보상은 연금 등에 의하도록 하는 대신 국가배상을 제한하는 법률조항을 도입하였다. 그러나 대법원에서 공상을 입은 군인들에게 지급되는 군인연금 등은 사회보장적 성격을 가진 것으로서 피해보상과 별개일 뿐만 아니라 소액에 그치므로 피해보상으로는 부족하기 때문에 이러한 것의 지급이 보장된다는 이유로 군인 등에 대한 국가배상청구를 배제하는 것은 불합리한 권리 제한이라는 이유로 이 법률조항이 헌법위반이라고 판단하였다.[1)] 그러나 이 판결에 불만을 가진

정부 측은 그 직후 제정된 제4공화국 헌법(유신헌법)에서 앞서 본 위헌이 된 법률조항의 내용을 아예 헌법조항으로 삽입시켰다. 또한 새로 구성된 대법원에서는 위의 위헌판결에 찬성한 기존의 대법관들을 모두 재임용에서 탈락시켰다. 그 후 몇 차례의 헌법개정이 있었지만 이와 같이 헌법에 삽입된 공상 군인 등의 국가배상청구권 제한조항은 헌법에 계속 유지되어 현행 헌법 제29조 제2항으로 이어져오게 되었다.

(다) 헌법의 해석은 헌법재판소의 권한에 속하지만 일반 법률의 해석은 대법원의 권한사항이다. 헌법재판소는 일반 법률에 대한 해석권을 행사할 수 없다고 보는 것이 대법원 측의 일관된 견해이다. 따라서 대법원은 법원의 법률해석권을 침범하는 헌법재판소의 결정, 특히 한정합헌 내지 한정위헌결정은 월권에 의한 것으로서 아무런 법적 효력을 가질 수 없다고 본다. 그러나 헌법해석은 합헌적 법률해석에 의하여야 하는 것인데, 합헌적 법률해석이란 특정의 법률조항에 관하여 다양한 해석이 가능할 경우 그 중 어느 한 해석을 취하면 합헌이고 다른 해석을 취하면 위헌이라고 본다면 가급적 그 법률조항을 합헌으로 해석하여 주어야 한다는 헌법해석의 원칙이다. 따라서 헌법재판소는 헌법해석의 일환으로서 한정합헌 내지 한정위헌의 결정을 할 수 있다고 보면서 대법원의 입장과 대립하고 있다.

(라) 이러한 문제가 이 조항의 해석과 관련하여 발생하였다. 상급자의 고의 내지 과실에 의한 불법행위로 하급자인 군인이 상해를 입게 된 때에는 그 피해는 원래 국가배상의 대상이 되겠지만 이 조항에 의하여 배상청구를 할 수 없게 된다. 그런데 여기에 군인 등 공무원 외에 민간인도 가세하여 같이 불법행위를 하게 되는 경우 즉 민사상 공동불법행위에 해당한다면, 그 행위자들은 피해자에게 연대하여 배상할 책임을 지는 것으로 해석된다(부진정 연대책임). 따라서 피해 군인의 입장에서는 국가배상을 청구하는 것은 헌법조항의 적용을 받아 불가능할 것이나, 공동불법행위자인 민간인에 대한 손해배상청구는 제한되지 않으며, 민간인 불법행위자는 연대책임을 부담하므로 전액의 손해를 배상하여야 한다. 나아가 이와 같이 군인을 대신하여 전액을 배상하게 된 민간인은 군인에게 그 책임지분에 대한 구상권을 행사할 수 있어야만 정당할 것이다. 이러한 점을 감안하여 헌법재판소는 국가배상청구권의 배제조항을 공동불

1) 대법원 1971. 6. 22. 70다1010 전원합의체 판결.

법행위자인 민간인이 그 군인의 부담 부분에 대하여 구상권을 행사하는 점에 관하여도 적용하여 그 구상권 행사를 불가능하게 하는 해석을 하는 한도 내에서는 위헌이라고 결정하였다.1)

그러나 대법원은 이와 같은 한정위헌결정을 인정하지 아니하면서, 헌법 제29조 제2항은 군인 등이 직무집행 중 피해를 입었을 경우 국가배상청구를 할 수 없다고 규정하였으므로 이러한 요건에 해당하는 국가배상 청구는 일체 허용할 수 없다는 입장을 견지하였다. 다만 그렇게 하면 공동불법행위자가 된 민간인이 전액 배상하는 불합리한 경우가 발생할 수 있으므로 민법상의 공동불법행위책임은 이러한 경우에 한하여 예외적으로 해소된다는 새로운 해석을 내놓았다. 이와 같은 대법원의 해석에 의하게 되면 헌법재판소가 한정위헌결정을 내림에 있어서 전제가 되는 법해석이 변경되는 것을 의미하므로 헌법재판소의 한정위헌의 해석은 그 실효성을 상실하고 무의미하게 되어버리는 결과가 되었다.2)

1) 헌재 1994. 12. 29. 93헌바21, 판례집 6-2, 379면. 이중배상금지조항 위헌소원 사건에서, 헌법재판소는 국가배상법 제2조 제1항 단서 중 "군인 … 이 … 직무집행과 관련하여 … 공상을 입은 경우에 본인 또는 그 유족이 다른 법령의 규정에 의하여 재해보상금·유족연금·상이연금 등의 보상을 지급받을 수 있을 때에는 이 법 및 민법의 규정에 의한 손해배상을 청구할 수 없다"는 부분은, 일반국민이 직무집행 중인 군인과의 공동불법행위로 직무집행 중인 다른 군인에게 공상을 입혀 그 피해자에게 공동의 불법행위로 인한 손해를 배상한 다음 공동불법행위자인 군인의 부담부분에 관하여 국가에 대하여 구상권을 행사하는 것을 허용하지 아니한다고 해석하는 한, 헌법에 위반된다고 결정하였다.

2) 대법원 2001. 2. 15. 96다42420 전원합의체 판결. 헌법 제29조 제2항, 국가배상법 제2조 제1항 단서의 입법 취지를 관철하기 위하여는, 국가배상법 제2조 제1항 단서가 적용되는 공무원의 직무상 불법행위로 인하여 직무집행과 관련하여 피해를 입은 군인 등에 대하여 위 불법행위에 관련된 일반국민(법인을 포함한다. 이하 '민간인'이라 한다)이 공동불법행위책임, 사용자책임, 자동차운행자책임 등에 의하여 그 손해를 자신의 귀책부분을 넘어서 배상한 경우에도, 국가 등은 피해 군인 등에 대한 국가배상책임을 면할 뿐만 아니라, 나아가 민간인에 대한 국가의 귀책비율에 따른 구상의무도 부담하지 않는다고 하여야 할 것이다. … 위와 같은 경우에는 공동불법행위자 등이 부진정연대채무자로서 각자 피해자의 손해 전부를 배상할 의무를 부담하는 공동불법행위의 일반적인 경우와 달리 예외적으로 민간인은 피해 군인 등에 대하여 그 손해 중 국가 등이 민간인에 대한 구상의무를 부담한다면 그 내부적인 관계에서 부담하여야 할 부분을 제외한 나머지 자신의 부담부분에 한하여 손해배상의무를 부담하고, 한편 국가 등에 대하여는 그 귀책부분의 구상을 청구할 수 없다고 해석함이 상당하다 할 것이고, 이러한 해석이 손해의 공평·타당한 부담을 그 지도원리로 하는 손해배상제도의 이상에도 맞는다 할 것이다.

제 4 항 형사보상청구권

1. 의 의

헌법 제28조는 '형사피의자 또는 형사피고인으로서 구금되었던 자가 법률이 정하는 불기소처분을 받거나 무죄판결을 받은 때에는 법률이 정하는 바에 의하여 국가에 정당한 보상을 청구할 수 있다'고 규정한다. 이러한 형사보상청구권은 제헌헌법 이래 무죄판결을 받은 구금 피고인에게만 인정되었던 것인데 현행헌법에 이르러 불기소처분을 받은 구금 피의자에게로 확대되었다.

2. 법적 성격

(개) 형사보상청구권은 일정한 요건을 갖춘 국민이 국가에 대하여 일정한 보상행위를 청구할 권리이므로 청구권적 기본권에 속한다. 따라서 이 권리는 이를 구체화하는 법률에 의하여 실현될 것이며 입법자는 그 입법의 형성에 있어서 광범위한 재량을 가질 것이나, 국가가 이 권리의 실현을 위하여 아무런 입법조치를 하지 않거나 입법을 하더라도 그 내용이 헌법이 요구하는 바에 비추어 볼 때 불완전하고 불충분함이 명백한 경우에는 입법재량의 한계를 넘어선 것으로서 헌법위반에 이르게 된다.

(나) 또한 여기서 형사보상의 법적 성격에 관하여 국가의 위법행위에 대한 손해배상이라는 주장과 적법한 행위라고 하더라도 이로 인하여 손해를 입은 국민에 대한 손실보상이라는 견해 및 양자가 혼합되어 있다는 입장 등이 있지만, 형사보상청구권은 헌법에 국가배상청구권과는 별도로 보장되어 있고 헌법상 명문에 의하여 배상과 보상을 분명히 구분하고 있는 점에 비추어 손해배상설은 타당하지 않고 '손실보상'으로 보아야 할 것이다.

3. 내 용

(1) 요 건

구금되었던 자가 불기소처분을 받거나 무죄판결을 받은 경우이어야 한다. 구금은 수사기관에 의한 신병의 억류에 해당하는 조치가 모두 포함되며 반드시 적법한 절차에 의한 것인지 혹은 정당한 구속인지 여부를 불문한다고 보아야 한다.

검사의 불기소처분에는 무혐의·공소권 없음·죄가 안 됨·기소중지·기소유예의 각 처분이 있으나 여기서 형사보상청구권의 요건이 되는 불기소처분은 원칙적으로 '무혐의처분'만이라고 보아야 한다. 그러나 무혐의처분이 있었다고 하더라도 허위자백이나 다른 범죄가 성립하는 경우 등 구금에 대하여 행위자의 귀책사유가 있는 경우에는 보상에서 제외되어야 할 것이다. 반대로 공소권 없음·죄가 안 됨·기소중지의 불기소처분인 경우에도 구금에 있어서 행위자의 귀책사유가 전혀 없었다면 보상의 대상에 포함되어야 마땅하다.

구금피고인의 경우 보상의 요건으로서 무죄판결을 요한다. 그러나 면소나 공소기각의 판결도 사안의 실체에서 무죄의 재판을 받을만한 현저한 사유가 있었을 때에는 보상의 대상이 된다(형사보상 및 명예회복에 관한 법률 제26조 제1항). 또한 무죄판결을 받았다고 하더라도 형사미성년자이거나 심신상실을 이유로 한 경우나 허위자백 등으로 재판을 혼란에 빠뜨린 경우 일부 유죄가 있는 경우 등은 보상의 대상에서 제외할 수 있다(제4조).

(2) 절 차

보상의 청구는 불기소처분에 의한 경우 그 처분을 한 검사 소속 검찰청의 형사보상심의회에 하여야 하고, 무죄판결에 의한 경우 그 재판을 한 법원에 하여야 한다. 형사보상심의회의 보상결정에 대하여는 법무부장관의 재결을 거쳐 행정소송을 제기할 수 있다. 보상청구를 받은 법원은 합의부에서 이를 결정하여야 한다. 형사보상법은 법원의 보상결정에 대하여서는 불복할 수 없는 것으로 규정하였으나(구 형사보상법 제19조 제1항), 동 조항은 헌법재판소에 의하여 위헌으로 결정되어 무효가 되었다.[1] 동법은 형사보상청구에 대하여 무죄확정판결로부터 1년의 제척기간을 두는 것으로 규정하였으나(구 형사보상법 제7조), 이 조항 역시 헌법재판소로부터 형사보상청구권에 대한 과도한 제한으로 위헌이라는 판단을 받았다.[1]

(3) 정당한 보상

헌법은 정당한 보상이 될 것을 요구하고 있는바 여기서의 정당보상의 의미는 재산권의 수용 등에 있어서의 정당보상의 그것과는 다르다. 재산권에 대한 정당한 보상은 그 객관적 재산가치를 완전히 보상하는 것이지만, 형사보상에 있어서는 피해의 객관적 가치를 산정하기 어렵고 개념상 국가배상과는 차이가 있으므로 입법자가 사안의 경중, 물가수준, 국가의 경제적 상황 등 제반 사정을 고려하여 합리적인 판단을 하였다면 정당한 보상으로 인정되어야 할 것이다.[2]

---

1) 보상액의 산정에 기초되는 사실인정이나 보상액에 관한 판단에서 오류나 불합리성이 발견되는 경우에도 그 시정을 구하는 불복신청을 할 수 없도록 하는 것은 형사보상청구권 및 그 실현을 위한 기본권으로서의 재판청구권의 본질적 내용을 침해하는 것이라 할 것이고, 나아가 법적 안정성만을 지나치게 강조함으로써 재판의 적정성과 정의를 추구하는 사법제도의 본질에 부합하지 아니하는 것이다. 또한, 불복을 허용하더라도 즉시항고는 절차가 신속히 진행될 수 있고 사건수도 과다하지 아니한데다 그 재판내용도 비교적 단순하므로 불복을 허용한다고 하여 상급심에 과도한 부담을 줄 가능성은 별로 없다고 할 것이어서, 이 사건 불복금지조항은 형사보상청구권 및 재판청구권을 침해한다고 할 것이다. 헌재 2010. 10. 28. 2008헌마514, 판례집 22-2하, 181면.

1) 권리의 행사가 용이하고 일상 빈번히 발생하는 것이거나 권리의 행사로 인하여 상대방의 지위가 불안정해지는 경우 또는 법률관계를 보다 신속히 확정하여 분쟁을 방지할 필요가 있는 경우에는 특별히 짧은 소멸시효나 제척기간을 인정할 필요가 있으나, 이 사건 법률조항은 위의 어떠한 사유에도 해당하지 아니하는 등 달리 합리적인 이유를 찾기 어렵고, 일반적인 사법상의 권리보다 더 확실하게 보호되어야 할 권리인 형사보상청구권의 보호를 저해하고 있다. 또한, 이 사건 법률조항은 형사소송법상 형사피고인이 재정하지 아니한 가운데 재판할 수 있는 예외적인 경우를 상정하고 있는 등 형사피고인은 당사자가 책임질 수 없는 사유에 의하여 무죄재판의 확정사실을 모를 수 있는 가능성이 있으므로, 형사피고인이 책임질 수 없는 사유에 의하여 제척기간을 도과할 가능성이 있는바, 이는 국가의 잘못된 형사사법작용에 의하여 신체의 자유라는 중대한 법익을 침해받은 국민의 기본권을 사법상의 권리보다도 가볍게 보호하는 것으로서 부당하다. 헌재 2010. 7. 29. 2008헌가4, 판례집 22-2상, 1면.

2) 형사보상청구권은 헌법 제28조에 따라 '법률이 정하는 바에 의하여' 행사되므로 그 내용은 법률에 의해 정해지는바, 형사보상의 구체적 내용과 금액 및 절차에 관한 사항은 입법자가 정하여야 할 사항이다. 이 사건 보상금조항 및 이 사건 보상금 시행령조항은 보상금을 일정한 범위 내로 한정하고 있는데, 형사보상은 형사사법절차에 내재하는 불가피한 위험으로 인한 피해에 대한 보상으로서 국가의 위법·부당한 행위를 전제로 하는 국가배상과는 그 취지 자체가 상이하므로 형사보상절차로서 인과관계 있는 모든 손해를 보상하지 않는다고 하여 반드시 부당하다고 할 수는 없으며, 보상금액의 구체화·개별화를 추구할 경우에는 개별적인 보상금액을 산정하는데 상당한 기간의 소요 및 절차의 지연을 초래하여 형사보상제도의 취지에 반하는 결과가 될 위험이 크고 나아가 그로 인하여 형사보상금의 액수에 지나친 차등이 발생하여 오히려 공평의 관념을 저해할 우려가 있는바, 이 사건 보상금조항 및 이 사건 보상금시행령조항은 청구인들의 형사보상청구권을 침해한다고 볼 수 없다. 헌재 2010. 10. 28. 2008헌마514, 판례집 22-2하, 180-181면.

제 5 항 범죄피해자구조청구권

1. 의 의

헌법 제30조는 '타인의 범죄행위로 인하여 생명·신체에 대한 피해를 받은 국민은 법률이 정하는 바에 의하여 국가로부터 구조를 받을 수 있다'고 규정하여 우리 헌법사에서 처음으로 범죄피해자구조청구권을 도입하였다. 종래 범죄피해자에 대한 구조는 가해자에 대한 민사소송이나 소송촉진에 관한 특례법상의 형사배상명령제도에 의하여 실현되고 있었으나 모두 가해자에 대한 청구를 내용으로 한 것으로서 가해자에게 배상능력이 없으나 도주한 경우에는 실효성이 없었으므로 국가가 직접 구조하는 제도를 신설하고 청구권적 기본권으로 헌법에 명문화하게 된 것이다.[1]

2. 법적 성격

범죄피해자 구조제도의 본질에 관하여 국가가 국민보호의무를 충실히 하지 못한 데에 대한 배상책임이라고 보는 국가책임설(國家責任說), 요부조자에 대한 사회보장의 의미를 가진다는 사회보장설(社會保障說), 세금을 통하여 범죄피해라는 사회적 위험을 사회구성원에게 분담시키는 구조라는 사회분담설(社會分擔說)의 견해가 나뉜다.[2] 판단컨대 범죄피해자 구조제도는 이러한 견해들에서 나타난 특성이 모두 결합된 제도로서의 성격을 가진다고 하겠다.

따라서 범죄피해자구조청구권은 국가에게 일정한 행위를 요구하는 청구권적 기본권의 성격을 기본적으로 가지지만 나아가 국가에 대하여 생존배려의 차원에서 일정한 경제적 급부를 요구하는 사회적 기본권 내지 생존권적 기본권의 성격도 겸비하는 기본권이라고 할 것이다.

---

1) 권영성, 전게서, 624면.
2) 상게서, 625면.

3. 내 용

(1) 요 건

범죄피해자구조청구권은 타인의 범죄행위로 피해를 입은 자가 그 피해의 전부 또는 일부를 배상받지 못한 경우에 인정된다(범죄피해자 보호법 第16조). 여기서 피해는 생명이나 신체에 대한 것이 되어야 하며, 반드시 가해자의 소재불명 또는 무자력으로 인한 피해가 되어야 하는 것은 아니다.[1] 다만 피해자와 가해자 사이에 친족관계가 있거나 피해자에게 범죄의 교사·방조·유발 등의 귀책사유가 있는 경우에는 구조금이 전부 또는 일부 지급되지 아니한다. 그 밖에 사회통념에 위배되는 사정이 있는 경우에도 지급하지 아니할 수 있다(제19조).

(2) 절 차

범죄피해자는 그 소재지 또는 범죄발생지를 관할하는 범죄피해자구조 심의위원회(지구심의회)에 범죄피해자구조금을 신청할 수 있다(제25조). 지구심의회의 결정에 불복하는 당사자는 법무부에 소재하는 본부심의회에 재심을 신청할 수 있으며(제27조), 이 결정에도 불복하는 경우 행정소송을 제기할 수 있다.

(3) 구조금

구조금은 요부조자에 대한 사회보장적 성격을 가지므로 그 구체적인 금액이 반드시 피해액 전부를 전보하는 것이 되어야 할 필요는 없다. 그러나 피해의 규모와 국가의 경제적 사정 및 물가수준 등을 고려할 때 합리적인 수준의 것이 되도록 하여야 할 것이며, 그렇지 아니할 경우 헌법에 보장된 범죄피해자구조청구권을 침해하는 것으로서 위헌의 문제를 야기할 수 있다.

---

1) 2010. 5. 14. 개정된 범죄피해자보호법은 종래 범죄피해자구조법에 의하여 요구되던 '가해자 불명 또는 무자력으로 인한 피해' 요건을 삭제하였다(동법 제16조).

제7절 사회적 기본권

1. 의 의

헌법 제34조는 '모든 국민은 인간다운 생활을 할 권리를 가진다'고 규정하여 사회적 기본권의 주된 기본권으로서의 인간다운 생활을 할 권리를 보장하고 있다. 오늘날의 복지국가는 국민의 인간다운 생활을 보장하기 위하여 국민에게 여러 가지 배려와 급부를 행하고 있으며 이를 기본권으로 인정하여 헌법에 수용하였다.

이와 같이 국가로부터 인간다운 생활을 영위하기 위한 급부와 배려를 요구하는 것을 내용으로 하는 사회적 기본권은 자유권과 전혀 다른 법적 성격을 가진다. 자유권은 국가의 간섭을 배제하는 소극적 성격의 기본권이지만 사회적 기본권은 국가의 개입을 요구하는 적극적 성격의 기본권이다. 한편 이 권리는 헌법의 보장 선언만으로는 국민이 직접 국가로부터 현실적 급부나 배려를 받을 수 있는 구체적 권리가 도출되지는 않는다. 즉 사회적 기본권은 법률에 의하여 비로소 형성되는 권리이다. 헌법 조항만으로 바로 실현되는 권리가 아니고 이것이 현실화되려면 법률로 구체화하는 것이 필요하다.

또한 국가가 인간다운 생활을 위한 급부와 배려를 충실히 이행하여주기 위하여서는 국가의 경제적 능력과 재정상태가 이를 뒷받침할 수 있어야 한다. 단지 헌법이나 법률에서 문서로 보장하는 것만으로 실제로 경제적 급부가 실현될 수 있는 것은 아니다. 오히려 헌법에 지나치게 많은 급부와 배려를 약속하게 되면 국가의 재정능력상 이를 실현할 수 없어 헌법조항을 선전문구로 변질시키고 헌법이 장식화되어 결국 헌법의 규범적 가치가 저하되는 단점이 발생할 수 있음을 유의하여야 한다.

2. 법적 성격

(1) 입법방침규정설

사회적 기본권을 보장하는 내용의 헌법조항은 입법을 그와 같이 하였으면 좋겠다는 희망을 표명하는 정도의 의미밖에 가지지 않는다고 보는 견해이다. 헌법상 명문으로 보장하는 표현을 하고 있더라도 이것이 구체적 권리의 보장을 의미하지는 않는다는 것이다. 그리하여 이는 입법방침 혹은 프로그램을 규정하는데 불과하다고 해석하며, 이는 법적 의무가 아닌 도의적 의무에 불과하므로 국가가 준수하지 못하여도 어쩔 수 없다고 본다.

(2) 추상적 권리설

사회적 기본권은 헌법상 권리이기는 하지만 추상적 권리로서 헌법조항만을 근거로 하여 직접 재판규범으로 삼을 수 없다고 본다. 사회적 기본권의 권리성을 부인하지 않지만 그 헌법적 보장은 추상적이고 선언적인 것으로서 이것으로 소송을 제기할 수는 없다는 것이다(이전의 통설).

(3) 구체적 권리설

최근의 일반적 견해이다. 이전에는 헌법소송에 의한 기본권 구제의 길이 사실상 막혀 있었으나 현행 헌법에 와서 헌법재판소가 설치되고 위헌법률심판과 헌법소원심판 등 헌법재판 제도가 실질화되었는바, 그 소송 대상에는 입법이 포함되므로 입법부작위의 경우에도 그것이 국민의 기본권을 침해한다면 위헌의 판단을 받을 수 있게 되었다. 이러한 헌법재판제도의 변화는 사회적 기본권의 법적 성격을 새로이 조명할 기회를 제공하였다. 즉, 우리 헌법이 명문으로 인간다운 생활을 보장한다고 규정하고 있는 이상 이에 따르는 입법조치를 전혀 실행하지 않으면 헌법소원을 제기하여 구제를 받을 수 있게 된 것이다.

이러한 제도적 변화에 상응하여 구체적 권리라고 주장하는 설이 보다 힘을 얻고 우세하게 되었다. 국민의 기본권을 침해하는 입법부작위는 헌법이 명문으로 입법을 지시하고 있음에도 불구하고 입법을 하지 아니하거나 명백히 불충분 혹은 불완전한 입법을 하는 경우 입법자가 그 입법재량권을 일탈하거나 남용한 것으로서 위헌이 될 수 있다고 하는 것이 헌법재판소의 판례이므로, 이러한 소송을 통하여 인간다운 생활을 할 권리를 소구하여 실현할 수 있는 방도가 열렸다.

제1항 인간다운 생활을 할 권리

1. 의 의

(1) 사회적 기본권은 인간다운 생활을 하기 위하여 국가에 대하여 급부나 배려를 요구할 수 있는 권리이므로 인간다운 생활을 할 권리는 사회적 기본권의 핵심이며 주된 기본권이다.

(2) 사회적 기본권인 이 권리는 인간답게 살기 위하여 필요한 최소한의 물질을 국가에 대하여 요구할 수 있는 권리이다. 따라서 인간다운 생활을 할 권리를 보장함은 국가가 국민에게 생활의 기초가 되는 물질적 최소한을 보장하는 것을 의미한다. 그러나 이렇게 보면 너무 폭이 좁다고 하여 건강을 유지할 최소한의 기초를 요구한다고 주장하는 견해나 문화적 생활을 보장하는 최소한을 보장한다는 주장 등이 있지만 실질적으로 큰 차이가 없으며 결국 인간으로 제대로 된 생활을 하는데 필요한 최소한의 물질적 보장을 의미한다고 보는 것으로 족하다고 생각된다. 이와 같은 추상적 논의는 오히려 인간다운 생활이라는 보호영역 자체를 모호하게 하여 그 권리의 실효성을 떨어뜨리는 효과를 가져올 것이므로 최소한의 물질적 기반을 배려한다는 의미로 명확히 하는 편이 사회적 기본권의 현실적 기본권으로서 유용성을 높이는 데에 유리하게 작용할 것이라고 판단된다.

2. 내 용

(1) 사회보장 수급권

인간다운 생활을 할 권리는 내용상 사회보장 수급권을 핵심으로 한다. 국가로부터 인간다운 생활을 보장받는 것은 국가의 사회보장제도에 의하여 실현될 것이기 때문이다. 사회보장 수급권은 질병, 실직 혹은 고령으로 생활능력이 없어지거나 사고로 장애인이 된 경우 등 사회적 위험에 처한 국민이 요보호상태에 놓이게 되었을 때 국가로부터 인간다운 생활을 영위하는데 필요한 급부 등 생존배려를 보장받을 권리를 말한다. 사회보장제도는 사회보험제도 혹은 공적부조나 사회복지제도로 나누어 볼 수 있으므로 이하에서 이를 살펴본다.

(2) 사회보험 수급권

㈎ 사회보장제도로서 가장 주요한 것이 사회보험이라고 할 것이다. 사회보험이란 사회적 위험에 노출된 개인들이 보험이라는 법기술적 제도에 의하여 위험에서 벗어날 수 있도록 상부상조하는 제도이다. 보험은 위험에 노출된 사람들이 금원을 갹출하여 실제로 위험에 처한 자에게 이를 지급함으로써 위험에 공동으로 대처하게 하는 제도인바, 이러한 보험제도를 이용하여 사회보장의 목적을 달성하고자 하는 것이 사회보험제도인 것이다. 이 제도는 국가에서 직접 재정을 확보하여 급부를 실행하는 데에서 오는 국고 부담을 줄일 수 있다는 점에서 많이 활용되고 있다. 수혜대상인 국민들로부터 직접 불입금을 거두어 사회보장의 문제를 해결하므로 국가의 재정능력과 관계없이 사회보장의 범위를 크게 넓힐 수 있는 이점이 있는 것이다.

㈏ 건강보험과 국민연금은 국민 모두가 의무적으로 가입하여야 하는 국민개(皆)보험의 성격을 가진다. 이는 질병과 노령이라는 위험에 대하여 대처하기 위하여 시행하는 사회보장제도이다. 공무원이나 군인의 경우 퇴직 후 생활 보장을 위하여 공무원연금과 군인연금의 제도가 별도로 존재한다. 실직의 위험에 대처하기 위한 사회보험으로서 고용보험제도가 있으며, 산업재해의 위험으로부터 보호받기 위한 제도로서는 산업재해보험이 있다.

이와 같은 다양한 공적 보험제도들은 일반적인 사법상의 보험과는 구별된다. 이는 국민들이 인간다운 생활을 영위할 권리를 보장하고자 하는 공익적 목적에 기여하기 위하여 실시하는 보험이므로 여기서는 사적자치의 원칙보다는 사회연대(社會連帶)의 원칙이 우선하며 개인의 의사에 의하여 가입여부를 결정할 수 없고 법 소정의 요건을 구비한 국민 모두에게 가입이 의무화되는 이른바 강제보험이 허용된다. 따라서 공적 보험에서의 이러한 보험강제는 인간다운 생활을 할 권리를 보장하기 위한 제도로서 헌법적 정당성을 가진다고 할 것이다. 헌법재판소도 국민연금과 같은 공보험에서 보험가입을 강제하는 것이 헌법에 반하지 않는다고 판단하고 있다.[1)]

(3) 공적 부조 수급권

공적 부조(公的 扶助)는 인간다운 생활을 하는데 필요한 경제적 급부를 국가가 직접 지급하여주는 것을 의미한다. 국가는 재정적 능력이 허용하는 한 사회적 경쟁에서 낙오되어 열악한 환경에 처한 경제적 약자에게 인간다운 생활을 하는데 필요한 경제적 급부를 직접 행하여야 한다. 국민기초생활보장법이 이와 같은 내용을 규율하고 있으며, 생계보호기준을 설정하여 생활보호의 대상이 된 요부조자에게 국가가 국고로부터 직접 재정적으로 생활보호비용을 지급하도록 한다.

그 보호대상 범위의 측면에서 구 생활보호법은 소년소녀가장이나 일정한 연령 이상의 노인들을 대상으로 하였는데 새로 제정된 국민기초생활보장법은 연령에 관계없이 경제적 곤란에 빠져서 재산상태를 증명하면 이 법이 적용되어 보호를 받을 수 있도록 수혜대상의 범위를 확충하였다.[2)]

(4) 사회복지 수급권

인간다운 생활의 보장을 위하여서는 국가가 요부조자의 최저생활을 보장하는데 필요한 급여를 직접 제공하는 것 이외에 요보호상태에 빠진 경제적 약자에게 현금이 아닌 필요한 공적 서비스를 제공하여 주는 것도 필요하다. 이를 사회복지제도라고 포괄하여 지칭할 수 있는데 다양한 제도가 실시되고 있다. 양로원, 갱생원, 유아원 등 육아시설 등이 그것이고, 아동복지법, 모자보건법 및 각종 장애인복지법 등에서 이러한 서비스의 제공을 규정하고 있다. 이와 같은 것들이 모두 사회보장을 구현하기 위하여 존재하는 제도이다.

3. 사회적 기본권 형성 입법에 대한 헌법심사

(1) 헌법 제34조 제1항이 모든 국민의 인간다운 생활을 보장하고 있음에도

1) 헌재 2001. 2. 22. 99헌마365. 국민연금 강제가입제도 사건 결정; 헌재 2003. 12. 18. 2002헌바1. 의료보험수급권 사건 결정.
2) 국민기초생활보장법 제5조.

불구하고 국가가 이 기본권을 실현하기 위한 입법을 하지 않거나 하더라도 그 내용이 불충분하고 불완전한 경우에 이를 헌법재판에 의하여 시정할 수 있을 것인지 문제된다.

(2) 자유권을 제한하는 국가의 조치에 대하여 불만이 있는 경우 자유의 침해를 이유로 그 구제를 구하는 헌법소송을 제기하면 그 판단기준은 헌법 제37조 제2항에 의하게 되고 과잉금지의 원칙이 적용될 것이다. 평등권의 경우에도 다소 유사한 심사기준이 적용될 것인바 완화된 심사는 결국 차별목적의 정당성과 차별수단의 적합성을 보는 것이 되며, 엄격한 심사는 더 나아가 피해의 최소성과 법익의 균형성을 따지게 된다. 원칙적으로는 기본적인 완화된 심사를 하나 일정한 예외적인 경우에는 엄격한 심사에 들어가게 된다.

(3) 그러나 사회적 기본권의 침해가 문제된 경우에는 자유권과 평등권의 문제와는 달리 국가가 간섭하지 않는 것으로 해결되는 것이 아니고 국가가 직접 자원을 활용하여 급부와 배려를 해 줌으로써 해결될 것이므로 헌법심사에 있어서 보다 큰 한계가 존재하게 된다. 사회적 기본권의 구체적 내용은 입법에 의하여 비로소 형성되며 여기에서 입법자는 국가의 경제적 능력을 감안하여 판단함에 있어서 광범위한 입법형성권 내지 입법재량을 가진다. 결국 이 문제는 원칙적으로 국가에게 그 결정이 맡겨져 있으며 그 재량으로 결정되어야 하는 것이다. 따라서 입법자의 결정 내용, 즉 사회적 기본권을 구체화하는 법률의 내용에 대하여 당해 국민은 원칙적으로 입법자의 판단을 존중하여야 한다.

(4) 그렇다고 하여 입법자는 사회적 기본권이 헌법에 명시되어 있음에도 불구하고 입법을 아예 하지 않거나 불충분하고 불완전한 입법을 하여도 되는 것은 아니다. 여기서 입법자에게 입법의 재량권이 인정되지만 이 재량권이 사회적 기본권을 성실히 구체화하여야 할 입법자의 헌법적 의무를 면하게 하는 것은 아니며, 입법자가 그 재량의 범위를 명백히 일탈하였거나 재량권을 남용한 경우에는 헌법위반이 된다(이른바 명백성 통제). 그런 의미에서 자유권 등은 최소한의 제한이 되어야 함에 비하여 사회적 기본권은 최소한의 보장이 실현되어야만 하는 것이다.

(5) 그렇다면 어떠한 경우에 입법자의 입법재량권이 명백히 일탈되거나 남용된 것으로 보아야 할 것인지 문제될 것인데, 헌법이 보장하는 사회적 기본

권의 실현을 위한 입법을 아예 이행하지 아니하고 있거나 입법을 행하였더라도 그 내용이 현저히 불충분하고 불완전한 경우가 이에 해당할 것이다. 관점을 달리하여 볼 때 입법 내용의 불충분·불완전성은 주로 당해 입법의 목적과 수단의 적합성의 인정 여부에 의하여서도 판별될 수 있다. 입법목적이 정당하지 못하거나 입법내용이 그 입법목적에 기여하는 것이 되지 못할 경우 그 입법은 이미 재량권의 일탈·남용에 해당하는 정도의 명백한 오류에 빠진 것이라고 하지 않을 수 없기 때문이다. 그렇게 본다면 결국 사회적 기본권을 구현하는 입법에 대한 헌법심사는 그 정도 면에서 자유권이나 평등권 심사에 있어서 나타나는 바와 같은 완화된 심사원칙과 유사하다고 평가할 수 있다.[1)]

제2항 교육을 받을 권리

1. 의 의

(1) 헌법 제31조 제1항은 '모든 국민은 능력에 따라 균등하게 교육을 받을 권리를 가진다'고 하고, 제2항은 '모든 국민은 그 보호하는 자녀에게 적어도 초등교육과 법률이 정하는 교육을 받게 할 의무를 진다'고 하며, 제3항은 '의무교육은 무상으로 한다'고 하여 이른바 교육기본권에 관한 규정을 두고 있다.

(2) 오늘날 평생교육이 중시되고는 있지만 교육을 받을 권리는 수학연령에 있는 미성년자들에게 의미가 큰 권리이다. 교육을 받을 권리와 받게 할 의무의 내용과 관련하여 학생을 보호하고 교육시설을 제공하면서 가르쳐야 할 입장에 있는 학부모와 국가 및 교사의 법적 관계가 여기서 함께 문제된다.

(3) 학부모는 자신의 자녀를 교육시킬 의무를 짐과 동시에 그를 교육시킬 권리를 가진다. 미성년자인 자녀는 부모의 보호 하에 있으므로 자녀가 제대로 교육을 받을 수 있기 위하여서는 보호자인 부모의 교육상 협조가 반드시 필요하며, 부모는 그 보호 하에 있는 자녀를 교육시킬 의무를 부담하여야 한다. 따라서 입법자는 이러한 헌법상의 요구에 부응하여 의무교육을 규율함에 있어서 부모의 협조를 강제하는 내용을 담을 수 있다.

(4) 국가는 모든 국민의 교육을 받을 권리를 보장하고 의무교육을 실시하

---

1) 헌재 1997. 5. 29. 94헌마33, 판례집 9-1, 543면. 생계보호기준 위헌확인 사건 결정.

여야 한다. 따라서 국가는 교육 관련 시설을 설립하고 교육 서비스를 제공할 공적 의무를 부담한다.

(5) 한편 교사는 국민의 교육받을 권리를 실현시키는 목적에 봉사하는 역할을 다하여야 하는 교육의 실질적 주체이다. 교사는 진리를 탐구하는 사회적 기능을 하는 교수와는 달리 주로 미성년자인 학생들에게 이미 사회적으로 수용되어 있는 지식을 습득시키고 인격을 형성시켜주는 역할을 한다. 교사도 학생을 가르침에 있어서 수업권이 주어진다고 하여 이것이 헌법상의 권리(權利)인지 여부가 다투어지고 있으나, 교사의 수업권은 헌법상 보장된 기본권이 아니라 교사의 직책을 부여받은 자에게 법률에 의하여 인정되는 권한(權限)으로서, 학생의 교육기본권과 충돌한다면 학생의 수업권에 우선당하여야 마땅하며 이를 침해하지 않는 한도 내에서만 허용될 수 있다고 할 것이다.

2. 교육기본권의 법적 성격

(1) 교육기본권은 국가에 대하여 인간다운 생활을 하기 위하여 필요한 교육서비스를 제공하여 줄 것을 요구하는 권리라는 측면에서 사회적 기본권이다. 그 주체는 교육을 받는 학생 등 당사자가 될 것임은 물론이고, 미성년자인 경우 그 부모 또한 국가에 대하여 이러한 사회적 기본권의 실현을 요구하는 주체가 된다고 할 것이다. 그러나 국민들이 스스로 원하는 대로 교육을 받음에 있어서 국가의 간섭이나 개입을 배제하는 문제에서는 교육기본권이 자유권적 성격을 가지게 되며 이 경우 국민은 자유권적 기본권의 주체가 된다.

(2) 의무교육을 고등학교에까지 확대하는 주장을 한다면 이는 사회적 기본권으로서의 교육기본권의 보장과 실현 문제가 되는 것이며 따라서 그 위헌 심사의 기준은 명백성 통제에 의하여야 할 것이다. 그러므로 입법자가 헌법이 요구하는 입법을 전혀 하지 아니하거나 하더라도 그 내용이 너무 불충분하고 불완전하여 입법재량의 한계를 넘어선 것이 명백한 경우에는 헌법에 위반된다고 보아야 한다. 여기서 명백성 통제는 최소한 보장의 원칙을 적용하는 것을 의미한다.

(3) 그러나 학부모에 따라서는 각종 사교육을 포함한 고밀도의 교육을 희망할 수도 있다. 그러나 우리나라 교육의 역사에 있어서 경험한 바와 같이 사

교육은 자칫 과열되어 사회문제가 될 위험이 크므로 사교육을 입법에 의하여 금지하고 그 위반자를 처벌하는 것이 헌법적으로 수용될 수 있는지 여부가 문제될 수 있다. 그러한 사교육금지의 입법은 학생의 교육받을 권리나 학부모의 교육권을 제한하는 것으로서 이는 교육에 관한 자유권을 제한하는 성격을 가진다. 따라서 헌법 제37조 제2항 소정의 기본권 제한 요건과 과잉금지의 원칙이 적용되는 것이다. 또한 이는 최대한 보장의 원칙을 적용함을 의미한다.

(4) 이와 같이 교육기본권은 복합적 권리로서 자유권과 사회권의 양면적 측면을 가진다. 실제로 이를 어떻게 파악하여야 할 것인가의 여부는 구체적 쟁점에서 교육기본권이 어떠한 연관관계에서 문제가 되고 있는지를 분석하여 확정하여야 하며 이에 따라 헌법적 심사기준은 달라지게 될 것이다. 교육기본권은 특정의 문제에서 자유권의 형태로 발현된 것인가 혹은 사회권적 기본권으로 발현된 것인가 여부를 결정하여 그 다음에 심사원칙을 정하여 판단되어야 한다.

3. 관련 판례

(1) 헌법재판소는 과외학습을 금지하고 이에 위반하면 처벌하는 입법이 위헌이라고 결정하였다.[1] 이 결정으로 인하여 지나친 사교육 열풍과 과열과외에 대한 대책이라고 하더라도 헌법적 기준에는 적합하여야 하고 그렇지 못한 제도는 허용될 수 없는 점이 확인되었다. 이 판례의 결정 이유는 아래와 같다.

(2) 헌법은 부모의 자녀교육에 대한 의무만을 규정하고 있으나, 부모는 자녀를 교육함에 있어서 자신의 책임으로 교육과정을 관리할 자유를 가져야 할 것이다. 그러한 의미에서 학부모에게는 자녀에 대한 교육의 권리가 인정된다. 한편 국가는 국민의 교육기본권에 대응하여 학교제도를 규율할 권한과 의무를 부여받고 있다. 그러나 국가도 학생을 교육할 권한을 가지므로 학부모의 자녀교육권과의 관계에서 서로 경합되는데, 학교 밖의 교육에 대하여서는 학부모의 교육권이 우위를 차지하는 반면 학교 내의 교육에서는 국가의 교육권이 우위를 가진다. 또한 자녀를 가르치고자 하는 부모의 교육권은 자유권적 성격을 가지므로 그 제한에 대한 헌법위반 여부를 판단함에 있어서는 비례의 원칙,

---

1) 헌재 2000. 4. 27. 98헌가16, 판례집 12-1, 427면. 과외금지 위헌결정.

즉 과잉금지의 원칙에 의하여야 하며 여기서 최소침해의 원칙이 적용되어야 한다.

(3) 과잉금지원칙에 의하여 판단할 때, 지나친 사교육을 통한 사회적 부작용을 제거할 필요성이 있으므로 입법목적의 정당성은 인정되고, 과외금지와 그 처벌은 사교육의 과열을 억제하는 데 긍정적 작용을 하는 의미에서 수단의 적절성도 인정된다. 그러나 고액과외만 금지하여야 함에도 모든 과외행위를 일반적으로 봉쇄함으로써 원칙과 예외가 뒤바뀌어 최소 침해의 원칙에 위배되며 법익의 균형성도 부정된다. 그리하여 과외금지의 포괄적 금지와 처벌을 통한 강제는 부모의 교육시킬 권리의 침해를 과잉되게 침해하는 것이 되어 헌법에 위반된다는 것이다.

제3항 근로의 권리

1. 의　의

(1) 헌법 제32조 제1항은 '모든 국민은 근로의 권리를 가진다. 국가는 사회적·경제적 방법으로 근로자의 고용의 증진과 적정임금의 보장에 노력하여야 하며, 법률에 정하는 바에 의하여 최저임금제를 시행하여야 한다'고 규정하여 국민의 근로의 권리를 천명하고 있다. 바이마르헌법 이래 현대헌법은 근로의 권리를 헌법적 권리로 수용하고 있는바. 우리 헌법도 제1공화국 헌법 이래 이를 기본권으로 포섭하고 있다.

(2) 헌법에 있는 근로자 보호를 위한 헌법조항만을 떼어서 노동헌법이라는 표현을 쓰기도 한다. 근로기본권은 여기서 보장되고 있는 기본권을 총칭하는 말로서 여기에는 두 가지 범주의 권리가 포함된다. 근로자 개인적 평면에서 보장되는 것이 일반적으로 말하는 근로의 권리이고, 근로자 집단의 평면에서 보장되는 것이 근로단체권이다. 근로3권은 근로자의 단결권, 단체교섭권과 단체행동권으로 구성되며 헌법 제33조가 이를 별도로 규정한다.

(3) 바이마르헌법은 근로의 권리를 도입하면서 이를 행사할 수 없을 때에는 국가에 대하여 생계비를 청구할 수 있는 권리에 이르기까지 언급하는 충실한 조항을 두고 있었다. 따라서 개인이 노동의 기회를 제공받지 못한 경우에

는 그에 상응하는 생계비를 국가에 청구하여 받아낼 수 있는 권리가 헌법에 의하여 인정되었지만, 20세기 초의 국가의 재정능력에 비추어 볼 때 헌법규범의 내용이 현실보다 지나치게 앞서 나간 것이었다. 우리 헌법은 근로의 기회가 주어지지 못하는 경우의 생계비청구권까지 명문으로 보장하지는 않는다.

2. 법적 성격

(1) 근로의 권리가 자유권적 기본권, 평등권, 혹은 사회권적 기본권 중 어느 권리의 성격을 가질 것인지 여부는 그 권리가 주장되는 구체적 사항에 따라 달라진다. 이처럼 근로의 권리는 복합적 성격을 가진 기본권이다.

근로의 권리는 국가가 개인의 근로행위를 방해할 때 그 간섭을 배제할 수 있는 권리인 점에서는 자유권적 성격을 가지며, 이를 제한하는 입법에 대한 헌법심사에서는 자유권 제한의 헌법원칙이 적용되어야 한다. 국가가 근로관계에서 특정의 집단을 차별적으로 취급할 경우 여기서 주장되는 관련자의 근로의 권리는 평등권의 성격을 가질 수 있으며, 이에 대한 헌법심사의 경우에는 평등심사에 관한 원칙이 적용된다.

(2) 시민적 법치국가에서는 사적자치의 원칙, 계약자유와 과실책임, 사유재산의 보장 등 자유방임적 법원리가 경제질서의 기초가 되었는데, 이를 통하여 빈익빈, 부익부의 사회적 폐해가 심화되고 이러한 방임적 경제질서에서 빈곤에 빠진 자의 자유는 굶어 죽을 자유에 불과하게 되자 경제생활에 대한 보다 적극적인 국가의 개입이 필요하게 되었다. 이러한 분위기에서 근로에 대한 헌법적 권리의 개념이 발전되었는데, 이는 최소한의 인간다운 생활을 보장하는 데에 필요한 근로의 기회와 조건을 확보할 수 있도록 국가가 원조하여야 한다는 측면에서 새로이 인식된 권리이다. 그러나 국가는 근로의 기회 제공이 가능하도록 하기 위하여 최대한 노력을 하기는 하지만 모든 이에게 언제나 원하는 직업을 가지게 하는 바와 같이 완전한 구체적 권리로서 실현하여주는 것은 국가의 현실적 능력 범위 밖에 있으므로 사회권적 기본권으로서의 근로의 권리는 불완전한 구체적 권리로서만 인정되는 것이다.

3. 내 용

(1) 근로의 권리는 국가에 대하여 근로의 기회제공을 요구할 수 있는 권리라고 할 것이다. 바이마르헌법의 경우처럼 더 나아가 일자리를 제공받지 못하면 국가에게 그 생계비를 지급할 권리까지 주어진다고 보는 입장도 있을 수 있지만, 일반적으로 생계비의 청구는 근로의 권리와는 별도로 보장되는 인간다운 생활을 할 권리, 즉 공적 부조청구권의 한 내용에 속하므로 근로의 권리에 포함된다고 해석할 필요는 없을 것이다.

(2) 헌법 제32조 제2항은 '모든 국민은 근로의 의무를 진다. 국가는 근로의 의무의 내용과 조건을 민주주의 원칙에 따라 법률로 정한다'고 규정하고 있다. 이러한 국민의 근로제공의 의무는 근로의 권리가 사회적 기본권으로서 헌법상 인정되는 점에 부응하여 조화로운 근로관계가 실현되도록 하기 위한 선언적 의미를 가지는 것일 뿐이며 완전한 헌법적 의무로 볼 것은 아니다. 또한 제32조 제1항 제2문은 '국가는 사회적 경제적 방법으로 근로자의 고용증진과 적정임금의 보장에 노력하여야 하며, 법률이 정하는 바에 의하여 최저임금제를 시행하여야 한다'고 규정하는데 국가는 고용증진과 적정한 임금 유지 등의 헌법적 목표를 실현하기 위한 입법을 행함에 있어서 국가의 재정능력이나 경제상황 등을 고려한 광범위한 정책적 재량권을 가진다고 할 것이며 그러한 의미에서도 근로의 권리는 불완전한 권리에 머무를 수밖에 없다고 할 것이다.

(3) 헌법 제32조 제3항은 '근로조건의 기준은 인간의 존엄성을 보장하도록 법률로 정한다'고 규정한다. 자본주의의 발달 과정에서 근로자는 불평등한 근로조건 하에서 비인간적 처우를 받으며 일하는 경우가 빈번하였으므로 헌법은 특히 근로조건을 설정함에 있어서 인간의 존엄성이 유지되어야 함을 강조하고 있다. 이 규정에 따라 근로기준법이 제정되어 있다.[1)]

---

1) 헌법상 근로의 권리는 '일할 자리에 관한 권리'만이 아니라 '일할 환경에 관한 권리'도 의미하는데, '일할 환경에 관한 권리'는 인간의 존엄성에 대한 침해를 방어하기 위한 권리로서 외국인에게도 인정되며, 건강한 작업환경, 일에 대한 정당한 보수, 합리적인 근로조건의 보장 등을 요구할 수 있는 권리 등을 포함한다. 여기서의 근로조건은 임금과 그 지불방법, 취업시간과 휴식시간 등 근로계약에 의하여 근로자가 근로를 제공하고 임금을 수령하는 데 관한 조건들이 포함된다. 헌재 2016. 3. 31. 2014헌마367, 판례집 28-1상, 471면.

4. 관련 문제

(1) 근로기준법상 사용자가 근로자를 부당하게 해고하지 못하며 이를 위반한 사용자를 처벌하도록 하였던 근로기준법상 해고제한제도의 헌법적합성이 문제된 바 있다. 근로의 권리는 기본권으로서 주관적 공권에 속하지만 이를 실현시키는 주체는 국가가 아니라 근로자를 고용하는 사용자이다. 그런데 근로자에 비하여 경제적·사회적으로 우월한 위치에 있는 사용자 내지 기업주는 고용관계를 임의로 좌우할 힘을 가지고 있으므로 경제적 약자인 근로자의 근로기본권이 제대로 보장되게 하기 위하여서는 근로자가 사용자에 의하여 부당하게 해고되지 못하도록 제도적으로 강제할 필요가 있다. 하지만 이러한 부당해고의 제한은 고용주가 가지는 헌법적 권리인 계약의 자유에 충돌하게 되고 이 중 어느 권리를 우선시켜야 할 것인지도 문제된다.

(2) 근로기준법은 '정당한 이유가 없는 해고'를 금지하고 있다(근로기준법 제23조 제1항). 사용자의 입장에서 이 규정은 사용자의 근로계약의 자유를 과도하게 제한한다고 볼 여지가 있으며, 나아가 처벌의 대상이 되는 '정당한 이유 없는 해고'가 어떤 구체적 의미를 가지는지 불명확하므로 헌법에 반한다고 주장할 소지도 존재한다.

(3) 헌법재판소는 이러한 부당해고의 금지와 처벌을 정하였던 근로기준법 조항의 위헌여부가 문제된 사건에서, 동 법률조항은 비록 조문상으로는 간결한 내용을 가지고 있을 뿐이지만 이에 관한 많은 판례가 집적되어 판례법상 내용이 구체화되어 있고 또한 미국·독일·일본 등 외국의 판례법도 상세히 발전되어 있는 사정을 감안하면 법률명확성의 원칙에 반하는 것은 아니라는 취지로 합헌결정을 한 바 있다.[1)]

(4) 결국 근로의 권리는 사용자에 대하여 부당한 해고를 금지하는 내용을 포섭하고 있으며, 이는 사용자에 대하여 직접 효력을 가지는 것이고 그런 의미에서 대사인적 효력을 가지는 기본권이라고 할 것이다.[2)]

---

1) 헌재 2005. 3. 31. 2003헌바12, 판례집 17-1, 340면. 부당해고 처벌 합헌결정. 그러나 부당해고 벌칙조항은 2007. 1. 26. 법개정으로 삭제·폐지되었다.

2) "월급근로자로서 6월이 되지 못한 자"는 대체로 기간의 정함이 없는 근로계약을 한 자들로서 근로관계의 계속성에 대한 기대가 크다고 할 것이므로, 이들에 대한 해고 또한 예기치 못한 돌발적 해

제4항 근로3권

1. 의 의

(1) 헌법 제33조는 집단적 차원에서의 근로기본권으로서 이른바 근로3권을 규정한다. 이 권리를 헌법상 기본권으로 규정한 것은 바이마르헌법이 효시이며, 그 후 세계 각국의 헌법이 바이마르헌법의 예에 따라 이를 규정하고 있다.

(2) 근로자는 근로조건을 정할 근로계약을 체결함에 있어서 단독으로는 사용자의 막강한 경제적 힘에 대항하기 어렵다. 이에 근로자들은 서로 뭉쳐서 단체적 힘을 통하여 사용자와 대등한 교섭력을 갖추어 근로조건에 대하여 교섭하고 보다 유리한 근로계약을 체결할 것을 도모하게 되었다. 헌법은 이러한 단체적 행위를 할 근로자들의 권리를 기본권으로 인정하여 명문으로 수용하고 있는 것이다.

2. 법적 성격

근로3권은 국가의 훼방이나 간섭 없이 단결하고 단체교섭을 하며 단체행동을 할 수 있는 권리로서 자유권적 성격을 가진다. 하지만 근로자의 인간다운 생활을 실현하기 위해서 이와 같은 권리를 보장한다는 측면에서는 사회적 기본권의 성격을 함께 지닌다고 할 것이다.

3. 내 용

(1) 헌법 제33조 제1항이 열거하는 바와 같이 근로자는 단결권과 단체교섭권 및 단체행동권을 가지며, 이를 근로3권이라고 통칭한다. 단결권은 근로자들

고에 해당한다. 따라서 6개월 미만 근무한 월급근로자 또한 전직을 위한 시간적 여유를 갖거나 실직으로 인한 경제적 곤란으로부터 보호받아야 할 필요성이 있다. 그럼에도 불구하고 합리적 이유 없이 "월급근로자로서 6개월이 되지 못한 자"를 해고예고제도의 적용대상에서 제외한 근로기준법 제35조 제3호는 근무기간이 6개월 미만인 월급근로자의 근로의 권리를 침해하고, 평등원칙에도 위배된다. 헌재 2015. 12. 23. 2014헌바3, 판례집 27-2하, 553면. 6개월 미만 근로자 해고예고제 배제 조항 위헌결정.

이 자주적인 단체를 결성하고 활동할 수 있는 기본권을 말한다. 단체교섭권은 근로자들이 그 노동조합을 통하여 사용자와 자주적으로 협상을 할 수 있는 권리이며, 단체행동권은 단체협약의 체결에 실패한 경우 즉 노동쟁의가 발생한 경우에 쟁의행위를 할 수 있는 권리이다.

(2) 헌법상 기본권으로 근로3권이 부여되는 것은 경제적 약자인 근로자에게 단체적 힘을 부여하여 사용자와 대등한 입장에서 정당한 근로협약을 맺을 수 있도록 하는 데에 목적이 있다고 볼 때, 근로3권 중 가장 기초가 되는 권리는 단결권이라고 할 것이다. 나아가 단결된 힘을 배경으로 하여 단체교섭을 하였으나 단체협약이 제대로 이루어지지 않는 경우 근로자의 입장을 강화시키기 위하여 단체행동권을 부여하고 있다. 따라서 단체행동권은 근로3권 중 가장 실효적이며 핵심적인 권리이다. 단결권과 단체교섭권 및 단체행동권은 근로조건의 향상이라는 공통된 목적의 달성을 위하여 서로 밀접하게 연관되어 있는 일체적인 권리로서 어느 하나가 빠지면 나머지는 의미를 잃게 되는 불가분의 관계에 있다.

(3) 단결권에 관하여 사용자에게도 단결할 권리가 인정되어야 하는가 하는 문제가 있다. 근로자와 사용자 상호간에 공평성을 유지하기 위하여 사용자에게도 단결권이 주어져야 할 것으로 보이기도 한다. 물론 사용자들도 서로 단결할 수는 있으나 이것이 기본권으로서 헌법적 의미를 가지는 것으로는 볼 수 없고 일반 결사의 자유에 비추어 당연히 인정된다고 파악하는 것이 보통이다. 사용자는 근로자와의 관계에서 경제적으로 이미 우월한 위치에 있으므로 이러한 행위를 기본권으로까지 구성할 필요는 없기 때문이다.

(4) 근로자에게 단결권이 있다면 단결하지 아니할 권리도 인정되어야 하지 않는가 하는 문제가 제기되는데, 이와 관련하여 유니언숍(Union Shop) 제도가 논의된다. 유니언숍은 노동조합이 결성되어 있는데 그 조합의 힘이 강대해져서 사용자와 관계에서 장래 새로운 고용을 행할 때 신규 근로자는 반드시 기존의 노동조합에 가입하도록 합의하는 경우의 노동조합을 말한다. 이는 근로자가 단결하지 아니할 권리를 침해하므로 헌법위반이 아닌지 문제되고 있으나 헌법재판소는 유니언숍 제도가 반드시 위헌인 것은 아니라고 판단하였다.[1)]

1) 이 사건 법률조항은 노동조합의 조직유지・강화를 위하여 당해 사업장에 종사하는 근로자의 3분의 2 이상을 대표하는 노동조합(이하 '지배적 노동조합'이라 한다)의 경우 단체협약을 매개로 한 조직강제[이른바 유니언숍(Union Shop) 협정의 체결]를 용인하고 있다. 이 경우 근로자의 단결하지 아

(5) 근로3권 중 근로자의 입장에서 가장 중요한 핵심적 권리는 단체행동권이다. 단체행동권이 제대로 행사될 수 없다면 근로3권은 모두 사용자에 대한 위력을 상실하게 되어 실효성이 없는 공허한 권리가 되어 버리기 때문이다. 반면 단체행동권의 행사는 사회 전반에 큰 혼란과 손실을 초래할 수도 있기 때문에 공익 보호의 차원에서 엄격한 제한이 요구되기도 한다. 이러한 중대한 가치들이 첨예하게 대립하기 때문에 단체행동권에 대한 법적 규율은 근로3권의 헌법적 논의의 핵심에 놓여 있다고 할 수 있다.

(6) 쟁의행위의 종류로는 노동을 집단적으로 제공하지 않는 파업(strike)이 가장 전형적인 것이고 여기까지 이르지 않고 노동력을 제공하기는 하나 불충분한 근로를 하는 태업(sabotage)이 있다. 나아가 그 회사의 제품을 일체 구매하지 않기로 하는 보이콧(boycott)이나, 직장 주변에 피켓을 들고 서서 자신들의 입장을 알리고 홍보하는 피켓팅(picketing) 등이 있다.

(7) 쟁의행위에는 중요한 제한이 있는데 이는 근로조건의 유지·개선·향상을 위하여서만 행사될 수 있다는 것이다. 따라서 당해 근로현장에서의 근로조건 향상 여부와는 관계없이 정치적 동기에서 행하는 파업인 이른바 정치파업은 적법한 쟁의행위가 될 수 없다. 그러나 예컨대 정부에서 근로기준에 관한 일반적 가이드라인을 설정하거나 특정한 종류의 산업 전반과 관련된 근로조건의 제한을 정하는 조치를 하는 것에 대하여 노동조합이 반대하여 파업을 하는 것 등은 어느 한 측면에서는 정치적 동기에 의한 파업이라고 할 것이나 다른 측면에서는 그 산업에 종사하는 근로자의 근로조건에 영향을 주는 문제를 다루는 것이므로 양자의 성격을 함께 가진 산업적 정치파업이라고 할 수 있다. 이 경우 근로자의 입장에서는 근로조건의 개선을 희망하기 때문에 파업에 이르른 것이므로 여기에 정치적 이유가 개입된다고 하더라도 헌법상 허용되는 적법한 파업으로 보아야 할 것이다.

니할 자유와 노동조합의 적극적 단결권(조직강제권)이 충돌하게 되나, 근로자에게 보장되는 적극적 단결권이 단결하지 아니할 자유보다 특별한 의미를 갖고 있고, 노동조합의 조직강제권도 이른바 자유권을 수정하는 의미의 생존권(사회권)적 성격을 함께 가지는 만큼 근로자 개인의 자유권에 비하여 보다 특별한 가치로 보장되는 점 등을 고려하면, 노동조합의 적극적 단결권은 근로자 개인의 단결하지 않을 자유보다 중시된다고 할 것이고, 또 노동조합에게 위와 같은 조직강제권을 부여한다고 하여 이를 근로자의 단결하지 아니할 자유의 본질적인 내용을 침해하는 것으로 단정할 수는 없다. 헌재 2005. 11. 24. 2002헌바95, 판례집 17-2, 392면. 유니언숍 합헌결정.

4. 효　력

(1) 근로자들의 기본권으로서 단결권이 인정되므로 입법자는 근로자들이 근로조건의 향상을 위하여 노동조합을 결성할 때 이를 불온한 결사행위로 보아 금지한다든지 이를 범죄화하여 처벌의 대상으로 한다든지 하여 노동조합을 불법화할 수는 없다. 또한 단체교섭이 결렬되어 근로자들이 단체행동으로 나왔을 때 사용자가 이를 불법시하여 손해배상을 청구하는 것도 허용되지 아니한다. 적법한 단체행동은 정당행위이므로 이에 대하여서는 민사상, 형사상 책임이 모두 면제된다.

(2) 반면 사용자 또는 국가측에서 근로자측의 근로3권의 행사를 방해할 경우 이러한 사용자와 국가의 행위는 이른바 부당노동행위를 구성하게 된다. 이는 법적으로 금지될 뿐만 아니라 처벌의 대상이 되고 있다. 민사상 손해배상 청구의 대상이 되는 것은 말할 것도 없다. 부당노동행위의 종류는 관련 법률인 노동조합 및 노동관계조정법(이하 '노동조합법'이라고 줄임)에서 규율하고 있다.[1]

5. 제　한

(1) 공무원에 대한 제한

헌법 제33조 제2항은 '공무원인 근로자는 법률이 정하는 자에 한하여 단결권·단체교섭권 및 단체행동권을 가진다'고 규정한다. 규정의 문리 해석상 공무원의 근로3권의 허용범위를 전적으로 법률에 위임하고 있으므로 여기에는 입법자에게 광범위한 입법형성권이 인정될 것이지만, 공무원 전체의 근로3권을 일괄 금지하여서는 안 되며,[2] 공무원의 국민 전체에 대한 봉사자로서의 지위나 직무상의 공공성을 현저하게 저해하지 않음에도 불구하고 과도하게 허용

1) 노동조합 및 노동관계조정법 제81조는 1. 노동조합 업무를 위한 정당한 행위를 이유로 근로자를 해고 기타 불이익을 주는 행위, 2. 노동조합 불가입 또는 탈퇴 등을 고용조건으로 하는 행위(노동조합이 당해 사업장 근로자의 3분의 2 이상을 대표하는 노동조합의 경우 등은 예외), 3. 단체협약 체결 기타 단체교섭을 정당한 이유없이 거부하거나 해태하는 행위, 4. 노동조합의 조직·운영에 대한 지배·개입 행위와 경제적 지원 등 간섭행위, 5. 단체행위 참가, 노동위원회에의 신고·증언·증거제출 등을 이유로 한 근로자 해고 기타 불이익을 주는 행위 등을 부당노동행위로 규정한다.

2) 헌재 1993. 3. 11. 88헌마5, 판례집 5-1, 59면. 노무직 공무원의 쟁의금지 위헌결정.

범위를 축소시키는 경우에는 재량권의 일탈이나 남용으로서 헌법위반의 문제를 가져온다고 보아야 할 것이다. 이와 관련하여 헌법재판소는 이른바 전교조 사건에서 공무원인 교원의 단결권을 포함한 근로3권을 모두 제한하는 법률규정의 합헌성을 인정한 바가 있는데, 이 문제에서는 국민의 교육을 받을 권리를 저해하지 아니할 의무를 가지는 교원 지위의 특수성이 그 근로자로서의 지위와 충돌한다는 것이며 여기서 교원지위의 특수성에 대한 고려를 우선하였기 때문이었다.[1] 그러나 이 판례 이후 새로운 입법에 의하여 교원 및 6급 이하 공무원의 단결권과 단체교섭권은 법률상 보장되었다.[2] 다만 단체행동권은 이들에게 그대로 제한되었으며, 종전대로 사실상 노무에 종사하는 공무원에게만 허용되는 것으로 하였다.

(2) 필수공익사업장 근로자에 대한 제한

㈎ 구 노동조합법에 의하면 철도, 수도, 전기, 가스, 석유공급, 중앙은행, 통신 등의 국가기간사업을 필수공익사업이라고 규정하여 그 사업장의 근로자에게는 단체행동권의 행사에 제한을 두었다. 이러한 필수공익사업장에서 근로3권의 행사는 엄격한 법적 방식을 따라야 하고, 노동쟁의가 발생할 경우 이를 반드시 관할 노동위원회에 신고하여야 하며, 동 노동위원회의 조정을 필수적으로 받도록 하였다. 만약 이러한 조정절차에 들어가지 아니하고 파업을 실행한다면 이는 불법파업이 되어 관련 행위자는 처벌의 대상이 되었다. 긴급조정을 맡은 노동위원회에서는 양측 당사자들을 소환하여 합의를 시키는 노력을 행하지만, 조정에 실패하면 다시 노동위원회의 중재절차에 회부하게 된다. 중재절차는 독립된 중재판정관이 양측이 제출한 자료를 검토하여 최종적 판단인 중재결정을 내리는 제도이며 당사자가 동 중재결정에 이의를 제기하지 않으면 이는 판결과 같은 효력을 가지도록 하였다.

---

1) 국가공무원법 제66조 제1항이 근로3권이 보장되는 공무원의 범위를 사실상 노무(勞務)에 종사하는 공무원에 한정하고 있는 것은 근로3권의 향유주체가 될 수 있는 공무원의 범위를 정하도록 하기 위하여 헌법 제33조 제2항이 입법권자에게 부여하고 있는 형성적 재량권(形成的 裁量權)의 범위를 벗어난 것이라고는 볼 수 없다. 헌재 1992. 4. 28. 90헌바27, 판례집 4, 255면. 전교조 금지 합헌결정.

2) 1999. 1. 29. 제정된 교원의 노동조합 설립 및 운영에 관한 법률 제4조, 제6조 및 2005. 1. 27. 제정된 공무원의 노동조합 설립 및 운영에 관한 법률 제5소, 제6조, 제8조 참조. 다만 대학교원(교수)의 경우 개선입법 이후에도 단결권조차 인정되지 아니하는 상태가 지속되었지만, 헌법재판소는 이에 대하여 과잉금지원칙 위반을 이유로 헌법불합치결정을 하여 대학교원의 단결권을 인정하도록 하였다. 헌재 2018. 8. 30. 2015헌가38, 판례집 30-2, 206면.

(나) 나아가 구 노동조합법은 중재결정에 대하여 불복하여 법원에 소송을 제기함에 있어서 중재결정에 위법(違法) 혹은 월권(越權)의 흠이 있을 것을 요건으로 하였으며 그 이외의 경우에는 불복할 수 없도록 규정하였다. 그렇다면 필수공익사업장에서는 그 노동조합은 쟁의가 발생하여도 즉시 파업을 하지 못하고 노동위원회의 조정과 중재를 거쳐야 하고 나아가 중재결정의 내용이 근로조건의 면에서 근로자 측에게 불리하여 미흡하다고 보는 경우 그것이 특별히 위법하거나 월권의 흠이 있는 것이 아닌 한 불복하는 것이 불가능하게 된다. 결국 구 노동조합법상 근로자는 파업 등 단체행동을 하지 못하는 대신 당국의 중재결정을 받아야 하는데 이 결정의 내용에 대하여 불만이 있더라도 사실상 불복할 수 없고 이를 무조건 수용하여야 하도록 되어 있었다. 이 과정의 어떠한 단계에서도 파업을 실행할 수 없으며 이를 강행하면 불법파업이 되도록 규율하였다. 따라서 사회적 현실에서 지하철 등 필수공익사업장에서 발생하는 파업은 사실상 모두 불법파업이 되지 않을 수 없게 되었다.

(다) 이는 필수공익사업장의 근로자로부터 헌법상 부여된 기본권인 단체행동권을 완전히 박탈하는 것으로서 논리적으로 볼 때 위헌이 될 수밖에 없다. 그러나 헌법재판소는 헌법적 논리보다는 사회현실적 사유를 들어서 필수공익사업장의 직권중재제도가 위헌은 아니라는 취지로 판단하였다.[1)]

(라) 이와 같이 필수공익사업장에서의 직권중재제도는 많은 비판의 대상이 되어 왔지만 그대로 유지되다가 결국 노동조합법의 관련 규정들이 개정되어 2008년 1월 1일부터 폐지되었다. 현행 노동조합법은 선진국의 제도를 모범으로 하여 파업을 허용하되 완전파업을 금지하고 부분적인 필수 서비스를 제공하는 한도 내에서 쟁의행위를 할 수 있도록 하였다.[2)]

---

1) 이 사건 직권중재의 대상은 도시철도를 포함한 철도, 수도, 전기, 가스, 석유정제 및 석유공급, 병원, 한국은행, 통신의 각 사업에 한정되어 있다. 태업, 파업 또는 직장폐쇄 등의 쟁의행위가 이러한 필수공익사업에서 발생하게 되면 비록 그것이 일시적이라 하더라도 그 공급중단으로 커다란 사회적 혼란을 야기함은 물론 국민의 일상생활 심지어는 생명과 신체에까지 심각한 해악을 초래하게 되고 국민경제를 현저히 위태롭게 하므로, 현재의 우리나라의 노사여건 하에서는 위와 같은 필수공익사업에 한정하여 쟁의행위에 이르기 이전에 노동쟁의를 신속하고 원만하게 타결하도록 강제중재제도를 인정하는 것은 공익과 국민경제를 유지·보전하기 위한 최소한의 필요한 조치로서 과잉금지의 원칙에 위배되지 아니한다. 헌재 2003. 5. 15. 2001헌가31, 판례집 15-1, 484면. 필수공익사업 직권중재제도 합헌결정.

2) 노동조합법 제42조의2 이하 제42조의6은 필수유지업무제도를 도입하여 이에 대한 새로운 규율을 설정하고 있으며, 헌법재판소는 필수유지업무제도가 과잉금지원칙에 반하지 않으므로 합헌이라고 판단하였다. 헌재 2011. 12. 29. 2010헌바385. 필수유지업무제도 합헌결정.

(3) 주요 방위사업체 근로자에 대한 제한

헌법 제33조 제3항은 '법률이 정하는 주요 방위산업체에 종사하는 근로자의 단체행동권은 법률이 정하는 바에 의하여 이를 제한하거나 인정하지 아니할 수 있다'고 규정한다. 이에 따라 입법자는 단체행동권이 제한되는 범위를 그 재량에 의하여 설정할 수 있을 것이나, 헌법조항의 문리해석상 모든 방위산업체의 근로자에 대한 일괄 제한이 되어서는 안 되며, 단체행동권의 제한이 불가피한 주요 방위산업체를 합리적으로 선정하여 필요한 한도 내에서만 제한하는 것이 되어야 할 것이다. 그렇지 않으면 헌법이 부여한 입법재량의 한계를 넘어서는 것으로 위헌의 소지를 안게 된다.

제8절 환경권

1. 의의와 법적 성격

헌법 제35조 제1항은 "모든 국민은 건강하고 쾌적한 환경에서 생활할 권리를 가지며, 국가와 국민은 환경보전을 위하여 노력하여야 한다."라고 규정하여 기본권으로 환경권을 인정하고 있다.[1] 환경권은 인간의 존엄권이나 행복추구권 또는 인간다운 생활을 할 권리에서 도출된 파생적 기본권이므로 이에 상응한 복합적 성격을 띠고 있다. 각 개인이 공권력이나 제3자의 환경침해적 간섭을 배제하고 청정한 환경을 유지·보호할 권리라는 점에서 자유권적 기본권의 성격을 가지고, 국가가 대하여 청정한 환경를 조성·유지하기 위하여 필요한 절차적 조치를 하여 줄 것을 요구한다는 의미에서 청구권적 기본권이며, 나아가 환경 보호를 위하여 국가의 경제적 급부를 요구하는 측면에서는 사회적 기본권의 성격을 가지고 있다. 또한 일정한 지역이나 일정한 계층의 사람들이

1) 헌법재판소는 환경권의 기본권성을 인정하고 있으나, 대법원은 사법상(私法上) 권리로서의 환경권의 존재를 부정하고 있음이 주목된다. "비록 헌법의 문언상 환경권이 권리라고 규정되어 있지만 헌법의 이 규정만으로는 그 보호대상인 환경의 개념과 내용, 권리의 주체가 되는 권리자의 범위 등이 명확하지 못하여 이 규정이 개개의 국민에게 구체적인 사법상 권리를 부여한 것이라고 보기는 어렵다. 사법적 권리인 환경권을 인정하면 그 상대방의 활동의 자유와 권리를 불가피하게 제약할 수밖에 없으므로 이를 인정하려면 그에 관한 명문의 법률규정이 있거나 관계 법령의 규정 취지나 조리에 비추어 권리의 주체, 대상, 내용, 행사방법 등이 구체적으로 정립될 수 있어야 한다." 대법원 1995. 9. 15. 95다23378; 대법원 1997. 7. 22. 96다56153; 대법원 1999. 7. 27. 98다47528 등.

차별취급당하지 아니할 권리라는 측면에서는 평등권의 법적 성격을 가지기도 한다. 이와 같이 환경권은 복합적 기본권(複合的 基本權)의 성격을 가지지만, 헌법 제35조 제2항이 '환경권의 내용과 행사에 관하여는 법률로 정한다'고 규정한 점을 감안할 때 우리 헌법은 환경권을 주로 입법형성을 필요로 하는 청구권적 기본권 내지 사회권적 기본권으로 보고 있다고 할 것이다. 그러나 실제 사례에서 환경권이 문제될 때에는 당해 사안에서 환경권이 어떠한 법적 성격을 가지는 권리로 나타나는 것인지를 먼저 파악하여 그 내용과 한계를 해석하여야 한다.[1)]

2. 내 용

환경권의 내용은 법률에 의하여 구체화될 사항이며, 입법자는 그 형성에 있어서 국가의 정치·경제·재정·사회적 상황 등을 고려하여 적절한 입법을 할 재량을 가진다고 할 것이다. 그러나 헌법이 환경권으로서 건강하고 쾌적한 환경에서 생활할 권리를 인정한 이상 환경권 형성입법은 건강을 해치고 오염을 유발하는 각종 공해로부터 국민을 보호하기 위한 최소한의 조치를 실행하는 것이 되지 않으면 안 된다. 구체적으로는 자연생태환경과 인간생활환경에 있어서 공해를 예방하고 방지하는데 필요한 적절한 절차를 마련하여야 하며(공해예방청구권과 공해방지청구권), 쾌적한 주거환경을 조성하고 유지하기 위한 기본적 조치를 강구하여야 한다(쾌적한 주거생활권). 환경권을 구체화하기 위한 기본입법으로서 환경정책기본법이 있으며 그 밖에 환경보건법과 환경영향평가법 등이 존재하고 자연환경, 대기환경, 토양환경, 해양환경, 수질 및 수생태계, 도시 및 주거환경 등 각 분야별로 환경보전법이 마련되어 있다.

---

1) 환경권은 건강하고 쾌적한 생활을 유지하는 조건으로서 양호한 환경을 향유할 권리이고, 생명·신체의 자유를 보호하는 토대를 이루며, 궁극적으로 '삶의 질' 확보를 목표로 하는 권리이다. 환경권을 행사함에 있어 국민은 국가로부터 건강하고 쾌적한 환경을 향유할 수 있는 자유를 침해당하지 않을 권리를 행사할 수 있고, 일정한 경우 국가에 대하여 건강하고 쾌적한 환경에서 생활할 수 있도록 요구할 수 있는 권리가 인정되기도 하는바, 환경권은 그 자체 '종합적 기본권'으로서의 성격을 지닌다. 헌재 2008. 7. 31. 2006헌마711, 판례집 20-2상, 345, 356면.

3. 제 한

환경권 제한의 합헌성 심사 기준은 각 구체적 경우에 환경권이 어떠한 성격을 가지면서 문제되는지 여부에 따라 달라진다. 환경권이 자유권적 성격을 가진다면 헌법 제37조 제2항과 과잉금지원칙에 의한 심사가 원칙적으로 필요할 것이다. 그러나 청구권이나 사회권으로서의 성격을 가지는 경우라면 관련된 영역의 환경 보호의 측면에서 국가가 아무런 조치를 행하지 않거나 행하였더라도 입법재량을 일탈·남용하였다고 봄이 명백할 만큼 불완전하고 불충분한 조치가 되어야만 헌법에 반하게 된다. 여기서는 이른바 과소보호금지원칙에 의한 심사가 이루어져야 하는 것이다.[1] 나아가 환경권 보호의 영역에서 차별이 발생한 경우에 그 헌법적 정당성 여부는 평등심사 원칙에 따라야 하며 2중 기준의 판례법적 심사원칙에 따라 평가되어야 한다.

제9절 혼인과 가족생활의 보장

1. 의 의

헌법 제36조 제1항은 "혼인과 가족생활은 개인의 존엄과 양성의 평등을 기초로 성립되고 유지되어야 하며, 국가는 이를 보장한다."라고 규정하여 혼인과 가족생활이 헌법적 가치에 맞게 실현되어야 함을 천명하고 있다.

---

1) 일정한 경우 국가는 사인인 제3자에 의한 국민의 환경권 침해에 대해서도 적극적으로 기본권 보호조치를 취할 의무를 지나, 헌법재판소가 이를 심사할 때에는 국가가 국민의 기본권적 법익 보호를 위하여 적어도 적절하고 효율적인 최소한의 보호조치를 취했는가 하는 이른바 "과소보호금지원칙"의 위반 여부를 기준으로 삼아야 한다. 이 사건의 경우 청구인의 기본권적 법익이 침해되고 있음이 명백히 드러나지 않고, 공직선거법의 규정을 보더라도 확성장치로 인한 소음을 예방하는 규정이 불충분하다고 단정할 수도 없으며, 기본권보호의무의 인정 여부를 선거운동의 자유와의 비교형량하에서 판단할 때, 확성장치 소음규제기준을 정하지 않았다는 것만으로 청구인의 정온한 환경에서 생활할 권리를 보호하기 위한 입법자의 의무를 과소하게 이행하였다고 평가할 수는 없다. 헌재 2008. 7. 31. 2006헌마711, 판례집 20-2상, 345면.

2. 법적 성격

헌법 제36조 제1항은 혼인과 가족생활을 스스로 결정하고 형성할 수 있는 자유를 기본권으로서 보장하고, 혼인과 가족에 대한 제도를 보상한나. 또한 혼인과 가족에 관련되는 공법 및 사법의 모든 영역에 영향을 미치는 헌법원리 내지 원칙규범으로서의 성격도 가지는데, 이는 적극적으로는 적절한 조치를 통해서 혼인과 가족을 지원하고 제3자에 의한 침해 앞에서 혼인과 가족을 보호해야 할 국가의 과제를 포함하며, 소극적으로는 불이익을 야기하는 제한조치를 통해서 혼인과 가족을 차별하는 것을 금지해야 할 국가의 의무를 포함한다.[1] 그러므로 구체적 사례에 따라 헌법 제36조 제1항으로부터 사회적 기본권이나 평등권이 도출될 수도 있다. 이와 같이 헌법 제36조 제1항은 혼인과 가족생활에 관하여 인정되는 복합적 기본권과 제도보장의 근거가 되고 있다.

3. 내 용

기본권의 측면에서 헌법 제36조 제1항은 '혼인과 가족생활에 관한 기본권'의 근거이며, 이는 혼인생활에 있어서 인간의 존엄권과 양성의 평등권을 보장하고, 가족생활에 있어서도 인간의 존엄권과 행복추구권 및 양성의 평등권 등을 보장하는 내용을 가진다.

(1) 혼인생활에 있어서의 존엄권과 평등권 보장

혼인생활에 있어서의 인간의 존엄권으로부터 혼인관계를 각자 스스로의 의사에 따라 자유롭게 형성하고 이를 유지하며 해소할 권리가 도출된다. 여기서 혼인의 순결도 보장되어야 하는데 이를 위하여 일부일처제가 전제되어야 할 것이다.

혼인생활에 있어서의 양성평등 보장의 문제는 헌법 제36조 제1항의 존재로 인하여 이 영역에서의 평등위반이 문제되는 경우 비례의 원칙에 의한 엄격심사의 대상이 될 것이라는 점에서 헌법적으로 특별한 의미를 가지게 된다. 이

---
1) 헌재 2002. 8. 29. 2001헌바82, 판례집 14-2, 170면. 부부합산과세 위헌결정.

에 따라 헌법재판소는 남성중심의 전통적 혼인제도인 동성동본(同姓同本) 금혼제도에 대하여 헌법불합치의 결정을 한 바 있다.[1)]

(2) 가족생활에 있어서의 존엄권과 행복추구권 및 평등권의 보장

우리나라는 전통적으로 남성우위의 가부장 중심의 유교적 가족제도를 오랜 기간 유지하여 왔으나, 인간의 존엄과 평등이라는 입헌주의 헌법의 기본가치에 배치되고 여성과 가족 구성원의 인격과 권리를 불합리하게 제한하는 면에서 더 이상 유지될 수 없다. 비록 헌법 제9조가 '국가는 전통문화의 계승·발전과 민족문화의 창달에 노력하여야 한다'고 선언하고 있으나, 국가의 오랜 전통사항에 해당한다고 하더라도 인간의 존엄과 양성평등을 침해하는 성격의 전통제도라면 위헌을 면할 수 없다고 할 것이다.[2)]

종래 문제된 남성중심의 전통적 가족제도로서 대표적인 것으로 호주(戶主)제도[3)]와 자(子)는 부(父)의 성을 따르도록 한 제도[4)] 등을 들 수 있는데, 헌법재판소는 이 제도들에 대하여 모두 헌법불합치의 결정을 한 바가 있다.

또한 헌법재판소는 친자관계의 진실에 관하여 종래 통용되던 가족법적 제

1) 자유와 평등을 근본이념으로 하고 남녀평등의 관념이 정착되었으며 경제적으로 고도로 발달한 산업사회인 현대의 자유민주주의사회에서 동성동본금혼(同姓同本禁婚)을 규정한 민법 제809조 제1항은 이제 사회적 타당성 내지 합리성을 상실하고 있음과 아울러 "인간으로서의 존엄과 가치 및 행복추구권"을 규정한 헌법이념 및 "개인의 존엄과 양성의 평등"에 기초한 혼인과 가족생활의 성립·유지라는 헌법규정에 정면으로 배치될 뿐 아니라 남계혈족에만 한정하여 성별(性別)에 의한 차별을 함으로써 헌법상의 평등의 원칙에도 위반된다. 헌재 1997. 7. 16. 95헌가6, 판례집 9-2, 1. 1-2면. 동성동본 금혼제도 헌법불합치결정.

2) 헌법 전문과 헌법 제9조에서 말하는 "전통", "전통문화"란 역사성과 시대성을 띤 개념으로서 헌법의 가치질서, 인류의 보편가치, 정의와 인도정신 등을 고려하여 오늘날의 의미로 포착하여야 하며, 가족제도에 관한 전통·전통문화란 적어도 그것이 가족제도에 관한 헌법이념인 개인의 존엄과 양성의 평등에 반하는 것이어서는 안 된다는 한계가 도출되므로, 전래의 어떤 가족제도가 헌법 제36조 제1항이 요구하는 개인의 존엄과 양성평등에 반한다면 헌법 제9조를 근거로 그 헌법적 정당성을 주장할 수는 없다. 헌재 2005. 2. 3. 2001헌가9, 판례집 17-1, 1, 1-2면. 호주제 헌법불합치결정.

3) 호주제는 당사자의 의사나 복리와 무관하게 남계혈통 중심의 가의 유지와 계승이라는 관념에 뿌리박은 특정한 가족관계의 형태를 일방적으로 규정·강요함으로써 개인을 가족 내에서 존엄한 인격체로 존중하는 것이 아니라 가의 유지와 계승을 위한 도구적 존재로 취급하고 있는데, 이는 혼인·가족생활을 어떻게 꾸려나갈 것인지에 관한 개인과 가족의 자율적 결정권을 존중하라는 헌법 제36조 제1항에 부합하지 않는다. 헌재 2005. 2. 3. 2001헌가9, 판례집 17-1, 1, 2면. 호주제 헌법불합치결정.

4) 이 사건 법률조항이 부성주의(父姓主義)를 규정한 것 자체는 헌법에 위반된다고 할 수 없으나 가족관계의 변동 등으로 구체적인 상황 하에서는 부성의 사용을 강요하는 것이 개인의 가족생활에 대한 심각한 불이익을 초래하는 것으로 인정될 수 있는 경우에도 부성주의에 대한 예외를 규정하지 않고 있는 것은 인격권을 침해하고 개인의 존엄과 양성의 평등에 반하는 것이어서 헌법 제10조, 제36조 제1항에 위반된다. 헌재 2005. 12. 22. 2003헌가5, 판례집 17-2, 544, 560면. 부성주의(父姓主義) 헌법불합치결정.

도가 시대의 변화에 부응하지 못한 불합리한 내용을 가진 점에 관하여 가족생활에 관한 기본권의 침해 문제로 다루어 판단한 사례들이 있다. 친생부인의 소에서 제척기간[1][2]과 그 기산점에 관한 규정과 혼인종료 후 친생자추정기간[3]에 관한 헌법재판소의 판례들이 이와 같다.

1) 민법 제847조 제1항은 친생부인의 소의 제척기간과 그 기산점에 관하여 '그 출생을 안 날로부터 1년 내'라고 규정하고 있으나, 일반적으로 친자관계의 존부는 특별한 사정이나 어떤 계기가 없으면 이를 의심하지 아니하는 것이 통례임에 비추어 볼 때, 친생부인의 소의 제척기간의 기산점을 단지 그 '출생을 안 날로부터'라고 규정한 것은 부(夫)에게 매우 불리한 규정일 뿐만 아니라, '1년'이라는 제척기간 그 자체도 그동안에 변화된 사회현실여건과 혈통을 중시하는 전통관습 등 여러 사정을 고려하면 현저히 짧은 것이어서, 결과적으로 위 법률조항은 입법재량의 범위를 넘어서 친자관계를 부인하고자 하는 부(夫)로부터 이를 부인할 수 있는 기회를 극단적으로 제한함으로써 자유로운 의사에 따라 친자관계를 부인하고자 하는 부(夫)의 가정생활과 신분관계에서 누려야 할 인격권, 행복추구권 및 개인의 존엄과 양성의 평등에 기초한 혼인과 가족생활에 관한 기본권을 침해한다. 헌재 1997. 3. 27. 95헌가14 등, 판례집 9-1, 193-194면. 친생부인 제척기간 헌법불합치결정.

2) 민법 제847조 제1항은 '친생부인의 사유가 있음을 안 날'을 제척기간의 기산점으로 삼음으로써 부(夫)가 혈연관계의 진실을 인식할 때까지 기간의 진행을 유보하고, '그로부터 2년'을 제척기간으로 삼음으로써 부(夫)의 친생부인의 기회를 실질적으로 보장하고 있다. 또한 2년이란 기간은 자녀의 불안정한 지위를 장기간 방치하지 않기 위한 것으로서 지나치게 짧다고 볼 수 없다. 따라서 민법 제847조 제1항 중 "부(夫)가 그 사유가 있음을 안 날부터 2년 내" 부분은 친생부인의 소의 제척기간에 관한 입법재량의 한계를 일탈하지 않은 것으로서 헌법에 위반되지 아니한다. 헌재 2015. 3. 26. 2012헌바357, 판례집 27-1상, 233면. 친생부인 개정법 제척기간 합헌결정.

3) 혼인 종료 후 300일 이내에 출생한 자를 전남편의 친생자로 추정하는 민법 제844조 제2항 중 "혼인관계종료의 날로부터 300일 내에 출생한 자"에 관한 부분은, 민법 제정 이후의 사회적·법률적·의학적 사정변경을 전혀 반영하지 아니한 채 이미 혼인관계가 해소된 이후에 자가 출생하고 생부가 출생한 자를 인지하려는 경우마저도 아무런 예외 없이 그 자를 전남편의 친생자로 추정함으로써 친생부인의 소를 거치도록 하는 바 이는 법형성의 한계를 벗어나 모가 가정생활과 신분관계에서 누려야 할 인격권, 혼인과 가족생활에 관한 기본권을 침해한다. 헌재 2015. 4. 30. 2013헌마623, 판례집 27-1하, 107-108면. 혼인종료 후 300일 이내 출생자의 친생추정조항 위헌결정.

PART 3

통치구조론

CHAPTER 01 정부형태

1. 정부형태의 분류 기준

정부형태는 국가의 권력분립을 헌법적으로 실현하여 나타나는 정부의 존재 방식을 말한다. 입헌주의국가에서는 국가권력이 입법, 행정, 사법으로 분립되어 있는데 정부형태는 이러한 권력분립이 어떠한 정도로 실현되는가 여부에 따라 다른 모습을 띠게 된다. 특히 입법부와 행정부 간의 관계를 중심으로 의원내각제와 대통령제의 두 가지 대표적 정부형태 유형으로 나누어진다.

의원내각제에서는 입법부와 행정부 간의 권력분립이 완화되어 권력적 융화가 실현되고 있는 반면, 대통령제에서는 권력분립이 매우 엄격하게 유지되며 특히 입법부와 행정부 간에 분권이 면밀히 이루어진다.

의원내각제와 대통령제는 집행부의 구조의 측면에서도 구분된다. 의원내각제의 집행부는 이원적으로 구성되어 군주를 국가원수로 하면서 집행권을 맡은 수상을 두지만, 대통령제에서는 대통령이 국가원수와 행정부 수반을 겸하여 집행권이 일원화되어 있다.

입헌주의국가의 정부형태는 크게 이와 같은 기준에 의하여 나누어지나, 실제로 나타나는 구체적 모습은 헌법규정이나 법규범뿐만 아니라 그 나라의 헌법적 관행이나 관습에 의하여서도 큰 영향을 받는다.

2. 의원내각제

(1) 의원내각제는 의회에서 선출되고 의회에 정치적 책임을 지는 총리가

구성한 내각에 의하여 국정이 운영되는 정부형태를 말한다. 의원내각제는 영국의 의회정치의 산물이며, 영국은 의원내각제의 모델국가이다. 중세 이후 꾸준히 의회제도를 발전시켜 온 영국에서는 17세기에 이르러 절대왕권을 추구하는 국왕과 귀족 및 시민의 대표로 성장한 의회 사이에 권력투쟁이 격화되었으나, 1688년의 명예혁명에 의하여 의회가 군주를 완전히 누르고 정치적 승리를 확고히 하였다. 의회는 국가의 실권을 장악하게 되었으나 다수의 의원들로 구성된 합의제 대표기관으로서의 속성상 직접 나라를 다스리는 집행부의 역할을 하기는 어려웠으므로 국왕의 자문관들을 뽑아서 이들에게 지시하여 의회가 만든 법률에 따라서 국정을 집행하도록 하였다. 그러나 그 후 점차 왕의 인물을 빌리지 않고 의원들 중에서 수상과 내각을 직접 구성하도록 하는 방향으로 제도의 변천이 이루어졌다.

(2) 그리하여 내각은 태생적으로 의회으로부터 유래하여 의회구성원으로 조직되며, 이들은 자신들의 권력의 모태가 되는 의회에 대하여 책임을 지는 정치적 방식이 점차 정착되었다. 여기서 권력분립은 매우 완화된 형태로 나타나게 되었다. 내각구성원은 의회 내에서 선출된 자들로서 의원직을 겸하므로 의회에 출석하여 발언할 수 있는 등 의원으로서도 활동한다. 의회와 내각은 구성과 활동의 측면에서 모두 상호 의존하게 된다. 집행부는 형식적·명목적 대표권을 가진 국왕과 실질적 집행권을 가진 내각에 의하여 이원적으로 구성되며, 내각은 의회에 대하여 책임을 진다.

의원내각제의 가장 큰 특징은 내각은 의회를 해산할 권한을 가지고 의회는 내각을 불신임할 권한을 가진다는 점에 있다. 원래 영국에서 의원내각제가 성립할 당시에는 의회가 내각을 구성하는 권한을 가진다는 의미에서 의회의 권한상 우위가 당연시되었지만, 책임정치의 발전에 따라 내각도 점차 의회의 조치에 관하여 국민에게 직접 찬부 의사를 물어볼 권한을 확보하였고 이에 따라 상호 대등한 권력적 견제관계가 성립되었다.

(3) 영국식 정부형태는 민주주의 정치형태가 확산됨에 따라 점차 세계적으로 퍼져 나갔는데, 영국의 식민지뿐만 아니라 유럽대륙의 시민혁명이 완수된 국가에서도 선진적인 정치적 민주주의의 모델인 영국식 제도가 선호되었다. 그 밖에 근대화를 추구한 일본이 이를 수용하였으며 태국 등 20세기 중반 이후 아시아 지역의 왕국과 이스라엘 등지로 확산되었다.

(가) 그 중 호주, 뉴질랜드, 캐나다와 같은 영국의 식민지는 자치를 실현함에 함께 본국의 정치형태를 취하였으며, 영국인 이주집단의 정치공동체인 만큼 의원내각제는 원만히 정착하였다.

(나) 한편 19세기 후반의 프랑스 제3공화국, 20세기 초의 독일 바이마르 공화국 등 유럽대륙의 신생공화국들도 영국식 제도를 택하였으나, 영국과는 민주주의 발전의 역사적 배경과 정치 문화가 이질적이었으므로 운영상 판이한 결과를 가져왔다. 영국은 제도발전 과정에서 양당제가 형성되어 경쟁하는 정파간에도 타협하고 관용하면서 서로 정권을 나누어 가면서 국정을 안정적으로 운영하는 전통이 확립되었다. 그러나 프랑스에서는 국민의 정치적 의사는 분열되어 나타났고 이는 군소정당의 난립을 초래하여 의회의 기능이 쉽게 마비되었다. 그 성립을 의회에 의존하는 내각 또한 의회의 정치적 판도가 자주 변동하여 1년이 멀다하고 빈번히 붕괴되었으며, 이로 인하여 심각한 국정혼란이 지속되는 폐단을 초래하였다. 프랑스의 의원내각제는 1958년 샤를르 드골이 요구한 반(半)대통령제의 제5공화국 헌법이 발효함으로써 종말을 고하게 되었다.

(다) 독일 바이마르 공화국의 경우에는 국민의 정치적 참여가 가장 평등하게 실현되는 제도인 비례대표제 선거제도를 채택하였는데, 역시 군소정당의 난립을 초래함으로써 의회가 불안정하고 내각도 자주 붕괴되어 심각한 정국 불안정을 가져왔다. 아무리 민의에 충실한 정부를 구성한다고 하여도 의회와 정부가 분열되어 정책결정과 집행을 효율적으로 할 수 없다면 안정된 국정운영이 어렵게 된다. 또한 바이마르 공화국이 선거제도로 채택한 순수한 비례대표제는 국민의 정치적 성향을 선거결과에 정확히 반영하기는 하지만 국정을 책임질 안정된 다수의 정치세력을 창출하는 데에는 매우 취약하였다. 군소정당의 난립으로 내각교체가 빈번하였던 바이마르공화국은 반민주적 전체주의 정치세력인 나치당의 집권에 의하여 사실상 붕괴되고 말았다. 제2차 세계대전의 패전 이후에는 이에 대한 반성적 고려에서 독일은 비례대표제 선거제도를 유지하되 군소정당의 난립을 방지하는 저지조항을 두고 의회가 내각에 대한 불신임 결의를 하기 위하여서는 미리 차기 수상을 선출해 두어야 한다는 이른바 '건설적 불신임제도'를 고안하는 등 제도적 보완 하에 의원내각제를 운영하고 있다.

(라) 영국식 정치제도를 도입한 일본에서는 자유민주당의 일당독재가 수십

년간 지속되는 가운데 의원내각제는 국민의 정치적 의사를 그때그때 반영하기보다는 당내 파벌들이 순차적으로 정권을 차지하는 파벌정치의 형태로 변형되어 운영되었다. 경제부흥과 선진국 진입을 성공적으로 이끈 자유민주당은 국민들로부터 장기간 압도적인 지지를 받았으나, 당내 부패와 경제적 침체로 국민의 신뢰를 상실하고 드디어 오랜 야당이었던 민주당에게 정권이 넘어가는 정권교체가 이루어지기도 하였다. 군소정당의 난립이나 국정을 책임질 다수 정치세력의 창출실패라고 하는 의원내각제의 단점들이 일본에서는 나타나지 않고 있으나, 내각의 잦은 붕괴 현상은 여전하여 지속적이고 강력한 국정운영의 걸림돌이 된 바 있다.

(마) 이탈리아는 기본적으로 의원내각제 정부형태를 취하나 대통령이 국회해산권과 총리임명권을 가진다. 권력기관으로서의 대통령의 존재에도 불구하고 이탈리아의 정부형태는 원칙적으로 의원내각제에 속한다고 할 수 있다. 이렇게 이탈리아가 의원내각제를 택한 것은 베니토 무솔리니의 파시스트 독재를 경험한 데에 따른 반작용으로 강력한 집행권의 출현을 혐오하게 되었기 때문이다. 그러나 역대의 내각들은 남북간의 극심한 경제적 격차와 사회적 연대감의 부족, 정치적으로 좌우분열이 심각한 사정, 마피아의 준동 등으로 인하여 이탈리아 특유의 문제들을 효과적으로 처리하지 못하고 오히려 정부의 무능과 부정부패, 정국의 혼란 등을 초래하는 역작용을 초래하는 등 의원내각제는 이탈리아에서 그 장점을 충분히 발휘하지는 못하고 있다.[1)]

(4) 의원내각제를 제대로 정착시키고 성공적으로 운영하는 소수의 국가들에서는 일반적으로 분열을 싫어하고 단합을 선호하는 정치적 경향이 있는 점에서 유사성이 발견된다고 생각한다. 영국에서는 오랜 의회주의적 정치운용의 결과 합리적인 주장이면 정적의 견해도 수용하는 관용의 분위기가 존재하며, 일본에서도 극단적인 견해를 주장하는 자를 배척하는 사회적 문화, 그러면서도 합리성을 존중하는 분위기 등이 안정적 정치문화의 배경이 되고 있다고 본다. 마찬가지로 독일이나 이스라엘도 사회적 단결이 강조되는 특별한 정치문화를 가지고 있어서 의원내각제의 운영이 분열과 혼란으로 빠지는 것을 방지

1) 기존의 의원내각제 정부형태에 대한 불만으로, ① 상원의 연방대표화를 추진하여 연방주의를 강화하고 ② 총리를 국민 직선으로 하는 등 의원내각제로부터의 변형을 기하는 헌법개정이 추진되었으나 국민투표에서 부결되었다. 이는 파시스트 독재를 겪은 이탈리아에서는 의원내각제로부터의 이탈이 아직도 금기시되고 있기 때문이다.

하고 있다.

3. 대통령제

(1) 대통령제는 의회로부터 독립되고 의회에 정치적 책임을 지지 아니하는 대통령을 중심으로 국정을 운영하는 제도를 말한다. 대통령제는 의원내각제와 쌍벽을 이루는 대표적인 정부형태로서 독립전쟁의 결과 탄생한 미국에서 처음 창시된 매우 독창적인 제도이다. 당시 미국인은 청교도적인 금욕적 전통을 가진 영국계 주민을 중심으로 한 이주민들로서 식민모국인 영국의 의회와 왕이 자신들의 권익을 부당하게 착취하는 것에 불만을 품고 투쟁한 결과 독립을 쟁취하였다. 영국의 왕에 반대하여 독립하게 된 사정상 국왕을 둘 수는 없었으므로 공화제를 채택하게 되었는데, 프랑스의 법사상가인 몽테스키외의 권력분립 이론을 수용하여 이에 따라 건국의 틀을 고안하였다.

(2) 국왕이 존재하지 아니하는 공화제는 원래 고대 로마의 제도에서 기원한 것이다. 로마 공화정의 통치구조에는 귀족을 대표하는 원로원(senatus)과 평민의 집합체인 평민회(consilium plebis)가 있었고, 집행부로서 평민을 대변하여 그 보호자의 입장에서 행정에 관여하는 호민관(tribunus plebis)[1]과 최고행정관인 집정관(consul)[2]이 존재하였다. 이를 참고하여 미국헌법의 창안자들은 원로원과 같은 상원(Senate), 평민회의에 대비되는 하원(House of Representative)을 만들고, 집행권을 합친 대통령을 두고 몽테스키외의 이론에 따라 사법부를 별도로 구성하는 것으로 정하였다.[3] 이와 같이 고안된 입법·행정·사법부 간에는 상호독립이 유지되어 엄격하게 서로 분립되도록 하였다. 집행부의 구조는 대통령을 중심으로 하여 완전히 일원화되어 있으며, 의원내각제와는 달리 각료는 의회에 출석하여 발언할 권한이 없다. 또한 입법, 행정, 사법의 기관들은 서로 견제와 균형의 원리에 의하여 상호 관련된다. 이에 따라 대통령은 법률안 거부권을 가지도록 하고, 의회도 국가의 고위직 관리의 임명에 있어서 동의권을 가지도록 하였다. 의회가 행정부 고위직 관리들의 위법행위나 비행에 대하여 조사하여 그 정도가 심하면 파면시킬 수 있는 제도를 두고 이와 같은

1) 집정관이나 동료 호민관의 결정에 거부권(veto)을 행사하여 그 법적 효력을 정지시킬 권한을 가졌다.
2) 1년의 임기로 2명으로 구성되며 상호 거부권을 가졌다.
3) James McHugh, *Comparative Constitutional Traditions*, 2002, N.Y., p. 41.

탄핵권을 의회에 주고 있으며, 정부가 행한 국정집행의 내용을 조사할 수 있는 권한도 의회에 부여하였다. 탄핵의 소추는 하원의 권한인 반면, 그 의결은 상원의 권한이며, 국정조사는 하원에서 수행하는 것으로 하였다. 이처럼 미국 대통령제는 국정수행의 총 권한과 책임이 대통령에게 집중되어 있고 대통령은 의회에 대하여 정치적 책임을 부담하고 있지 아니하므로 전체적으로 국가권력의 중심이 대통령에게 쏠리는 경향을 가진다.

(3) 라틴아메리카의 제국가들은 스페인과 포르투갈 등 식민모국으로부터 독립하게 되자 유사한 입장의 정치모델인 미국의 제도를 수용하였으며, 20세기에 들어와서는 아시아, 아프리카의 제국들이 다수 독립하면서 미국의 대통령제를 채택하였다. 또한 유럽대륙에서도 프랑스 제5공화국, 독일 바이마르 공화국, 스페인 등지에서 채택하였다. 유럽제국에서는 시민혁명 후 영국식 의원내각제를 이식하여 운용해 보았으나 정치적 혼란을 겪은 경험에서 점차 대통령제를 이에 가미하는 방향으로 변화하였다. 아시아, 아프리카 제국에서는 유럽제국의 식민지 상태를 벗어나 독립하면서 두각을 나타낸 카리스마적 정치가가 모든 국가권력을 집중하여 독재정치를 하기 위한 방편으로 대통령제를 채택하는 경향을 보였다. 이들 국가에서는 대통령제를 취하되 대통령에 대한 권력견제장치는 삭제하거나 무력화시키는 내용의 변형된 대통령제를 시행하였는바, 이를 신대통령제(新大統領制)라고 칭하기도 한다.

4. 혼합형 – 이원적 집정부제(二元的 執政府制)

(1) 1958년 프랑스 제5공화국 헌법은 대통령제를 취하였으나, 순수미국식으로 채택한 것이 아니라 의원내각제의 보완원리로서 도입하였으므로 결국 의원내각제와 대통령제의 혼합형이 되고 있다.

영국식 의원내각제에서는 의회와 내각 사이에 상호의존의 원칙이 적용되며 집행부의 조직은 이원적으로 구성되는데, 프랑스에서 원류한 유럽형 대통령제는 대통령이 국가원수의 지위를 가지며 또한 일부 대권적 권한을 직접 행사하도록 하고, 그 나머지 권한을 수상이 가지도록 한다. 외교와 국방에 관한 권한이나 국가긴급권은 대통령에게 귀속되며, 국내의 행정권으로 대표되는 대내적 권한은 수상이 가진다. 의회는 내각을 불신임할 수 있을 뿐 대통령을 그 대상으로 할 수 없는 반면 대통령은 의회를 해산할 수 있으므로 권한상으로는 아무래도 대통령이 내각을 압도하고 있다. 이와 같은 권한분배는 집행부의 이원적 구성에서 더 나아가 집행권 자체의 이원적 구성을 의미하였다. 수상을 중심으로 한 내각이 행정권을 실질적으로 담당하지만 대통령은 국가원수로서 단지 형식적이고 의례적 지위만 가지는 것이 아니라 수상과 함께 집행권을 나누어 가진다는 면에서 의원내각제와는 차이가 있고 그 점에서 의원내각제의 수정형태라고도 말할 수 있다.

(2) 이러한 절충형 제도는 의원내각제의 프랑스식 변형형태라고 해석할 수도 있고, 반대로 대통령제를 의원내각제와 혼합한 것이라고 볼 수도 있다. 그리하여 프랑스의 저명한 헌법학자 모리스 뒤베르제는 이 제도를 반대통령제(半大統領制, semi-presidentialism)라고 칭한다. 또한 이 제도에서는 집행부의 이원적 구성에 있어서 그 권한을 대통령과 수상이 분점하는 점에 현격한 특징이 있으므로 일반적으로 이를 이원적 집정부제(二元的 執政府制)라고 명한다. 요컨대 프랑스식 이원적 집정부제는 영국식 의원내각제와 미국식 대통령제의 중간형태에 해당한다.

(3) 이원적 집정부제에 대한 우리나라 학계의 종래 인식은 호의적이지 않았다. 1972년 박정희 대통령이 민주주의적 통치를 영구집권 형태로 바꾸기 위하여 기존의 헌법을 파괴하고 유신헌법을 만들었을 당시 국가긴급권 등 프랑스 제5공화국의 대통령 권한과 제도의 일부 요소들을 수용하였는데, 이때의 독재적 헌법을 정당화하기 위하여 프랑스 헌법의 정부형태를 모범으로 수용한 것이라는 점이 널리 홍보되었던 것이 그 원인이다.

그러나 유신헌법에서는 집행부의 권한이 대통령과 총리에게 실질적으로 분점되지 아니하였으며, 의회에 대하여서도 대통령은 권한상 절대적 우위를 유지하여 권력분립을 유명무실하게 하고 국가권력을 독점하였다. 우리나라에서 이원적 집정부제는 이러한 악법의 모태가 되었던 입법모델로 기억되어 부정적 이미지를 남기고 있으나, 이원적 집정부제가 논리적으로 반드시 대통령의 독재를 용이하게 하는 제도라고는 볼 수 없다. 이는 미국식 대통령제에서 다시 집행권이 분할되어 권력간 견제가 심화된 제도로서 오히려 대통령제를 민주적으로 변형시킨 것이라고 보아야 합당하기 때문이다. 이원적 집정부제에서 국가비상사태의 국가긴급권이 대통령에게 부여되어 있는 것이 사실이지만, 이는 대통령제를 취하는 경우에도 차이가 없다. 국가긴급권의 남용 가능성의 문제는 이원적 집정부제 하에서이건 대통령제 하에서이건 차이가 없으며, 오직 긴급조치권에 대한 통제를 헌법상 충실히 하였는지 여부에 의하여 더 좌우될 것이다. 실제로 1990년 초 공산체제에서 자유민주주의 체제로 전환한 동부 유럽의 제국들에는 프랑스식 이원적 집정부제를 채택한 국가들이 다수 존재하며, 이 국가들에게 프랑스식 제도는 새로운 체제에 대한 적응에 적합한 유력한 입법모델이 되고 있다.

5. 한국식 정부형태

(1) 우리나라의 정부형태는 대통령제를 기본으로 한다. 의회와 정부가 상호 독립적이며 대통령은 의회해산권을 가지지 아니하고 국회는 정부 불신임권이 없으므로 대통령제의 본질을 유지하고 있다. 그러나 부통령 제도가 없으며 그 대신 국무총리, 국무위원 및 회의체 기관인 국무회의가 존재하는 점은 의원내각제적인 요소이다. 부통령은 대통령이 궐위된 경우 이를 승계할 수 있도록 국민이 미리 선출해 두는 예비적 인물이나, 국무총리는 부통령과 다르며 헌법상 권한을 부여받고 국정을 총괄한다. 따라서 우리나라의 정부형태는 대통령제에 어느 정도 의원내각제의 요소가 가미된 약한 정도의 혼합식 제도라고 말할 수 있다.

(2) 우리나라는 처음 헌법을 제정할 당시부터 이와 같은 혼합구조를 채택하였다. 당시 헌법제정 작업을 맡을 역량을 가진 사람이 거의 없는 상태에서 헌법적 전문지식을 가진 유진오 교수가 헌법기초작업을 주도하였는데, 그는 대통령제를 택한다면 대통령의 권한이 막강하여 민주주의에 익숙하지 못한 신생 대한민국의 헌법운영이 대통령의 독재로 흐를 것을 우려하여 당시 우리나라가 취하여야 할 정부형태로서는 의원내각제가 가장 바람직하다고 보고 의원내각제 헌법을 제안하였다.

그러나 유력한 집권 후보였던 이승만이 의원내각제 하에서 권한이 없는 대통령이 될 의사가 없음을 분명히 밝히자 헌법기초작업에 참여한 한국민주당 등 여러 정파는 이승만이 참여하지 아니하면 건국의 정치적 과정에서 큰 장애와 혼란이 발생할 것을 우려하여 이승만의 대통령제 도입 요구를 수용하였다.

다만 원안에 있던 의원내각제의 요소도 다소 잔존시킴으로써 국회내 여러 정파의 정치적 입장을 반영하기로 함으로써 국무총리제도가 헌법에 들어가게 되었다. 그러나 이승만은 대통령으로 취임한 후 국무총리 임명에 있어서 국회의 승인을 받도록 한 헌법의 요구를 무시하고 승인을 받지 아니한 국무총리 서리(署理)제도를 변칙적으로 운용하였다. 4·19혁명으로 이승만 정권이 붕괴된 후 제정된 제2공화국 헌법은 영국식 순수 의원내각제를 도입하여 보았으나 다양한 정치적 욕구가 한꺼번에 분출하던 당시의 우리나라의 현실에 적응하지 못하고 정국의 극심한 혼란을 초래하였다.

5·16 군사쿠데타 이후의 제3공화국 헌법에서는 대통령제를 채택하면서도 국무총리제를 부활시켰다. 국무총리는 국정운영의 실권를 가지지 못하고 대통령의 보좌기관에 불과하였으므로 이 시기의 혼합형 대통령제는 근본적으로 미국식 대통령제를 따른 것이었다. 군사정권이 계속된 제4공화국과 제5공화국 헌법에서도 대통령제의 기본과 대통령의 보좌기관으로서의 국무총리제도와 국무위원제도는 계속 유지되었으며 현행 헌법에 이르기까지 계속되고 있다.

(3) 결국 우리나라의 정부형태는 대통령제에 속하며 여기에 국무총리제 등 의원내각제적 요소를 소폭 가미한 형태라고 할 것이다. 이는 선진국 등 주요국에서는 유례가 없는 것이나 다만 러시아 헌법은 이와 같이 대통령에게 강대한 권한을 부여하면서 국무총리를 두어서 내치에 관하여 일정한 권한을 가지도록 하고 있어서 우리나라의 제도와 유사하다고 생각한다. 이렇게 볼 때 우리나라의 정부형태는 제도적으로 미국식 대통령제와 프랑스식 이원적 집정부제의 중간에 위치하는 변형된 대통령제로서의 위상을 가진다고 말할 수 있고 러시아의 정부형태와 함께 세계적으로 하나의 모델이 될 수도 있는 독특한 측면이 있다고 본다.

(4) 우리나라의 제도는 대통령제로서 의원내각제적 요소는 기형적이며 큰 의미가 없다고 보는 견해가 많으나, 우리나라의 변형된 국무총리, 국무위원 제도도 장기간의 헌법역사적 경험에서 발전되어 안정화된 제도로서 나름대로의 정치적 가치가 있다고 할 것이다. 미국식 순수 대통령제는 민주주의에 익숙하지 아니한 신생국가에 이식하면 대통령에게 권력이 지나치게 집중되어 독재적으로 흐르는 경향이 있다. 더욱이 현재의 정당국가에서는 대통령이 정당을 통하여 행정부나 의회를 모두 지배할 수 있게 됨으로써 대통령의 국정장악력은

더욱 확대된다. 그러나 미국의 경우 정당제도가 양당제로 확립되어 상호 견제와 경쟁이 이루어질 뿐만 아니라 중앙당이 존재하지 않고 지역당 중심으로 운용되고 있는 까닭에 각 주(State)의 정당 리더가 실권을 잡고 있어서 대통령이 일원적으로 정당의 의사를 지배할 수 있는 정치적 분위기가 충분히 억제되고 있다. 또한 이러한 중앙당 부존재, 지역당 활성화 구조에 덧붙여 연방구조를 가지고 내치에 관하여는 각 주 정부가 그 권한을 실질적으로 장악하므로 대통령의 독재는 더욱 완화되어 있다. 미국 헌법상 행정, 사법 등 내치에 관한 권한은 주의 권한으로 되어 있기 때문이다. 이와 같은 미국의 독특한 국가구조와 정치적 풍토에 대한 고려없이 다른 나라가 단지 미국식의 대통령제만 도입할 때 미국과는 전혀 다른 정치적 효과를 낼 수 있는 것이며 우리나라의 경우도 마찬가지이다.

(5) 우리나라의 헌법구조는 의원내각제적 요소에 의하여 대통령의 중요정책은 그 합의체인 국무회의의 심의를 받도록 하고 있고, 국무총리의 임명에는 반드시 사전에 국회의 동의를 받아야 하며, 각부 장관의 임명에도 총리의 제청을 받아서 하도록 되어 있다. 이것들은 대통령에 대하여 강력한 견제의 방편이 되지는 못한다고 하더라도 실질적 의미를 가진 권력적 통제장치로 기능할 수 있다고 본다.

따라서 국무총리제는 통치구조상 나름대로의 중요성을 가지고 있으며, 나아가 이를 통하여 우리나라의 정부형태는 미국식, 영국식과 구별되고 프랑스식 제도와도 차이가 있는 독특한 정부형태로 발전할 수 있는 여지도 있을 것이다.

예컨대 다수당이 아닌 정당의 후보자가 대통령으로 선출되면 그 대통령이 취임할 당시 정부를 구성할 각료를 임명하여야 할 것인데 이를 위하여서는 국무총리로부터 각부 장관인 국무위원의 임명 제청을 받아야만 하고, 따라서 이들을 제청할 국무총리가 먼저 임명되어야 한다. 우리 헌법은 이와 같은 절차를 명확히 요구하고 있다. 그런데 대통령이 추천하는 국무총리 후보를 다수당인 야당이 거부하여 대통령이 각부 장관의 임명을 할 수 없게 하는 상황이 발생할 수 있다. 이러한 상황은 실제로 발생하여 헌법재판의 대상이 되었던 사례도 있었다.[1] 만약 이러한 사례가 다시 발생한다면 대통령과 국회의 다수당

1) 1998년 김대중 정부가 들어섰을 때 대통령 선거에서 그의 당선을 사실상 도왔던 김종필씨를 국무

이 적절한 타협을 이루든지 아니면 대통령이 양보하여 야당이 희망하는 인사를 국무총리의 후보로 내세울 수밖에 없다고 할 것이다. 새로 취임한 정부의 각료가 임명되지 못함으로써 장기간 국정의 공백을 발생케 할 수는 없기 때문이다. 이렇게 임명된 야당성향의 국무총리는 장관에 대한 제청권을 가지고 있으므로 행정각부의 장관을 대통령이 임의로 임명할 수 없게 된다. 결국 대통령과 국무총리는 장관임명권을 나누어 가지는 타협을 할 수밖에 없을 것이다. 이는 프랑스의 경우 대통령과 총리가 행정권을 나누어 가지고 집권하는 동거정부(cohabitation)의 형태도 우리나라에서 발생할 수 있음을 의미하는 것이다.

(6) 이와 같이 우리 헌법의 통치구조를 분석하면 대통령의 취임시 국회를 야당이 지배하고 있을 경우 프랑스식의 동거정부로 운영될 여지가 있다. 재임중 총선이 실시되어 패배하여 다수당이 야당이 되어버리는 경우에도 유사한 문제가 발생한다. 야당은 국무총리와 국무위원의 해임건의권을 행사할 수 있고 해임건의를 받은 국무총리나 국무위원은 결국 물러날 수밖에 없는 점을 고려하면 역시 국회를 지배하고 있는 정치적 세력이 인정하는 인물을 국무총리로 선출할 수밖에 없다고 본다. 이러한 경우도 동거정부로 가는 것이 자연스럽다고 본다. 결국 국회가 야당이 지배하는 시기에는 대통령이 여당측 인사, 총리는 야당측 인사로 되어서 동거정부가 성립될 여지가 우리 헌법상으로도 존재한다.

더욱이 헌법재판소는 수도이전사건에서 수도를 이전하는 내용의 법률이 헌법위반이라는 결정을 하였고, 이에 따라 국회는 대통령과 국회 및 외치(外治)를 중심으로 하는 각 행정부처들이 서울에 남고 국무총리와 내치(內治)를 중심으로 하는 각 행정부처들이 행정중심도시로 이전하는 법률을 통과시켰다. 이렇게 되면 대통령과 국무총리가 내치와 외치로 나누어 권한을 행사하는 관행이 어느 정도 성립될 법적 근거가 마련된 것이 아닌가 하는 생각도 든다. 총선에서 여당이 패배하여 국회에서 야당이 다수당이 되어 입법부를 지배하게

총리로 임명하고자 하였으나 국회 동의 과정에서 표결이 중단됨으로써 신속한 처리가 불가능하여지자 대통령은 그를 국무총리서리로 임명하였다. 이에 야당의원들이 제기한 권한쟁의 사건에서 헌법재판소는 청구인 국회의원들이 권한쟁의심판 당사자 능력이 없다는 이유 등으로 각하하였으나, 3인의 재판관은 소수의견에서 실체판단으로 들어가 국무총리서리제도가 위헌이라고 판단하였다. 그 이후 여·야간에 정치적 타결이 이루어져 동의안이 가결되었으나 그 이후 지금까지 국무총리서리제도는 활용되지 못하고 있다. 헌재 1998. 7. 14. 98헌라1, 판례집 10-2, 1, 1-5면. 김종필 국무총리 서리 임명사건 결정.

되면, 외치의 권한은 소수당의 리더로 전락한 대통령에게 남더라도 내치의 권한은 국민이 새롭게 선택한 야당에게 넘어가도록 하는 것은 국민주권주의의 실현 측면에서도 오히려 바람직한 결과가 될 것이다.1)

6. 소 결

(1) 정부형태의 결정은 헌법의 기본적 구조를 결정하는 중대한 정치적 결단이다. 정부형태를 어떻게 정하는가에 따라 입법부와 행정부 간에는 전혀 다른 권력적 관계가 형성되는데 어떠한 형태이든 각자의 장단점을 지니게 된다. 그러므로 한 국가의 정부형태를 정하는 데에 있어서는 그 국가 고유의 역사적 경험과 정치적 상황 및 정치문화에 가장 적합한 제도를 발견하여 국민적 의견 수렴과 합의과정을 거쳐서 채택되어야 할 것이다.

(2) 정부형태는 입법부가 행정부에 대하여 불신임권을 가지는가 아니면 행정부가 입법부에 대하여 해산권을 가지는가 하는 점을 중심으로 의원내각제와 대통령제로 대별된다. 양 기관이 상호의존적이고 권한상 유기적으로 결합된 제도가 영국식 의원내각제이고 엄격한 독립을 유지하면서 상호견제와 통제가 이루어지도록 고안한 것이 미국식 대통령제이다.

프랑스식 이원적 집정부제에서는 양 제도가 혼합되어 있다. 여기서는 대통령과 수상이 이끄는 내각이 병존한다. 집행부는 이원적으로 구성될 뿐만 아니라 집행권도 이원적으로 분배되고 있다. 대통령은 외치, 내각은 내치에 관한 권한을 행사한다. 의회가 불신임을 할 수 있으나 의회해산권은 대통령이 가진다. 이로 인하여 대통령은 대체로 내각을 압도하는 권한을 가지고 있다.

(3) 우리나라의 정부형태는 기본적으로 미국식 대통령제를 취하고 있으나 국무총리와 국무위원제를 병행함으로써 미국식 대통령제와 이원적 집정부제의 중간에 위치하는 독특한 통치구조 모델을 형성한다고 본다. 대통령이 이끄는 여당이 국회의 다수파를 형성할 때에는 강력한 대통령중심제로 운영될 것이지만 여당이 국회의 소수파에 불과할 경우에는 국무총리는 다수파 야당의 인사로 구성될 수 있다. 이 경우 이원적 집정부와 유사한 형태의 정국운영이 가능

1) 그러나 일반적으로 학설은 우리나라의 정부형태는 대통령제라고 보고 있으며 이원적 집정부제로의 기능적 전환 가능성을 언급하고 있지 않다. 이는 의원내각제적 요소가 대통령제 체제에 실질적인 변경을 가하는 정도의 의미를 가진 것은 아니라고 보기 때문인 것으로 보인다.

할 것이라는 점에서 중요한 특징을 가진 개성있는 제도라고 긍정적으로 인식되어야 합당하다.

CHAPTER

02 국가작용

제 1 절 국가작용의 의의와 분류

국가의 통치작용은 입법작용과 행정작용 및 사법작용으로 나뉜다.

1. 입법작용

입법작용은 국민의 대표기관에 의하여 일반추상적 법규범을 정립하는 작용이다. 규범적 관점에서 보면 국가 자체가 국민들에게 적용되는 범규범의 총체라고 할 수 있다. 입헌적 법치국가에서 모든 공권력 작용은 법규범에서 유래하며 이에 위반될 수 없다. 법규범은 단계적 위계질서 구조를 취하며 최상위에 헌법규범이 있고 그 하위에 법률, 명령, 규칙의 형태로 존재한다. 상위규범은 하위규범 존재의 근거가 되고 하위규범은 상위규범에 내용상 위반될 수 없다. 특히 법률은 국민의 대표기관인 국회에 의하여 정립된 법규범을 말하며, 국민의 자유와 권리를 제한하는 사항은 반드시 법률에 의하여 규율되어야 한다.

2. 행정작용

(1) 행정작용은 국가목적을 실현하기 위해서 입법부에서 정립된 법규범을 구체적으로 집행하는 작용을 말한다. 이러한 집행작용은 적극적이고 능동적이

며 형성적인 작용이 된다. 법규범은 일반적 추상적 준칙이나, 행정작용은 이를 실현하는 개별적 구체적 행위이다.

(2) 행정작용은 두 가지로 나누어 볼 수 있다. 협의의 행정작용과 통치행위(統治行爲)가 개념적으로 구분된다. 협의의 행정작용은 하위 차원의 일반적 집행행위를 말하고 통치행위는 고도의 정치적 판단과 국가적 결단이 필요한 집행행위를 말한다. 협의의 집행행위에서는 법치주의가 엄격히 적용된다. 그리하여 법에 위반되는 행정권의 행사는 무효이거나 취소되어야 하며 행정재판의 대상이 된다. 그러나 통치행위에 해당할 경우에는 이에 대한 사법심사는 자제되어야 한다는 이른바 통치행위론이 주장되고 있다. 이에 의하면 고도의 정치성을 띤 국가적 결단에 해당하는 행위에 대하여서는 사법부가 이에 개입하여 이를 법적으로 재단하고 무효, 취소화하는 것은 자제되어야 한다는 것이다.

3. 사법작용

(1) 사법작용은 법의 집행 중 법의 내용에 관하여 분쟁이 발생한 경우에 무엇이 법인가를 확인하고 선언하여 주는 작용이다. 법적 분쟁의 발생으로 인한 혼란을 종식시킴으로써 법적 평화를 유지하는 작용이다. 사법작용의 의미는 결국 재판으로 귀착된다. 재판은 법적 분쟁에서 독립된 중립적인 판단기관에 의하여 무엇이 법인지를 확인하고 선언하는 작용이다.

(2) 분쟁의 대상이 된 법이 사법(私法)인 것인 경우 그 재판은 민사재판(民事裁判)이 될 것이고, 형사적 법률관계의 확정에 관한 재판은 형사재판(刑事裁判)이 된다. 다만 형사재판은 법적 분쟁의 발생이 아니라 범죄행위가 발생함을 전제로 하여 당해 행위에 대하여 어떠한 형사적 책임이 과하여질 것인지를 선언하는 성격의 재판이다. 분쟁 내지 다툼의 발생이라는 일반적 사법작용의 전제에서 볼 때 다소 다르게 의미가 확장된 것으로 볼 수도 있겠으나, 이는 형벌의 부과는 반드시 재판에 의하여야 한다는 또 다른 헌법적 요구에 따른 것이라고 할 수 있다.

(3) 무엇이 헌법의 내용인가 하는 점에 관한 분쟁, 즉 헌법분쟁이 발생하였을 때 처리하는 작용이 헌법재판이며, 국가의 행정작용에 대하여 그 수범자인 국민과 분쟁이 발생한 경우 이를 해결하는 작용이 행정재판이다.

제2절 국가작용의 한계와 통제

국가작용의 영역에서는 입법, 행정 사법의 각 국가작용들이 헌법적으로 어떠한 한계를 가지는가 하는 한계의 문제와 권력담당자가 그 헌법적 한계를 일탈한 경우에 어떠한 헌법적 통제를 가하는가 하는 문제가 핵심적 중요성을 가진다.

제1항 입법작용

입법작용은 법규범 정립작용인데 국회가 제정 또는 개정하는 법률로 대표된다. 따라서 입법작용의 한계는 곧 법률의 헌법적 한계를 의미하게 되는바 이는 법률의 합헌성 문제로 귀착된다.

법률의 합헌성 여부를 따짐에 있어서는 그 성립 절차의 잘못에 관한 것과 형식적 요구사항의 불비 및 내용의 과도함이 주로 문제된다. 따라서 이는 ① 절차적 합헌성, ② 형식적 합헌성, ③ 내용적 합헌성의 세 가지 분야로 구분하여 살펴볼 수 있다.

1. 절차적 합헌성

(1) 법률의 절차적 합헌성은 적법절차원칙의 문제로 논의된다. 법률의 적법절차 준수 여부를 판단함에 있어서는 당해 법률의 시행 이전에 반드시 이행되어야 할 절차가 어떠한 내용과 정도의 것이 되어야 할지를 정하는 것이 문제의 핵심이 된다. 이에 관하여 헌법재판소는 "적법절차원칙에서 도출할 수 있는 가장 중요한 절차적 요청 중의 하나로, 당사자에게 적절한 고지(告知)를 행할 것, 당사자에게 의견 및 자료 제출의 기회를 부여할 것을 들 수 있겠으나, 이 원칙이 구체적으로 어떠한 절차를 어느 정도로 요구하는지는 일률적으로 말하기 어렵고, 규율되는 사항의 성질, 관련 당사자의 사익(私益), 절차의 이행으로 제고될 가치, 국가작용의 효율성, 절차에 소요되는 비용, 불복의 기회 등 다양

한 요소들을 형량하여 개별적으로 판단할 수밖에 없을 것"이라고 판시한 바가 있으나, 더 이상의 상세한 논의를 전개하지 아니하고 있다.1) 헌법재판소가 제시하고 있는 적법절차의 요구기준은 내용상 다소 간결하고 포괄적인 것으로서 좀더 구체적인 기준 설정이 필요하다고 할 것인데, 우리 판례의 취지는 어차피 적법절차원칙(due process of law)의 내용에 관한 미국의 판례법을 본받고 있다고 생각되므로 이 점에 관하여 미국 연방대법원의 판례에서 정립된 기준을 참고하여 보는 것이 우리 판례의 연구에도 실제적 유용성을 가질 것이다.

(2) 여기서 미국연방대법원이 Mathews v. Eldridge 사건2)에서 구체적인 경우에 적법절차원칙상 어떠한 절차가 제공되어야 할 것인지를 판단함에 있어서 고려하여야 할 사정에 관한 보편적인 기준을 제시한 바가 있음을 주목하고자 한다. 여기서 미국 연방대법원은 ① 문제된 기본권 내지 관계된 권리의 중요성, ② 기존 절차를 통하여 그러한 권리가 잘못 박탈될 위험의 정도, ③ 절차를 대체함으로써 얻을 수 있는 효과의 정도, ④ 절차의 대체에 수반될 재정적·행정적 부담 내지 공익 희생의 규모 등 여러 요소들을 종합적으로 형량하여 구체적 절차의 종류와 내용, 엄격한 정도를 결정하여야 한다고 판시한 바 있다(이른바 'Mathews test).3) 이에 따르면 기본권의 제한이 중대하면 할수록 적법절차의 요구도 비례하여 커지는 것이며 고도의 적법절차의 요구는 결국 사법절차의 내용에 수렴·동화하는 것이 된다.4) 즉 적법절차의 요구가 강력해

---

1) 헌재 2003. 7. 24. 2001헌가25, 판례집 15-2상 1, 18면.

2) Mathews v. Eldridge, 424 U.S. 319(1976).

3) 동 사건에서 연방대법원은 생명, 자유 또는 재산에 대한 박탈이 있어 적법절차가 요청된 때에 어떠한 절차가 필요한가를 판단하기 위하여 형량심사기준(balancig test)을 제시하였고, 그 후 동 심사기준을 거듭 적용하여 왔다. 연방대법원이 Mathews사건에서 제시한 3가지 형량요소는 첫째, 직무행위에 의하여 영향을 받을 개인의 이익(private interest), 둘째, 경유된 절차를 통하여 그러한 이익이 잘못 박탈될 위험(risk)과 부가적인 또는 대체적인 절차적 보장에 의하여 얻을 수 있는 개연적 가치, 셋째, 부가적이거나 대체적인 절차적 요청에 필연적으로 수반될 재정적·행정적 부담과 관련 기능을 포함하는 정부의 이익(government's interest)이다. 즉, 첫 번째 요소인 개인에 대한 이익의 중요성이 크면 클수록 그 절차적 보장의 요청 또한 더 크게 된다. 두 번째 고려사항은 사실 확인의 정확성을 높이기 위한 부가적인 절차의 성능이다. 법원이 추가적인 절차로 인하여 더 낫고 정확하며 오류가 적은 결정을 하게 될 것이라고 확신하면 할수록, 그러한 절차적 요청의 개연성은 커지게 된다. 세 번째 고려사항은 법원이 그러한 절차를 요청함으로써 정부가 안게 될 부담인데, 절차에 대한 비용이 크면 클수록 그 절차적 요청의 개연성은 적어질 것이다. 연방대법원은 구체적 사건에서 적법절차원칙상 어떠한 절차가 제공되어야 하느냐라는 문제들을 판단함에 있어서 반드시 위 3가지 요소가 형량되어야 한다고 판시하고 있다.

4) 절차적 적법절차원칙을 충족하기 위한 여러 절차적 요소 중에는 당사자에 대한 사전의 고지(notice), 공정하고 충분하며 합리적으로 행하여지는 청문(hearing) 등이 포함된다. 그러나 절차적 적법절차의 구체적 내용은 상황과 무관하게 고정된 것이 아니고 공권력으로 기본권을 제한하는 구체적인 경우에 나타나는 개별적인 여러 사정들을 고려하여 이에 적합한 절차적 보장이 주어질

지면 결국 재판청구권의 실현을 위하여 필요한 정도의 절차적 보장에 접근하게 된다.[1)]

2. 형식적 합헌성

(1) 일반추상성의 요구

법률은 개별적 처분이 아니라 모든 수범자가 준수하여야 할 규범으로서의 본질을 가지므로 그 내용이 일반추상적일 것과 명확할 것이 요구된다. 일반추상성과 관련하여 처분적 법률(Ausnahmegesetz) 금지의 원칙이 적용된다. 처분적 법률 혹은 예외적 법률이란 구체적인 개별사건을 특별히 규율하는 것을 내용으로 하는 법률이다. 이는 법적 지위의 유사성이나 동일성을 무시하고 특정의 개인이나 집단을 특별히 취급하는 결과를 가지므로 결국 평등원칙 위반의 문제를 야기한다.[2)]

(2) 명확성의 원칙

(가) 적용대상에 따른 명확성 판단의 엄격성 차이

일반적으로 명확성의 원칙은 법치주의에서 비롯된 것으로서 법률에 요구되는 것이다. 그러나 명확성의 원칙은 어떤 법률에 있어서나 동일한 정도로 요구되는 것은 아니고 개개의 법률이나 법조항의 성격에 따라 요구되는 정도에 차이가 있을 수 있으며 각각의 구성요건의 특수성과 그러한 법률이 제정되게 된 배경이나 상황에 따라 달라질 수 있다. 일반론으로는 어떠한 규정이 부담

것을 요청한다는 의미에서 신축성을 가지는 것이다. 따라서 구체적인 경우에 적법절차원칙상 어떠한 절차가 제공되어야 할 것인지를 판단하기 위해서는 문제된 기본권 내지 관계된 권리의 중요성, 기존 절차를 통하여 그러한 권리가 잘못 박탈될 위험의 정도, 절차를 대체함으로써 얻을 수 있는 효과의 정도, 절차의 대체에 수반될 재정적·행정적 부담 내지 공익 희생의 규모 등 여러 요소들을 종합적으로 형량하여 결정할 수밖에 없다. 대체로 보아 기본권의 제한이 중대하면 할수록 적법절차의 요구도 비례하여 커지는 것이며 고도의 적법절차의 요구는 결국 사법절차의 내용에 접근·동화하는 것이 될 것이다. 헌재 2003. 7. 24. 2001헌가25, 판례집 15-2상, 1, 25-26면. 공정거래위원회 과징금 합헌결정.

1) 헌법 제12조 후문이 '… 적법한 절차에 의하지 아니하고는 처벌 … 을 받지 아니한다.'고 하였을 때의 적법절차란 곧 '형사재판'을 의미한다.

2) 예컨대 광주민주화운동에 관한 5·18특별법은 5·18 군사쿠데타에 관련된 특정의 군인들을 처단하는 법률로서 개별적 인물들만에게만 적용되며 일반추상적으로 규율되는 규범이 아니므로 처분적 법률에 해당한다. 이는 헌법상 차별취급의 문제를 가져온다. 그 차별이 합리성이 없는 차별이라면 평등원칙에 위배될 것이며 합리성이 있는 차별이면 평등원칙에 반하지 않게 될 것이다. 이 사건에서는 차별취급에 있어서 합리성이 인정된다고 하여 위헌이 아니라고 하였다.

적 성격을 가지는 경우에는 수익적 성격을 가지는 경우에 비하여 명확성의 원칙이 더욱 엄격하게 요구된다고 할 것이고 따라서 형사법이나 국민의 이해관계가 첨예하게 대립되는 법률에 있어서는 불명확한 내용의 법률용어가 허용될 수 없으며, 만일 불명확한 용어의 사용이 불가피한 경우라면 용어의 개념정의, 한정적 수식어의 사용, 적용한계조항의 설정 등 제반방법을 강구하여 동 법규가 자의적으로 해석될 수 있는 소지를 봉쇄해야 하는 것이다.[1)]

법규를 민사법규와 형사법규로 나누어 볼 때, 양자는 모두 재판규범이면서 동시에 행위규범이지만 형벌법규는 재판규범이기 이전에 행위규범인 측면이 강조되는데 비하여 민사규범은 기본적으로 재판규범의 측면이 훨씬 강조된다. 따라서 민사규범은 '신의성실', '선량한 풍속', '불공정한', '정당한 사유' 등의 표현은 법원에서 적용되기에 적합한 언어적 표현으로 효력상 문제가 없지만, 만약 형벌법규에서 그와 같은 표현이 사용되었다면 명확성의 원칙에 반하는 것이 아닌지 곧바로 문제될 수 있는 것이다.[2)] 또한 형벌법규는 그 내용과 효력이 개인의 자유과 신체에 바로 영향을 미치기 때문에 대부분 재산상 효력에 그치는 민사법규에 비하여 보다 명확하여야 한다.[3)]

또한 형벌법규인 경우에도 그 대상이 되는 범죄의 성질에 따라 자연범적 행위를 대상으로 하는 법규와 행정범적 행위를 대상으로 하는 법규로 나눌 수 있는데, 명확성과 관련하여서는 후자에 관하여 보다 고도의 명확성을 요구한다고 보아야 한다. 행정범적 행위는 원래 반윤리적이지 아니한 행위를 처벌하는 것이어서 금지되는 내용을 정확하고도 충분히 예고하지 않으면 안 될 것이다. 다만 행정범적 행위를 대상으로 한 것이라도 반복하여 처벌이 행하여지면 그 행위는 반윤리성이 있는 자연범적 성격을 띠게 될 수도 있고 장기간의 반복적용은 나중의 시점에서 요구되는 명확성의 기준을 처음보다 낮추는 작용을 하게 될 수 있을 것이다.

㈏ 수범자의 예견 가능성

불명확한 규범이 무효가 되는 가장 중요한 이유는 그것이 수범자에 대하여 '공정한 경고(fair warning)'를 흠결한 데에 있다. 여기서의 수범자는 사회의 평

1) 헌재 1992. 2. 25. 89헌가104, 판례집 4, 64, 78-79면.
2) 헌재 2002. 6. 27. 99헌마480. 불온통신금지 사건 결정.
3) 헌재 1992. 2. 25. 89헌가104. 2000헌바57; 헌재 2004. 7. 15. 2002헌바47, 판례집 16-2, 43, 56면.

균적 일반인을 말하며 이는 가상 위반자 일반을 말하는 것이 아니라 준법정신을 가진 자 일반을 의미한다. 준법정신을 가진 평균인은 애매한 법문을 자신이 해석할 수 없을 때 자신만의 판단에 의할 것이 아니라 법률전문가나 당해 법령에 보다 정통한 지식을 가진 사람 등의 의견이나 조언을 직접, 간접적으로 듣거나 참조하여 자신의 행동 여부를 결정하는 것이 일반적이라고 보아야 할 것이다. 즉 평균인의 입장에서 전문가의 조언이나 전문서적 등을 참고하여 자기의 책임하에 행동을 결정할 수 있는 방향을 잡을 수 있고 그러한 결론이 보편성을 띠어 대부분 같은 결론에 도달할 수 있다면 명확성을 인정할 수 있는 반면, 법률전문가 등의 조언을 구하여도 자신의 행위가 금지되는 것인지 아닌지 정확히 예측할 수 없다면 그 법령은 불명확하여 무효가 될 수밖에 없는 것이다. 미국의 판례에서 보통법상의 확립된 의미를 가지는 문언은 불명확하다고 할 수 없다고 한 것도 이러한 취지에서이다. 이와 같이 법령 특히 형벌법규는 일반인에게 공정한 고지를 하여야 한다고 볼 것이나 다만 당해 법령의 특성에 맞추어 그 일반인이 어떤 행위를 결정할 때 통상 어느 정도 법적 전문지식에 의한 보완을 받게 된다는 점을 감안하여 명확성 여부를 판단하여야 할 것이다.[1]

㈐ 법체계적 합리적 해석과 법관의 보충적 해석의 허용

명확성원칙을 산술적으로 엄격히 관철하도록 요구하는 것은 입법기술상 불가능하거나 현저히 곤란하므로 어느 정도의 보편적 내지 일반적 개념의 용어 사용은 불가피하다. 따라서 당해 법률이 제정된 목적과 타 규범과의 연관성을 고려하여 합리적인 해석이 가능한지의 여부에 따라 명확성의 구비 여부가 가려져야 하고, 설혹 법 문언에 어느 정도의 모호함이 내포되어 있다 하더라도 법관의 보충적인 가치판단을 통해서 법 문언의 의미내용을 확인할 수 있고 그러한 보충적 해석이 해석자의 개인적인 취향에 따라 좌우될 가능성이 없다면 명확성원칙에 반한다고 할 수 없다.[2]

㈑ 자의적 집행의 배제

명확성의 원칙은 법령의 문구가 확실하지 않음으로써 자의적이고 차별적인

1) 헌재 2005. 3. 31. 2003헌바12, 판례집 17-1, 340면.
2) 헌재 2005. 12. 22. 2004헌바45, 판례집 17-2, 712, 721면; 헌재 2011. 3. 31. 2008헌바141 등, 판례집 23-1상, 276, 300면 등.

적용을 가져올 수 있다는 의심에 의하여 판별될 수 있다. 미국연방대법원은 어떤 법령이 법적으로 확정된 기준이 없이 구체적 사건에서 금지되는 것과 그렇지 않은 것을 결정할 자유를 법관과 배심원에게 준다면 이는 위헌으로 무효라고 하고 있다. 다만 법령이 그 집행자에게 어느 정도의 재량을 부여한다는 이유만으로 바로 무효로 할 것은 아니나 집행자에게 신뢰할 수 있는 확고한 기초를 제시하여 그 법령이 원래 의미하고 목적하는 바 이상의 자의적 적용을 방지할 수 있어야 한다.

(마) 입법기술적 개선 가능성

당해 법령의 성질 및 규제대상 등에 비추어 입법기술상 최고의 상태로 작성되었는지가 명확성 판단의 또 하나의 기준이 된다. 일반 추상적 표현을 불가피하게 사용한다 하더라도 예시의 방법, 정의(定義)규정을 별도로 두는 방법, 주관적 요소를 가중하는 방법 등으로 보다 더 구체적 입법이 가능하다면 이러한 입법기술을 제대로 활용하고 있는지 여부가 헌법위반의 판단기준이 될 수 있는 것이다.

(3) 포괄위임입법 금지의 원칙

(가) 위임입법의 범위

헌법 제75조는 법률로 정하여야 할 사항을 포괄적으로 법집행기관에 위임할 수 없으며, 위임하는 경우에는 법률에 위임의 범위와 내용을 구체적·개별적·한정적으로 정해야 한다는 포괄위임금지원칙을 규정하고 있다. 이는 위임의 경우 누구라도 그 법률 자체로부터 하위법규에 규정될 내용의 대강(大綱)을 예측할 수 있어야 함을 말한다. 그 예측가능성의 유무는 당해 특정조항 하나만 가지고 판단할 것이 아니고 관련 법조항 전체를 유기적·체계적으로 종합·판단하여야 한다.[1)]

(나) 의회유보의 원칙

헌법의 기본원리인 법치주의는 국민의 기본권 실현에 관련된 본질적 사항에 있어서는 국민의 대표자인 입법자 스스로 이에 대하여 결정하여야 한다는 요구, 즉 의회유보원칙을 내포하는 것으로 해석된다. 이때 입법자가 형식적 법

1) 헌재 2015. 1. 29. 2013헌바173, 판례집 27-1상, 1, 9면.

률로 스스로 규율하여야 하는 사항이 어떤 것인지는 일률적으로 획정할 수 없고 구체적인 사례에서 관련된 이익 내지 가치의 중요성 등을 고려하여 개별적으로 판단된다. 그러나 적어도 헌법상 보장된 국민의 자유나 권리를 제한할 때에는 그 제한의 본질적인 사항에 관한 한 입법자가 법률로써 스스로 규율하여야 하고 위임입법은 허용되지 아니한다.[1)]

(다) 포괄 재위임입법의 금지

법률에서 위임받은 사항을 전혀 규정하지 않고 재위임하는 것은 수권법의 내용변경을 초래하는 것이 되고, 부령의 제정·개정절차가 대통령령에 비하여 보다 용이한 점을 고려할 때 재위임에 의한 부령의 경우에도 위임에 의하여 대통령령에 가해지는 헌법상의 제한이 당연히 적용되어야 할 것이다. 그러므로 법률에서 위임받은 사항을 전혀 규정하지 아니하고 그대로 재위임하는 것은 허용되지 않으며 위임받은 사항에 관하여 대강을 정하고 그 중의 특정사항을 범위를 정하여 하위법령에 다시 위임하는 경우에만 재위임이 허용된다.[2)]

(라) 명확성원칙과의 관계

헌법재판소는 명확성원칙과 포괄위임금지원칙의 관계에 대하여, 헌법 제75조는 "대통령은 법률에서 구체적으로 범위를 정하여 위임받은 사항에 관하여 대통령령을 발할 수 있다."라고 규정하여 위임입법의 헌법상 근거를 마련함과 동시에 위임은 구체적으로 범위를 정하여 하도록 하여 그 한계를 제시하고 있는바, 이는 행정부에 입법을 위임하는 수권법률의 명확성원칙에 관한 것으로서 법률의 명확성원칙이 행정입법에 관하여 구체화된 특별규정이라고 할 수 있으므로 수권법률조항의 명확성원칙 위배 여부는 헌법 제75조의 포괄위임금지의 원칙의 위반 여부에 대한 심사로써 충족된다고 하고 있다.[3)]

일반적으로 법률에서 일부 내용을 하위 법령에 위임하고 있는 경우 위임을 둘러싼 법률 규정 자체에 대한 명확성의 문제는 포괄위임금지원칙 위반의 문제가 될 것이다. 다만 위임 규정이 하위 법령에 위임하고 있는 내용과는 무관

---

1) 헌재 2016. 6. 30. 2015헌바125, 판례집 28-1하, 589, 596면.
2) 헌재 1996. 2. 29. 94헌마213, 판례집 8-1, 147-148면; 헌재 2002. 7. 18. 2001헌마605, 판례집 14-2, 84, 101면. 신문고시 위헌결정.
3) 헌재 2007. 4. 26. 2004헌가29, 판례집 19-1, 349, 365-366면; 헌재 2011. 2. 24. 2009헌바13, 판례집 23-1상, 53, 63면 등 참조.

하게 법률 자체에서 해당 부분을 완결적으로 정하고 있는 경우 포괄위임금지 원칙 위반 여부와는 별도로 명확성의 원칙이 문제될 수 있는바, 위임입법에서 사용하고 있는 추상적 용어가 하위 법령에 규정될 내용의 범위를 구체적으로 정해주기 위한 역할을 하는지, 아니면 그와는 별도로 독자적인 규율 내용을 정하기 위한 것인지 여부에 따라 별도로 명확성원칙 위반의 문제가 나타날 수도 있고, 그렇지 않을 수도 있게 된다.[1]

3. 내용적 합헌성

(1) 과잉입법금지의 원칙

국민의 자유와 권리를 제한하는 내용의 법률은 헌법 제37조 제2항에 적합하여야 하며 나아가 과잉금지의 원칙의 요구에도 부합되어야 한다.

과잉입법금지의 원칙은 국가가 국민의 기본권을 제한하는 입법활동을 함에 있어서 내용상 준수하여야 할 기본원칙 내지 입법활동의 한계로서 일반적인 법원칙인 비례의 원칙을 국가작용 중 특히 입법작용에 있어서 적용하는 것을 의미한다. 그리하여 과잉입법금지의 원칙 내지 과잉금지의 원칙은 ① 국민의 기본권을 제한하려는 입법의 목적이 헌법 및 법률의 체제상 그 정당성이 인정되어야 하고(목적의 정당성), ② 그 목적의 달성을 위하여 그 방법이 효과적이고 적절하여야 하며(방법의 적정성), ③ 입법권자가 선택한 기본권제한의 조치가 입법목적달성을 위하여 설사 적절하다 할지라도 보다 완화된 형태나 방법을 모색함으로써 기본권의 제한은 필요한 최소한도에 그치도록 하여야 하며(피해의 최소성), ④ 그 입법에 의하여 보호하려는 공익과 침해되는 사익을 비교형량할 때 보호되는 공익이 더 커야 한다(법익의 균형성)는 것을 그 세부적 내용으로 한다. 헌법 제37조 제1항에서 "국민의 자유와 권리는 헌법에 열거되지 아니한 이유로 경시되지 아니한다.", 제2항에서 "국민의 모든 자유와 권리는 국가안전보장, 질서유지 또는 공공복리를 위하여 필요한 경우에 한하여 법률로써 제한할 수 있으며, 제한하는 경우에도 자유와 권리의 본질적인 내용을 침해할 수 없다."라고 규정한 것은 입법권의 한계로서 과잉입법금지의 원칙을 인정한 명문의 근거가 된다고 본다.[2]

1) 헌재 2011. 12. 29. 2010헌바385, 판례집 23-2하, 673, 687-688면.

(2) 평등의 원칙

(가) 평등의 원칙은 특정의 개인이나 집단이 다른 집단과는 다르게 규율됨으로써 불합리한 차별을 받지 아니할 것을 요구한다. 그리하여 법률은 같은 것을 자의적으로 다르게 취급하거나 다른 것을 자의적으로 같게 취급하여서는 안 된다. 결국 법률에 의한 규율이 차별적 취급을 가져올 때 그러한 차별이 자의적인 것인가 혹은 차별의 합리성이 있는가 여부가 평등 위반의 판단기준이 되는 것이다.

여기서 자의성 내지 합리성 판단의 기준에 관하여 견해가 엇갈리나 주로 인간의 존엄성 기준과 입법목적 기준의 두 가지 시각으로 대별된다. 존엄성설에 의하면 인간의 존엄성을 침해하는 차별대우는 평등의 원칙에 어긋난다는 것이나 모든 평등 문제가 인간의 존엄 문제로 귀착되는 것인지 의문이며 인간의 존엄성이라는 기준 자체도 모호한 내용을 가지고 있으므로 판단기준으로서 충분하다고 할 수 없다. 입법목적설은 차별을 규율하는 입법의 목적이 정당하고 그 입법에 의하여 조성된 차별이 정당한 입법목적에 적절히 봉사하는 경우에는 합리성을 인정할 수 있다는 견해이다. 입법목적설은 모든 형태의 차별문제에 적절히 적용될 수 있는 탄력성이 있으며 판단기준도 비교적 명확하므로 이에 의하는 것이 타당하다고 생각되며, 헌법재판소도 이와 같은 견해에 입각하고 있다.

(나) 헌법재판소의 판례에 의하면 평등심사는 차별의 구체적 내용이나 성격에 따라 엄격한 심사와 완화된 심사로 나누어 판단하도록 하고 있는데, 이러한 이중적 심사기준은 원래 미국대법원의 판례에서 창안된 것을 우리의 헌법체제에 맞게 변형하여 수용한 것이라고 할 수 있다.

완화된 심사는 당해 차별조치에 대한 일반적이고 원칙적인 합리성 심사로서 차별조치의 입법목적이 정당한지 여부(목적의 정당성)와 당해 차별이 그러한 정당한 입법목적에 긍정적으로 봉사하는 조치인지 여부(수단의 적정성)에 대한 심사를 하는 것에 그치는 약한 정도의 심사이다. 이에 반하여 엄격한 심사는 비례의 원칙에 의한 심사를 의미하며, 차별목적의 정당성과 차별수단이 적정성뿐만 아니라 차별 취급으로 인한 피해가 최소화되고 있는지 여부(피해의 최

---

2) 헌재 1992. 12. 24. 92헌가8, 판례집 4, 853, 878-879면. 검사 10년 이상 구형시 구속영장 효력유지 위헌결정.

소성)와 차별로 인하여 침해당하는 사익과 차별로 달성하고자 하는 공익 사이의 비교형량상 균형을 취하고 있는지 여부(법익의 균형성)의 문제까지 심사하여야 한다.

헌법재판소 판례에 의하면 평등 심사에 있어서 어떠한 정도의 심사를 할 것인지 여부는 입법자에게 인정되는 입법형성권의 정도에 따라 달라지게 될 것이나,[1] 헌법에서 특별히 평등을 요구하고 있는 경우와 차별적 취급으로 인하여 관련 기본권에 대한 중대한 제한을 초래하게 된다면 입법형성권은 축소되어 보다 엄격한 심사척도가 적용되어야 한다고 보고 있다.[2]

제 2 항 행정작용

1. 옴부즈만에 의한 행정작용의 통제

옴부즈만 제도는 스웨덴에서 창시되어 스칸디나비아 제국을 중심으로 발전한 인권보호담당관 제도이다. 옴부즈만은 국회에서 선출되어 집행부의 업무수행 중 특히 인권침해가 있는지 여부를 조사하는 임무를 맡는다. 국민이 옴부즈만에게 민원을 제기하면 옴부즈만은 독립하여 조사하고 의회에 그 결과를 보고한다.

(1) 옴부즈만은 의회에 의하여 명망있는 인물 중 임명된다. 국민과 행정기관 사이에서 중개자 역할을 담당하고 매개적 기능을 하므로 프랑스에서는 옴부즈만을 중개자(médiateur)라고 칭하고 있다.

(2) 옴부즈만의 결정은 일반적으로 권고적 효력을 가질 뿐이다. 당해 문제에 대한 해결책을 제시하여 권할 수 있을 뿐이며 당사자를 구속하는 강제력을

1) 자유권 제한입법에 대한 심사에 있어서도 당해 기본권 제한의 영역에서 입법자의 입법형성권이 어느 정도 인정되어야 하는가에 따라 심사의 강도는 달라진다. 입법자의 입법형성의 자유가 광범위하게 인정되어야 할 영역에서는 엄격한 비례심사를 하지 아니하는데, 예컨대 군사적, 외교적, 재정적 영역에서 국민의 자유권 제한이 중대하지 아니한 경우에는 입법자의 재량권 확보가 기본권 제한의 문제에 우선한다. 따라서 입법목적이 정당하고 기본권 제한의 조치가 그러한 입법목적에 봉사하는 내용이기만 하면 입법자의 재량을 존중하여 헌법심사는 일견의 합리성 심사에 그친다. 그러나 이 경우라도 재량권의 범위를 일탈하거나 재량권의 행사를 남용하여 국민의 권익을 침해하는 것이 명백한 경우에는 헌법위반에 해당한다(이른바 명백성 통제). 그러나 입법자의 입법형성권의 존중보다는 자유권 제한이 주로 문세되는 경우라면 과잉금지원칙을 적용하여 보다 엄격한 심사를 하게 된다. 자유권 제한입법에 대한 이러한 이중적 심사구조는 평등 위반의 경우에도 이중적 심사기준에 의하는 것과 심사 정도에 있어서 일정한 조화와 균형을 이룬다.

2) 헌재 1999. 12. 23. 98헌마363, 판례집 11-2, 770, 771-771면.

가지지 않는다.

옴부즈만이 성공하기 위한 전제조건으로서 인권업무에 대하여 전문성이 있어야 하고 스스로 도덕성과 청렴성을 완벽하게 갖추어 결정에 권위를 세울 수 있어야 히며 행정부에 대하여 독립성이 있어야 하고 능동적이고 적극적인 성향을 가진 인물이 되어야 한다. 나아가 제도적으로 일반 행정기관과의 사이에 충분한 협조체제가 이루어져야 하며 행정조직이 지나치게 관료화되고 타 기관의 결정에 대하여 배타적으로 움직이면 성공할 수 없다. 옴부즈만에 의하여 제시되는 해결책에 대하여 일반 행정기관이 융통성 있게 이를 수용하는 분위기가 조성되어야 하는 점이 옴부즈만 제도의 성공조건이다.

우리나라의 경우 국민권익위원회 위원장이 옴부즈만의 기능을 담당한다.[1] 그러나 우리나라에서는 아직 옴부즈만 제도가 국민에게 인상적으로 부각되는 권리구제기관으로서의 역할을 하지 못하고 있다. 우리나라 행정기관에서는 아직 조직이기주의적 분위기가 강하여 다른 행정기관이 자신의 소관사무에 간섭하는 것을 극도로 꺼리는 경향이 있어서 아직은 옴부즈만 제도가 행정작용에 대한 효과적인 인권구제책으로 작동하는 데에는 어려움이 있다고 본다.

(3) 또한 옴부즈만 제도는 국가의 크기가 비교적 소규모인 경우에 성공하기 쉽다. 스칸디나비아 국가는 수백만 정도의 인구를 가진 비교적 안정되고 평온한 사회적 구조를 가지고 있어서 옴부즈만이 개인적 명망을 배경으로 중재자의 역할을 하기에 적합하다. 그러나 우리나라는 수천만의 인구규모를 가진 거대국가로서 각 사회집단들간에 이익다툼과 갈등이 많은 복잡한 사회이므로 한 사람의 옴부즈만의 영향력으로 국민의 인권 관련 문제들을 효과적으로 해결하기는 어렵다. 옴부즈만 제도는 선진국에서 유행하고 수용된 독특한 인권보장제도라는 이유도 우리나라도 이를 도입하고 있으나, 헌법재판소의 업무와 중복되고 있으며 실효성이 부족하여 인권보장제도로서의 역할은 제대로 하지 못하고 있다고 생각되며, 나아가 근래에는 정권교체에 따른 논공행상에 필요한 자리로 전락한 것이 아닌가 하는 의구심도 있다.

1) 종래 국민고충처리위원회가 설치되어 있었으나, 관련 법률의 개정으로 2008. 2. 29. 폐지되고 부패방지 및 국민권익위원회법에 의하여 국민권익위원회가 이를 대체하였다.

2. 특별검사제도에 의한 수사작용의 통제

(1) 특별검사는 고위 관료나 정치인 등이 관련된 국민의 이목을 끄는 권력형 부정비리사건이 발생하여 행정부의 한 조직인 법무부에 소속된 일반 검찰의 수사 공정성을 신뢰할 수 없는 경우에 특별법에 의하여 관할을 설정하여 일정한 기간을 두고 그 문제가 된 특정 사건에 대하여서만 수사를 하고 기소하여 소추활동을 하게 하는 제도이다. 이 제도는 원래 미국에서 유래한 제도이다. 1972년 미국의 닉슨 대통령이 재선을 위한 선거운동 중 상대후보의 선거사무실을 불법도청하였던 이른바 워터게이트(Watergate) 사건에서 대통령의 산하의 법무부 소속 기관인 검찰에서 수사하게 할 수 없으므로 특별검사를 두게 되었다. 이와 유사하게 우리나라에서도 권력형 비리부정사건이 자주 발생하였으므로 그 수사에 공정성을 보장할 특별검사가 필요하게 되었다. 검찰 공안담당자가 조폐공사의 노동조합의 파업을 유도하였다는 의혹에 관하여 특별검사를 임명하였고, 검찰총장 부인의 옷로비 의혹이 발생하였을 때에도 특별검사를 임명하였던 것이 우리나라에서 특별검사가 법적 제도로서 도입된 효시가 되었다. 그 이후에도 간헐적으로 터져나온 권력형 비리사건에 대하여서는 특별검사를 임명하는 일이 반복되어 왔으며, 그 때마다 특별검사의 설치에 관한 법률이 제정되어 근거법으로 시행되었다.

(2) 특별검사는 우리 법제상 일반적 제도로 도입되어 있는 것이 아니라 필요한 사건이 발생하는 경우 그때마다 개별적 입법에 의하는 방식을 취하고 있다. 따라서 특별검사 제도를 일반론으로 설명하기는 곤란하지만 그 동안 발효된 특별검사 도입법률들은 내용상의 공통점이 크므로 이를 중심으로 제도의 특징을 발견하는 것이 가능하다.

일반적으로 특별검사법은 당해 특별검사가 특정의 사건에 대하여서만 수사 및 소추관할권을 가지도록 규정한다. 특별검사법이 제정·발효되면 국회의장이 대통령에게 그 임명을 의뢰하고 대통령은 대한변호사협회 또는 대법원장 등 객관적 판단을 할 수 있는 법조 수장에게 2인 이상의 후보의 추천을 받아 그 중에서 1인을 선택한다. 이와 같이 임명된 특별검사는 권한이 부여된 특정의 개별 사건에 관하여서만 수사하는데 일반 검찰에 수사협조요청을 할 수 있다. 특별검사가 담당하는 사건은 보통 사전에 일반 검찰에서 일차적으로 수사를 하여둔 사건이 되고 있는데, 특별검사는 일반검찰에 대하여 보존중인 수사자료를 제출할 것을 요구할 수 있다. 나아가 피의자를 구인·구속할 권한도 부여한다. 참고인에 대한 강제소환 조사는 형사소송법상 근거규정이 존재하지 아니하므로 일반 검찰의 수사에서는 불가능하나, 특별검사법에서는 특별검사에게 참고인 동행요구권 등 강제수사를 할 권한을 부여한 사례가 있었다.[1] 하지만 헌법재판소는 참고인에게 강제로 동행을 명령할 수 있도록 한 법률조항은 헌법에 위반된다고 판단한 바 있다.[2]

3. 고위공직자범죄수사처를 통한 수사작용의 통제

(1) 2021년부터 고위공직자범죄수사처 설치 및 운영에 관한 법률(이하 '공수처법'이라 함)이 시행되고 이어서 공수처가 조직·가동됨에 따라 종래 일반 검찰에서 담당하던 국회의원 등 고위공직자에 대한 수사관할권을 가진 새로운 기관이 탄생하였다. 종래 정치인 등을 비롯한 고위공직자에 대한 수사에 공정성 시비 등 논란이 있으면 국회의 입법으로 특별검사법을 만들어 특별검사의 수사로 대처하여 왔으나 여기에 더하여 공수처의 수사로 대체하는 제도적 방안까지 도입하였다.

공수처는 대통령 국회의원 판검사 등 고위공직자 관련 범죄에 대한 수사·공소 관할권을 독립하여 수행할 권한을 부여받은 기관으로서(공수처법 제2조, 제3조) 공수처장은 국회에 설치된 공수처장후보추천위원회가 추천한 2인 중 1명을 대통령이 임명한다(제5조, 제6조). 업무를 실질적으로 담당할 수사처검사는 처·차장을 포함하여 25명 이내로 하고, 공수처인사위원회의 추천을 거쳐 대통령이 임명하며, 임기는 3년이다(제8조). 공수처의 수사와 중복되는 다른 수사기관의 범죄수사에 대하여 공수처장이 수사의 진행 정도 및 공정성 논란 등에

---

1) '한나라당 대통령후보 이명박의 주가조작 등 범죄혐의의 진상규명을 위한 특별검사의 임명 등에 관한 법률' 제6조 제6항·제7항, 제18조 제2항.

2) 특별검사가 참고인에게 지정된 장소까지 동행할 것을 명령할 수 있게 하고 참고인이 정당한 이유 없이 위 동행명령을 거부한 경우 천만 원 이하의 벌금형에 처하도록 규정한 '한나라당 대통령후보 이명박의 주가조작 등 범죄혐의의 진상규명을 위한 특별검사의 임명 등에 관한 법률'상의 참고인 동행명령조항들은 과잉금지원칙에 위배하여 청구인들의 평등권과 신체의 자유를 침해하여 헌법에 위반된다. 헌재 2008. 1. 10. 2007헌마1468, 판례집 20-1상, 1면. 참고인 동행명령 위헌결정.

비추어 공수처에서 수사하는 것이 적절하다고 판단하여 이첩을 요청할 경우 해당 수사기관은 이에 응하여야 한다(제24조 제1항).

(2) 이러한 공수처법의 내용에 대하여 제기된 헌법소원 사건에서 ① 헌법상 행정각부에 속하지 않고 소속이 불분명한 조직을 개설하는 것으로 권력분립원칙에 반하는지 여부 ② 특정한 범죄에 대해서만 공수처 수사 대상으로 삼는 것이 평등원칙에 위배되는지 여부 ③ 검찰청법상의 검사가 아닌 자로 하여금 영장청구 등을 할 수 있도록 하는 것이 영장주의 원칙에 위반하는지 여부 ④ 공수처장이 검찰의 기존 수사에 개입하여 이첩을 요청하고 수사중인 사건을 강제로 가져가 버릴 수 있도록 한 것은 공수처의 위상을 검찰보다 상위에 있는 지휘기관으로 하는 것으로 법체계의 정당성을 침해하는지 여부 등이 헌법적 쟁점이 되었는바, 헌법재판소는 위 ①②③의 점들에 관하여 모두 합헌임을 인정하고 ④의 쟁점만은 기본권침해 가능성이 없다는 이유로 각하하였다.[1]

(3) 판단건대 공수처는 대통령 직속 또는 국무총리 통할 행정각부로 명시되지 않더라도 직무의 성격상 정부조직의 일부로 인정되므로 권력분립원칙의 위반이라 하기는 어렵고, 특정한 범위의 고위공직자 범죄 관련자에 대하여 관할권을 가지도록 하는 것 자체가 불합리한 차별이라 하기 곤란하며, 공수처법에 의한 검사도 헌법 제12조 제3항의 검사에 포함된다고 해석할 수 있으므로 이 점에서 헌법재판소의 결정에 무리가 없다. 다만 ④의 쟁점은 판단되지 못하였으나 앞으로 반드시 헌법적 규명이 필요한 중요한 부분이라고 생각된다. 공수처장은 공정성 논란이 있는 검찰 수사에 개입하여 사건이첩을 강제할 수 있는데, 이러한 이첩권 행사는 피수사자인 정치인이나 고위공직자의 경우 영향력을 활용하여 검찰수사의 공정성 시비를 일으키기가 쉽고 이를 공수처가 받아들여 검찰수사의 진행을 막아서 공정한 수사를 오히려 무산시키는 방편으로 활용될 수 있기 때문이다. 검찰수사의 공정성 논란은 오히려 특별검사의 활용으로 해결되어야 하며, 공수처 강제이첩은 피수사자의 수사회피의 수단으로 활용될 수 있는 점에서 평등원칙, 명확성원칙, 적법절차원칙, 체계정당성원칙 등 제반 헌법원칙에 위배된다고 본다.

1) 헌재 2021. 1. 28. 2020헌마264, 681(병합), 판례집 33-1, 72면. 공수처법 합헌결정.

제3항 사법작용

사법권의 독립은 보장되므로 사법권에 대한 통제라는 주제는 적절하지 못하며, 사법권의 한계라는 주제로 논의되는 것이 의미를 가진다.

1. 실정법적 한계

먼저 헌법에서 사법권의 범위 밖으로 규정하고 있는 경우에는 사법권이 미칠 수 없다는 실정법적 한계가 있다. 헌법 제64조에 의하면 국회는 의원의 자격을 심사하고 징계를 행한다. 이와 같은 국회의 자율사항은 사법권이 미칠 수 없다. 동조 제3항에 의하면 국회의원의 제명에 관하여서도 국회에서 스스로 결정하도록 규정하고 있다.

2. 국제법상의 한계

국제조약의 내용상 위헌 여부에 관하여 판단할 수 있는가 문제된다. 국제조약을 체결하면 대통령이 이를 비준하여 공포함으로써 국내법적 효력을 가지게 된다. 그러나 비준·공포의 이전에는 국제법적 영역에 머물고 있을 뿐이다. 그런데 헌법재판소의 사법권이 미치는 범위는 우리 국내법에 대한 법적 분쟁이 발생한 경우에 국내법이 어떠한 내용을 가지는지 확인하여주는 것에 한한다. 국제법이 어떠한 내용을 가지는 것인지 여부는 국내법원이 관할을 가지지 않으며, 국내법으로 변형되기 이전에는 국내법원이 법적 판단을 할 수 없다. 그러나 독일의 판례이론에 의하면 국제조약을 체결한 시점부터 대통령의 비준·공포되기 이전의 시간 동안의 국제조약도 헌법재판의 대상이 되어 합헌성 통제를 받는다. 원래 사법권은 국내법적 효력이 미치는 행위에 대하여서만 효력을 미칠 것이나 국제조약의 경우에는 아직 국내법적 효력을 가지지 않더라도 체결 이후 비준·공포 이전의 단계로부터 위헌심사의 대상이 된다고 보아야 한다.[1] 아직 발효 전이라고 하더라도 체결되었다면 미리 헌법적합성 여부

1) Rüdiger Zuck, *Das Recht der Verfassungsbeschwerde*, 2. Auflage, 1988, München, S. 197, rdnr.

를 확인하여주는 것이 혼란이 적기 때문에 정책적 입장에서 보다 타당하기 때문이다. 국내법적으로 발효된 이후에만 위헌을 판단할 수 있다고 한다면 오히려 문제를 크게 만든 후에 혼란을 키우는 것이므로 바람직하지 못하다.

3. 이론상 한계로서의 통치행위

헌법심사의 대상이 고도의 정치성을 가지는 이른바 통치행위(미국식 표현에 의하면 '정치문제')에 해당한다는 이유만으로 과연 심사를 포기하여야 하는가 하는 문제에 관하여는 이론적 혹은 실무적으로 상당한 혼란상태가 계속되고 있다. 통치행위는 어느 나라이든 실정 헌법상 인정된 개념이 아니라 판례법으로 형성되어 온 개념으로서[1] 그 인정 근거에 논란이 많으며, 권력분립설, 내재적 한계설, 자유재량설 및 사법부자제설 등이 주장되고 있으나,[2] 어느 이론도 완전한 설명이 된다고 보기에 부족하다. 그러나 대부분의 학자들은 헌법의 현실 내지 헌법정책적 고려를 이유로 통치행위의 존재를 최소한 받아들이고 있는바, 이러한 입장은 결국 사법부자제설에 귀착되는 것이다.

한편 이 문제를 선도하는 미국과 프랑스의 판례이론을 살펴보면 양국의 통치행위의 인정범위는 반드시 서로 일치되지 않고 있고, 일본의 경우를 보아도 미국·프랑스와 조금씩 다른 경향을 보이고 있으며, 독일의 경우에는 연방헌법재판소가 헌법소원의 대상성을 부인하지 아니하는 입장을 보이고 있다.

(1) 미국의 경우

미국의 판례법상 '정치문제(political question)'는 최초의 헌법재판 사례인 Marbury v. Madison 판결에서부터 언급되고 있다. 여기서 정치문제는 '헌법이

439.

1) 일반적으로 통치행위는 단순한 법집행적 작용이 아니라 국정의 기본방향을 제시하거나 국가적 이해를 직접 대상으로 하는 고도의 정치성을 띤 집행부의 행위(정치적 행위)로서 사법적 심사의 대상으로 하기에 부적합한 성질의 것(사법심사 부적합성)이며, 그것에 관한 판결이 있는 경우에도 그 집행이 곤란한 성질의 행위(판결의 집행곤란성)를 말하는 것으로 설명된다. 권영성, 전게서, 829면.

2) 권력분립설은 권력분립에 따라 사법적 문제는 주권자가 법원에 의하여 결정되어지도록 정한 문제이고, 정치문제(통치행위)는 주권자가 그 결정을 정치부문에 위임한 문제라고 하고, 내재적 한계설은 사법권에는 그에 내재하는 일정한 한계가 있으며, 동태적인 정치문제는 지위가 독립되어 있고 정치적으로 책임을 지지 아니하는 법원이 심사하기에 부적합하다고 하며, 자유재량설은 정치문제가 집행부의 자유재량에 속하는 행위이므로 사법적 심사의 대상에서 제외된다고 것이고, 사법부자제설은 통치행위도 집행행위이고 법률문제의 성격을 가지므로 법원은 이를 심사하여야 할 것이나, 고도의 정치성을 띤 타 국가기관의 행위에 사법부가 관여하는 것을 자제하는 것이 바람직하는 것을 요지로 하는 이론적 설명들이다. 권영성, 전게서, 832-833면.

대통령에게 무제한의 재량권을 주고 있어서 대통령이 어떻게 하건 법원이 위헌이라고 판단할 수 없는 사항'을 의미하였다. 또 이러한 정치문제와 개인의 권리가 쟁점인 사례를 대조시켜서 후자는 결코 정치적 문제가 될 수 없다고 선을 그었다.[1] 그러나 그 후 연방대법원의 판례에 의하면 정치문제의 논리는 개인의 피해가 관련된 사안에도 확대되어 적용되어 왔다.[2]

미국의 판례상으로 정치문제로 인정되는 사항의 목록(List)을 제시하여 본다면 다음과 같다. 먼저 대내사항으로서 ① 주정부가 확립된 정부인지 여부(Luther v. Borden, 48 U.S. 1), ② 주정부가 공화정체(共和政體)를 가진 것으로 볼 수 있는지 여부(Luther v. Borden, 48 U.S. 1), ③ 법률의 의회통과의 합헌성 여부(Field v. Clark, 143 U.S. 649), ④ 의회 의원의 자격에 관한 판정(Roudebush v. Hartke, 405 U.S. 15), ⑤ 주권(主權)에 관한 사항(Pacific States Telephone & Telegraph Company v. Oregon, 223 U.S. 118), ⑥ 대통령선거인 선출방법의 결정에 관한 주(州)의 정치활동(O'Brien v. Brown, 409 U.S. 1), ⑦ 헌법수정발의에 대한 주의회의 승인의 효력(Coleman v. Miller, 307 U.S. 433) 등이 있고, 대외사항으로서는 ① 내란을 포함하여 전쟁의 개시·종료(Commercial Trust Company v. Miller, 262 U.S. 51), ② 모병(募兵), 포로의 처리에 관한 대통령의 결정(Martin v. Mott, 25 U.S. 19), ③ 국가, 정부, 교전단체의 승인(In re Baiz, 135 U.S. 403), ④ 인디언 부족에 대한 승인(United States v. Sandoval, 231 U.S. 28), ⑤ 조약의 체결, 비준, 해석 등 조약에 관한 제 문제(Goldwater v. Carter, 444 U.S. 996) 등이 이에 속한다.

(2) 프랑스의 경우

프랑스의 판례에서 통치행위(acte de gouvernement)로 인정되는 사항의 목록(List)을 제시하여 본다면 다음과 같다. 첫째로 정부의 의회에 대한 행위로서 ① 헌법개정안의 발의 거부(CE, 26 février 1992, Allain), ② 의회 해산(CE, 20 février 1989, Allain), ③ 입법절차에 관한 정부의 행위로서 정부의 법률안의 제출거부(CE, Sect., 18 juillet 1930, Rouché; CE, 29 novembre 1968, Tallagrand), 제출지연(CE, Sect., 25 juillet 1947, Société l'Alfa)과 제출된 법률안의 취소(CE, Ass.,

1) Marbury v. Madison, 5 U.S. 137(1803), 165-170.
2) Erwin Chemerinsky, Ibid., pp. 129-130.

19 janvier 1934, Compagnie marseillaise de navigation à vapeur Fraissinet) 및 법률의 공포행위 (CE, Sect., 3 novembre 1933, Desreumeaux) 등을 들 수 있고, 둘째, 1958년 헌법과 관련되어 인정되는 통치행위로서 ① 대통령의 헌법 제16조 상의 비상대권의 발동 결정(CE, Ass., 2 mars 1962, Rubin de Servens et autres), ② 헌법 제11조에 기한 대통령의 법률안 기타 문제의 국민투표에의 회부 행위(CE, Ass., 19 octobre 1962, Brocas), ③ 대통령에 의한 헌법평의회 구성원의 3분의 1에 해당하는 위원의 임명행위(CE, Ass., 9 avril 1999, Mme Ba), ④ 대통령의 사면권 행사(CE 30 juin 1893, Gugel)를 들 수 있다. 셋째로 국제관계에 관한 행위로서 ① 조약의 체결 및 폐기행위(CE, Sect., 1er juin 1951, Société des étains et wolfram du Tonkin), ② 조약의 이행에 관련된 행위(CE, Ass., 18 décembre 1992, Préfet de la Gironde c. Mahmedi), ③ 외교적 보호권의 행사(CE, 2 mars 1966, Dame Cramencel), ④ 국제사법재판소에의 제소 여부에 관한 결정(CE, 9 juin 1952, Gény), ⑤ 전쟁행위(CE, 5 juillet 2000, Mégret et Mekhantar), ⑥ 핵실험시 국제수역 안전지대의 설정(CE, Ass., 11 juillet 1975, Paris de Bollardière) 및 핵실험 결정(CE, Ass., 29 septembre 1995, Association Greenpeace France) 등을 들 수 있다.

(3) 일본의 경우

일본판례상의 통치행위는 ① 미일안전보장조약과 미군의 국내주둔(砂川事件判決), ② 중의원의 해산처분(苫米地 判決; 그러나 중의원 해산에 따른 총선거일의 결정은 직접 국가통치의 기본에 관련된 극히 고도의 정치성을 가지는 행위로까지 보기는 어렵다고 한다. 昭和 62년 3월 25일 名古屋高裁 判決), ③ 평화조약 등 고도의 정치성을 가지는 조약의 체결과 그 해석(昭和 45년 9월 1일 東京高裁判決), ④ 아스팍(아시아태평양협의회)의 성격과 정치적 사명에 관한 법적 판단(昭和 48년 4월 24일 東京高裁判決), ⑤ 자위대의 존재(昭和 51년 8월 5일 札幌高裁判決), ⑥ 독도에서의 한국군 철퇴의 방책의 적부(昭和 35년 10월 18일 東京地裁 判決) 등을 들 수 있다.

(4) 독일의 경우

독일의 경우 사법부 자제의 입장에서 통치행위(Regierungsakt)의 관념을 인정하다가 기본법체제하에서는 특히 기본법 제19조 제4항에서 기본권 침해자의 법적 구제를 보장한 점을 의식하여 통치행위의 영역을 부정하는 것이 일반적 경향이다.[1] 연방헌법재판소는 기본조약 판결에서 정치적 문제에 대한 심사권의 한계를 인정하면서도 조약의 체결은 통치행위에 속하지 않는다고 하였으나(BVerfGE 36, 14), 실제에 있어서 연방헌법재판소는 국가정책적 지도결정(Staatspolitische Führungsentscheidung), 예를 들어 의회 해산의 결정(BVerfGE 62, 397), 의회내부의 정치적 결정(BVerfGE 60, 374), 기본법 제65조 제1항에 의한 정책의 노선 결정과 같은 국가법적 통치행위(BVerfGE 55, 349) 등에서 성격상 개인의 권리를 직접 침해한다고 볼 수 없으므로 청구적격이 결여되었다는 이유로 헌법소원을 각하하여 왔다. 또한 학자들은 국가의 승인, 외교적 면책특권의 인정, 대통령의 훈장수여행위 등도 이와 같이 처리됨이 타당하다고 보고 있다.[2]

(5) 소 결

이와 같이 선진제국의 판례이론을 살펴보아도 사법심사가 배제되는 통치행위의 개념과 범위에 대한 보편적 논리의 발견이 매우 곤란하며, 다만 대외관계의 통치행위는 여전히 그 고유한 범위가 인정되고 있는데 비하여 대내관계의 통치행위는 점차 축소되고 있는 경향 정도가 세계적 흐름으로서 파악될 수 있을 뿐이다. 그리하여 통치행위는 결국 그 나라가 처한 헌법현실 속의 구체적 사안에 따라 판단할 수밖에 없는 것이 되며, 그 범위는 각국의 정치문화적 사정을 고려하여 그 최고법원이 판례를 통하여 인정한 행위의 총체, 즉 '통치행위 목록(List)'으로 구체화되는 것이라고 하는 것 외에 달리 이론적 설명은 불가능하다는 결론에 이른다.

한편 우리 헌법재판소의 입장을 보면, 이른바 금융실명제 사건에서 통치행위라고 하더라도 헌법소원심판의 대상이 됨을 확인하였던 것이 가장 중요한 선도결정이 되는바,[3] 이후 이라크파병결정 사건에서 통치행위의 헌법소원 대

1) Jarass/Pieroth, *Grundgesetz für die Bundesrepublik Deutschland*, Kommentar, 8. Auflage, München, Art. 19. rdnr. 43.

2) Schmidt-Bleibtreu Klein, *Kommentar zum Grundgesetz*, 10. Auflage, München, Art. 19. rdnr. 75.

3) 통치행위를 포함하여 모든 국가작용은 국민의 기본권적 가치를 실현하기 위한 수단이라는 한계를 반드시 지켜야 하는 것이고, 헌법재판소는 헌법의 수호와 국민의 기본권 보장을 사명으로 하는 국가기관이므로 비록 고도의 정치적 결단에 의하여 행해지는 국가작용이라고 할지라도 그것이 국민의 기본권 침해와 직접 관련되는 경우에는 당연히 헌법재판소의 심판대상이 될 수 있는데, 대통령

상성을 재론하여 다수의견으로 통치행위의 사법심사 대상성을 부인하기도 하였으나 재판관 5인의 찬성에 의한 것에 불과하여 통치행위 대상성을 인정한 위 판례를 변경하는 데까지에는 이르지 못하였으며,[1] 수도이전 사건에 이르러 헌법소원의 대상성을 재확인하여 위 금융실명제 사건의 입장을 유지하였던 것이 주목되는 흐름이라고 할 수 있다. 그렇다면 우리 헌법재판소는 비록 고도의 정치성이 인정되는 국가정책에 관한 문제라고 하더라도 헌법재판의 요건을 충족하여 재판소의 관할범위 안으로 들어오는 사건에 대하여서는 적극적 심사를 할 수 있다는 입장에 있는 것으로 일단 판단되는데, 앞서 본 바와 같이 5인의 재판관이 특정의 국가정책 결정(국외파병결정)에 대하여서는 헌법소원 대상성을 부인한 바도 있고 또한 재판부는 6년마다 갱신되어 왔으므로 앞으로는 어떠한 입장을 취할지 정확히 예측하기 어려우며, 이 문제에 관하여 우리 헌법재판소의 확고하고 안정된 견해가 정립되어 있다고 평가하기는 아직 곤란하다고 생각된다.

긴급재정경제명령은 국가긴급권의 일종으로서 고도의 정치적 결단에 의하여 발동되는 행위이고 그 결단을 존중하여야 할 필요성이 있는 행위라는 의미에서 이른바 통치행위에 속한다고 할 수 있다. 헌재 1996. 2. 29. 93헌마186, 판례집 8-1, 111, 116면. 금융실명제 사건 결정.

1) 헌재 2003. 12. 18. 2003헌마255 등, 판례집 15-2하, 655면. 제1차 이라크 파병사건 결정; 헌재 2004. 4. 29. 2003헌마814, 판례집 16-1, 601면. 제2차 이라크 파병사건 결정.

CHAPTER

03 입 법 부

제1절 의회주의(parliamentarism)

의회주의는 국민의 대표로 구성된 의회가 집행부와 균형관계를 이루면서 입법 등의 방법으로 국가의 주요 정책결정에 참여하고 주도하는 정치원리를 말한다. 의회주의로부터 몇 가지 기본원리가 도출된다.

제1항 의회주의의 기본원리

1. 의회의 국민대표성

의회주의는 국가정책의 결정을 주도하는 의회가 국민의 대표기관임을 당연한 전제로 한다. 입헌주의의 발달 초기에는 의회의 국민 대표성의 법적 성격에 대하여 기속위임설과 무기속위임설로 대표되는 관점의 대립이 있었으나 오늘날 일반적으로 무기속위임이라는 견해가 받아들여지고 있다.1)

이에 의하면 국회의원은 선거구 주민에 의한 선거의 방법으로 선출되는 과정을 거쳐서 의원의 자격을 얻지만 일단 의원이 되면 국민 전체의 대표로서 활동하게 된다. 따라서 의회 내 토론이나 주장, 표결 등 모든 의정활동에서 국민 전체의 입장을 고려하여 소신에 따라 판단하여야 하며 관할 선거구민의 의사에 법적으로 구속되지 않는다.

1) 헌재 1994. 4. 28. 92헌마153, 판례집 6-1, 415면. 전국구의원 탈당시 의원직 승계사건 결정.

2. 토론과 설득 및 표결에 의한 평화적 합의 과정

(1) 국회의원은 국민전체의 대표로서 법률의 제정과 개정 등 의정활동을 함에 있어서 이성적(理性的) 논리에 의하여 토론하고 국민에게 이를 공개한다. 또한 다른 의원의 합리성이 있는 주장에 대하여는 설득될 수도 있는 열린 자세를 가질 것을 전제로 한다. 의원은 개인적이고 파당적인 이익이 아니라 국민 전체의 이익에 입각한 판단을 하여야 하며, 합의체 기관인 의회의 구성원인 이상 토론과 표결의 결과 나타난 다수의 의사가 자신의 개인적 의사와 상이하더라도 이를 의회의 전체의사로 수용하여야 한다. 다만 다수의사라고 하여 법적 정당성이 무조건적으로 주어지는 것이 아니고 구성원들간의 합리적인 토론과 설득이 이루어진다는 것을 전제로 한다. 이러한 과정을 거친 후 이루어진 표결에 따라 다수가 찬성하는 데에 따르는 것은 현명한 판단일 가능성, 국민 전체의 이익과 의사에 부합하는 가능성이 가장 높기 때문이다.

(2) 의회는 소속 의원들 사이의 이성적인 공개토론, 그 과정에서의 설득과 타협의 원리에 따라 평화적으로 운영되어야 한다. 각 의회 내의 정파는 각자의 정견과 정치적 이익을 내세우면서 이성적이고 평화적인 의회 운영의 한계선을 넘어서는 안 된다. 그럼에도 불구하고 의사일정이나 방법을 둘러싸고 발생하는 의회 내 폭력행위는 의회주의를 파괴하는 행위로서 일반 형법의 적용대상이 되며, 관련된 의사활동의 법적 효력에 관한 다툼은 헌법소원이나 권한쟁의의 헌법소송에 의하여 헌법재판소의 결정에 따라 판단될 것이다. 아울러 의회 내 정파이익을 추구하기 위하여 폭력사태를 불러온 의원들은 차기 선거에서 국민의 정치적 심판도 받게 된다.

3. 교체의 원칙(principle of rotation)

의회의 의사결정은 다수결에 의하며 따라서 의회 내 소수파는 다수파의 의사결정 지배력을 원칙적으로 인정하여야 한다. 정적인 다수파의 정책노선이 실현되는 것을 봉쇄하기 위하여 소수파가 의회내에서 극한적인 폭력투쟁을 하는 것은 의회주의에 정면으로 위반된다.

의회 의사결정에 있어서 다수의 소수에 대한 우위는 선거 기타 정치적 상황 변동에 따라서 다수와 소수가 항상 뒤바뀔 수 있다는 것을 전제로 한다. 국가의사를 결정하는 그룹과 이에서 소외되는 그룹이 영구적으로 결정되어 있어서는 안 되며, 의회 다수파의 변동 내지 정권교체의 가능성이 열려 있어야 하는 것이다. 나아가 특정의 정책이나 사안에 관하여 다수를 형성하지 못하였던 의원 집단에게도 이와는 다른 정책이나 사안에서는 충분한 토론과 설득으로 다수를 형성할 가능성이 보장되어야 한다. 즉 정책이나 사안의 내용과 관계없이 다수에 속하는 그룹이 인적으로 언제나 고정되어 있어서는 안 된다.

제 2 항 의회주의의 위기와 부활

(1) 의회주의의 이상적이고 원만한 운영에는 의회 구성의 동질성이 전제되어 있다. 의회주의의 관념이 창안되고 발전한 영국과 프랑스와 같은 유럽제국에서는 시민계급이 성장하여 전제군주의 일인지배를 받기를 거부하고 시민이 국가의 주권자라는 이념에 기초하여 시민혁명에 성공하였다. 이 당시의 시민은 재산이나 교양 혹은 사상적 측면에서 동질성을 가진 집단이었다고 할 것이다. 이러한 동질적 시민계급은 개인주의적이며 합리적인 인간상을 상정하였으며, 의회를 구성하는 국민의 대표 또한 모두 개인주의적이고 합리주의적인 인간일 것을 전제로 하였다. 그리하여 이성적 인간의 집합체이자 전체국민의 대표기관인 의회는 자유로운 토론과 설득에 의하여 국민을 위하여 최선의 정책결정을 하게 될 것이라는 전제 하에서 의회주의를 수용하고 있는 것이다.

(2) 그러나 19세기 후반 자본주의 경제의 발전은 국민들 간에 빈부의 격차를 심화시켜 그 재산과 교양의 정도에 현격한 차이를 가져오고 나아가 경제력의 차이에 따라 사회계층이 분리되는 현상을 가져왔다. 이는 계층간 심각한 정치적, 사회적 갈등을 유발하였으며, 국민적 동질성은 이론상의 허구에 불과한 것이 되어버렸다. 의회주의 원칙에 의하면 국민의 대표기관인 의회는 국민 전체의 의사에 따라 판단하여야 하는데 동질적이지 아니한 국민의 전체 의사는 발견하기 어렵게 되었다.

(3) 자본주의적 산업경제가 발전하면서 국민의 계층적 분화가 심화되고 각 계층의 이익을 대변하는 정당의 정치활동이 활발해지자, 의원은 전체 국민의 대표자로서가 아니라 특정한 정치적 이념을 가진 정당의 소속원으로 주된 의

정활동을 하게 되었다. 여기서 의원은 정당 지도부가 정한 정책사항을 의회에서 관철시키기 위한 수단으로서 소속 정당의 거수기(擧手機)에 불과하게 되었다. 의회 내 자유토론 및 이성적 설득은 불가능해지고 각 의원은 소속 정당의 지시에 따르지 않으면 징계와 축출의 대상이 되어 정치생명을 잃어버릴 처지에 빠졌다. 이에 따라 의회도 구성원의 동질성을 상실하고 서로 다른 정치노선을 가진 정치세력간의 정치투쟁의 장(場)으로 변하였다.

(4) 나아가 현대의 복지행정국가에서 국가사무는 점점 복잡해지고 전문화되어 복잡한 행정에 대하여 문외한인 의원들로 구성된 의회가 주도하여 국가정책을 결정하기는 어렵게 되었다. 이에 따라 국가의 기간 정책결정은 집행부의 관료들에 의하여 주도되고 의원들은 의회에서 법률의 형식으로 이를 지원하여주는 역할만을 담당하게 되어 의회는 행정부의 결정을 추인하는 통법부(通法府)로 전락하였다.

(5) 의회의 이러한 변모는 전체 국민의 대표자로서 동질적 입장을 가진 의회 구성원들이 토론과 타협에 의하여 국가정책을 결정한다는 의회주의의 정상적 작동을 불가능하게 하는 이른바 '의회주의의 위기'를 불러 왔다. 20세기 초두에 이르러서는 이러한 형해화(形骸化)된 의회주의를 부정하고 전체주의를 추구하는 정당이 정권을 잡는 국가가 속출하였으나 민주주의 파괴와 세계전쟁의 큰 폐해를 남기고 소멸되었다. 이에 의회주의는 자유민주주의의 중심적 개념으로서 포기할 수 없는 것으로 재인식되고 부활되었다. 따라서 오늘날 헌법에서는 의회주의는 앞서 본 한계를 가짐에도 불구하고 여전히 유지되고 관철되어야 할 헌법의 기본원리로 인정되고 있다.

제 3 항 의회제도의 유형

(1) 단원제와 양원제

서구 민주주의 국가들의 입법례에 의하면 의회는 단일의회로 구성되는 경우와 두 개의 의회로 나누어 구성되는 경우가 있다. 단일의회에 의하는 의회제도를 단원제(單院制, monocamerism)라고 하고, 두 개의 의회로 나누는 의회제도를 양원제(兩院制, bicamerism)라고 칭한다. 우리나라의 경우 단원제를 채택하고 있으나 다수의 선진국의 경우 양원제를 채택하고 있다.

(2) 양원제의 입법례

㈎ 영국의 양원제

영국은 전통적으로 귀족원이던 상원과 평민원이던 하원을 두어 양원제를 운용하고 있다. 영국은 의회주의를 최초로 확립한 국가로서 국왕의 절대권력과 투쟁하면서 귀족과 평민이 국왕에 대항하는 의회를 구성하는데 중세적 등족회의의 전통에 따라 양 계급은 별개의 회의체를 가지게 되었다. 의회는 귀족원과 평민원이 나누어졌으나 영국의 민주주의는 일반 시민계급에 의하여 주도되었으므로 귀족원은 실권을 잃고 유명무실하게 되었으며 평민원이 국민의 대표기관으로서 실권을 독점하게 되었다. 귀족원은 원래 성직귀족, 세습귀족 및 법조귀족으로 구성되었는데 다만 법조귀족의 경우에만 권한이 잔존하여 귀족원의 법률부문은 영국의 대법원으로 발전하였다. 결국 귀족원에 해당하던 상원이 사법부로 전화된 것이므로 매우 특이한 형태의 제도적 변이(變移)라고 할 수 있다.

㈏ 독일의 양원제

독일은 연방국가로서, 연방의회(Bundestag)는 연방에 속한 전체 국민의 대표기관이며 연방참사원(Bundesrat)은 각 주(Land)의 이익을 대표하는 기관으로서의 역할을 담당한다. 따라서 연방의회야말로 진정한 국민의 대표기관인 의회로서 입법권을 주로 행사한다. 연방참사원은 각 주의 대표로 구성되는데 독일의 각 주 사이에는 인구차이가 큰 점을 감안하여 주의 인구규모에 따라 주대표 수를 다르게 할당하고 있다. 이러한 차등은 연방참사원의 구성원 3분의 2 이상의 찬성에 의하여 헌법개정이 가능함을 의식하여 인구규모가 큰 4개 주들의 인원수를 합하면 전체의 3분의 1 이상이 되도록 하여 작은 주의 단합에 의하여 큰 주들의 이익에 반한 헌법개정이 함부로 이루어지지 못하도록 하는 견제수단이 되도록 하였다. 독일 통일 당시 동독 지역은 모두 5개의 주로 재편되어 연방에 가입함으로써 위 개헌저지의 균형이 무너지게 되었는데, 이에 기본법의 개정으로 큰 주에 할당되는 연방참사원 구성원 수를 증가시킴으로써 큰 주들에게 헌법개정 저지선을 확보할 수 있도록 조정되었다.[1)]

---

1) 독일 통일 당시 기본법 제51조 제2항을 개정하여 200만 이하 인구를 가진 주는 3표, 200만 이상 인구를 가진 주는 4표, 600만 이상 인구를 가진 주는 5표가 주어진 데에 덧붙여, 「700만 이상 인구를 가진 주는 6표를 가짐」을 새로 규정하였다. 이로써 4개의 큰 주들이 다른 모든 주들에 대항하여 헌법개정을 방해할 수 있는 소수자저지권(少數者沮止權, Sperrminorität)을 보장하려는 취지였다.

(다) 미국의 양원제

미국에서도 하원(House of Representative)은 국민의 대표로 구성되는 반면 상원(Senate)은 각 주의 대표로 구성된다. 상원의원은 주당 2인씩 배정되고 50개 주가 존재하므로 상원의원의 총수는 100명이다. 상원은 단순히 각 주의 이익을 대표하는 정도를 넘어서 하원에 비견되는 헌법적 권한을 가지고 있다. 탄핵심판에 대한 최종결정권, 고위 공직자에 대한 청문권, 국제조약에 대한 동의권 등 핵심적인 행정부견제권은 상원의 권한에 속한다. 그리하여 상하원이 권한의 측면에서는 대등한 관계에 있다고까지 평가할 수 있다.

(라) 프랑스의 양원제

프랑스는 연방국가가 아님에도 불구하고 상원을 가지고 있다. 이들은 단순히 지역대표로서의 의미를 가진다. 그러므로 하원의 경우 인구비례에 맞추어 대표를 선출하나 상원은 인구비례는 무시하고 지역대표를 선출하는 역할을 하게 된다.

(마) 일본의 양원제

일본의 경우에도 의회는 참의원(參議院)과 중의원(衆議院)의 양원으로 구성되는데 중의원이 국민대표성을 가지는 하원에 해당하는 반면 참의원은 지역대표성을 가지는 상원의 역할을 한다. 양원의 이러한 성격 차이는 선거제도에 차이를 가져오고 있는데 참의원 선거구는 대선거구제에 의하여 선거를 함에 비하여 중의원은 소선거구제에 의한다. 그러나 여기에 비례대표제를 혼합하고 있는바, 비례대표 선출 의원의 수는 전체 의원 정수의 약 4할 내외에서 결정되고 있다. 참의원의 의원 임기는 6년인데 3년에 한 번씩 의원 정수의 절반을 교체·선출하며, 중의원 의원의 임기는 4년이다.

(3) 제도의 장단점

양원제는 단원제에서는 견제할 방법이 없는 다수파 정당의 독주를 견제할 장치가 될 수 있다. 상하 양원을 지배하는 정당이 일치하지 않을 수 있고 이 경우 특히 상원은 하원에 대한 권력적 견제기관의 기능을 효과적으로 수행할 수 있게 된다. 또한 의회의 권한 사항이 상하 양원에서 병행 심사됨으로써 의회의 의사결정이 보다 신중히 이루어지게 된다. 또한 상원을 둠으로써 주(독일의 경우 Land, 미국의 경우 State), 지역(프랑스와 일본의 경우), 계급(영국의 경우) 등 특정한 영역으로 한계 지워진 국민의 부분적 이익을 대변할 수 있다.

그러나 그 장점이 오히려 단점이 될 수도 있다. 신중한 의사결정은 지연된 의사결정 혹은 의사결정의 혼란으로 전화할 수 있고, 지배정당의 독주를 반대한다고 하나 상하원의 지배정당이 동일하면 이러한 기능도 의미가 없어지며, 또한 상하원의 의견이 불일치하면 어차피 하원의 의사대로 하게 되는데 굳이 상원이 왜 필요한가 하는 의문이 발생한다. 오히려 국가의사 결정의 혼란만 초래한다고 볼 수도 있다.

(4) 우리나라의 단원제에 대한 평가

우리나라의 경우 제헌헌법 제정 당시 양원제가 논의된 바가 있으나, 의회세력의 확대를 원하지 않는 이승만의 반대로 실현되지 않았다. 제헌헌법 이후 이승만대통령은 그 독재체제의 정착을 위하여 필요하였던 개헌의 과정에서 야당을 무마하기 위하여 양원제를 명목상 도입한 사실이 있으나, 실제로는 이를 실시하지 아니하였으며, 4·19혁명 이후의 제2공화국에서 잠시 도입되었다가 단명으로 끝났다. 이렇게 하여 우리나라의 헌법적 전통에서는 단원제 국회가 장기간 시행되어 정착되었으며, 국민들도 이미 단원제 국회에 익숙해졌다고 할 수 있다. 단원제 국가의 예로서는 뉴질랜드나 이스라엘 등을 들 수 있는데 국가의 규모가 작은 경우가 대부분인바 우리나라의 국가적 규모를 볼 때 양원제가 바람직한 것이 아닌가 하는 생각을 할 수도 있으나, 우리나라의 정치현실에서 단원제 의회만으로도 의회주의의 운영에 상당한 장애가 발생하고 있는 실정임을 감안하면 의회를 더 분화시켜서 양원제로 하는 것이 의회의 기능을 획기적으로 개선시킬 것이라고는 판단되지 않기 때문에 현행의 단원제 국회제도를 통일의 실현 이전까지는 당분간 유지하는 것이 옳다고 생각된다.

제 2 절 국회의 권한

제 1 항 입법에 관한 권한

1. 법률제정권

법률제정권은 국민의 대표기관으로서 국회가 가지는 가장 본질적이고 기초적인 권한이다.

법률제정의 절차는 법률안의 제출, 국회 상임위원회와 법제사법위원회의 심사, 국회 본회의의 심의·표결, 정부이송, 대통령의 거부권행사 여부, 공포 등으로 나뉜다.

(1) 법률안의 제출

법률안의 제출에 관하여 헌법 제52조는 '국회의원과 정부는 법률안을 제출할 수 있다'고 규정한다. 그럼에도 불구하고 국회법은 '의원은 10인 이상의 찬성으로 의안을 발의할 수 있다'고 규정하여(제79조 제1항) 국회의원 개인 혹은 10인 미만자의 법률안 발의를 제한하고 있는데 그 헌법적합성이 문제될 수도 있다. 법률안이 통과되기 위해서는 일정 수 이상의 의원들의 찬성이 필요하기는 하지만 발의 자체에 대하여 헌법이 제한을 두고 있지 아니한 이상 의원 각 개인이 자유로이 법률안을 발의할 수 있다고 보아야 헌법의 취지에 적합하다고 보기 때문이다.

정부의 법률안 제출은 국무회의의 심의를 거쳐 국무총리와 관계 국무위원이 부서한 다음 대통령의 명의로 행한다. 정부 내의 이러한 심사과정을 통하여 내용상 충분히 걸러짐으로써 국정의 경험이 반영된 비중있는 내용만이 대상이 될 수 있어서 의원제출안의 경우보다 실제적 의미가 큰 장점이 있다.

(2) 법률안의 심사

먼저 상임위원회의 심사와 법제사법위원회의 자구수정·체계정립을 거친 후 본회의에 회부된다. 본회의의 심의, 표결로 의결된 법률안은 정부에 이송된다. 여기서 국회의장 등이 국회법 소정의 개의와 심의절차를 위반하여 법률안을 처리하는 이른바 '법률안 변칙처리'의 경우 국회의원의 의안 심의표결권의 침해가 문제될 수 있다. 그러나 의원의 심의표결권은 국회법상 부여된 의원의 권한에 불과하며 헌법상의 기본권이 아니므로 그 침해를 이유로 헌법소원심판을 제기할 수는 없다.[1] 그러나 국회의원의 권한이 국회의장 등 회의주재자에 의하여 침해받은 것으로서 권한쟁의심판은 청구할 수 있다.

(3) 대통령의 법률안 재의요구권 행사

정부에 이송된 법률안은 대통령이 15일 이내에 공포 여부를 결정하여야 하며, 법률안에 이의가 있을 때에는 이른바 '법률안거부권'을 행사할 수 있다. 거부권의 행사는 법률안에 이의서를 붙여 국회로 환부하고, 그 재의를 요구하는 방식에 의한다(헌법 제53조 제2항). 이 때 대통령은 법률안의 일부에 대하여 또는 법률안을 수정하여 재의를 요구할 수 없다(제3항). 재의의 요구가 있을 때에는 국회는 재의에 부치고, 재적의원 과반수의 출석과 출석의원 3분의 2 이상의 찬성으로 전과 같은 의결을 하면 그 법률안은 법률로서 확정된다.

(4) 법률안의 공포

대통령이 정부로 이송된 후 15일 이내에 공포나 재의의 요구를 하지 아니한 때에는 그 법률은 법률로서 확정된다(제5항). 대통령은 확정된 법률을 지체없이 공포하여야 하며, 이를 이행하지 아니하는 경우 국회의장이 이를 공포한다.

실무상으로는 국회본회의를 통과한 확정법률안의 정부이송과정을 전후하여 국회사무처 또는 법제처 공무원이 자구수정을 행하는 관행이 존재하는데, 이 때 법률의 내용을 결정하는 것은 국회만이 가지는 권한인 점을 존중하여 자구수정의 인정범위는 매우 협소한 영역에 한계지워져야 할 것이다. 법률안의 정리가 허용될 수 있는 척도는 과연 동 법률안이 문법적으로 '명확한 오류'를 가졌는지 여부에만 두어야 하며, '법적으로 의미를 가지는 실체적 규범내용과 그 동일성'을 침해하지 아니하여야 할 것이다.[2]

---

1) 헌재 1995. 2. 23. 90헌마125; 헌재 1998. 8. 27. 97헌마8 등.
2) BVerfGE 48, 1ff.; 105, 313, 334.

2. 조약 체결·비준 등에 관한 동의권

(1) 의 의

조약의 체결·비준이나 전쟁의 선포, 군대의 해외파견 등의 행위는 존 로크가 분류한 동맹권의 행사에 속하는 것으로 집행부 내지 행정부의 권한사항이다. 그러나 국민의 권리의무에 영향을 미치는 국가의 대외적 행위에 대하여는 국민의 대표기관이 관여하여야 한다는 취지에서 조약의 체결·비준에 관한 국회의 동의권이 헌법상 부여되고 있다.

(2) 조약체결의 절차

조약체결의 과정에서는 먼저 상대국과 조약을 맺기 위한 외교협상이 선행되고 그 결과 타결이 이루어지면 그 내용을 조약으로 문서화하게 된다. 조약체결의 권한은 대통령이 가지지만 실제로 외교협상과 조약의 구체적 체결은 대통령으로부터 권한을 위임받은 전권대표(全權代表)로 하여금 행하게 하는 것이 일반적이므로 전권대표가 맺은 외교적 합의에 대하여 대통령이 확인하는 행위로서 비준(批准)이 필요하게 된다. 일반적으로 조약은 비준과 공포에 의하여 발효된다. 그런데 국민의 권리의무에 중대한 영향을 가진 조약이 국내적으로 발효되면 집행부의 의사에 따라 국민의 자유와 권리가 제한되므로 법치주의의 원칙과 조화될 필요가 발생한다. 그리하여 이 경우에는 국민의 대표기관인 국회의 동의를 받아야 하도록 하는 것이다. 동의절차를 거친 조약은 헌법 제6조 제1항에 따라 공포(公布)됨으로써 국내법적 효력을 가지게 된다.

(3) 국회 동의의 대상이 되는 조약의 범위

모든 조약의 체결·비준에 국회의 동의가 필요한 것은 아니다. 내용상 국민의 권리의무에 중대한 관계가 없는 조약은 국회의 동의대상이 아니다. 헌법 제60조 제1항은 국회의 동의를 요하는 조약을 규정하고 있는데, 주권의 제약이나 안전보장에 관한 조약, 강화조약 등과 국민에게 중대한 재정적 부담을 지우는 조약이나 입법사항에 관한 조약이 이에 해당한다. 특히 입법사항에 관한 조약이 일반적으로 국회의 동의를 요하는 조약의 한계를 설정하는 중요한 의미를 가진다. 여기서 입법사항이란 국민의 자유와 권리를 중대하게 제한하는 내용을 의미하며, 결국 법치주의 원칙에서의 법률유보사항을 말하는 것이다.

(4) 조약의 분류

조약은 동의조약(同意條約)과 비동의조약(非同意條約)으로 나눌 수 있다. 동의조약은 국회의 동의를 받아야만 체결·비준할 수 있는 조약이며, 비동의조약은 국회의 동의가 필요없이 바로 체결·비준할 수 있는 조약을 말한다. 그러나 그 이외에도 실무상으로는 이른바 고시류조약이 존재한다. 고시류조약(告示類條約)은 국가간 국제법적 합의사항이 국민의 권리의무 사항을 직접 다루기보다는 그 절차적 세부사항만을 다루고 있어서 국내법 체계와 비교할 때 행정규칙, 즉 고시(告示)에 해당할 사항을 규율할 뿐인 조약이다. 이는 전권대표가 서명하고 해당 주무장관인 외교부장관이 결재함에 의하여 공포(公布) 없이 바로 발효되는 것(외교부의 전결처리)으로 하는 조약이다. 우리 헌법은 헌법에 의하여 체결하고 공포한 조약만이 국내법적 효력을 가진다고 규정하므로 엄밀히 따질 때 헌법이 요구하는 절차에 어긋나 있다고 할 것이다. 그러나 이러한 경미한 세부적 국가적 합의에 대하여 법적 구속력을 가진다는 이유로 모두 대통령의 비준과 정식 공포절차을 이행할 것을 요구하는 것은 외교업무를 지나치게 무겁고 경직되게 하므로 고시류조약의 관행이 헌법위반이라고 보는 것은 지나치다고 할 것이다. 따라서 합리성이 있는 헌법적 관습법으로서 헌법적합성을 허용해 주어야 한다고 본다.[1]

(5) 관련문제 - 남북한간 합의의 국제조약성 여부

무엇이 '조약'인가 하는 개념을 둘러싼 논의가 있을 수 있으나, 남북간 합의서에서 규율하는 내용은 '나라와 나라 사이의 관계가 아닌 우리 민족 내부의 특수관계를 규율하는 것이고 궁극적으로는 양 당사자의 합체 즉 통일을 지향하는 관계'로서, 국제법적 관계가 아니고 우리 민족 내지 한민족 국가 내부의 문제일 뿐이다. 물론 북한이 대외적으로 국제법주체성을 가진 것은 부인할 수

1) 헌재 2004. 12. 16. 2002헌마579, 판례집 16-2하, 568면. 마늘조약 사건 결정. 이 결정은 고시류조약의 헌법적 관습법으로서의 성격을 직접적으로 인정한 것은 아니지만, 헌법소원의 대상성을 인정하지 아니하는 방법으로 판단을 회피함으로써 합헌성을 간접적으로 인정하는 결과를 가져오고 있다.

없고, 주변 4강을 비롯한 외국의 입장도 남북한 관계의 특수성을 인정하지 않으면서 그들의 시각에서 완전히 국제법관계로 간주할 수 있지만, 이는 국제법적 평면의 논의일 뿐이며, 우리 헌법의 정신은 아니다. 헌법 제3조와 제4조 등 영토와 통일관련 헌법조항들을 고려할 때 우리 헌법의 해석상 남북간의 합의는 결코 국제법적 내용을 규율하는 것이 될 수 없으며 따라서 남북한 간의 합의는 헌법 제60조에서 말하는 조약에 해당하지 아니하는 것이다.

여기서 독일의 기본조약에 관련한 독일연방헌법재판소의 판례내용이 거론되면서 혼란을 야기하고 있다. 동 판례는 기본조약이 그 형식상으로는 조약성을 가지고 내용상으로는 민족내부의 특수관계를 규율하는 특수성을 가진다고 하였다. 그러나 이 판례의 내용은 사실은 법률적으로 무엇을 의미하는지 극히 애매모호한 것이며 명확한 입장을 포기한 것이라는 비판을 받은 바 있다. 그리고 독일의 경우에 동독은 양독관계를 국제관계로 간주하였으며 서독만이 이를 민족내부의 특수관계로 고집하였으나 우리의 경우에는 이 문제가 결코 국제법적 관계가 아닌 것을 남북 양측이 공히 인정하고 있는 것이 큰 차이인 것이다. 남북한은 서로 의견 합치를 이룰 때 반드시 '합의서'라는 명칭을 사용하여 왔으며 결코 '조약'으로 명명하지 아니하였다.

그리고 양자간의 규율은 이 문제에서 흔히 거론되고 있는 바와 같이 이른바 '신사협정(gentlemen's agreement)'으로 보는 것도 잘못된 것이다. 지금까지의 남북간 합의 중에는 명백히 상호 구속력을 가진 합의가 다수 존재하였으며 다만 이들은 개별적 사안에 대한 집행적 성격의 합의라는 등의 이유에서 국회의 동의를 받을 필요가 없었고 또 그것이 문제되지 아니하였을 뿐이었다. 신사협정론은 이러한 실제 현실을 전혀 설명하지 못한다. 남북간 합의서는 남북간 민족내부의 특수관계에서 나오는 특이한 합의로서 굳이 설명하자면 국내법도 아니고 국제법도 아닌 그 중간 단계의 형성중에 있는 (혹은 반대로 통일에 의하여 조만간 소멸될 운명에 있는) 잠정적 법체계에 속한다고 보아야 할 것이다. 이는 신사협정과는 달리 양측을 구속하는 '규범력'을 가지는 것이며 다만 그 규범력이 순수 국내법적인 것도 아니고 순수 국제법적인 것도 아니므로 이에 대한 이해가 곤란하기 때문에 빚어진 것일 뿐이다. 나아가 2006년 6월 30일 시행된 남북관계발전에 관한 법률에 따라 남북합의서는 조약과 같은 법적 절차에 의하여 발효되도록 규정됨으로써 그 법적 성격을 신사협정으로 볼 가능성

은 실정법에 의하여서도 완전히 소멸되었다.1)

제2항 재정에 관한 권한

1. 조세법률주의

(1) 조세의 의의

헌법 제59조는 '조세의 종목과 세율은 법률로 정한다'고 규정한다. 여기서 조세는 국가나 공공단체, 즉 공권력의 주체가 공적인 재원조달의 목적으로 반대급부 없이 국민이나 주민 일반으로부터 강제로 징수하는 부과금이다. 그 특징은 국가와 지방자치단체와 같은 공권력의 주체가 징수하며 반대급부가 없다는 점에 있다. 국가가 국민으로부터 금원을 징수할 경우에도 반대급부가 주어지는 경우도 존재한다. 예컨대 공영 주차장이나 국립 박물관의 운영, 국가철도의 경영 등에서는 사용료나 수수료의 형태로 공권력이 제공하는 급부에 대한 반대급부가 요구된다. 따라서 이러한 부과금은 조세에는 해당하지 않는다.

나아가 국가나 지방자치단체가 징수하는 금원으로서 특정한 이해관계가 있는 자만을 대상으로 하는 부과금도 있는데, 이를 특별부담금이라고 하여 조세와는 구별한다. 예컨대 생수업자의 경우에만 환경유지부담금을 부과하는 것과 같다. 이들은 환경의 특수한 영역, 즉 수자원 확보와 관리 및 수질 유지라고 하는 환경적 특수영역에 관계하여 이익을 얻고 있으므로 그와 관련된 부담금을 특별히 징수당하는 것이다.

(2) 연 혁

조세의 징수는 국민의 재산권을 강제로 박탈하는 대표적인 공권력적 조치로서 기본권 제한의 성격을 가지므로 반드시 법률에 의하여야 한다. 연혁적으로 볼 때 영국에서 국왕의 무리한 과세에 대항하여 투쟁한 시민들이 승리함으

1) 제21조(남북합의서의 체결·비준) ① 대통령은 남북합의서를 체결·비준하며, 통일부장관은 이와 관련된 대통령의 업무를 보좌한다. ② 대통령은 남북합의서를 비준하기에 앞서 국무회의의 심의를 거쳐야 한다. ③ 국회는 국가나 국민에게 중대한 재정적 부담을 지우는 남북합의서 또는 입법사항에 관한 남북합의서의 체결·비준에 대한 동의권을 가진다. ④ 대통령이 이미 체결·비준한 남북합의서의 이행에 관하여 단순한 기술적·절차적 사항만을 정하는 남북합의서는 남북회담대표 또는 대북특별사절의 서명만으로 발효시킬 수 있다.

로써 영국식 의회민주주의 제도가 정립되었고, 프랑스 국왕의 새로운 조세 종목 설정 문제로 삼부회의가 개최되었다가 프랑스혁명의 도화선이 되었으며, 미국에서도 영국 국왕의 아메리카 식민지에 대한 자의적인 과세로 인하여 독립전쟁이 발발하고 이에 입헌국가 미국이 탄생하는 등 조세법률주의 정립의 문제는 서구 민주주의의 성립과 발전에 있어서 하나의 핵심적인 동인(動因)이 되어 왔다.

(3) 내 용

조세법률주의는 과세요건과 징수절차를 반드시 법률에 의하여야 한다는 의미를 가진다. 징수절차도 법률에 의하여야 하지만 특히 과세요건을 법률에 의하여야 한다는 점에 중심이 있다. 이를 '과세요건 법정주의'라고 한다. 과세요건은 과세대상, 과세표준, 과세기간, 세율 등을 포함한 의미이다.

법률의 합헌성 통제에 관한 원칙은 조세법률에 있어서도 모두 그대로 적용된다. 따라서 조세를 정하는 법률에 대하여 명확성의 원칙이 적용되며, 특히 과세요건이 명확히 규정되어야 한다는 점에 중점을 두어서 '과세요건 명확주의'가 강조된다. 또한 신뢰보호의 원칙 나아가 소급입법 금지의 원칙은 조세법에 있어서 소급과세 금지의 원칙으로 나타난다. 조세법에는 신뢰보호의 원칙 위반의 문제가 흔히 발생하고 있다. 여기에는 진정소급입법 즉 이미 완료된 과세요건사실에 대하여 새로운 기준을 적용시키는 입법과 부진정소급입법, 즉 과세요건사실이 아직 진행중에 있는 상황에서 새로운 기준을 적용시키는 입법의 경우를 구분하여 헌법적합성 여부가 판단되고 있다.

명확성의 원칙과 신뢰보호의 원칙 이외에도 법률의 합헌성 통제에 관한 일반적 헌법원칙들이 모두 준수되어야 한다. 여기에는 적법절차원칙, 포괄위임입법 금지의 원칙 등이 있으며 특히 포괄위임입법 금지의 원칙 위배 여부는 조세법 관계에서 가장 빈번하게 발생하는 헌법문제이다.

나아가 평등원칙을 준수하여야 하는데 이를 조세법분야에서는 조세공평주의 내지 조세공평의 원칙이라고 표현한다. 여기서 어떻게 취급하는 것이 평등한 것인가가 문제되는데 이는 '같은 자를 같게, 다른 자를 다르게 취급하는 것'을 요구하는 평등원칙의 일반론에서 벗어나지 않는다. 예컨대 소득이 많은 자는 누진적으로 더 많은 세금을 내고 소득이 적은 자는 더 적은 세금을 내거나 세금을 내지 않는 등 차별취급의 합리성이 준수되어야 한다. 이러한 의미에서 조세부과에는 이른바 '응능부담(應能負擔)의 원칙'이 통용되며, 이는 평등의 원칙에서 도출되는 조세법 고유의 원칙이라고 할 수 있다.

또한 조세법은 실질과세의 원칙에 부합되어야 한다. 과세를 함에 있어서 지나치게 형식만 따지지 말고 경제적 실질을 파악하여 그 실질을 기준으로 하여 조세를 부과하여야 한다는 의미이다. 예컨대 명의신탁을 한 경우 일괄적으로 이를 증여로 보아 증여세를 부과하는 입법을 하는 경우 이는 실제로 증여행위가 발생한 사실이 없음에도 불구하고 증여세를 부과하는 것이므로 실질과세의 원칙에 위반하게 된다.[1]

(4) 조세법률주의의 실현

우리나라의 조세관계 법률들은 1990년대 중반에 이르기까지 과세요건의 핵심사항 중 많은 부분을 대통령령과 부령 등 행정입법에 백지위임하는 것을 관례로 하여 왔다. 헌법상 명문에 의하여 천명된 조세법률주의를 무색케 하는 이러한 입법관행은 헌법재판이 활성화 이전까지 아무런 견제를 받지 아니한 채 유지될 수 있었다. 그러나 1990년대 중반 이후 헌법재판소는 과세요건의 설정을 행정입법에 포괄적으로 위임하는 것이 헌법에 위반된다는 판결을 반복하여 냄으로써 조세법률주의에 의한 헌법통제를 강화하였다. 그 대표적인 결정례로는 토지초과이득세 위헌결정,[2] 양도소득세 기준시가 위헌결정,[3] 양도소

---

1) 헌재 1989. 7. 21. 89헌마38, 판례집 1, 131면. 명의신탁 증여의제 한정합헌결정; 헌재 1998. 4. 30. 96헌바87. 조세회피목적 명의신탁 증여의제 합헌결정.

2) 토초세법상의 기준시가(基準時價)는 국민의 납세의무의 성부(成否) 및 범위와 직접적인 관계를 가지고 있는 중요한 사항이므로 이를 하위법규에 백지위임(白紙委任)하지 아니하고 그 대강이라도 토초세법 자체에서 직접 규정해 두어야만 함에도 불구하고, 토초세법 제11조 제2항이 그 기준시가를 전적으로 대통령령에 맡겨 두고 있는 것은 헌법상의 조세법률주의 혹은 위임입법의 범위를 구체적으로 정하도록 한 헌법 제75조의 취지에 위반되나, 아직까지는 대부분의 세법규정이 그 기준시가를 토초세법과 같이 단순히 시행령에 위임해 두는 방식을 취하고 있으며, 이는 우리의 오래된 입법관례(立法慣例)로까지 굳어져 왔는바, 이러한 상황에서 성급하게 위 조문을 무효화할 경우 세정전반에 관한 일대 혼란이 일어날 것이므로 위 조항에 대해서는 위헌선언결정(違憲宣言決定)을 하는 대신 이를 조속히 개정하도록 촉구하기로만 한다. 헌재 1994. 7. 29. 92헌바49, 판례집 6-2, 64면. 토지초과이득세법 헌법불합치결정.

3) 이 사건 위임조항은 기준시가(基準時價)의 내용 자체에 관한 기준이나 한계는 물론 내용 결정을 위한 절차조차도 규정함이 없이 기준시가의 내용 및 그 결정절차를 전적으로 대통령령이 정하는 바에 의하도록 하였다. 이는 어떤 사정을 고려하여, 어떤 내용으로, 어떤 절차를 거쳐 양도소득세(讓渡所得稅) 납세의무의 중요한 사항 내지 본질적 내용인 기준시가를 결정할 것인가에 관하여 과세권자에게 지나치게 광범한 재량의 여지를 부여함으로써, 국민으로 하여금 소득세법만 가지고서는 양도소득세 납세의무의 존부 및 범위에 관하여 개략적으로나마 이를 예측하는 것조차 불가능

득세 실거래가액 위헌결정[1]이 있다.

헌법재판소의 이러한 결정들을 통하여 조세법률 규정의 백지위임을 통하여 과세요건을 행정입법에 포괄적으로 위임하는 것은 헌법적 통제를 받아 무효가 된다는 실제 경험을 얻게 됨으로써 조세법 분야에서 조세법률주의가 비로소 현실화하는 계기를 이루어 '조세법률주의 혁명'이라고 일컬을 만한 성과를 거두었다. 그러나 이러한 위헌결정들은 정부가 아니라 오히려 법원으로부터 반발을 받게 되었는데, 이는 이 위헌결정들이 취한 헌법불합치 혹은 한정위헌의 변형결정의 효력을 법원이 인정하지 아니하였기 때문이었다. 이에 위 위헌결정들의 효력문제를 해결하기 위한 헌법재판소의 후속 결정들이 수반되었다.[2]

2. 예산안의 심의·확정권

(1) 의 의

국회의 권한에서 예산에 관한 권한은 입법에 관한 권한과 함께 가장 중요한 본질적 권한에 해당한다. 국민의 대표기관으로서 국회는 일반적 법규범을 정립하여야 할 뿐만 아니라 국가의 세입을 결정하고 그 지출을 감독하여야 하기 때문이다.

하게 하고, 나아가 대통령을 포함한 행정권의 자의적인 행정입법권 및 과세처분권 행사에 의하여 국민의 재산권이 침해될 여지를 남김으로써 국민의 경제생활에서의 법적 안정성을 현저히 해친 입법으로서 조세법률주의(租稅法律主義) 및 위임입법(委任立法)의 한계를 규정한 헌법의 취지에 반한다. 헌재 1995. 11. 30. 91헌바1, 판례집 7-2, 562면. 양도소득세 기준시가 헌법불합치결정.

1) 이 사건 위임조항이 "대통령령이 정하는 경우에는 실지거래가액(實地去來價額)에 의한다."라고 규정하여 직접적, 명시적으로는 위임의 범위를 구체적으로 규정하고 있지는 않지만 소득세법의 전 체계, 양도소득세의 본질과 기준시가과세원칙(基準時價課稅原則)에 내재하는 헌법적 한계 및 이 사건 위임조항의 본문과의 관계등을 종합적으로 고려하여 이 사건 위임조항의 의미를 합리적으로 해석할 때, 이 사건 위임조항은 납세의무자가 기준시가(基準時價)에 의한 양도차익의 산정으로 말미암아 실지거래가액에 의한 경우보다 불이익을 받지 않도록 보완하기 위한 규정으로서 결국 실지거래가액에 의한 세액이 기준시가에 의한 세액을 초과하지 않는 범위 내에서 실지거래가액에 의하여 양도차익을 산정할 경우를 대통령령으로 정하도록 위임한 취지로 보아야 하고, 따라서 위 위임의 범위를 벗어나 실지거래가액에 의하여 양도소득세의 과세표준을 산정할 경우를 그 실지거래가액에 의한 세액이 그 본문의 기준시가에 의한 세액을 초과하는 경우까지를 포함하여 대통령령에 위임한 것으로 해석한다면 그 한도 내에서는 헌법 제38조, 제59조가 규정한 조세법률주의(租稅法律主義)와 헌법 제75조가 규정한 포괄위임금지(包括委任禁止)의 원칙에 위반된다. 헌재 1995. 11. 30. 94헌바40, 판례집 7-2, 616면. 양도소득세 실지거래가액 한정위헌결정.

2) 헌재 1995. 7. 27. 93헌바1, 판례집 7-2, 221면. 토지초과이득세법 2차결정; 헌재 1997. 12. 24. 96헌마172, 판례집 9-2, 842. 양도소득세 실거래가액 2차결정(재판소원 배제 한정위헌결정); 헌재 1999. 10. 21. 97헌마301, 판례집 11-2, 496면. 양도소득세 기준시가 2차결정.

(2) 예산의 법규범성

예산이란 일 회계연도의 국가의 세입이나 세출의 편성을 내용으로 하고 국회의 의결에 의하여 성립하는 하나의 법규범이다. 예산은 법규범의 하나인 점에서는 법률과 공통되나, 국가재정이라는 특수한 사항을 다루는 점에서 법률과는 구별된다. 법규범은 가장 상위에 위치한 헌법으로부터 명령·규칙에 이르기까지 위계질서를 가지고 있는 국가의 규범의 총체이다. 예산이 이러한 법규범에 속하는 것인가에 관하여 견해가 나뉘지만, 법규범으로 보는 견해가 다수이다. 이를 부인하는 입장에서는 그 주장의 가장 중요한 이유로서 법규범은 단순한 도덕과는 달리 강제력을 가지고 국민이 이를 준수하여야 하는 준칙이 되어야 하는데, 예산은 국민이 지켜야 할 준칙이 아니므로 법규범에 들어갈 수 없다는 점을 든다. 즉 예산은 대국민적 구속력이 없다는 것이다. 그러나 이처럼 법규범의 개념범위를 좁혀 볼 필요가 없고 국민을 일반적으로 구속하지는 않는다고 하더라도 국가기관을 구속하는 것이라면 반드시 강제적 규범력이 없다고 할 수 없으며 이는 사실상의 지침이나 권고사항과는 다르다고 할 것이다. 국가기관은 예산에 의하여 정하여진 사항을 어길 수 없고 따라서 이것도 강제력을 본질로 하는 법규범의 일종이라고 볼 수 있다고 하는 것이 타당하다.

(3) 법률과의 구별

그러나 예산은 ① 국가의 세입과 세출이라는 특수한 내용을 가지고 있고 ② 영구히 효력을 가지는 것이 아니라 회계기간 동안만 효력을 가지며 ③ 수범자가 국민이 아니라 국가기관만이라는 점에서 일반적 법규범인 법률과 구분되며 그러한 의미에서 한정된 내용의 특수한 법규범에 해당한다.

예산과 법률의 차이는 여러 측면에서 나타나는데, 국회는 예산안 편성이나 제안권을 가지고 있지 않으며 단지 예산안을 심의·확정할 권한만 가진다(헌법 제54조 제1항). 예산안 심의시 예산을 삭감할 수는 있어도 정부의 동의없이 증액하거나 새로운 항목을 설치할 수 없다(헌법 제57조). 그리고 국회를 통과한 예산안은 그대로 확정되며 대통령의 거부권의 대상이 되지 않는다. 그리하여 효력발생의 측면에서도 법률이 국회 의결 후 공포되어야만 발효되는 것과 달리 예산안은 의결만으로 발효된다.

(4) 준예산의 집행

정부는 새로운 회계연도가 개시될 때까지 예산안이 의결되지 못한 때에는 국회에서 예산안이 의결될 때까지 일정한 목적의 경비는 전년도 예산에 준하여 집행할 수 있다. 이러한 준예산(準豫算)으로서 집행이 가능한 범위는 ① 헌법이나 법률에 의하여 설치된 기관 또는 시설의 유지·운영, ② 법률상 지출의무의 이행, ③ 이미 예산으로 승인된 사업의 계속에 한한다(헌법 제54조 제3항).

3. 기타 국가재정에 관한 권한

(1) 계속비 의결권

예산안은 원칙적으로 회계연도 단위로 편성되는 것이나, 예외적으로 단일 회계연도를 넘어 계속하여 지출할 필요가 있는 경비에 대하여는 계속비로서 연한을 정하여 지출하는 것이 헌법상 허용된다. 이러한 계속비에 대하여서는 정부의 청구에 의하여 국회가 이를 의결할 권한을 가진다(헌법 제55조 제1항).

(2) 예비비 의결권과 지출승인권

세출예산의 부족에 대비한 준비금으로서 미리 계상하는 예비비의 존재도 헌법상 용인되는데, 예비비는 총액으로 국회의 의결을 얻어야 하며 그 지출은 차기 국회의 승인을 얻어야 한다(제55조 제2항).

(3) 추가경정예산 심의·확정권

예산에는 본예산 외에 정부가 예산의 집행 중 변경의 필요가 있을 때 편성하는 추가경정예산이 허용되는데 국회는 추가경정예산에 대하여도 심의·확정권을 가진다(제56조).

(4) 결산안 심사권

국회에 의하여 의결된 세입세출예산은 감사원이 매년 검사하여 차기 연도의 국회에 그 결과를 보고하여야 한다(제99조). 국회는 보고내용을 심사한 결과 위법·부당 사실이 있으면 본회의의 의결에 의하여 정부 또는 해당 기관에 시정을 요구하고 그 처리결과를 보고하게 할 수 있다(국회법 제84조 제2항).

(5) 국채모집 · 국가부담계약 의결권

국채를 모집하거나 예산 외에 국가의 부담이 될 계약을 체결하려 할 때에는 정부는 미리 국회의 의결을 얻어야 한다(헌법 제58조).

제3항 헌법기관 구성에 관한 권한

(1) 대통령 선출권

헌법 제67조 제2항은 대통령 선거의 최고 득표자가 2인 이상인 때 국회의 대통령 선출권을 규정하지만 2인 이상 최고득표자가 발생할 가능성은 현실적으로 없으므로 이는 명목상의 조항일 뿐이며 국회의 이 권한도 유명무실한 것이다.

(2) 헌법기관 임명에 관한 권한

국회는 헌법재판관 3인과 중앙선관위원회 위원 3인을 선출할 권한을 가지며, 국무총리의 임명에 대한 동의권을 가진다. 특히 국무총리에 대한 임명동의권은 국회에서 야당이 다수를 차지할 경우 권력구조에 상당한 영향을 미칠 수 있다. 또한 대법원장 및 헌법재판소장의 임명에 대한 동의권도 가진다.

헌법재판소는 헌법재판의 특성상 국가의 기본정책이나 기본권의 실현범위를 다루며 중대한 정치적, 사회적 영향을 가지는 경우가 많음을 감안할 때 헌법재판소장은 단지 사법관료로서의 성격만을 가져서는 곤란하며, 그 선임에 있어서 국민의 관여를 허용하여 민주적 정당성을 어느 정도 확보하도록 해야 할 것이다. 국회의 헌법재판소장 임명동의권은 이 점에 기여하는 제도이다.

(3) 고위공무원에 대한 인사청문제도

검찰총장 등의 고위 공무원의 임명에 대하여, 헌법에서는 국회의 동의권 등 관여권이 인정되는 바가 없지만 국회법 제65조의2에 의하여 중요 기능을 가진 고위 공직자에 대하여 국회가 인사청문회를 할 권한을 부여받고 있다. 이들 고위공무원에 대한 대통령의 임명행위에 대하여 국회가 이를 거부할 권한을 가지지는 않지만 청문을 실시한 후 보고서를 작성하여 대통령에게 전하도록 함으로써 국민의 의견이 반영될 수 있도록 하였다. 위 국회법 조항의 설치 이전에는 국회에서 직접 선출되는 3인의 헌법재판관과 헌법재판소장의 후보자들은 국회의 인사검증을 받게 되지만 대통령이 임명하는 자 중 헌법재판소장 후보자를 제외한 2인의 헌법재판관과 대법원장이 지명하는 3인의 헌법재판관 등 5인의 후보자들은 국회의 검증을 받지 않아도 되어서 헌법재판관들 간에 임명 절차상의 형평성이 무너지는 결과가 초래되어 왔다. 위 국회법 조항은 이러한 불합리한 점을 개선하여 모든 재판관 후보자들에 대하여 공히 사전검증이 실현될 수 있도록 하였다.

제 4 항 국정감사 · 조사권

(1) 의 의

헌법 제61조 제1항은 '국회는 국정을 감사하거나 특정한 국정사안에 대하여 조사할 수 있으며, 이에 필요한 서류의 제출 또는 증인의 출석과 증언이나 의견의 진술을 요구할 수 있다'고 하여 국회의 국정감사 · 조사권을 규정한다. 여기서 국정감사는 국정 전반에 관하여 정기적으로 실시되는 것인 데에 비하여 국정조사는 특정한 국정사안이라는 한정된 범위에 관하여 부정기적으로 행하는 것이다. 특별한 비리사건 등이 터져 나온 경우 등이 그와 같다.

한편 국정감사를 하는 것과 유사한 기능이 감사원의 권한행사에 의하여서도 실현되고 있다. 그 기능은 유사하나 국회의 국정감사 · 조사권은 권력분립에 의하여 집행부에 대한 견제의 일환으로 국회에 주어진 통제권인 반면, 감사원의 감사권은 행정부 내에서 행하는 통제로서 회계감사와 직무감찰만을 권한으로 하여 이에 집중하여 전문적, 기술적으로 살피는 권능이다.

(2) 법적 성격

국회의 국정감사 · 조사권의 본질을 설명함에 있어서는 독립권한설과 보조권한설로 나뉜다. 독립권한설은 국정감사 · 조사권이 입법권이나 예산심의권, 인사통제권 등과 같이 독립한 국회의 고유한 권한이라고 파악하는데 비하여, 보조권한설은 이 권한은 다른 권한처럼 국회에 고유한 독립적 권한이 아니라 다른 권한들을 원활히 행사할 수 있도록 하기 위해서 주어지는 보조적이고 부수적인 권한이라고 파악하는 것이다. 이 보조권한설이 통설적 견해이다.

(3) 국정감사 · 조사권의 내용

국회는 국정감사 · 조사권에 의거하여 국정의 전반이나 특정사안에 대하여 감사를 할 수 있다. 관련하여 국정감사 또는 조사에 관련된 보고 또는 서류제출을 관련자와 기관에 요구하고, 증인 · 감정인 · 참고인 조사를 할 수 있으며 청문(聽聞)을 개최할 권한을 가진다. 청문은 문제된 사안을 결정할 권한자가 그 결정을 내리기 전에 관련된 정보를 충분히 얻기 위하여 전문가와 관계인 등의 의견을 들어보는 절차이다.

(4) 국정감사 · 조사권의 한계

㈎ 권력분립에 입각한 한계

국정감사 · 조사가 사법권의 독립을 침해해서는 안 된다. 따라서 법원에 계속 중인 특정의 재판에 대한 감사 · 조사는 물론 금지되며, 이미 종료하여 확정된 사건이라고 하더라도 개별적 이해관계를 가지고 사법부의 결정에 부당히 간섭하기 위하여 행하는 감사 · 조사는 허용되지 않는다. 다만 탄핵소추이나 해임건의가 발의되어 있는 경우와 같이 국회에 고유한 다른 권한을 행사하기 위하여 필요한 경우에는 법원의 판결에 관하여서라도 조사할 수 있다고 본다. 검찰이 수사 중인 사건이나 감사원이 감사 중인 사건도 외부적 영향에 의하여 수사나 감사의 독립성과 중립성이 훼손되어서는 안 되므로 이에 대하여서도 마찬가지의 논리가 적용되어야 한다.

㈏ 기본권 보장에 따른 한계

국정 감사 · 조사는 개인의 사생활을 침해하는 방법으로 행사되어서는 안 된다.[1] 따라서 증인 · 감정인 · 참고인은 국정에 관련이 없는 개인의 사생활에 관한 의원의 질문에 대하여서는 답변을 거부할 수 있다. 나아가 개인의 양심의 자유를 침해하는 내면적 사상적 신조에 대한 답변을 강요할 수 없으며, 변호사 · 의사 · 회계사 등 전문직 종사자의 직무상 비밀에 해당하는 내용의 누설을 요구할 수도 없다.

---

1) 국정감사 및 조사에 관한 법률 제8조(감사 또는 조사의 한계) 감사 또는 조사는 개인의 사생활을 침해하거나 계속중인 재판 또는 수사중인 사건의 소추에 관여할 목적으로 행사되어서는 아니된다.

(다) 국가이익 유지에 관한 한계

국정감사·조사권의 행사에는 국가이익 특히 국가기밀의 보호를 해쳐서는 안 되는 한계가 있다. 국정감사·조사에 즈음하여 공무담당자에게 그 직무상 비밀을 물어볼 경우 주무 장관이 국가기밀에 해당하는 사항이라는 소명을 하면 당해 공무담당자는 증언을 거부할 수 있다. 다만 국회는 이에 대하여 국무총리에게 석명을 요구할 수 있는데, 총리가 석명에 응하지 않으면 증언을 거부할 수 없으며 오직 총리의 석명이 있어야만 증언거부가 최종적으로 인정될 수 있다.1)

제 5 항 탄핵소추권

(1) 의 의

헌법 제65조 제1항은 '대통령·국무총리·국무위원·행정각부의 장·헌법재판소 재판관·법관·중앙선거관리위원회 위원·감사원장·감사위원 기타 법률이 정한 공무원이 그 직무수행에 있어서 헌법이나 법률을 위배한 때에는 국회는 탄핵소추를 의결할 수 있다'고 규정하여 국회에 공무원 탄핵소추권을 부여하고 있다.

공무원 탄핵소추 제도는 일반 사법절차에 따라서 소추하거나 일반적인 징계절차에 따라서 징계하기 어려운 고위직 공무원들에 대하여 이들의 중대한 직무상 비위행위가 있을 때 국민의 대표기관인 국회가 소추의 주체가 되어 담당 공무원을 파면하거나 처벌하는 절차를 진행하는 제도이다.

(2) 탄핵절차의 법적 성격

공무원 탄핵의 절차는 국회의 소추에 의하여 개시되며 헌법재판소의 결정

1) 국회에서의 증언·감정 등에 관한 법률 제4조(공무상 비밀에 관한 증언·서류의 제출) ① 국회로부터 공무원 또는 공무원이었던 자가 증언의 요구를 받거나, 국가기관이 서류제출을 요구받은 경우에 증언할 사실이나 제출할 서류의 내용이 직무상 비밀에 속한다는 이유로 증언이나 서류제출을 거부할 수 없다. 다만, 군사·외교·대북관계의 국가기밀에 관한 사항으로서 그 발표로 말미암아 국가안위에 중대한 영향을 미친다는 주무부장관(대통령 및 국무총리의 소속기관에서는 당해 관서의 장)의 소명이 증언등의 요구를 받은 날로부터 5일 이내에 있는 경우에는 그러하지 아니하다. ② 국회가 제1항 단서의 소명을 수락하지 아니할 경우에는 본회의의 의결로, 폐회중에는 해당위원회의 의결로 국회가 요구한 증언 또는 서류의 제출이 국가의 중대한 이익을 해친다는 취지의 국무총리의 성명을 요구할 수 있다. ③ 국무총리가 제2항의 성명의 요구를 받은 날로부터 7일 이내에 그 성명을 발표하지 아니하는 경우에는 증언이나 서류제출을 거부할 수 없다.

에 따라 종결된다. 탄핵절차의 법적 성격에 관하여서는 이를 본질적으로 형사절차인 것으로 보는 관점(刑事節次說)과 징계절차로 보는 견해(懲戒節次說) 및 처벌과 징계가 혼합된 헌법적 특수절차로 보는 입장(憲法節次說) 등 서로 다른 주장들이 제기될 수 있다.[1)]

(3) 탄핵소추의 절차

(가) 헌법 제65조에 의하면 공무원 탄핵소추는 원칙적으로 재적의원 3분의 1 이상의 발의와 과반수의 찬성이 있어야 하도록 한다(제2항 본문). 그러나 대통령의 경우에만 특별한 가중 정족수를 요구하여, 재적의원 과반수의 발의와 3분의 2 이상의 찬성이 있어야 소추가 이루어질 수 있도록 하였다(제2항 단서). 또한 소추가 발의된 때에는 당해 공무원의 권한 행사가 정지된다(제3항).

(나) 탄핵소추 과정에서 헌법상의 적법절차원칙이 대상 공무원을 위하여 적용될 수 있는지 여부가 문제된다. 헌법재판소는 대통령탄핵사건에서 국가기관인 대통령에게는 국민의 기본권으로 주어지는 적법절차원칙에 의한 보호를 받을 수 없다고 판시하여 국회에서 탄핵소추를 결정함에 있어서 발생한 절차상의 하자에 대하여서는 대통령이 소송상 이의를 제기할 여지가 없도록 봉쇄하였다.[2)] 그러나 대통령은 일면에서는 국가기관이지만 타면 국민의 한사람이므로 굳이 양면을 분리하여 공무원의 탄핵절차에 적법절차원칙이 적용될 여지가 없도록 한 것은 이 원칙의 적용범위를 지나치게 좁힌 것이라고 생각한다. 물론 헌법재판소의 결정취지에 형식논리적인 타당성이 있기는 하지만, 당해 공무원의 공직배제는 공무담임권 제한이라고 못 볼 바도 아니다. 일반인의 인권보호를 위하여서도 인정되는 이 원칙을 탄핵소추절차에 적용하지 않도록 하는 이러한 헌법해석은 탄핵소추절차의 중대성을 감안할 때 균형을 잃은 것이고 또한 공무원 탄핵소추에 관한 국회의 정책결정 과정에서의 절차적 오류에 대한 헌법적 심사를 포기하는 것에 다름이 없어서 실질적으로는 정당하지 않다고 본다. 우리나라와 비슷한 시기에 대통령에 대한 탄핵심판을 행하였던 리투아니아의 헌법재판소가 그 판결에서 의회의 탄핵소추 절차에 있어서 탄핵소추의 대상자에게 절차에 참여하고 절차 내에서 자신을 방어할 권리가 반드시 보

1) 탄핵절차의 본질에 관하여서는 제4편 제5장 탄핵심판의 관련 부분 참조.
2) 헌재 2004. 5. 14. 2004헌나1, 판례집 16-1, 609, 610면. 노무현대통령 탄핵사건 결정; 헌재 2017. 3. 10. 2016헌나1, 판례집 29-1, 1, 2면. 박근혜대통령 탄핵사건 결정.

장되어야만 그 절차의 합헌성이 인정될 수 있다고 판시하고 있는 것은 우리 헌법재판소의 결정과 같은 형식논리적 판단이 반드시 필연적인 것이 아님을 보여준다.[1])

제 6 항 국무총리 · 국무위원 등에 대한 출석 · 답변요구 및 해임건의권

1. 국무총리 · 국무위원 및 정부위원에 대한 출석 · 답변요구권

헌법 제62조 제2항은 '국회나 그 위원회의 요구가 있을 때에는 국무총리 · 국무위원 또는 정부위원은 출석 · 답변하여야 하며, 국무총리 또는 국무위원이 출석요구를 받은 때에는 국무위원 또는 정부위원으로 하여금 출석 · 답변하게 할 수 있다'고 하여 국회의 국무총리, 국무위원 및 정부위원[2])에 대한 출석 · 답변 요구권을 규정한다. 이 권한은 우리 헌법상 통치구조에 부가되어 있는 의원내각제적 요소의 발현이라고 할 수 있는데, 국회의 정부에 대한 견제권의 한 형태라고 하겠다. 여기서 국무총리나 국무위원은 대통령이 궐위되거나 사고로 직무를 수행할 수 없을 때 그 권한을 대행하는 경우에도 국회에 대한 출석 · 답변 의무는 면제되지 아니한다고 본다. 대통령의 권한대행으로 인하여 헌법상 국무총리와 국무위원의 지위가 변경되는 것은 아니기 때문이다. 또한 위 단서에 의한 출석 · 답변의 대행은 국무총리나 국무위원의 직무상 정당한 사유가 있는 경우에만 가능하다고 해석하여야 한다고 본다.

2. 국무총리 · 국무위원의 해임건의권

(1) 헌법 제63조 제1항은 '국회는 국무총리 또는 국무위원의 해임을 대통령에게 건의할 수 있다'고 규정한다. 이 권한은 헌법의 문언상 나타나는 바와

1) 리투아니아 헌법재판소 2004. 3. 31. 선고 14/04호 대통령탄핵사건 판결(Venice Commission Codices No. LTU-2004-1-002)의 판결이유 Ⅳ. 4.의 3번째 문단 참조.

2) 정부조직법 제10조에 의하면 '국무조정실의 실장 및 차장, 부 · 처 · 청의 처장 · 차관 · 청장 · 차장 · 실장 · 국장 및 차관보와 제22조의2 제3항에 따라 국민안전처에 두는 본부장'은 정부위원이 된다. 따라서 문제가 되는 검찰총장은 대검찰청의 장으로서 정부위원이므로 국회의 출석 · 답변 요구에 응하여야 하며 그렇지 않으면 헌법에 위반된다. 권영성, 헌법학원론, 법문사, 2007, 917면 같은 취지.

같이 해임건의권에 불과하며 해임의결권이 아니다. 제5공화국 헌법에서는 국회가 국무총리 및 국무위원의 해임의결권을 가짐을 규정하였고 이때의 국회의 의결은 구속력을 가진다고 해석되었다. 그러나 현행 헌법의 규정상 국회의 국무총리 등 해임건의권은 대통령에게 법적 구속력을 가지지 않으며, 단지 국회가 대통령에 대하여 가지는 정치적 통제권으로 고안된 제도라고 함이 상당하다.

(2) 헌법 제63조 제2항에 의하면 국회의 해임건의는 국회 재적의원 3분의 1 이상의 발의로 과반수의 찬성에 의하는바, 이는 탄핵소추의 그것과 같은 정도의 의결정족수를 요구하는 것이다. 그러나 헌법은 탄핵소추권의 발동에 있어서는 해당 공무원의 직무상 위헌·위법행위라는 엄격한 사유를 요구하는 반면, 해임건의권의 발동에는 요건상 아무런 제한을 가하고 있지 않다. 따라서 해임건의권의 발동 사유에는 특별한 제약이 없다 할 것이고, 심지어 국무총리나 국무위원이 대통령을 제대로 보좌하지 못하고 있다는 등의 광범위한 정치적 문책도 가능하며 이 경우 국회는 대통령에 대하여 그 정치적 책임을 추궁하는 효과를 가진다.

(3) 우리 헌법상의 해임건의권은 의원내각제 국가에서의 내각불신임권과는 본질적인 차이가 있다. 내각의 불신임이 정부의 각료 전체에 대한 포괄적 강제조치인 반면, 국회의 해임건의는 해당 국무총리나 국무위원에 대한 개별적 비구속적 건의에 불과하다.

(4) 이와 같이 헌법은 국회가 해임을 '건의'할 수 있는 것으로 명문화하고 있으므로 이러한 국회의 권한은 그것이 행사되더라도 대통령이 반드시 따라야 하는 구속력을 가지지 아니한다고 보는 것이 문리해석상 자연스럽다.[1] 그럼에도 불구하고 현실의 제도 운용에 있어서는 이러한 해임의 건의가 국회에서 의결되었을 때 대통령은 그 건의를 불가피하게 수용하여 왔다. 즉, 해임건의의 의결에 대하여 구속력이 있는 것으로 이미 통용되고 있는 것이다. 이 점에 관하여는 아직 학설상 그 구속력에 대하여 부정적인 견해도 있고 의견이 나누어지고 있는 상황이므로 아직은 관습법으로 될 만큼의 법적 확신이 정립되어 있지는 아니하다고 평가될 수도 있다. 그러나 지금까지의 헌정사에서 발생하였던 해임건의는 결국 모두 받아들여져 온 점을 고려하면 관습헌법의 전(前) 단계인

1) 대통령탄핵사건 결정. 헌재 2004. 5. 14. 2004헌나1, 판례집 16-1, 609, 650면. 같은 취지임.

헌법적 습률(習律, constitutional convention)에 해당된다고 보는 것이 상당하다.

제 7 항 국회의원의 특권

헌법상 인정되는 국회의원의 특권에는 면책특권과 불체포특권이 있다.

1. 면책특권

(1) 헌법 제45조에 의하면 국회의원은 국회에서 직무상 행한 발언과 표결에 대하여 국회 외에서 책임을 지지 않는다. 국회의원의 면책특권은 국회의원이 국회에서 직무상 행한 발언과 표결에 대한 면책을 보장함으로써 국회 내에서 위축되지 않고 의정활동을 원활히 할 수 있도록 하려는 취지를 가진 제도이다. 이는 국회의 권한이 아니라 그 구성원인 의원의 특권에 해당한다.

(2) 국회의원은 '국회에서의 직무상 발언과 표결에 대하여 국회 외에서' 책임을 지지 아니하므로 국회 내에서 행한 것이라도 직무와 관련없는 발언이나 표결은 면책의 대상이 아니다. 또한 국회 외에서 면책되는 데에 그치므로 국회 내에서의 징계책임이 면제되는 것도 아니다. 소속 정당 내에서 정치적 책임을 묻는 것도 국회 내의 책임이라고 보기 때문에 역시 면책이 되지 않는다.

(3) 면책특권의 대상이 되는 직무행위는 국회의원의 국회에서의 직무상 발언과 표결이라는 의사표현행위 자체에만 국한되지 않고 이에 통상적으로 부수하여 행하여지는 행위도 포함한다.[1) 예컨대 국회의사당 내 기자실에서 국회 대정부질의 회의가 있기 30분 전에 질문내용이 담긴 자료를 기자들에게 배포한 행위는 면책특권의 대상이 되는 직무부수행위에 해당한다.[2)]

(4) 여기서 면책된다고 할 때 면책의 성격은 법적 책임의 면제를 의미하는 것이며 정치적 책임의 면제를 말하는 것이 아니다. 그러므로 국민적 여론의 비판을 받고 정치적 불이익을 당하는 것 등의 상황이 면책특권에 의하여 배제될 수 없다. 나아가 법적 책임을 면제받는다는 것은 '인적 처벌조각사유(人的處罰阻却事由)'가 된다는 것을 의미한다. 그러므로 국회의원의 국회에서의 발언

1) 국회의원이 국회내에서 하는 정부·행정기관에 대한 자료제출의 요구는 … 그것이 직무상 질문이나 질의를 준비하기 위한 것인 경우에는 직무상 발언에 부수하여 행하여진 것으로서 면책특권이 인정된다. 대법원 1996. 11. 8. 96도1742 판결.

2) 대법원 1992. 9. 22. 91도3317 판결. 유성환의원 사건 판결.

이 명예훼손 등에 해당할 때 이러한 행위는 범죄구성요건 해당성과 위법성 및 책임성의 범죄성립요건들은 모두 충족하는 것이나 행위자 개인이 가진 특정의 사유로 인하여 처벌이 면제된다고 보는 것이다. 외교관이 가지는 면책특권도 개인적 귀속사유로 처벌을 면제하는 사유에 해당하는바 형법적 처리는 이와 동일한 것이다. 만약 이러한 행위가 기소되었다면 법원은 형사소송법 제327조 제2호, 즉 공소제기의 절차가 법률의 규정에 위배되어 무효일 때에 해당하는 것으로 공소기각의 판결을 하여야 한다.

2. 불체포특권

(1) 헌법 제44조는 국회의원에게 불체포특권을 부여하고 있다. 그리하여 국회의원은 현행범인 경우를 제외하고는 회기 중 국회의 동의없이 체포 또는 구금되지 아니하며(제1항), 국회의원이 회기 전에 체포 또는 구금된 때에는 현행범이 아닌 한 국회의 요구가 있으면 회기 중 석방된다(제2항). 이러한 특권을 인정하는 취지는 국회가 기능을 발휘하고 있는 시기에는 그 구성원인 국회의원의 신변의 안전을 보장하고자 하는 데에 있다. 다만 회기 중이라도 ① 현행범이거나 ② 국회의 동의가 있으면 체포 구금될 수도 있는 반면, 회기 전에 체포·구금된 경우라도 ① 현행범이 아니며 ② 국회의 요구가 있을 때에는 석방되어야 한다.

(2) 영국식 의회민주주의의 발전과정에서 의회파 귀족들은 국왕의 체포·구금의 위협에 시달리면서 국왕과 권력투쟁을 벌인 바 있다. 특히 영국의 국왕이 마그나 카르타 이후 전통적으로 인정되어온 불체포특권을 무시하고 의회에 들어가 의원들을 체포하여온 사건으로 인하여 내란이 발생하였으나, 국왕파가 의회파에게 패배함으로써 의회주의가 확립되는 계기가 되었다. 이러한 역사적 과정에서 의원의 불체포특권은 의회민주주의의 한 파생원칙으로 정립되었다.

(3) 불체포특권은 면책특권과는 법적 성격을 달리 한다. 면책특권은 범죄는 성립되지만 인적 처벌조각사유에 해당된다고 보나, 불체포특권은 범죄성립요건이나 소추조건에는 아무런 영향이 없고 다만 회기 중에 체포·구금되지 않는다는 특권(privilege and immunity)에 불과한 것이다.

CHAPTER 04

대 통 령

제 1 절 대통령의 선출과 임기

제 1 항 대통령의 선출

(1) 국민 직선제

대통령은 국민의 보통·평등·직접·비밀선거에 의하여 선출한다(헌법 제67조 제1항). 다만 대통령선거에서 최고득표자가 2인 이상의 경우 국회에서 선출하는 것으로 하고 있으나(제67조 제2항), 약 5천만명에 이르는 우리나라의 인구규모에서는 대통령선거의 최고득표자가 통상 수백만표 이상을 득표하므로 복수의 최고득표자가 발생할 가능성은 현실적으로 전무하므로 이는 장식적 규정에 불과하다. 따라서 우리나라의 대통령선거제도는 직선제와 간선제의 혼합형이라기보다는 국민에 의한 직선제라고 보는 것이 타당하다.

(2) 상대다수결 제도 - 결선투표제의 불채택

대통령의 선거에서 후보자 중 과반수의 득표를 한 자가 없는 경우 최다득표자와 차점자만을 상대로 다시 투표를 행하여 최종적으로 당선자를 내도록 하는 이른바 결선투표제(決選投票制)가 우리 헌법에는 채택되어 있지 않다. 따라서 후보자 중 과반수의 득표에 이르지 않더라도 최고득표자에 해당하면 그가 당선되도록 하는 상대다수제(相對多數制)에 의하고 있다. 그러므로 대통령선거는 일회에 그치고 효율적으로 대통령을 선출할 수 있는 장점이 있으나,

국민 다수의 지지를 받지 못한 대통령이 얼마든지 등장할 수 있도록 하는 것은 정국불안의 요인이 될 수 있고 대통령 선출에 있어서 정당간의 이합집산과 후보자 사이의 통합과 분열 조작에 의한 정략적 술책이 통할 가능성이 크기 때문에, 이러한 단점을 방지할 수 있는 결선투표제가 민주주의 원칙에 보다 충실한 제도라고 평가할 수 있다.

이 점에 관한 세계 각국의 입법례를 보더라도, 사회주의로부터 자유민주주의로 체제를 전환한 유라시아의 신생 입헌주의국가들의 헌법에서는 거의 대부분 결선투표제에 의하여 대통령을 선출하고 있다. 또한 종래부터 대통령제를 취하고 있는 라틴 아메리카의 국가군들도 결선투표에 의하여 대통령을 선출하는 국가들이 상대다수제를 취하는 국가들에 비하여 더 많은 수에 이르고 있다.1)

판단컨대 결선투표제는 국민다수의 지지를 받아야 대통령이 될 수 있는 자격이 있다는 민주주의적 요청을 구현하고 있으므로 각국의 정치문화의 차이에 관계없이 논리적으로 정당한 측면이 있다. 다만 선출 절차가 2단계로서 다소 복잡해진다는 요인이 정치적 혼란의 빌미를 제공할 수 있으나 우리나라와 같이 민주주의적 제도의 운용이 어느 정도 정착된 국가에서는 큰 위험요소가 되지는 않을 것이라고 본다. 따라서 장기적으로는 이와 같은 결선투표제의 헌법상 도입을 고려할 필요가 있다고 사료된다.

(3) 정당 예비선거의 도입 문제

㈎ 정당들은 대통령선거에 즈음하여 대통령 후보를 지명하게 되는데 이 후보자를 선출하는 정당 내부의 선거를 예비선거(primary election)라고 칭한다. 예비선거에서는 당원들이 그 정당의 후보자를 선출하는 것이 원칙이지만 일반

---

1) 유라시아 대륙 국가들 중 대통령 선출에 있어서 결선투표 제도를 두고 있는 나라는 프랑스, 오스트리아, 핀란드, 폴란드, 체코, 헝가리, 루마니아, 불가리아, 알바니아, 아르메니아, 아제르바이잔, 터키, 카자흐스탄, 키르키즈스탄 등이다. 이에 비하여 결선투표를 행하지 않고 상대다수에 의하여 대통령의 당선을 결정하는 국가로서 대표적인 나라는 러시아이다. 또한 러시아의 영향을 많이 받고 있는 우크라이나, 세르비아, 그루지아만이 상대다수제에 의하고 있다.
라틴 아메리카 국가들 중에서는 브라질, 아르헨티나, 칠레, 페루, 콜롬비아, 볼리비아, 에콰도르, 코스타리카, 엘살바도르, 과테말라 등이 결선투표제를 취한다. 이에 비하여 멕시코, 베네수엘라, 우루과이, 파라과이, 니카라과, 온두라스 등은 결선투표제를 취하지 않는다. 그러나 멕시코를 제외하고 브라질과 아르헨티나 및 칠레 등 남미의 비중있는 국가들은 결선투표제를 취한다고 할 수 있다. 라틴 아메리카 제국의 대통령 임기제도제도의 요지는, 음선필, 대통령제와 비례대표제에 관한 연구서설-라틴 아메리카의 입법례를 중심으로-, 헌법규범과 헌법현실, 권영성 교수 정년기념논문집, 1999, 1084면 참조.

국민들이 그 정당의 후보자 선출에 참여하기도 하며 일반적으로 이를 '국민경선(國民競選)'이라고 한다. 이와 같이 정당의 예비선거를 국민경선으로 치를 수 있는지 여부도 헌법적 쟁점이 된다. 나아가 특정 정당의 예비선거에 타 정당의 당원도 참여할 수 있는지 여부도 문제된다.

(나) 미국의 경우 정당 소속에 관계없이 모든 국민이 특정의 정당의 예비선거에 참여할 수 있도록 하는 제도를 '개방형 예비선거(open primary)'라고 하고, 그 당원만 참가할 수 있도록 하는 제도를 '폐쇄형 예비선거(closed primary)'라고 한다. 일반 당원과 비당원인 국민은 참여하나 다른 정당의 당원의 참여는 허용하지 않는 제도인 '반개방형 예비선거(semi open primary)'의 헌법적 가능성이 이론적으로 논하여지고 있다. 미국의 경우 캘리포니아주는 주법(State Act)에 의하여 대통령 예비선거를 개방형 예비선거로 치르도록 강제하였는데, 연방대법원은 이 제도가 정당의 본질, 결사의 자유를 침해한다고 하여 위헌결정을 내린 바 있다.[1)]

(다) 오픈 프라이머리는 정당의 극단적 견해를 지지하는 후보에게 불리하고 보다 중도적인 완화된 중립적 견해를 가진 자를 유리하게 하므로 국가적으로 보아서 득이 된다는 주장이 있으나, 이를 채택하면 선거공작, 교차투표(cross-over) 등이 가능해지므로 선거에서 정략적 술책을 쓸 여지가 커지는 단점이 있다.[2)]

1) 2000. 6. 26. California Democratic Party v. Jones, 530 U.S. 567; 정당은 정치적 의사를 같이 하는 자들이 자신들의 수렴된 정치적 견해를 국가의사에 반영하기 위하여 정치적 활동을 하는 것을 목적으로 모인 결사이다. 그 정치적 의사를 국정에 반영시키는 가장 중요한 방도는 공직 선거에서 이겨서 그 후보자를 당선시키는 일이다. 그 후보자를 선출하는 과정에서 이질적 견해를 가진 자의 참여를 강제하는 것은 정당제도의 본질에 반하는 것이 된다. 한 정당의 대통령 후보자는 그 정당으로 뭉쳐져 있는 당원들의 정치적 의사를 관철시키기 위하여 국민들에게 홍보하는 대사의 역할을 하는 것이다. 이 선출 과정에 정치적 의사를 달리하는 자가 간섭하는 것은 개인 당원이 결사의 자유를 침해하는 것이 된다. 정당의 당원들은 자신들이 공유하는 정치적 견해를 선출된 후보자를 통하여 제시하고 국민을 설득하여 국가정책에 반영시키는 것이다. 따라서 캘리포니아주 법이 예비선거를 함에 있어서 반드시 오픈 프라이머리를 행하도록 강제하는 것은 헌법위반이라고 하였다.

2) A정당 고유의 정견을 가진 갑후보와 B정당의 을 후보가 대통령 선거에서 경쟁하면 A정당의 갑후보가 승리할 것이 예상되지만 A정당에서 병이 후보로 나와 주면 B정당의 을이 유리하다고 판단되는 경우, B정당의 당원들이 A정당의 예비선거에 적극 참가하여(교차투표) 병을 당선시켜 본선을 을과 병의 대결로 만들려고 하는 정략적 술책이 가능하다.

제 2 항 대통령의 임기

(1) 대통령제 국가에서 대통령의 임기는 정치권력 행사의 시간적 범위이자 한계를 의미한다. 대통령 임기제는 권력의 시간적 제한 설정을 통하여 권력을 통제하면서 국민으로부터 선출된 대통령의 민주적 정당성을 갱신하는 계기를 형성한다. 대통령의 임기를 몇 년으로 할 것인지 이에 대한 연임을 허용할 것인지 여부 등 대통령의 임기에 관한 사항들은 세계 각국이 자신의 헌법에서 그 고유한 정치문화적 상황을 반영하여 다양한 내용으로 규정하고 있다.

우리 헌법상 대통령의 임기는 5년이고 중임할 수 없다(제70조). 5년 단임제는 1987년 현행 헌법을 제정(전면개정)할 당시 가장 중요한 쟁점이었는데, 각 정파들이 대통령선거에서 승리를 확신할 수 없는 상태에서 패배하더라도 차기 선거를 도모할 의도로 대통령의 임기를 너무 길게 하지 않으면서 단임으로 함을 모두 선호하게 되었으므로 이와 같은 내용의 우리나라 특유의 대통령임기 제도가 탄생되었다.[1)]

(2) 대통령이 임기동안 국가경영을 성공적으로 수행하여 국민이 그의 연임을 원하는 경우가 있을 수도 있으므로 제도적으로는 연임이 가능하도록 되어 있어야 하지 않는가 하는 의문이 제기될 수도 있다. 하지만 우리나라에서 대통령 단임제는 제1공화국과 제3공화국 당시 연임을 허용한 결과 결국 입헌질서가 파괴되고 장기독재체제로 이행하였던 뼈아픈 역사적 경험에 기초한 것이기도 하다. 따라서 연임제 도입의 여부는 단순히 헌법이론적 측면에서 볼 문제는 아니라고 하겠다.

(3) 대통령의 임기에 관한 외국의 입법례를 살펴보면, 먼저 미국은 4년에 1회 연임이 가능하도록 하는 제도를 취하고 있다.[2)] 프랑스에서는 대통령의 임

1) 현행 헌법상의 5년 임기의 단임제도는 개헌 당시 특별한 이론적 근거를 고려한 것은 아니고 6년·단임제안(민정당안)과 4년·중임제안(민주당안)을 절충한 정당간의 당리당략의 산물이었다. 이와 관련하여, 1987년 당시 대통령직선제 개헌을 위한 8인 정치회담의 야당 협상단을 이끌었던 이중재 당시 통일민주당 부총재는 현재의 '대통령 5년 단임제'가 김영삼·김대중 전 대통령의 정치적 타협으로 나왔다고 말하면서 "다가올 대선에서 둘 다 출마할 게 뻔한데 상대방이 될 경우 그 다음을 자기가 노리기 위해서라도 대통령 임기는 길면 안 된다는 게 양쪽의 일치된 생각이었어요. 장기독재 방지를 위해 대통령의 연임은 안 된다는 생각도 같았죠. 그래서 나온게 5년 단임제였답니다"라고 회고한 바 있다(중앙일보 2003. 7. 18.). 권영성, 헌법학원론, 2006, 953-954면.

2) 4년의 단임제는 원래 초대 대통령 조지 워싱턴이 모범을 보인 관행이 헌법관습으로 정착된 것이었지만 프랭클린 루즈벨트가 경제공황, 세계대전의 국가적 위기를 극복한다는 명목으로 헌법적 관행을 어기고 4회 연임을 실현하는 일이 발생하였다. 그 후 미국은 헌법을 개정하여 1회 이상 연임할

기가 원래 7년이었는데 역대 대통령은 연임을 시도하여 성공하는 경우가 많았다. 그러나 재선된 대통령의 재직기간은 총 14년에 이르게 되어 지나치게 길다는 비판이 강하여 프랑스는 2005년 헌법개정으로 대통령의 임기를 5년으로 단축하였다.1)

대통령제를 취하는 많은 나라들이 유라시아 대륙들에 분포하고 있고 중남미 국가들도 거의 대통령제를 취하고 있다. 유라시아의 경우 공산권의 붕괴로 탄생한 신생 자유민주주의 국가체제에서 주로 대통령제를 취하고 있는데 그 임기는 거의 5년으로 하고 있다. 또한 대부분의 국가들이 1회에 한하여 연임이 가능한 것으로 하고 있다. 이러한 조항이 없는 국가는 오직 프랑스뿐이며,2) 우리나라처럼 5년의 단임제를 취하는 나라는 그 예가 없다. 라틴 아메리카 제국에서도 대통령의 임기는 4년 혹은 5년이다. 이러한 세계적 입법경향으로 보아 우리나라의 대통령 임기제도 중 5년의 임기 자체는 매우 보편적인 입법례에 속한다고 할 수 있으나 그 5년 임기에 대한 '단임제'는 유례가 없는 독특한

수 없다는 규정을 헌법에 직접 명문화하였다.

미국 수정헌법 제22조(1951년): 누구든지 2회보다 많이 대통령직에 선출될 수 없으며, 누구든지 타인이 대통령으로 당선된 임기중 2년 이상 대통령직에 있었거나 대통령 직무를 대행한 자는 1회보다 많이 대통령직에 당선될 수 없다. 다만, 본조는 연방의회가 이를 발의하였을 때에 대통령직에 있는 자에게는 적용되지 아니하며, 또 본조가 효력을 발생하는 동안 대통령직에 있거나 대통령직무를 대행하고 있는 자가 잔여임기중 대통령직에 있거나 대통령 직무를 대행하는 것을 방지하지 아니한다.

1) 1958년 헌법에서 프랑스의 대통령은 의회에서 선출되도록 하는 간접선거제를 규정하였으나 드골은 1962년의 국민투표를 통한 헌법개정에 의하여 대통령선거를 국민직선제로 변경하였다. 이전의 제3공화국과 제4공화국 시기의 정치적 혼란을 피하고 대통령에게 안정된 권력적 지위를 부여하여 주기 위하여 그 임기는 7년으로 비교적 장기간의 재임기간을 보장하였다. 그러나 미테랑, 시라크 등 대통령이 연임에 성공하여 그 재임기간이 14년에 이르는 사례가 계속되자 종래의 7년의 임기가 지나치게 길다는 논의가 일고 또한 국회의원의 임기가 5년인 점 등 대선과 총선의 선거주기가 달라 소위 동거정부(cohabitation)가 탄생하여 국정운영의 장애가 발생하게 되자, 대통령의 임기를 5년으로 하여야 한다는 주장이 강하여지게 되었다. 원래 시라크 대통령은 임기단축에 반대하였으나 의회가 다른 조항을 건드리지 않고 단지 임기만 5년에서 7년으로 단축하는 소위 "원포인트 헌법개정"에는 찬성한다는 입장으로 돌아섬으로써, 동 취지의 헌법개정안은 대통령에 의하여 발의되고 상하원을 통과한 다음 2000년 9월 24일 국민투표의 실시를 통하여 찬성 확인을 얻음으로써 발효되었다. 이에 따라 프랑스 헌법 제6조 제1문이 "공화국 대통령은 5년의 임기로 직접 보통선거에 의하여 선출된다."로 개정되었다.

그러나 이러한 헌법개정이 바람직하였는지에 대한 논의는 계속되고 있다. 종래 7년의 대통령 임기를 5년으로 함으로써 연임이 일반적이 되도록 하여 오히려 3년의 임기 연장을 가져오는 사실상 효과를 초래한다든지, 대통령이 질병과 사고 등으로 유고되면 처음에 맞추어둔 대선과 총선의 임기는 달라지게 되기 때문에 우연한 사정으로 대선과 총선이 시기적으로 분리되는 것을 막을 수 없어 동거정부의 출현을 방지하는 효과도 의문이라는 등의 비판적 견해가 제기되고 있다. Dominique Turpin, *Droit constitutionnel*, 2003, pp. 462-464.

2) 프랑스는 다른 국가들과는 달리 연임제한 규정을 두고 있지 아니하나 역대 대통령은 실제로 1회 이상의 연임을 시도하지 않았다.

제도이다.

제 2 절 대통령의 지위·권한과 의무

제 1 항 대통령의 국가권력 집행에 관한 책무와 권한

대통령은 국가의 원수(元首)로서 외국에 대하여 국가를 대표함과(헌법 제66조 제1항) 동시에 행정권을 가지는 정부의 수반으로서(제4항) 국가권력의 최고 집행자이며 최종책임자이다. 이에 따라 대통령은 국가의 독립·영토의 보전·국가의 계속성과 헌법을 수호할 책무를 지며(제2항), 조국의 평화적 통일을 위한 성실한 의무를 진다(제3항). 또한 대통령은 취임에 즈음하여 "나는 헌법을 준수하고 국가를 보위하며 조국의 평화적 통일과 국민의 자유와 복리의 증진 및 민족문화의 창달에 노력하여 대통령으로서의 직책을 성실히 수행할 것을 국민 앞에 엄숙히 선서합니다."라고 선서하여야 하며(헌법 제69조), 동 선서는 단지 형식적 의례에 그치는 것이 아니라 그 내용을 성실히 준수할 헌법적 의무를 부담한다고 해석된다.1)

국가원수이자 행정권의 수반인 대통령에게는 국가권력 전반에 대한 최고집행권이 귀속되는바, 이에 따라 헌법은 대통령에게 ① 중요정책 국민투표 부의권(제72조),2) ② 조약의 체결·비준권(제73조 제1문), ③ 외교사절의 신임·접

---

1) 헌법 제66조 제2항 및 제69조에 규정된 대통령의 '헌법을 준수하고 수호해야 할 의무'는 헌법상 법치국가원리가 대통령의 직무집행과 관련하여 구체화된 헌법적 표현이다. '헌법을 준수하고 수호해야 할 의무'가 이미 법치국가원리에서 파생되는 지극히 당연한 것임에도, 헌법은 국가의 원수이자 행정부의 수반이라는 대통령의 막중한 지위를 감안하여 제66조 제2항 및 제69조에서 이를 다시 한번 강조하고 있다. 이러한 헌법의 정신에 의한다면, 대통령은 국민 모두에 대한 '법치와 준법의 상징적 존재'인 것이다. 헌재 2004. 5. 14. 2004헌나1, 판례집 16-1, 609, 613면. 노무현대통령 탄핵심판 결정.

2) 헌법 제72조는 "대통령은 필요하다고 인정할 때에는 외교·국방·통일 기타 국가안위에 관한 중요정책을 국민투표에 붙일 수 있다."라고 규정하여 대통령에게 국민투표 부의(附議)권을 부여하고 있다. 헌법 제72조는 대통령에게 국민투표의 실시 여부, 시기, 구체적 부의사항, 설문내용 등을 결정할 수 있는 임의적인 국민투표발의권을 독점적으로 부여함으로써, 대통령이 단순히 특정 정책에 대한 국민의 의사를 확인하는 것을 넘어서 자신의 정책에 대한 추가적인 정당성을 확보하거나 정치적 입지를 강화하는 등, 국민투표를 정치적 무기화하고 정치적으로 남용할 수 있는 위험성을 안고 있다. 이러한 점을 고려할 때, 대통령의 부의권을 부여하는 헌법 제72조는 가능하면 대통령에 의한 국민투표의 정치적 남용을 방지할 수 있도록 엄격하고 축소적으로 해석되어야 한다. … 헌법 제72조의 국민투표의 대상인 '중요정책'에는 대통령에 대한 '국민의 신임'이 포함되지 않는다. 위

수・파견권(제73조 제2문), ④ 선전포고와 강화권(제73조 제3문), ⑤ 국군통수권(제74조), ⑥ 공무원 임면권(제78조), ⑦ 훈장 기타 영전(榮典) 수여권(제80조) 등을 부여하고 있다. 헌법은 또한 대통령의 주요한 권한으로서 비상대권(非常大權)과 행정입법권 및 사면권과 헌법기관임명권 등을 규정하는바 이하에서 이를 차례로 살펴본다.

제 2 항 대통령의 비상대권

우리 헌법상 인정되는 대통령의 비상대권인 국가긴급권에는 헌법 제76조 제1항에 의거한 긴급재정경제처분・명령권과 동조 제2항의 긴급명령권 및 제77조의 계엄선포권이 있다.

1. 긴급 재정경제 처분・명령권

헌법 제76조 제1항은 '대통령은 내우・외환・천재・지변 또는 중대한 재정・경제상의 위기에 있어서 국가의 안전보장 또는 공공의 안녕질서를 유지하기 위하여 긴급한 조치가 필요하고 국회의 집회를 기다릴 여유가 없을 때에 한하여 최소한으로 필요한 재정・경제상의 처분을 하거나 이에 관하여 법률의 효력을 가지는 명령을 발할 수 있다'고 하여 대통령의 긴급재정경제처분・명령권을 정한다.

이는 경제적 국가비상사태를 극복하고 공익을 유지하기 위하여 인정되는 국가긴급권이다. 국가의 재정・경제에 영향을 주는 처분을 할 때에는 반드시 의회의 승인을 받아야 하는데 긴급재정・경제처분은 재정의회주의(財政議會主義)에 대한 예외가 된다. 재정의회주의에 의하면 예산안에 대하여 국회의 동의를 받고 결산에 관하여 승인을 받아야 하며 재정에 관한 법률을 제정할 때는 국회에서 통과되어야 한다.

긴급 재정경제 처분・명령권이 행사되기 위하여서는 ① 재정 경제적 위기 ② 공익 유지의 목적, ③ 국회의 집회를 기다릴 여유가 없을 것을 요건으로 하며 그 발동 후에는 지체없이 국회에 보고하여 승인을 얻어야 한다(제76조 제

노무현대통령 탄핵심판 결정 648-649면.

3항).

긴급재정경제명령은 정상적인 재정운용·경제운용이 불가능한 중대한 재정·경제상의 위기가 현실적으로 발생하여(그러므로 위기가 발생할 우려가 있다는 이유로 사전적·예방적으로 발할 수는 없다) 긴급한 조치가 필요함에도 국회의 폐회 등으로 국회가 현실적으로 집회될 수 없고 국회의 집회를 기다려서는 그 목적을 달할 수 없는 경우에 이를 사후적으로 수습함으로써 기존질서를 유지·회복하기 위하여(그러므로 공공복지의 증진과 같은 적극적 목적을 위하여는 발할 수 없다) 위기의 직접적 원인의 제거에 필수불가결한 최소 한도 내에서 헌법이 정한 절차에 따라 행사되어야 한다.[1)]

긴급재정경제처분·명령에 의하여 대통령은 재정경제적 위기대처에 필요한 재정·경제상의 구체적 처분을 국회의 사전통제 없이 할 수 있고, 법률적 효력을 가지는 명령을 발할 수 있게 된다. 긴급재정경제명령은 국민의 자유와 권리를 제한할 수 있다는 점에서는 위임명령과 공통되나, 국가긴급권으로서 발동되어 법률의 위임을 전제하지 않는다는 점에서는 위임명령과 구분된다.

2. 긴급명령권

헌법 제76조 제2항은 '대통령은 국가의 안위에 관계되는 중대한 교전상태에 있어서 국가를 보위하기 위하여 긴급한 조치가 필요하고 국회의 집회가 불가능한 때에 한하여 법률의 효력을 가지는 명령을 발할 수 있다'고 하여 대통령의 긴급명령권을 정한다.

긴급명령권이 발동되기 위해서는 ① 국가의 안위에 관한 중요한 교전상태의 발생, ② 국가보위를 위한 긴급한 조치의 필요성, ③ 국회의 집회가 불가능한 급박한 상황을 요건으로 하며 그 발동 후에는 지체없이 국회에 보고하여 승인을 얻어야 한다(제76조 제3항).

대통령의 긴급명령권은 국가긴급권의 한 구체적 형태이므로 이를 행사함에 있어서는 국가긴급권의 발동에 요구되는 요건들을 모두 충족하여야 한다. 따라서 문제가 된 상황이 국가의 안위를 위태롭게 하는 국가비상사태에 해당함이 명백하여야 하고(明確性), 국가를 방어하기 위한 소극적 목적으로만 행사될

1) 헌재 1996. 2. 29. 93헌마186, 판례집 8-1, 111면. 금융실명제 사건 결정.

수 있으며(消極性), 영구히 계속되도록 할 수 없고 한정된 기간 동안 잠정적인 조치로서만 행할 수 있다(暫定性). 또한 입헌주의와 법치주의에 적합한 다른 정상적 조치에 의하여 극복될 수 있으면 먼저 그 조치에 의하여야 문제를 해결하여야 하며 곧바로 비상대권의 발령으로 들어가면 안 된다(補充性).

대통령의 긴급명령은 법률과 같은 효력을 가진다. 이는 국민의 자유와 권리의 제한은 법률에 의하여서만 행하여질 수 있다는 법치주의 그 자체에 대한 예외적 제도이며, 입법은 국회에서만 하여야 한다는 국회입법의 원칙에 대하여서도 예외가 된다.

3. 계엄선포권

(1) 의 의

헌법 제77조 제1항은 '대통령은 전시・사변 또는 이에 준하는 국가비상사태에 있어서 병력으로써 군사상의 필요에 응하거나 공공의 안녕질서를 유지할 필요가 있을 때에는 법률이 정하는 바에 의하여 계엄을 선포할 수 있다'라고 하여 대통령의 계엄선포권을 정한다.

계엄이 선포되면 당해 지역에 대한 행정・사법의 통치권이 군사령관에게 맡겨지는데 이는 군부통치를 의미하므로 입헌주의 헌법의 민간통치 원칙에 대한 예외가 된다. 계엄선포권은 입헌주의 내지 법치주의에 대한 예외로서 국가비상사태에서 국가를 보호하기 위하여 인정되는 권한인 점에서 긴급명령권과 공통된다. 그러나 병력의 수단으로 그 지역 내의 모든 행정・사법업무를 장악함을 내용으로 하는 행정・사법형 비상대권인 점에서, 법률의 효력을 가진 긴급명령을 발령함을 내용으로 하는 입법형 비상대권인 긴급명령권과 구별된다.

(2) 계엄의 종류

계엄은 그 단계적 강도에 따라 비상계엄과 경비계엄으로 나누어진다. 본격적 계엄상태가 비상계엄이며, 그 준비적 단계가 경비계엄이라고 할 수 있다. 비상계엄과 경비계엄의 내용에 관한 상세한 규율은 계엄법에 의하고 있다. 계엄법에 의하면 경비계엄은 일반행정력만으로는 치안유지가 곤란한 정도의 사회질서 교란 상태에 발령되는 것임에 비하여, 비상계엄은 교전상태로 인하여 극도의 질서교란이 야기된 상태에서 발령된다.

(3) 계엄의 효과

비상계엄이 선포되면 법률이 정하는 바에 의하여 영장제도, 언론·출판·집회·결사의 자유, 정부나 법원의 권한에 관하여서도 특별한 조치가 행하여질 수 있는데(제77조 제3항), 계엄법이 이에 대하여 규정한다.

이에 따라 ① 영장제도, 표현의 자유에 대한 특별한 조치는 계엄사령관의 포고령이라는 규범형태로 취하여지게 되며, ② 경비계엄의 경우 계엄사령관에게 그 지역 내의 군사에 관한 행정·사법업무만 이관되나, 비상계엄의 경우에는 그 지역의 모든 행정·사법업무가 이관된다. 여기서 사법업무라고 함은 사법행정업무를 말하는 것이므로 재판업무까지 이관되는 것은 아니다. 재판은 여전히 독립된 사법기관에서 담당한다. 그러나 비상계엄이 발령되면 계엄법 제10조에 의거하여 내란·외환죄 등 중요한 13개 범죄의 재판권이 군사법원으로 이관된다.[1)]

이와 같이 계엄이 선포되면 국가권력은 민간지배적 성격을 잃고 군사지배로 전환되는 것이지만, 이는 어디까지나 행정권과 사법권의 분야에 한정하는 것이며 어떠한 경우에도 입법권을 제약할 수는 없다. 비상계엄 하에서도 대통령은 국회를 해산할 권한이 없으며, 국회의원의 면책특권과 불체포특권은 보장된다. 또한 계엄이 선포되면 대통령은 지체 없이 이를 국회에 통보하여야 하고(제77조 제4항) 국회의 해제 요구가 있으면 대통령은 계엄을 무조건 해제하여야 한다(제5항).[2)]

---

1) 계엄법 제10조(비상계엄하의 군사법원재판권) ① 비상계엄지역안에 있어서는 제14조 또는 다음 각호의 1에 해당하는 죄를 범한 자는 군사법원에서 재판한다. 다만, 계엄사령관은 필요한 경우에는 당해 관할법원으로 하여금 이를 재판하게 할 수 있다.
1. 내란의 죄 2. 외환의 죄 3. 국교에 관한 죄 4. 공안을 해하는 죄 5. 폭발물에 관한 죄 6. 공무방해에 관한 죄 7. 방화의 죄 8. 통화에 관한 죄 9. 살인의 죄 10. 강도의 죄 11. 국가보안법에 규정된 죄 12. 총포·도검·화약류등단속법에 규정된 죄 13. 군사상 필요에 의하여 제정한 법령에 규정된 죄
② 비상계엄지역 안에 법원이 없거나 당해 관할법원과의 교통이 차단된 경우에는 제1항의 규정에 불구하고 모든 형사사건에 대한 재판은 군사법원이 이를 행한다.

2) 1980. 5. 18. 신군부가 비상계엄을 제주도에 확대한 조치는 '5·18 군사쿠데타'라고 불린다. 이는 원래 제주도를 제외한 지역에 발령되어 있던 비상계엄을 제주도까지 포함한 전국으로 확대한 것에 불과하였다. 그러나 이 조치와 동시에 계엄군이 국회를 점령하고 국회의원을 국회에서 축출하였다. 이로써 국회를 봉쇄하고 사실상 해산시켜 버린 것이다. 이는 입법권을 침범하여서는 안 되는 계엄선포권의 가장 중요한 한계를 넘어선 것이며 이러한 연유에서 5·18 비상계엄 확대조치는 헌법의 한계를 초월한 군사쿠데타에 해당한다.

제 3 항 대통령의 행정입법권

헌법 제75조는 '대통령은 법률에서 구체적으로 범위를 정하여 위임받은 사항과 법률을 집행하기 위하여 필요한 사항에 관하여 대통령령을 발할 수 있다'고 하여 대통령의 행정입법권을 규정하고 있다.

(1) 행정입법의 의의와 종류

㈎ 행정입법이란 대통령, 국무총리, 행정각부의 장 혹은 사법행정처장 등 행정권 담당자가 그 권한 내에서 정립하는 법규범을 말하는데, 법규명령(法規命令)과 행정규칙(行政規則)으로 대별된다. 행정권 담당자가 헌법이나 법률을 정립할 수는 없으므로 그 하위의 명령과 규칙만을 발령대상으로 하는데, 법규명령은 헌법과 법률에 근거하여 법규사항(Rechtssatz)을 규율하는 법규범인 반면, 행정규칙은 헌법과 법률의 근거를 요하지 않으면서 행정부가 그 독자적 권한에 의하여 발령하며 법규사항이 아닌 사항을 규율한다. 여기서 법규사항은 국민의 자유와 권리를 제한하는 등 이에 관계되는 사항을 말한다. 법규사항을 다루는 법규명령에는 대외적 구속력이 인정되나 법규사항을 다루지 않는 행정규칙은 원칙적으로 행정기관 내부적인 효력만 가진다.

㈏ 법규명령은 법률의 위임에 의거하여 법규사항을 다루는 위임명령(委任命令)과 법률을 집행하기 위하여 필요한 사항을 다루는 집행명령(執行命令)으로 구분된다. 헌법 제75조는 대통령이 이러한 위임명령과 집행명령의 발령권을 가진다는 것을 명확히 한 근거조항이 된다.

㈐ 법규명령은 대통령이 발령하는 대통령령, 총리가 발령하는 총리령, 각부 장관이 발령하는 부령 등으로 나뉜다. 행정규칙은 그 성격에 따라 고시(告示), 통첩(通牒), 지시(指示), 훈령(訓令) 등이 있다. 고시는 일반인에게 공고·게시하는 것이고, 통첩이나 지시는 상급청이 하급청에게 일정한 내용을 알리거나 일반적인 명령을 내리는 것이며, 훈령은 상급의 외교관청이 하급청에게 내리는 지시이다.

(2) 포괄위임입법 금지의 원칙

㈎ 국민의 자유와 권리의 제한을 내용으로 하는 법규사항은 반드시 법률에

의하여야 한다는 법률유보(Gesetzesvorbehalt)의 원칙은 법치국가의 기본적인 헌법원리이며, 헌법 제37조 제2항에서 천명되고 있다. 하지만 변화무쌍하고 복잡다기한 행정을 구현하여야 하는 현대복지국가에서는 국민의 자유와 권리에 관계되는 사항이라고 하여 모두 입법자가 법률로 정하기는 현실적으로 불가능하며 세부적 사항은 집행부에 맡기는 것이 불가피하다. 따라서 법률유보의 원칙을 기본적으로 유지하면서 법률에서 구체적으로 범위를 정하여 위임하는 법규사항은 대통령 등 행정부에서 규율할 수 있도록 하고 있다. 우리 헌법 제75조도 ① 법률은 법규사항을 대통령령에서 규율하도록 위임할 수 있게 하되, ② 위임할 때에는 구체적으로 범위를 정하여 위임하여야 함을 요구하고 있다. 그러므로 법률이 법규사항의 규율을 대통령령에 포괄적으로 위임하거나 백지위임(白紙委任)을 하는 것은 허용되지 아니하는바, 이를 '포괄위임입법 금지(包括委任立法 禁止)의 원칙'이라고 한다.

(나) 법률의 위임은 반드시 구체적·개별적으로 한정된 사항에 대하여 행하여져야 한다. 다만 구체적인 범위는 각종 법령이 규제하고자 하는 대상의 종류와 성격에 따라 달라진다 할 것이므로 일률적 기준을 정할 수는 없지만, 적어도 법률의 규정에 의하여 이미 대통령령으로 규정될 내용 및 범위의 기본사항이 구체적으로 규정되어 있어 누구라도 당해 법률로부터 대통령령에 규정될 내용의 대강(大綱)을 예측할 수 있으면 족하다.[1] 여기서 그 예측가능성의 유무는 당해 특정조항 하나만을 가지고 판단할 것이 아니고 관련 법조항 전체를 유기적·체계적으로 종합 판단하여야 하며, 각 대상법률의 성질에 따라 구체적·개별적으로 검토하여야 한다.[2]

(다) 법률에서 법규사항을 대통령령에 위임하였는데 명령도 이를 전부 규정하지 못하고 다시 부령으로 위임(재위임 내지 복위임)하는 경우도 있다. 그 경우 대통령령이 법률로부터 위임받은 사항을 모두 하위 명령에 재위임하면 이를 대통령령으로 정하도록 한 법률의 취지를 위반하는 것이 된다. 따라서 복위임

1) 위임입법에 관한 헌법 제75조는 처벌법규에도 적용되는 것이지만 처벌법규의 위임은 특히 긴급한 필요가 있거나 미리 법률로써 자세히 정할 수 없는 부득이한 사정이 있는 경우에 한정되어야 하고 이 경우에도 법률에서 범죄의 구성요건은 처벌대상인 행위가 어떠한 것일 것이라고 이를 예측할 수 있을 정도로 구체적으로 정하고 형벌의 종류 및 그 상한과 폭을 명백히 규정하여야 한다. 헌재 1991. 7. 8. 91헌가4, 판례집 3, 336, 336-337면. 복표 등 사행행위단속법 위헌결정.

2) 헌재 1994. 7. 29. 93헌가12, 판례집 6-2, 53, 58-59면; 헌재 1996. 8. 29. 94헌마113, 판례집 8-2, 141, 163-164면.

을 할 때에도 위임받은 사항의 대강을 대통령령에서 정하고 그 중 특정한 사항의 범위를 정하여 다시 하위 명령에 위임하여야 하며 이러한 요건을 준수하는 경우에만 합헌적이 될 수 있다. 예컨대 세법규정의 체계는 대부분 이와 같이 상하규범으로 편제되어 재위임이 활발히 활용되고 있다.

㈑ 행정기관 내부적 효력을 가짐에 불과하고 대국민적 효력이 없는 행정규칙은 이와 같은 위임입법의 법리와 관련이 없는 것이 원칙이다. 그러나 실제로는 법률이 법규사항의 세부내용을 행정규칙에 위임하는 경우가 종종 있다.[1] 그리하여 법규사항을 정하는 '법규명령적 행정규칙'이 존재하게 된다. 행정규칙은 원칙적으로 헌법재판의 대상이 될 수 없으나 예외적으로 법규사항을 규율하는 행정규칙은 헌법재판의 대상이 된다. 헌법재판소는 ① 당해 행정규칙이 법령의 규정에 의하여 행정관청에 법령의 구체적 내용을 보충할 권한을 부여한 경우, 또는 ② 재량권행사의 준칙(準則)인 규칙이 그 정한 바에 따라 되풀이 시행되어 행정관행(行政慣行)이 되고 평등의 원칙이나 신뢰보호의 원칙에 따라 당해 행정기관은 그 상대방에 대한 관계에서 그 규칙에 따라야 할 자기구속(自己拘束)을 당하게 될 정도에 이른 경우에는 대외적인 구속력을 가지게 되고 헌법소원심판의 대상이 된다고 한다.[2]

제 4 항 대통령의 사면권

헌법 제79조 제1항은 '대통령은 법률이 정하는 바에 의하여 사면·감형 또는 복권을 할 수 있다'고 규정하여 대통령에게 사면권을 부여한다.

1) 사회적 변화에 대응한 입법수요의 급증과 종래의 형식적 권력분립주의로는 현대사회에 대응할 수 없다는 기능적 권력분립론 등을 감안하여 헌법 제40조와 헌법 제75조, 제95조의 의미를 살펴보면, 의회가 구체적으로 범위를 정하여 위임한 사항에 관하여는 당해 행정기관이 법정립의 권한을 갖게 되고, 이 경우 입법자는 규율의 형식도 선택할 수 있다 할 것이므로, 헌법이 명시하고 있는 법규명령의 형식이 아닌 행정규칙에 위임하더라도 이는 국회입법의 원칙과 상치되지 않는다. 다만, 행정규칙은 법규명령과 같은 엄격한 제정 및 개정절차를 요하지 아니하므로, 기본권을 제한하는 내용에 대해서는 법규명령에 위임함이 바람직하고, 부득이 고시와 같은 형식으로 위임을 할 때에는 적어도 전문적·기술적 사항이나 경미한 사항으로서 업무의 성질상 위임이 불가피한 사항에 한정된다. 헌재 2016. 2. 25. 2015헌바191, 판례집 28-1상, 156, 157면.
2) 헌재 1990. 9. 3. 90헌마13, 판례집 2, 298면.

(1) 사면의 의의

사면은 일반적 형사법 절차에 의하지 않고 형의 선고의 효과나 공소권의 존재를 소멸시키거나 확정된 형의 경우 그 형의 집행을 면제하여 주는 것을 말한다. 대통령이나 국왕 등 사면권자의 조치에 의하며 통상의 형사법절차에 의하지 않고 형사적 책임을 면제시키는 점에 제도적 특징이 있다.

사면은 이를 남발하면 정상적 형사법 체계에서 벗어나 형벌의 공정성이 무너지는 부정적 효과를 가져온다. 그러나 입헌주의 헌법에서는 보편적으로 이러한 사면제도를 인정하고 있다. 연혁적으로는 영국에서 입헌주의가 태동할 때로부터 통치권자인 국왕의 대권(royal prerogative, 大權)에 포함되는 것으로 여겨져 왔고 오늘날의 대부분의 입헌주의 헌법에서 이를 수용하고 있는 것이다. 한편 일반 사법(司法)의 운용은 모든 문제를 법이 정한 잣대에 의하여서만 해결하려는 경직성을 보이게 되어 있으므로 법률을 초월한 차원의 보다 탄력성이 있는 사회통합적인 화합 조치가 필요할 경우 사면제도가 사회적 유용성을 발휘할 수 있다.

(2) 사면의 종류와 효과

사면은 그 발령시기와 대상에 따라 법적 성격과 효과가 상이한 여러 가지 형태가 있을 수 있다. 형의 선고 이전에 사면하면 공소권을 소멸시키는 성격을 가진 사면이 되고, 형이 확정되고 난 후 사면을 하게 되면 형의 집행을 면제하는 성격의 사면이 된다. 여기서 형의 선고 이후 확정되지 아니한 상태라면 형의 선고의 효력이 소멸되어 역시 마찬가지의 혜택을 받게 된다. 그래서 어느 단계에 있건 간에 그에 관련된 형벌은 면제된다.

광의의 사면은 이러한 형벌면제에 감형과 복권을 포함한 것이다. 감형은 선고받은 형의 일부를 면제받는 것으로서 예컨대 10년 이상 형을 선고받은 경우 그 중 5년을 감하여 주는 것 등이 이에 해당한다. 복권은 형의 종류 중 자격형, 즉 자격정지나 자격상실의 형을 받는 자에 대하여 그 자격을 회복시켜 주는 것을 말하는데, 예컨대 피선거권 박탈을 내용으로 하는 자격정지형을 받은 자는 복권에 의하여 피선거권을 회복할 수 있다.

사면은 일반사면과 특별사면으로 분류되며, 일반사면은 헌법 제79조 제2항에 따라 국회의 동의를 얻어야만 명할 수 있다. 일반사면은 범죄의 종류를 지정하여 일괄적으로 사면을 명하는 것이다. 그러나 일반사면을 하려면 국회의 사전동의를 받아야 하는 제약이 있으므로 실제로는 비록 다수의 대상자를 상대로 한 사면을 명하는 경우에도 형 혹은 대상자를 특정하여 행하는 특별사면의 방식이 선호되고 있다.

범죄의 종류를 지정하여 행하는 일반사면은 대통령령으로 행한다. 일반사면을 명하면 형의 선고를 받지 아니한 자에 대하여서는 공소권이 소멸되며 형의 선고를 받은 자에 대하여서는 그 선고의 효력이 상실된다. 사면 대상인 범죄로 기소되어 재판중이라면 그 사건에서 법원은 면소(免訴)의 판결을 내려야 한다. 사면은 원칙적으로 소급효를 가지지 않으며 장래효만 인정된다.

그러나 특별사면은 대통령의 개별적 명령에 의하여 구체적 처분의 형태로 행한다. 선고를 받은 자에 대하여 원칙적으로 형집행의 면제의 효과만 가진다.[1)]

(3) 사면권 행사의 한계

그렇다면 어떠한 사건이라도 사면할 수 있다는 것인가. 권력분립을 이유로 하여 타 부(府)의 권한의 본질을 침해하는 사면권의 행사는 할 수 없다는 점에서 한계를 찾는 견해가 있고, 국민화합과 국가이익의 증진을 위하여서만 할 수 있고 자신의 정치적 입지를 위한 당리당략 차원에서는 할 수 없다고 보는 입장도 있으며, 어떠한 한계도 없다는 한계부정설도 주장된다. 그러나 한계를 긍정한다고 하더라도 명백한 법적 개념으로서 사면권의 행사를 분명히 구분짓는 한계선을 설정하는 데에는 어려움이 있다고 생각된다. 대통령의 사면권 행사에 대하여서는 유사한 입장에 있는 대상자들 간에 형평성의 유무를 중심으로 불만이 항상 발생하기 마련일 것이다. 이에 대하여 헌법상 평등권 위반 등을 이유로 하여 헌법심사의 대상으로 삼을 수 있는가 하는 문제에 관련하여, 일반법원은 사면권의 행사 자체는 대통령의 통치행위에 속하므로 사법심사의 대상이 되지 않는다는 판례를 내어왔다.[2)] 판단컨대 대통령의 사면권의 행사는 국민화합, 사회적 갈등 해소, 혹은 국가이익보전 등의 정책적 고려에서 이루어지

1) 사면법 제5조 제1항 제2호. 특별사면: 형의 집행이 면제된다. 다만, 특별한 사정이 있을 때에는 형을 변경할 수 있다.

2) 서울행정법원 2000. 2. 2. 99구24405. 5·18특별사면무효확인청구사건 판결; 동 법원 2000. 11. 3. 99구26517. 김○철특별사면무효확인청구사건 판결.

는 고도의 정치적 행위라는 점에서 통치행위의 개념에 속한다고도 볼 수 있다.

그러나 헌법재판소는 일반법원과 같이 통치행위라는 이유만으로 판단을 회피하지는 아니하며 자기관련성 등 헌법재판의 요건이 충족되는 경우에는 사면권 행사의 직징성 여부에 관하여 실체적 판단을 할 여지를 보이고 있다.[1] 법원이 이 문제에 대하여 판단을 회피하고 있는 이상 헌법재판소는 보충성 원칙의 예외로서 헌법소원의 대상성도 인정할 수 있으므로 보다 적극적인 헌법재판소의 심사·통제가 요망된다.

제5항 대통령의 헌법기관 구성에 관한 권한

헌법은 대통령이 국가원수로서 대법원, 헌법재판소 및 선거관리위원회의 구성원을 정함에 있어서 일정한 권한을 행사하도록 규정하고 있다. 또한 대통령은 행정부의 수반이므로 국무총리를 비롯한 국무위원의 임명·교체권과 감사원의 구성권을 가진다.

(1) 대법원의 구성에 관한 권한

대통령은 국회의 동의를 얻어 대법원장을 임명하고(헌법 제104조 제1항), 대법원장의 제청으로 국회의 동의를 얻어 대법관을 임명한다(제2항). 국회와 함께 대통령도 국민에 의하여 직접 선출된 기관이므로 대통령의 이러한 인사권한은 직업적 사법관으로 형성된 대법원에 어느 정도 국민의 뜻을 반영한다는 취지에서 그 구성상의 민주적 정당성을 부여하는 의미를 가진다고 본다.

(2) 헌법재판소의 구성에 관한 권한

대통령은 헌법재판소장과 헌법재판소 재판관 전원을 임명할 권한을 가진다. 다만 헌법재판소장은 국회의 동의를 얻어 임명하며, 재판관 9인 중 3인은 국회에서 선출하는 자를, 3인은 대법원장이 지명하는 자를 임명하여야 한다(헌법 제111조 제2항 내지 제4항). 이러한 임명제도는 재판관들 중 국회의 검증을 받게 되는 헌법재판소장과 3인의 국회선출 재판관과 그 밖의 5인의 재판관들 사이

1) 헌재 1998. 9. 30. 97헌마404, 판례집 10-2, 563면. 전두환·노태우 전대통령에 대한 특별사면 위헌확인 각하결정; 헌재 2000. 6. 1. 97헌바74, 병과형 일부특별사면 합헌결정.

에 임명절차상 엄격성의 불균형을 낳는 문제가 있으므로 대통령 직접임명과 대법원장 지명의 재판관들에 대하여서도 국회의 인사청문의 대상이 되도록 하고 있다.[1)]

(3) 선거관리위원회 구성 참여권

대통령은 중앙선거관리위원회 위원 9인 중 3인을 임명한다. 그 외 3인은 국회에서 선출되고, 3인은 대법원장이 지명한다. 위원장은 위원 중에서 호선한다(헌법 제114조 제2항).

(4) 국무총리 · 국무위원 임면권

대통령은 국회의 동의를 얻어 국무총리를 임명하고(헌법 제86조 제1항), 국무총리의 제청으로 국무위원을 임명한다(제87조 제1항). 대통령은 행정부의 수반으로서 당연히 국무총리와 국무위원의 해임권을 가진다.

(5) 감사원 구성권

대통령은 국회의 동의를 얻어 감사원장을 임명하고 감사원장의 제청으로 감사위원을 임명한다. 감사원은 대통령 소속 기관이므로 대통령이 그 전체적 구성권을 가지는데, 다만 국무총리나 국무위원의 경우와는 달리 감사원장과 그 위원들은 4년의 임기가 보장되고, 1차에 한하여 중임될 수 있다(헌법 제98조).

제 6 항 대통령의 형사소추 면제 특권

(1) 헌법 84조는 대통령은 내란 또는 외환의 죄를 범한 경우를 제외하고는 재직 중 형사상의 소추를 받지 아니한다고 규정한다. 이러한 대통령의 소추면제특권은 국회의원의 면책특권 혹은 불체포특권과 비교할 때 법적 성격이 반드시 같지 아니하다.

(2) 대통령은 재직 중에는 내란죄와 외환죄를 제외한 모든 죄에 대하여 형

---

1) 헌법재판소법 제6조(재판관의 임명) ② 재판관은 국회의 인사청문을 거쳐 임명 · 선출 또는 지명하여야 한다. 이 경우 대통령은 재판관(국회에서 선출하거나 대법원장이 지명하는 사람은 제외한다)을 임명하기 전에, 대법원장은 재판관을 지명하기 전에 인사청문을 요청한다.

사상 소추를 받지 않는다는 것으로 이는 형사적 특권의 의미를 가지는 데에 국한되며, 민사적 책임과 행정적 책임이 면하여진다는 것은 아니다. 국회의원의 면책특권의 경우와는 달리 대통령의 형사소추 면제의 특권은 단지 인적 처벌조각사유가 되는 것이 아니라 법원의 재판권 자체가 존재하지 않는 것으로 본다.

따라서 대통령으로서의 직무를 퇴직한 후에는 소추할 수 있음을 고려하여 대통령에 대하여 재직 중에 미리 압수·수색을 실시하거나 체포·구금하는 등의 보전적 목적의 일체의 강제수사를 행할 수 없다고 본다. 법원의 재판권이 부존재하므로 판사가 증인소환을 하더라도 대통령은 이에 응할 필요가 없으며, 판사는 대통령에 대하여 증인구인 등 재판상의 강제조치를 행할 수 없다. 대통령이 재직중 형사상 소추를 받은 때에는 형사소송법 제327조 제1호에 따라 피고인에 대하여 재판권이 없을 경우에 해당하여 공소기각의 판결을 하여야 한다. 이 점에서 국회의원의 면책특권이 인정되는 경우 동 제2호에 따라 공소제기의 절차가 법률의 규정에 위반되어 무효일 때에 해당하여 공소기각의 판결을 하여야 하는 것과 구분된다.

(3) 대통령에게 형사소추 면제의 특권이 인정되는 결과 대통령이 범한 범죄의 공소시효는 재직기간 동안 정지되는 것으로 보아야 할 것인지의 문제가 논의된다. 이 점에 관하여 헌법재판소는 대통령은 내란, 외환의 죄를 제외한 모든 범죄에 대하여 재직 중 소추되지 않으므로 재판권이 없어서 기소할 수 없었던 재직기간 동안은 공소시효가 정지된 것으로 보아야 한다는 입장에 서 있다.[1]

1) 헌법 제84조의 규정취지와 함께 공소시효제도나 공소시효정지제도의 본질에 비추어 보면, 비록 헌법 제84조에는 "대통령은 내란 또는 외환의 죄를 범한 경우를 제외하고는 재직중 형사상의 소추를 받지 아니한다."라고만 규정되어 있을 뿐 헌법이나 형사소송법 등의 법률에 대통령의 재직중 공소시효의 진행이 정지된다고 명백히 규정되어 있지는 않다고 하더라도, 위 헌법규정은 바로 공소시효진행의 소극적 사유가 되는 국가의 소추권행사의 법률상 장애사유에 해당하므로, 대통령의 재직중에는 공소시효의 진행이 당연히 정지되는 것으로 보아야 한다. 헌재 1995. 1. 20. 94헌마246, 판례집 7-1, 15, 16면. 12·12 군사쿠데타 사건 결정.

CHAPTER 05

행 정 부

제1절 국무총리

제1항 의의와 연혁

(1) 우리나라 헌법상 통치구조는 대통령중심제를 택하고 있다. 대통령제에서는 일반적으로 부통령이 존재할 뿐 의원내각제의 정부수장인 국무총리는 존재하지 않는다. 그럼에도 불구하고 우리나라의 헌법상으로는 국무총리가 대통령과 함께 병존하고 있는데, 국무총리 제도는 통치구조의 근본성격을 좌우할 수 있을 정도로 비중있는 제도라고는 할 수 없으나 우리나라 헌법만이 가진 독특한 성격을 대변하는 제도가 되고 있다.

(2) 국무총리제도는 제헌헌법으로부터 유래한다. 제헌헌법의 초안을 주도한 유진오 박사의 구상에 따라 원래 의원내각제 헌법초안이 작성되었으며 이는 제헌의회에서 유력하였던 한국민주당 의원들의 지지를 받았다. 그러나 대통령직을 맡아야 할 것으로 예상되던 이승만의 반대로 인하여 대통령제를 채택하되 국회의 한민당 측 입장을 고려하여 국무총리제도를 남겨두도록 함으로써 대통령과 국무총리가 병존하는 절충형 제도가 탄생하게 되었다. 제헌헌법에서 국무총리는 대통령이 임명하되 국회의 사후승인을 받도록 하였다. 그 후 국무총리제도는 이른바 사사오입(四捨五入) 개헌을 하면서 폐지되었다가 제2공화국 헌법에서 완전한 의원내각제를 실시하며 부활하였다. 다시 제3공화국 때에는 대통령 임명제의 국무총리 제도를 채택되었으며 유신헌법 이후 지금과 같은

대통령이 임명하되 국회의 사전동의를 받도록 하는 제도가 정립되어 현행 헌법에 이르기까지 계속되어 오고 있다.

제2항 국무총리의 헌법적 지위

(1) 헌법 제86조 제2항은 국무총리는 '대통령을 보좌하며, 행정에 관하여 대통령의 명을 받아 행정각부를 통할한다'고 하여 국무총리는 대통령 보좌기관이자 행정부 통할기관으로 성격을 밝히고 있다. 한편 제88조 제3항은 '대통령은 국무회의의 의장이 되고, 국무총리는 부의장이 된다'고 규정하고, 제71조는 대통령이 궐위되거나 사고로 인하여 직무를 수행할 수 없을 때 국무총리는 제1순위의 권한대행자가 되는 것으로 규정함으로써 국무총리가 행정부 내에서 대통령 다음 순위의 제2인자적 지위를 가짐을 확인하고 있다. 나아가 제87조 제1항은 '국무위원은 국무총리의 제청으로 대통령이 임명한다'고 하고, 제3항은 '국무총리는 국무위원의 해임을 대통령에게 건의할 수 있다'고 하며, 제94조는 '행정각부의 장은 국무위원 중에서 국무총리의 제청으로 대통령이 임명한다'고 하여 국무총리에게 국무위원·행정각부의 장의 임면에 대한 강력한 참여권을 부여함으로써 행정각부의 통할권을 실질적으로 행사할 수 있도록 하고 있다.

국무총리의 권한에 관한 이러한 제반 조항들의 내용을 종합할 때, 국무총리는 한편으로는 대통령의 보좌기관으로서의 지위를 가지나 다른 한편으로는 행정부 전체를 통할하고 국무위원에 대한 임면관여권을 가짐으로써 대통령의 권한행사를 견제하는 기관으로서의 지위를 가지며 결국 대통령에 대하여 보좌기관과 견제기관의 이중적 법적 지위를 가진다고 보아야 할 것이다.

(2) 다수설은 국무총리의 지위에 있어서는 대통령 보좌기관적 성격이 보다 근본적인 것이며, 대통령의 견제기관으로서의 성격은 부수적인 것에 불과하다고 본다. 국무총리는 언제나 대통령의 임의로 해임될 수 있다는 점을 고려할 때 보좌기관성이 주된 것일 수밖에 없고 여기서 더 나아가 확대해석을 하는 것은 잘못된 것이라고 주장한다. 헌법 제66조 제4항이 '행정권은 대통령을 수반으로 하는 정부에 속한다'고 규정하고 있는 것도 그 근거가 된다고 한다.

그러나 국무총리의 정치적 역량은 대통령의 지명과 국회의 동의로부터 나오는 것이라고 할 것인데, 만약 국회가 대통령에 대한 반대 정파에 의하여 장악된 상태라면 국회의 동의권 행사에 의하여 대통령의 임명권은 제약될 수밖에 없다. 나아가 대통령이 국무총리를 해임한다고 하더라도 야당이 주도하는 국회가 차기 총리에 대한 동의 여부를 둘러싸고 견제할 수 있으므로 대통령의 국무총리 해임은 반드시 그 의중대로 용이하게 이루어질 수 있는 것만은 아니다. 대통령은 국무총리의 임명제청을 받아야만 국무위원들을 임명할 수 있으며 국무총리의 협조가 없이는 행정부의 구성이 불가능하다. 또한 헌법 제66조 제4항은 행정권이 정부에 속한다고 하고 있을 뿐이며, 행정권이 대통령에 귀속된다고 한 것은 아니다.

결론적으로 국무총리는 대통령이 지휘하는 정당인 여당이 국회의 다수당인 경우에는 보좌기관적 성격을 가질 것이지만, 야당이 국회를 지배하는 상황에서는 대통령에 대한 견제기관으로 탈바꿈할 가능성이 있는 탄력적 성격을 가진 기관으로 보아야 할 것이다.

제 3 항 국무총리의 권한

(1) 행정각부의 통할권

국무총리는 행정각부의 통할권을 가진다. 그러나 모든 중앙행정기관이 반드시 국무총리의 통할을 받는 조직으로 편제되어야 하는 것은 아니며, 모든 국무위원이 행정각부의 장관으로서 국무총리의 통할을 받고 있는 것도 아니다. 일부 중앙행정기관들은 정부조직법의 편제상 국무총리 산하기관으로 편제되어 있지 않고 대통령의 직속기관으로 되어 있다. 예컨대 국가정보원이 그러하다. 나아가 모든 중앙행정기관이 '행정각부'인 것은 아니며, 국무총리실에 편제된 기획예산처장과 같은 경우 행정각부의 장으로서의 지위를 가지지는 못하지만 중앙행정기관에 해당한다. 또한 국무위원 중 행정각부의 장의 지위를 가지지 아니하는 무임소 국무위원도 존재한다. 헌법재판소도 그런 내용의 편제를 허용하고 있는 정부조직법 규정이 헌법위반은 아니라고 판단하였다.[1)]

1) 국가정보원의 전신인 국가안전기획부가 국무총리의 통할을 받지 아니하는 대통령 직속의 기관으로 편제되도록 하는 법률조항은 헌법위반에 위반된다는 취지로 제기된 헌법재판사건에서 청구인 측은 헌법 제86조 제2항에서 국무총리의 행정각부 통할권을 규정하고 있는바, 이 행정각부에는 중앙행정기관으로서의 국가안전기획부도 포함되므로 동 부는 당연히 정부조직법에서 국무총리의 통할을 받는 정부기관으로 규정하여야 하는데 그렇게 하지 아니한 것이 위헌이라고 주장하였다. 이에 대하여 헌법재판소는 국무총리의 관할을 받지 않는 대통령직속기관인 국가안전기획부의 설치근거

(2) 국무위원·행정각부의 장 임명 제청권

국무총리는 대통령이 국무위원이나 행정각부의 장을 임명할 때 그 제청을 할 권한을 가지는데, 대통령이 국무총리의 제청 없이 국무위원이나 행정각부의 장을 임명하는 경우 그 효력은 어떻게 될 것인지 논의된다. 이에 대하여 유효설과 무효설이 나뉘어지는데, 유효설은 대통령의 보좌기관인 국무총리의 임명제청권은 형식적 의례적 권한에 불과하기 때문에 이는 대통령의 임명행위에 있어서 헌법이 요구하는 하나의 절차요건에 불과하고 이를 위반하였다고 하여 대통령의 임명행위 자체를 무효로 하지는 않는다고 한다. 즉 헌법위반이기는 하지만 무효는 아니라는 것이다. 다만 이러한 행위는 대통령의 직무상 위헌행위로서 탄핵사유로는 구성될 수 있다고 본다.

무효설은 헌법이 명문으로 총리의 제청을 받도록 하였는데 이를 위반하였으면 그 행위는 당연히 무효라고 본다. 총리에게 이러한 권한을 주는 것은 대통령의 권한을 견제하게 하기 위한 것이므로 이를 함부로 축소 해석하여서는 안 되기 때문이다. 따라서 이는 위헌일 뿐만 아니라 무효이다. 국무총리가 대통령에 대한 견제기관으로서의 성격을 가짐을 유의하는 입장이라고 할 수 있다.

(3) 총리령 발령권

㈎ 헌법 제95조는 '국무총리는 … 소관사무에 관하여 법률이나 대통령령의 위임 또는 직권으로 총리령 … 을 발할 수 있다'고 규정한다. 이는 상위규범의 위임에 의하여 법규사항을 규정할 수 있는 위임명령을 포함한다. 위임은 직접 법률로부터 받을 수 있으나 그렇지 않더라도 대통령령 등 상위 법규명령으로부터의 재위임을 받는 방식에 의할 수도 있다. 어떠한 경우이든 이러한 위임이 포괄위임입법 금지의 원칙을 위배하여서는 안 된다.

㈏ 또한 직권으로 총리령을 발할 수 있는데 이를 직권명령이라 한다. 직권명령이 행정규칙의 성격을 가지는 것인지 아니면 법규명령에 속하는 집행명령을 말하는 것인지에 관하여서는 견해의 차이가 존재한다.

판단컨대 헌법이 정하는 총리령은 법규명령을 말하는 것이지 행정규칙으로

와 직무범위 등을 정한 정부조직법 제14조 등 관련 법률조항은 헌법에 위배된다 할 수 없다고 판시하였다. 헌재 1994. 4. 28. 89헌마221, 판례집 6-1, 239면.

볼 수는 없다. 총리가 발하는 행정규칙은 고시, 훈령, 통첩, 지시 등이 있을 것이지만 이는 행정규칙의 본질상 헌법에 특별한 근거규정이 없이도 명하여질 수 있다. 따라서 헌법 제95조 소정의 직권명령은 상위 규범이 정한 법규사항의 세부적 집행에 필요한 사항만을 정하는 집행명령이라고 보는 것이 적당하다. 이렇게 볼 때 직권명령은 새로운 입법사항을 창출할 수는 없다고 하는 주장이나 입법사항을 내용으로 한다는 설명 등은 모두 정당한 견해이다. 이를 집행명령으로 보는 것만으로 모두 충분히 설명될 수 있기 때문이다.

㈐ 총리령과 부령의 구분

법규범 단계설에 의할 때 헌법과 법률의 아래에 위치하는 명령은 대통령령·총리령·부령의 순서로 편제된다고 볼 것인데, 총리령과 부령은 상하관계가 아니라 대등한 위상의 규범이라는 주장이 제기된다. 헌법 제95조에 의하여 대통령령의 우위는 분명히 드러나지만 총리령과 부령은 그 규범의 서열에 관하여 아무런 규정이 없으므로 동위라고 보는 동위설과 총리가 행정각부를 통할할 권한이 있음을 고려할 때 서로 상하의 위계에 있다고 보아야 한다는 총리령 상위설이 나뉘고 있다. 총리와 각부 장관의 위상을 실질적으로 고려할 때 총리령 상위설이 타당하다고 생각된다.

제 2 절 국무위원·행정각부의 장·국무회의

제 1 항 국무위원·행정각부의 장

(1) 헌법 제87조 제2항은 '국무위원은 국정에 관하여 대통령을 보좌하며, 국무회의의 구성원으로서 국정을 심의한다'고 규정한다. 이와 같이 국무위원은 대통령의 보좌기관적 지위에 있지만, 국무회의의 구성원으로서 어떠한 지위를 가질 것인가에 대하여서는 견해가 대립된다. 국무위원은 국무회의의 구성원으로서 회의의 소집, 의안제출, 결의에 참여하는 등 모든 업무활동에서 동일한 지위에 있다는 설이 있고, 헌법조항에 의하여 대통령의 보좌기관임이 명백한 만큼 국무회의 참여에 있어서도 동위는 아니라는 주장이 나뉜다. 판단컨대 우

리나라 헌법상의 국무회의는 의원내각제 국가의 내각과는 달리 국정의 심의기관일 뿐 의결기관이 아니다. 따라서 국정 논의를 적극화하고 활성화하기 위하여서는 심의기관 구성원의 지위의 동등성을 인정함이 바람직하다고 생각된다. 위 헌법조항도 국무위원의 대통령 보좌기능과 국무회의 심의기능은 문맥상 구분하여 규정하고 있으므로 반드시 이를 결합하여 볼 필요는 없다고 본다.

(2) 국무위원은 행정각부의 장과 혼동되는 측면이 있으나, 국무위원이라고 하여 반드시 행정각부의 장이 되는 것은 아니다. 그러나 행정각부의 장은 언제나 국무위원이 된다. 헌법 제94조는 행정각부의 장은 국무위원 중에서 국무총리의 제청으로 대통령이 임명하도록 규정하고 있기 때문이다. 따라서 행정각부의 장은 국무위원을 겸하는 이중적 지위를 가지고 있다.

(3) 헌법 제82조는 '대통령의 국법상 행위는 문서로써 하며, 이 문서에는 국무총리와 관계 국무위원이 부서한다'고 규정한다. 부서(副署)는 대통령이 국정수행의 행위를 함에 있어서 총리와 관계 국무위원이 이어서 서명을 하는 것을 말한다. 이는 당해 정책결정에 대하여 연대책임(連帶責任)을 지겠다는 의지의 표명이며, 대통령이 결정한 정책이 행정담당자에 의하여 확실히 집행되도록 보장하여주는 의미를 가진다. 국무위원이 소신에 반한다는 이유로 부서를 거부할 경우 대통령은 그를 해임하고 새로 임명한 인사로부터 부서를 받아 정책을 집행하면 될 것이나, 정치적 마찰과 절차적 지연이 수반될 것이므로 부서권은 대통령에 대한 정책적 견제수단으로 활용될 여지도 있다. 만약 대통령이 부서없이 정책을 집행한 경우 집행행위의 법적 효력까지 부인되기는 어려우나, 대통령의 위헌행위에 해당될 것이므로 탄핵소추의 대상이 될 것이다.

제2항 국무회의

국무회의의 법적 성격은 의결기관도 자문기관도 아닌 심의기관(審議機關)이다. 국무회의가 국정의 의결기관이 된다면 이는 곧 의원내각제 통치구조가 됨을 의미한다. 국무회의의 심의사항은 헌법 제89조에 규정되어 있는데, 여기에 규정된 사항임에도 불구하고 국무회의의 심의 없이 결정하고 집행한 경우 그 법적 효력의 가부에 관하여 논의된다. 국무회의는 국정의 의결권이 없고 단지 심의만 할 수 있는 점을 고려할 때 이러한 국정집행행위를 반드시 무효로 해석하기는 어렵다. 그러나 엄연한 헌법위반행위로서 그 집행책임자는 탄핵소추의 대상이 될 것이다.

제 3 절 감사원과 선거관리위원회

이와 같이 국가의 행정작용은 일반적으로 대통령과 국무총리를 정점으로 하는 행정부에 의하여 수행되는 것이지만, 헌법이 국가의 행정기능의 특수한 부분을 분리하여 이를 담당하는 별도의 기관에게 그 권한을 부여하는 경우가 있다. 감사원과 선거관리위원회가 그것이다.

제1항 감 사 원

1. 의 의

감사원은 국가의 세입·세출의 결산, 국가 및 법률이 정한 단체의 회계감사와 행정기관 및 공무원의 직무에 관한 감찰을 하기 위하여 설치된 헌법기관이다(헌법 제97조). 어느 나라든 회계감사 또는 직무감찰을 위한 감사기구를 설치하는 것이 통례이지만 이를 입법부의 산하에 둘 것인지, 집행부의 일부로 할 것인지, 아니면 어느 부에도 속하지 아니하는 독립된 기관으로 설치할 것인지는 입법례가 나누어지고 있다. 입법부형으로 하면 정치적 중립성이 훼손될 수 있고, 집행부형을 취하면 집행부 수반으로부터의 독립성이 확보되기 어려우며, 독립형으로 하면 감사결과의 집행이 어려워지는 등의 난점이 있으므로 어느 유형에 의하든 장단점이 존재한다. 우리 헌법은 그 중 집행부형을 취하고 있다.

2. 헌법상 지위와 특성

(1) 대통령 직속의 헌법기관

감사원은 대통령 소속의 헌법기관이다(헌법 제97조). 감사원과 같은 대통령

직속의 행정기관에는 국가정보원도 있으나 이는 헌법기관이 아닌 점에서 감사원과 구별된다. 그러나 감사원은 행정각부에 속하지 아니하고 감사원장은 국무위원이 아니며 국무회의에 참석하지 않는다.

(2) 독립기관

감사원이 비록 조직상 대통령 소속으로 편제되어 있으나, 그 권한의 수행의 면에서는 대통령의 지휘·감독을 받지 아니하고 완전히 독립하여 활동한다. 이러한 '기능상의 독립성'은 감사업무의 본질상 필연적으로 요구되는 것이다. 감사원법 제2조 제1항도 '감사원은 대통령에 소속하되, 직무에 관하여는 독립의 지위를 가진다'고 규정하여 이를 확인하고 있다.

(3) 합의제 기관

감사원은 감사위원들로 구성되는 합의제 기관이다. 다만 합의제 기관으로서의 감사원의 특성은 헌법이 직접 요구하는 바는 아니며 법률에 의하여 규정되고 있다. 감사원의 업무는 감사위원으로 구성된 감사위원회의 의결에 의하여 처리되며 동 의결에 있어서는 재적 감사위원 과반수의 찬성이 필요하다(감사원법 제11조).

3. 감사원의 구성과 신분

헌법상 감사위원은 원장을 포함하여 5인 이상 11인 이하로 구성되도록 하고 있으나(제98조 제1항), 법률상으로는 원장을 포함한 7인으로 한정되어 있다(감사원법 제3조). 감사원장은 국회의 동의를 얻어 대통령이 임명하고, 감사위원은 원장의 제청으로 대통령이 임명한다. 감사원장을 포함한 감사위원은 임기가 각 4년이며, 1차에 한하여 중임할 수 있다. 이러한 임기제는 감사위원의 신분보장을 제고함으로써 감사원의 직무의 독립성과 공정성을 확보하려는 데에 목적이 있다. 또한 감사원법은 탄핵·금고이상의 형의 선고·장기의 심신쇠약으로 인한 직무수행 불능의 사유가 아니면 의사에 반하여 면직될 수 없도록 하여 감사위원에게는 법관에 준하는 신분보장이 이루어지고 있다(감사원법 제8조).

4. 권한과 직무

(1) 결산 및 회계감사권

감사원은 회계감사의 결과에 따라 국가의 세입·세출의 결산을 확인한다(감사원법 제21조). 회계감사에는 필요적 검사사항과 감사원이 필요하다고 인정하거나 국무총리의 요구가 있을 때 행하는 선택적 검사사항이 있는데, 필요적 검사사항에는 국가·지방자치단체 및 한국은행 등에 대한 검사가 있으며(제22조), 선택적 검사사항에는 국가·지방자치단체 이외의 자가 국가·지방자치단체를 위하여 행하는 금전출납사무 등이 있다(제23조).

(2) 직무감찰권

직무감찰은 국가·지방자치단체 및 소속 공무원의 직무 전반에 걸쳐 위법·부당행위를 적발하는 작용을 말한다. 헌법 제100조에 의하면 감사대상 공무원의 범위는 법률로 정하게 되어 있는바, 감사원법은 행정기관과 지방자치단체 및 그 소속 공무원의 직무전반에 대하여 감찰할 권한을 가지지만(제24조 제1항), 국회·법원 및 헌법재판소에 속한 공무원은 감찰의 대상에서 제외하고 있다(제3항). 대통령 소속 하의 감사원이 다른 부(府)의 직무를 감찰하는 것은 권력분립의 원칙에 반하기 때문이다. 또한 국무총리의 소명이 있는 국가기밀사항이나 국방부장관의 소명이 있는 군기밀 등에 대하여서도 감찰은 배제된다(제4항).

제 2 항 선거관리위원회

1. 의 의

선거관리위원회는 선거와 국민투표의 공정한 관리 및 정당에 관한 사무를 처리하기 위하여 설치되는 헌법기관이다(헌법 제114조 제1항). 선거와 국민투표 및 정당관리에 관한 사무는 본질상 집행행위에 속하는 것이지만 이를 집행부로부터 독립된 별도의 기구로 하여금 관장하게 한다면 민주주의의 실현에 핵심적 중요성을 가지는 선거와 투표의 공정성 및 정당 관리의 중립성을 충실히 보장할 수 있을 것이다. 이러한 취지에서 우리 헌법은 집행부로부터 독립된 기관인 선거관리위원회에 관하여 별도의 장(章)을 두어 규율하고 있다.

2. 헌법상 지위

(1) 독립된 헌법기관

선거관리위원회는 그 조직과 기능 면에서 입법부와 행정부 및 사법부로부터 완전히 독립되어 있으며 헌법에 의하며 설치된다. 선거관리위원회의 위원은 정당에 가입하거나 정치에 관여할 수 없으며(헌법 제114조 4항), 탄핵 또는 금고 이상의 형의 선고에 의하지 아니하고는 파면되지 아니한다(제5항).

(2) 합의제 기관

선거관리위원회는 위원 9인의 합의제 기관이다. 그 의사결정은 위원 과반수의 출석과 출석위원 과반수의 찬성으로 행하고 가부동수일 경우에는 위원장이 결정권을 가진다(선거관리위원회법 제10조).

3. 구 성

중앙선거관리위원회는 대통령이 임명하는 3인, 의회에서 선출하는 3인과 대법원장이 지명하는 3인의 위원으로 구성하되 위원장은 위원 중에서 호선한다(헌법 제114조 제2항). 위원의 임기는 6년이다(제3항).

4. 권한과 직무

(1) 선거와 국민투표의 관리

선거관리위원회는 선거권자의 주권의식의 앙양을 위하여 상시계도를 하여야 하며 선거 또는 국민투표가 있을 때 이에 관하여 필요한 계도를 실시하여야 한다(선거관리위원회법 제14조). 또한 직무수행중 선거법위반행위를 발견한 때에는 그 중지·경고·시정명령 등을 하여야 하며 관할수사기관에 이를 고발할 수 있다(제14조의2). 또한 선거과 국민투표 사무에 관하여 관계행정기관에 필요한 지시를 할 수 있고 지시를 받은 당해 행정기관은 이에 응하여야 한다(헌법 제115조).

(2) 정당에 관한 사무의 처리

정당법은 정당의 등록과 해산 등 정당에 관련된 광범위한 행정적 관리사항을 정치적 중립성과 독립성이 보장되는 선거관리위원회의 관할로 정하고 있다.

(3) 규칙제정권

중앙선거관리위원회는 법령의 범위 안에서 선거관리·국민투표관리 또는 정당사무에 관한 규칙을 제정할 수 있으며, 법률에 저촉되지 아니하는 범위 안에서 내부규율에 관한 규칙을 제정할 수 있다(헌법 제114조). 대법원이나 헌법재판소의 규칙제정권이 법률에 저촉되지 아니하는 범위 안에서 행사될 수 있도록 규정되어 있는 것(헌법 제108조, 제113조 제2항)에 비교하여 볼 때 중앙선거관리위원회의 이 권한은 법령의 범위 안에서만 행사되도록 하여 보다 축소되어 있으나, 이는 동 위원회가 국가권력분립의 구조에서 차지하는 비중이 사법부나 헌법재판소에 미치지 못하기 때문이라고 보아야 할 것이다.

CHAPTER 06

사 법 권

제1절 사법권의 의의와 유래

(1) 사법권은 국가작용 중 사법작용을 담당하는 권한이다. 사법작용은 법적 분쟁이 발생한 경우 독립된 판단기관이 공정한 절차에 따라 해당 분쟁에서 무엇이 법인지를 확인하고 선언하여 주는 작용으로서 이는 일반적으로 '재판'으로 불린다. 헌법 제101조 제1항은 '사법권은 법관으로 구성된 법원에 속한다.'고 규정한다.

(2) 사법권은 입법권·행정권과 함께 삼권의 하나로서 국가권력의 한 축을 형성하고 있다. 이러한 삼권분립의 사상은 18세기 계몽주의 사조가 유행하던 프랑스에서 법복귀족 출신인 몽테스키외가 그의 저서인 '법의 정신(De l'esprit des lois)'에서 최초로 주장하였다. 그 이전의 입헌주의 사상을 정립하였던 영국의 존 로크가 이원분립을 주장한 데에 비하여 몽테스키외는 사법권을 부가하여 삼권분립을 주장한 것은 당시로서는 매우 독창적인 논리였다고 할 수 있다. 그것이 오늘날 입헌주의국가 통치구조의 대세가 된 것은 몽테스키외의 권력분립이론이 미국헌법에서 수용되어 다시 전세계의 헌법구조로 확산되었기 때문이다.[1)]

1) 오히려 몽테스키외의 조국인 프랑스에서는 사법권이 입법권이나 행정권과 같은 독자적인 권력으로서 삼권의 하나로 정립될 수 있는지에 관하여 의문시되며, 프랑스헌법에서는 입법권과 행정권은 진정한 국가권력(pouvoir)으로 인정되지만 사법권은 이에 미치지 못하는 하나의 권능(autorité)으로 파악되고 있다.

제 2 절 사법권의 독립

제 1 항 사법권의 독립의 의의

(1) 헌법은 제5장에서 법원에 관하여 상세히 규정하면서 사법권의 독립을 보장하고 있다. 여기서 사법권의 독립은 국민이 공정하고 합당한 재판을 받을 수 있도록 하기 위하여 보장되는 것이다. 나아가 절차적으로 정당하고 내용적으로 합당한 재판이 이루어져야만 국민의 인권은 보장될 수 있다. 결국 사법권의 독립은 그 자체가 목적인 것이 아니라 국민의 인권보장을 위한 수단적 헌법원리이다.[1)]

(2) 사법권의 독립은 ① 사법권의 담당조직으로서의 법원의 독립과 ② 법관의 독립을 보장하는 것이고, 법관의 독립은 법관의 재판상 독립(물적 독립)과 법관의 신분상 독립(인적 독립)으로 나누어 볼 수 있다. 그러나 사법권의 독립의 핵심은 법관의 재판상 독립에 있으며 신분상 독립과 법원의 독립은 재판상 독립을 보장하기 위한 수단적 원리가 된다.

제 2 항 사법권의 독립의 내용

1. 법원의 독립

(1) 법원의 독립은 입법부로부터의 독립과 집행부로부터의 독립으로 나누

1) 사법권의 독립은 국민의 인권보장을 위하여 중요한 제도이므로 확실히 보장되어야 마땅하나, 사법권의 담당기관으로서의 법원의 구성원인 법관들이 권한수호의 차원에서 재판이나 판결에 대한 비판이나 법관이나 법원의 권한 축소를 무조건적으로 사법권의 독립 침해로 간주하고 과잉반응하는 것은 지양되어야 한다. 예컨대 파산법제에서 파산관재인의 선임은 일반적으로 법원의 권한으로 되어 있으나 IMF사태 이후 공적자금이 투입된 대규모 파산기업들의 파산관재인을 선임하는 데에 있어서 예금보험공사가 지정하는 인사가 파산관재인으로 선임하도록 강제한 입법에 대하여 이것이 사법권과 그 독립을 침해하는 것이라고 하여 법원에 의하여 위헌법률심판이 제청된 사례가 있었다. 헌법재판소에 의하여 문제된 법률은 합헌인 것으로 확인되었지만(헌재 2001. 3. 15. 2001헌가1, 판례집 13-1, 441면), 사법권의 독립은 인권 보장의 궁극적 목적을 실현하기 위한 수단원리일 뿐이며 법원에게 불가침의 특권을 보장하고자 하는 것이 아니라는 점을 상기시키는 사건이었다고 생각한다.

어 볼 수 있다.

(가) 먼저 법원은 입법부로부터 독립되어야 하는데, 특히 그 구성원의 겸직이 허용되어서는 안 된다. 몽테스키외는 법률을 만든 입법자가 그 해석을 행하는 재판관을 겸하면 권력은 자의적이 되고 시민의 자유는 존재하지 않는다고 보았다. 나아가 입법부는 법원의 재판에 간섭할 수 없는데 이는 입법부의 법원에 대한 국정조사의 한계로서 나타난다. 국가조직에 관한 기본적인 법규범은 법률의 형태로 입법부가 제정하는 것이 원칙이지만 재판절차와 법원조직의 내부적 사무처리는 법원이 자율적으로 정하는 규칙에 의하여 규율되어야 한다. 헌법 제108조는 이를 인정하여 대법원에게 자율적인 규칙제정권을 부여하고 있다.

(나) 법원은 집행부로부터도 독립된다. 그리하여 조직·구성·기능·운영 등 모든 측면에서 정부로부터 독립되고 상호 겸직이 불가하다. 몽테스키외는 재판권이 집행권과 결합하면 재판관은 압제자의 힘을 갖게 될 것으로 보았다. 또한 정부는 법원의 재판에 대하여 간섭하여서는 안 된다. 과거에 국가보안법 사건이나 집회 및 시위에 관한 법률 위반사건 등 이른바 공안사건에서 검찰이 법원의 재판업무에 간섭하여 형량까지 주문하는 경향이 있었으나, 현행 헌법이 발효된 이후에는 이러한 사례는 불식되었으므로 사법부의 집행부에 대한 독립은 보장되는 단계에 와 있다고 본다.

(2) 그러나 법원의 독립에 대하여서는 일정한 한계가 있다. 사법부의 수장인 대법원장은 대통령에 의하여 임명되고 그 임명에 있어서는 국회의 사전 동의가 요구된다(헌법 104조 제1항). 이는 사법부의 입법부와 행정부로부터의 독립에 대한 제약으로서의 의미가 없지 않지만 사법부의 수장(首長)인 대법원장 선출에 민주적 정당성을 부여하기 위하여 도입된 불가피한 제도라고 보아야 할 것이다.

(3) 법원의 자율적 예산권의 인정 문제도 사법부의 독립에 실질적으로 중요한 영향을 가진다. 법원은 독자적 예산권을 가지지 못하며 예산의 편성권은 정부가, 예산에 대한 심의확정권은 국회가 각 보유한다. 조직의 실질적 독립을 위하여서는 인사(人事)와 예산의 독립이 필수적으로 요청되는데 우리 사법부는 인사에 대한 독립적 권한만을 가질 뿐이고, 예산에 관하여서는 독립한 권한을 가지지 못하고 있다. 외국에서는 법원의 예산편성권을 부여하고 있는 입법례

가 드물지 아니함을 생각할 때 입법론적으로는 재고하여 볼 필요가 있다고 생각된다. 예산안의 심의확정권은 국민의 대표기관인 국회가 최종적으로 행사하는 것이 불가피하더라도 예산편성권은 정부가 아니라 법원에 부여하는 것이 타당하다고 본다.

2. 법관의 재판상 독립

헌법 제103조는 '법관은 헌법과 법률에 의하여 그 양심에 따라 독립하여 심판한다'고 하여 법관의 재판상 독립을 선언하고 있다. 동 조항에 의할 때 법관의 재판상 독립은 ① 헌법과 법률에 의한 심판, ② 양심에 따른 심판, ③ 독립한 심판을 의미한다.

(1) 헌법과 법률에 의한 심판

㈎ 헌법과 법률에 의한 심판의 요구는 재판의 본질에 비추어 볼 때 자명한 것이다. 재판의 개념 자체가 헌법과 법률 등 법규범의 의미 내용에 관하여 구체적 사건에서 분쟁이 발생하였을 때 그 규범의 내용이 무엇인지 확정하여 주는 작용이기 때문이다.

㈏ 재판의 종류에 따라 적용되는 헌법과 법률의 의미에는 차이가 있다. 형사재판에서 적용되는 법률은 죄형법정주의의 원칙상 형식적 의미의 법률에 한정되며 관습법의 적용이나 법률의 유추해석은 금지된다. 반면 민사재판에서는 보다 너그럽고 탄력적인 법발견이 허용되며 형식적 의미의 법률에 공백이 있을 때에는 관습법 등을 인정하고 유추해석을 하여 의미내용을 보충하여 해석할 수 있다.

(2) 양심에 따른 심판

㈎ 양심(良心)에 따른 재판은 법관의 재판상 독립의 핵심적인 내용이다. 재판에서의 양심의 의미에 관하여 이른바 '주관적 양심설'과 '객관적 양심설'이 논의되고 있다. 여기서 양심이라고 함은 법관 자신의 개인적, 도덕적, 윤리적 확신사항에 따라 행하는 것이 주관적 양심설이라고 한다면, 여기서의 양심은 주관적인 것이 아니라 공정성과 합리성을 통한 법해석을 전문으로 하는 법조

인으로서의 양심, 이른바 법조적 양심(法曹的 良心)을 말한다는 것이 객관적 양심설이다.

(나) 예컨대 집총거부행위를 처벌하는 군형법 조항에 대하여 논란 끝에 헌법재판소의 합헌결정이 내려졌다면 당해사건의 판사로서는 자신의 개인적 소신과 차이가 있다고 하더라도 헌법재판소의 합헌결정을 수용하여 판단하여야 할 것이다. 여기서 법관은 전문법조인으로서 터득된 법해석 방법을 기초로 한 판단을 행하여야 하며, 이를 벗어난 돌출적 판단은 허용되지 않는다. 또한 개인적 소신과 인생관 혹은 종교관에 의하여 사형이나 이혼을 제도적으로 받아들이지 않는다고 하더라도 이를 무조건 재판에 반영하여서는 안 된다. 만약 이러한 제도가 헌법위반이라고 본다면 위헌제청을 할 수 있을 것이나, 헌법재판소가 합헌결정을 하였다면 개인적 소신을 떠나 헌법재판소의 판단을 기초로 한 판단을 하여야 한다.

(다) 형사소송에서 유무죄의 판단은 판사의 자유심증에 의하되, 유죄를 인정하기 위하여서는 모든 합리적 의심을 배제할 정도(beyond all reasonable doubts)의 확신이 요구된다. 단지 유죄의 심증이 무죄의 심증보다 우세하다는 정도만으로 유죄로 심판하여서는 안 된다. 반면 민사소송의 경우 증거 우위의 원칙(preponderance of evidence)에 의하여 조금이라도 증거와 심증이 우세한 측의 주장을 받아들여 심판하여야 한다. 이와 같이 형사소송과 민사소송 사이에는 증거판단의 법칙 자체를 달리하는 점도 개인적 양심과 재판에서 법관이 따라야 할 법조적 양심은 구분되어야 함을 보여준다.

(3) 독립한 심판

(가) 타 국가기관으로부터의 독립

군사정권 시절 이러한 간섭의 분위기는 흔하였으나 문민화가 이루어진 현행 헌법체제에서는 타 국가기관이 원하는 재판결과를 얻기 위하여 더 이상 법원에 압력이나 간섭을 행할 수 없는 분위기가 정착되었다고 생각된다. 그러나 직접적이고 노골적인 간섭은 사라졌더라도 간접적이고 유혹적인 재판간섭의 소지는 여전하다고 본다. 검찰이나 그 밖의 국가기관을 포함하여 재판을 받는 당사자들은 부단히 유리한 판결을 유도하기 위한 노력을 하며 그 과정에서 과잉된 행동을 할 우려는 남아 있다. 이는 근본적으로 법관의 청렴한 처신과 재판 공정성 수호 의지에 의하여 불식될 수밖에 없다.

(나) 소송당사자로부터의 독립

오늘날 우리나라의 재판에서 소송당사자가 판사에게 직접적 압력이나 간섭을 가하는 것은 거의 불가능해졌다고 본다. 그러나 최근의 법조현실과 추세를 고려할 때 대규모 법률회사가 당사자가 된 경우 판사들이 퇴직 후 이러한 수익성이 높은 법률회사에 취업하면 고액의 수익을 보장받을 수 있음을 의식하여 로펌측 소송당사자에게 스스로 무너지는 재판 분위기가 없다고 볼 수 없다. 이러한 폐단으로 인한 피해는 유력한 로펌의 변호사를 고용할 재력이 없는 일반국민들에게 고스란히 돌아갈 것이다. 적절한 제도적 장치로 대응하여 이러한 재판분위기가 만연되는 것을 방지할 필요가 있으며, 이는 재판상 독립과 재판의 공정성을 실제로 확보하기 위한 중대한 과제라고 본다.

(다) 언론과 시민·사회단체로부터의 독립

재판은 언론에 의한 재판관련 보도, 시민단체의 재판에 대한 비판과 조종으로부터 독립하여 진행되어야 한다. 언론기관과 시민·사회단체가 표현의 자유와 여론의 조성을 명목으로 진행중인 재판을 비판함으로써 법관의 양심을 굴복시키고 자신들이 원하는 방향으로 재판을 유도하려고 하는 현상이 나타나고 있는데, 이는 물론 재판상 독립을 침해하는 것이 된다. 그러나 학리적(學理的) 의미에서 비판을 가한다든지, 자신들이 추구하는 정치적 목적을 실현하기 위하여 재판을 왜곡하고자 하는 것이 아니라 법리적 측면에서 잘못되었다고 비판하거나 사법민주화의 측면에서 비판하는 것 등은 허용된다.

(라) 사법부 내부로부터의 독립

재판은 동료나 선배판사의 재판에 대한 간섭의 영향을 받지 아니하여야 한다. 재판에 대한 법원외부 세력의 간섭이 사실상 불가능하여진 상태에서 법원내부의 이러한 재판간섭은 실제 사례로 종종 노출되고 있으며, 국민의 인권보장을 위하여 극히 중대한 문제가 되어 있다고 본다. 이는 법관 사회의 윤리의식의 제고와 부단한 자정노력에 의하여 개선되어 나가야 할 것이다.

법원장이 소속 법원의 재판에 관하여 내용상 감독하는 것이나 부장판사가 그 산하 판사에게 재판에 관한 부당한 감독이나 간섭을 하여서는 안 된다. 그러나 한편 법원은 재판을 담당하는 법관들의 조직체이며 법원장은 당해 법원의 사법행정의 담당자로서 판사의 인사이동으로 인한 업무의 원활한 인수인계 및 재판의 지연 방지 등의 재판 관련 행정업무를 총괄하고 감독할 권한을 가지므로 이에 관한 업무행위는 재판의 독립성을 침해하는 것이라고 할 수 없다. 예컨대 법원장이 법관 인사이동을 앞두고 사건의 신속처리를 명하는 것은 당연한 업무명령일 뿐이며, 가사 이로 인하여 개별 재판을 행하는 판사가 재판의 결과에 영향을 미친다고 느낀다고 하더라도 이는 당해 법관 본인이 스스로 공정한 재판을 함으로써 극복될 문제에 불과할 것이다.

법원조직법 제8조는 상급법원이 한 재판은 하급심 법원을 구속한다고 규정한다. 이는 재판상 심급제도를 인정하고 있기 때문에 그 논리적 귀결로서 당해사건의 상급심 판사의 판단은 하급심 판사의 판단을 당연히 구속하여야 하기 때문이다. 따라서 심급제도에 따른 상급법원의 하급법원의 재판에 대한 내용상 간섭은 그 자체가 재판의 과정에 불과하며 재판의 독립 침해가 아니다.

㈒ 법관 자신의 부정하거나 자의적인 욕구로부터의 독립

오늘날 재판의 독립은 결국 법관의 개인적 욕망과 유혹으로부터의 독립으로 귀착된다고 본다. 이는 외부로부터 간섭문제가 아니므로 부단히 법관 스스로 자기수양을 행하고 청빈하고 겸손한 처신을 추구함으로써만 이루어질 수 있다. 따라서 법관의 처신에는 일반 국민이나 여타 공무원에 비교하여 보다 높은 윤리적 기준이 요구된다.

또한 법관의 자의적 판단은 재판의 공정성을 뒤흔드는 중대한 문제임에도 불구하고 실제로 이러한 문제가 제기되면 오히려 사법부의 독립을 침해한다는 반발이 일어나는 경우가 많다. 그러나 사법권의 독립이란 그 자체가 목적이 아니라 인권의 보장을 위한 수단적 원리일 뿐이므로 주객이 전도되어서는 안 될 것이다. 일반 국민들로서는 한번 잘못된 판결을 받으면 소송현실상 그 시정이 결코 용이하지 않다. 법관에게는 언제나 자신의 편견과 자의성을 배제하여 올바른 판단을 하고자 하는 신중하고 개방된 자세가 필요하다.

3. 법관 인사의 독립

(1) 헌법 제104조 제3항은 일반법관은 대법관회의의 동의를 얻어 대법원장이 임명하도록 규정한다. 나아가 법관의 인사는 사법부의 자율에 맡겨져 있으며, 법관의 보직은 대법원장이 행하도록 하고 있다(법원조직법 제44조 제1항). 대법원장이 자체적으로 인사권을 가지는 것이 법원의 독립성을 보장하기 위하여 필요할 것이나, 대법원장이 모든 판사의 인사권을 독점하도록 하는 것은 사법부 내 대법원장의 권력을 절대화함으로써 이를 중심으로 사법부 전체가 관료화되는 주된 요인이 되고 있다. 이 문제에 관하여서는 여러 가지의 개혁방안이 논의될 수 있지만, 프랑스의 경우를 보면 법관의 인사에 있어서 부동성(不動性, inamovibilité)의 원칙을 적용하여 사법부의 수장이 판사의 인사를 하지만 판사의 보직을 이동시키기 위하여서는 반드시 해당 판사의 동의를 얻지 않으면 안 되도록 하고 있는데 이와 같은 인사원칙을 도입할 수도 있을 것이다.[1] 이러한 원칙은 법관이 원하지 않은 인사로 이동당하는 일을 두려워하여 신분상 독립성이 훼손되는 것을 방지하는 효과를 가져올 것이다. 한편으로 현행법상으로는 대법원장의 자문기관에 불과한 법관인사위원회의 권한을 강화시켜 법관의 보직·인사를 여기서 실질적으로 결정하도록 하고 대법원장은 이를 감독하는 정도로 운용하는 것도 법관인사의 불안정성을 감소시키고 사법관료화를 방지하는 바람직한 방안이 될 수 있을 것이다.

(2) 헌법 제101조 제3항은 법관의 자격을 법률로 정하도록 하며, 제105조는 대법원장과 일반 법관의 임기와 정년제를 정하고 있다. 제106조는 법관의 신분보장을 규정하는바, 법관은 탄핵 또는 금고 이상의 형의 선고에 의하지 아니하고는 파면되지 아니하며, 징계처분에 의하지 아니하고는 정직·감봉 기타 불리한 처분을 받지 아니하도록 하고 있다.

1) 프랑스 헌법 제64조 제4문은 '판사직 사법관은 인사에 있어서 부동하다(Les magistrats du siège sont inamovibles.)'고 규정하여 이를 헌법적 차원에서 보장하고 있다.

제 3 절 대법원장의 권한

(1) 대법원장은 대법관에 대한 임명제청권을 가질 뿐만 아니라 일반 법관 전원에 대한 임명권을 가짐으로써 사법부의 인사권을 실질적으로 장악하고 있다.[1] 여기에 부가하여 헌법기관 구성원의 인사에 관한 권한도 가지는데, 헌법재판소 재판관 3인의 임명권과 중앙선거관리위원회 위원 3인의 임명권이 그것이다.

(2) 대법원장은 헌법재판소 재판관 3인 임명권을 가짐으로써 헌법상 대법원과 같이 최고법원으로 기능하도록 되어 있는 헌법재판소의 구성에 비중 있는 관여를 할 수 있다. 그런데 지금까지의 헌법재판소의 운영 역사를 고려할 때 헌법재판소와 대법원은 최고법원의 지위를 놓고 여러 차례 권한다툼을 벌이는 등 상호 긴장관계에 있어 왔다. 이러한 상황에서 대법원장은 가장 평판이 높은 법관들을 대법원에 임명하고 대법관에 지명되지 못한 인물들을 헌법재판소 재판관으로 지명하는 인사를 함으로써 이 인사권을 헌법재판소의 위상을 떨어뜨리고 폄하하는 수단으로 활용할 우려가 제기된다. 헌법재판소와 대법원이 적절한 권력균형과 경쟁상태를 유지함으로써 국민의 인권이 가장 신장될 것이라는 점을 고려할 때 이러한 현상은 바람직스럽지 않다고 할 것이다. 한편 대법원장 자신도 국민으로부터 직접 선출되지 아니하여 이른바 민주적 정당성이 부족한 사법관료이다. 법관으로서의 전문적 능력과 경륜은 인정받았다고 할 것이지만, 국민으로부터 선출받는 데에서 나오는 민주적 대표성이 결여되어 있다. 따라서 대법원장에 의하여 선출된 재판관도 민주적 정당성을 결여하게 된다. 특히 헌법재판소는 대법원과는 달리 정치성이 농후한 사건들을 다루므로 민주적 정당성의 요구가 일반법관에 비하여 크다. 이러한 점에서도 대법원장의 헌법재판소 재판관 임명권은 대단히 불합리한 면을 가지고 있으며, 결국 대법원장의 이 권한은 폐지되어야 마땅하다.

(3) 대법원장은 중앙선거관리위원회 위원 3인에 대한 임명권도 가진다. 종

---

1) 법원조직법 제25조의2에 따라 설치된 법관인사위원회는 법관인사에 관한 중요사항의 심의기관일뿐 의결권을 가지지 않는다.

래 대법원장은 여러 법원장 중 대법관으로 승진되지 못한 인물을 중앙선관위 위원으로 선임하고 나아가 그 중 1인은 대법관 중에서 임명하여 동 인물을 위원장으로 선임하도록 하는 인사관행이 유지되어 왔다. 그리하여 대법원장이 상위에 위치하고 그 하위에 있는 대법관이 중앙선거관리위원회의 위원장이 되도록 하는 결과가 되어 중앙선거관리위원회는 실질적으로 대법원의 하급기관화하고 있다. 그러나 우리 헌법은 중앙선거관리위원회를 법원과 같이 별도의 장을 두어 규율하며 대법원의 하급기관으로 위상지우도록 규정하고 있지 않다. 따라서 이러한 인사관행은 헌법의 취지에 어긋나며 결국 대법원장에게 중앙선거관리위원회 위원들의 인사권을 주는 것 자체에 문제가 있음을 알 수 있으며 이 권한 역시 폐지되어야 합당하다.

(4) 대법원장의 인사는 그때그때 임명된 대법원장의 개인적 성향과 그의 개인적 의사에 절대적으로 좌우되는 것이기 때문에 한 개인에게 제왕적 인사권한을 주는 것에 다름아니다. 법관의 전체와 헌법재판소 재판관 및 중앙선거관리위원회 위원 정수 3분의 1에 미치는 대법원장의 이러한 막강한 인사권은 사법기관의 내부적 독립을 저해하고 나아가 상호 권력분립과 균형에도 악영향을 미치고 있다. 또한 이는 사법관료주의를 심화시키는 원인이 되고 있다. 법관인사위원회의 권한을 실질화하고 타 헌법기관에 대한 대법원장의 인사권을 폐지하는 등의 개혁적 조치가 필요한 분야라고 사료된다.

PART 4

헌법재판론

CHAPTER 01

헌법재판의 일반론

제 1 절 헌법재판의 의의와 법적 성격

(1) 헌법재판이란 헌법에 관한 분쟁이 발생하였을 때 독립하고 중립된 재판기관이 당해 분쟁에서 무엇이 헌법인가를 선언하고 확인하여주는 작용을 말한다. 즉 헌법재판은 헌법적 분쟁에 관한 재판을 의미한다.

(2) 헌법재판은 법적 분쟁을 다룬다는 점에서 사법작용으로서의 법적 성격을 가진다(司法作用說). 그러나 한편 헌법재판은 새로운 법규범을 정립하지는 못하지만 이미 성립되어 있는 법규범이 헌법에 위반된다는 이유로 그 효력을 상실하게 하는 효력을 가지므로 소극적 의미에서 입법작용으로서의 성격도 겸하고 있다(立法作用說). 나아가 헌법재판은 헌법적 분쟁을 다루는 만큼 하위 법률상의 분쟁을 다루는 일반재판과는 달리 고도의 정치성을 가진다는 점에서 정치작용으로서의 성격도 지닌다고 할 수 있다(政治作用說). 이러한 복합적 성격을 고려하여 헌법재판은 입법, 행정, 사법의 어느 국가작용에도 해당하지 않는 제4의 국가작용 내지 권력이라는 주장도 제기될 수 있다(第4權力說). 그러나 헌법재판은 어디까지나 재판의 한 영역으로서 '본질적으로는 사법작용'에 속함을 부인할 수 없고 여기에 헌법재판의 특수한 성격으로 인하여 입법작용 내지 정치작용으로서의 성격도 부수하여 겸비한다고 보는 것이 합당하다.

제2절 헌법재판의 기능과 한계

1. 일 반 론

일반적으로 헌법재판은 ① 기본권을 보호하고, ② 법치주의와 민주주의의 이념을 구현하며, ③ 헌법질서를 수호하는 기능을 한다고 말하여진다. 또한 특히 ④ 소수자집단이 국가정책에서 소외되는 현상을 완화하는 기능을 가지는 점이 강조되기도 하고, ⑤ 정치적 분쟁을 평화롭게 종식시키는 평화유지 기능을 가짐을 지적하기도 한다.[1)]

2. 사법적극주의와 사법소극주의

현대 민주국가에서 헌법재판은 입헌주의를 실질적으로 구현하기 위하여 반드시 도입되어야 할 필수제도로 널리 인정되고 있으며, 헌법의 규정 또한 헌법재판소로 하여금 위헌법률심판과 헌법소원심판 등 다양한 형태의 헌법소송을 관장하게 함으로써 헌법재판제도를 적극적으로 수용하고 있다(헌법 제112조). 그럼에도 불구하고 이해관계가 대립되는 중요한 국가정책이 걸린 헌법재판 사건들에서 헌법재판소가 국민이 직접 선출한 대통령이나 국회의원들이 결단한 국가의 주요 정책을 파기할 수 있는지, 혹은 명백히 드러나는 국민 여론에 반하는 내용으로 결정할 수 있는지 여부에 대한 의문이 부단히 제기되어 왔다. 이는 헌법재판소의 구성원인 재판관들이 국민으로부터 직접 선출되지 아니한 사법관료적 인사들로 충원되기 때문에 그들의 결정이 이른바 '민주적 정당성'에 의하여 뒷받침되지 못하는 점에 결정적인 원인이 있다. 이러한 상황에서 헌법재판소가 어떠한 헌법분쟁에서 보다 적극적으로 나서고(사법적극주의) 어떠한 분쟁에서는 보다 소극적으로 임하여야 할 것인지(사법소극주의)에 대한 보편적 기준을 가지는 것은 중요한 의미를 가지는 주제가 된다. 주로 미국의 연방대법원의 판결태도를 중심으로 논의된 이러한 사법적극주의와 사법소극주

1) 권영성, 헌법학원론, 2008, 법문사, 1108면.

의의 비교는 시대상황과 인권의식 및 법원의 인적 구성 등에 의하여 차이를 가져오는 것으로 나타나지만, 보다 명확한 기준을 찾기 위하여서는 기본권 침해의 중요성 여부라는 추상적인 기준 이외에도 다음의 점들이 고려되어야 한다고 생각한다.

(1) 내용심사와 절차 · 형식심사의 구분

헌법재판소는 헌법분쟁의 쟁점이 법률이나 국가정책의 내용의 위헌 여부가 아니라 그 법적 절차 · 형식의 위헌 여부인 경우에는 적극적 심사태도를 유지하여야 한다고 본다.1) 헌법재판소는 국민으로부터 직접 선출되어 국민의사를 대표하는 헌법기관(예컨대 국회나 대통령)의 "내용" 판단은 가급적 존중하여야 할 것이나, 이들 기관이 헌법상 요구되는 "절차와 형식"을 벗어나서 국민적 참여를 배제한 채 그들의 파당적 정책을 간편하게 실행하려하는 경우에는 적극적으로 개입하여 그 절차적 · 형식적 위헌 여부를 판단해 주어야 한다. 이러한 절차 · 형식적 판단을 함에 있어서는 판단 주체의 민주적 대표성 부족이 그 심사의 적극성을 방해할 장애 요인이 될 수 없기 때문이다. 이 경우 헌법재판소의 관여는 항상 국민의 정책참여를 강화시켜 주는 방향으로만 작용하므로 헌법재판소의 민주적 정당성의 부족이 여기서 아무런 부담이 되지 않는다.2)

(2) 헌법재판 전철수론

여기서 절차와 형식 위반의 헌법심사 문제와 관련하여 '헌법재판의 전철수(轉轍手, aiguilleur)적 기능'에 대한 인식이 필요하다고 생각한다. 국가법질서에서 법규범의 형식은 위계상 높은 순으로 헌법, 법률, 명령, 규칙이 존재한다. 모든 국가정책은 이러한 규범적 형식을 근거로 삼고 최종적으로는 집행부의 구체적인 집행행위를 통하여 당해 정책이 실행되는데, 여기서 반드시 법률에 의하여야 할 정책을 행정입법에 의하여 시행한다든지 반드시 헌법개정, 또는

---

1) 절차심사에는 적법절차원칙의 위배 여부의 심사가 대표적인 경우일 것이며, 형식심사에는 명확성의 원칙, 포괄위임입법 금지의 원칙 위배 여부 등이 해당된다. 반면 내용심사에는 과잉금지원칙(비례의 원칙)의 위배 여부의 심사가 해당된다.

2) John Hart Ely, *Democracy and Distrust, A Theory of Judicial Review*, 1980, 14th ed., 2002, pp. 73-75, 87-88. Ely는 법원은 절차분야의 전문성을 가지므로 구체적 분쟁에서 절차적 공정성이나 통치과정에서 국민의 폭넓은 참여를 보장할 때 헌법의 비원전주의(nonoriginalism)적 적극적 판단이 정당화된다고 본다.

국민투표1) 이상의 절차에 의하여야 할 정책을 단순 법률에 의하여 시행한다든지 하는 일이 현실적으로 발생할 수 있다. 이러한 조치는 '규범경로(規範經路)의 잘못된 선택'이며, 이를 확인하고 정책이 올바른 규범통로를 거치도록 유도하는 것이 헌법재판의 중요한 역할의 하나이다.2) 이것을 철도의 선로변경에 비유하여 국가정책에 관한 헌법재판의 전철(轉轍, aiguillage) 기능이라고 할 수 있고, 여기서 헌법재판소는 전철수의 역할을 하게 된다.3) 이러한 규범의 선로변경의 요구는 그 규범에 담긴 내용의 실행 금지를 의미하는 것이 아니어서 국민대표기관의 결정에 대한 내용적 간섭을 구성하지 않는다.

(3) 분립된 국가권력과 융화된 국가권력에 대한 심사의 구분

다음으로 헌법재판소는 국민의 대표기관이 정하는 정책 결정의 내용이라고 하더라도 국가권력의 융화현상이 나타나는 경우, 즉 입법부와 행정부를 동일한 정치세력이 장악하는 경우에는 소수파의 기본권 보호를 위하여 보다 적극적으로 개입하는 것이 필요하다고 생각한다. 이러한 정치적 구도 하에서 정부·집권당은 협상과 설득, 타협과 양보를 전제로 하는 민주적 정치제도의 번거로운 절차·형식과 입헌주의의 까다로운 내용상 한계의 틀을 벗어던지고 국가의 중요정책을 그 의지대로 강행할 유혹을 받게 되며, 그러한 정책실행과정이 현실화될 경우 이에 반대하는 소수파는 관련 분쟁을 정치적으로 해결할 가능성이 없어지게 되어 부득이 사법적 분쟁해결 장치인 헌법재판에 호소할 수밖에 없게 된다. 이때에는 헌법재판소가 나서서 정권담당자의 난폭한 정책적 방향전환에 맞서서 민주주의와 법치주의 혹은 기본권 보장 등 헌법의 기초 원칙을 지키는 것이 헌법수호의 차원에서 보다 중요한 의미를 가지게 된다.4)

1) 우리 헌법상 정책 국민투표의 실시는 대통령의 자유재량행위로 규정되어 있으나, 사안에 따라 국민투표가 헌법적으로 필요한 경우도 발생할 수 있다. 헌재 2004. 10. 21. 2004헌마554. 수도이전 위헌결정 취지의 핵심은 "헌법개정이나 국민투표의 규범경로에 의하여야 할 것을 법률의 규범경로를 선택한 것이 규범경로의 잘못된 선택"이라고 판단한 데에 있다고 해석할 수 있다.

2) 프랑스 헌법에 의하면 국가정책이 취하여야 할 규범의 통로에 관하여 명문의 규정을 두어서 법률사항과 행정명령 사항을 구분하고 있어서 이와 같은 논의가 보다 용이하게 이해될 수 있다. 프랑스에서의 헌법재판전철수 기능에 관하여 파보뢰(Favoreu)는 법률과 행정규칙, 일반법률과 조직법률, 헌법과 법률, 헌법과 국제법의 규범형식을 구분한다. Louis Favoreu, *Droit constitutionnel*, 8e édition, 2005, pp. 290-300.

3) Louis Favoreu, *op. cit.*, p. 290.

4) 김승대, 헌법재판과 정책결정, 부산대 법학연구 제48권 제2호, 2008. 2, 6-7면 참조.

제 3 절 헌법재판의 연혁

제 1 항 위헌법률심사제도의 탄생 – 마버리 대 매디슨 판결

헌법재판의 연혁은 멀리는 영국의 의회민주주의가 태동하였던 시기인 1610년의 본함판결(Dr. Bonham's Case)[1]로 거슬러 올라가기도 하지만, 미국의 건국 직후에 있었던 연방대법원의 마버리 대 매디슨(Marbury v. Madison) 판결에 의하여 처음으로 제도적으로 인정되는 계기를 맞이하였다.[2] 이 판결은 비록 우리나라의 판례는 아니지만 최초의 헌법재판 사건으로서 세계헌법재판사에 중요한 의미를 가지므로 여기서 그 사건의 개요와 주요 논지 및 판결의 결과를 살펴본다.

1. 마버리 대 매디슨 사건의 개요

(1) 미국은 1800년 대통령 선거에서 현직 후보였던 제2대 존 아담스(John Adams) 대통령이 그 정적(政敵)인 토마스 제퍼슨(Thomas Jefferson)에게 패배하여 연방파로부터 공화파로 최초의 정권교체가 이루어지게 되었다. 국무장관 존 마샬(John Marshall)을 비롯한 아담스파는 제3대 대통령 제퍼슨이 취임하는 1801. 3. 4. 이전 아직 아담스의 잔여임기 기간 동안 특히 연방법원을 자신의 일파로 채우기로 작정하고 1801. 1. 존 마샬이 연방대법원장을 겸임케 한 다음, 연방대법원 판사들부터 하급판사에 이르기까지 임명작업을 하기 시작하였다. 이러한 판사의 임용은 종국에는 워싱턴 지구 하급판사인 치안판사들에 이르기까지 시도되었다. 위 지구 치안판사 42여 명에 대한 임용 작업은 1801. 3. 3. 완료되었고, 그 임명장을 임명된 당사자들에게 전달하기 시작하였으나 마버리(Marbury) 등 일부 대상자들에게는 시간이 부족하여 임명장을 전달하지 못하고 말았다.

1) Thomas Bonham v. College of Physicians, 8 Co. Rep. 114(1610).
2) Marbury v. Madison, 5 U.S. 137(1803).

(2) 익일 대통령으로 취임한 제퍼슨의 명에 의하여 그 국무장관 매디슨(Madison, 후일 제4대 대통령)은 아담스 전 대통령이 발령한 치안판사 임명장들을 그 대상자들에게 전달하기를 거부하였다. 이에 치안판사로 임명된 자들 중 임명장을 전달받지 못한 마버리가 1801년 12월 임명장 전달의무자인 국무장관 매디슨을 상대로 하여 연방대법원에 그 전달명령을 구하는 소송을 제기하였다.

(3) 마버리는 당시 미국의 법원조직법상 연방대법원에게 공무원에 대한 직무집행명령을 구하는 소송을 (제1심법원으로서) 관할할 권한이 부여되어 있었으므로 이에 근거하여 연방대법원에 위 소송을 제기하였으며, 또한 연방대법원은 자신의 정파(아담스파)인물로 채워져 있었으므로 어렵지 않게 승소할 것으로 기대하였다. 그러나 정권을 새로 잡은 제퍼슨 편에서는 이와 같은 판결 결과를 예상하고 연방대법원 판사들의 부정비리에 대한 감찰을 강화하였을 뿐만 아니라, 만약 임명장 전달을 명하는 대법원판결이 나오더라도 이를 집행하지 아니하고 묵살하여 연방파로 채워진 대법원의 권위를 실추시킬 의도를 가지고 있었다.

(4) 당시 대법원장은 전임 정권에서 국무장관을 하다가 자리를 대법원으로 옮긴 존 마샬로서, 그는 바로 마버리의 임명장을 작성한 주체이기도 하였다. 그는 마버리를 승소시키더라도 새 정권으로부터 판결의 정당성을 인정받지 못하고 집행을 거부당할 것이 명백한 상황에서, 별로 큰 정치적 비중이나 의미가 없는 이 사건에서 마버리를 패소시키는 대신 유명무실한 존재로 인식되고 있던 연방대법원이 위헌법률심사의 권한을 가짐을 분명히 확인하여 제퍼슨을 실질적으로 견제할 묘안을 찾아내었다.

(5) 사건이 계류된 이후 약 2년이 지난 후 1803년에 존 마샬이 이끄는 연방대법원은 원고 마버리의 임명장 전달명령 청구에 대하여 연방대법원이 소송관할권을 가지지 않는다는 이유로 사건을 각하하였다. 연방대법원에 대한 소구의 근거가 된 법원조직법 관련 조항은 연방대법원에게 제1심 소송관할권을 부여하고 있는데, 이는 '대법원은 상고심으로서만 기능한다'고 규정한 헌법조항에 위배되므로 이 소송의 관할권 판단문제에서 적용할 수 없고 헌법조항에 따라야 하므로 연방대법원에 대한 소구는 부적법한 것으로 된다는 것이었다.

2. 판결의 주요 논지

(1) 미국 헌법상 연방법원에 위헌법률의 심사 권한을 부여하는 조항은 존재하지 않는다. 그러나 연방 내 법적 분쟁에 대한 재판권이 연방법원에 부여되어 있음은 명백하다. 재판 내지 재판권이란 법적 분쟁이 발생하였을 경우 관계된 국민들의 청구에 의하여 공정한 절차에 따라 '무엇이 그 분쟁에 적용되어야 할 법인지'를 가려내어 이를 선언하여주는 작용 내지 이를 행할 권한을 의미한다.

(2) 만약 분쟁에서 어느 '한 법률'이 적용될 것이라면 법원은 이 법률을 가려내어 당해 분쟁에 적용하여야 한다고 선언하여 주어야 할 것이다. 만약 상충되는 내용을 가진 '두 법률'이 모두 적용되는 것처럼 보이는 분쟁이 있다면 법원은 그 중 어느 법률이 적용되는 것이 합당하고 어느 법률이 적용되지 않아야 정당한지 규명하고 이를 판정하는 역할을 하여야 한다.

(3) 그런데 상충되는 두 개의 법 중 어느 하나가 우연히 '헌법'에 해당한다면 반드시 이 헌법을 적용하여야 하며 이에 반하는 법률은 적용될 수 없다. 왜냐하면 헌법은 미국의 창건자들이 국민의 자유와 권리를 보장하기 위하여 입법기관 등 모든 국가공권력이 반드시 준수하여야 할 사항을 성문으로 작성하여 놓은 기본법이고, 이것을 입법기관이 만든 법률에 의하여 무시할 수 있도록 법해석을 하는 것은 허용될 수 없기 때문이다.

(4) 이 사건에서 1789년 제정 법원조직법 제13조는 '공무원에 대하여 직무집행명령(mandamus)을 구하는 원심 소송'이 대법원의 관할인 것으로 규정하고 있으나, 이는 연방대법원이 '상고심'으로서만 기능하며 제1심으로 재판할 수 없다는 취지로 규정하는 연방헌법 제3조에 정면으로 배치된다. 따라서 위 법률조항은 이 소송에서 적용될 수 없으며 위 헌법조항만이 적용될 수 있다. 그렇다면 국무장관 매디슨에게 위 임명장전달을 하도록 하는 명령을 구하는 이 청구(제1심)에 대하여 연방대법원은 관할권이 존재하지 아니하므로 사건을 각하한다.

3. 판결의 의미와 영향

(1) 제퍼슨대통령은 이 판결에 대하여 지극히 불쾌하게 여겼으나 정부 측이 승소하는 외관(外觀)을 가졌으므로 별다른 조치를 취하지 아니하였다. 반면, 연방대법원은 헌법에 명백히 규정하지 아니한 위헌법률심사권을 법원이 당연히 가지는 재판권의 일반적 의미로부터 논리적으로 도출해내는 방법으로 근거짓고 위헌법률심판제도를 세계 최초로 확립하였다.

(2) 그러나 헌법에 명문의 규정이 없는 이 권한이 연방대법원에 의하여 당장 적극적으로 자주 활용되지는 아니하였다. 1857년 자유노예주를 인정하는 미주리타협법의 내용이 노예에 대한 재산권을 침해하여 위헌이라는 결정을 하여 남북전쟁의 도화선이 되었던 Dred Scott 판결이 나올 때까지 위헌결정은 없었다.[1] 19세기 후반에 이르러서야 미국에서 법원의 위헌법률심사권은 점차적으로 확고한 판례법으로 자리잡았고, 20세기에 들어와서는 유럽 제국도 이 제도를 수용하여 나가게 되었다.

제2항 독일의 헌법재판소 제도의 발전

(1) 헌법재판소 제도에서는 독일의 제도가 가장 모범이 되는 제도로서 각국의 헌법재판의 모형이 되고 있다. 독일은 영국이나 미국 또는 프랑스 등 여타 유럽의 주요국에 비하여 입헌민주주의의 발전이 크게 뒤졌고, 안정된 입헌민주주의 하에서만 작동할 수 있는 제도인 헌법재판의 수용도 이에 따라 지체되었다. 19세기 중엽 프로이센과 오스트리아가 주도권 경쟁을 벌이는 가운데 많은 국가로 분립된 상태에 있던 독일연방 시대에 성안된 프랑크푸르트 헌법초안에서 이미 국사재판소(國事裁判所, Staatsgerichtshof)를 설립하여 권한쟁의와 탄핵심판 등을 다루게 하는 등 헌법재판의 초기적 동향이 없지는 않았으나, 독일제국 하의 비스마르크 헌법의 시대에 이르기까지 연방 차원의 국사재판소의 성립은 실현되지 못하였다. 제1차 세계대전 후 독일제국이 붕괴되고 바이마르 헌법 시대가 되어서야 비로소 국사재판소가 설립되어 일부 권한쟁의와

1) Dred Scott v. Sandford, 60 U.S. 393(1857).

탄핵심판의 헌법재판이 가능해졌다. 그러나 위헌법률심판과 헌법소원심판 등 본격적인 헌법재판이 국사재판소의 관장사항으로 되지는 못하였다. 다만 헌법적 권한 위임이 없음에도 불구하고 미국의 경우와 같이 법원이 법률에 대하여 위헌심사를 행하는 판결이 나오자, 그 허용 여부를 둘러싸고 ① 사법 정치화(司法 政治化)의 우려 때문에 법원이 위헌법률심사를 하는 것은 바람직하지 않다는 주장(칼 슈미트)과 ② 입법은 정치적일 수 있으나 사법은 정치적이어서는 안 된다고 잘라 말할 수 없으며 입법과 사법의 정치성은 정도의 차이에 불과하며 사법부는 정치성을 띤 헌법재판을 관장할 수 있다고 보는 주장(한스 켈젠)이 대립되어, 이른바 '헌법의 수호자 논쟁'을 벌이기도 하였다.1) 이처럼 바이마르 헌법 하에서의 국사재판소는 헌법재판권을 충분히 수권받지 못하여 본격적인 헌법재판을 행하는 헌법수호기관으로서의 위상을 정립하지 못하였다.

(2) 바이마르 공화국은 의회를 장악한 나치당에 의하여 폭력지배로 대체되어 버리고 입헌민주주의의 종말을 가져오게 되었다. 이에 의회나 대통령이 아니라 사법부가 국민의 최종적 헌법수호자가 되어야 한다는 인식이 보편화된 가운데, 제2차 세계대전의 종식 후 성립된 본 기본법(Bonner Grundgesetz) 하에서는 '연방헌법재판소(Bundesverfassungsgericht)'가 설치되고, 종래 국사재판소의 권한이던 권한쟁의심판와 탄핵심판 외에도 위헌법률심판과 헌법소원심판, 나아가 추상적 규범통제와 선거재판 등 본격적이고 광범위한 헌법재판 권한이 헌법재판소에 부여되었다. 독일 연방헌법재판소는 나치체제에 대한 반성적 경험에서 나온 국민의 지지를 기반으로 신중하면서도 적극적인 헌법심사를 통하여 많은 위헌판결을 내면서 헌법수호기관으로서의 권위를 확고히 하였으며, 나아가 세계적으로도 가장 모범적인 헌법재판의 제도 모형으로 인정되고 있다. 현행 헌법에서 시행중인 우리나라의 헌법재판소 제도 또한 독일의 헌법재판소 제도의 모델을 거의 전적으로 수입한 것이며, 다만 조직과 권한의 측면에서 독일의 경우보다 축소된 형태로 받아들여 운용되고 있다.

제 3 항 한국의 헌법재판제도의 시원(始源)과 진화

우리나라의 최초의 헌법재판 사례는 1947. 9. 2. 대법원이 민상(民上) 제88

1) 김운용, 위헌심사론, 삼지원, 1998, 74-85면 참조.

호로 민법 제14조 제1항에 대하여 위헌의 결정을 한 판결로 거슬러 간다. 이 판결은 '처(妻)는 일정한 법률행위를 행함에 있어서 부(夫)의 허가를 수(受)함을 요하며 그 행위능력을 제한한다는 내용의 의용민법(依用民法) 조항이 민주주의에서 도출되는 남녀평등의 원칙에 위배된다는 취지에서 당해사건에 적용하지 않는다'는 것을 요지로 하였다.1) 이 판결은 해방 직후 대한민국 헌법이 제정되기도 전의 시기에 국가 재건의 과정에서 민주주의의 건국이념을 하나의 불문헌법으로 수용하여 이를 근거로 한 자연법적 헌법판단을 내리고 있는 점에서 특별한 주목을 받을 필요가 있는 선례이다. 당시 성문헌법이 아직 존재하고 있지 아니한 마당에 위헌법률심사권과 같은 것이 명문으로 법원에 부여될 수 없었으며, 이러한 점에서 미국이나 독일에서의 헌법재판 창시(創始) 사례에서 보았듯이 우리나라에서도 입헌민주주의 구조에서는 헌법재판이 법제도적 근거 없이도 일반법 논리의 자각(自覺)의 결과로 발견되는 것임을 여실히 보여주고 있다.2)

그러나 헌법의 제정 이후에 이르러서는 오히려 오랜 기간 한국의 민주주의의 실제 운용은 파행을 거듭하였으므로 의미 있는 헌법재판 사례는 발견되지 아니하다가, 제3공화국 시대인 1972. 7. 25. 대법원이 군인 등의 국가배상청구를 제한하는 국가배상법 조항이 위헌임을 결정한 판결이 유일한 것으로 지목된다. 이 판결로 대법원이 대통령의 인사적 보복조치를 받은 이후 다시 장기간의 헌법재판 휴지기가 계속되다가 1988. 9. 현행헌법에 의거한 헌법재판소 제도가 시행되면서 비로소 헌법재판이 본격적인 기능을 발휘할 수 있게 되었다.

---

1) 처에 대하여는 민법 제14조 제1항에 의하여 그에 해당한 행위에는 부의 허가를 수함을 요하여 그 능력을 제한한 바 이는 부부간의 화합을 위한 이유도 없지 않으나 주로 부에 대하여 우월적 지배권을 부여한 취지라고 인정치 않을 수 없다. 그런데 서기 1945년 8월 15일로 우리나라는 일본의 기반으로부터 해방되었고 우리는 민주주의를 기초삼아 국가를 건설할 것이고 법률·정치·경제·문화 등 모든 제도를 민주주의 이념으로써 건설할 것은 현하 우리의 국시(國是)라 할 것이다. 그러므로 만민은 모름지기 평등할 것이고 성의 구별로 인하여 생(生)한 차별적 제도는 이미 민주주의 추세에 적응한 변화를 본 바로서 현하 여성에 대하여 선거권과 피선거권을 인정하고 기타 관리에 임명되는 자격도 남성과 구별이 무(無)하여 남자와 동등한 공권을 향유함에 이른 바인즉 여성의 사권에 대하여도 또한 동연할 것이매 남녀평등을 부인하던 구제도로서 그 차별을 가장 현저히 한 민법 제14조는 우리 사회 상태에 적합하지 아니하므로 그 적용에 있어서 적당한 변경을 가할 것은 자연의 사태이다. 자(玆)에 본원은 사회의 진전과 법률의 해석을 조정함에 의하여 비로소 심판의 타당을 논할 수 있음에 감하여 동조에 의한 처의 능력 제한을 인정하지 아니하는 바이다. 대법원 1947. 9. 2. 민상(民上) 제88호 판결. 홍진기, 사법재판소의 법률심사-민법 제14조의 무효선언판결에 관하여-, 법정 제2권 제11호, 1947. 11. 유민 홍진기 법률문화선집, 경인문화사, 2016, 151-152면에서 인용.

2) 동 판결의 헌법재판 시원적 의의에 관한 자세한 논의는, 홍진기, 상게 논문, 154-168면 참조.

제 4 절 헌법재판의 유형

제 1 항 규범통제의 형태에 따른 구분

헌법재판은 그 대상이 법규범일 경우 헌법의 기준에 따라 당해 법규범을 심사하여 통제하는 제도가 된다. 이것을 규범통제(Normkontrolle)라고 하는데, 법규범의 성립시기의 선후 또는 심사요건으로서 사건성을 필요로 하는지 여부에 따라 개념상 ① 사전적 규범통제와 사후적 규범통제 또는 ② 구체적 규범통제와 추상적 규범통제로 나뉘고 있다.

1. 사전적 규범통제와 사후적 규범통제

법규범 특히 법률이 아직 효력을 발생하기 전의 단계에서 행하는 규범통제를 사전적 규범통제라고 한다. 이 경우 법률은 제정되었으나 발효(發效)하기 전에서 헌법심사를 하게 되며 여기서 위헌의 판단을 받게 되면 당해 법률은 아예 발효되어보지도 못한 채 폐기된다. 따라서 이를 '예방적 규범통제' 제도라고도 칭한다. 프랑스의 헌법평의회(Conseil constitutionnel)가 행하는 법률에 대한 헌법심사가 이와 같은 사전심사에 의한다. 사전적 규범통제 제도는 위헌인 법규범이 처음부터 발효되는 것을 막음으로써 위헌적 법적용이 발생하는 것을 예방할 수 있는 이점이 있으나 법률의 제정과 발효 사이의 단기간에 헌법심사를 완결하여야 하므로 심도있는 헌법심사를 하기 어려운 난점이 있다.

사후적 규범통제는 이미 발효되고 난 법규범에 대하여 행하는 규범통제이다. 일반적으로 위헌법률심사는 이미 성립하여 적용되고 있는 법률에 대한 헌법심사이며 아직 발효되지 아니한 법률은 그 심사대상이 되지 않는다. 독일과 오스트리아 등 대륙법계 국가들의 헌법재판소에서 행하는 위헌법률심사제도는 모두 이러한 사후적 규범통제의 성격을 가진다.

2. 구체적 규범통제와 추상적 규범통제

법규범이 구체적 사건에 적용되며 분쟁이 발생하였을 때 당해 법규범의 위헌 여부를 심사하는 것을 구체적 규범통제(konkrete Normkontrolle)라고 하는 반면, 당해 법규범의 적용을 둘러싸고 구체적 분쟁이 발생한 일이 없어서 이른바 사건성(事件性)이 없는 경우에도 일정한 청구권자의 심판 청구에 의하여 법률 등 법규범에 대하여 헌법심사를 하는 제도를 추상적 규범통제(abstrakte Normkontrolle)라고 한다.

제 2 항 소송형태에 따른 구분

헌법재판의 소송형태로서 대표적 유형은 위헌법률심판과 헌법소원심판 제도이다. 그러나 그 밖에도 권한쟁의심판과 탄핵심판 및 정당해산심판도 헌법재판의 범주에 포함되고 있다. 나아가 선거소송도 헌법적 관련성이 크므로 헌법재판의 한 종류로 파악함이 옳다고 생각된다.

1. 위헌법률심판

위헌법률심판제도는 법률이 헌법에 위반되는지 여부가 문제된 경우 이를 심판하는 제도이다. 위헌법률심판제도에는 이론상으로는 사전적·예방적 규범통제로서의 성격을 가지는 것과 사후적 규범통제로서의 성격을 가지는 것, 또는 구체적 규범통제로서의 성격을 가지는 것과 추상적 규범통제로서의 성격을 가지는 것 등이 모두 포함될 수 있다. 그러나 우리 헌법 제111조 제1항 제1호는 헌법재판소가 관장하는 위헌법률심판은 법원의 제청에 의한 것일 것을 요구하고 헌법재판소법 제41조 제1항은 '법률이 헌법에 위반되는 여부가 재판의 전제가 된 때에는 당해사건을 담당하는 법원은 … 헌법재판소에 위헌여부의 심판을 제청한다'고 하여 위헌법률심판의 요건으로서 '재판의 전제성'을 요구하고 있다. 따라서 우리 헌법상의 위헌법률심판은 구체적 규범통제로서의 그것만이 인정되고 있다고 할 것이나, 헌법재판소의 판례에 의하여 재판의 전제성

요건을 완화하여 해석하기도 하므로 예외적으로 추상적 규범통제의 성격을 가지게 되는 경우도 발생할 수 있다. 또한 이미 성립한 법률만을 대상으로 하므로 사후적 규범통제의 성격을 가진다.

2. 헌법소원심판

헌법소원심판제도는 국민이나 일정한 청구권자의 청구를 받아서 공권력적 조치가 위헌인지 여부를 심판하는 제도이다. 우리 헌법 제111조 제1항 제5호는 헌법재판소가 관장하는 헌법소원의 범위를 법률이 정하도록 하고 있고 이에 따라 헌법재판소법 제68조 제1항은 "공권력의 행사 또는 불행사로 인하여 헌법상 보장된 기본권을 침해받은 자"가 헌법소원심판을 청구할 수 있는 것으로 규정한다. 따라서 헌법소원 또한 기본권 침해의 관련성이 있을 것을 요건으로 하며 구체적 사건성이 없는 객관소송으로서의 헌법소원은 원칙적으로 허용되지 아니한다는 측면에서 구체적 규범통제와 맥을 같이 하고 있다.

3. 기타 헌법재판 유형

헌법재판의 대표적인 유형은 위헌법률심판과 헌법소원심판이라고 할 것이나, 우리 헌법 제111조 제1항은 헌법재판소가 관장하는 헌법재판의 유형으로서 ① 탄핵심판(제2호), ② 정당해산심판(제3호), ③ 권한쟁의심판(제4호)을 규정하고 있다. 이들 소송 유형들은 모두 일반 법률보다는 헌법의 위반 여부가 주로 문제되고 개별적 사안의 해결을 넘어서 객관적 질서와 제도에 관한 분쟁을 처리하는 성격을 가지므로 헌법소송의 성격을 짙게 가지므로 우리 헌법이 헌법재판소의 관장사항으로 하고 있는 것이다. 나아가 선거의 유무효 여부를 심판하는 '선거소송' 또한 이와 같은 객관적 질서와 제도에 관한 헌법소송으로서의 성격이 강함에도 불구하고 이는 일반법원의 관장사항으로 하고 있다. 그러나 헌법소송은 헌법재판소의 관장사항으로 되어야 마땅함을 생각할 때 앞으로의 헌법개정으로 선거소송 또한 헌법재판소의 관장사항으로 이관함이 옳다고 본다.

제5절 일반심판절차

헌법소송의 일반심판절차에 관해서는 일반소송 즉 민·형사소송과 행정소송의 기본 규정들이 준용된다. 다만 헌법소송 심판절차에만 적용될 특별한 사항들은 헌법재판소법에서 별도로 규율하고 있다. 이하에서 관련된 헌법재판소법 규정들을 살펴본다.

제1항 재 판 부

(1) 전원재판부

헌법재판소의 심판은 재판관 전원으로 구성되는 재판부에서 관장하며, 재판부의 재판장은 헌법재판소장이 된다(제22조).

(2) 심판 정족수와 인용 및 판례변경 정족수

재판부는 재판관 7명 이상의 출석으로 사건을 심리하되, 종국심리에 관여한 재판관 과반수의 찬성으로 사건에 관한 결정을 한다. 단, ① 법률의 위헌결정, 탄핵의 결정, 정당해산의 결정 또는 헌법소원에 관한 인용(認容)결정을 하는 경우와 ② 종전에 헌법재판소가 판시한 헌법 또는 법률의 해석 적용에 관한 의견을 변경하는 경우에는 재판관 6명 이상의 찬성이 있어야 한다(제23조).

(3) 제척·기피 및 회피

일반재판의 경우와 같이 재판관이 당사자이거나 헌법재판소 외에서 직무상 또는 직업상의 이유로 사건에 관여한 경우 등 재판관에게 공정한 심판을 기대하기 어려운 사정이 있는 경우에는 제척·기피 및 회피가 인정된다(제24조).

제 2 항 당 사 자

(1) 대표자·대리인

각종 심판절차에서 정부가 당사자인 경우에는 법무부장관이 대표하고, 당사자인 국가기관 또는 지방자치단체는 변호사 또는 변호사의 자격이 있는 소속 직원을 대리인으로 선임하여 심판을 수행하게 할 수 있다(제25조 제1항, 제2항).

(2) 사인에 대한 변호사강제주의

각종 심판절차에서 당사자인 사인(私人)은 변호사를 대리인으로 선임하지 아니하면 심판청구를 하거나 심판 수행을 하지 못한다. 다만, 그가 변호사의 자격이 있는 경우에는 그러하지 아니하다(제25조 제3항). 이처럼 헌법재판의 당사자가 된 사인에게는 변호사강제주의가 적용된다.

제 3 항 심판청구절차

(1) 심판청구 방식

심판청구는 청구서를 헌법재판소에 청구함으로써 하지만 위헌법률심판에서는 법원의 제청서, 탄핵심판에서는 국회의 소추의결서의 정본으로 청구서에 갈음한다(제26조).

(2) 보정명령

재판장은 심판청구가 부적법하나 보정할 수 있다고 인정하는 경우에는 상당한 기간을 정하여 보정을 요구하여야 하고, 보정이 있는 경우에는 처음부터 적법한 청구가 있는 것으로 본다(제28조).

(3) 헌법소원심판청구의 사전심사

헌법소원심판의 경우에는 재판관 3인으로 구성된 지정재판부를 두어 헌법소원심판의 제기요건 구비 여부의 사전심사를 담당한다. 지정재판부는 심사

결과 헌법소원심판의 청구가 부적법하고 흠결을 보정할 수 없는 경우에는 지정재판부 재판관 전원의 일치된 의견에 의한 결정으로 당해 심판청구를 각하한다. 재판장의 보정명령에 관한 법 제28조의 규정은 지정재판부의 심리에 준용된다. 헌법소원심판청구 후 30일이 경과할 때까지 각하결정이 없는 때에는 심판회부결정이 있는 것으로 본다(제72조).

(4) 답변서 제출

청구서 또는 보정서면을 송달받은 피청구인은 청구취지와 이유에 대응하는 답변을 적은 답변서를 제출할 수 있다(제29조).

제 4 항 심리절차

(1) 심리의 방식

탄핵심판 정당해산심판 및 권한쟁의심판은 구두변론에 의하며(필요적 변론), 위헌법률심판과 헌법소원심판은 서면심리에 의하나 재판부가 필요하다고 인정하는 경우에는 변론을 열 수 있다(임의적 변론).

(2) 증거조사

재판부는 사건의 심리를 위하여 필요하다고 인정하는 경우에는 직권 또는 당사자의 신청에 의하여 당사자 · 증인 신문(訊問), 문서 · 장부 · 물건 등 증거자료의 제출요구 · 영치(領置), 감정명령, 검증 등 증거조사를 할 수 있다(제31조).

또한 재판부는 다른 국가기관 또는 공공단체 기관에 심판에 필요한 사실을 조회하거나, 기록의 송부나 자료의 제출을 요구하는 결정을 할 수 있다. 단, 재판 · 소추 또는 범죄수사가 진행 중인 사건의 기록에 대하여는 송부를 요구할 수 없다(제32조).

제 5 항 종국결정

(1) 결정서

재판부가 심리를 마쳤을 때에는 사건ㆍ당사자의 표시, 주문, 이유, 결정일을 적은 결정서에 의하여 종국결정을 하는바, 심판에 관여한 재판관은 결정서에 의견을 표시하여야 한다(제36조).

(2) 심판비용

헌법재판소의 심판비용은 원칙적으로 국가부담으로 하지만, 당사자의 신청에 의한 증거조사의 비용은 헌법재판소규칙으로 정하는 바에 따라 그 신청인에게 부담시킬 수 있다(제37조).

(3) 심판기간

헌법재판소는 심판사건을 접수한 날부터 180일 이내에 종국결정의 선고를 하여야 한다. 하지만 이 심판기간조항은 훈시규정으로 해석되고 실제로 다수의 헌법재판 사건은 법정 심판기간이 경과된 후에 처리되고 있다(제38조).

제 6 항 민·형사소송 관련 법령과 행정소송법의 준용

심판절차에 관하여는 특별한 규정이 없는 한 헌법재판의 성질에 반하지 아니하는 한도에서 민사소송에 관한 법령을 준용하되, 탄핵심판에는 형사소송에 관한 법령을, 권한쟁의심판 및 헌법소원심판에는 행정소송법을 함께 준용한다. 이 경우 관련 행정소송법이 민사소송에 관한 법령에 저촉될 때에는 민사소송에 관한 법령은 준용하지 아니한다(제40조).

CHAPTER 02 위헌법률심판

제1항 의　　의

(1) 위헌법률심판제도는 사법기관이 법률의 위헌여부를 심판하는 제도이다. 우리나라의 위헌법률심사제도는 사후적·구체적 심사제도만이 채택되고 있다. 그리하여 법률의 위헌 여부가 법원의 재판의 전제가 되는 경우 당해 법원이 헌법재판소에 위헌을 제청하는 경우에만 헌법재판소가 그 위헌 여부를 심판한다. 법률이 의회를 통과하고 발효되기 전에 그 위헌 여부를 미리 심사하는 프랑스 형의 사전적, 예비적 위헌법률심사나 구체적 분쟁 내지 소송 여부와 관계없이 일정한 제소권자가 심사청구권을 가지고 헌법재판소에 법률의 위헌 여부를 심사할 것을 청구하여 심사하도록 하는 추상적 위헌법률심사는 우리 헌법상 도입되고 있지 않다.

(2) 미국헌법은 위헌법률심사제도를 규정하고 있지 아니하며 연방대법원의 판례에 의하여 위헌법률심사제도를 확립하여 시행하고 있다. 이러한 판례법상의 제도적 한계로 인하여 미국에서는 위헌판결이 나더라도 이는 그 법률의 당해 사건 적용이 배제될 뿐이고 법률 자체가 무효로 되는 효력을 가지지 않는다. 그러나 우리 헌법은 헌법재판만을 위한 특별법원인 헌법재판소를 설치하는 법제를 취하여 위헌결정은 당해사건에의 적용 배제의 정도를 넘어서 당해 법률의 효력을 상실하도록 하고 있다.

제 2 항 위헌법률심판의 요건

헌법재판소법 제41조 제1항은 '법률이 헌법에 위반되는 여부가 재판의 전제가 된 때에는 당해사건을 담당하는 법원은 직권 또는 당사자의 신청에 의한 결정으로 헌법재판소에 위헌여부의 심판을 제청한다'고 규정하였는데 여기서 위헌법률심판의 요건으로서 ① 대상으로서의 형식적 법률, ② 구체적 규범통제가 되도록 하기 위한 '재판의 전제성'을 요구하고 있다.

1. 심판대상으로서의 법률

(1) 형식적 의미의 법률 및 법률적 효력의 기타 법원(法源)

국회의 의결을 거쳐 제정된 이른바 "형식적 의미의 법률"만이 위헌법률심판의 대상이 될 수 있으며,[1] 법률과 같은 효력이 있는 대통령의 긴급명령이나 조약은 대상이 될 수 있다.[2] 법률과 같은 효력이 인정되는 관습법도 이와 같다.[3] 그러나 헌법규정은 어떠한 경우에도 위헌심판의 대상이 되지 않는다. 행정부의 명령, 규칙 또한 예외없이 위헌심판의 대상이 될 수 없다.

---

1) 헌재 1996. 6. 13. 94헌바20, 판례집 8-1, 475, 482면; 헌재 1996. 10. 4. 96헌가6, 판례집 8-2, 308, 320면.

2) 헌법 제107조 제1항, 제2항은 법원의 재판에 적용되는 규범의 위헌 여부를 심사할 때, '법률'의 위헌 여부는 헌법재판소가, 법률의 하위 규범인 '명령·규칙 또는 처분' 등의 위헌 또는 위법 여부는 대법원이 그 심사권한을 갖는 것으로 권한을 분배하고 있다. 이 조항에 규정된 '법률'인지 여부는 그 제정 형식이나 명칭이 아니라 규범의 효력을 기준으로 판단하여야 하고, '법률'에는 국회의 의결을 거친 이른바 형식적 의미의 법률은 물론이고 그 밖에 조약 등 '형식적 의미의 법률과 동일한 효력'을 갖는 규범들도 모두 포함된다. 따라서 최소한 법률과 동일한 효력을 가지는 이 사건 긴급조치들(유신헌법에 근거한 대통령 긴급조치들)의 위헌 여부 심사권한도 헌법재판소에 전속한다. 유신헌법 당시 대통령 긴급조치 위헌결정, 헌재 2013. 3. 21. 2010헌바132 등, 판례집 25-1, 180, 181면.

3) 법률과 동일한 효력을 갖는 조약 등을 위헌법률심판의 대상으로 삼는 것은 헌법을 최고규범으로 하는 법질서의 통일성과 법적 안정성을 확보할 수 있을 뿐만 아니라, 합헌적인 법률에 의한 재판을 가능하게 하여 궁극적으로는 국민의 기본권 보장에 기여할 수 있다. 그런데 이 사건 관습법은 민법 시행 이전에 상속을 규율하는 법률이 없는 상황에서 재산상속에 관하여 적용된 규범으로서 비록 형식적 의미의 법률은 아니지만 실질적으로는 법률과 같은 효력을 갖는 것이므로 위헌법률심판의 대상이 된다. 헌재 2013. 2. 28. 2009헌바129, 판례집 25-1, 15면; 법률과 같은 효력의 관습법에 대하여 법 제68조 제2항의 헌법소원심판 대상성을 인정한 판례로는 헌재 2016. 4. 28. 2013헌바396 등, 판례집 28-1상, 603면; 2020. 10. 29. 2017헌바208, 판례집 32-2, 374면. 분묘기지권시효취득 사건.

(2) 발효된 법률

법률은 특별한 사정이 없는 한 현재 시행중이거나 과거에 시행되었던 것이어야 하고, 제청 당시에 공포는 되었으나 아직 시행되지 않은 법률은 위헌 심판의 대상에서 제외된다.[1] 폐지된 법률은 대상이 될 수 없음이 원칙이나,[2] 당해소송사건에 적용될 수 있어 재판의 전제성이 있는 경우에는 예외적으로 위헌제청의 대상이 될 수 있으며, 이러한 예외 사례는 드물지 않게 존재한다.[3]

(3) 입법부작위

국회의 입법부작위가 '법률'은 아니므로 위헌제청의 대상이 될 수 없으나, 법률이 불완전·불충분하게 제정된 것을 하나의 부작위로 보는 이른바 '부진정입법부작위'는 입법부작위로 다툴 것이 아니라 불완전한 법률조항 자체를 대상으로 위헌제청하여야 한다.[4]

2. 재판의 전제성

(1) 재판의 전제성의 의의

재판의 전제성은 '① 구체적인 사건이 법원에 계속 중이어야 하고, ② 위헌여부가 문제되는 법률이 당해 소송사건의 재판에 적용되는 것이어야 하며, ③ 그 법률이 헌법에 위반되는지의 여부에 따라 당해사건을 담당하는 법원이 다

1) 헌재 1997. 9. 25. 97헌가4, 판례집 9-2, 332, 337면.

2) 예컨대, 헌법재판소는 국적법 제2조 제1항 제1호 위헌제청 사건에서 심판계속중 부계혈통주의를 천명한 제청대상 법률조항이 심판 계속 중 개정되어 당해사건에 신법을 적용하게 되었으므로 재판의 전제성을 상실하였다는 이유로 각하결정을 하였다(국적법 부계혈통주의 사건 결정. 헌재 2000. 8. 31. 97헌가12, 판례집 12-2, 167, 178면).

3) 보호감호처분에 대하여는 소급입법이 금지되므로 비록 구법이 개정되어 신법이 소급 적용되도록 규정되었다고 하더라도 실체적인 규정에 관한 한 오로지 구법이 합헌적이어서 유효하였다는 것을 전제로 하고 다시 신법이 보다 더 유리하게 변경되었을 때에만 신법이 소급적용될 것이므로 폐지된 구법에 대한 위헌여부의 문제는 신법이 소급적용될 수 있기 위한 전제문제로서 판단의 이익이 있어 위헌제청은 적법하다(보호감호 사건. 헌재 1989. 7. 14. 88헌가5 등, 판례집 1, 69, 82면; 同旨, 헌재 1994. 6. 30. 92헌가18, 판례집 6-1, 557, 563면).

4) 헌법재판소는 민사소송법 제431조(현행 제461조)에 대한 위헌소원 사건에서, "우리 재판소에서 청구인 주장을 받아들여 이 사건 법률조항이 재심사유를 정하면서 '화해의 합의가 없는 경우'와 같이 중대한 하자를 재심사건에서 제외하여 불완전, 불충분하게 규정함으로써(이른바 부진정입법부작위) 청구인의 헌법상 보장된 기본권을 침해한 것으로 판단하는 경우에는 당해사건의 재판의 주문이나 이유가 달라질 것이므로 이 사건 법률조항의 위헌 여부는 당해사건에 있어서 그 재판의 전제가 된다고 보아야 한다."라고 판시한 바 있다(헌재 1996. 3. 28. 93헌바27, 판례집 8-1, 179, 185면).

른 내용의 재판을 하게 되는 경우'에 존재한다.1) 여기서 당해사건은 법원에 적법하게 계속되어 있을 것을 요하므로 당해사건이 부적법한 것이어서 법률의 위헌여부를 따져 볼 필요조차 없이 각하를 면할 수 없는 것일 때에는 '재판의 전제성'이 존재하지 않는다.2)

㈎ 재 판

법 제41조 제1항에서 말하는 '재판'이라 함은 본안에 관한 재판과 소송절차에 관한 재판을 포괄하며, 소송비용이나 가집행에 관한 법원의 판단도 이에 포함된다. 또한 판결과 결정 그리고 명령이 여기에 해당되며, 심급을 종국적으로 종결시키는 종국재판뿐만 아니라 중간재판도 이에 포함된다.3) 형사재판과 관련하여 체포·구속·압수·수색영장, 구속적부심사청구, 보석허가 및 증거채부결정에 관한 재판도 여기서 말하는 재판에 해당된다.4)

㈏ 변론주의에 의한 소송과 직권주의에 의한 소송에 따른 구분

재판의 전제성의 유무는 변론주의가 적용되는 민사소송의 경우와 직권주의에 의하는 형사·행정소송의 경우를 나누어 살펴보아야 한다. 민사소송에서는 일견 당해사건에 적용될 법률로 보인다고 하더라도 당사자가 그 법률의 적용의 전제가 되는 주장이나 항변을 제기하지 아니한다면 당해사건의 적용법률이 될 수 없다.5) 그러나 형사소송·행정소송에서는 당해사건의 심판 범위에 들어가는 사실관계에 적용되는 법률이라면 당사자의 주장 여부와 관계없이 당해사건의 적용법률이 될 수 있다.6)

---

1) 헌재 1993. 12. 23. 93헌가2, 판례집 5-2, 578, 587면; 헌재 2000. 6. 29. 99헌바66 등, 판례집 12-1, 848, 864면.

2) 헌재 1992. 8. 19. 92헌바36, 판례집 4, 572, 574면.

3) 헌재 1994. 2. 24. 91헌가3, 판례집 6-1, 21, 30면.

4) 헌법재판소는 형사소송법 제221조의2에 대한 헌법소원사건에서, 형사소송법 제295조에 의하여 법원이 행하는 증거채부결정도 당해 소송사건을 종국적으로 종결시키는 재판은 아니라고 하더라도, 그 자체가 법원의 의사결정으로서 헌법 제107조 제1항과 법 제41조 제1항 및 제68조 제2항에 규정된 재판에 해당된다고 하였다. 헌재 1996. 12. 26. 94헌바1, 판례집 8-2, 808, 818면. 공판기일 전 증인신문제도 위헌결정.

5) 헌법재판소는 국세기본법 제35조 제1항 제3호 가목 등 위헌소원 사건에서, 청구인은 당해사건에서 해운대구에 대한 부당이득금반환청구소송의 청구원인으로 해운대구청장이 경락기일 전에 경매법원에 취득세의 교부청구를 하지 아니하였음에도 경매법원이 이를 해운대구청장에게 배당한 것이 위법이라는 주장만을 하고 있으므로 지방세의 근저당권에 대한 우선 여부에 관한 구 지방세법 제31조 제2항 제3호는 당해사건에 적용될 여지가 없다고 하였다. 헌재 1995. 7. 21. 93헌바46, 판례집 7-2, 48, 59면.

6) 법관은 공소장의 변경없이도 직권으로 공소장 기재와는 다른 법조를 적용할 수 있으므로, 공소장

㈐ 다른 내용의 재판

(a) 재판의 주문을 달리 하는 경우

재판의 전제성을 있게 하는 '다른 내용의 재판을 하게 되는 경우'라는 것은 원칙적으로 법원이 심리중인 당해사건의 '재판의 주문을 달리하게 하는 경우'를 말한다. 단순히 판결의 이유를 달리하게 된다는 사정만으로는 다른 내용의 재판을 하게 되는 경우에 해당할 수 없다.1)

(b) 재판의 내용과 효력의 법률적 의미를 달리 하는 경우

재판의 전제성이 판단함에 있어서는 일반적으로 재판의 주문을 달리하게 하는지 여부가 결정적인 기준이 되나, 문제된 법률의 위헌 여부가 비록 재판의 주문 자체에는 아무런 영향을 주지 않는다고 하더라도 '재판의 내용과 효력에 관한 법률적 의미가 달라지는 경우'에도 재판의 전제성이 예외적으로 인정된다.2) 여기서 재판의 내용이나 효력 중 어느 하나라도 그에 관한 법률적 의미가 달라지는 경우에는 재판의 전제성이 있는 것으로 본다. 예컨대 형사소송법 제331조는 '무죄, 면소, 형의 면제, 형의 선고유예, 형의 집행유예, 공소기각 또는 벌금이나 과료를 과하는 판결이 선고된 때에는 구속영장은 효력을 잃는다. 단 검사로부터 사형, 무기 또는 10년 이상의 징역이나 금고의 형에 해당한다는 취지의 의견진술이 있는 사건에 대하여는 예외로 한다'라고 규정하는데, 동 단서 규정의 위헌여부는 비록 당해 형사재판의 판결주문의 형식적 내용을 달라지게 하는 것은 아니지만, 그 판결의 실질적 효력에 차이를 가져오게 되는 것이므로 재판의 전제가 되어 위헌법률심판제청의 적법요건으로서 재판의 전제성이 있다.3)

에 적시되지 아니한 법률조항이라고 할지라도 법원이 공소장변경 없이 실제 적용한 법률조항은 재판의 전제성이 있다. 헌재 1997. 1. 16. 89헌마240, 판례집 9-1, 45, 72면.

1) 헌법재판소는, 과세관청이 상속세 과세표준을 산정함에 있어서, 상속공제의 합계액이 1억원을 초과하는 경우 그 초과부분은 이를 과세가액에서 공제하지 아니한다는 구 상속세법 제11조의5의 규정에 따라 상속세 과세가액에서 주택상속공제로서 금 1억원을 공제하였다면, 농지 등의 상속공제에 대한 같은 법 제11조의3 제3항의 규정이 위헌이라고 하더라도 농지의 상속공제는 받을 수 없다고 할 것이고, 따라서 이 부분 심판청구는 그 위헌 여부에 따라 당해사건의 주문이 달라지거나 재판의 내용과 효력에 관한 법률적 의미가 달라지는 경우에 해당한다고 할 수 없으므로 재판의 전제성이 없다고 하였다. 헌재 2000. 1. 27. 98헌바12, 공보 42, 136, 140면.

2) 헌법재판소는 보석허가결정에 대한 검사의 즉시항고권을 인정한 형사소송법 제97조 제3항에 대한 위헌심판절차에서 헌법재판소는, 동 법률조항의 위헌여부는 보석허가결정을 한 위헌심판제청법원이 같은 법 제407조, 제408조에 따라 즉시항고에 대하여 원심법원으로서 할 재판 등 조치의 주문이 달라지거나 그 재판 등의 기초적인 이유, 직접적인 내용과 효력의 법률적 의미 등에 차이가 있게 되므로 원심법원이 한 위헌심판제청은 그 심판제청 당시 재판의 전제성이 있다고 하였다. 헌재 1993. 12. 23. 93헌가2, 판례집 5-2, 578, 589면.

(라) 행정처분의 효력을 다투는 소송에서의 재판의 전제성

행정처분의 근거가 되는 법률이 위헌인 점은 원칙적으로 당해 행정처분을 취소할 수 있게 하는 흠에 불과하며 이를 당연무효로 하는 흠이 되지 못한다. 헌법재판소의 위헌결정이 있기 전까지는 법집행기관과 수범자인 국민은 그 법률의 규범으로서의 효력을 부인할 수 없기 때문이다. 따라서 어떤 행정처분의 근거법률이 위헌이라는 이유로 행정처분의 효력을 상실시키고자 하는 자는 행정소송의 제기기간 내에 당해 행정처분의 취소를 구하는 소를 제기하여야 하며, 쟁송기간이 경과된 이후에 행정처분의 근거법률이 위헌임을 이유로 무효확인소송 등을 제기하더라도 행정처분의 효력에는 영향이 없으므로 이 소송에서의 위헌심판제청은 재판의 전제성이 없어 각하되어야 한다.

그러나 이상의 논리는 어디까지나 원칙적인 경우이며 법원은 구체적 사안에서 예외적으로 근거법률이 위헌이라는 사유로 당해 행정처분이 당연무효라는 판단을 할 수도 있다. 헌법재판소는 특히 그 처분이 위헌법률에 근거하여 내려진 것이고 그 행정처분의 목적달성을 위해서는 후행 행정처분이 필요한데, 후행 행정처분은 아직 이루어지지 않은 경우와 같이 그 행정처분을 무효로 하더라도 법적 안정성을 크게 해치지 않는 반면에 그 하자가 중대하여 구제가 필요한 경우에 대하여는 그 예외를 인정하여 이를 당연무효사유로 보아서 쟁송기간 경과 후에라도 무효확인을 구할 수 있는 것으로 보아야 한다고 하여 재판의 전제성을 인정하였다.[1]

(마) 확정판결의 기판력과 재판의 전제성

당해사건에 관한 선결문제에 대하여 별도의 소송이 이미 제기되어 확정된 경우, 선결문제를 소송물로 한 전소(前訴)의 확정판결의 기판력은 후소(後訴)인 당해사건에서도 미치게 된다. 기판력은 일단 판결이 확정된 때에는 동일한 사항이 문제가 되었을 때에 당사자는 이에 저촉되는 주장을 할 수 없고(반복금지) 법원도 이에 모순되는 판단을 할 수 없는(모순금지) 효력을 말하는바,[2] 기판력이 발생한 선결문제에 적용되는 법률의 위헌 여부는 후소인 당해사건에서 더 이상 다툴 수 없게 된다. 헌법재판소는 "과세처분이 무효임을 이유로 그 후

3) 헌재 1992. 12. 24. 92헌가8, 판례집 4, 853, 860-861, 866면. 검사의 10년 이상 구형(求刑)시 구속유지 위헌결정.

1) 헌재 1994. 6. 30. 92헌바23, 판례집 6-1, 592, 604면.

2) 대법원 1987. 6. 9. 86다카2756 판결 등.

행처분인 압류처분이 무효라고 주장하는 당해사건(압류처분무효확인의 소)에서 위 과세처분의 무효여부는 선결문제인데, 전소인 과세처분취소소송에서 확정된 원고청구기각판결의 기판력은 후소인 당해사건에도 미치게 되므로, 구 소득세법 제82조 제2항이 위헌이어서 그에 기초한 위 과세처분이 무효라고 하더라도 확정된 전소의 기판력에 의하여 당해사건에서 위 과세처분이 무효라고 판단할 수 없어 재판의 전제성이 없다."라고 판단하였다.[1)]

(2) 심사의 정도 – 제청법원 견해의 존중

헌법재판소는 "법원의 법률위헌여부심판제청에 있어서 위헌 여부가 문제되는 법률 또는 법률조항이 재판의 전제성 요건을 갖추고 있는지의 여부는, 되도록 제청법원의 이에 관한 법률적 견해를 존중"해야 하는 것을 원칙으로 삼고 있다. 왜냐 하면 문제되는 법률의 위헌여부가 재판의 전제가 되느냐 되지 않느냐는 사건기록 없이 위헌여부의 쟁점만 판단하게 되어 있는 헌법재판소보다는 기록을 갖고 있는 당해사건의 종국적 해결을 하는 법원이 더 잘 알 것이며, 또 헌법재판소가 위헌여부의 실체판단보다는 형식적 요건인 재판의 전제성에 관하여 치중하여 나름대로 철저히 규명하려고 든다면 결과적으로 본안사건의 종국적 해결에 커다란 지연요인이 될 것이기 때문이다.[2)]

그러나 헌법재판소는 재판의 전제성에 관한 제청법원의 법률적 견해가 명백히 유지될 수 없을 때에는 이를 직권으로 조사할 수 있으며, 그 결과 전제성이 없다고 판단되면 그 제청을 부적법하다 하여 각하할 수 있다.[3)]

예컨대 헌법재판소는, 불법쟁의임을 이유로 쟁의행위의 금지를 구하는 가처분신청사건에서 제청법원이 위헌제청한 노동관계법개정법은 제청 당시에 공포는 되었으나 시행되지 않았고 그 후 폐지되어 효력이 상실된 것으로서 위

1) 헌재 1998. 3. 26. 97헌바13, 판례집 10-1, 275, 283-284면. 또한 유사한 사례로서 헌법재판소는 구 산림법 제40조 제1항 위헌소원 사건에서, 청구인은 당해사건에서 인공조림목에 대한 국가의 환수조치가 무효임을 전제로 임목매각대금의 반환을 청구하고 있으므로 인공조림목의 소유권이 청구인에게 있는지 여부는 당해사건에 있어서 선결문제라고 할 것인데, 구 산림법 제40조가 위헌이어서 그에 기초한 인공조림목 환수조치가 무효라고 하더라도 전소인 인공조림목에 대한 소유권확인소송에서의 원고패소판결의 기판력 때문에 당해사건에서 인공조림목 소유권이 청구인에게 있다고 판단할 수 없으므로 재판의 전제성이 없다고 하였다. 헌재 2000. 6. 21. 2000헌바47, 판례집 12-1, 780, 784-785면.

2) 헌재 1993. 5. 13. 92헌가10 등, 판례집 5-1, 226, 239면. 위헌결정 소급효 사건 결정.

3) 헌재 1996. 10. 4. 96헌가6, 판례집 8-2, 308, 321면; 헌재 1999. 9. 16. 99헌가1, 판례집 11-2, 245, 252면; 헌재 2019. 8. 29. 2016헌가16, 공보275, 928, 931-932면 등.

구속영장청구사건 재판에 적용되는 법률이 아닐 뿐만 아니라, 영장기재 피의사실에 적힌 범행의 계기가 된 것에 불과한 것으로, 그 위헌여부에 따라 다른 내용의 재판을 하게 되는 관계에 있지도 아니하므로 재판의 전제가 되는 법률이라고 볼 수 없다는 이유로 위헌제청을 각하한 사례가 있다.[1]

(3) 재판의 전제성 상실과 헌법적 해명

재판의 전제성은 법원에 의한 법률의 위헌제청시만이 아니라 헌법재판소의 위헌법률심판의 시점에도 충족되어야 함이 원칙이다.[2]

그러나 헌법재판소는 당사자가 소의 취하, 화해, 인낙 등 소송의 종료를 초래하는 소송행위를 하여 당해 소송절차가 종료됨으로써 위헌법률심판 사건이 재판의 전제성을 상실한다고 하더라도 헌법적 해명이 긴요한 사안이라면 본안판단을 하고 있다.

즉 헌법재판소는 ① 위헌심판제청된 법률조항에 의하여 침해되는 기본권이 중요하여 동 법률조항의 위헌 여부의 해명이 헌법적으로 중요성이 있는데도 그 해명이 없거나, ② 동 법률조항으로 인한 기본권의 침해가 반복될 위험성이 있는데도 좀처럼 그 법률조항에 대한 위헌심판의 기회를 갖기 어려운 경우에는, 위헌제청 당시 재판의 전제성이 인정되는 한 당해소송이 종료되었더라도 예외적으로 객관적인 헌법질서의 수호·유지를 위하여 심판의 필요성을 인정하여 적극적으로 그 위헌여부에 대한 판단을 하고 있는 것이다.[3] 헌법재판소의 이러한 태도는 우리 헌법상의 위헌법률심판제도가 구체적 규범통제로서의 성격을 가지도록 하는 데에 대한 중대한 예외를 구성한다.[4]

---

1) 헌재 1997. 9. 25. 97헌가4, 판례집 9-2, 332면; 헌재 1997. 9. 25. 97헌가5, 판례집 9-2, 344면.
2) 헌재 1993. 12. 23. 93헌가2, 판례집 5-2, 578, 588면.
3) 헌재 1993. 12. 23. 93헌가2, 판례집 5-2, 578, 591면. 보석허가결정에 대한 검사의 즉시항고제도 위헌결정.
4) 유신헌법을 부정·반대·왜곡 또는 비방하거나, 유신헌법의 개정 또는 폐지를 주장·발의·제안 또는 청원하는 일체의 행위, 유언비어를 날조·유포하는 행위 등을 전면적으로 금지하고, 이를 위반하면 비상군법회의 등에서 재판하여 처벌하도록 하는 것을 주된 내용으로 한, 유신헌법 제53조에 근거하여 발령된 이 사건 긴급조치들에 대하여, 당해사건에서 무죄판결이 선고되거나 재심청구가 기각되어 원칙적으로는 재판의 전제성이 인정되지 아니할 것이나, 긴급조치의 위헌 여부를 심사할 권한은 본래 헌법재판소의 전속적 관할 사항인 점, 법률과 같은 효력이 있는 규범인 긴급조치의 위헌 여부에 대한 헌법적 해명의 필요성이 있는 점, 당해사건의 대법원판결은 대세적 효력이 없는 데 비하여 형벌조항에 대한 헌법재판소의 위헌결정은 대세적 기속력을 가지고 유죄 확정판결에 대한 재심사유가 되는 점, 유신헌법 당시 긴급조치 위반으로 처벌을 받게 된 사람은 재판절차에서 긴급조치의 위헌성을 다툴 수조차 없는 규범적 장애가 있었던 점 등에 비추어 볼 때, 예외적으로 헌법질서의 수호·유지 및 관련 당사자의 권리구제를 위하여 재판의 전제성을 인정함이

제3항 위헌법률심판 결정의 유형

헌법재판소는 적법하게 제기된 위헌법률심판 사건에 대하여 본안을 심리한 다음 합헌 혹은 위헌의 결정을 하게 된다.

1. 합헌결정

위헌법률심판의 제기요건이 충족된 경우 헌법재판소는 사건의 본안을 심리하며 그 결과 법률이 헌법에 위반하지 아니하는 경우 합헌결정을 한다. 합헌결정은 재판관 다수에 의함이 보통이나 위헌결정이 재판관 6인 이상의 찬성에 의하므로 재판관 다수에 이르지 못한 4인의 합헌의견에 의하여서도 이루어질 수 있다. 실제로 위헌의견 5인, 합헌의견 4인의 평의결과에 따라 합헌의 주문을 내는 사건이 드물지 않다.[1)]

2. 위헌결정

본안 심리의 결과 대상 법률이 헌법에 반하는 경우 위헌의 결정을 선고한다. 법률의 위헌결정을 하는 경우 재판관 6인 이상의 찬성이 있어야 한다(헌법재판소법 제23조 제1항 제1호).

위헌결정에는 위헌심판의 대상이 된 법률조항의 전부에 대하여 위헌이라고 판단하는 위헌결정뿐 아니라 대상 법률조항의 일부에 대하여서만 위헌이라고 판단하는 일부(一部)위헌결정이 있을 수 있다. 또한 일부위헌결정은 양적(量的) 일부위헌결정과 질적(質的) 일부위헌결정으로 분류될 수 있다. 양적 일부위헌결정은 당해 법률조항 문장의 어떤 부분이 위헌이라고 판단하는 것인 반면 질적 일부위헌결정은 그 조항의 문언 자체는 그대로 둔 채 그 조항의 일반적 해석에서 나오는 적용범위 중의 어떤 부분이 위헌이라고 판단하는 것이다. 질적

상당하다. 유신헌법 당시 대통령 긴급조치 위헌결정, 헌재 2013. 3. 21. 2010헌바132 등, 판례집 25-1, 180, 181면.

1) 헌재 1989. 12. 22. 88헌가13, 판례집 1, 357, 토지거래허가제 합헌결정; 헌재 2008. 10. 30. 2007헌가17, 판례집 20-2상, 696면. 간통죄 합헌결정; 헌재 1996. 2. 16. 96헌가2, 판례집 8-1, 51면. 5·18특별법 합헌결정 등.

일부위헌결정은 조항의 적용범위 중 합헌인 부분을 중심으로 표현하는 한정합헌결정과 위헌인 부분을 중심으로 표현하는 한정위헌결정으로 나뉠 수 있다.

(1) 단순위헌결정

심판대상 법률이 헌법에 위반된다는 내용의 일반적인 위헌결정으로서 당해 조항 전체를 무효로 한다.

(2) 한정합헌 · 한정위헌결정

(가) 의의와 법적 성격

한정합헌·한정위헌결정은 심판의 대상이 된 법률조항의 문언이 다의적으로 해석가능한 경우 '특정한 내용으로 해석·적용되는 한 합헌 또는 위헌'이라고 지적하는 주문의 결정유형이다. 이는 법질서에서 법문을 제거하는 방법을 통해서가 아니라 위헌적인 해석방법을 배제함으로써 위헌성을 제거한다는 의미에서 질적(質的)인 일부위헌결정이다.[1)]

한정합헌결정은 합헌적인 일정한 범위 내의 의미내용을 확정하여 그 의미범위 내에 있어서는 합헌이라고 하는 결정인 반면, 한정위헌결정은 위와 같은 합헌적인 해석의 영역 밖에 있는 경우에까지 법률의 적용범위를 넓히는 것은 위헌이라고 하는 결정이다.[2)] 한정합헌결정을 할 것인지 아니면 한정위헌결정을 할 것인지 여부는 구체적 사안에 따라 주문 표현의 명확성과 편리성을 고려하여 기술적으로 판단될 뿐이고 양자간에 본질적 차이는 없다.

한정합헌·한정위헌결정은 합헌적 법률해석 원칙의 헌법소송에 대한 적용의 결과이다. 합헌적 법률해석의 원칙은 어떤 법률의 개념이 다의적이고 그 어의의 테두리 안에서 여러 가지 해석이 가능할 때는 헌법을 그 최고법규로 하는 통일적인 법질서의 형성을 위하여 헌법에 합치되는 해석, 즉 합헌적인 해석을 택하여야 하며, 이러한 방법으로 위헌적인 결과가 될 해석을 배제하면서 합헌적인 면은 살려야 한다는 원칙으로서, 민주주의와 권력분립원칙의 관점에서 입법자의 입법형성권에 대한 존중의 표현이다.[3)]

---

1) 헌재 1992. 2. 25. 89헌가104, 판례집 4, 64, 99면; 헌재 1994. 4. 28. 92헌가3, 판례집 6-1, 203, 221-222면. 군사기밀누설 사건 결정.
2) 헌재 1997. 12. 24. 96헌마172 등, 판례집 9-2, 842, 861면. 재판소원허용 사건 결정.
3) 헌재 1990. 4. 2. 89헌가113, 판례집 2, 49, 62면. 국가보안법 찬양·고무죄 사건 결정.

(나) 결정 사례

한정합헌결정의 사례로서, "상속세법 제32조의2 제1항은 조세회피의 목적이 없이 실질소유자와 명의자를 다르게 등기 등을 한 경우에는 적용되지 아니하는 것으로 해석하는 한, 헌법에 위반되지 아니한다."라고 한 결정,[1] "국가보안법 제7조 제1항 및 제5항은 각 그 소정 행위가 국가의 존립·안전을 위태롭게 하거나 자유민주적 기본질서에 위해를 줄 경우에 적용된다 할 것이므로 이러한 해석하에 헌법에 위반되지 아니한다."라고 한 결정[2] 등을 들 수 있다. 한정위헌결정의 사례로서는, "구 소득세법 제23조 제4항 단서, 제45조 제1항 제1호 단서는 실지거래가액에 의할 경우를 그 실지거래가액에 의한 세액이 그 본문의 기준시가에 의한 세액을 초과하는 경우까지를 포함하여 대통령령에 위임한 것으로 해석하는 한 헌법에 위반된다."는 결정,[3] "헌법재판소법 제68조 제1항 본문의 '법원의 재판'에 헌법재판소가 위헌으로 결정한 법령을 적용함으로써 국민의 기본권을 침해한 재판도 포함되는 것으로 해석하는 한도 내에서, 헌법재판소법 제68조 제1항은 헌법에 위반된다."는 결정[4]을 들 수 있다.

(다) 헌법재판소와 대법원과의 권한 다툼의 대상

한정합헌·한정위헌결정은 헌법재판소의 헌법해석의 권한 밖에 있으며 법원의 법률해석권을 침해하는 위헌적인 것이 아닌지 다투어지고 있다. 특히 대법원은 헌법재판소의 한정합헌·한정위헌결정은 법원의 권한에 속하는 법률해석에 관한 헌법재판소의 의견에 불과한 것으로 판단하고 이에 기속되지 않는다는 입장을 보인 바 있다.[5] 그러나 헌법재판소는 한정합헌·한정위헌결정에

1) 헌재 1989. 7. 21. 89헌마38, 판례집 1, 131, 133면. 명의신탁증여간주 사건 결정.
2) 헌재 1990. 4. 2. 89헌가113, 판례집 2, 49, 52면. 위 국가보안법 찬양·고무죄 사건 결정.
3) 헌재 1995. 11. 30. 94헌바40 등, 판례집 7-2, 616, 622면. 실지거래가격양도소득세 사건.
4) 헌재 1997. 12. 24. 96헌마172 등, 판례집 9-2, 842, 848면. 재판소원허용 사건 결정.
5) 대법원의 입장은 다음 판결 이유에서 정리된다.
"헌법재판소의 결정이 그 주문에서 당해 법률이나 법률조항의 전부 또는 일부에 대하여 위헌결정을 선고함으로써 그 효력을 상실시켜 법률이나 법률조항이 폐지되는 것과 같은 결과를 가져온 것이 아니라 그에 대하여 특정의 해석기준을 제시하면서 그러한 해석에 한하여 위헌임을 선언하는, 이른바 한정위헌결정의 경우에는 헌법재판소의 결정에 불구하고 법률이나 법률조항은 그 문언이 전혀 달라지지 않은 채 그냥 존속하고 있는 것이므로 이와 같이 법률이나 법률조항의 문언이 변경되지 아니한 이상 이러한 한정위헌결정은 법률 또는 법률조항의 의미, 내용과 그 적용범위를 정하는 법률해석이라고 이해하지 않을 수 없다. 그런데 구체적 사건에 있어서 당해 법률 또는 법률조항의 의미·내용과 적용범위가 어떠한 것인지를 정하는 권한 곧 법령의 해석·적용 권한은 바로 사법권의 본질적 내용을 이루는 것으로서, 전적으로 대법원을 최고법원으로 하는 법원에 전속한다. 이러한 법리는 우리 헌법에 규정된 국가권력분립구조의 기본원리와 대법원을 최고법원으로

따르지 아니한 대법원의 판결을 취소하고 있으며, 한정합헌·한정위헌결정을 지속적으로 선고하고 있어서 법원과의 견해 대립은 계속되고 있다.[1][2]

(3) 헌법불합치결정

(가) 의의와 법적 성격

헌법재판소법 제45조는 '헌법재판소는 제청신청된 법률 또는 법률조항의 위헌여부만을 결정한다'고 규정한다. 그러나 현대의 복잡다양한 사회현상, 헌법상황에 비추어 볼 때 헌법재판은 심사대상 법률의 위헌 또는 합헌이라는 양자택일 판단만을 능사로 할 수 없다. 양자택일 판단만이 가능하다고 본다면 다양한 정치·경제·사회현상을 규율하는 법률에 대한 합헌성을 확보하기 위한 헌법재판소의 유연 신축성있는 적절한 판단을 가로막아 오히려 법적 공백, 법

규정한 헌법의 정신으로부터 당연히 도출되는 이치로서, 만일 법원의 이러한 권한이 훼손된다면 이는 헌법 제101조는 물론이요, 어떤 국가기관으로부터도 간섭받지 않고 오직 헌법과 법률에 의하여 그 양심에 따라 독립하여 심판하도록 사법권 독립을 보장한 헌법 제103조에도 위반되는 결과를 초래한다. 그러므로 한정위헌결정에 표현되어 있는 헌법재판소의 법률해석에 관한 견해는 법률의 의미·내용과 그 적용범위에 관한 헌법재판소의 견해를 일응 표명한 데 불과하여 이와 같이 법원에 전속되어 있는 법령의 해석·적용 권한에 대하여 어떠한 영향을 미치거나 기속력도 가질 수 없다." 대법원 1996. 4. 9. 95누11405 판결. 증여세등부과처분취소 사건.

1) 헌법재판소의 입장은 다음 결정 이유에서 나타난다.
"물론 구체적 사건에서의 법률의 해석·적용권한은 사법권의 본질적 내용을 이루는 것임이 분명하다. 그러나 법률에 대한 위헌심사는 당연히 당해 법률 또는 법률조항에 대한 해석이 전제되는 것이고, 헌법재판소의 한정위헌의 결정은 단순히 법률을 구체적인 사실관계에 적용함에 있어서 그 법률의 의미와 내용을 밝히는 것이 아니라 법률에 대한 위헌성심사의 결과로서 법률조항이 특정의 적용영역에서 제외되는 부분은 위헌이라는 것을 뜻한다. 따라서 헌법재판소의 한정위헌결정은 결코 법률의 해석에 대한 헌법재판소의 단순한 견해가 아니라, 헌법에 정한 권한에 속하는 법률에 대한 위헌심사의 한 유형인 것이다." 헌재 1997. 12. 24. 96헌마172, 판례집 9-2, 842, 863-864면.

2) 2012년에 다시 헌법재판소와 대법원 간의 논쟁 대상이 된 사례로 다음의 한정위헌결정이 있다.
"이 사건 헌법소원심판에서 청구인들이 다투는 취지는, 이 사건 각 조세부과처분에 있어서 '법원이 한 부과처분의 근거법률에 대한 해석·적용'에 관한 것이 아니라, 이 사건 조세감면규제법 전부개정법의 시행으로 말미암아 이 사건 부칙조항은 '실효된' 것으로 보아야 함에도 당해사건 법원이 이를 '유효한' 법률조항이라고 잘못 판단한 후 당해사건에 적용한 것을 문제삼고 있는 것이므로, 이 사건 심판청구는 '부칙조항 그 자체의 위헌성'을 다투고 있다고 봄이 상당하다. … 이 사건 부칙조항은 과세근거조항이자 주식상장기한을 대통령령에 위임하는 근거조항이므로 이 사건 전문개정법의 시행에도 불구하고 존속하려면 반드시 위 전문개정법에 그 적용이나 시행의 유예에 관한 명문의 근거가 있었어야 할 것이나, 입법자의 실수 기타의 이유로 이 사건 부칙조항이 이 사건 전문개정법에 반영되지 못한 이상, 위 전문개정법 시행 이후에는 전문개정법률의 일반적 효력에 의하여 더 이상 유효하지 않게 된 것으로 보아야 한다. 관련 당사자가 공평에 반하는 이익을 얻을 가능성이 있다 하여 이미 실효된 법률조항을 유효한 것으로 해석하여 과세의 근거로 삼는 것은 과세근거의 창설을 국회가 제정하는 법률에 맡기고 있는 헌법상 권력분립원칙과 조세법률주의의 원칙에 반한다. 따라서 '이 사건 전부개정법의 시행에도 불구하고 이 사건 조세감면규제법 부칙조항이 실효되지 않은 것으로 해석하는 것'은 헌법상의 권력분립원칙과 조세법률주의의 원칙에 위배되어 헌법에 위반된다." 헌재 2012. 5. 31. 2009헌바123 등, 판례집 24-1하, 281, 281-283면.

적 혼란 등 법적 안정성을 해치고, 입법자의 건전한 형성자유를 제약하는 등 하여, 나아가 국가사회의 질서와 국민의 기본권마저 침해할 사태를 초래할 수도 있다. 이리하여 헌법재판소가 행하는 위헌여부 판단이란 위헌 아니면 합헌이라는 양자택일에만 그치는 것이 아니라 그 성질상 사안에 따라 위 양자의 사이에 개재하는 중간영역으로서의 헌법불합치의 변형재판이 필수적으로 요청된다.[1)]

헌법불합치결정은 심판대상이 된 법률이 위헌이라 할지라도 입법자의 형성권을 존중하여 단순위헌결정을 선고하지 아니하고 '헌법에 합치하지 아니한다'는 선언에 그친다. 헌법불합치결정의 전형적 방식은 법률의 위헌성을 확인하되 그 형식적 존속을 유지시키면서, 입법자에게 법률의 위헌성을 제거할 의무를 부과하고 입법자의 입법개선이 있기까지 국가기관으로 하여금 위헌적 법률의 적용을 중지시키고 개선된 신법이 마련되면 이를 적용하도록 명하는 이른바 '적용중지'의 결정이다.

㈏ 헌법불합치결정의 정당화 사유

(a) 법적 공백이나 혼란의 방지

법률이 헌법에 위반되는 경우 헌법의 규범성을 보장하기 위하여 원칙적으로 그 법률에 대하여 위헌결정을 하여야 하지만, 위헌결정을 통하여 법률조항을 법질서에서 제거하는 것이 법적 공백이나 혼란을 초래할 우려가 있는 경우에는 위헌조항에 대한 헌법불합치결정을 할 수 있다. 즉 위헌적인 법률조항을 잠정적으로 유지하는 위헌적인 상태가 위헌결정으로 말미암아 발생하는 법이 없어 규율없는 합헌적인 상태보다 오히려 헌법적으로 더욱 바람직하다고 판단되는 경우에는, 헌법재판소는 법적 안정성의 관점에서 법치국가적으로 용인하기 어려운 법적 공백과 그로 인한 혼란을 방지하기 위하여 입법자가 합헌적인 방향으로 법률을 개선할 때까지 일정 기간 동안 위헌적인 법규정을 존속케 할 필요가 있다.[2)]

---

1) 헌재 1989. 9. 8. 88헌가6, 판례집 1, 199, 259면. 국회의원선거 입후보자 기탁금 사건 참조. 또한 헌법재판소는 '헌법재판소법 제45조의 취지가 위와 같다면 동법 제47조 제2항 본문의 "위헌으로 결정된 법률 또는 법률의 조항은 그 결정이 있는 날로부터 효력을 상실한다"라는 규정취지도 이에 상응하여 변형해석하는 것이 논리의 필연귀결이다. 즉 제45조에 근거하여 한 변형재판에 대응하여 위헌법률의 실효여부 또는 그 시기도 헌법재판소가 재량으로 정할 수 있는 것으로 보아야 하며 이렇게 함으로써 비로소 헌법재판의 본질에 적합한 통일적, 조화적인 해석을 얻을 수 있다.'고 판단한다. 헌재 1989. 9. 8. 88헌가6, 판례집 1, 199, 260면.

(b) 수혜적 법률의 평등원칙 위반

일정한 집단의 수범자에게 혜택을 부여하는 수혜적 법률에 있어서 법률이 규정하는 혜택 그 자체가 위헌이 아니라 단지 다른 법익과의 교량과정에서 혜택의 범위가 문제되는 경우, 만일 헌법재판소가 단순위헌결정을 한다면 현재 존재하는 혜택마저도 전부 제거하게 되므로, 수혜적 법률에서의 혜택의 범위를 다시 결정해야 하는 경우에는 헌법불합치결정이 정당화된다.[1]

(c) 위헌제거방법에 관한 입법형성권의 존중

법률이 국민에게 일정한 부담을 부과하는 것 그 자체는 합헌이나 그 부담의 정도가 과중하여 위헌적 요소를 지니고 있는 경우에, 단순위헌결정의 형태로는 위헌부분과 합헌부분의 경계를 설정하는 것이 불가능하고 수범자들 사이의 형평이 무너지고 공익적 손실이 발생하는 경우 이를 방지하기 위한 헌법불합치결정도 정당화된다.[2] 예컨대, 헌법재판소는 토지초과이득세 제도와 관련하여 기납세자와 미납세자 간의 형평의 문제와 세수의 손실이 국가재정에 미칠 영향 등을 고려하여 헌법불합치결정을 한 바 있다.[3]

(다) 헌법불합치결정의 효력

(a) 적용중지의 원칙

헌법불합치로 결정된 법률은 형식적으로는 그대로 존속하지만(위헌법률의 형식적 존속), 법집행기관은 더 이상 이를 적용할 수 없으며 법원은 그 법률의 적용과 관련되어 계속중인 재판을 중지하여야 한다(계류중인 절차의 중지). 그리고 입법자에게는 헌법불합치결정에서 밝힌 위헌판단의 취지에 맞추어 당해 법

2) 도시계획시설결정 미보상 사건, 헌재 1999. 10. 21. 97헌바26, 판례집 11-2, 383, 417-418면.

1) 퇴직금우선변제사건. 헌재 1997. 8. 21. 94헌바19 등, 판례집 9-2, 243, 263면.

2) 국회의원후보자기탁금 사건. 헌재 1989. 9. 8. 88헌가6, 판례집 1, 199면; 시·도의회의원후보자기탁금 사건. 헌재 1991. 3. 11. 91헌마21, 판례집 3, 91면; 노무직공무원의쟁의금지 사건. 헌재 1993. 3. 11. 88헌마5, 판례집 5-1, 59면.

3) 토지초과이득세 사건에서 헌법재판소는 "토초세는 불확실성을 불식할 수 없는 과세표준을 고려할 때 그 세율이 지나치게 고율인 점과 수평적·수직적 평등에 반하여 누진적 구조를 채택하고 있지 아니한 점에 위헌성이 있다고 보는 것이지만, 그와 같은 위헌적인 규정을 다시 합헌적으로 조정하는 임무는 어디까지나 입법자가 이 결정의 취지에 따른 범위 내에서 행사할 수 있는 입법자의 형성의 자유에 속하는 사항일 뿐, 이는 우리 재판소가 관여할 성질의 것이 아니다. 마찬가지로 앞에서 본 임대토지 조항에 관하여도 그 규정형식이 위임입법의 한계를 넘었다는 것과 임대토지라 하여 그 전부를 원칙적으로 과세대상인 유휴토지로 인정하는 것은 위헌이라는 취지일 뿐 임대토지라 하여 무조건 유휴토지로 보아서는 아니 된다는 취지는 아니므로, 그와 같은 위헌적인 요소가 제거되는 이상 구체적으로 어떠한 범위 내의 임대토지를 유휴토지로 할 것인가의 여부 역시 합리적인 입법자의 형성재량에 속하는 문제이다."라고 판단하면서 헌법불합치결정을 하고 있다. 헌재 1994. 7. 29. 92헌바49 등, 판례집 6-2, 64면.

률을 개정하거나 폐지할 입법개선의무가 발생하며(입법자의 입법개선의무), 개선 입법이 실현되면 법집행기관은 개선입법에 따라 집행하고 법원은 중지된 절차를 재개하여 개선입법을 적용하여 판단하여야 한다(개선입법의 적용).

(b) 잠정적용의 예외

그러나 앞서 본 바와 같이 헌법불합치의 경우 법집행기관 등은 개선입법을 기다려서 이를 적용하여야 함이 원칙이나 이에 따르면 헌법불합치결정 이후 개선입법이 발효되기까지의 기간 동안은 법적 공백상태가 발생하게 된다. 따라서 법적 공백이나 혼란을 방지하기 위하여 헌법불합치결정을 내리는 경우에는 위의 원칙적 효과를 유지하여서는 헌법불합치결정을 하는 목적을 실현할 수 없게 된다. 이처럼 위헌결정으로 인한 법적 공백과 혼란을 방지하기 위한 헌법불합치결정의 경우에는, 헌법재판소는 동 결정 이후 개선입법이 발효되기까지의 기간 동안 법적 공백과 혼란을 막기 위하여 예외적으로 위헌법률의 잠정적 적용을 명하고 있다(위헌법률의 예외적 잠정적용).

그러나 위헌법률의 잠정 적용의 효과는 어디까지나 예외적인 것이므로 이러한 효과를 발생시키기 위하여서는 헌법재판소가 헌법불합치결정의 주문에 잠정적용에 해당함을 반드시 명시하여야 한다.

잠정적용을 명한 대표적 사례로서는 호주제,[1] 도시계획제도,[2] 특허심판제도, 한국방송공사수신료 제도[3]의 헌법불합치결정 들을 들 수 있다. 위헌으로 판단된 이러한 제도들은 잠시도 그 규율이 중단될 수 없는 중요한 사항들에

1) 호주제의 골격을 이루는 심판대상조항들이 위헌으로 되면 호주제는 존속하기 어렵고, 그 결과 호주를 기준으로 가별로 편제토록 되어 있는 현행 호적법이 그대로 시행되기 어려워 신분관계를 공시·증명하는 공적 기록에 중대한 공백이 발생하게 되므로, 호주제를 전제하지 않는 새로운 호적체계로 호적법을 개정할 때까지 심판대상조항들을 잠정적으로 계속 적용케 하기 위하여 헌법불합치결정을 선고한다. 헌재 2005. 2. 3. 2001헌가9, 판례집 17-1, 1, 3면.

2) 도시계획을 시행하기 위해서는 계획구역 내의 토지소유자에게 행위제한을 부과하는 법규정이 반드시 필요한데, 헌법재판소가 위헌결정을 통하여 당장 법률의 효력을 소멸시킨다면, 토지재산권의 행사를 제한하는 근거규범이 존재하지 않게 됨으로써 도시계획이라는 중요한 지방자치단체행정의 수행이 수권규범의 결여로 말미암아 불가능하게 된다. 도시계획은 국가와 지방자치단체의 중요한 행정으로서 잠시도 중단되어서는 안 되기 때문에, 이 사건 법률조항을 입법개선시까지 잠정적으로 적용하는 것이 바람직하다. 헌재 1999. 10. 21. 97헌바26, 판례집 11-2, 383, 385면.

3) 수신료 수입이 끊어지면 한국방송공사의 방송사업은 당장 존폐의 위기에 처하게 될 것이고 이는 우리 사회에 엄청난 파장을 미치게 됨은 물론 방송의 자유와 국민의 알 권리에 심각한 훼손을 입히게 되는 반면, 수신료부과 자체는 위헌성이 있는 것이 아니어서 위 조항의 잠정적용으로 인한 기본권침해의 정도는 상대적으로 크지 않다고 할 것이므로 단순위헌결정을 하여 바로 그 효력을 상실시키는 대신 빠른 시일 내에 헌법위반상태의 제거를 위한 입법촉구를 하되 그 때까지는 위 조항의 효력이 지속되도록 한다. 헌재 1999. 5. 27. 98헌바70, 판례집 11-1, 633, 634면.

관한 것이기 때문에 법적 공백이 발생한다면 위헌조항들이 적용되는 상태보다 오히려 더 헌법질서에서 멀어지는 법적 상태를 초래하기 때문에 그 잠정적용을 명한 것이다.

잠정적용의 헌법불합치결정을 하게 되면 당해사건에 관하여서도 위헌 조항이 그대로 적용되는 것이 되고, 그 결과 헌법재판소의 위헌 판단은 당해사건에 적용되지 아니하게 되어 구체적 규범통제로서의 위헌법률심판제도 자체의 법적 성격에 위배되는 측면이 있다. 그러나 위헌법률심판을 포함한 헌법재판은 개인의 주관적 권리구제뿐만 아니라 객관적인 헌법질서의 수호·유지에도 그 목적이 있으므로, 중대한 법적 공백과 혼란을 방지하기 위하여 예외적으로 당해사건에조차 잠정적용을 명할 수 있다고 보는 헌법재판소의 입장은 정당하다고 생각된다.1)

제 4 항 위헌법률심판 결정의 범위

헌법재판소는 원칙적으로 제정된 법률 또는 법률조항의 위헌 여부만을 결정한다(헌법재판소법 제45조 본문). 그러나 제청된 법률조항의 위헌결정으로 인하여 당해 법률 전부를 시행할 수 없다고 인정될 때에는 그 전부에 대하여 위헌의 결정을 할 수 있다는 심판대상 범위의 확장이 법률상 인정되고 있을 뿐만 아니라(같은 조 단서), 실무상 여러 가지의 합목적적 사유를 고려하여 심판의 범위를 확장하는 경우가 인정되고 있다. 심판범위의 이러한 확장과 변경은 원래의 심판대상과 관계에서 ① 동일한 심사척도가 적용되는 경우, ② 내용상 체계적으로 밀접불가분한 경우, ③ 적용상 전제가 되는 경우 등에서 인정되고 있다. 이하 이에 관하여 나타난 판례법의 동향을 살펴본다.2)

1) 특허심판제도 위헌사건에서 헌법재판소는, "만약 이 사건의 당해사건과 이 사건 결정이 선고되는 시점에 법원에 계속중인 모든 특허 및 의장쟁송사건에 대하여 심판대상 법률조항의 적용이 배제되고 행정소송법의 규정에 따른 절차가 진행되어야 한다면 현실적으로 재판을 담당할 준비를 갖추지 못한 일반법원에 대하여 재판의 담당을 강제하는 결과로 되어 버릴 가능성이 크다. 그러므로 당 재판소는, 심판대상 법률조항이 헌법에 불합치함을 선언하면서도, 합헌적인 개정법률이 시행될 때까지는 이를 잠정적으로 그대로 계속 적용할 것을 명함과 동시에, 헌법불합치선언이 당해사건 등에 미칠 효과로 인한 법률적 혼란과 충격을 막기 위하여 이 사건 위헌여부심판제청의 당해 사건을 포함한 모든 특허 및 의장쟁송사건에 대하여 위 심판대상 법률조항의 적용을 명한다."라고 판단하고 있다. 헌재 1995. 9. 28. 92헌가11, 판례집 7-2, 264, 265면.

2) 이 부분에 관한 이론과 판례법은 위헌법률심판의 경우뿐만 아니라 헌법소원의 경우에도 모두 포괄하여 인정된다.

1. 법 제45조 단서에 의한 법률전부로 심판 확장

헌법재판소는 '반국가행위자의 처벌에 관한 특별조치법' 사건에서, "이 법 특유의 소송절차나 처벌규정인 위 제7조 제5항, 제6항, 제7항 본문, 제8조가 모두 위헌으로 실효된다 할 것이고 이들 법률조항들이 이미 실효된 제11조와 함께 특조법의 핵심적 규정들이라고 할 것인데, 그 핵심적인 규정들의 시행이 불가능하므로 특조법 전체가 그 존재의미를 상실하게 되고 그 전체가 시행할 수 없는 경우라고 할 것이다 그러므로 나머지 점에 관한 판단을 생략하고 법 제45조 단서규정에 의하여 특조법 전체에 대하여 위헌의 결정을 함이 타당하다."라고 판시하였다.[1] 토지초과이득세법과 택지소유 상한에 관한 법률 또한 같은 취지로 법률 전부에 대하여 헌법위반이 선고되었다.[2]

2. 해석에 의한 다른 법률조항으로 심판 확장

(1) 동일한 심사척도가 인정되는 경우

헌법재판소는 "… 관세법 제182조 제2항 중 관세포탈죄의 미수에 관하여 재판의 전제성이 있는 것은 명확하나, 그 예비에 관하여는 재판의 전제성이 있는지 여부에 관하여 의문이 있다. 그러나 재판의 전제성과 관련하여 법률조항 중 관련사건의 재판에서 적용되지 않는 내용이 들어 있는 경우에도 그 조항 전체가 위헌심사의 대상이 될 수 있는지 여부에 관하여 제청법원이 단일 조문 전체를 위헌제청하고 그 조문 전체가 같은 심사척도가 적용될 위헌 심사대상인 경우 그 조문 전체가 심판대상이 된다고 할 것이며, 관세법 제182조 제2항과 같이 병렬적으로 적용대상이 규정되어 있는 경우라도 그 내용이 서로 밀접한 관련이 있어 같은 심사척도가 적용될 위헌심사대상인 경우 그 내용을 분리하여 따로 판단하는 것이 적절하지 아니하다."라고 판시하였고,[3] "'보안관찰대상자로서 … 허위의 신고를 한 자 또는 그 신고를 함에 있어서 거주예정

---

1) 헌재 1996. 1. 25. 95헌가5, 판례집 8-1, 22면.
2) 토지초과이득세법 헌법불합치결정, 헌재 1994. 7. 29. 92헌바49 등, 판례집 6-2, 64, 117면; 택지소유상한에 관한 법률 위헌결정, 헌재 1999. 4. 29. 94헌바37 등, 판례집 11-1, 289, 347면.
3) 관세포탈죄 미수예비규정 합헌결정, 헌재 1996. 11. 28. 96헌가13, 판례집 8-2, 507, 516면.

지나 주거를 명시하지 아니한 자' 부분은 당해사건에서는 적용될 여지가 없다고 보여지나, 법률조항 중 관련사건의 재판에서 적용되지 않는 내용이 들어있는 경우에도 그 조항전체나 기타 관련부분이 위헌심사의 대상이 될 수 있는지 여부에 관하여 제청법원이 단일 조문 전체나 기타 관련부분을 위헌제청하고 그 관련부분 등이 동일한 심사척도가 적용될 위헌심사대상인 경우 그 관련부분 전체가 심판대상이 될 수 있다. 이 건 보안관찰법 제27조 제2항 중 '… 신고를 하지 아니하거나 허위의 신고를 한 자 또는 그 신고를 함에 있어서 거주예정지나 주거지를 명시하지 아니한 자' 부분과 같이 병렬적으로 적용대상이 규정되어 있는 경우라도 그 내용이 밀접한 관련이 있어 같은 심사척도가 적용될 위헌심사대상인 경우에는 그 내용을 분리하여 따로 판단하는 것은 적절하지 아니하다."라고 판시한 바 있다.[1]

(2) 내용상 밀접불가분한 경우

헌법재판소는 "재외동포법의 적용을 받는 자는 '재외국민', 즉 대한민국의 국민으로서 외국의 영주권을 취득한 자 또는 영주할 목적으로 외국에 거주하고 있는 자(재외동포법 제2조 제1호) 그리고 '외국국적동포', 즉 대한민국의 국적을 보유하였던 자 또는 그 직계비속으로서 외국국적을 취득한 자 중 대통령령이 정하는 자(재외동포법 제2조 제2호)이다. 그런데 외국국적동포에 대하여는 재외동포법시행령 제3조에서 대한민국 정부수립 이후에 국외로 이주한 자 중 대한민국의 국적을 상실한 자와 그 직계비속(같은 조 제1호) 그리고 대한민국 정부수립 이전에 국외로 이주한 자 중 외국국적 취득 이전에 대한민국의 국적을 명시적으로 확인받은 자와 그 직계비속(같은 조 제2호)으로 구체화하여 구분하고 있다. … 위와 같이 재외동포법시행령 제3조는 재외동포법 제2조 제2호의 규정을 구체화하는 것으로서 양자가 일체를 이루어 동일한 법률관계를 규율대상으로 하고 있고, 시행령규정은 모법규정을 떠나 존재할 수 없으므로 이 사건의 심판대상을 동 시행령규정에까지 확장함이 상당하다."라고 판시하였고,[2] "처의 부가(夫家)입적을 규정한 민법 제826조 제3항 후단은 무호주로의 변경을 구하면서 호주제의 위헌성을 다투는 위헌제청신청의 취지와 무관하지 않을 뿐

1) 보안관찰 합헌결정, 헌재 2003. 6. 26. 2001헌가17 등, 판례집 15-1, 602, 618면.
2) 재외동포법 위헌결정, 헌재 2001. 11. 29. 99헌마494, 판례집 13-2, 714, 719-720면.

아니라, 법원이 위헌제청한 민법 제778조, 제781조 제1항 본문 후단과 결합하여 호주제의 골격을 이루고 있으므로 호주제의 위헌 여부라는 중요한 헌법문제의 보다 완전한 해명을 위하여 그 조항의 위헌 여부도 심판의 대상으로 삼아 한꺼번에 심리·판단하는 것이 헌법재판의 객관적 기능에 비추어 상당하다."라고 판시한 바 있다.1)

(3) 적용상 전제가 되는 경우

헌법재판소는 "제청법원은 어업조정 및 자원보호에 관한 명령 위반에 대한 벌칙을 규정한 수산업법 제52조 제2항 및 같은 법 제79조 제2항의 위헌 여부를 제청하였으나, 같은 법 제52조 제2항의 내용을 확정하기 위해서는 같은 조 제1항의 규정이 전제로 되며, 또한 같은 법 제79조 제2항의 내용을 확정하기 위해서는 마찬가지로 같은 조 제1항이 전제가 된다. … 그렇다면 관련사건들에 적용될 법률로서 이 사건 위헌제청심판의 판단대상이 될 수산업법규정은 제52조 제1항 제4호 중 '어구의 선적·사용에 관한 제한 또는 금지' 부분 및 제79조 제1항 제2호 중 '어구의 제한 또는 금지' 부분으로 확장되어야 한다"는 취지의 판시를 한 바 있다.2)

(4) 기타의 경우

이 밖에도 헌법재판소는 앞서 본 사유에 명확히 부합하는 것은 아니나, 국적 취득에 관한 부계혈통주의를 정한 국적법 조항에 대한 위헌법률심판이 계속 중 당해 조항이 부모양계혈통주의로 개정된 사건에서, "1955. 9. 3.생인 제청신청인은 개정된 신법에 의해서도 10년 동안이라는 기간 제한이 있는 부칙조항으로 인하여 대한민국 국적을 취득할 수 없으나, 만일 헌법재판소의 부칙조항에 대한 위헌 내지 헌법불합치결정과 개선입법을 한다면 국적취득을 할 수 있기 때문에, 부칙조항도 같이 위헌 여부 심판을 해 주는 것이 법질서의 정합성과 소송경제 측면에서도 바람직하므로 이를 심판대상에 포함시키기로 한다."라고 하여 심판범위를 확장한 사례가 있다.3)

1) 호주제 헌법불합치결정, 헌재 2005. 2. 3. 2001헌가9 등, 판례집 17-1, 1, 12면.
2) 헌재 1994. 6. 30. 93헌가15 등, 판례집 6-1, 576, 584면.
3) 국적법 부칙조항 헌법불합치결정, 헌재 2000. 8. 31. 97헌가12, 판례집 12-2, 167, 172면.

그러나 헌법재판소는 "제청법원이 국가보안법 제13조(재범자에 대한 형의 특수가중) 전부에 대하여 위헌제청을 한 사건에서 위 규정 중 항소심 재판의 전제가 되는 부분은 전범(前犯), 후범(後犯) 모두 국가보안법 제7조(찬양, 고무) 제5항, 제1항 부분에 한한다 할 것이고, 그것이 나머지 법률조항들과 위헌성 판단에 있어 완전히 동일한 심사척도와 법리가 적용된다거나, 서로 필연적인 연관관계가 있다거나, 그 적용의 전제가 된다고는 볼 수가 없어 심판의 대상을 국가보안법 제13조 전부에 대하여 확장할 것은 아니다. 다만 전범에 관한 부분은 일종의 신분에 관한 규정이므로 후범에 관한 부분만 국가보안법 제7조 제5항, 제1항으로 한정하는 것이 신분범의 특수성에 상응한다 할 것이다."라고 하여 심판대상을 당해사건에 실제 적용되는 범위로 한정한 경우도 존재한다.[1]

제5항 위헌법률심판 결정의 효력

1. 합헌결정의 효력

합헌결정에는 기판력의 효력이 있다. 그러나 이는 결정된 동일 사건에 대한 효력일 뿐이며, 헌법재판소로부터 이미 합헌결정을 받은 법률에 대하여 다른 소송에서 다시 위헌제청이 제기되어 계류된 사건인 경우에 헌법재판소는 이를 새로 심판하여야 한다. 합헌결정은 결정 당시의 시점에서 당해 법률이 합헌이라는 내용의 판단이므로 다시 제기된 시점의 상황을 기준으로 합헌성 여부를 재평가하여야 하기 때문이다. 심리 결과 달리 사정변경이 없다면 다시 합헌결정을 하여야 한다.

2. 위헌결정의 효력

(1) 기판력과 기속력

헌법재판소의 위헌결정에는 기판력이 인정되며, 헌법재판소는 이미 심판을 거쳐서 위헌임을 선고한 동일한 사건에 대하여는 다시 심판할 수 없다(헌법재판소법 제39조). 또한 법률의 위헌결정은 법원 기타 국가기관 및 지방자치단체

1) 국가보안법 제13조 위헌결정, 헌재 2002. 11. 28. 2002헌가5, 판례집 14-2, 600, 601-602면.

를 기속한다. 기판력의 경우와는 달리 기속력은 위헌결정의 경우에만 인정되며 합헌결정의 경우에는 적용되지 않는다.

여기서 한정위헌 내지 한정합헌 혹은 헌법불합치결정 등 변형위헌결정의 경우에도 기속력이 인정되는지 문제될 수 있으나, 헌법재판소는 이러한 보든 유형의 변형결정도 위헌결정의 부분을 내포하고 있으므로 그 한도에서 기속력이 인정된다고 하고 있다.1)

법률의 위헌결정에는 기속력이 발생되므로 이미 헌법재판소가 위헌결정한 법률에 대한 법원의 위헌제청은 부적법하여 각하되어야 한다.2) 그러나 한정합헌 혹은 한정위헌의 결정이 있은 경우에는 당해 위헌제청의 대상이 된 법률이 합헌으로 판단된 부분에 관한 것인지 혹은 위헌으로 판단된 부분에 관한 것인지 여부에 따라 기속력의 발생 여부가 달리 결정될 것이다.

위헌결정의 이유에 대하여 기속력이 미치는지 여부에 대하여 헌법재판소는 위헌결정의 정족수인 재판관 6인의 의견에 미달하는 경우의 결정이유에 대하여서는 기속력을 인정하지 않는다고 하고 있다.3)

---

1) 헌법재판소의 법률에 대한 위헌결정에는 단순위헌결정은 물론, 한정합헌, 한정위헌결정과 헌법불합치결정도 포함되고 이들은 모두 당연히 기속력을 가진다. … (한정합헌결정과 한정위헌결정의) 두 가지 방법은 서로 표리관계에 있는 것이어서 실제적으로는 차이가 있는 것이 아니다. 합헌적인 한정축소해석은 위헌적인 해석 가능성과 그에 따른 법적용을 소극적으로 배제한 것이고, 적용범위의 축소에 의한 한정적 위헌선언은 위헌적인 법적용 영역과 그에 상응하는 해석 가능성을 적극적으로 배제한다는 뜻에서 차이가 있을 뿐, 본질적으로는 다 같은 부분위헌결정이다(헌재 1992. 2. 25. 89헌가104). 헌법재판소의 또 다른 변형결정의 하나인 헌법불합치결정의 경우에도 개정입법시까지 심판의 대상인 법률조항은 법률문언의 변화없이 계속 존속하나, 헌법재판소에 의한 위헌성 확인의 효력은 그 기속력을 가지는 것이다. 헌재 1997. 12. 24. 96헌마172, 판례집 9-2, 842, 860-861면.

2) 형사소송법 제221조의2 제2항 및 제5항 중 같은 조 제2항에 관한 부분에 대하여는 이미 헌법재판소가 헌재 1996. 12. 26. 94헌바1 사건에서 헌법에 위반된다는 결정을 선고한 바 있으므로 이 사건 법률조항은 헌법재판소법 제47조 제2항에 의하여 위헌결정일로부터 효력이 상실되었고, 따라서 같은 조 제2항 및 제5항 중 제2항에 관한 부분에 대한 심판청구는 심판의 이익이 없어 부적법하다. 헌재 1997. 1. 16. 93헌바54, 공보 20, 217면.

3) 헌법재판소법 제47조 제1항 및 제75조 제1항에 규정된 법률의 위헌결정 및 헌법소원 인용결정의 기속력과 관련하여, 입법자인 국회에게 기속력이 미치는지 여부, 나아가 결정주문뿐 아니라 결정이유에까지 기속력을 인정할지 여부는 헌법재판소의 헌법재판권 내지 사법권의 범위와 한계, 국회의 입법권의 범위와 한계 등을 고려하여 신중하게 접근할 필요가 있다. 설령 결정이유에까지 기속력을 인정한다고 하더라도, 결정주문을 뒷받침하는 결정이유에 대하여 적어도 위헌결정의 정족수인 재판관 6인 이상의 찬성이 있어야 할 것이고(헌법 제113조 제1항 및 헌법재판소법 제23조 제2항 참조), 이에 미달할 경우에는 결정이유에 대하여 기속력을 인정할 여지가 없는데, 헌법재판소가 2006. 5. 25. '안마사에 관한 규칙'(2000. 6. 16. 보건복지부령 제153호로 개정된 것) 제3조 제1항 제1호와 제2호 중 각 "앞을 보지 못하는" 부분에 대하여 위헌으로 결정한 2003헌마715 등 사건의 경우(헌재 2006. 5. 25. 2003헌마715 등, 판례집 18-1하, 112면) 그 결정이유에서 비맹제외기준이 과잉금지원칙에 위반한다는 점과 관련하여서는 재판관 5인만이 찬성하였을 뿐이므로 위 과잉금지원칙 위반의 점에 대하여 기속력이 인정될 여지가 없다. 헌재 2008. 10. 30. 2006헌마1098 등, 판례집 20-2상, 1089면. 비시각장애인 안마사자격 제한조항 합헌결정.

(2) 일반적 무효와 원칙적 장래효

헌법재판소법 제47조 제2항에 따라서 위헌으로 결정된 법률 또는 법률조항은 그 결정이 있은 날로부터 효력을 상실한다. 판례법상 위헌법률심사제도가 인정되는 미국의 경우 위헌으로 선고된 조항이 당해사건에서 적용이 배제되는 데 그치는 것에 비교할 때 우리의 법제는 명문으로 위헌결정에 보다 적극적인 효력을 부여하여 당해 조항 자체가 무효가 되도록 하고 있다.

위헌결정은 원칙적으로 그 선고시를 기점으로 하여 장래를 향하여서만 그 법률의 효력을 상실시키게 된다. 이는 당해 법률이 위헌결정 이전에 이미 적용되어 형성된 법률관계를 모두 복멸(覆滅)시키는 데에서 초래될 수 있는 법적 혼란을 피하고 법적 안정성과 평온을 확보하기 위한 것이다.[1]

(3) 형벌조항에 대한 예외적 소급효

(가) 소급효의 법적 의미

헌법재판소법 제47조 제3항 본문에 따라서 형벌에 관한 법률 또는 법률조항은 예외적으로 소급하여 그 효력을 상실한다. 위헌인 법률에 의하여 처벌받은 국민은 사후적으로라도 구제되어야 하며 이러한 정의의 요청은 법적 안정성의 요구에 우선되어야 하기 때문에 형벌조항에 대한 위헌결정에는 예외적으로 소급효를 인정하는 것이다. 그러나 이러한 소급효로 인하여 위헌으로 결정된 조항에 근거한 유죄의 확정판결이 바로 무효가 되는 것이 아니며, 재심 청구의 대상이 될 뿐이다(헌법재판소법 제47조 제4항). 재심의 결과 법원으로부터 무죄의 판결을 받게 되면 이에 따라 형사보상을 받는 등의 조치를 취할 수 있게 된다.

(나) 형벌조항 소급효의 물적(物的) 범위

여기서 유의할 것은 형사실체법만에 대하여서만 소급효를 가지며 형사소송

1) 헌법재판소에 의하여 위헌으로 선고된 법률 또는 법률의 조항이 제정 당시로 소급하여 효력을 상실하는가, 아니면 장래에 향하여 효력을 상실하는가의 문제는 특단의 사정이 없는 한 헌법적합성의 문제라기보다는 입법자가 법적 안정성과 개인의 권리구제 등 제반이익을 비교형량하여 가면서 결정할 입법정책의 문제인 것으로 보인다. 우리의 입법자는 법 제47조 제2항 본문의 규정을 통하여 형벌법규를 제외하고는 법적 안정성을 더 높이 평가하는 방안을 선택하였는바, 이에 의하여 구체적 타당성이나 평등의 원칙이 완벽하게 실현되지 않는다고 하더라도 헌법상 법치주의의 원칙의 파생인 법적 안정성 내지 신뢰보호의 원칙에 의하여 정당화된다 할 것이고, 특단의 사정이 없는 한 이로써 헌법이 침해되는 것은 아니라 할 것이다. 헌재 2000. 8. 31. 2000헌바6, 공보 제49호, 744, 745면.

법 등 형사절차에 관한 법률에 대하여서는 소급효가 없다는 점이다.[1] 공소시효에 관한 조항도 범죄의 성립이 아닌 소추절차에 관한 규정에 불과하므로 소급효를 가지는 형벌조항이 될 수 없다.

또한 형벌 관련조항이라 하더라도 그것이 위헌으로 선언될 경우 오히려 형사처벌을 받지 않았던 자들에게 형사상의 불이익이 미치게 되는 경우에는 죄형법정주의와 형벌불소급의 원칙에 따라 소급효가 인정될 수 없다. 헌법재판소도 교통사고처리특례법 제4조 등에 대한 헌법소원에 대한 결정에서 "특례법 제4조 제1항은 비록 형벌에 관한 것이기는 하지만 불처벌의 특례를 규정한 것이어서 위 법률조항에 대한 위헌결정의 소급효를 인정할 경우 오히려 형사처벌을 받지 않았던 자들에게 형사상의 불이익이 미치게 되므로 이와 같은 경우까지 법 제47조 제2항 단서의 적용범위에 포함시키는 것은 그 규정의 취지에 반하고, 따라서 위 법률조항이 헌법에 위반된다고 선고되더라도 형사처벌을 받지 않았던 자들을 소급하여 처벌할 수는 없다."라고 판시한 바가 있다.[2]

㈐ 형벌조항 소급효의 시적(時的) 범위

2014년 5월 20일 개정·발효된 헌법재판소법 제47조 제3항 단서는 '형벌에 관한 법률 또는 법률조항은 해당 법률 또는 법률조항에 대하여 종전에 합헌으로 결정한 사건이 있는 경우에는 그 결정이 있는 날의 다음 날로 소급하여 효력을 상실한다'고 새로 규정하였다. 이는 발효 당시는 합헌적이었으나 사후 시대상황, 국민적 법감정 등 사정변경으로 인하여 위헌의 요소가 발생함으로써 위헌결정을 하게 된 경우 그 효력이 무한정 소급하는 불합리한 결과를 방지하고자 한 취지이며, 이로써 형벌조항에 대한 위헌결정의 소급효는 종전의 합헌결정과 효력상 충돌을 피하고 조화를 이루게 되었다. 또한 이 조항의 취지로 보건대, 헌법재판소는 형벌조항의 위헌을 결정함에 있어서 가사 종전의 합헌결정이 없더라도 국민의 법감정의 변화가 명백히 발생한 시점을 판단하여 그 이후로 위헌결정의 소급효를 제한하는 결정도 할 수 있다고 해석하는 것이 타

1) 헌법재판소법 제47조 제2항 단서규정에 의하여 위헌법률의 법규적 효력에 대하여 소급효가 인정되는 "형벌에 관한 법률 또는 법률의 조항"의 범위는 실체적인 형벌법규에 한정하여야 하고 위헌으로 결정된 법률이 형사소송절차에 관한 절차법적인 법률인 경우에는 동 조항이 적용되지 않는 것으로 가급적 좁게 해석하는 것이 제도적으로 합당하다(헌재 1992. 12. 24. 92헌가8, 판례집 4, 853, 887면. 10년 이상 구형시 구속유지 위헌결정).

2) 헌재 1997. 1. 16. 90헌마110 등, 판례집 9-1, 90, 107면.

당하다고 생각한다.[1])

(4) 해석에 의한 소급효의 확장

(가) 소급효 확장의 필요성

법률에 대한 위헌결정은 위헌제청이 있었던 당해사건에는 반드시 적용되어야 한다. 위헌결정이 당해사건에 적용되지 않는다면 당초부터 그 위헌제청이 당해사건 재판의 전제성조차 없는 것이 되어 버리는 논리적 모순에 빠지게 되고, 법원이나 사건 당사자는 소송상 위헌제청이나 그 신청을 할 실익이 없어지며, 위헌법률심판제도는 구체적 규범통제로서의 성격을 상실하게 될 것이다. 그러므로 비록 위헌결정이 장래효를 가지는 것이 원칙이라고 하더라도 당해사건에 대하여서는 소급적용된다고 해석하지 않을 수 없다.

법원은 처음에는 당해사건에 대하여서만 예외적으로 위헌결정의 소급효를 인정한다고 하였지만 그 후 동종의 사건으로 위헌결정된 법률조항에 대하여 위헌제청이나 그 신청이 있었던 경우, 나아가 위헌제청이나 신청이 된 것이 아니더라도 당해 법률이 재판의 전제가 되어 법원에 소송이 계속 중인 경우에도 그 위헌결정 선고의 효력이 소급적으로 미치도록 해석하여 소급효가 인정되는 사건의 범위를 확장하였다. 그러나 소급효가 미치는 사건의 구체적 범위에 관해서는 헌법재판소와 대법원의 견해가 서로 차이를 보이고 있다.

(나) 헌법재판소의 해석

(a) 선고 당시 계속중인 소송사건에 대한 소급효 인정

헌법재판소도 이와 같이 ① 법원의 제청·헌법소원의 청구 등을 통하여 헌법재판소에 법률의 위헌결정을 위한 계기를 부여한 당해사건, ② 위헌결정이 있기 전에 이와 동종의 위헌여부에 관하여 헌법재판소에 위헌제청을 하였거나 법원에 위헌제청신청을 한 경우의 당해사건(동종사건), ③ 따로 위헌제청신청을 하지 아니하였지만 당해 법률 또는 법률의 조항이 재판의 전제가 되어 법원에 계속중인 사건(병행사건)에 대하여는 소급효를 인정하여야 한다고 판시하고 있다.

---

1) 여러 차례 합헌결정이 이어져 오다가 2015. 2. 위헌으로 결정된 간통죄의 경우 그 위헌결정의 효력은 마지막 합헌결정이 있었던 2008. 10. 30.의 다음 날인 같은 달 31.로 소급하여 효력을 상실하게 된다. 헌재 2008. 10. 30. 2007헌가17. 간통죄 합헌결정; 헌재 2015. 2. 26. 2009헌바17 등. 간통죄 위헌결정 참조.

(b) 기타 해석에 의한 예외적 소급효 인정

또한 헌법재판소는 이에 덧붙여, ① 당사자의 권리구제를 위한 구체적 타당성의 요청이 현저한 반면에 소급효를 인정하여도 법적 안정성을 침해할 우려가 없고 나아가 구법에 의하여 형성된 기득권자의 이득이 침해될 사안이 아닌 경우로서 소급효의 부인이 오히려 정의와 형평 등 헌법적 이념에 심히 배치되는 때에도 소급효를 인정할 수 있으며, ② 어떤 사안이 이와 같은 사건의 테두리에 들어가는가에 관하여는 본래적으로 규범통제를 담당하는 헌법재판소가 위헌선언을 하면서 직접 그 결정주문에서 밝혀야 할 것이나, 직접 밝힌 바 없으면 그와 같은 경우에 해당하는가의 여부는 일반법원이 구체적 사건에서 당해 법률의 연혁·성질·보호법익 등을 검토하고 제반이익을 형량해서 합리적·합목적적으로 정하여 대처할 수밖에 없을 것이라고 판시하였다.1) 요컨대 헌법재판소의 입장은 위헌결정 당시 당해사건을 포함하여 문제된 법률조항이 적용되는 소송이 계속중이면 이러한 소송들에는 모두 소급효를 인정하여 위헌결정의 혜택을 입을 수 있도록 하고, 위헌결정 후 제기된 소송이라고 하더라도 법원의 법익형량에 의한 판단에 따라 위헌결정의 소급효를 인정하여 줄 수 있다는 입장이다.

(다) 대법원의 해석

(a) 모든 소송사건에 소급효 확장 적용

대법원은 헌법재판소의 해석에서 더 나아가 위헌 선고 후에 비로소 제기된 소송에서도 원칙적으로 위헌결정의 효력을 인정하여 주는 데에까지 소급효를 확대하고 있다. 그리하여 대법원은 "헌법재판소의 위헌결정의 효력은 위헌제청을 한 당해사건, 위헌결정이 있기 전에 이와 동종의 위헌여부에 관하여 헌법재판소에 위헌여부심판제청을 하였거나 법원에 위헌여부심판제청신청을 한 경우의 당해사건과 따로 위헌제청신청은 아니하였지만 당해 법률 또는 법률의 조항이 재판의 전제가 되어 법원에 계속중인 사건뿐만 아니라 위헌결정 이후에 위와 같은 이유로 제소된 일반사건에도 미친다고 할 것이나 … 그 미치는 범위가 무한정일 수는 없고 법원이 위헌으로 결정된 법률 또는 법률의 조항을 적용하지는 않더라도 다른 법리에 의하여 그 소급효를 제한하는 것까지 부정

1) 위헌결정 소급효 사건. 헌재 1993. 5. 13. 92헌가10 등, 판례집 5-1, 226, 250면; 헌재 2000. 8. 31. 2000헌바6, 공보 49, 744, 745면.

되는 것은 아니라 할 것이며, 법적 안정성의 유지나 당사자의 신뢰보호를 위하여 불가피한 경우에 위헌결정의 소급효를 제한하는 것은 오히려 법치주의의 원칙상 요청되는 바라 할 것이다."라고 하고 있다.[1]

(b) 다른 법리에 의한 소급효의 차단

여기서 소급효를 제한하는 기능을 하는 '다른 법리'란 예컨대 확정판결의 기판력이나 행정처분의 확정력 등을 의미한다. 특히 형벌 관련 위헌결정의 경우 헌법재판소법 제47조 제4항에 의하여 확정판결의 기판력을 깨뜨리고 재심을 청구할 수 있게 하는 효력까지 부여되고 있으나, 해석상 인정되는 위헌결정의 경우 그 소급효는 확정판결의 기판력을 깨뜨릴 수 없으며 이미 판결에 의하여 확정된 소송의 소송물에 관하여서는 그 근거법률이 위헌이라는 이유로 다시 소송을 제기하여 이를 복멸시킬 수 있는 효력을 가지지 아니한다.[2]

또한 행정처분의 근거가 되는 법률이 위반이라는 흠은 당해 행정처분의 취소사유가 될 뿐 당연무효사유로 볼 수 없는 것이 원칙이다.[3] 따라서 일반적으로 위헌법률을 근거로 한 행정처분이라는 이유로 그 효력의 상실을 구하는 소송은 제소기간의 제한이 있는 취소소송에 의하여야만 하며 무효확인소송의 대상이 될 수 없다. 그러나 위헌결정이 선고된 시점에서는 위헌의 법률을 근거로 행하여진 거의 모든 행정처분들에 대한 취소소송의 제소기간이 이미 경과되어버린 상태에 있을 것이므로 실제로 위헌결정이 선고되었음을 알고 비로소 소송에 의한 구제를 시도하여도 이는 사실상 불가능하다. 이는 실질적으로 위헌결정의 소급효를 제한하는 결과를 초래하게 된다.[4]

1) 대법원 1994. 10. 25. 93다42740 판결, 공1994, 3077.
2) 대법원 1993. 4. 27. 92누9777 판결, 공1993, 1609. 증여세등부과처분무효확인 사건 판결.
3) 법률에 근거하여 행정처분이 발하여진 후에 헌법재판소가 그 행정처분의 근거가 된 법률을 위헌으로 결정하였다면 결과적으로 행정처분은 법률의 근거가 없이 행하여진 것과 마찬가지가 되어 하자가 있는 것이 되나, 하자 있는 행정처분이 당연무효가 되기 위하여는 그 하자가 중대할 뿐만 아니라 명백한 것이어야 하는데, 일반적으로 법률이 헌법에 위반된다는 사정이 헌법재판소의 위헌결정이 있기 전에는 객관적으로 명백한 것이라고 할 수는 없으므로 헌법재판소의 위헌결정 전에 행정처분의 근거되는 당해 법률이 헌법에 위반된다는 사유는 특별한 사정이 없는 한 그 행정처분의 취소소송의 전제가 될 수 있을 뿐 당연무효사유는 아니라고 봄이 상당하다. 대법원 1994. 10. 28. 92누9463 판결, 공1994, 3139. 압류처분등무효확인 사건 판결.
4) 대법원 1994. 10. 28. 92누9463 판결, 공1994, 3139. 압류처분등무효확인 사건 판결; 대법원 2000. 6. 9. 2000다16329 판결, 공2000, 1641. 부당이득금 사건 판결 등.

CHAPTER

03 헌법소원심판

제1절 의의 · 종류와 법적 성격

헌법소원(Verfassungsbeschwerde) 제도는 일반적으로 공권력으로부터 기본권의 침해를 받은 자가 사법기관에게 제소하여 당해 침해행위의 취소를 받는 것을 내용으로 한 기본권 구제제도를 말한다. 헌법소원의 인용 여부는 기본권의 침해 여부라는 헌법문제에 달려있으므로 헌법소원은 헌법쟁송의 한 유형에 속한다.

우리 헌법 제111조 제1항 제5호는 헌법재판소의 관장사항으로서 '법률이 정하는 헌법소원에 관한 심판'을 규정하여 헌법소원 제도를 도입하고 있다. 이에 따라 헌법재판소법 제68조 제1항은 '공권력의 행사 또는 불행사로 인하여 헌법상 보장된 기본권을 침해받은 자는 법원의 재판을 제외하고는 헌법재판소에 헌법소원심판을 청구할 수 있다'고 규정하여 헌법소원 제도를 구체화하였다. 원래 헌법소원의 대상이 되는 국가작용은 입법작용, 행정작용 및 사법작용을 모두 포괄하여야 할 것이나, 우리 법제는 그 중 사법적 공권력 작용의 대종을 이루는 '법원의 재판'을 제외하고 있는 점이 주목되며 이 점은 우리 헌법소원 제도만의 특징이기도 하다.

한편 헌법재판소법 제68조 제2항은 '… 법률의 위헌여부 심판의 제청신청이 기각된 때에는 그 신청을 한 당사자는 헌법재판소에 헌법소원을 청구할 수 있다'고 규정하여 위헌법률심판의 한 변형된 형태로서의 특이한 헌법소원제도를 설정하고 있다. 이 조항에 의하여 위헌법률심판의 제기권을 법원이 독점하는 것이 해소되었으며, 위헌법률심판은 당해 소송을 담당한 법원의 제청 여부를 불문하고 당사자의 의사에 따라 헌법재판소의 판단을 받을 수 있는 길이 열리게 되었다. 비교법적으로 볼 때 이러한 유형의 헌법소원제도는 우리나라에만 존재하는 독특한 제도이다.

이하에서 헌법재판소법 제68조 제1항 소정의 헌법소원 제도를 권리구제형 헌법소원, 제68조 제2항 소정의 헌법소원 제도를 위헌심사형 헌법소원이라고 지칭하면서 나누어 살펴본다.

제 2 절 권리구제형 헌법소원

제 1 항 헌법소원의 대상

헌법재판소법 제68조 제1항은 공권력의 행사 또는 불행사로 인하여 헌법상 보장된 기본권을 침해받은 자는 헌법소원심판을 청구할 수 있다고 규정하므로 헌법소원의 대상은 '공권력의 행사 또는 불행사'이다. 여기서 공권력의 행사란 결국 국가작용 전반을 말하는 것이며 공권력의 불행사는 그 부작위의 측면을 의미한다. 국가작용은 입법작용과 행정작용 및 사법작용으로 대별되므로 이하에서 이를 나누어 살펴본다.

1. 입법작용

(1) 법 률

법률은 위헌법률심판의 대상이 되고 있기 때문에 헌법소원심판의 대상이 될 수 있는지 여부에 관하여 헌법재판소의 초기 활동 시기에는 다소 논란의 대상이 되었다. 그러나 법 제68조 제1항의 헌법소원의 대상으로서의 공권력에는 입법작용이 포함됨이 당연하므로 헌법소원의 다른 제기요건을 충족하고 있는 한 법률이 헌법소원심판의 대상이 된다고 함이 확고한 판례로 정립되어 이제는 이 점에 관한 논란은 완전히 종식된 상태이다. 헌법소원은 다른 법률에 구제절차가 있는 경우에는 그 절차를 모두 거친 후가 아니면 헌법소원심판을 청구할 수 없으나, 법률 자체에 의한 직접적인 기본권침해여부가 문제될 때에는 그 법률 자체의 효력을 직접 다투는 것을 소송물로 하여 일반법원에 소송을 제기하는 길이 없어 구제절차가 있는 경우가 아니므로 다른 구제절차를 거칠 것 없이 바로 헌법소원을 제기할 수 있다.[1)]

법률이 헌법소원의 대상이 되려면 현재 시행중인 유효한 것이어야 함이 원칙이나 법률이 일반적 효력을 발생하기 전이라도 이미 공포되어 있고, 청구인이 불이익을 입게 될 수 있음을 충분히 예측할 수 있는 경우에는 그 법률에 대하여 예외적으로 헌법소원을 제기할 수 있다.[2)]

(2) 헌법규정과 조약

형식적 의미의 법률에 해당하지 아니하는 헌법의 개별조항은 어떠한 경우에도 위헌심사의 대상이 될 수 없다.[3)] 그러나 헌법 제6조 제1항에 의하여 국내법과 같은 효력을 가지는 조약의 체결행위는 고권적 행위로서 공권력의 행사에 해당하므로, 헌법소원심판의 대상이 된다.[4)]

(3) 입법부작위

입법부작위는 입법자가 헌법상 입법의무가 있는 어떤 사항에 관하여 전혀 입법을 하지 아니함으로써 입법행위의 흠결이 있는 경우의 '진정(眞正)입법부작위'와 입법자가 어떤 사항에 관하여 입법은 하였으나 그 입법의 내용·범위·절차 등이 당해 사항을 불완전·불충분 또는 불공정하게 규율함으로써 입법행위에 결함이 있는 경우의 '부진정(不眞正)입법부작위'로 나누어 볼 수 있다.

그 중 진정입법부작위는 헌법에서 기본권보장을 위해 법령에 명시적인 입법위임을 하였음에도 입법자가 이를 방치하고 있거나 헌법해석상 특정인에게 구체적인 기본권이 생겨 이를 보장하기 위한 국가의 행위의무 내지 보호의무가 발생하였음이 명백함에도 입법자가 전혀 아무런 입법조치를 취하고 있지 않은 경우에만 헌법소원의 대상이 된다.[5)] 그러므로 진정입법부작위에 대한 헌

1) 헌재 1990. 6. 25. 89헌마220, 판례집 2, 200, 203-204면.
2) 헌재 1994. 12. 29. 94헌마201, 판례집 6-2, 510, 523면.
3) 헌재 1998. 6. 25. 96헌마47.
4) 헌재 2001. 3. 21. 99헌마139 등, 판례집 13-1, 676, 692면. 신한일어업협정 합헌결정.
5) 헌재 1989. 3. 17. 88헌마1, 판례집 1, 9, 16면.

법소원 심판청구는 국가의 입법의무 불발생을 이유로 각하되든지 아니면 입법의무 위반을 이유로 인용되든지의 양자택일의 결정을 받게 되고, 심판의 대상성이 인정되나 기본권 침해가 없다는 취지의 기각결정의 사례는 나타날 수 없다. 또한 헌법상의 명시적 입법의무 위반의 사례는 극히 드물게 나타나므로 인용결정의 예도 거의 존재하지 않는다.[1)]

그러나 '부진정입법부작위'를 대상으로, 즉 입법의 내용·범위·절차 등의 결함을 이유로 헌법소원을 제기하려면 이 경우에는 결함이 있는 당해 입법규정 그 자체를 대상으로 하여 그것이 평등의 원칙에 위배된다는 등 헌법위반을 내세워 적극적인 헌법소원을 제기하여야 한다.[2)] 예컨대 형사소송법 제420조가 규정하는 재심이유 외에 "유죄의 확정판결을 받은 후 동 판결에서 인정한 사실과 법률적 가치판단이 상치되어 양립할 수 없는 사실의 인정에 관한 확정판결이 있는 때"를 별도의 재심이유로 규정하지 아니한 것은 이른바 부진정입법부작위에 해당하는 것이므로, 이에 대하여 재판상 다툴 경우에는 형사소송법 제420조 그 자체를 대상으로 하여 그것이 헌법위반이라는 적극적인 헌법소원을 제기하여야 한다.[3)]

2. 행정작용

헌법소원의 대상이 되는 공권력 행사의 가장 일반적 형태는 행정작용이 되어야 할 것이다. 그러나 법원의 재판이 헌법소원에서 제외되어 있고 이에 따라 행정소송의 대상이 되는 행정처분 또한 헌법소원의 대상에서 제외됨으로써

---

1) 입법부작위에 대한 헌법소원의 인용사례로서는 헌법재판소의 결정례로서는 조선철도주식사건 결정이 거의 유일하다. 이 사건에서 헌법재판소는 "우리 헌법은 제헌 이래 현재까지 일관하여 재산의 수용·사용 또는 제한에 대한 보상금을 지급하도록 규정하면서 이를 법률이 정하도록 위임함으로써 국가에게 명시적으로 수용 등의 경우 그 보상에 관한 입법의무를 부과하여 왔는바, 해방 후 사설철도회사의 전 재산을 수용하면서 그 보상절차를 규정한 군정법령 제75호에 따른 보상절차가 이루어지지 않은 단계에서 조선철도의통일폐지법률에 의하여 위 군정법령이 폐지됨으로써 대한민국의 법령에 의한 수용은 있었으나 그에 대한 보상을 실시할 수 있는 절차를 규정하는 법률이 없는 상태가 현재까지 계속되고 있으므로, 대한민국은 위 군정법령에 근거한 수용에 대하여 보상에 관한 법률을 제정하여야 하는 입법자의 헌법상 명시된 입법의무가 발생하였으며, 위 폐지법률이 시행된 지 30년이 지나도록 입법자가 전혀 아무런 입법조치를 취하지 않고 있는 것은 입법재량의 한계를 넘는 입법의무 불이행으로서 보상청구권이 확정된 자의 헌법상 보장된 재산권을 침해하는 것이므로 위헌"이라고 하였다. 헌재 1994. 12. 29. 89헌마2, 판례집 6-2, 395, 409면.

2) 헌재 1996. 10. 31. 94헌마108, 판례집 8-2, 480, 489면.

3) 헌재 1997. 3. 27. 94헌마235, 판례집 9-1, 390, 400면.

대부분의 행정작용은 헌법소원의 대상이 되지 못함으로써 우리 헌법소송법상 헌법소원제도의 실효성은 크게 위축되어 있다.

(1) 통치행위

헌법재판소는 금융실명제 사건에서 "통치행위를 포함하여 모든 국가작용은 국민의 기본권적 가치를 실현하기 위한 수단이라는 한계를 반드시 지켜야 하는 것이고, 헌법재판소는 헌법의 수호와 국민의 기본권 보장을 사명으로 하는 국가기관이므로 비록 고도의 정치적 결단에 의하여 행해지는 국가작용이라고 할지라도 그것이 국민의 기본권 침해와 직접 관련되는 경우에는 당연히 헌법재판소의 심판대상이 될 수 있다."라고 하여 통치행위의 헌법소원 대상성을 인정하였다.[1] 그러나 그 후 이라크 파병 사건 결정들에서 통치행위에 대한 사법자제론을 지지하는 의견이 대두되었으나, 판례변경에 이르지는 못하였고 다시 수도이전법 위헌결정에서 통치행위의 헌법재판 대상성을 확인하는 언급을 하고 있다. 판단컨대 헌법소원심판은 보통 정치성이 농후한 공권력 작용에 대하여 헌법적 통제가 가하여질 수 있도록 인정되는 제도이므로 단지 정치성이 강한 국가작용이라고 하여 심판의 대상에서 제외함은 타당하지 않다. 또한 이러한 고도의 정치적 행위는 기본권 침해의 직접관련성을 결여하는 경우가 많으므로 이를 이유로 하여 사법심사가 자제되는 결과를 가져오는 것으로 충분하다고 할 것이다.

(2) 행정입법

㈎ 법규명령의 경우

법규명령인 명령이나 규칙이 헌법소원의 대상이 되는지 여부에 관하여 대법원과 헌법재판소는 대립된 입장을 보이고 있다. 대법원은 "명령·규칙 또는 처분이 헌법이나 법률에 위반되는 여부가 재판의 전제가 된 경우에는 대법원은 이를 최종적으로 심사할 권한을 가진다."라고 규정한 헌법 제107조 제2항의 의미를 중시하여 우리 헌법은 행정입법의 심사는 일반적인 재판절차에 의하여 구체적 규범통제의 방법에 의하도록 명하고 있다고 보고, 당사자는 구체적 사건의 심판을 위한 선결문제로서 행정입법의 위법성을 주장하여 법원에 대하여

---

1) 금융실명제 사건. 헌재 1996. 2. 29. 93헌마186, 판례집 8-1, 111, 116면.

당해사건에 대한 적용 여부의 판단을 구할 수 있을 뿐, 행정입법 자체의 합법성의 심사를 목적으로 하는 독립한 신청을 제기할 수는 없다고 한다.[1]

그러나 헌법재판소는 형식적 의미의 법률이 아닌 법규명령 또는 규칙으로 인하여 직접 기본권을 침해당한 피해자는 헌법소원의 심판을 청구할 수 있다고 본다. 헌법 제107조 제2항의 규정은 '구체적인 소송사건에서 명령·규칙의 위헌여부가 재판의 전제가 되었을 경우 법률의 경우와는 달리 헌법재판소에 제청할 것 없이 대법원이 최종적으로 심사할 수 있다'는 의미일 뿐이며, 법 제68조 제1항이 규정하고 있는 헌법소원심판의 대상으로서의 공권력이란 입법·사법·행정 등 모든 공권력을 말하는 것이므로 행정부에서 제정한 시행령이나 시행규칙 및 사법부에서 제정한 규칙 등은 그것들이 별도의 집행행위를 기다리지 않고 직접 기본권을 침해하는 것일 때에는 모두 헌법소원심판의 대상이 될 수 있다는 것이다.[2]

㈏ 행정규칙의 경우

행정규칙은 법규명령과는 달리 행정조직 내부에서만 효력을 가지는 것이고 대외적인 구속력을 갖는 것이 아니어서 국민의 기본권 침해 문제를 야기할 수 없으므로 원칙적으로 헌법소원의 대상이 아니다. 그러나 행정규칙이라고 하더라도 ① 법령의 규정에 의하여 행정관청에 법령의 구체적 내용을 보충할 권한을 부여한 경우나, ② 재량권행사의 준칙인 규칙이 그 정한 바에 따라 되풀이 시행되어 행정관행이 성립되면 평등의 원칙이나 신뢰보호의 원칙에 따라 행정기관은 그 상대방에 대한 관계에서 그 규칙에 따라야 할 자기구속을 당하게 되는 경우에는 대외적인 구속력을 가지게 되는데, 이러한 경우에는 헌법소원의 대상이 될 수 있다.[3]

그러므로 법령의 직접적인 위임에 따라 수임행정기관이 그 법령을 시행하는 데 필요한 구체적 사항을 정한 것이면, 그 제정형식은 비록 법규명령이 아닌 고시·훈령·예규 등과 같은 행정규칙이더라도 그것이 상위법령의 위임한계를 벗어나지 아니하는 한, 상위법령과 결합하여 대외적인 구속력을 갖는 법

---

1) 대법원 1994. 4. 26.자 93부32 결정, 공1994, 1705.
2) 법무사법시행규칙 사건. 헌재 1990. 10. 15. 89헌마178, 판례집 2, 365, 369면; 헌재 1997. 6. 26. 94헌마52, 판례집 9-1, 659, 667면.
3) 헌재 1990. 9. 3. 90헌마13, 판례집 2, 298, 303면.

규명령으로서 기능하게 된다고 보아야 할 것인데, 이 행정규칙의 관계규정으로 말미암아 직접 기본권침해를 받은 국민은 동 규칙을 대상으로 하여 헌법소원심판을 청구할 수 있는 것이다.[1)]

이처럼 행정규칙이 일정한 조건 하에서 헌법소원의 대상이 된다는 법리는 헌법소원 제도의 실효성을 신장시키는 데 있어서 의미있는 역할을 하고 있다. 비록 행정규칙이라는 하위 법규범의 형식을 취하고 있더라도 국민의 실생활에 비중있는 영향을 미치는 내용을 규율하고 있는 실제 사례가 많기 때문이다.[2)]

(3) 행정입법부작위

법률이 일정한 행정입법을 시행할 것을 명령하고 있음에도 불구하고 행정권력이 이를 이행하지 아니하는 행정입법부작위는 그 자체로서 삼권분립과 법치행정의 헌법원칙에 위배된다는 점에서 입법부의 입법부작위와는 다르다. 따라서 ① 헌법이나 법률에 의하여 행정청에게 시행명령을 제정하거나 개정할 법적 의무가 부여되어 있고, ② 행정청이 동 명령을 제정하거나 개정하지 않고 있으며, ③ 명령을 제정하거나 개정하는 데 필요하다고 판단되는 상당한 기간이 지난 경우에는 행정권에 의하여 입법권이 침해되기 때문에 헌법에서 유래하는 작위의무가 인정된다고 할 수 있다.[3)]

(4) 조약상의 의무 불이행

조약상 규정된 의무의 불이행으로 인하여 국민의 기본권이 중대하게 침해될 가능성이 있다면 이에 관한 국가의 작의의무는 헌법에서 유래하는 작위의

1) 헌재 1992. 6. 26. 91헌마25, 판례집 4, 444, 449면.
2) 행정규칙에 대한 헌법소원의 사례는 많다. 예컨대, 헌법재판소는 식품접객업소영업행위제한기준은 그 제정형식이 비록 보건복지부장관의 고시라는 행정규칙이지만, 식품위생법 제30조의 위임에 따라 식품접객업소의 영업행위에 대하여 제한대상 및 제한시간을 정한 것으로서 상위법령과 결합하여 대외적인 구속력을 갖는 법규명령의 성격을 가지므로 헌법소원의 대상이 될 수 있고(헌재 2000. 7. 20. 99헌마455, 판례집 12-2, 153, 160면), 또 보건복지부장관의 고시로서 종전의 의료보험법 등의 규정에 의하여 정한 요양급여비용의 산정기준을 개정하는 내용의 의료보험진료수가및약제비산정기준중개정기준은 그로 인하여 청구인이 본인일부부담금이 인상되는 불이익을 직접 입고 있으며, 헌법소원심판을 청구하는 외에 달리 효과적인 구제방법이 없다는 등의 이유로 헌법소원의 대상이 된다고 하였다(헌재 2000. 12. 14. 2000헌마659, 판례집 12-2, 437, 444면).
3) 헌법재판소는 "치과전문의제도의 실시를 법률 및 대통령령이 규정하고 있고 그 실시를 위하여 시행규칙의 개정 등이 행해져야 함에도 불구하고, 행정권이 법률의 시행에 필요한 행정입법을 하지 아니하는 경우에는 행정권에 의하여 입법권이 침해되는 결과가 되기 때문에, 보건복지부장관에게는 헌법에서 유래하는 행정입법의 작위의무가 있다."라고 하고 있다(헌재 1998. 7. 16. 96헌마246, 판례집 10-2, 283, 305면).

무로서 법령에 구체적으로 규정되어 있는 경우에 해당한다. 이 경우 국가의 부작위가 청구인들의 기본권을 침해하여 위헌인지 여부는, 침해되는 기본권의 중대성, 기본권침해 위험의 절박성, 기본권의 구제가능성, 작위로 나아갈 경우 진정한 국익에 반하는지 여부 등을 종합적으로 고려하여, 국가기관의 기본권 기속성에 합당한 재량권 행사 범위 내로 볼 수 있을 것인지 여부에 따라 결정된다. 이러한 기준에 따라 헌법재판소는 일본군위안부과 원폭피해자 배상청구권에 관한 한·일간의 분쟁을 1965년 체결된 한·일 청구권협정 제3조 소정의 분쟁해결절차에 따라 해결하지 아니하고 있는 외교통상부장관의 부작위가 위헌이라고 결정한 바 있다.1)

(5) 권력적 사실행위

권력적 사실행위는 공권력의 행사에 포함되므로 헌법소원심판의 대상이 된다. 헌법소원의 심판대상으로서의 권력적 사실행위는 당해 행정주체와 상대방과의 관계, 그 사실행위에 대한 상대방의 의사·관여정도·태도, 그 사실행위의 목적·경위, 법령에 의한 명령·강제수단의 발동 가부 등 그 행위가 행하여질 당시의 구체적 사정을 종합적으로 고려하여 개별적으로 판단한다. 대통령의 지시에 의하여 실행된 재벌그룹 해체조치는 그 사정을 종합적으로 고려할 때 일종의 권력적 사실행위에 해당한다는 판단을 한 헌법재판소의 결정례가 있다.2)

이 밖에도 교도소장의 미결수용자의 서신에 대한 검열·지연발송·지연교부행위,3) 구치소장이 미결수용자로 하여금 수사 및 재판을 받을 때 재소자용 의류를 입게한 행위,4) 유치장관리자가 현행범으로 체포된 피의자에게 차폐시

1) 헌재 2011. 8. 30. 2008헌마648, 판례집 23권 2집, 417-449면; 헌재 2011. 8. 30. 2006헌마788, 판례집 23-2상, 366면.
2) 헌법재판소는 "재무부장관이 제일은행장에 대하여 한 해체준비 착수지시와 언론발표지시를 보면 이는 상급관청이 하급관청에 대하여 한 지시가 아님은 물론 … 제일은행측의 임의적 협력을 기대하여 행하는 비권력적인 권고·조언 따위의 단순한 행정지도로서의 한계도 이미 넘어선 것이라 할 것이고, … 이와 같은 유형의 행위는 형식적으로는 사법적인 주거래은행의 행위였던 점에서 행정행위는 될 수 없더라도 그 실질이 공권력의 힘으로 재벌기업의 해체라는 사태변동을 일으키는 경우인 점에서 일종의 권력적 사실행위로 보아, 법 제68조 제1항 소정의 헌법소원의 대상이 되는 공권력의 행사에 해당된다."라고 판단하였다(국제그룹해체 사건. 헌재 1993. 7. 29. 89헌마31, 판례집 5-2, 87, 105면).
3) 헌재 1995. 7. 21. 92헌마144, 판례집 7-2, 94, 102면.
4) 헌재 1999. 5. 27. 97헌마137 등, 판례집 11-1, 653, 658-659면.

설이 불충분한 화장실을 사용하도록 한 행위,1) 경찰서장이 피의자들을 유치장에 수용하는 과정에서 실시한 정밀신체수색 행위,2) 집회·시위자에 대한 진압경찰의 직사살수행위3) 등은 이른바 권력적 사실행위로서 헌법소원의 대상이 되고 있는데, 헌법재판소는 이러한 행위들은 심판당시 침해행위가 이미 종료되어 버리는 것이 보통이지만 위헌의 소지가 있는 경우 반복침해의 가능성과 헌법적 해명의 필요성이 있다는 이유로 이를 판단하고 있다. 다만 교도소 내 접견실의 칸막이 설치는 법무부의 지시로 이를 철거하였으며, 이를 다시 설치할 위험이나 헌법적 해명의 필요성이 인정되지 않는다는 이유로 판단하지 아니하였다.4)

(6) 행정기관의 내부행위 혹은 준비행위

행정기관의 내부적 의사결정으로서 대외적 효력을 가지지 아니하는 행위는 국민의 기본권을 침해할 수 없으므로 헌법소원의 대상이 될 수 없다. 나아가 정부의 법률안 제출권 행사는 대외적 효력을 가지지만, 제출된 법률안이 법률로서 확정되기 위하여서는 국회의 의결과 대통령의 공포절차를 거쳐야 하므로 법률안의 제출은 국가기관간의 내부적 행위에 불과하고 국민에 대하여 직접적인 법률효과를 발생시키는 행위가 아니어서 헌법소원의 대상이 될 수 없다.5)

또한 헌법재판소는 대통령이 기자회견과 국회연설을 통하여 신임투표를 실시하겠다는 의사를 표명한 행위는 신임투표의 실시를 위한 사전 준비행위에 불과하여 아직 국민투표권 등 국민의 기본권을 침해하는 단계에 이르지 못하였으므로 헌법소원의 대상이 되는 공권력 행사가 될 수 없다고 본다.6)

---

1) 헌재 2001. 7. 19. 2000헌마546, 판례집 13-2, 103, 109면.
2) 헌재 2002. 7. 18. 2000헌마327, 공보 71, 643, 645면.
3) 헌재 2020. 4. 23. 2015헌마1149, 판례집 32-1, 376면.
4) 헌재 1997. 3. 27. 92헌마273, 판례집 9-1, 337, 342면.
5) 헌재 1994. 8. 31. 92헌마174, 판례집 6-2, 249, 265면.
6) 대통령의 (기자회견과 국회 본회의 시정연설에서의) 발언내용 및 이를 전후한 여러 사정들을 종합하여 볼 때, 피청구인의 발언의 본의는 재신임의 방법과 시기에 관한 자신의 구상을 밝힌 것에 불과하며, 정치권에서 어떤 합의된 방법을 제시하여 주면 그에 따라 절차를 밟아 국민투표를 실시하겠다는 것이어서 이는 법적인 절차를 진행시키기 위한 정치적인 사전 준비행위 또는 정치적 계획의 표명일 뿐이다. 국민투표라는 것은 대통령이 그 대상이 되는 사항을 구체적으로 정하여 국민투표안을 공고함으로써 비로소 법적인 절차가 개시되므로, 공고와 같이 국민투표에 관한 절차의 법적 개시로 볼 수 있는 행위가 있을 때에 비로소 법적인 효력을 지닌 공권력의 행사가 있게 되고, 그러한 법적 행위 이전에 국민투표의 실시에 관한 정치적 제안을 하거나 내부적으로 계획을 수립하여 검토하는 등의 조치는 일종의 준비행위에 불과하여 언제든지 변경·폐기될 수 있다. 대통령

그러나 헌법재판소는 예외적으로 장래 확실히 효력을 발생할 것이 예상되는 사전준비행위에 대하여서는 헌법소원 대상성을 인정하기도 한다. 예컨대, 국립대학교인 서울대학교의 "94학년도 대학입학고사주요요강"은 사실상의 준비행위 내지 사전안내로서 행정쟁송의 대상이 될 수 있는 행정처분이나 공권력의 행사는 될 수 없지만 그 내용이 국민의 기본권에 직접 영향을 끼치는 내용이고 앞으로 법령의 뒷받침에 의하여 그대로 실시될 것이 틀림없을 것으로 예상되어 그로 인하여 직접적으로 기본권 침해를 받게 되는 사람에게는 사실상의 규범작용으로 인한 위험성이 이미 현실적으로 발생하였다고 보아야 할 것이므로 이는 헌법소원의 대상이 되는 공권력의 행사에 해당된다고 하였다.[1)]

(7) 법원의 재판을 거친 행정처분

행정부에 의한 공권력적 작용의 대종을 이루는 행정처분이 헌법소원의 대상이 됨은 이론상 당연한 것이다. 그러나 행정처분이 헌법소원의 대상이 되려면 먼저 법원에 의한 구제절차를 거쳐야 할 것이고 결국 행정판결을 수반하게 된다. 그런데 우리나라의 헌법소원 제도는 법원의 판결을 대상으로 하고 있지 않기 때문에 결국 법원의 재판을 거친 행정처분도 헌법소원의 대상이 될 수 없는 것이 아닌가 하는 점이 헌법재판의 초창기에 격심한 논란의 대상이 되었다. 헌법재판소는 결국 이것의 헌법소원 대상성을 거의 인정하지 아니하는 방향으로 입장을 정리하였다.

헌법재판소는 원행정처분에 대하여 법원에 행정소송을 제기하여 패소판결을 받고 그 판결이 확정된 경우에는 당사자는 그 판결의 기판력에 의한 기속을 받게 되므로 별도의 절차에 의하여 위 판결의 기판력이 제거되지 아니하는 한 헌법소원을 제기할 수 없다고 판단하였다. 그리하여 헌법소원에 의하여 행정처분의 위헌성을 주장하는 것은 '① 확정판결의 기판력에 어긋나므로 원행정처분은 헌법소원심판의 대상이 되지 아니하고, ② 원행정처분에 대한 헌법소

의 위 발언만으로는 국민투표의 실시에 관하여 법적인 구속력 있는 결정이나 조치가 취해진 것이라 할 수 없으며, 그로 인하여 국민들의 법적 지위에 어떠한 영향을 미친다고 볼 수 없다. 그렇다면 대통령이 국회 본회의의 시정연설에서 자신에 대한 신임국민투표를 실시하고자 한다고 밝혔다 하더라도, 그것이 공고와 같이 법적인 효력이 있는 행위가 아니라 단순한 정치적 제안의 피력에 불과하다고 인정되는 이상 이를 두고 헌법소원의 대상이 되는 "공권력의 행사"라고 할 수는 없다. 헌재 2003. 11. 27. 2003헌마694, 공보 87, 1134, 1134면.

1) 헌재 1992. 10. 1. 92헌마68, 판례집 4, 659, 659면. 서울대 입시요강사건.

원심판청구를 허용하는 것은 "명령·규칙 또는 처분이 헌법이나 법률에 위반되는 여부가 재판의 전제가 된 경우에는 대법원은 이를 최종적으로 심사할 권한을 가진다."라고 규정한 헌법 제107조 제2항에 위배되며, ③ 원칙적으로 헌법소원심판의 대상에서 법원의 재판을 제외하고 있는 헌법재판소법 제68조 제1항의 취지에도 어긋난다'고 보았다.1)

그러나 헌법재판소는 헌법의 해석권을 가진 최고사법기관으로서 일반법원에 속하지 아니한 특별법원이므로 일반법원이 하위 법률해석에 입각하여 내린 판결의 기판력을 무조건적으로 받아야 할 필연적 이유가 없으며, 헌법 제107조 제2항이나 헌법재판소법 제68조 제2항의 내용도 법원의 재판을 거친 '행정처분'의 헌법소원심판 대상성을 부정하는 명확한 내용을 담고 있지 아니하므로 공권력 행사의 대표적인 경우인 행정처분은 사전구제절차로서 법원의 판결을 받았다고 하더라도 헌법소원심판의 대상이 된다고 보아야 정당하다고 생각한다.

(8) 검사의 불기소처분

헌법재판소는 검사의 불기소처분이 자의적으로 행해진 경우에는 형사피해자는 헌법 제27조 제5항의 공판절차에서의 진술권과 제11조의 평등권을 침해당했다고 주장할 수 있다고 판시한 이래,2) 특별한 헌법적 쟁점이 없는 검사의 불기소처분에 대한 헌법소원이 헌법재판소에 제기된 전체 사건의 약 3분의 2를 점함으로써 헌법재판소의 업무에 과중한 부담이 되어왔다. 그러나 2008년 1월부터 시행된 개정형사소송법에 의하여 재정신청의 대상이 모든 범죄로 확대됨에 따라 검사의 불기소처분에 대한 고소인의 불복은 법원의 재판으로 해결될 수 있게 됨으로써 더 이상 헌법소원의 형태로 헌법재판소에 사건이 오지 않게 되었다. 이는 헌법재판소가 헌법적 비중이 있는 사건에 역량을 집중할 수 있게 하는 효과를 가져올 것으로 기대된다.

다만 피의자가 검사의 기소유예처분에 대하여 무혐의를 주장하면서 불복하는 경우에는 재정신청의 대상이 될 수 없으므로 종전 그대로 헌법소원심판의 대상이 되고 있다.

---

1) 헌재 1998. 5. 28. 91헌마98, 판례집 10-1, 660면. 원행정처분 헌법소원 각하 결정.
2) 헌재 1989. 4. 17. 88헌마3, 판례집 1, 31, 36면.

3. 사법작용

(1) 법원의 재판

헌법재판소법 제68조 제1항은, 공권력의 행사 또는 불행사로 인하여 헌법상 보장된 기본권을 침해받은 자는 법원의 재판을 제외하고는 헌법재판소에 헌법소원심판을 청구할 수 있다고 규정하여 '법원의 재판'을 헌법소원심판의 대상에서 제외하고 있다. 그러나 헌법재판소는 법원의 재판을 헌법소원심판의 대상에서 제외한 위 법률조항에 대하여, '법원이 헌법재판소가 위헌으로 결정하여 그 효력을 전부 또는 일부 상실하거나 위헌으로 확인된 법률을 적용함으로써 국민의 기본권을 침해한 경우에도 법원의 재판에 대한 헌법소원이 허용되지 않는 것으로 해석한다면, 그러한 한도 내에서 헌법에 위반된다'고 하여 한정위헌결정을 하였다.[1] 판단컨대 법원의 재판이 헌법소원의 대상에서 제외됨으로써 동일한 헌법적 쟁점에 관하여 헌법재판소와 대법원의 판결이 서로 다른 판단을 하여 국민의 법적 생활을 불안하게 하고 혼란에 빠뜨리는 사건들이 발생하고 있으므로 이를 정리하기 위하여 헌법재판소의 결정의 취지를 명백히 위배한 법원의 판결은 헌법재판소에 의하여 다시 취소될 수 있도록 할 필요가 있다. 헌법재판소의 위 한정위헌결정은 이러한 사법제도의 취약성을 보완하여 국민의 법적 생활의 안정을 기하는데 요구되는 것으로 정당하다고 할 것이다. 하지만 보다 근본적으로 법원의 판결에 대하여 일괄적으로 헌법재판의 대상에서 제외하고 있는 현행 헌법재판의 구조 자체가 바람직한 것인지 여부에 대한 정책적 검토가 필요하다고 본다.

(2) 사법입법

사법부의 조치라고 하더라도 대법원규칙 등 그 자율적 입법권에 기한 명령·규칙의 제정행위는 법원의 재판에 해당하지 아니하고 행정입법과 마찬가지로 헌법소원심판의 대상이 된다.[2] 사법입법의 부작위에 대하여서도 행정입

---

1) 재판소원허용 사건. 헌재 1997. 12. 24. 96헌마172 등, 판례집 9-2, 842, 859면.

2) 헌법재판소는 구 법무사법시행규칙 제3조 제1항의 헌법소원 대상성을 인정하여, 동 조항은 법원행정처장이 법무사를 보충할 필요가 없다고 인정하면 법무사시험을 실시하지 아니해도 된다는 것으로서 상위법인 법무사법 제4조 제1항에 의하여 모든 국민에게 부여된 법무사 자격취득의 기회를

법 부작위의 경우와 같이 헌법소원의 대상성을 인정할 수 있다.

(3) 재판지연

법원의 재판지연에 대하여, 헌법재판소는 헌법소원의 심판대상이 되지 않는다고 판단하고 있다. 법원은 법이 정한 판결선고기간내에 판결을 선고하도록 노력해야 하겠지만 이 기간내에 반드시 판결을 선고해야 할 법률상의 의무가 발생한다고 볼 수 없으며, 헌법 제27조 제3항 제1문에 의거한 신속한 재판을 받을 권리의 실현을 위해서는 구체적인 입법형성이 필요하고 신속한 재판을 위한 어떤 직접적이고 구체적인 청구권이 이 헌법규정으로부터 직접 발생하지 아니하므로, 신속하게 판결을 선고해야 할 헌법이나 법률상의 작위의무가 존재하지 않아, 결국 헌법소원의 대상이 되는 공권력의 불행사가 존재하지 아니한다는 것이다.[1] 그러나 헌법이 명문으로 보장하고 있는 '신속한 재판을 받을 권리'의 의미를 헌법재판소의 해석에 의하여 축소하여 사문화(死文化)시키는 것은 부당하다. 신속한 재판을 받을 권리는 반드시 입법형성이 있어야 구체화되는 권리도 아닐 뿐만 아니라 현행 법률들이 여러 사항에서 재판기간을 설정하고 있고 비록 그것이 훈시규정으로 해석된다고 하더라도 법원의 잘못으로 합리적 이유없이 과잉되게 사건을 지연하는 것은 헌법의 명문의 규정에 반하고 국민의 기본권을 침해하는 것임이 분명하므로 이러한 재판지연은 헌법소원심판의 대상으로 받아들여야 마땅하다.

제2항 헌법소원의 적법요건

헌법소원심판이 적법하게 제기되기 위하여서는 다음의 요건들의 충족이 필요하다. 먼저 헌법소원은 공권력의 행사 또는 불행사로 인하여 헌법상 보장된 기본권을 침해받은 자가 제기할 수 있으므로 청구인에게는 기본권 주체성이 인정되어야 할 뿐 아니라 기본권 침해의 관련성이 있어야 한다. 이는 당해 기본권 침해에 대하여 자기관련성, 현재성 및 직접성이 있는 경우에 인정된다.

하위법인 시행규칙으로 박탈한 것이어서 평등권과 직업선택의 자유를 침해하였다고 하여 위헌결정을 하였다. 법무사법시행규칙 사건. 헌재 1990. 10. 15. 89헌마178, 판례집 2, 365, 373면.

1) 헌재 1999. 9. 16. 98헌마75, 판례집 11-2, 364, 370-372면.

또한 헌법소원은 다른 법률에 구제절차가 있는 경우 그 절차를 모두 거친 후가 아니면 청구할 수 없다. 이것이 헌법소원의 보충성의 요건이다. 나아가 헌법재판소법 제69조에서 정한 청구기간을 준수하여야 하며, 권리보호이익이 존재하여야 한다. 이하에서 이러한 헌법소원의 제기요건들에 관하여 살펴본다.

1. 기본권 침해의 관련성

(1) 자기관련성

청구인은 공권력작용에 대하여 자신이 스스로 법적으로 관련되어야 한다. 법률에 의한 기본권 침해의 경우 원칙적으로 동 법률의 규율을 받는 '수규자(受規者)'만이 헌법소원을 제기할 수 있다고 할 것이고, 수규자가 아닌 제3자는 특별한 사정이 없는 한 기본권침해에 직접 관련되었다고 볼 수 없다.[1] 그러나 법률에 의한 기본권 침해의 경우에 어떠한 경우에 제3자인 청구인의 자기관련성을 인정할 수 있는가의 문제는 무엇보다도 법의 목적 및 실질적인 규율대상, 법규정에서의 제한이나 금지가 제3자에게 미치는 효과나 진지성의 정도 등을 종합적으로 고려하여 판단하여야 한다.[2] 특히 공권력작용이 단지 간접적, 사실적 또는 경제적인 이해관계로만 관련되어 있는 제3자, 나아가 반사적으로 불이익을 받은 자에게는 자기관련성이 인정되지 않는다.[3]

예컨대, 사전심의의 대상이 되는 광고표현물의 제작에 참여하는 광고인들은 사전심의제도의 규율을 직접 받는 수규자가 아닌 제3자에 해당하나, 그 제작과정에서 사전심의제도와 심의기준의 존재를 의식하여 제작활동을 행하지 않을 수 없고, 또한 만약 사전심의의 결과 방송불가 또는 조건부 방송가 판정을 받는 경우에는 광고표현물을 심의기준에 맞게 재수정해야 하는 등의 직접 제약을 받고 있으므로, 사전심의제도 및 심의기준을 규정한 법령에 대하여 기본권침해의 자기관련성을 갖추고 있다고 볼 것이다.[4]

일반적으로 수혜적 법령의 경우에는 수혜범위에서 제외된 자가 자신이 평

---

1) 헌재 1997. 3. 27. 94헌마277, 판례집 9-1, 404, 409면.
2) 헌재 1997. 9. 25. 96헌마133, 판례집 9-2, 410, 416면.
3) 헌재 1993. 3. 11. 91헌마233, 판례집 5-1, 104, 111면; 헌재 1995. 5. 25. 94헌마100, 판례집 7-1, 806, 808면; 헌재 1996. 6. 30. 92헌마61, 판례집 6-1, 680, 684면; 헌재 1997. 3. 27. 94헌마277, 판례집 9-1, 404, 409면.
4) 헌재 1998. 11. 26. 94헌마207, 판례집 10-2, 716, 726면.

등원칙에 반하여 수혜대상에서 제외되었다는 주장을 하거나, 비교집단에게 혜택을 부여하는 법령이 위헌이라고 선고되어 그러한 혜택이 제거된다면 비교집단과의 관계에서 청구인의 법적 지위가 상대적으로 향상된다고 볼 여지가 있는 때에 청구인이 그 법령의 직접적인 적용을 받는 자가 아니라고 할지라도 자기관련성을 인정할 수 있다.1)

반면, 백화점을 이용하는 소비자들은 백화점 셔틀버스운행을 금지하는 법률조항의 수규자가 아닌 제3자에 불과하고 동 조항의 시행으로 인하여 기본권을 침해받는 것이 아니라 백화점 등의 경영자가 셔틀버스를 운행함으로써 누린 반사적인 이익을 누리지 못하게 된 것에 불과하므로, 자기관련성이 인정될 수 없다.2)

(2) 현재성

청구인은 공권력작용과 현재 관련이 있어야 하며, 장래 어느 때인가 관련될 수 있을 것이라는 것만으로는 헌법소원을 제기할 수 없음이 원칙이다. 그러나 헌법재판소는 기본권침해가 장래에 발생하더라도 그 침해가 틀림없을 것으로 현재 확실히 예측될 정도로 기본권 침해 상황이 성숙되어 있다면 기본권 구제의 실효성을 위하여 침해의 현재성을 예외적으로 인정하고 있으며(이른바 상황성숙론), 이러한 예외는 헌법재판소에 의하여 빈번히 적용되고 있다.3)

예컨대 헌법재판소는, 심판대상조항에 의한 기본권침해가 형사사건의 상고심에서 원심대로 형이 확정되어야만 현실적으로 발생하는 사안에서 여러 사정에 비추어 법률심인 상고심에서 원심판결이 번복될 가능성이 객관적으로 많지 않을 것으로 보인다는 이유로 침해의 현재성을 인정하였고,4) 혼인을 앞둔 예비신랑으로서 가정의례에관한법률의 관련규정으로 인하여 현재 기본권을 침해받고 있지는 않으나, 결혼식 때에는 하객들에게 주류 및 음식물을 접대할 수 없는 불이익을 받게 되는 것이 현재 시점에서 충분히 예측할 수 있으므로 기본권 침해의 현재성을 인정하였다.5)

---

1) 헌재 2003. 6. 26. 2002헌마312, 판례집 15-1, 765면; 헌재 2010. 4. 29. 2009헌마340, 판례집 22-1하, 140, 145면; 헌재 2013. 12. 26. 2010헌마789, 판례집 25-2하, 707, 713면.

2) 셔틀버스운행금지 사건. 헌재 2001. 6. 28. 2001헌마132, 판례집 13-1, 1441, 1456면.

3) 서울대학교입시요강 사건. 헌재 1992. 10. 1. 92헌마68 등, 판례집 4, 659, 669면; 헌재 1996. 8. 29. 95헌마108, 판례집 8-2, 167, 175면.

4) 헌재 1995. 11. 30. 94헌마97, 판례집 7-2, 677, 688면.

(3) 직접성

(가) 청구인은 공권력작용으로 인하여 직접적으로 기본권이 침해되어야 한다. 이는 법령에 대한 헌법소원에서 특히 중요한 의미를 가진다. 즉 법률 또는 법률조항 자체가 헌법소원의 대상이 될 수 있으려면 그 법률 또는 법률조항에 의하여 구체적인 집행행위를 기다리지 아니하고 직접·현재·자기의 기본권을 침해받아야 하는 것을 요건으로 하고, 여기서 말하는 기본권침해의 직접성이란 '집행행위'에 의하지 아니하고 법률 그 자체에 의하여 자유의 제한, 의무의 부과, 권리 또는 법적 지위의 박탈이 생긴 경우를 뜻한다.1)

(나) 법령에 대한 헌법소원에 있어서 '기본권침해의 직접성'을 요구하는 이유는, 법령은 일반적으로 구체적인 집행행위를 매개로 하여 비로소 기본권을 침해하게 되므로 기본권의 침해를 받은 개인은 먼저 일반 쟁송의 방법으로 집행행위를 대상으로 하여 기본권침해에 대한 구제절차를 밟는 것이 헌법소원의 성격상 요청되기 때문이다.2)

(다) 그러나 이러한 직접성원칙에 대한 예외로서, 구체적 집행행위가 존재하는 경우라도 ① 그 집행행위를 대상으로 하는 구제절차가 없거나, ② 구제절차가 있다고 하더라도 권리구제의 기대가능성이 없고 다만 기본권침해를 당한 청구인에게 불필요한 우회절차를 강요하는 것밖에 되지 않는 경우에는 당해 법률을 직접 헌법소원의 대상으로 삼을 수 있다.3)

---

5) 가정의례에 관한 법률 사건. 헌재 1998. 10. 15. 98헌마168, 판례집 10-2, 586, 595면.

1) 헌재 1992. 11. 12. 91헌마192, 판례집 4, 813, 823면.

2) 헌재 1998. 4. 30. 97헌마141, 판례집 10-1, 496, 504면.

3) 국가보안법 제19조에 따른 수사기관의 구속기간연장허가신청에 대한 지방법원판사의 허가결정에 대하여는 형사소송법상 항고, 준항고, 즉시항고 등의 불복방법이 마련되어 있지 아니하다. 즉 구속기간연장을 허가하는 지방법원판사는 "독립된 재판기관"(강학상 수임판사)으로서 "수소법원"에 해당되지 아니하여 형사소송법 제402조에 의한 항고의 대상도 되지 아니하고, "재판장 또는 수명법관"에도 해당되지 아니하여 형사소송법 제416조에 의한 준항고의 대상도 되지 아니하며, 또한 구속기간의 연장허가는 형사소송법 제403조 제2항이 정하는 "판결전의 소송절차"에 있어서의 구금에 관한 결정에도 해당되지 아니하여 위 규정에 의한 항고도 할 수 없다. 나아가서 형사소송법 제214조의2가 규정하고 있는 구속적부심사의 경우를 보더라도 구속적부심사의 대상에 여기에서 문제가 되고 있는 "수사를 계속함에 상당한 이유가 있는지의 여부"도 포함되는 것인지, 이론과 실무상의 관행이 확립되어 있지 아니한 상황 아래에서 사전적인 권리구제절차로서 구속적부심사를 반드시 거쳐 오는 것을 기대할 수 없으며, 더욱이 구속기간의 연장은 10일 이내라고 하는 단기간에 걸쳐서 행해지는 것인데, 그럼에도 불구하고 국가보안법 제19조의 규정의 위헌성을 다투기 위하여는 먼저 구속적부심사의 청구를 하고 그 과정에서 위 법률조항의 위헌성 여부를 다투어 위헌여부심판의 제청신청을 하고 그 제청신청이 기각된 경우에는 다시 헌법재판소법 제68조 제2항의 규정에 따라 헌법소원심판을 청구하도록 하는 것은, 이러한 절차가 10일이라고 하는 단기간 내에 모두 이루어지리라고 예상하기 어려운 상황에서 청구인들로 하여금 이러한 절차를 거친 후에 헌법소원심판을 청구하도록 하는 것은 권리구제의 기대가능성이 없는 불필요한 우회절차를 요구하는 것밖에

㈑ 또한 법규범이 집행행위를 예정하고 있더라도 법규범의 내용이 집행행위 이전에 이미 국민의 권리관계를 직접 변동시키거나 국민의 법적 지위를 결정적으로 정하는 것이어서 국민의 권리관계가 집행행위의 유무나 내용에 의하여 좌우될 수 없을 정도로 확정된 상태라면 그 법규범의 권리침해의 직접성이 인정된다.1)

㈒ 국민에게 일정한 행위의무 또는 행위금지의무를 부과하는 법규정을 정한 후 이를 위반할 경우 제재수단으로서 형벌 또는 행정벌 등을 부과할 것을 정한 경우에, 국민은 별도의 집행행위를 기다릴 필요없이 제재의 근거가 되는 법률의 시행 자체로 행위의무 또는 행위금지의무를 직접 부담하는 것이기 때문에 그 형벌이나 행정벌의 부과를 집행행위라고는 할 수 없으며, 바로 법률규정을 상대로 헌법소원을 제기할 수 있다.2) 그러나 조세부과에 관한 법률규정은 이에 근거한 조세부과처분이라는 집행행위를 통하여 비로소 납세자의 기본권 침해를 현실화하는 것이므로 일반적으로 조세의 근거법률 조항에 대하여서는 기본권 침해의 직접성이 인정되지 않는다.3)

되지 아니한다. 따라서 국가보안법 제19조는 다른 구제절차를 거칠 것 없이 직접 헌법소원심판청구의 대상으로 삼을 수 있는 법률이라 할 것이다. 헌재 1997. 8. 21. 96헌마48, 판례집 9-2, 295, 303면.

1) 1994년 생활보호사업지침상의 "94년 생계보호기준"은 생활보호법 제5조 제2항의 위임에 따라 보건복지부장관이 보호의 종류별로 정한 보호의 기준으로서, 일단 보호대상자로 지정이 되면 그 구분(거택보호대상자, 시설보호대상자 및 자활보호대상자)에 따른 각 그 보호기준에 따라 일정한 생계보호를 받게 된다는 점에서 직접 대외적 효력을 가지며, 공무원의 생계보호급여 지급이라는 집행행위는 위 생계보호기준에 따른 단순한 사실적 집행행위에 불과하므로, 위 생계보호기준은 그 지급대상자인 청구인들에 대하여 직접적인 효력을 갖는 규정이다. 생계보호기준 사건. 헌재 1997. 5. 29. 94헌마33, 판례집 9-1, 543, 551면; 헌재 1997. 7. 16. 97헌마38, 판례집 9-2, 94, 104면.

2) 헌재 1998. 3. 26. 97헌마194, 판례집 10-1, 302, 312면.

3) 구 소득세법 제60조는 청구인에 대하여 부과되는 양도소득세액 산정의 근거가 되기는 하지만 청구인이 주장하는 기본권침해는 구 소득세법 제60조 때문인 것이 아니라 그에 근거한 성남세무서장의 과세처분에 따라 비롯된 것임이 분명하므로, 위 법률조항에 대한 심판청구는 직접성요건을 갖추지 못하고 있다(헌재 1999. 9. 16. 97헌마160, 판례집 11-2, 356, 359면). 이러한 법리는 관세 관련 조항에 관하여서도 같다. 관세법상의 관세율표는 관세의 부과대상이 되는 비료의 종류 및 세율에 관하여 규정하고 있는 것으로서, 구체적인 집행행위인 세관장의 관세부과처분을 거치지 아니하고 위 관세율표에 의하여 곧바로 청구인에 대한 의무의 부과나 권리침해 등의 법률효과가 생기는 것이 아니므로 청구인은 위 관세율표 자체에 의하여 직접적으로 기본권을 침해받았다고 볼 수 없다(헌재 1998. 3. 26. 96헌마166, 판례집 10-1, 285, 294면).

2. 보 충 성

(1) 원칙으로서의 보충성

헌법재판소법 제68조 제1항 단서는 "(헌법소원심판은)다른 법률에 구제절차가 있는 경우에는 그 절차를 모두 거친 후가 아니면 청구할 수 없다."라고 규정한다. 이는 이른바 헌법소원의 보충성을 밝힌 것이다. 헌법소원은 그 본질상 헌법상 보장된 기본권 침해에 대한 예비적이고 보충적인 최후의 구제수단이므로 공권력작용으로 말미암아 기본권의 침해가 있는 경우에는 먼저 다른 법률이 정한 절차에 따라 침해된 기본권의 구제를 받기 위한 모든 수단을 다하였음에도 불구하고 그 구제를 받지 못한 경우에 비로소 청구할 수 있다.[1]

다른 법률에 의한 구제절차의 대표적인 것으로서 행정소송법에 의한 행정소송절차를 들 수 있다.[2] 또 여기서 말하는 구제절차는 공권력의 행사 또는 불행사를 직접 대상으로 하여 그 효력을 다툴 수 있는 권리구제절차를 의미하는 것이므로, 사후적·보충적 구제수단인 손해배상청구나 손실보상청구는 여기에 해당하지 않는다.[3]

(2) 법률상 구제절차가 없는 경우의 예외

그러나 다른 법률에 의한 구제절차가 마땅히 존재하지 아니하는 경우에는 바로 헌법소원심판을 청구할 수 있다. 법령자체에 의한 직접적인 기본권침해가 문제될 때에는 그 법령 자체의 효력을 직접 다투는 것을 소송물로 하여 일반법원에 소송을 제기할 수 없어서,[4] 구제절차가 있는 경우가 아니므로 바로 헌법소원을 청구할 수 있으며,[5] 행정입법에 대하여서도 마찬가지의 법리가 통

1) 헌재 1993. 12. 23. 92헌마247, 판례집 5-2, 682, 692면.
2) 헌법재판소가 행정소송의 대상이 되는 행정권의 작용이라고 판단한 사례로서는, 건설부장관의 개발제한구역 지정행위(헌재 1991. 6. 3. 89헌마46, 판례집 3, 263, 266면), 구청장의 택지초과소유 부담금 부과처분(헌재 1995. 1. 20. 94헌마27), 서울특별시장의 과징금부과처분(헌재 1995. 2. 23. 92헌마282, 공보 9, 181면), 교도소장의 이송처분(헌재 1992. 6. 19. 92헌마110, 판례집 4, 294, 296면), 불기소사건 기록 인증등본 송부신청 거부처분(헌재 1998. 2. 27. 94헌마77, 판례집 10-1, 163, 171면) 등 다수가 존재한다.
3) 헌재 1989. 4. 17. 88헌마3, 판례집 1, 31, 35면.
4) 대법원 1994. 4. 26.자 93부32 결정, 공1994, 1705면.
5) 헌재 1996. 10. 4. 94헌마68 등, 공보 18, 590면.

용된다.[1] 다만 행정입법에 대하여 일부 행정소송의 대상성을 인정하는 대법원의 판결이 나오고 있으나, 아직 확고한 법리를 형성한 단계로는 볼 수 없으므로 헌법재판소는 행정입법에 대하여 행정소송을 거치지 아니한 채 제기된 헌법소원을 받아들이고 있다.

행정입법의 부작위에 대한 행정소송의 적법여부에 관하여 대법원은 "행정소송은 구체적 사건에 대한 법률상 분쟁을 법에 의하여 해결함으로써 법적 안정을 기하자는 것이므로 부작위위법확인소송의 대상이 될 수 있는 것은 구체적 권리의무에 관한 분쟁이어야 하고, 추상적인 법령에 관하여 제정의 여부 등은 그 자체로서 국민의 구체적인 권리의무에 직접적 변동을 초래하는 것이 아니어서 행정소송의 대상이 될 수 없다."라고 판단하고 있으므로,[2] 행정입법 부작위에 대한 헌법소원심판청구는 보충성의 원칙에도 불구하고 허용된다.[3]

(3) 사전구제절차를 경유하도록 할 기대가능성이 없는 경우의 예외

헌법소원심판의 청구인이 그의 불이익으로 돌릴 수 없는 정당한 이유 있는 착오로 전심절차를 밟지 않은 경우, 전심절차로 권리가 구제될 가능성이 거의 없거나 권리구제절차가 허용되는지 여부가 객관적으로 불확실하여 전심절차 이행의 기대가능성이 없을 때에는 보충성의 예외로 바로 헌법소원을 제기할 수 있다.[4]

예컨대 헌법재판소는, 국가안전기획부장의 접견거부처분에 대해 청구인이 법원에 준항고 절차까지 밟아 이를 취소하는 결정이 있었음에도 피청구인이 이를 무시한 채 재차 접견거부처분에 이르렀다면 이제 준항고 절차에 의거하여서는 권리구제의 기대가능성이 없다는 이유로 헌법소원심판청구를 허용하였고,[5] 교도소장의 미결수용자의 서신에 대한 검열 · 지연발송 · 지연교부행위는

1) 보건복지부장관이 고시한 1994년 생활보호사업지침상의 "94년 생계보호기준"은 보건복지부장관 또는 그 산하 행정기관의 어떤 구체적인 보호급여처분(생계보호급여처분) 그 자체가 아니고 보건복지부장관이 법령의 위임에 따라 정한 그 보호급여(생계보호급여)의 기준으로서, 현행 행정소송법상 이를 다툴방법이 있다고 볼 수 없으므로 이 사건은 다른 법적 구제수단이 없는 경우에 해당하여 보충성 요건을 갖춘 것으로 볼 수 있다. 생계보호기준 사건. 헌재 1997. 5. 29. 94헌마33, 판례집 9-1, 543, 552면.
2) 대법원 1992. 5. 8. 91누11261 판결, 공1992, 1874면.
3) 헌재 1998. 7. 16. 96헌마246, 판례집 10-2, 283, 300면.
4) 헌재 1995. 12. 28. 91헌마80, 판례집 7-2, 851, 865면.
5) 헌재 1991. 7. 8. 89헌마181, 판례집 3, 356, 365면.

이른바 권력적 사실행위로서 행정심판이나 행정소송의 대상이 된다고 단정하기도 어려울 뿐 아니라 설사 그 대상이 된다고 하더라도 이미 종료된 행위로서 소의 이익이 부정될 가능성이 많아 헌법소원심판을 청구하는 외에 달리 효과적인 구제방법이 있다고 보기 어려우므로 보충성의 원칙에 대한 예외에 해당한다고 하였으며,[1] 공소제기 후 공판 전의 단계에서 변호인의 수사기록 열람·등사신청에 대하여 피청구인 검사가 한 거부행위에 대한 이 사건 헌법소원은 구제절차가 없거나 구제절차가 있다고 하더라도 그로 인하여 권리가 구제될 가능성이 없어 청구인에게 그 절차의 선이행을 요구할 기대가능성이 없는 경우에 해당한다[2]고 한 사례가 있다.

3. 청구기간

(1) 일반론

헌법재판소법 제69조 제1항은 "제68조 제1항의 규정에 의한 헌법소원의 심판은 그 사유가 있음을 안 날부터 90일 이내에, 그 사유가 있은 날부터 1년 이내에 청구하여야 한다. 다만, 다른 법률에 의한 구제절차를 거친 헌법소원의 심판은 그 최종결정을 통지받은 날로부터 30일 이내에 청구하여야 한다."라고 규정하여 헌법소원심판의 청구기간을 정하고 있다. 사유가 있음을 안 날로부터 90일, 사유가 있은 날부터 1년의 기간은 행정소송의 제소기간과 같다.[3]

'그 사유가 있은 날'이라 함은 공권력의 행사에 의해서 기본권침해가 발생한 날을 의미하며, '그 사유가 있음을 안 날'은 적어도 공권력의 행사에 의한 기본권침해의 사실관계를 특정할 수 있을 정도로 현실적으로 인식하여 심판청구가 가능해진 경우를 뜻한다.[4] 헌법소원청구기간의 기산점인 '그 사유가 있음을 안 날'이라 함은 '법령의 제정 등 공권력행사에 의한 기본권침해의 사실관계를 안 날'을 뜻하는 것이지, 법률적으로 평가하여 그 위헌성 때문에 헌법

1) 미결수서신검열 사건. 헌재 1995. 7. 21. 92헌마144, 판례집 7-2, 94, 102면.
2) 수사기록열람 사건. 헌재 1997. 11. 27. 94헌마60, 판례집 9-2, 675, 686면.
3) 행정소송법 제20조 (제소기간) ① 취소소송은 처분등이 있음을 안 날부터 90일 이내에 제기하여야 한다. 다만, 제18조 제1항 단서에 규정한 경우와 그 밖에 행정심판청구를 할 수 있는 경우 또는 행정청이 행정심판청구를 할 수 있다고 잘못 알린 경우에 행정심판청구가 있은 때의 기간은 재결서의 정본을 송달받은 날부터 기산한다.
② 취소소송은 처분등이 있은 날부터 1년(제1항 단서의 경우는 재결이 있은 날부터 1년)을 경과하면 이를 제기하지 못한다. 다만, 정당한 사유가 있는 때에는 그러하지 아니하다.
4) 국제그룹해체 사건. 헌재 1993. 7. 29. 89헌마31, 판례집 5-2, 87, 109면.

소원의 대상이 됨을 안 날을 뜻하는 것은 아니다.[1]

(2) 부작위에 대한 헌법소원심판의 청구기간

진정입법부작위에 대한 헌법소원심판은 그 불행사가 계속되는 한 기간의 제약없이 적법하게 헌법소원심판을 청구할 수 있고, 이는 행정입법부작위의 경우에도 마찬가지이다.[2] 그러나 부진정입법부작위, 즉 결함이 있는 입법권의 행사에 대해 재판상 다툴 경우에는 입법부작위 위헌확인의 심판청구가 아니라 그 불완전한 입법규정 자체가 헌법위반이라는 적극적인 헌법소원을 제기하여야 할 것이고, 이 때에는 법 제69조 제1항 소정의 청구기간의 적용을 받는다.[3]

(3) 법령소원의 청구기간

법률이나 법규명령 등 입법행위에 의하여 기본권이 침해되는 경우 청구기간을 입법이 있었던 시점을 기준으로 한다면 당해 법률이나 법규명령 등이 발효된 후 적어도 1년이 지나면 헌법소원의 대상이 될 수 없게 될 것이다. 그러나 법령은 계속 발효될 것이고 추후에 그 적용을 받게 되는 국민은 헌법소원을 일체 제기할 수 없게 되어서 헌법소원의 제기 가능성을 부당하게 축소시키는 결과를 초래한다. 헌법재판소는 이러한 점을 의식하여 법령에 대한 헌법소원의 경우 청구기간의 기산에 관하여는 그 수규자의 입장을 기준으로 하는 특별한 해석을 가하고 있다.

즉 법령에 대한 헌법소원의 청구기간은 그 법률의 시행과 동시에 기본권의 침해를 받게 되는 경우에는 그 법률이 시행된 사실을 안 날부터 90일 이내에, 법률이 시행된 날부터 1년 이내에 헌법소원을 청구하여야 하고,[4] 법률이 시행된 뒤에 비로소 그 법률에 해당되는 사유가 발생하여 기본권의 침해를 받게 되는 경우에는 그 사유가 발생하였음을 안 날부터 90일 이내에,[5] 그 사유가 발생한 날부터 1년 이내에 헌법소원을 청구하여야 한다.[6]

---

1) 헌재 1993. 11. 25. 89헌마36, 판례집 5-2, 418, 425면.
2) 조선철도주식 사건. 헌재 1994. 12. 29. 89헌마2, 판례집 6-2, 395, 408면; 헌재 1998. 7. 16. 96헌마246, 판례집 10-2, 283, 298-299면.
3) 헌재 1996. 10. 31. 94헌마204, 공보 18, 648면.
4) 헌재 1999. 4. 29. 96헌마352 등, 판례집 11-1, 477, 496면.
5) 헌재 1996. 8. 29. 94헌마113, 판례집 8-2, 141, 153면.
6) 헌재 1998. 7. 16. 95헌바19, 판례집 10-2, 89, 101면.

(4) 상황성숙론과 청구기간

현재성 요건에 관하여 헌법재판소는 청구인이 법령에 의하여 아직 구체적으로 그 기본권을 현실적으로 침해받지 아니한 경우에도 그 침해가 확실히 예상되는 등 실체적 제요건이 성숙하여 헌법판단에 적합하게 된 때에는 현재성 요건이 충족된 것으로 보는 이른바 상황성숙론에 따라 판단하고 있다. 이처럼 법령의 적용이 시작되지 아니한 단계에서 헌법재판을 위한 상황이 성숙되었다는 이유로 현재성 요건을 인정한다면 청구기간도 상황성숙 시점부터 기간하여야 하는 것이 아닌지 문제된다. 이 점에 관하여 헌법재판소의 초기 결정에서는 상황성숙의 시점이 마치 청구기간의 기산점이 되는 것으로 보는 듯한 판단을 한 바가 있다.1) 그러나 청구기간의 기산점이 앞당김으로 인하여 청구기간이 단축되어 결과적으로 헌법소원심판 청구를 위축시키는 부작용을 발생시키는 점을 우려하여 결국 판례를 변경하여 상황성숙이론과 청구기간의 기산점을 분리하여 판단하는 것으로 하였다.2)

따라서 아직 기본권의 침해는 없으나 장래에 확실히 기본권 침해가 예측되므로 미리 앞당겨 현재의 법적 관련성을 인정하는 경우에는 청구기간 도과의 문제가 발생할 여지가 없게 된다.3)

그러나 헌법재판소는 법령이 시행과 관련하여 유예기간을 둔 경우 청구기간의 기산점이 되는 기본권침해가 발생하는 시점은 유예기간과 관계없이 법령이 시행된 날이 되는 것으로 보고 있다.4)

---

1) 법률에 대한 헌법소원의 제소기간은 그 법률의 공포와 동시에 기본권 침해를 당한 자는 그 법률이 공포된 사실을 안 날부터 60일 이내에, 아니면 법률이 공포된 날부터 180일 이내에, 그렇지 아니하고 법률공포 후 그 법률에 해당되는 사유가 발생하여 비로소 기본권의 침해를 받게 된 자는 그 사유가 발생하였음을 안 날부터 60일 이내에, 아니면 그 사유가 발생한 날부터 180일 이내에 헌법소원을 제기하여야 할 것이며 '사유가 발생한 날'은 당해법률이 청구인의 기본권을 명백히 구체적으로 현실 침해하였거나 그 침해가 확실히 예상되는 등 실체적 제요건이 성숙하여 헌법판단에 적합하게 된 때를 말한다. 헌재 1990. 6. 25. 89헌마220, 판례집 2, 200, 204면.

2) 법령에 대한 헌법소원의 청구기간도 기본권을 침해받은 때로부터 기산하여야 할 것이지 기본권을 침해받기도 전에 그 침해가 확실히 예상되는 등 실체적 제요건이 성숙하여 헌법판단에 적합하게 된 때로부터 기산할 것은 아니므로, 종전에 이와 견해를 달리하여 법령에 대한 헌법소원의 청구기간의 기산점에 관하여 기본권의 침해가 확실히 예상되는 때로부터도 청구기간을 기산한다는 취지로 판시한 우리 재판소의 의견은 이를 변경하기로 한다. 헌재 1996. 3. 28. 93헌마198, 판례집 8-1, 241, 251면.

3) 제대군인가산점 사건. 헌재 1999. 12. 23. 98헌마363, 판례집 11-2, 770, 780면; 국가유공자가산점 사건. 헌재 2001. 2. 22. 2000헌마25, 판례집 13-1, 386, 398면.

4) 헌법재판소는 개정된 법령이 종전에 허용하던 영업을 금지하는 규정을 신설하면서 부칙에서 유예기간을 둔 경우에 그 법령시행 전부터 영업을 해오던 사람은 그 법령 시행일에 이미 유예기간 이후부터는 영업을 할 수 없도록 기간을 제한받은 것이므로, 부칙에 의한 유예기간과 관계없이 그

(5) 청구기간의 도과와 정당한 사유

헌법재판소법 제40조 제1항에 의하면 행정소송법이 헌법소원심판에 준용되는 것이므로, 정당한 사유가 있는 경우 제소기간을 경과한 행정소송을 허용하는 행정소송법 제20조 제2항 단서가 헌법소원심판에도 준용된다. 여기서 '정당한 사유'라고 함은 청구기간경과의 원인 등 여러 가지 사정을 종합하여 지연된 심판청구를 허용하는 것이 사회통념상으로 보아 상당한 경우를 뜻한다.[1)]

4. 권리보호이익

헌법소원제도는 국민의 기본권침해를 구제해 주는 제도이므로 그 제도의 목적상 권리보호의 이익이 있는 경우에 비로소 이를 제기할 수 있으며, 권리보호의 이익이 없는 헌법소원심판청구는 부적법하여 각하를 면할 수 없다.[2)]

(1) 원칙적 경우

기본권의 침해를 받은 자가 그 구제를 받기 위한 헌법소원심판을 청구한 뒤 기본권침해의 원인이 된 공권력의 행사가 취소되거나 새로운 공권력의 행사 등 사정변경으로 말미암아 기본권 침해행위가 배제되어 청구인이 더 이상 기본권을 침해받고 있지 아니하게 된 때에는, 원칙적으로 그 헌법소원심판청구는 더 이상 권리보호의 이익이 없게 되어 부적법하다.[3)]

권리보호이익이 상실되어 헌법소원심판 청구가 각하된 사례는 다양하게 존재한다. 예컨대 헌법재판소는 교원에 대하여 복수노조설립을 금지하던 것이 교원의 노동조합설립 및 운영등에 관한 법률에 의하여 교원의 복수노조를 허용하게 되었으므로 권리보호이익이 없으며,[4)] 노동조합의 정치활동을 금지한 구 노동조합법 제12조는 노동조합 및 노동관계조정법의 시행으로 폐지되어 노동조합은 공명선거추진활동과 후보자 등 초청 대담·토론회의 개최의 경우에는 그 제한을 받지 아니하게 되어 권리보호이익이 없어졌으며,[5)] 제16대 선거

법령 시행일에 기본권의 침해를 받은 것으로 보고 있다. 헌재 1996. 3. 28. 93헌마198, 판례집 8-1, 241, 251, 253면; 헌재 2003. 1. 30. 2002헌마516, 판례집 15-1, 161면.

1) 국제그룹해체 사건. 헌재 1993. 7. 29. 89헌마31, 판례집 5-2, 87, 111면; 헌재 2001. 12. 20. 2001헌마39, 공보 64, 79, 81면.

2) 헌재 1997. 1. 16. 90헌마110, 판례집 9-1, 90, 107면.

3) 헌재 1993. 11. 25. 92헌마169, 판례집 5-2, 489, 493면.

4) 헌재 1999. 7. 22. 96헌마141, 판례집 11-2, 223, 226면.

제도와 관련하여 울산광역시 북구에 대한 선거구를 확정하지 않은 입법부작위에 대하여 국회가 공직선거 및 선거부정방지법을 개정하여 해당 선거구를 확정하였으므로 권리보호이익이 없다고 판단하였다.[1] 또한 초등학교 국어교과서 한글전용의 근거가 되는 문교부지침의 위헌확인을 구하는 헌법소원에서 심판청구후 집필지침 중 "문장은 한글로 쓰되"라는 부분을 삭제함으로써 문제가 되어 온 한글전용의 근거를 없애버렸으므로 그 심판청구는 권리보호의 이익이 없다고 하였고,[2] 교도소의 변호인접견실에 변호인석과 재소자석을 차단하는 칸막이를 설치한 권력적 사실행위에 대한 위헌결정을 통하여 이를 제거하고자 청구한 사건에서, 이 칸막이가 그후 법무부의 지시에 따라 철거된 이상 청구인이 헌법소원을 통하여 달성하고자 하는 주관적 목적은 이미 달성되었으므로 심판대상행위의 위헌여부를 가릴 실익이 없어졌다고 판단하였다.[3]

(2) 예외적 경우

헌법소원은 주관적 권리구제뿐만 아니라 객관적인 헌법질서의 보장의 기능도 겸하고 있으므로 가사 청구인의 주관적 권리구제에는 도움이 되지 아니한다 하더라도 "① 같은 유형의 침해행위가 앞으로도 반복될 위험이 있고, ② 헌법질서의 수호·유지를 위하여 그에 대한 헌법적 해명이 긴요한 사항"에 대하여는 심판청구의 이익이 인정된다.[4] 다만, 여기에서 말하는 반복적 침해의 위험성이란 단순히 추상적이거나 이론적인 가능성이 아니라 구체적인 것이어야 한다.[5]

헌법재판소는 변호인 접견방해 등 기본권 침해행위가 이미 종료하여 이를 취소할 여지가 없기 때문에 헌법소원이 주관적 권리구제에 별 도움이 안 되는 경우라도 심판청구의 이익을 예외적으로 인정하여 이미 종료한 침해행위가 위헌이었음을 선언한 사례들이 존재한다.[6]

---

5) 노동조합 정치활동 금지 사건. 헌재 1999. 11. 25. 95헌마154, 판례집 11-2, 555, 571-572면.

1) 헌재 2000. 3. 30. 99헌마594, 공보 44, 350, 353면.

2) 헌재 1996. 12. 26. 92헌마26, 판례집 8-2, 859, 867면.

3) 헌재 1997. 3. 27. 92헌마273, 판례집 9-1, 337, 342면.

4) 수사기록열람 사건. 헌재 1997. 11. 27. 94헌마60, 판례집 9-2, 675, 688면.

5) 헌재 1996. 11. 28. 92헌마108, 판례집 8-2, 588, 596면.

6) 변호인접견방해 사건. 헌재 1992. 1. 28. 91헌마111, 판례집 4, 51면; 수사기록열람 사건. 헌재 1997. 11. 27. 94헌마60, 판례집 9-2, 675면.

특히 권력적 사실행위에서 이러한 예외적 사례는 다수 발견된다. 권력적 사실행위는 보통 실행 즉시 종료하여버리는 특성이 있기 때문이다. 예컨대, 미결수용자에게 재소자용 수의를 착용하게 한 것,[1] 수형자의 서신에 대한 검열행위,[2] 청구인이 출소하였으나 수용자로 있을 당시 수용자가 구독하는 신문기사의 일부삭제행위,[3] 차폐시설이 불충분한 유치장 화장실을 강제사용하도록 한 것,[4] 검사가 법원의 증인으로 채택된 수감자를 그 증언에 이르기까지 거의 매일 검사실로 하루 종일 소환하여 피고인측 변호인이 접근하는 것을 차단하고, 검찰에서의 진술을 번복하는 증언을 하지 않도록 회유·압박하는 행위[5] 등의 경우 헌법재판소는 예외적으로 심판의 이익이 있다고 하였다.

나아가 선거를 앞두고 선거법조항들에 대하여 제기된 헌법소원심판청구를 선거 종료 후 판단할 때에도 이러한 예외적 법리를 활용하여 본안판단을 한 사례가 많다. 예컨대 헌법재판소는 대통령 선거가 이미 종료하였으나 기탁금제도의 위헌여부에 대하여 심판의 이익이 있다고 하였으며,[6] 선거연령의 제한도 청구인이 선거연령에 도달하였거나 선거가 종료되었지만 심판의 이익이 있다고 하였고,[7] 대통령선거에서 여론조사를 금지하는 것에 대하여 선거가 종료되었음에도 심판의 이익이 있다고 하였으며,[8] 토론회에 참가할 대통령후보자를 제한적으로 선정하는 것,[9] 선거운동의 제한[10]에 대하여도 선거가 종료되었으나 심판의 이익이 있다고 판단한 바 있다.

제3항 헌법소원심판의 결정

헌법소원심판의 결정은 ① 심판청구의 제기요건의 불비를 이유로 본안판단을 하지 아니하는 '각하결정'과 ② 심판청구가 이유있는 경우의 '인용결정' 및

1) 헌재 1999. 5. 27. 97헌마137 등, 판례집 11-1, 653, 660면.
2) 헌재 1998. 8. 27. 96헌마398, 판례집 10-2, 416, 425-426면.
3) 헌재 1998. 10. 29. 98헌마4, 판례집 10-2, 637, 644면.
4) 헌재 2001. 7. 19. 2000헌마546, 판례집 13-2, 103, 108면.
5) 헌재 2001. 8. 30. 99헌마496, 판례집 13-2, 238, 244면.
6) 헌재 1995. 5. 25. 92헌마269 등, 판례집 7-1, 768, 777면.
7) 헌재 1997. 6. 26. 96헌마89, 판례집 9-1, 674, 678면; 헌재 2001. 6. 28. 2000헌마111, 판례집 13-1, 1418, 1425면.
8) 헌재 1998. 5. 28. 97헌마362 등, 판례집 10-1, 712, 717면.
9) 헌재 1998. 8. 27. 97헌마372 등, 판례집 10-2, 461, 473면.
10) 헌재 2001. 8. 30. 99헌바92 등, 판례집 13-2, 174, 192면.

③ 심판청구가 이유없는 경우에 하는 '기각결정'으로 대별된다. 다만 헌법재판소는 법령을 대상으로 하는 헌법소원(법령소원)에서 당해 법령이 위헌이라고 판단하는 경우에는 '위헌결정'을 하고 있다. 그 밖에 심판청구의 취하 등으로 심판절차가 종료되는 경우 이를 확인하는 의미의 심판절차 종료선언을 하기도 한다.

헌법소원심판의 결정은 심리에 관여한 재판관 과반수의 찬성에 의함이 원칙이지만, 인용결정을 하는 경우와 종전에 헌법재판소가 판시한 헌법 또는 법률의 해석적용에 관한 의견을 변경하는 경우에는 재판관 6인 이상의 찬성이 있어야 한다(헌법재판소법 제23조 제2항). 법령소원의 경우 위헌결정은 인용결정의 성격을 가진 것이므로 동 규정이 당연히 적용된다. 따라서 헌법재판소는 재판관 5인이 인용 또는 위헌 의견인 경우라 하더라도 나머지 재판관이 기각이나 합헌 또는 각하의견을 낸 경우에는 '기각'의 주문을 내어야 한다.[1)]

1. 인용결정

(1) 유 형

법 제68조 제1항의 규정에 의한 헌법소원에 대하여 헌법재판소가 인용결정을 하는 때에는 인용결정서의 주문에서 침해된 기본권과 침해의 원인이 된 공권력의 행사 또는 불행사를 특정하여야 한다(헌법재판소법 제75조 제2항). 따라서 인용결정의 주문은 '피청구인의 … 공권력 행사는 청구인의 … 기본권을 침해하므로 이를 취소한다'는 식으로 표현하게 된다(취소결정).

그러나 공권력의 불행사에 대한 헌법소원을 인용하는 경우나 권력적 사실행위 등 이미 종료한 공권력 행사에 대한 헌법소원을 인용하는 경우에는 이를 취소하는 것이 불가능하므로 그 공권력의 불행사나 권력적 사실행위가 위헌임을 확인하는 결정을 하게 된다. 이 경우 인용결정의 주문은 '피청구인의 … 공권력 불행사(또는 권력적 사실행위로서의 공권력 행사)는 청구인의 … 기본권을 침해하므로 위헌임을 확인한다'는 것이 된다(위헌확인결정).

1) 인용의견 5인이고 기각의견 4인인 경우에 기각주문을 낸 사례로서, 헌재 1999. 1. 28. 98헌마85, 판례집 11-1, 73, 74면 결정과 헌재 2000. 12. 14. 2000헌마659, 판례집 12-2, 437, 440면 결정 등이 있고, 인용의견이 5인이고 각하의견이 4인인 경우에 기각주문을 낸 사례로서, 헌재 2000. 2. 24. 97헌마13 등, 판례집 12-1, 252, 259면 결정 등을 들 수 있다.

다만 법령에 대한 헌법소원을 인용하는 경우에는 주문에 침해된 기본권을 표시하지 않으며, 당해 '… 법령이 헌법에 위반된다'고만 표현한다(위헌결정).

법령소원에 있어서는 청구인의 침해된 기본권을 구제한다는 측면도 있으나 객관적인 헌법질서의 확립이라는 성질이 더 부각되어야 할 것이고, 법령소원은 주문 표시에 있어서 성질상 위헌법률심판의 경우와 유사하게 취급하는 것이 더 적합하기 때문이다.[1] 이 위헌결정에는 단순위헌결정뿐만 아니라 한정위헌, 한정합헌, 헌법불합치 등 변형결정들이 모두 가능하다.

또한 법 제68조 제1항의 헌법소원을 인용하는 경우에 공권력의 행사 또는 불행사가 위헌인 법률에 기인한 것이라고 인정될 때에는 인용결정에서 당해 법률이 위헌임을 선고할 수 있다(법 제75조 제5항). 이를 '부수적 규범통제'라고 하며, 헌법소원 제도가 개별적 권리구제를 넘어서 헌법질서의 수호유지를 위한 규범통제로서의 성격을 가지는 데에 따른 제도이다.[2]

(2) 효 력

헌법소원의 인용결정은 모든 국가기관과 지방자치단체를 기속한다(법 제75조 제1항). 헌법재판소가 공권력의 불행사에 대한 헌법소원을 인용하는 결정을 한 때에는 피청구인은 결정취지에 따라 새로운 처분을 하여야 한다(법 제75조 제4항). 법령소원의 경우 위헌결정의 효력은 위헌법률심판 결정의 효력과 같다.

---

1) 법 제75조 제2항의 취지가 동조 제3항 내지 제5항과의 관계에서 볼 때 입법권, 즉 법률에 의한 기본권침해의 경우에 부합하는 규정이라고 보여지지 않고, 오히려 동조 제6항이 헌법소원을 인용하여 법률의 위헌을 선고할 경우에는 법 제45조, 제47조의 규정을 준용하도록 하고 있어서 구태여 주문에 침해된 기본권을 표시할 필요까지는 없다고 해석된다. 헌재 1991. 3. 11. 91헌마21, 판례집 3, 91, 115면.

2) 이러한 부수적 규범통제를 활용한 헌법재판소 결정례로서, ① 미결수용자가 그의 변호인과 접견할 때 수사관이 참여하여 대화내용을 듣거나 기록한 공권력의 행사가 위헌임을 확인하면서 동 공권력행사의 근거규정인 '행형법 제62조의 준용규정 중 같은 법 제18조 제3항을 미결수용자의 변호인 접견에도 준용하도록 한 부분'이 헌법에 위반된다고 선언한 결정(변호인접견방해 사건. 헌재 1992. 1. 28. 91헌마111, 판례집 4, 51, 54면)과 ② 미결수용자와 그의 변호인 사이의 서신을 교도소장이 검열한 행위가 위헌임을 확인하면서 '행형법 제62조의 준용규정 중 같은 법 제18조 제3항 및 같은 법 시행령 제62조를, 미결수용자와 그 변호인 또는 변호인이 되려는 자 사이의 서신으로서 그 서신에 마약 등 소지금지품이 포함되어 있거나 그 내용에 도주·증거인멸·수용시설의 규율과 질서의 파괴 기타 형벌법령에 저촉되는 내용이 기재되어 있다고 의심할 만한 합리적인 이유가 없는 경우에도 준용하는 것'은 헌법에 위반된다고 선언한 결정(미결수서신검열 사건. 헌재 1995. 7. 21. 92헌마144, 판례집 7-2, 94, 97면) 등을 들 수 있다.

2. 각하 및 기각결정

심판청구가 부적법할 때의 각하결정은 주문상 '이 사건 심판청구를 각하한다'라고 하며, 심판청구가 본안에 있어서 이유없을 때의 기각결정은 '이 사건 심판청구를 기각한다'라고만 표현한다. 인용결정과는 달리 각하결정에 대하여서는 결정의 기속력이 인정되지 아니하며, 다만 일사부재리의 원칙에 따라 이미 심판을 거친 동일한 사건에 대하여는 다시 심판할 수 없는 효력이 발생한다.

3. 심판절차종료선언

헌법소원에 대한 심판절차 종료선언은 절차가 종료된 경우 이를 확인하기 위하여 하는 결정이다. 청구인의 사망이나 심판청구의 취하 등과 같이 헌법소원의 심판절차의 종료사유가 있으면 당해 헌법소원심판은 자동 종료된다고 할 것이나, 그 종료 여부가 불명확한 경우에 당사자간에 다툼이 있을 수 있으므로 이를 명백히 확인하여주는 의미에서 행한다. 심판절차 종료선언은 주문상 '이 사건 심판절차는 ○○년 ○○월 ○○일 청구인의 사망으로 종료되었다'라고 하거나 '이 사건 심판절차는 청구인들의 심판청구의 취하로 ○○년 ○○월 ○○일 종료되었다'라고 한다.[1]

---

1) 5·18 불기소 사건에서 헌법재판소는 '청구인들이 1995. 11. 29. 서면으로 헌법소원심판청구를 모두 취하하였고, 피청구인에게 취하의 서면이 송달되어 그로부터 2주일 내에 피청구인이 이의를 하지 아니하였음이 분명하므로 헌법소원심판절차가 1995. 12. 14. 종료되었음이 명백하다는 이유로 "이 사건 헌법소원심판절차는 청구인들의 심판청구의 취하로 1995. 12. 14. 종료되었다."라고 심판절차 종료선언을 하였다. 헌재 1995. 12. 14. 95헌마221 등, 판례집 7-2, 697, 702면. 그러나 이에 대하여는 '헌법소원제도는 본질상 청구인 개인의 주관적인 권리구제뿐만 아니라 객관적인 헌법질서를 수호·유지하는 기능도 함께 가지고 있는 것이므로, 헌법소원사건에 대한 심판이 청구인의 권리구제에는 도움이 되지 않는다 하더라도 헌법질서의 수호·유지를 위하여 중요한 의미가 있는 경우에는 예외적으로 청구인이 심판청구를 취하하여도 심판절차는 종료되지 않는다고 보아야 한다'라는 반대의견이 있었다. 동 판례집 7-2, 748-749면.

제 3 절 위헌심사형 헌법소원

1. 헌법소원의 대상

법 제68조 제2항 소정의 헌법소원심판청구의 대상이 되는 '법률'에 대하여서는 위헌법률심판의 대상이 되는 법률의 의미 해석에서 논한 바와 동일하다.

2. 적법요건

(1) 재판의 전제성

법 제68조 제2항에 따른 헌법소원의 경우에도 위헌법률심판의 제기요건인 재판의 전제성이 요구된다. 다만 위헌법률심판의 경우와는 달리 당해 소송사건이 헌법소원의 제기로 정지되지 않기 때문에 헌법소원심판의 종국결정 이전에 당해 소송사건이 확정되어 종료되는 경우가 발생할 수 있다. 법 제75조 제7항에 의하면 법 제68조 제2항에 의한 헌법소원이 인용된 경우에는 당해 헌법소원과 관련된 소송사건이 이미 확정된 때라도 당사자는 재심을 청구할 수 있으므로 판결이 확정되었더라도 재판의 전제성은 소멸된다고 할 수 없다.[1)]

(2) 청구기간

법 제69조 제2항은 "제68조 제2항의 규정에 의한 헌법소원심판은 위헌여부심판의 제청신청을 기각하는 결정을 통지받은 날부터 30일 이내에 청구하여야 한다."라고 규정하고 있다.

다만 청구인은 청구기간을 준수하지 못한 데에 대하여 과실이 없다는 등의 정당한 사유의 존재를 주장할 수는 있으나, 헌법재판소는, 같은 날 송달된 본안사건에 대하여는 항소기간을 준수하여 항소를 제기하면서 통상 본안판결과 같이 송달되는 위헌제청기각결정의 정본을 챙겨보지 않은 것은 쉽사리 납득하기 어렵다고 하여 정당한 사유에 해당하지 않는다고 판시한 바가 있다.[2)]

1) 헌재 1998. 7. 16. 96헌바33 등, 판례집 10-2, 116, 142면. 사립대학교수재임용 사건 결정.

(3) 한정위헌청구의 적법여부

㈎ 종래 선례의 입장

종래 헌법재판소의 선례들은, '법' 제41조 제1항의 위헌법률심판제청신청과 제68조 제2항의 헌법소원의 대상은 '법률'이지 '법률의 해석'이 아니므로 법률조항 자체의 위헌판단을 구하는 것이 아니라 '법률조항을 … 으로(이라고) 해석하는 한 위헌'이라고 청구하는 소위 한정위헌청구는 원칙적으로 부적법하고, 다만 ① 법률조항 자체의 불명확성을 다투는 것으로 볼 수 있는 경우,[1] ② 심판대상규정에 대한 일정한 해석이 상당기간에 걸쳐 형성·집적되어 법원의 해석에 의하여 구체화된 심판대상규정이 위헌성을 지닌 경우,[2] ③ 위 두 가지 경우에 해당되지는 않지만 법률조항 자체에 대한 위헌의 다툼으로 볼 수 있는 경우[3] 등, 3가지의 경우에는 예외적으로 적법한 청구로 보았다.

㈏ 한정위헌청구의 원칙적 적법성과 그 논거

그러나 헌법재판소는 2012년 위와 같은 판례를 변경하여 한정위헌청구의 원칙적 합헌성을 인정하였으며, 그 논거는 다음과 같다.[4]

첫째, 규범통제절차에 있어서 한정위헌결정은 법리상 당연하면서도 불가피한 것이고, 따라서 그러한 취지에서 헌법재판소는 한정위헌결정을 계속해 오면서도 제청법원이나 헌법소원청구인은 원칙적으로 한정위헌청구를 할 수 없고, 위에서 본 바와 같은 예외적인 경우에만 한정위헌청구를 할 수 있다고 하는 종래의 선례들은 사리상으로도 합당하지 않다.

둘째, 제청법원이나 헌법소원청구인이 당해사건 재판의 근거가 되는 법률조항 그 자체나 그 전체의 위헌성을 주장하지 않고 당해 법률조항의 특정한 해석 가능성이나 적용 가능성에 대하여만 제한적·한정적으로 위헌을 주장한다면 헌법재판소로서는 제청법원 등이 주장하는 범위 내에서 위헌여부를 심판하는 것이 원칙이며, 그 이외의 부분까지 위헌여부를 심판하게 된다면 그것은 헌법재판에서 요구되는 직권주의를 감안하더라도, 헌법재판소법상의 신청주의나 적법요건으로서의 재판의 전제성에 위반될 수 있다. 그러므로 제청법원 등

2) 헌재 1993. 3. 11. 91헌바22, 판례집 5-1, 23, 26면
1) 헌재 2000. 6. 1. 97헌바74, 공보 46, 448, 449면 등.
2) 헌재 1995. 5. 25. 91헌바20, 판례집 7-1, 615, 626면 등.
3) 헌재 2000. 6. 29. 99헌바66 등, 판례집 12-1, 848, 865면.
4) 헌재 2012. 12. 27. 2011헌바117, 판례집 24-2하, 387면.

이 하는 한정위헌청구는 자칫 헌법재판소가 소홀히 할 수 있는 당해 법률조항에 대한 한정위헌결정 여부를 헌법재판소로 하여금 주의 깊게 심사하도록 촉구하여 위헌의 범위와 그에 따른 기속력의 범위를 제한적으로 정확하게 한정할 수 있게 할 것이고, 그 결과 규범통제절차에 있어서 위헌여부심판권의 심사지평을 넓힐 수 있게 될 것이어서, 금지되어서는 안 될 뿐만 아니라 오히려 장려되어야 할 것이다.

셋째, 한정위헌청구는 입법권에 대한 자제와 존중의 표현이다. 즉 헌법재판소를 포함한 모든 국가기관과 국민은 헌법상의 권력분립원리에서 파생된 입법권에 의한 입법을 존중하여야 하는 것인바, 한정위헌청구에 따른 한정위헌결정은 당해 법률조항 중 위헌적인 해석이나 적용부분만을 제거하고 그 이외의 (합헌인) 부분은 최대한 존속시킬 수 있는 것이어서 입법권에 대한 자제와 존중의 결과가 되는 것이고 따라서 헌법질서에도 더욱 부합하게 된다.

(다) 한정위헌청구의 예외적 부적법성

그러나 이처럼 한정위헌청구가 원칙적으로 적법하다고 하더라도, 재판소원을 금지하고 있는 헌법재판소법 제68조 제1항의 취지에 비추어 한정위헌청구의 형식을 취하고 있으면서도 실제로는 ① 당해사건 재판의 기초가 되는 사실관계의 인정이나 평가 또는 ② 개별적, 구체적 사건에서의 법률조항의 단순한 포섭, 적용에 관한 문제를 다투거나 ③ 의미있는 헌법문제를 주장하지 않으면서 법원의 법률해석이나 재판결과를 다투는 경우 등은 여전히 허용될 수 없다.

판례 변경 이전에도 이와 같은 경우로서 부적법하다고 판단한 사례들이 이미 존재하는데, ① 민법 제70조 제3항과 민사소송법 제48조(현행 제51조)를 비송사건에 유추적용하여 법인 아닌 사단의 소수사원이 법원의 허가를 얻어 임시총회를 소집할 수 있게 한 것은 위헌이라는 청구는 청구인이 이 조항에 관하여 다투는 것은 이 조항 자체에 내포된 어떤 위헌적 해석방법이나 적용범위가 아니라, 이 조항을 법인 아닌 사단에 '적용'하는 것의 위헌여부이므로 이러한 심판청구는 법률조항 자체의 위헌성을 다투는 것으로 볼 수 있는 한정위헌청구로 받아들일 여지도 없어 부적법하다고 하였고,[1] ② 건설기계관리법 규정에 따라 덤프트럭 소유자와 관리계약을 체결하고 행정편의를 제공하는 대가로

1) 헌재 2000. 7. 20. 98헌바74, 판례집 12-2, 68, 75-76면.

관리료를 받는 데 지나지 않는 공동운영자에게 자동차손해배상보장법 제3조 소정의 자동차손해배상책임이 있는 것이라 해석·적용하는 한 위헌이라는 청구를 하면서 위 법 제3조 자체에 대하여는 아무런 주장을 하지 않은 채 청구인과 같은 공동운영자를 제3조 소정의 '자기를 위하여 자동차를 운행하는 자'로 보아 자동차손해배상책임을 인정하여서는 아니된다는 취지의 주장만을 하는 것은 당해사건재판의 기초가 된 사실관계의 인정과 평가 및 법률의 해석·적용에 관한 문제를 들어 법원의 재판결과를 비난하는 것에 다름아니므로 헌법재판소의 심판사항이 될 수 없어 부적법하다고 판시한 판례[1] 등을 들 수 있다.

㈑ 판례의 변경에 대한 평가

한정위헌의 적법성을 인정한 것은 헌법재판소가 규범통제의 대상인 법률의 의미내용을 확정하기 위하여 법률을 해석하는 것이 불가피한 점과 규범통제의 결과 가급적 헌법합치적 해석을 하여야 하는 점 등을 고려할 때 헌법이론상 타당한 판단을 한 것이라고 본다. 이전의 선례의 입장은 법률 자체와 법률의 해석은 서로 구분되어야 한다는 것이나 구체적 헌법재판 사건에서 심판의 대상으로서 양자를 구분하여 판정하는 것은 현실적으로 결코 쉽지 않았다. 이와 같이 이론상 혹은 실무상 헌법재판소의 판례변경은 일응 타당성이 인정된다고 할 것이다.

그러나 대법원이 헌법재판소의 한정위헌결정에 대하여 헌법상 부여된 법원의 전속적 법률해석권을 침해하는 행위라는 이유로 그 기속력을 인정하지 아니하고 있는 상태에서, 헌법재판소의 이러한 판례 변경은 종전 선례의 입장에 의하여 다소 소강상태에 있던 양 기관의 권한대립상태를 새삼스럽게 격화시키는 계기를 만들었고 이는 국민의 법적 분쟁의 최종적 해결을 심각하게 위협하는 요인이 되고 있다. 이 문제로 인하여 야기된 사법기능의 법적 불안정성이 장기간 계속되고 있는 만큼 더 이상의 이론적 공방을 지양하고 권한의 상호 양보와 조화를 도모하는 선에서 적절한 해결을 이루어냄이 시급한 실정이라고 본다.

---

1) 헌재 2000. 8. 31. 99헌바98, 판례집 12-2, 225, 231면.

3. 결　정

헌법재판소법 제68조 제2항에 의한 헌법소원은 본질상 위헌법률심판의 성격을 가지므로 그 결정의 주문 형식도 위헌법률심판의 예에 준한다. 따라서 각하결정의 경우에는 주문상 '이 사건 심판청구를 각하한다'라고 하겠지만, 인용결정은 '○○법 제○○조(심판대상법률을 지칭)는 헌법에 위반된다'라고 하고, 기각결정은 '○○법 제○○조는 헌법에 위반되지 아니한다'라고 하게 된다. 한정위헌이나 합헌결정 혹은 헌법불합치결정도 가능하며 이 경우들에도 위헌법률심판의 예에 준한다.

CHAPTER 04

권한쟁의심판

제 1 항 권한쟁의심판의 의의

헌법 제111조 제1항 제4호는 헌법재판소가 '국가기관 상호간, 국가기관과 지방자치단체간 및 지방자치단체 상호간의 권한쟁의에 관한 심판'을 관장한다고 규정한다. 우리 헌법상 권한쟁의심판제도는 국가기관 사이나 국가기관과 지방자치단체 사이 또는 지방자치단체 사이에 권한의 존부 또는 범위에 관하여 다툼이 발생한 경우에, 헌법재판소가 이를 심판하여 분쟁을 해결함으로써 국가의 객관적 권한질서를 유지하는 기능을 하는 헌법소송의 한 유형이다.

우리 헌법상 권한쟁의심판제도는 다음과 같은 특징을 갖는다.

① 헌법재판소가 관장하는 권한쟁의심판에는 국가기관간의 권한쟁의와 국가기관과 지방자치단체간 및 지방자치단체 상호간의 권한쟁의만 포함된다. 기타의 권한쟁의 분쟁은 행정소송법 제3조 제4호에 의하여 법원이 관할하는 기관소송에 의할 것이다.

② 권한쟁의의 대상이 되는 법적 분쟁은 헌법상의 분쟁뿐 아니라 법률상의 분쟁도 포함된다(헌법재판소법 제61조 제2항). 따라서 헌법재판소의 권한쟁의심판권은 일반법원의 행정소송 관할권과 중복되어 판단의 충돌이 일어날 가능성이 있다.

③ 권한쟁의심판에서 논의되는 '권한(Kompetenz)'은 국가나 지방자치단체 등이 헌법 또는 법률에 의하여 부여되어 법적으로 유효한 행위를 할 수 있는 능력과 관할의 범위를 말하는 것으로서 개인의 주관적 권리나 기본권이

아니다.

④ 헌법소원의 경우와 같은 보충성 요건이 적용되지 않으며, 헌법재판소가 일차적이고 우선적인 관할을 가진다.

제 2 항 권한쟁의심판의 대상

1. 국가기관 상호간의 권한쟁의

헌법재판소법 제62조 제1항 제1호는 국가기관간의 권한쟁의를 "국회, 정부, 법원 및 중앙선거관리위원회 상호간의 권한쟁의"로 규정하고 있다. 국가기관 상호간의 권한쟁의는 헌법상의 국가기관간의 권한분쟁을 해결함으로써 국가기능의 원활한 수행을 도모하고 국가권력간의 균형을 유지하여 헌법질서를 수호·유지하고자 하는 제도이다.[1)]

헌법재판소법 제62조 제1항 제1호는 권한쟁의의 당사자가 될 수 있는 국가기관으로서 "국회, 정부, 법원 및 중앙선거관리위원회"만을 규정하고 있는데, 헌법재판소는 원래 이 조항의 의미를 열거적인 것으로 해석하여 국회의원 등은 이에 해당되지 않는다고 보았으나,[2)] 판례를 변경하여 이를 예시적인 것으로 보아서 동 법률조항에 명시되지 아니한 국가기관의 당사자능력도 인정하기에 이르렀다. 즉 헌법재판소는 "헌법 제111조 제1항 제4호 소정의 '국가기관'에 해당하는지 아닌지를 판별함에 있어서는 그 국가기관이 헌법에 의하여 설치되고 헌법과 법률에 의하여 독자적인 권한을 부여받고 있는지 여부, 헌법에 의하여 설치된 국가기관 상호간의 권한쟁의를 해결할 수 있는 적당한 기관이나 방법이 있는지 여부 등을 종합적으로 고려하여" 판단해야 한다고 하면서 국회의원과 국회의장의 당사자능력을 인정하였다.[3)] 그러나 국가인권위원회와 같이

1) 헌재 1997. 7. 16. 96헌라2, 판례집 9-2, 154, 163면. 법률안변칙처리 사건 결정.

2) 헌재 1995. 2. 23. 90헌라1, 판례집 7-1, 140, 149면.

3) 청구인인 국회의원은 헌법 제41조 제1항에 따라 국민의 선거에 의하여 선출된 헌법상의 국가기관으로서 헌법과 법률에 의하여 법률안 제출권, 법률안 심의·표결권 등 여러 가지 독자적인 권한을 부여받고 있으며, 피청구인인 국회의장도 헌법 제48조에 따라 국회에서 선출되는 헌법상의 국가기관으로서 헌법과 법률에 의하여 국회를 대표하고 의사를 정리하며, 질서를 유지하고 사무를 감독할 지위에 있고, 이러한 지위에서 본회의 개의시의 변경, 의사일정의 작성과 변경, 의안의 상정, 의안의 가결선포 등의 권한을 행사하게 되어 있다. 따라서 국회의원과 국회의장 사이에 위와 같은 각자 권한의 존부 및 범위와 행사를 둘러싸고 언제나 다툼이 생길 수 있고, 이와 같은 분쟁은 단

헌법이 아니라 법률에 의하여 설치된 기관은 당사자능력이 없다.[1)]

2. 국가기관과 지방자치단체간의 권한쟁의

법 제62조 제1항 제2호는 국가기관과 지방자치단체간의 권한쟁의를 "정부와 특별시·광역시 또는 도간의 권한쟁의, 정부와 시·군 또는 지방자치단체인 구간의 권한쟁의"로 규정한다. 여기서 국가기관을 정부로만 규정하므로 그 외의 국가기관은 당사자가 될 수 없는가 하는 문제가 있으나 이 조항 또한 열거적 성격의 것이 아니라 예시적인 것으로 해석하여야 하므로 대통령·국회·법원 또는 선거관리위원회는 물론 정부의 부분기관으로서 헌법기관인 행정각부 등도 당사자가 될 수 있다고 할 것이다.[2)]

3. 지방자치단체 상호간의 권한쟁의

헌법재판소법 제62조 제1항 제3호는 지방자치단체 상호간의 권한쟁의심판으로 특별시, 광역시 또는 도 상호간의 권한쟁의심판, 시·군 또는 자치구 상호간의 권한쟁의심판, 특별시, 광역시 또는 도와 시·군 또는 자치구 간의 권한쟁의심판을 규정하고 있다.

순히 국회의 구성원인 국회의원과 국회의장간의 국가기관 내부의 분쟁이 아니라 각각 별개의 헌법상의 국가기관으로서의 권한을 둘러싸고 발생하는 분쟁이라고 할 것인데, 이와 같은 분쟁을 행정소송법상의 기관소송으로 해결할 수 없고 권한쟁의심판 이외에 달리 해결할 적당한 기관이나 방법이 없으므로 국회의원과 국회의장은 헌법 제111조 제1항 제4호 소정의 권한쟁의심판의 당사자가 될 수 있다고 보아야 할 것이다. 헌재 1997. 7. 16. 96헌라2, 판례집 9-2, 154, 163-164면. 법률안변칙처리 사건 결정.

1) 헌법에 의하여 설치되고 헌법과 법률에 의하여 독자적인 권한을 부여받은 국가기관'이라고 할 수 없다. 즉, 청구인이 수행하는 업무의 헌법적 중요성, 기관의 독립성 등을 고려한다고 하더라도, 국회가 제정한 국가인권위원회법에 의하여 비로소 설립된 청구인은 국회의 위 법률 개정행위에 의하여 존폐 및 권한범위 등이 좌우되므로, 헌법 제111조 제1항 제4호 소정의 헌법에 의하여 설치된 국가기관에 해당한다고 할 수 없다. 결국, 권한쟁의심판의 당사자능력은 헌법에 의하여 설치된 국가기관에 한정하여 인정하는 것이 타당하므로, 법률에 의하여 설치된 청구인에게는 권한쟁의심판의 당사자능력이 인정되지 아니한다. 헌재 2010. 10. 28. 2009헌라6. 국가인권위원회 직제개편 사건 결정.

2) 예컨대, 헌재 2001. 10. 25. 2000헌라3(행정안전부장관); 헌재 2006. 3. 30. 2003헌라2(건설교통부장관); 헌재 2002. 10. 31. 2001헌라1(대통령); 헌재 2007. 7. 26. 2005헌라8(대통령) 사건 등을 들 수 있다.

제 3 항 권한쟁의심판의 요건

1. 당사자적격 — 자기관련성

(1) '헌법과 법률에 의하여 부여받은 권한'을 가진 자만이 그 권한의 침해를 다투며 권한쟁의심판을 청구할 수 있다. 침해당하였다고 주장하는 권한 자체를 부여받고 있지 못함이 명백한 경우에는 청구인적격을 가질 수 없다. 권한의 소지 여부에 관한 판단은 적법성 심사의 단계에서는 일응 청구인의 주장에 의할 것이며, 권한 소지의 개연성이 있다고 판단되면 당사자 적격을 인정함이 타당하다. 구체적, 종국적인 권한의 존부 문제는 본안에서 최종 판단되어야 할 것이기 때문이다.

지방자치단체에 위임된 기관위임사무는 국가의 사무이며, 지방자치단체의 권한에 속하지 아니하므로 지방자치단체가 그러한 사무에 관한 권한의 침해를 다투는 심판청구는 부적법하다.1)

(2) 당사자적격과 관련된 구체적 문제로서, 부분기관이 전체기관을 위하여 제3자 소송담당을 할 수 있는지 여부에 관하여 논란이 되어 왔다. 제3자 소송담당은 권리주체가 아닌 제3자가 자신의 이름으로 권리주체를 위하여 소송을 수행하는 것을 말한다.

대통령이 국무총리서리를 임명한 데 대하여 다수당 소속 국회의원 전원이 연명으로 대통령의 임명행위가 주위적으로 국무총리 임명에 관한 자신들과 국회의 권한을, 예비적으로 임명동의안에 관한 자신들의 심의·표결의 권한을 침해하였다고 주장하면서 권한쟁의심판을 청구한 사건에서, 국무총리 임명에 대한 동의권한은 국회의 권한이지 국회의원의 권한이 아니며, 다만 일정 수 이상의 소수의원이나 소수의원으로 구성된 교섭단체는 국회를 위하여 권한쟁의심판을 청구할 적격이 인정되나, 재적의원 과반수를 이루는 다수의원이나 그들로 구성된 교섭단체의 경우에는 그들 스스로 국회의 의결을 거쳐 침해된 국회의 권한을 회복하기 위한 방법을 강구할 수 있으므로 국회를 위하여 권한쟁의심판을 청구할 적격이 없다는 소수의견이 제시된 바 있다.2) 그러나 이후

1) 헌재 1999. 7. 22. 98헌라4, 판례집 11-2, 51, 65-66면.

헌법재판소는 제3자 소송담당은 법률의 규정이 있는 경우에만 허용될 수 있으므로 이러한 명시적 규정이 없는 경우에는 허용될 수 없다는 입장을 취하고 있으며 이에 따라 국회의 부분기관인 국회의원이 국회를 위하여 제3자 소송담당을 할 수는 없다고 판시하고 있다.1)

2. 피청구인의 처분 또는 부작위의 존재

(1) 처 분

권한쟁의의 대상이 되는 피청구인의 처분에는 모든 형태의 행위가 포함될 수 있다. 국회의장의 법률안가결선포행위와 같은 입법관련 행위2)와 행정처분, 기타 법령제정행위, 나아가 사실행위도 이에 해당할 수 있다.

(2) 부작위

부작위에 의하여 권한이 침해당하였다고 주장하는 권한쟁의심판은 피청구인에게 헌법상 또는 법률상 유래하는 작위의무가 있음에도 불구하고 피청구인이 그러한 의무를 다하지 아니한 경우에만 허용된다.3)

3. '권한의 침해 또는 현저한 침해위험'의 가능성

권한쟁의는 이미 발생한 권한의 침해뿐만 아니라 조만간 침해가 발생할 개연성이 높아진 단계에서도 인정된다. 적법요건 단계에서의 권한 침해의 개연성이 있는지 여부를 따지며 권한침해의 최종적 존부는 본안에 들어가서 판단

2) 헌재 1998. 7. 14. 98헌라1, 판례집 10-2, 1면. 김종필총리서리임명 사건 결정의 김용준 재판관 소수의견.

1) 국회의 의사가 다수결에 의하여 결정되었음에도 다수결의 결과에 반대하는 소수의 국회의원에게 권한쟁의심판을 청구할 수 있게 하는 것은 다수결의 원리와 의회주의의 본질에 어긋날 뿐만 아니라, 국가기관이 기관 내부에서 민주적인 방법으로 토론과 대화에 의하여 기관의 의사를 결정하려는 노력 대신 모든 문제를 사법적 수단에 의해 해결하려는 방향으로 남용될 우려도 있으므로, 국가기관의 부분 기관이 자신의 이름으로 소속기관의 권한을 주장할 수 있는 '제3자 소송담당'을 명시적으로 허용하는 법률의 규정이 없는 현행법 체계하에서는 국회의 구성원인 국회의원이 국회의 조약에 대한 체결·비준 동의권의 침해를 주장하는 권한쟁의심판을 청구할 수 없다. 헌재 2007. 7. 26. 2005헌라8, 판례집 19-2, 26면. WTO 쌀협상 사건 결정; 헌재 2007. 10. 25. 2006헌라5, 판례집 19-2, 436면. 한미 FTA 협상 사건 결정도 같은 취지이다.

2) 헌재 1997. 7. 16. 96헌라2, 판례집 7-2, 154.

3) 헌재 1998. 7. 14. 98헌라3, 판례집 10-2, 74면.

할 문제이다.

4. 청구기간

권한쟁의의 심판은 '그 사유가 있음을 안 날'로부터 60일 이내에, '그 사유가 있은 날'로부터 180일 이내에 청구하여야 하며, 이 기간은 불변기간이다(법 제63조). 침해행위가 처분인 경우에는 처분행위가 종료한 시점부터 위 기간이 기산될 것이나, 부작위인 경우에는 침해행위가 계속되고 있다고 할 것이므로 기간의 제약없이 청구할 수 있다.

제 4 항 권한쟁의심판의 결정

1. 결정의 정족수

권한쟁의심판사건은 종국심리에 관여한 재판관의 과반수의 찬성으로 결정한다(헌법재판소법 제23조 제2항). 다른 유형의 헌법재판에서는 인용결정시 반드시 재판관 6인 이상의 찬성이 필요하나(동조항 제1호), 권한쟁의에 있어서만 이와 같은 엄격한 정족수는 요구되고 있지 않다.

2. 결정의 내용

헌법재판소는 심판의 대상이 된 국가기관 또는 지방자치단체의 권한의 존부 또는 범위에 관하여 판단하고(법 제66조 제1항), 나아가 권한침해의 원인이 된 피청구인의 처분을 취소하거나 그 무효를 확인할 수 있고 헌법재판소가 부작위에 대한 심판청구를 인용하는 결정을 한 때에는 피청구인은 결정취지에 따른 처분을 하여야 한다(법 제66조 제2항). 이와 같이 권한쟁의심판의 결정은 2단계로 이루어질 수 있도록 되어 있다.

(1) 권한의 존부 또는 범위 확인

심판의 대상이 된 국가기관 또는 지방자치단체의 권한의 존부 또는 범위에 관한 판단은 주문의 필수요소에 해당한다. 결정의 주문은 일반적으로 "피청구인의 처분 또는 부작위가 헌법 또는 법률에 의하여 부여된 청구인의 … 권한을 침해한 것이다"라는 형태로 표시한다.

예를 들면 권한침해를 인정하는 경우, "피청구인이 1996. 12. 26. 06 : 00경 제182회 임시회 제1차 본회의를 개의하고 국가안전기획부법 중 개정법률안 … 을 상정하여 가결선포한 것은 청구인들의 법률안 심의·표결의 권한을 침해한 것이다[1]"라고 하든지, "피청구인이 1998. 4. 16. 경기도고시 제1998-142호로 행한 … 에 대한 도시계획사업시행자지정처분은 도시계획법 제23조 제5항에 의한 청구인의 권한을 침해한 것이다[2]"라는 방식이다. 그러나 권한침해를 인정하지 않는 경우 "이 사건 심판청구를 기각한다."라고 처리한다.[3]

(2) 처분의 취소 또는 무효확인

권한침해를 인정하는 경우 헌법재판소는 나아가 권한침해의 원인이 된 피청구인의 처분을 취소하는 결정 또는 처분의 무효를 확인하는 결정을 내릴 수 있으며, 법문의 취지상 이 부분의 판단은 반드시 청구인의 청구를 요하지 않고 헌법재판소의 직권으로 행할 수 있다. 처분의 취소 또는 무효확인결정의 주문의 표현은 "피청구인의 처분을 취소한다" 또는 "피청구인의 처분이 무효임을 확인한다."라고 한다.[4]

헌법재판소가 제1단계의 주문에서 권한의 침해를 인정하였다고 하여 제2단계의 판단을 할 때 반드시 피청구인의 당해 처분을 취소하거나 무효로 하여야 하는 것은 아니다. 권한 침해 여부와 당해 처분의 유무효 여부는 따로 법적 평가를 하여야 할 별개의 사안이기 때문이다. 실제로 헌법재판소는 1996년 법률안변칙통과사건에서 권한의 침해를 인정하면서도 당해 처분이 헌법규정을 위반하지는 아니하였다는 이유로 무효를 인정하지 아니한 결정을 한 사례가 있으며,[5] 이러한 논리는 더욱 발전하여 2009년 미디어법 변칙통과사건에서는

1) 헌재 1997. 7. 16. 96헌라2, 판례집 9-2, 154면. 법률안변칙처리 사건 결정.
2) 헌재 1999. 7. 22. 98헌라4, 판례집 11-2, 51면.
3) 헌재 1998. 8. 27. 96헌라1, 판례집 10-2, 364면; 헌재 2000. 2. 24. 99헌라1, 판례집 12-1, 115면.
4) 헌재 1999. 7. 22. 98헌라4, 판례집 11-2, 51, 61면.
5) 헌재 1997. 7. 16. 96헌라2, 법률안변칙처리 사건 결정. 이 결정에서 헌법재판소는 국회부의장이 국회의장을 대리하여 날치기식으로 법률안들을 가결선포한 것에 대하여 국회의원인 청구인들의 법률안 심의표결권을 침해하였다고 하였으나(1단계 주문), 그로 인한 법률안 가결선포행위는 헌법의 규정을 명백히 위반한 흠이 있다고 할 수 없어 무효는 아니라(2단계 주문)고 결정하였다.

무권투표 등으로 다수결 원칙을 위반하여 위헌의 점이 인정되더라도 국회의 자율권을 존중하여 무효를 인정할 수 없다는 견해도 나타나고 있다.[1)]

3. 결정의 효력

법 제67조는 결정의 효력에 관하여 제1항에서 "헌법재판소의 권한쟁의심판의 결정은 모든 국가기관과 지방자치단체를 기속한다."라고 규정하여 기속력을 명문으로 부여하고 있다. 헌법소원의 경우 인용결정이 다른 국가기관에 대한 기속력을 가짐에 반하여(법 제75조 제1항), 권한쟁의심판의 경우 기각결정 또한 기속력을 가진다. 이에 따라 다른 국가기관은 헌법재판소의 판단에 저촉되는 다른 판단이나 행위를 할 수 없다.

부작위에 대한 인용결정의 경우 피청구인의 경우 피청구인은 결정취지에 따른 처분을 하여야 한다(법 제66조 제2항).

국가기관 또는 지방자치단체의 처분을 취소하는 헌법재판소의 결정은 그 처분의 상대방에 대하여 이미 생긴 효력에는 영향을 미치지 아니한다(법 제67조 제2항). 이 조항은 기존 처분의 유효성을 믿은 제3자의 법적 신뢰를 보호하기 위한 것이므로 선의의 제3자에게 적용될 뿐이며, 당해 처분의 취소를 구하기 위하여 권한쟁의심판을 청구한 청구인이 그 처분의 상대방이 되는 경우에는 적용되지 않는다.

1) 미디어법 변칙통과사건 결정에서 특히 신문법안 가결행위 부분에 관한 판단을 보면, 처분 무효의 점에 관하여 기각의견이 6인 다수의 법정의견임은 분명하나, 각 재판관의 의견이 뿔뿔이 분지되어 기각의 이유에서 헌법재판소의 공식 견해가 일정한 방향으로 확실히 정립되었다고는 보기 어렵다. 그러나 위헌의 점이 있더라도 기각하여야 한다는 의견이 2인 재판관의 의견이고, 위헌의 점이 없기 때문에 기각한다는 의견이 1인 재판관의 의견으로 존재하였다. 헌재 2009. 10. 29. 2009헌라8, 판례집 21-2하, 14, 22-23면. 미디어법 변칙통과사건 결정.

CHAPTER

05 탄핵심판

제 1 항 탄핵심판의 의의와 본질

(1) 탄핵심판은 고위 공직자의 헌법 침해로부터 헌법을 보호하기 위한 제도이다. 국가권력을 실질적으로 행사하는 고위 공직자의 위헌적 행위는 일반적 형사소추절차나 징계절차에 의하여서는 응징의 실효를 거두기 어렵기 때문에 국민의 대표기관이 소추기관이 되는 헌법절차를 마련하여 이 절차에 의하여 직접적으로 책임을 추궁하고 헌법을 보호하고자 하는 것이다. 따라서 탄핵절차는 형사소추절차나 징계절차와 제도의 본질상 유사한 면모를 많이 가지지만 엄밀히는 그러한 일반법적 절차들과 동일하지 아니한 특수한 성격을 지닌다. 특수한 헌법절차로서의 탄핵절차의 이러한 특성으로 인하여 탄핵심판절차의 내용도 형사소추절차나 징계절차와는 차별되는 특징들을 가지게 된다.

(2) 탄핵절차는 탄핵사유와 탄핵결정의 효과의 두 가지 측면에서 제도적 본질이 좌우된다고 할 수 있다. 탄핵사유가 범죄행위에 한정되며 탄핵결정의 효과가 처벌이라면 그 절차는 형사절차의 본질을 가지게 될 것이다.[1] 반면 탄핵사유가 범죄행위의 한계를 넘어서서 일반적인 비위행위(misdemeanor)까지 포함하고 탄핵결정이 파면이나 정직·감봉 등 행정적 제재에 그친다면 이는 징계절차의 본질을 가지게 된다. 또한 탄핵의 요건과 효과를 헌법적 요구에 따라 그 중간적인 강도의 것으로 설정할 수도 있으며 이 경우 탄핵절차는 형사

1) 탄핵결정에 의하여 대상 공무원의 범죄행위를 처벌하는 효과가 발생하는 법제에서는 탄핵절차를 형사절차로 보는 데에 무리가 없게 된다. 프랑스의 경우 탄핵이 인용되면 당해 공무원은 처벌되므로 이는 당연히 형사절차의 본질을 가진 것이 된다.

절차와 징계절차가 혼합된 절충적 성격을 가지게 될 것이다. 이러한 탄핵절차는 완전한 형사절차나 순수한 징계절차도 아닌 특수한 헌법절차라고 파악할 수 있게 된다.

그리나 탄핵결정에 의하여 대상 공무원을 단지 파면하거나 직무에서 배제하는 효과를 가져올 뿐인 경우에는 탄핵절차는 징계절차로서의 본질을 가진다고 볼 수 있다.

(3) 우리나라의 경우 헌법 제65조 제4항에 의하여 탄핵결정은 공직으로부터 파면함에 그치며, 이에 의하여 민사상이나 형사상의 책임이 면제되지는 아니하므로 탄핵절차는 본질적으로 징계절차에 해당한다. 그러나 탄핵의 사유는 공무원이 직무집행에 있어서 헌법이나 법률에 위배하는 것이므로 위헌·위법행위에 미치지 못하는 일반적 비위행위는 포함되지 않는다. 따라서 이 점에 있어서는 전형적인 징계절차와는 차이가 존재하며 탄핵절차는 가장 엄격한 단계의 징계절차라고 보아야 할 것이다. 이처럼 탄핵의 사유는 반드시 범죄행위에 그치는 것은 아니므로 우리나라의 탄핵절차의 본질을 형사절차로 볼 수는 없으며 가장 중한 단계의 징계절차로 보는 것이 합당하다. 헌법재판소법 제40조 제1항은 탄핵절차에 형사소송법을 준용하도록 규정하고 있으나 이는 탄핵결정의 효과가 대통령을 포함한 고위 공무원의 파면이라는 국정운영에 중대한 영향을 미치는 법적 효과를 가져오는 점을 감안한 결과일 뿐, 탄핵절차의 본질에 영향을 주는 것은 아니다. 탄핵절차의 본질은 탄핵의 요건과 효과에 의하여 파악되어야 하며 이렇게 볼 때 우리나라의 탄핵절차는 징계절차의 범위를 결코 넘어서고 있지 않다고 본다.

제 2 항 탄핵심판의 요건과 절차

1. 탄핵심판의 제기요건

헌법재판소의 탄핵심판이 개시되기 위해서는 먼저 국회의 탄핵소추 의결이 존재하여야 한다. 탄핵소추의 의의와 관련된 문제에 대하여서는 국회의 권한편에서 이미 설시하였다.

2. 탄핵심판의 개시

탄핵심판은 국회법제사법위원장이 소추위원(청구인 자격)이 되어 소추의결서의 정본(正本)을 헌법재판소에 제출함으로써 개시된다(헌법재판소법 제49조). 즉 소추의결서의 정본이 탄핵심판청구서로 갈음되는 것이다. 이때 필요한 증거서류 또는 참고자료를 첨부할 수 있다(법 제26조). 소추의결서를 작성한 후 언제까지 헌법재판소에 제출하여야 하는가에 관한 명문의 규정은 없지만, 탄핵소추의결로 인하여 피소추자의 권한행사가 정지되고 공직의 공백이 발생한 만큼 지체없이 제출하도록 하여야 한다고 봄이 타당하다. 헌법재판소가 소추의결서를 접수한 때에는 지체없이 그 등본을 피소추자에게 송달하여야 하며(법 제27조), 송달을 받은 피소추자, 즉 피청구인은 헌법재판소에 답변서를 제출할 수 있다(법 제29조).

3. 탄핵심판의 절차

(1) 탄핵심판의 대상 범위

(가) 소추의결서 기재 소추사실로의 한정 여부

탄핵심판의 대상이 되는 탄핵소추사유는 그 대상사실을 다른 사실과 명백하게 구분할 수 있을 정도의 구체적 사실이 기재되어 특정되어야 한다.[1] 여기서 탄핵심판의 본질을 형사절차로 본다면 심판대상의 범위는 소추위원이 제출한 소추의결서 기재 소추사실로 엄격히 한정하여야 할 것이다. 만약 국회가 소추사실의 변경을 원한다면 소추위원을 통하여 소추사실 변경 신청서를 헌법재판소에 제출하여야 할 것이고 헌법재판소가 이를 허가함으로써 변경될 수 있다고 보아야 한다. 이와 같은 구성은 형사소추의 경우 공소장의 효력범위에 관한 이론에 준할 것이며, 따라서 소추사실 변경이 가능한 범위도 형사소송법상의 공소장 변경 허용범위에 해당하는 '기본적 사실의 동일성' 여부에 따라 판단하게 된다.

---

1) 헌법재판소는 박근혜대통령 탄핵사건에서, 소추의결서의 헌법 위배행위 부분은 소추사유가 분명하게 유형별로 구분되지 않은 측면이 있지만 소추사유로 기재된 사실관계는 법률 위배행위 부분과 함께 보면 다른 소추사유와 명백하게 구분할 수 있을 정도로 충분히 구체적으로 기재되어 있다는 이유로 소추사실의 특정을 인정하였다. 헌재 2017. 3. 10. 2016헌나1, 판례집 29-1, 1, 16면.

그러나 탄핵심판의 본질을 징계절차로 본다면 심판대상의 범위를 그와 같이 엄격히 제한할 이유는 없으며 소추의결서의 제출 이후 추가로 발견된 위헌·위법사실이 있으면 소추위원은 형식과 내용의 제한 없이 이를 기재하여 헌법재판소에 제출하여 심판대상의 범위를 변경할 수 있다고 보게 된다.

이에 관하여 헌법재판소는 노무현 대통령 탄핵사건에서 형사절차설에 가까운 관점에서 심판대상을 소추의결서 기재사실로 엄격히 한정하고 소추의원이 탄핵심판 심리 도중에 제출한 추가의견서에 기재한 새로운 사실은 심판대상이 되지 아니하는 것으로 판단한 바 있다.[1)]

그러나 탄핵심판이 본질상 징계절차의 성격을 가진 점을 감안하여야 하며, 심판대상을 소추의결서 기재사실로 엄격히 한정하면 그 이외의 직무상 위헌·위법사실에 대하여서는 일종의 면책효과를 발생시키게 되는데, 이는 위헌·위법의 직무행위를 한 공무원을 공직에서 배제시키고자 하는 탄핵제도의 본래의 취지에 맞지 않으므로 부당하다.

(나) 공직취임의 시기와 탄핵심판대상 범위

노무현 대통령 탄핵사건에서는 심판대상이 되는 대통령의 위헌·위법사실이 ① 대통령 취임 이후의 것에 한정되는가, ② 대통령 취임 이전이라도 당선 이후의 것은 포함되는가, 아니면 보다 보다 소급하여 ③ 대통령 당선 이전 정당의 후보자 추천 즉 대통령 후보자로서 공천을 받은 시점 이후의 것은 모두 포함되는가 하는 점이 문제되었다. 이에 관하여 헌법재판소는 대통령이 형식적으로 취임한 이후의 사실만이 심판대상이 될 수 있다는 판단을 하고 있으나,[2)] 이와 같이 심판대상을 시기적으로 좁혀 보는 것은 문제가 있다고 생각되

---

1) 헌법재판소는 노무현 대통령 탄핵사건에서 "헌법재판소는 사법기관으로서 원칙적으로 탄핵소추기관인 국회의 탄핵소추의결서에 기재된 소추사유에 의하여 구속을 받는다. 따라서 헌법재판소는 탄핵소추의결서에 기재되지 아니한 소추사유를 판단의 대상으로 삼을 수 없다. 그러나 탄핵소추의결서에서 그 위반을 주장하는 '법규정의 판단'에 관하여 헌법재판소는 원칙적으로 구속을 받지 않으므로, 청구인이 그 위반을 주장한 법규정 외에 다른 관련 법규정에 근거하여 탄핵의 원인이 된 사실관계를 판단할 수 있다. 또한, 헌법재판소는 소추사유의 판단에 있어서 국회의 탄핵소추의결서에서 분류된 소추사유의 체계에 의하여 구속을 받지 않으므로, 소추사유를 어떠한 연관관계에서 법적으로 고려할 것인가의 문제는 전적으로 헌법재판소의 판단에 달려있다."라고 판시하여 심판대상 범위확정의 문제에서 형사소추의 경우와 동일한 이론을 전개하고 있다. 헌재 2004. 5. 14. 2004헌나1, 판례집 16-1, 609, 610면.

2) 헌법 제65조 제1항은 '대통령 … 이 그 직무집행에 있어서'라고 하여, 탄핵사유의 요건을 '직무' 집행으로 한정하고 있으므로, 위 규정의 해석상 대통령의 직위를 보유하고 있는 상태에서 범한 법위반행위만이 소추사유가 될 수 있다. 노대통령 탄핵사건 결정, 판례집 16-1, 609, 614면.

며 적어도 대통령 당선자 이후의 위헌·위법행위는 심판대상에 포함된다고 보는 것이 타당하다고 본다. 우리 법제상 대통령은 당선자 시절부터 일정한 권한을 가지고 국가적 지원 하에 대통령 취임준비 활동을 하게 될 뿐만 아니라,[1] 사실상의 권력 면에서 당선자 시절에 취임 이후 못지 않은 강력한 힘을 가지게 되어 각종 비위의 표적이 되기 쉽기 때문이다.

(2) 구두변론

탄핵사건의 심판은 구두변론에 의한다(법 제30조 제1항). 당사자로서 소추위원인 국회법제사법위원장이 청구인이 되고 피소추자가 피청구인이 된다. 소추위원은 심판의 변론에 있어 피청구인을 신문할 수 있다(법 제49조 제2항). 재판부가 변론을 열 때에는 기일을 정하고 당사자와 관계인에게 출석을 요구하여야 한다(법 제30조 제3항). 당사자가 변론기일에 출석하지 아니한 때에는 다시 기일을 정해야 한다. 다시 정한 기일에도 당사자가 출석하지 아니하면 그 출석 없이 심리할 수 있다(법 제52조 제1항, 제2항). 이러한 규정에 의하여 대통령 탄핵사건에서 헌법재판소는 1회 변론기일에 피소추자인 노무현 대통령이 불출석하자 기일을 속개하였고 속개된 변론기일에서는 대통령이 불출석하였음에도 불구하고 절차를 진행한 바 있다.

(3) 증거조사

재판부는 탄핵심판의 심리를 위하여 필요하다고 인정하는 경우에는 당사자의 신청 또는 직권에 의하여 증거조사를 할 수 있다(법 제31조). 증거조사는 증인·당사자 신문이나 서증조사·감정·검증 등의 방법에 의한다(헌법재판소 심판규칙 제6절 증거 제25조 내지 제47조). 또한 재판부는 다른 국가기관 또는 공공단체의 기관에 대하여 심판에 필요한 사실을 조회하거나, 기록의 송부나 자료의 제출을 요구할 수 있다(법 제32조). 소추위원 또는 피청구인은 증거로 제출된 서류를 증거로 하는 것에 동의하는지 여부에 관한 의견을 진술하여야 한다(규칙 제62조). 그러나 헌법재판소는 헌법해석을 임무로 하는 최고 법원인 만큼 제1심 일반법원처럼 모든 사실관계를 완전히 조사할 필요는 없으며 최종판단

1) 대통령직인수에 관한 법률 제3조(대통령 당선인의 지위 및 권한), 제5조(국무총리후보자의 지명 등), 제8조(위원회의 구성 등) 참조.

에 불가결한 중요한 증거조사만 선별적으로 행할 수 있다고 본다. 그리고 증인신문과 같은 직접 조사보다는 확정판결의 기록에 대한 '인증등본 송부촉탁' 등의 방법에 의한 간접 조사를 적극 활용함으로써 증거조사의 효율을 제고할 수 있다.

제3항 탄핵의 인용 요건

(1) 헌법과 법률의 규정

헌법 제65조 제1항은 "… 공무원이 그 직무집행에 있어서 헌법이나 법률에 위배한 때" 국회가 탄핵소추를 의결할 수 있다고 하고 헌법재판소법 제53조 제1항은 "탄핵심판 청구가 이유있는 때에는 헌법재판소는 피청구인을 당해 공직에서 파면하는 결정을 한다."라고 하여 탄핵인용의 요건에 관하여 규정하고 있다. 이러한 규정에 의하면 탄핵인용의 요건은 피청구인인 당해 공무원의 직무집행에 있어서의 위헌·위법행위가 된다.

여기에서 '직무'란 법제상 소관 직무에 속하는 고유 업무와 사회통념상 이와 관련된 업무를 말하고, 법령에 근거한 행위뿐만 아니라 대통령의 지위에서 국정수행과 관련하여 행하는 모든 행위를 포괄하는 개념이다. 또 '헌법'에는 명문의 헌법규정뿐만 아니라 헌법재판소의 결정에 따라 형성되어 확립된 불문헌법도 포함되고, '법률'에는 형식적 의미의 법률과 이와 동등한 효력을 가지는 국제조약 및 일반적으로 승인된 국제법규 등이 포함된다.[1]

(2) 위헌·위법행위의 유형

탄핵의 사유는 해당 공무원의 직무수행과 관련한 모든 형태의 위헌·위법행위가 될 것이나, 두 차례의 대통령 탄핵사건에서 나타난 위헌·위법행위의 주요한 유형은 다음과 같다.

(가) 헌법수호의무의 위반

헌법 제66조 제2항에서 규정한 대통령의 헌법수호의무의 위반은 탄핵 사유이다. 또한 헌법 제7조 제1항은 공무원을 '국민전체에 대한 봉사자'로 규정하여

---

1) 노무현대통령 탄핵사건, 판례집 16-1, 632면; 박근혜대통령 탄핵사건, 판례집 29-1, 20-21면.

공익실천의무를 부과하고 있고 자유선거와 선거운동의 기회균등은 헌법적으로 보장되므로 선거에서 특정 정당을 지원하는 등 대통령이 선거중립을 위반하는 행위는 위헌행위에 속한다.1) 대통령이 선거를 앞두고 현행의 선거법의 규범력을 부정하는 등 국민의 준법의식을 저해하는 언동을 하는 것도 헌법수호의무 위반에 해당한다.2) 나아가 헌법 제72조에서 규정한 국민투표 부의권의 범위를 넘어서 대통령 자신에 대한 재신임을 묻는 신임투표를 실시하고자 하는 것도 헌법수호의무 위반행위이다.3)

대통령의 '직책을 성실히 수행할 의무'는 헌법 제69조의 대통령의 취임선서의 내용으로서 헌법적 의무에 해당하지만, '헌법을 수호해야 할 의무'와는 달리 규범적으로 그 이행이 관철될 수 있는 성격의 의무가 아니므로 원칙적으로 사법적 판단의 대상이 되기는 어렵다. 대통령의 성실의무 위반이 파면사유가 되기 위해서는 그 위반이 당해 상황에 적용되는 행위의무를 규정한 구체적 법률을 위반하였거나 직무를 의식적으로 방임하거나 포기한 경우와 같은 중대한 성실의무 위반이 되어야 한다.4)

(나) 국민 기본권의 침해

대통령의 지위와 권한을 이용하여 국민의 기본권을 침해하는 행위를 한 경우 이는 위헌으로서 탄핵사유에 해당한다. 박대통령 탄핵사건에서 헌법재판소는 대통령이 직·간접적 방법을 써서 특정 사업에 기업의 출연을 요구하는 것은 해당 기업의 재산권 및 기업경영의 자유를 침해한다고 하였으나,5) 특정의 언론기관의 보도에 대하여 비판적 의견을 제시한 것만으로는 언론의 자유를 침해한 것이 아니라고 판단하였다.6)

---

1) 판례집 16-1, 609, 634-639면.
2) 판례집 16-1, 609, 647-648면.
3) 판례집 16-1, 609, 648-650면.
4) 헌법재판소는 박근혜대통령 탄핵결정 이유에서 대통령의 성실의무 위반은 전체적으로 소추사유가 될 수 없다고 판단해 놓은 다음(판례집 29-1, 46면) 다시 뒤에서 중대한 성실의무 위반은 소추사유가 된다고 설시하고 있는데, 이는 논리적으로 잘못된 것이다(판례집 29-1, 60면). 어쨌든 헌법재판소는 이러한 법리에 따라 세월호 사건 당일 박대통령의 행위나 조치가 성실의무를 위반하였으나 당해 상황에 적용되는 행위의무를 규정한 구체적 법률을 위반하였음을 인정할 자료가 없고, 성실의무를 현저하게 위반하였지만 직무를 의식적으로 방임하거나 포기한 경우에 해당한다고 보기는 어렵다는 이유로 중대한 성실의무 위반은 아니라고 하여 파면사유에서 제외하였다. 판례집 29-1, 60.
5) 판례집 29-1, 39-40면.
6) 판례집 29-1, 43면.

㈐ 공무원 임면권의 남용

헌법 제78조는 '대통령은 헌법과 법률이 정하는 바에 의하여 공무원을 임면한다'고 규정하여 대통령에게 공무원 임면권을 부여하고 있다. 이 권한은 원칙적으로 대통령의 자유재량에 의하여 행사될 수 있다고 할 것이나, 헌법과 법률에 위반되어서는 안 되고 관계된 국민의 기본권을 침해하거나 평등의 원칙 또는 신뢰보호의 원칙과 같은 헌법원칙을 위배하여 행사된 경우에는 그 재량권의 일탈·남용에 해당되어 위헌이라고 보아야 할 것이다. 박대통령 탄핵사건에서 대통령의 문책성 인사에 대한 공무원 임면권 남용 여부가 문제된 바 있으나, 헌법재판소는 증거불충분이라는 이유만으로 소추사유에서 제외하면서 법리적 판단은 보류하였다.[1] 대통령의 인사권 남용은 우리나라의 헌정에서 항상 문제가 되는 쟁점이므로 헌법재판소의 법리적 판단이 있었다면 후대를 위하여 좋은 전범(典範)이 되었을 것이라는 아쉬움이 있는 부분이다.

㈑ 공무상 비밀준수의무의 위반

대통령이 특정인에게 직무상 비밀에 속하는 문건이 유출되도록 지시 또는 방치한 행위는 국가공무원법 제60조[2]에 규정한 비밀엄수의무를 위반한 위법행위로서 탄핵의 사유에 해당한다.[3]

㈒ 측근비리 등 범죄행위에의 관여

대통령의 측근들이 벌이는 불법 정치자금이나 뇌물의 수수에 관여되는 것은 범죄행위에 속하는 것이므로 위법으로서 당연히 탄핵사유가 된다. 그러나 범죄행위의 사실확정은 원래 형사재판에서 이루어져야 하는 것이므로 헌법재판소가 먼저 행할 수 있는지와 먼저 행하는 경우 헌법재판절차에서 형사소송법상의 제 원칙을 따라야 할 것인지가 문제된다. 헌법재판소는 노대통령 탄핵사건에서는 문제된 측근 비리행위들에 대하여 형사재판이 선행되어 있었으므로 그 재판기록의 인증등본을 송부받아 서면심리를 하는 것으로 처리하였다.

---

1) 판례집 29-1, 41-42면.

2) 국가공무원법 제60조(비밀 엄수의 의무) 공무원은 재직 중은 물론 퇴직 후에도 직무상 알게 된 비밀을 엄수하여야 한다.

3) 헌법재판소는 박근혜대통령 탄핵심판 사건에서, 박대통령의 지시와 묵인에 따라 특정인에게 많은 문건이 유출되었고, 여기에는 대통령의 일정·외교·인사·정책 등에 관한 내용이 포함되어 있는데 이런 정보는 대통령의 직무와 관련된 것으로 일반에 알려질 경우 행정 목적을 해할 우려가 있고 실질적으로 비밀로 보호할 가치가 있으므로 직무상 비밀에 해당한다고 하고, 이러한 비밀문건이 유출되도록 한 것은 위법하므로 탄핵사유가 된다고 판단하였다. 판례집 29-1, 41면.

박대통령 탄핵사건에서는 형사재판이 시작되기 전에 헌법재판이 선행하게 되었는바, 헌법재판소는 이를 범죄행위로서의 위법 여부에 대한 심리가 아니라 범죄행위의 피해자인 국민의 재산권 등 기본권 침해로서의 위헌 여부에 대한 심리를 행함으로써 탄핵심판 변론에서 형사재판 원칙이 적용되는 것을 피하였다. 판단컨대 탄핵절차는 징계절차와 형사절차가 혼합된 성격을 가지기는 하지만 본질은 징계절차에 있으며 최고법원의 변론이라는 특수성을 감안하면 탄핵심판의 변론에서 형사절차의 제 원칙을 적용하는 것은 적절하지 않다고 생각된다. 따라서 증거조사는 반드시 형사재판에서의 엄격한 증명에 의하여야 하는 것은 아니며 오히려 민사재판에서의 증거의 우위(preponderance of evidence)법칙에 의하는 것으로 족할 것이다.

(3) 위헌·위법의 중요성

헌법재판소는 대통령 탄핵사건에서 헌법과 법률이 정한 탄핵요건에 일정한 해석상의 제한을 가하였다. 즉 "직무행위로 인한 모든 사소한 법위반을 이유로 파면을 해야 한다면, 이는 피청구인의 책임에 상응하는 헌법적 징벌의 요청 즉 법익형량의 원칙에 위반된다고 보고, 헌법재판소법 제53조 제1항의 '탄핵심판청구가 이유있는 때'란 모든 법위반의 경우가 아니라, 단지 공직자의 파면을 정당화할 정도로 '중대한' 법위반의 경우를 말한다."라고 하여 위헌·위법의 중대성이라는 제한요건을 가미하였다.1)

판단컨대 대통령 탄핵사건의 정치적 중요성과 헌법재판소의 사법관료적 구성을 감안할 때, 헌법재판소의 판단기능은 헌법의 문리적 해석에 의한 위헌·위법사실의 확인 임무에 한정되도록 함이 상당하다고 생각한다. 물론 대통령 탄핵사건과 같은 경우 심판대상이 되는 위헌·위법행위 내용의 중요성이 문제

1) 관련된 헌법재판소 결정의 논지들은 다음과 같다. '대통령을 파면할 정도로 중대한 법위반이 어떠한 것인지'에 관하여 일반적으로 규정하는 것은 매우 어려운 일이나, 대통령의 직을 유지하는 것이 더 이상 헌법수호의 관점에서 용납될 수 없거나 대통령이 국민의 신임을 배신하여 국정을 담당할 자격을 상실한 경우에 한하여, 대통령에 대한 파면결정은 정당화된다. 노무현대통령 탄핵사건, 판례집 16-1, 609, 615면.
대통령을 탄핵하기 위해서는 대통령의 법 위배 행위가 헌법질서에 미치는 부정적 영향과 해악이 중대하여 대통령을 파면함으로써 얻는 헌법 수호의 이익이 대통령 파면에 따르는 국가적 손실을 압도할 정도로 커야 한다. 즉, '탄핵심판청구가 이유 있는 경우'란 대통령의 파면을 정당화할 수 있을 정도로 중대한 헌법이나 법률 위배가 있는 때를 말한다. 박근혜대통령 탄핵사건, 판례집 29-1, 21면.

되겠지만 이는 국민의 대표기관으로서 정치성이 강한 기관인 국회가 탄핵소추를 행하는 과정에서 감안하여야 할 사정이며, 국민의 대표기관성이 약한 법전문기관인 헌법재판소로서는 헌법과 법률이 정한 대로 위헌·위법사실의 확인을 할 수 있을 뿐이고 그 이상의 판단을 할 수 없다고 함이 타당하다. 사실위헌·위법행위의 중요성이라는 것은 판단기관의 재량이 대폭 허용되는 불확실한 기준으로서 이를 통하여 헌법재판소의 결정은 정치화를 모면하기 어렵기 때문이다.

제 4 항 탄핵심판의 결정

1. 탄핵 인용·기각의 결정

헌법재판소는 재판관 6인 이상의 찬성으로 탄핵의 결정을 할 수 있다(헌법 제113조 제1항, 법 제23조 제2항 제1호). 탄핵심판청구가 이유있는 때에는 헌법재판소는 피청구인을 당해 공직에서 파면하는 결정을 선고할 것이며, 탄핵심판청구가 이유없을 때는 기각결정을 한다. 또한 피청구인이 결정 선고전에 당해 공직에서 파면된 때에는 심판청구를 기각하여야 한다(법 제53조 제1항, 제2항).

2. 소수의견의 기재

대통령 탄핵사건 당시 탄핵심판 청구기각의 다수의견에 반대한 소수의견이 존재하였으나, 헌법재판소는 "헌법재판소법 제34조 제1항에 의하면 헌법재판소 평의는 공개하지 아니하도록 되어 있으므로 개별 재판관의 의견을 결정문에 표시하기 위해서는 이와 같은 평의의 비밀에 대해 예외를 인정하는 특별규정이 있어야만 가능한데, 탄핵심판에 관해서는 평의의 비밀에 대한 예외를 인정하는 법률규정이 없었다. 따라서 이 탄핵심판사건에 관해서도 재판관 개개인의 개별적 의견 및 그 의견의 수 등을 결정문에 표시할 수는 없다."라고 하여 소수의견을 결정문에 표시하지 아니하였다.[1] 그러나 국회는 헌법재판소법 제36조 제3항을 개정하여 "심판에 관여한 재판관은 결정서에 의견을 표시하여야

1) 노무현 대통령 탄핵사건. 판례집 16-1, 609, 616면.

한다"는 조항을 설치하였다. 따라서 종래 소수의견 표시의 법적 근거가 없었던 탄핵심판과 정당해산심판에 대하여서도 소수의견 표시가 필요하게 되었다.

3. 탄핵심판결정의 효력

피청구인은 탄핵결정의 선고에 의하여 그 공직에서 파면된다. 그러나 이에 의하여 민사상이나 형사상의 책임이 면제되는 것은 아니다(헌법 제65조, 법 제54조 제1항).

탄핵결정에 의하여 파면된 자는 탄핵결정의 선고를 받은 날로부터 5년이 경과하지 아니하면 공무원이 될 수 없다(법 제54조 제2항).

CHAPTER 06

정당해산심판

제 1 항 정당해산심판의 의의

헌법 제8조 제4항은 "정당의 목적이나 활동이 민주적 기본질서에 위배될 때에는 정부는 헌법재판소에 그 해산을 제소할 수 있고, 정당은 헌법재판소의 심판에 의하여 해산된다."라고 규정하고, 헌법 제111조 제1항 제3호는 정당의 해산심판을 헌법재판소의 관장사항으로 규정하였다.

정당해산심판제도는 방어적 민주주의의 제도적 구현으로서 우리나라에는 1960년 헌법에 처음으로 도입되어 현행 헌법에 이르기까지 유지되고 있다. 하지만 현행 헌법재판 제도가 시행된 이후는 물론이고 그 이전에도 단 한차례의 정당해산심판의 실제 소송이 제기된 사례가 없다가, 2013년 11월 정부가 통합진보당에 대하여 정당해산심판을 청구하고 헌법재판소가 2014년 12월 통합진보당을 해산하는 결정을 함으로써 최초의 판례가 형성되었다.

제 2 항 정당해산심판의 청구

헌법재판소법 제55조에 의하면, 정당의 목적이나 활동이 민주적 기본질서에 위배될 때에는 정부는 국무회의의 심의를 거쳐 헌법재판소에 정당해산심판을 청구할 수 있다. 여기서의 정부는 물론 행정부를 의미할 것이며, 제소에 앞서 국무회의의 심의를 거쳐야 한다(헌법 제89조 제14호). 국무회의의 심의를 거치지 않은 정당해산심판청구는 부적법하므로 이 경우 심판청구는 각하되어야

할 것이다.[1]

제3항 정당해산심판의 절차

1. 심판청구서의 제출

국무회의가 위헌정당제소를 의결하면 정당해산심판에 있어서 심판청구의 당사자는 정부이며 법무부장관에 의하여 대표된다(법 제25조 제1항). 따라서 법무부장관이 심판청구서를 제출하여야 하며, 청구서에는 해산을 요구하는 정당을 표시하고 청구의 이유를 기재하여야 한다(법 제56조).

2. 필요적 변론

심리의 방식에 있어서 정당해산심판은 구두변론에 의한다(법 제30조 제1항). 재판부가 변론을 열 때에는 기일을 정하고 당사자와 관계인에게 출석을 요구하여야 하며(법 제30조 제3항), 변론은 공개한다(법 제34조 제1항).

3. 증거조사

재판부는 정당해산심판사건의 심리를 위하여 필요하다고 인정하는 경우에는 당사자의 신청 또는 직권에 의하여 증인신문·증거자료 제출요구·감정·검증 등의 증거조사를 할 수 있다(법 제31조). 또한 재판부는 다른 국가기관 또는 공공단체의 기관에 대하여 심판에 필요한 사실을 조회하거나, 기록의 송부나 자료의 제출을 요구할 수 있다(법 제32조).

---

1) 대통령이 직무상 해외 순방 중인 경우에는 국무총리가 그 직무를 대행할 수 있으므로, 국무총리가 주재한 국무회의에서 정당해산심판 청구서 제출안이 의결되었다고 하여 그 의결이 위법하다고 볼 수 없다. 또한 국무회의에 제출되는 의안은 긴급한 의안이 아닌 한 차관회의의 심의를 거쳐야 하나, 의안의 긴급성에 관한 판단은 정부의 재량이므로, 피청구인 소속 국회의원 등이 관련된 내란 관련 사건이 발생한 상황에서 제출된 이 사건 정당해산심판청구에 대한 의안이 긴급한 의안에 해당한다고 본 정부의 판단에 재량의 일탈이나 남용이 있다고 단정하기 어렵다. 헌재 2014. 12. 19. 2013헌다1, 판례집 26-2하, 1, 15면. 통합진보당 해산청구사건 결정.

4. 민사소송절차의 준용

정당해산심판의 심리에 관하여 법에 특별한 규정이 있는 경우를 제외하고는 헌법재판의 성질에 반하지 아니하는 한도 내에서 민사소송에 관한 법령의 규정이 준용된다(법 제40조).

제 4 항 정당해산의 사유

1. '민주적 기본질서'의 의미

(1) 정당은 그 목적이나 활동이 민주적 기본질서에 위배될 때에는 헌법재판소의 결정에 의해 해산된다. 헌법이 정하는 "민주적 기본질서의 위배"라는 정당해산사유는 엄격히 해석해야 하며 우리 헌법상으로는 자유민주적 기본질서에 대한 위배를 의미한다고 보아야 한다.[1] 자유민주적 기본질서의 의미에 관하여, 헌법재판소는 "모든 폭력적 지배와 자의적 지배를 배제하고 다수의 의사에 의한 국민의 자치, 자유·평등의 기본원칙에 의한 법치주의적 통치질서를 말하고 구체적으로는 기본적 인권의 존중, 권력분립, 의회제도, 복수정당제도, 선거제도, 사유재산과 시장경제를 골간으로 한 경제질서 및 사법권의 독립 등 우리의 내부체제를 말한다."라고 판시한 바 있다.[2]

(2) 그러나 그 후 통합진보당 해산결정에서 헌법재판소는 민주적 기본질서란 "개인의 자율적 이성을 신뢰하고 모든 정치적 견해들이 상대적 진리성과 합리성을 지닌다고 전제하는 다원적 세계관에 입각한 것으로서, 모든 폭력적·자의적 지배를 배제하고, 다수를 존중하면서도 소수를 배려하는 민주적 의사결정과 자유와 평등을 기본원리로 하여 구성되고 운영되는 정치적 질서를 말한다."라고 판시하여 여기에 '법치국가적 통치질서'의 개념을 포함하지 아니함으로써 정당해산심판의 기준으로 헌법규정의 문언대로 단지 민주적 기본질서만을 포섭한 것이 아닌가 하는 의문이 들게 한다. 이는 기본원리로서의 자유를

1) 제1편 제4장 제1절 4. 위헌정당해산제도 중 해산요건으로서의 민주적 기본질서 참조.
2) 헌재 1990. 4. 2. 89헌가113, 판례집 2, 49, 64면. 국가보안법상찬양·고무죄 한정합헌결정.

거론하고 있는 점에 의하여서도 완전히 불식될 수 없다. 그러나 우리 헌법질서에서는 자유의 보호장치인 법치국가적 질서와 정치적 평등의 보호장치인 민주적 기본질서가 불가분의 일체를 이루고 있으며, 민주적 기본질서의 개념에서 법치국가적 질서를 배제하면 사회주의적 헌법질서에 접근하게 되어 우리 헌법질서의 정체성이 현저히 훼손된다는 측면에서 정당해산의 사유도 독일연방헌법재판소나 이전의 헌법재판소 판례에서 나타나 바와 같이 '자유민주적 기본질서'로 명확히 정의하고 해석함이 정당하다고 본다.

2. 목적·활동의 민주적 기본질서 위배

(1) 헌법 제8조 제4항은 정당의 목적'이나' 활동이 민주적 기본질서에 위배됨을 해산요건으로 하므로 문리해석상 목적과 활동 중 어느 하나라도 민주적 기본질서에 위배되면 정당해산의 요건이 충족된다고 보아야 한다. 또 민주적 기본질서에의 위배 여부는 정당의 전체적 성격 규명의 문제로서 그 정강(政綱)이나 당헌(黨憲)은 물론 그 밖에 모든 정당활동을 총체적·종합적으로 고려하여 판단되어야 한다.

(2) 헌법재판소는 통합진보당 해산결정에서 "민주적 기본질서 위배란 민주적 기본질서에 대한 단순한 위반이나 저촉을 의미하는 것이 아니라 정당의 목적이나 활동이 민주적 기본질서에 대한 실질적 해악을 끼칠 수 있는 구체적 위험성을 초래하는 경우를 가리킨다."라고 판시하였다. 그러나 자유민주주의를 부정하는 정치세력이 자유민주주의의 정치적 관용을 악용하여 민주적 기본질서를 붕괴시키고자 하는 기도로부터 체제를 방어하고자 하는 것이 정당해산제도의 원래의 취지인 만큼, 이것이 남용되어 민주체제에 별다른 위협도 되지 않는 급진적인 정치세력을 무조건 근절시킬 수 있는 수단으로 악용되도록 하여서는 안 될 것이다. 그러한 의미에서 민주적 기본질서의 위배란 이에 대한 '실질적 해악을 끼칠 수 있는 정도'로서는 부족하며, 그 목적이나 활동으로 판단할 때 민주적 기본질서를 '실질적으로 파괴 내지 폐지시킬 수 있는 위험이 있는 정도'에 이르러야 한다고 보아야 정당하다. 대남혁명전략을 유지하고 있는 북한의 전체주의체제의 실질적 위협이 구체적으로 존속하는 한, 이와 연계되거나 동조하면서 북한식 대남혁명을 위하여 정당활동을 하는 것은 자유민주

적 기본질서의 파괴·폐지의 위험이 있는 활동에 당연히 해당할 것이다. 그러나 남북한 통일이 이루어진 후에는 다소 급진적 좌파정당이 등장하더라도 자유민주주의 체제에 위협이 될 수 없을 것임에도 불구하고, 이러한 정당의 등장을 전면봉쇄하는 위축효과를 발생시킬 수 있으므로 '민주적 기본질서 위배'의 해석은 보다 더 엄격히 제한되어야 한다고 본다.

3. 비례의 원칙의 적용 문제

나아가 헌법재판소는 통합진보당 해산결정에서 정당해산 사유의 판단에 '비례의 원칙'을 적용하고 있다. 강제적 정당해산은 핵심적인 정치적 기본권인 정당 활동의 자유에 대한 근본적 제한이므로 헌법 제37조 제2항이 규정하고 있는 비례의 원칙을 준수해야만 한다는 것이다.[1] 기본적으로 정당해산이 그 정당이나 소속 당원들의 정치적 권리를 제한하는 결과를 가져오므로 헌법 제37조 제2항에서 도출하는 기본권 제한원리를 적용하겠다는 것에 무리는 없어 보이지만, 이 경우의 기본권 제한의 중요도를 고려하여 심사기준에 대한 다각적인 검토가 더 필요하였던 것이 아닌가 생각된다. 일반적으로 우리 헌법재판에서 기본권 침해 심사의 강도는 엄격한 심사와 완화된 심사로 분류되고 경우에 따라서는 보다 엄격한 특별한 심사원칙이 적용되기도 한다. 보통 적용되는 엄격심사가 헌법재판소가 통합진보당 해산 사건에서 적용한 비례의 원칙 심사 내지, 과잉금지원칙에 의한 심사이며, 완화된 심사는 일반적으로 합리성 심사 내지 입법목적 심사에 그치는 것을 의미한다. 그러나 표현의 자유와 같이 민주주의의 발현에 절대적으로 중요한 기본권의 제한에 관한 심사에는 이에 더하여 이른바 '명백하고 현존하는 위험'의 원칙이 적용되고 있다. 이것은 단순히 비례의 원칙을 적용하는 것보다 더한 강도의 특별한 심사에 해당되고, 이러한 심사에 의하여 표현의 자유와 민주주의의 발현은 그만큼 더 강하게 헌법적으로 보장되게 된다. 그런데 정당활동의 자유 또한 표현의 자유와 마찬가지로 민주주의의 제도적 발현에 불가결한 핵심적 기본권에 해당하며, 정당해산은 기본적으로 이를 제한하는 형태의 공권력 행사이므로 이를 결정함에 있어서는 비례의 원칙뿐만 아니라 이에 더하여 '명백하고 현존하는 위험' 원칙의 심사를

1) 헌재 2014. 12. 19. 2013헌다1. 통합진보당 해산결정 요지 참조.

거치는 것이 정당하다고 본다.

제5항 정당해산심판의 결정과 그 효력

1. 정당해산심판 결정의 정족수

헌법재판소에서 정당해산의 결정을 할 때에는, 재판관 6인 이상의 찬성이 있어야 한다(헌법 제113조 제1항, 법 제23조 제2항 제1호). 해산결정은 "피청구인 … 정당을 해산한다"라는 형식을 취하게 될 것이며, 심판에 관여한 재판관은 결정서에 의견을 표시하여야 하므로(법 제36조 제3항), 소수의견이 있는 경우에는 그 의견을 결정서에 표시하여야 한다. 정당해산심판청구가 이유없을 경우에는 "청구인의 심판청구를 기각한다."라고 하는 형식의 주문으로 족하다.

2. 해산결정의 효력

(1) 정당의 즉시 해산 및 잔여재산의 국고귀속

헌법재판소가 정당의 해산을 명하는 결정을 선고한 때에는 그 정당은 해산된다(법 제59조). 따라서 정당해산의 효과는 헌법재판소의 결정 즉시 발생하며, 정당법 제47조에 따라 중앙선거관리위원회가 당해 정당의 등록을 말소하고 이를 공고하는 행위는 해산의 효력발생에 따른 후속조치에 불과하다. 정당조직의 부분이나 특별조직도 모두 함께 해산되며, 해산된 정당의 잔여재산은 국고에 귀속된다(정당법 제48조 제2항).

(2) 대체정당 설립의 금지

정당이 헌법재판소의 결정으로 해산된 때에는 해산된 정당의 강령(또는 기본정책)과 동일하거나 유사한 것으로 정당을 창당하지 못한다(정당법 제42조). 해산한 정당과 유사한 목적을 가진 이른바 대체정당의 설립은 금지되는 것이다. 또한 해산된 정당의 명칭과 동일한 명칭은 다시 정당의 이름으로 사용하지 못한다(정당법 제41조 제2항).

(3) 해산정당 소속 국회의원의 지위 상실

헌법재판소의 정당해산결정에 따라 정당이 해산된 경우 해산된 정당 소속의 국회의원이 국회의원으로서의 지위를 유지할 것이지 여부와 관련하여 규정과 판례는 존재하지 아니하며 학설상으로는 견해가 갈리고 있으나, 방어적 민주주의의 이념상 민주적 기본질서에 배치되는 활동을 하는 자는 단체이든 개인이든 그 활동이 금지되어야 마땅하므로 국회의원의 자격을 상실한다고 해석하는 것이 타당하다. 헌법재판소도 통합진보당 해산 사건에서 정당해산과 동시에 그 소속 국회의원은 의원직을 상실한다고 결정하였다.[1)]

1) 엄격한 요건 아래 위헌정당으로 판단하여 정당 해산을 명하는 것은 헌법을 수호한다는 방어적 민주주의 관점에서 비롯된 것이므로, 이러한 비상상황에서는 국회의원의 국민 대표성은 부득이 희생될 수밖에 없다. 해산되는 위헌정당 소속 국회의원이 의원직을 유지한다면 위헌적인 정치이념을 정치적 의사 형성과정에서 대변하고 이를 실현하려는 활동을 허용함으로써 실질적으로는 그 정당이 계속 존속하는 것과 마찬가지의 결과를 가져오므로, 해산 정당 소속 국회의원의 의원직을 상실시키지 않는 것은 결국 정당해산제도가 가지는 헌법 수호 기능이나 방어적 민주주의 이념과 원리에 어긋나고 정당해산결정의 실효성을 확보할 수 없게 된다. 이와 같이 헌법재판소의 해산결정으로 해산되는 정당 소속 국회의원의 의원직 상실은 위헌정당해산 제도의 본질로부터 인정되는 기본적 효력이다. 헌재 2014. 12. 19. 2013헌다1. 통합진보당 해산결정 요지 참조.

부 록

- 대한민국헌법

대한민국헌법

[시행 1988. 2. 25.] [헌법 제10호, 1987. 10. 29., 전부개정]

전 문

유구한 역사와 전통에 빛나는 우리 대한국민은 3·1운동으로 건립된 대한민국임시정부의 법통과 불의에 항거한 4·19민주이념을 계승하고, 조국의 민주개혁과 평화적 통일의 사명에 입각하여 정의·인도와 동포애로써 민족의 단결을 공고히 하고, 모든 사회적 폐습과 불의를 타파하며, 자율과 조화를 바탕으로 자유민주적 기본질서를 더욱 확고히 하여 정치·경제·사회·문화의 모든 영역에 있어서 각인의 기회를 균등히 하고, 능력을 최고도로 발휘하게 하며, 자유와 권리에 따르는 책임과 의무를 완수하게 하여, 안으로는 국민생활의 균등한 향상을 기하고 밖으로는 항구적인 세계평화와 인류공영에 이바지함으로써 우리들과 우리들의 자손의 안전과 자유와 행복을 영원히 확보할 것을 다짐하면서 1948년 7월 12일에 제정되고 8차에 걸쳐 개정된 헌법을 이제 국회의 의결을 거쳐 국민투표에 의하여 개정한다.

제1장 총 강

제1조 ① 대한민국은 민주공화국이다.
② 대한민국의 주권은 국민에게 있고, 모든 권력은 국민으로부터 나온다.

제2조 ① 대한민국의 국민이 되는 요건은 법률로 정한다.
② 국가는 법률이 정하는 바에 의하여 재외국민을 보호할 의무를 진다.

제3조 대한민국의 영토는 한반도와 그 부속도서로 한다.

제4조 대한민국은 통일을 지향하며, 자유민주적 기본질서에 입각한 평화적 통일 정책을 수립하고 이를 추진한다.

제5조 ① 대한민국은 국제평화의 유지에 노력하고 침략적 전쟁을 부인한다.
② 국군은 국가의 안전보장과 국토방위의 신성한 의무를 수행함을 사명으로 하며, 그 정치적 중립성은 준수된다.

제6조 ① 헌법에 의하여 체결·공포된 조약과 일반적으로 승인된 국제법규는 국내법과 같은 효력을 가진다.
② 외국인은 국제법과 조약이 정하는 바에 의하여 그 지위가 보장된다.

제7조 ① 공무원은 국민전체에 대한 봉사자이며, 국민에 대하여 책임을 진다.
② 공무원의 신분과 정치적 중립성은 법률이 정하는 바에 의하여 보장된다.

제8조 ① 정당의 설립은 자유이며, 복수정당제는 보장된다.
② 정당은 그 목적·조직과 활동이 민주적이어야 하며, 국민의 정치적 의사형성에 참여하는데 필요한 조직을 가져야 한다.
③ 정당은 법률이 정하는 바에 의하여 국가의 보호를 받으며, 국가는 법률이 정하는 바에 의하여 정당운영에 필요한

자금을 보조할 수 있다.

④ 정당의 목적이나 활동이 민주적 기본질서에 위배될 때에는 정부는 헌법재판소에 그 해산을 제소할 수 있고, 정당은 헌법재판소의 심판에 의하여 해산된다.

제9조 국가는 전통문화의 계승·발전과 민족문화의 창달에 노력하여야 한다.

제2장 국민의 권리와 의무

제10조 모든 국민은 인간으로서의 존엄과 가치를 가지며, 행복을 추구할 권리를 가진다. 국가는 개인이 가지는 불가침의 기본적 인권을 확인하고 이를 보장할 의무를 진다.

제11조 ① 모든 국민은 법 앞에 평등하다. 누구든지 성별·종교 또는 사회적 신분에 의하여 정치적·경제적·사회적·문화적 생활의 모든 영역에 있어서 차별을 받지 아니한다.

② 사회적 특수계급의 제도는 인정되지 아니하며, 어떠한 형태로도 이를 창설할 수 없다.

③ 훈장등의 영전은 이를 받은 자에게만 효력이 있고, 어떠한 특권도 이에 따르지 아니한다.

제12조 ① 모든 국민은 신체의 자유를 가진다. 누구든지 법률에 의하지 아니하고는 체포·구속·압수·수색 또는 심문을 받지 아니하며, 법률과 적법한 절차에 의하지 아니하고는 처벌·보안처분 또는 강제노역을 받지 아니한다.

② 모든 국민은 고문을 받지 아니하며, 형사상 자기에게 불리한 진술을 강요당하지 아니한다.

③ 체포·구속·압수 또는 수색을 할 때에는 적법한 절차에 따라 검사의 신청에 의하여 법관이 발부한 영장을 제시하여야 한다. 다만, 현행범인인 경우와 장기 3년 이상의 형에 해당하는 죄를 범하고 도피 또는 증거인멸의 염려가 있을 때에는 사후에 영장을 청구할 수 있다.

④ 누구든지 체포 또는 구속을 당한 때에는 즉시 변호인의 조력을 받을 권리를 가진다. 다만, 형사피고인이 스스로 변호인을 구할 수 없을 때에는 법률이 정하는 바에 의하여 국가가 변호인을 붙인다.

⑤ 누구든지 체포 또는 구속의 이유와 변호인의 조력을 받을 권리가 있음을 고지받지 아니하고는 체포 또는 구속을 당하지 아니한다. 체포 또는 구속을 당한 자의 가족등 법률이 정하는 자에게는 그 이유와 일시·장소가 지체없이 통지되어야 한다.

⑥ 누구든지 체포 또는 구속을 당한 때에는 적부의 심사를 법원에 청구할 권리를 가진다.

⑦ 피고인의 자백이 고문·폭행·협박·구속의 부당한 장기화 또는 기망 기타의 방법에 의하여 자의로 진술된 것이 아니라고 인정될 때 또는 정식재판에 있어서 피고인의 자백이 그에게 불리한 유일한 증거일 때에는 이를 유죄의 증거로 삼거나 이를 이유로 처벌할 수 없다.

제13조 ① 모든 국민은 행위시의 법률에 의하여 범죄를 구성하지 아니하는 행위로 소추되지 아니하며, 동일한 범죄에 대하여 거듭 처벌받지 아니한다.

② 모든 국민은 소급입법에 의하여 참정권의 제한을 받거나 재산권을 박탈당하지 아니한다.

③ 모든 국민은 자기의 행위가 아닌 친족의 행위로 인하여 불이익한 처우를 받지 아니한다.

제14조 모든 국민은 거주·이전의 자유를 가진다.

제15조 모든 국민은 직업선택의 자유를 가진다.

제16조 모든 국민은 주거의 자유를 침해받지 아니한다. 주거에 대한 압수나 수색을 할 때에는 검사의 신청에 의하여 법관이 발부한 영장을 제시하여야 한다.

제17조 모든 국민은 사생활의 비밀과 자유를 침해받지 아니한다.

제18조 모든 국민은 통신의 비밀을 침해받지 아니한다.

제19조 모든 국민은 양심의 자유를 가진다.

제20조 ① 모든 국민은 종교의 자유를 가진다.

② 국교는 인정되지 아니하며, 종교와 정치는 분리된다.

제21조 ① 모든 국민은 언론·출판의 자유와 집회·결사의 자유를 가진다.

② 언론·출판에 대한 허가나 검열과 집회·결사에 대한 허가는 인정되지 아니한다.

③ 통신·방송의 시설기준과 신문의 기능을 보장하기 위하여 필요한 사항은 법률로 정한다.

④ 언론·출판은 타인의 명예나 권리 또는 공중도덕이나 사회윤리를 침해하여서는 아니된다. 언론·출판이 타인의 명예나 권리를 침해한 때에는 피해자는 이에 대한 피해의 배상을 청구할 수 있다.

제22조 ① 모든 국민은 학문과 예술의 자유를 가진다.

② 저작자·발명가·과학기술자와 예술가의 권리는 법률로써 보호한다.

제23조 ① 모든 국민의 재산권은 보장된다. 그 내용과 한계는 법률로 정한다.

② 재산권의 행사는 공공복리에 적합하도록 하여야 한다.

③ 공공필요에 의한 재산권의 수용·사용 또는 제한 및 그에 대한 보상은 법률로써 하되, 정당한 보상을 지급하여야 한다.

제24조 모든 국민은 법률이 정하는 바에 의하여 선거권을 가진다.

제25조 모든 국민은 법률이 정하는 바에 의하여 공무담임권을 가진다.

제26조 ① 모든 국민은 법률이 정하는 바에 의하여 국가기관에 문서로 청원할 권리를 가진다.

② 국가는 청원에 대하여 심사할 의무를 진다.

제27조 ① 모든 국민은 헌법과 법률이 정한 법관에 의하여 법률에 의한 재판을 받을 권리를 가진다.

② 군인 또는 군무원이 아닌 국민은 대한민국의 영역안에서는 중대한 군사상 기밀·초병·초소·유독음식물공급·포로·군용물에 관한 죄중 법률이 정한 경우와 비상계엄이 선포된 경우를 제외하고는 군사법원의 재판을 받지 아니한다.

③ 모든 국민은 신속한 재판을 받을 권리를 가진다. 형사피고인은 상당한 이유가 없는 한 지체없이 공개재판을 받을 권리를 가진다.

④ 형사피고인은 유죄의 판결이 확정될 때까지는 무죄로 추정된다.

⑤ 형사피해자는 법률이 정하는 바에 의하여 당해 사건의 재판절차에서 진술할 수 있다.

제28조 형사피의자 또는 형사피고인으로서 구금되었던 자가 법률이 정하는 불기소처분을 받거나 무죄판결을 받은 때에는 법률이 정하는 바에 의하여 국가에 정당한 보상을 청구할 수 있다.

제29조 ① 공무원의 직무상 불법행위로 손해를 받은 국민은 법률이 정하는 바에 의하여 국가 또는 공공단체에 정당한 배상을 청구할 수 있다. 이 경우 공무원 자신의 책임은 면제되지 아니한다.

② 군인·군무원·경찰공무원 기타 법률이 정하는 자가 전투·훈련등 직무집행과 관련하여 받은 손해에 대하여는 법률

이 정하는 보상외에 국가 또는 공공단체에 공무원의 직무상 불법행위로 인한 배상은 청구할 수 없다.

第30条 타인의 범죄행위로 인하여 생명·신체에 대한 피해를 받은 국민은 법률이 정하는 바에 의하여 국가로부터 구조를 받을 수 있다.

第31条 ① 모든 국민은 능력에 따라 균등하게 교육을 받을 권리를 가진다.

② 모든 국민은 그 보호하는 자녀에게 적어도 초등교육과 법률이 정하는 교육을 받게 할 의무를 진다.

③ 의무교육은 무상으로 한다.

④ 교육의 자주성·전문성·정치적 중립성 및 대학의 자율성은 법률이 정하는 바에 의하여 보장된다.

⑤ 국가는 평생교육을 진흥하여야 한다.

⑥ 학교교육 및 평생교육을 포함한 교육제도와 그 운영, 교육재정 및 교원의 지위에 관한 기본적인 사항은 법률로 정한다.

第32条 ① 모든 국민은 근로의 권리를 가진다. 국가는 사회적·경제적 방법으로 근로자의 고용의 증진과 적정임금의 보장에 노력하여야 하며, 법률이 정하는 바에 의하여 최저임금제를 시행하여야 한다.

② 모든 국민은 근로의 의무를 진다. 국가는 근로의 의무의 내용과 조건을 민주주의원칙에 따라 법률로 정한다.

③ 근로조건의 기준은 인간의 존엄성을 보장하도록 법률로 정한다.

④ 여자의 근로는 특별한 보호를 받으며, 고용·임금 및 근로조건에 있어서 부당한 차별을 받지 아니한다.

⑤ 연소자의 근로는 특별한 보호를 받는다.

⑥ 국가유공자·상이군경 및 전몰군경의 유가족은 법률이 정하는 바에 의하여 우선적으로 근로의 기회를 부여받는다.

第33条 ① 근로자는 근로조건의 향상을 위하여 자주적인 단결권·단체교섭권 및 단체행동권을 가진다.

② 공무원인 근로자는 법률이 정하는 자에 한하여 단결권·단체교섭권 및 단체행동권을 가진다.

③ 법률이 정하는 주요방위산업체에 종사하는 근로자의 단체행동권은 법률이 정하는 바에 의하여 이를 제한하거나 인정하지 아니할 수 있다.

第34条 ① 모든 국민은 인간다운 생활을 할 권리를 가진다.

② 국가는 사회보장·사회복지의 증진에 노력할 의무를 진다.

③ 국가는 여자의 복지와 권익의 향상을 위하여 노력하여야 한다.

④ 국가는 노인과 청소년의 복지향상을 위한 정책을 실시할 의무를 진다.

⑤ 신체장애자 및 질병·노령 기타의 사유로 생활능력이 없는 국민은 법률이 정하는 바에 의하여 국가의 보호를 받는다.

⑥ 국가는 재해를 예방하고 그 위험으로부터 국민을 보호하기 위하여 노력하여야 한다.

第35条 ① 모든 국민은 건강하고 쾌적한 환경에서 생활할 권리를 가지며, 국가와 국민은 환경보전을 위하여 노력하여야 한다.

② 환경권의 내용과 행사에 관하여는 법률로 정한다.

③ 국가는 주택개발정책등을 통하여 모든 국민이 쾌적한 주거생활을 할 수 있도록 노력하여야 한다.

第36条 ① 혼인과 가족생활은 개인의 존엄과 양성의 평등을 기초로 성립되고 유지되어야 하며, 국가는 이를 보장한다.

② 국가는 모성의 보호를 위하여 노력하여야 한다.

③ 모든 국민은 보건에 관하여 국가의 보호를 받는다.

제37조 ① 국민의 자유와 권리는 헌법에 열거되지 아니한 이유로 경시되지 아니한다.

② 국민의 모든 자유와 권리는 국가안전보장·질서유지 또는 공공복리를 위하여 필요한 경우에 한하여 법률로써 제한할 수 있으며, 제한하는 경우에도 자유와 권리의 본질적인 내용을 침해할 수 없다.

제38조 모든 국민은 법률이 정하는 바에 의하여 납세의 의무를 진다.

제39조 ① 모든 국민은 법률이 정하는 바에 의하여 국방의 의무를 진다.

② 누구든지 병역의무의 이행으로 인하여 불이익한 처우를 받지 아니한다.

제3장 국　　회

제40조 입법권은 국회에 속한다.

제41조 ① 국회는 국민의 보통·평등·직접·비밀선거에 의하여 선출된 국회의원으로 구성한다.

② 국회의원의 수는 법률로 정하되, 200인 이상으로 한다.

③ 국회의원의 선거구와 비례대표제 기타 선거에 관한 사항은 법률로 정한다.

제42조 국회의원의 임기는 4년으로 한다.

제43조 국회의원은 법률이 정하는 직을 겸할 수 없다.

제44조 ① 국회의원은 현행범인인 경우를 제외하고는 회기중 국회의 동의없이 체포 또는 구금되지 아니한다.

② 국회의원이 회기전에 체포 또는 구금된 때에는 현행범인이 아닌 한 국회의 요구가 있으면 회기중 석방된다.

제45조 국회의원은 국회에서 직무상 행한 발언과 표결에 관하여 국회외에서 책임을 지지 아니한다.

제46조 ① 국회의원은 청렴의 의무가 있다.

② 국회의원은 국가이익을 우선하여 양심에 따라 직무를 행한다.

③ 국회의원은 그 지위를 남용하여 국가·공공단체 또는 기업체와의 계약이나 그 처분에 의하여 재산상의 권리·이익 또는 직위를 취득하거나 타인을 위하여 그 취득을 알선할 수 없다.

제47조 ① 국회의 정기회는 법률이 정하는 바에 의하여 매년 1회 집회되며, 국회의 임시회는 대통령 또는 국회재적의원 4분의 1 이상의 요구에 의하여 집회된다.

② 정기회의 회기는 100일을, 임시회의 회기는 30일을 초과할 수 없다.

③ 대통령이 임시회의 집회를 요구할 때에는 기간과 집회요구의 이유를 명시하여야 한다.

제48조 국회는 의장 1인과 부의장 2인을 선출한다.

제49조 국회는 헌법 또는 법률에 특별한 규정이 없는 한 재적의원 과반수의 출석과 출석의원 과반수의 찬성으로 의결한다. 가부동수인 때에는 부결된 것으로 본다.

제50조 ① 국회의 회의는 공개한다. 다만, 출석의원 과반수의 찬성이 있거나 의장이 국가의 안전보장을 위하여 필요하다고 인정할 때에는 공개하지 아니할 수 있다.

② 공개하지 아니한 회의내용의 공표에 관하여는 법률이 정하는 바에 의한다.

제51조 국회에 제출된 법률안 기타의 의안은 회기중에 의결되지 못한 이유로 폐기되지 아니한다. 다만, 국회의원의 임기가 만료된 때에는 그러하지 아니하다.

제52조 국회의원과 정부는 법률안을 제출할 수 있다.

제53조 ① 국회에서 의결된 법률안은 정

부에 이송되어 15일 이내에 대통령이 공포한다.
② 법률안에 이의가 있을 때에는 대통령은 제1항의 기간내에 이의서를 붙여 국회로 환부하고, 그 재의를 요구할 수 있다. 국회의 폐회중에도 또한 같다.
③ 대통령은 법률안의 일부에 대하여 또는 법률안을 수정하여 재의를 요구할 수 없다.
④ 재의의 요구가 있을 때에는 국회는 재의에 붙이고, 재적의원과반수의 출석과 출석의원 3분의 2 이상의 찬성으로 전과 같은 의결을 하면 그 법률안은 법률로서 확정된다.
⑤ 대통령이 제1항의 기간내에 공포나 재의의 요구를 하지 아니한 때에도 그 법률안은 법률로서 확정된다.
⑥ 대통령은 제4항과 제5항의 규정에 의하여 확정된 법률을 지체없이 공포하여야 한다. 제5항에 의하여 법률이 확정된 후 또는 제4항에 의한 확정법률이 정부에 이송된 후 5일 이내에 대통령이 공포하지 아니할 때에는 국회의장이 이를 공포한다.
⑦ 법률은 특별한 규정이 없는 한 공포한 날로부터 20일을 경과함으로써 효력을 발생한다.

第54조 ① 국회는 국가의 예산안을 심의·확정한다.
② 정부는 회계연도마다 예산안을 편성하여 회계연도 개시 90일전까지 국회에 제출하고, 국회는 회계연도 개시 30일전까지 이를 의결하여야 한다.
③ 새로운 회계연도가 개시될 때까지 예산안이 의결되지 못한 때에는 정부는 국회에서 예산안이 의결될 때까지 다음의 목적을 위한 경비는 전년도 예산에 준하여 집행할 수 있다.
1. 헌법이나 법률에 의하여 설치된 기관 또는 시설의 유지·운영
2. 법률상 지출의무의 이행
3. 이미 예산으로 승인된 사업의 계속

第55조 ① 한 회계연도를 넘어 계속하여 지출할 필요가 있을 때에는 정부는 연한을 정하여 계속비로서 국회의 의결을 얻어야 한다.
② 예비비는 총액으로 국회의 의결을 얻어야 한다. 예비비의 지출은 차기국회의 승인을 얻어야 한다.

第56조 정부는 예산에 변경을 가할 필요가 있을 때에는 추가경정예산안을 편성하여 국회에 제출할 수 있다.

第57조 국회는 정부의 동의없이 정부가 제출한 지출예산 각항의 금액을 증가하거나 새 비목을 설치할 수 없다.

第58조 국채를 모집하거나 예산외에 국가의 부담이 될 계약을 체결하려 할 때에는 정부는 미리 국회의 의결을 얻어야 한다.

第59조 조세의 종목과 세율은 법률로 정한다.

第60조 ① 국회는 상호원조 또는 안전보장에 관한 조약, 중요한 국제조직에 관한 조약, 우호통상항해조약, 주권의 제약에 관한 조약, 강화조약, 국가나 국민에게 중대한 재정적 부담을 지우는 조약 또는 입법사항에 관한 조약의 체결·비준에 대한 동의권을 가진다.
② 국회는 선전포고, 국군의 외국에의 파견 또는 외국군대의 대한민국 영역안에서의 주류에 대한 동의권을 가진다.

第61조 ① 국회는 국정을 감사하거나 특정한 국정사안에 대하여 조사할 수 있으며, 이에 필요한 서류의 제출 또는 증인의 출석과 증언이나 의견의 진술을 요구할 수 있다.
② 국정감사 및 조사에 관한 절차 기타 필요한 사항은 법률로 정한다.

제62조 ① 국무총리·국무위원 또는 정부위원은 국회나 그 위원회에 출석하여 국정처리상황을 보고하거나 의견을 진술하고 질문에 응답할 수 있다.
② 국회나 그 위원회의 요구가 있을 때에는 국무총리·국무위원 또는 정부위원은 출석·답변하여야 하며, 국무총리 또는 국무위원이 출석요구를 받은 때에는 국무위원 또는 정부위원으로 하여금 출석·답변하게 할 수 있다.

제63조 ① 국회는 국무총리 또는 국무위원의 해임을 대통령에게 건의할 수 있다.
② 제1항의 해임건의는 국회재적의원 3분의 1 이상의 발의에 의하여 국회재적의원 과반수의 찬성이 있어야 한다.

제64조 ① 국회는 법률에 저촉되지 아니하는 범위안에서 의사와 내부규율에 관한 규칙을 제정할 수 있다.
② 국회는 의원의 자격을 심사하며, 의원을 징계할 수 있다.
③ 의원을 제명하려면 국회재적의원 3분의 2 이상의 찬성이 있어야 한다.
④ 제2항과 제3항의 처분에 대하여는 법원에 제소할 수 없다.

제65조 ① 대통령·국무총리·국무위원·행정각부의 장·헌법재판소 재판관·법관·중앙선거관리위원회 위원·감사원장·감사위원 기타 법률이 정한 공무원이 그 직무집행에 있어서 헌법이나 법률을 위배한 때에는 국회는 탄핵의 소추를 의결할 수 있다.
② 제1항의 탄핵소추는 국회재적의원 3분의 1 이상의 발의가 있어야 하며, 그 의결은 국회재적의원 과반수의 찬성이 있어야 한다. 다만, 대통령에 대한 탄핵소추는 국회재적의원 과반수의 발의와 국회재적의원 3분의 2 이상의 찬성이 있어야 한다.
③ 탄핵소추의 의결을 받은 자는 탄핵심판이 있을 때까지 그 권한행사가 정지된다.
④ 탄핵결정은 공직으로부터 파면함에 그친다. 그러나, 이에 의하여 민사상이나 형사상의 책임이 면제되지는 아니한다.

제4장 정 부

제1절 대 통 령

제66조 ① 대통령은 국가의 원수이며, 외국에 대하여 국가를 대표한다.
② 대통령은 국가의 독립·영토의 보전·국가의 계속성과 헌법을 수호할 책무를 진다.
③ 대통령은 조국의 평화적 통일을 위한 성실한 의무를 진다.
④ 행정권은 대통령을 수반으로 하는 정부에 속한다.

제67조 ① 대통령은 국민의 보통·평등·직접·비밀선거에 의하여 선출한다.
② 제1항의 선거에 있어서 최고득표자가 2인 이상인 때에는 국회의 재적의원 과반수가 출석한 공개회의에서 다수표를 얻은 자를 당선자로 한다.
③ 대통령후보자가 1인일 때에는 그 득표수가 선거권자 총수의 3분의 1 이상이 아니면 대통령으로 당선될 수 없다.
④ 대통령으로 선거될 수 있는 자는 국회의원의 피선거권이 있고 선거일 현재 40세에 달하여야 한다.
⑤ 대통령의 선거에 관한 사항은 법률로 정한다.

제68조 ① 대통령의 임기가 만료되는 때에는 임기만료 70일 내지 40일 전에 후임자를 선거한다.
② 대통령이 궐위된 때 또는 대통령 당선자가 사망하거나 판결 기타의 사유로 그 자격을 상실한 때에는 60일 이내에

후임자를 선거한다.

제69조 대통령은 취임에 즈음하여 다음의 선서를 한다.

"나는 헌법을 준수하고 국가를 보위하며 조국의 평화적 통일과 국민의 자유와 복리의 증진 및 민족문화의 창달에 노력하여 대통령으로서의 직책을 성실히 수행할 것을 국민 앞에 엄숙히 선서합니다."

제70조 대통령의 임기는 5년으로 하며, 중임할 수 없다.

제71조 대통령이 궐위되거나 사고로 인하여 직무를 수행할 수 없을 때에는 국무총리, 법률이 정한 국무위원의 순서로 그 권한을 대행한다.

제72조 대통령은 필요하다고 인정할 때에는 외교·국방·통일 기타 국가안위에 관한 중요정책을 국민투표에 붙일 수 있다.

제73조 대통령은 조약을 체결·비준하고, 외교사절을 신임·접수 또는 파견하며, 선전포고와 강화를 한다.

제74조 ① 대통령은 헌법과 법률이 정하는 바에 의하여 국군을 통수한다.

② 국군의 조직과 편성은 법률로 정한다.

제75조 대통령은 법률에서 구체적으로 범위를 정하여 위임받은 사항과 법률을 집행하기 위하여 필요한 사항에 관하여 대통령령을 발할 수 있다.

제76조 ① 대통령은 내우·외환·천재·지변 또는 중대한 재정·경제상의 위기에 있어서 국가의 안전보장 또는 공공의 안녕질서를 유지하기 위하여 긴급한 조치가 필요하고 국회의 집회를 기다릴 여유가 없을 때에 한하여 최소한으로 필요한 재정·경제상의 처분을 하거나 이에 관하여 법률의 효력을 가지는 명령을 발할 수 있다.

② 대통령은 국가의 안위에 관계되는 중대한 교전상태에 있어서 국가를 보위하기 위하여 긴급한 조치가 필요하고 국회의 집회가 불가능한 때에 한하여 법률의 효력을 가지는 명령을 발할 수 있다.

③ 대통령은 제1항과 제2항의 처분 또는 명령을 한 때에는 지체없이 국회에 보고하여 그 승인을 얻어야 한다.

④ 제3항의 승인을 얻지 못한 때에는 그 처분 또는 명령은 그때부터 효력을 상실한다. 이 경우 그 명령에 의하여 개정 또는 폐지되었던 법률은 그 명령이 승인을 얻지 못한 때부터 당연히 효력을 회복한다.

⑤ 대통령은 제3항과 제4항의 사유를 지체없이 공포하여야 한다.

제77조 ① 대통령은 전시·사변 또는 이에 준하는 국가비상사태에 있어서 병력으로써 군사상의 필요에 응하거나 공공의 안녕질서를 유지할 필요가 있을 때에는 법률이 정하는 바에 의하여 계엄을 선포할 수 있다.

② 계엄은 비상계엄과 경비계엄으로 한다.

③ 비상계엄이 선포된 때에는 법률이 정하는 바에 의하여 영장제도, 언론·출판·집회·결사의 자유, 정부나 법원의 권한에 관하여 특별한 조치를 할 수 있다.

④ 계엄을 선포한 때에는 대통령은 지체없이 국회에 통고하여야 한다.

⑤ 국회가 재적의원 과반수의 찬성으로 계엄의 해제를 요구한 때에는 대통령은 이를 해제하여야 한다.

제78조 대통령은 헌법과 법률이 정하는 바에 의하여 공무원을 임면한다.

제79조 ① 대통령은 법률이 정하는 바에 의하여 사면·감형 또는 복권을 명할 수 있다.

② 일반사면을 명하려면 국회의 동의를 얻어야 한다.

③ 사면·감형 및 복권에 관한 사항은 법률로 정한다.

제80조 대통령은 법률이 정하는 바에 의

하여 훈장 기타의 영전을 수여한다.

제81조 대통령은 국회에 출석하여 발언하거나 서한으로 의견을 표시할 수 있다.

제82조 대통령의 국법상 행위는 문서로써 하며, 이 문서에는 국무총리와 관계 국무위원이 부서한다. 군사에 관한 것도 또한 같다.

제83조 대통령은 국무총리·국무위원·행정각부의 장 기타 법률이 정하는 공사의 직을 겸할 수 없다.

제84조 대통령은 내란 또는 외환의 죄를 범한 경우를 제외하고는 재직중 형사상의 소추를 받지 아니한다.

제85조 전직대통령의 신분과 예우에 관하여는 법률로 정한다.

제 2 절 행 정 부

제 1 관 국무총리와 국무위원

제86조 ① 국무총리는 국회의 동의를 얻어 대통령이 임명한다.

② 국무총리는 대통령을 보좌하며, 행정에 관하여 대통령의 명을 받아 행정각부를 통할한다.

③ 군인은 현역을 면한 후가 아니면 국무총리로 임명될 수 없다.

제87조 ① 국무위원은 국무총리의 제청으로 대통령이 임명한다.

② 국무위원은 국정에 관하여 대통령을 보좌하며, 국무회의의 구성원으로서 국정을 심의한다.

③ 국무총리는 국무위원의 해임을 대통령에게 건의할 수 있다.

④ 군인은 현역을 면한 후가 아니면 국무위원으로 임명될 수 없다.

제 2 관 국무회의

제88조 ① 국무회의는 정부의 권한에 속하는 중요한 정책을 심의한다.

② 국무회의는 대통령·국무총리와 15인 이상 30인 이하의 국무위원으로 구성한다.

③ 대통령은 국무회의의 의장이 되고, 국무총리는 부의장이 된다.

제89조 다음 사항은 국무회의의 심의를 거쳐야 한다.

1. 국정의 기본계획과 정부의 일반정책
2. 선전·강화 기타 중요한 대외정책
3. 헌법개정안·국민투표안·조약안·법률안 및 대통령령안
4. 예산안·결산·국유재산처분의 기본계획·국가의 부담이 될 계약 기타 재정에 관한 중요사항
5. 대통령의 긴급명령·긴급재정경제처분 및 명령 또는 계엄과 그 해제
6. 군사에 관한 중요사항
7. 국회의 임시회 집회의 요구
8. 영전수여
9. 사면·감형과 복권
10. 행정각부간의 권한의 획정
11. 정부안의 권한의 위임 또는 배정에 관한 기본계획
12. 국정처리상황의 평가·분석
13. 행정각부의 중요한 정책의 수립과 조정
14. 정당해산의 제소
15. 정부에 제출 또는 회부된 정부의 정책에 관계되는 청원의 심사
16. 검찰총장·합동참모의장·각군참모총장·국립대학교총장·대사 기타 법률이 정한 공무원과 국영기업체관리자의 임명
17. 기타 대통령·국무총리 또는 국무위원이 제출한 사항

제90조 ① 국정의 중요한 사항에 관한 대통령의 자문에 응하기 위하여 국가원로

로 구성되는 국가원로자문회의를 둘 수 있다.

② 국가원로자문회의의 의장은 직전대통령이 된다. 다만, 직전대통령이 없을 때에는 대통령이 지명한다.

③ 국가원로자문회의의 조직·직무범위 기타 필요한 사항은 법률로 정한다.

제91조 ① 국가안전보장에 관련되는 대외정책·군사정책과 국내정책의 수립에 관하여 국무회의의 심의에 앞서 대통령의 자문에 응하기 위하여 국가안전보장회의를 둔다.

② 국가안전보장회의는 대통령이 주재한다.

③ 국가안전보장회의의 조직·직무범위 기타 필요한 사항은 법률로 정한다.

제92조 ① 평화통일정책의 수립에 관한 대통령의 자문에 응하기 위하여 민주평화통일자문회의를 둘 수 있다.

② 민주평화통일자문회의의 조직·직무범위 기타 필요한 사항은 법률로 정한다.

제93조 ① 국민경제의 발전을 위한 중요정책의 수립에 관하여 대통령의 자문에 응하기 위하여 국민경제자문회의를 둘 수 있다.

② 국민경제자문회의의 조직·직무범위 기타 필요한 사항은 법률로 정한다.

제 3 관 행정각부

제94조 행정각부의 장은 국무위원 중에서 국무총리의 제청으로 대통령이 임명한다.

제95조 국무총리 또는 행정각부의 장은 소관사무에 관하여 법률이나 대통령령의 위임 또는 직권으로 총리령 또는 부령을 발할 수 있다.

제96조 행정각부의 설치·조직과 직무범위는 법률로 정한다.

제 4 관 감 사 원

제97조 국가의 세입·세출의 결산, 국가 및 법률이 정한 단체의 회계검사와 행정기관 및 공무원의 직무에 관한 감찰을 하기 위하여 대통령 소속하에 감사원을 둔다.

제98조 ① 감사원은 원장을 포함한 5인 이상 11인 이하의 감사위원으로 구성한다.

② 원장은 국회의 동의를 얻어 대통령이 임명하고, 그 임기는 4년으로 하며, 1차에 한하여 중임할 수 있다.

③ 감사위원은 원장의 제청으로 대통령이 임명하고, 그 임기는 4년으로 하며, 1차에 한하여 중임할 수 있다.

제99조 감사원은 세입·세출의 결산을 매년 검사하여 대통령과 차년도국회에 그 결과를 보고하여야 한다.

제100조 감사원의 조직·직무범위·감사위원의 자격·감사대상공무원의 범위 기타 필요한 사항은 법률로 정한다.

제 5 장 법 원

제101조 ① 사법권은 법관으로 구성된 법원에 속한다.

② 법원은 최고법원인 대법원과 각급법원으로 조직된다.

③ 법관의 자격은 법률로 정한다.

제102조 ① 대법원에 부를 둘 수 있다.

② 대법원에 대법관을 둔다. 다만, 법률이 정하는 바에 의하여 대법관이 아닌 법관을 둘 수 있다.

③ 대법원과 각급법원의 조직은 법률로 정한다.

제103조 법관은 헌법과 법률에 의하여 그 양심에 따라 독립하여 심판한다.

제104조 ① 대법원장은 국회의 동의를 얻어 대통령이 임명한다.

② 대법관은 대법원장의 제청으로 국회의 동의를 얻어 대통령이 임명한다.
③ 대법원장과 대법관이 아닌 법관은 대법관회의의 동의를 얻어 대법원장이 임명한다.

제105조 ① 대법원장의 임기는 6년으로 하며, 중임할 수 없다.
② 대법관의 임기는 6년으로 하며, 법률이 정하는 바에 의하여 연임할 수 있다.
③ 대법원장과 대법관이 아닌 법관의 임기는 10년으로 하며, 법률이 정하는 바에 의하여 연임할 수 있다.
④ 법관의 정년은 법률로 정한다.

제106조 ① 법관은 탄핵 또는 금고 이상의 형의 선고에 의하지 아니하고는 파면되지 아니하며, 징계처분에 의하지 아니하고는 정직·감봉 기타 불리한 처분을 받지 아니한다.
② 법관이 중대한 심신상의 장해로 직무를 수행할 수 없을 때에는 법률이 정하는 바에 의하여 퇴직하게 할 수 있다.

제107조 ① 법률이 헌법에 위반되는 여부가 재판의 전제가 된 경우에는 법원은 헌법재판소에 제청하여 그 심판에 의하여 재판한다.
② 명령·규칙 또는 처분이 헌법이나 법률에 위반되는 여부가 재판의 전제가 된 경우에는 대법원은 이를 최종적으로 심사할 권한을 가진다.
③ 재판의 전심절차로서 행정심판을 할 수 있다. 행정심판의 절차는 법률로 정하되, 사법절차가 준용되어야 한다.

제108조 대법원은 법률에 저촉되지 아니하는 범위안에서 소송에 관한 절차, 법원의 내부규율과 사무처리에 관한 규칙을 제정할 수 있다.

제109조 재판의 심리와 판결은 공개한다. 다만, 심리는 국가의 안전보장 또는 안녕질서를 방해하거나 선량한 풍속을 해할 염려가 있을 때에는 법원의 결정으로 공개하지 아니할 수 있다.

제110조 ① 군사재판을 관할하기 위하여 특별법원으로서 군사법원을 둘 수 있다.
② 군사법원의 상고심은 대법원에서 관할한다.
③ 군사법원의 조직·권한 및 재판관의 자격은 법률로 정한다.
④ 비상계엄하의 군사재판은 군인·군무원의 범죄나 군사에 관한 간첩죄의 경우와 초병·초소·유독음식물공급·포로에 관한 죄중 법률이 정한 경우에 한하여 단심으로 할 수 있다. 다만, 사형을 선고한 경우에는 그러하지 아니하다.

제 6 장 헌법재판소

제111조 ① 헌법재판소는 다음 사항을 관장한다.
1. 법원의 제청에 의한 법률의 위헌여부 심판
2. 탄핵의 심판
3. 정당의 해산 심판
4. 국가기관 상호간, 국가기관과 지방자치단체간 및 지방자치단체 상호간의 권한쟁의에 관한 심판
5. 법률이 정하는 헌법소원에 관한 심판

② 헌법재판소는 법관의 자격을 가진 9인의 재판관으로 구성하며, 재판관은 대통령이 임명한다.
③ 제2항의 재판관중 3인은 국회에서 선출하는 자를, 3인은 대법원장이 지명하는 자를 임명한다.
④ 헌법재판소의 장은 국회의 동의를 얻어 재판관중에서 대통령이 임명한다.

제112조 ① 헌법재판소 재판관의 임기는 6년으로 하며, 법률이 정하는 바에 의하여 연임할 수 있다.
② 헌법재판소 재판관은 정당에 가입하

거나 정치에 관여할 수 없다.
③ 헌법재판소 재판관은 탄핵 또는 금고 이상의 형의 선고에 의하지 아니하고는 파면되지 아니한다.

第113조 ① 헌법재판소에서 법률의 위헌결정, 탄핵의 결정, 정당해산의 결정 또는 헌법소원에 관한 인용결정을 할 때에는 재판관 6인 이상의 찬성이 있어야 한다.
② 헌법재판소는 법률에 저촉되지 아니하는 범위안에서 심판에 관한 절차, 내부규율과 사무처리에 관한 규칙을 제정할 수 있다.
③ 헌법재판소의 조직과 운영 기타 필요한 사항은 법률로 정한다.

제 7 장 선거관리

第114조 ① 선거와 국민투표의 공정한 관리 및 정당에 관한 사무를 처리하기 위하여 선거관리위원회를 둔다.
② 중앙선거관리위원회는 대통령이 임명하는 3인, 국회에서 선출하는 3인과 대법원장이 지명하는 3인의 위원으로 구성한다. 위원장은 위원중에서 호선한다.
③ 위원의 임기는 6년으로 한다.
④ 위원은 정당에 가입하거나 정치에 관여할 수 없다.
⑤ 위원은 탄핵 또는 금고 이상의 형의 선고에 의하지 아니하고는 파면되지 아니한다.
⑥ 중앙선거관리위원회는 법령의 범위안에서 선거관리·국민투표관리 또는 정당사무에 관한 규칙을 제정할 수 있으며, 법률에 저촉되지 아니하는 범위안에서 내부규율에 관한 규칙을 제정할 수 있다.
⑦ 각급 선거관리위원회의 조직·직무범위 기타 필요한 사항은 법률로 정한다.

第115조 ① 각급 선거관리위원회는 선거인명부의 작성등 선거사무와 국민투표사무에 관하여 관계 행정기관에 필요한 지시를 할 수 있다.
② 제1항의 지시를 받은 당해 행정기관은 이에 응하여야 한다.

第116조 ① 선거운동은 각급 선거관리위원회의 관리하에 법률이 정하는 범위안에서 하되, 균등한 기회가 보장되어야 한다.
② 선거에 관한 경비는 법률이 정하는 경우를 제외하고는 정당 또는 후보자에게 부담시킬 수 없다.

제 8 장 지방자치

第117조 ① 지방자치단체는 주민의 복리에 관한 사무를 처리하고 재산을 관리하며, 법령의 범위안에서 자치에 관한 규정을 제정할 수 있다.
② 지방자치단체의 종류는 법률로 정한다.

第118조 ① 지방자치단체에 의회를 둔다.
② 지방의회의 조직·권한·의원선거와 지방자치단체의 장의 선임방법 기타 지방자치단체의 조직과 운영에 관한 사항은 법률로 정한다.

제 9 장 경 제

第119조 ① 대한민국의 경제질서는 개인과 기업의 경제상의 자유와 창의를 존중함을 기본으로 한다.
② 국가는 균형있는 국민경제의 성장 및 안정과 적정한 소득의 분배를 유지하고, 시장의 지배와 경제력의 남용을 방지하며, 경제주체간의 조화를 통한 경제의 민주화를 위하여 경제에 관한 규제와 조정을 할 수 있다.

第120조 ① 광물 기타 중요한 지하자원·수산자원·수력과 경제상 이용할 수 있는 자연력은 법률이 정하는 바에 의하여 일정한 기간 그 채취·개발 또는 이용을 특허할 수 있다.
② 국토와 자원은 국가의 보호를 받으며, 국가는 그 균형있는 개발과 이용을 위하여 필요한 계획을 수립한다.

제121조 ① 국가는 농지에 관하여 경자유전의 원칙이 달성될 수 있도록 노력하여야 하며, 농지의 소작제도는 금지된다.
② 농업생산성의 제고와 농지의 합리적인 이용을 위하거나 불가피한 사정으로 발생하는 농지의 임대차와 위탁경영은 법률이 정하는 바에 의하여 인정된다.

제122조 국가는 국민 모두의 생산 및 생활의 기반이 되는 국토의 효율적이고 균형있는 이용·개발과 보전을 위하여 법률이 정하는 바에 의하여 그에 관한 필요한 제한과 의무를 과할 수 있다.

제123조 ① 국가는 농업 및 어업을 보호·육성하기 위하여 농·어촌종합개발과 그 지원등 필요한 계획을 수립·시행하여야 한다.
② 국가는 지역간의 균형있는 발전을 위하여 지역경제를 육성할 의무를 진다.
③ 국가는 중소기업을 보호·육성하여야 한다.
④ 국가는 농수산물의 수급균형과 유통구조의 개선에 노력하여 가격안정을 도모함으로써 농·어민의 이익을 보호한다.
⑤ 국가는 농·어민과 중소기업의 자조조직을 육성하여야 하며, 그 자율적 활동과 발전을 보장한다.

제124조 국가는 건전한 소비행위를 계도하고 생산품의 품질향상을 촉구하기 위한 소비자보호운동을 법률이 정하는 바에 의하여 보장한다.

제125조 국가는 대외무역을 육성하며, 이를 규제·조정할 수 있다.

제126조 국방상 또는 국민경제상 긴절한 필요로 인하여 법률이 정하는 경우를 제외하고는, 사영기업을 국유 또는 공유로 이전하거나 그 경영을 통제 또는 관리할 수 없다.

제127조 ① 국가는 과학기술의 혁신과 정보 및 인력의 개발을 통하여 국민경제의 발전에 노력하여야 한다.
② 국가는 국가표준제도를 확립한다.
③ 대통령은 제1항의 목적을 달성하기 위하여 필요한 자문기구를 둘 수 있다.

제10장 헌법개정

제128조 ① 헌법개정은 국회재적의원 과반수 또는 대통령의 발의로 제안된다.
② 대통령의 임기연장 또는 중임변경을 위한 헌법개정은 그 헌법개정 제안 당시의 대통령에 대하여는 효력이 없다.

제129조 제안된 헌법개정안은 대통령이 20일 이상의 기간 이를 공고하여야 한다.

제130조 ① 국회는 헌법개정안이 공고된 날로부터 60일 이내에 의결하여야 하며, 국회의 의결은 재적의원 3분의 2 이상의 찬성을 얻어야 한다.
② 헌법개정안은 국회가 의결한 후 30일 이내에 국민투표에 붙여 국회의원선거권자 과반수의 투표와 투표자 과반수의 찬성을 얻어야 한다.
③ 헌법개정안이 제2항의 찬성을 얻은 때에는 헌법개정은 확정되며, 대통령은 즉시 이를 공포하여야 한다.

부칙 〈제10호, 1987. 10. 29.〉

제1조 이 헌법은 1988년 2월 25일부터 시행한다. 다만, 이 헌법을 시행하기 위하여 필요한 법률의 제정·개정과 이 헌법에 의한 대통령 및 국회의원의 선거 기타 이 헌법시행에 관한 준비는 이 헌법시행 전에 할 수 있다.

제2조 ① 이 헌법에 의한 최초의 대통령

선거는 이 헌법시행일 40일 전까지 실시한다.

② 이 헌법에 의한 최초의 대통령의 임기는 이 헌법시행일로부터 개시한다.

제3조 ① 이 헌법에 의한 최초의 국회의원선거는 이 헌법공포일로부터 6월 이내에 실시하며, 이 헌법에 의하여 선출된 최초의 국회의원의 임기는 국회의원선거후 이 헌법에 의한 국회의 최초의 집회일로부터 개시한다.

② 이 헌법공포 당시의 국회의원의 임기는 제1항에 의한 국회의 최초의 집회일 전일까지로 한다.

제4조 ① 이 헌법시행 당시의 공무원과 정부가 임명한 기업체의 임원은 이 헌법에 의하여 임명된 것으로 본다. 다만, 이 헌법에 의하여 선임방법이나 임명권자가 변경된 공무원과 대법원장 및 감사원장은 이 헌법에 의하여 후임자가 선임될 때까지 그 직무를 행하며, 이 경우 전임자인 공무원의 임기는 후임자가 선임되는 전일까지로 한다.

② 이 헌법시행 당시의 대법원장과 대법원판사가 아닌 법관은 제1항 단서의 규정에 불구하고 이 헌법에 의하여 임명된 것으로 본다.

③ 이 헌법중 공무원의 임기 또는 중임제한에 관한 규정은 이 헌법에 의하여 그 공무원이 최초로 선출 또는 임명된 때로부터 적용한다.

제5조 이 헌법시행 당시의 법령과 조약은 이 헌법에 위배되지 아니하는 한 그 효력을 지속한다.

제6조 이 헌법시행 당시에 이 헌법에 의하여 새로 설치될 기관의 권한에 속하는 직무를 행하고 있는 기관은 이 헌법에 의하여 새로운 기관이 설치될 때까지 존속하며 그 직무를 행한다.

판례색인

[헌법재판소]

[대법원]

[서울행정법원]

[미국판례]

사항색인

ㄱ

ㅇ

ㅊ

ㅋ

ㅌ

ㅍ

ㅎ

[저자 약력]
서울대학교 법과대학 및 동 대학원 졸업
법학박사(서울대) / (現)변호사
프랑스국립사법관학교 수료
법무부 특수법령과장
서울지검 남부지청 부장검사
헌법재판소 헌법연구부장
부산대학교 법학전문대학원장
부산대학교 법학전문대학원 교수

[저 서]
통일헌법이론(1996)
러시아헌법론(1998)
한반도 헌법국가의 주요문제(2017)

헌법학강론(憲法學講論) 〔제 6 판〕

2010년 12월 30일 초판 발행
2012년 1월 30일 제2판 발행
2015년 2월 15일 제3판 발행
2017년 2월 15일 제4판 발행
2020년 1월 10일 제5판 발행
2022년 1월 10일 제6판 1쇄 발행

저 자 김 승 대
발행인 배 효 선
발행처 도서출판 法 文 社

주 소 10881 경기도 파주시 회동길 37-29
등 록 1957년 12월 12일/제2-76호(윤)
전 화 (031)955-6500~6 FAX (031)955-6525
E-mail (영업) bms@bobmunsa.co.kr
(편집) edit66@bobmunsa.co.kr
홈페이지 http://www.bobmunsa.co.kr

조 판 (주) 성 지 이 디 피

정가 34,000원 ISBN 978-89-18-91264-6